中國歷代貨幣大系

6

清錢幣

U0112863

宣　森　　洪葭管　　郭彥崗　　陸祖成

陳永富　　張繼鳳　　黃朝治　　傅爲群

葉世昌

馬飛海總主編

中國歷代貨幣大系

6

清錢幣

馬飛海　王裕巽　邹誌諒　主編

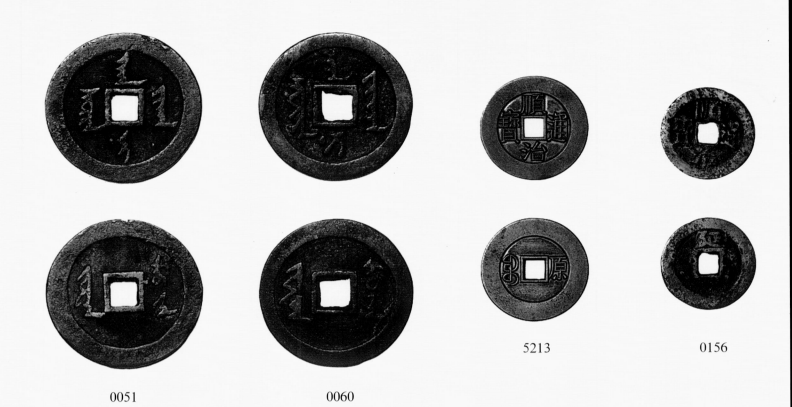

0051   0060   5213   0156

0109   0726   5221

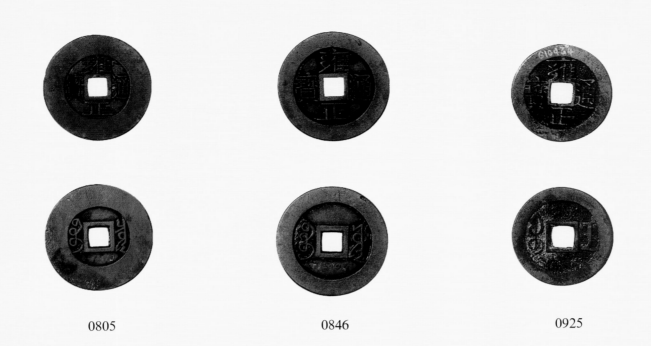

0805 0846 0925

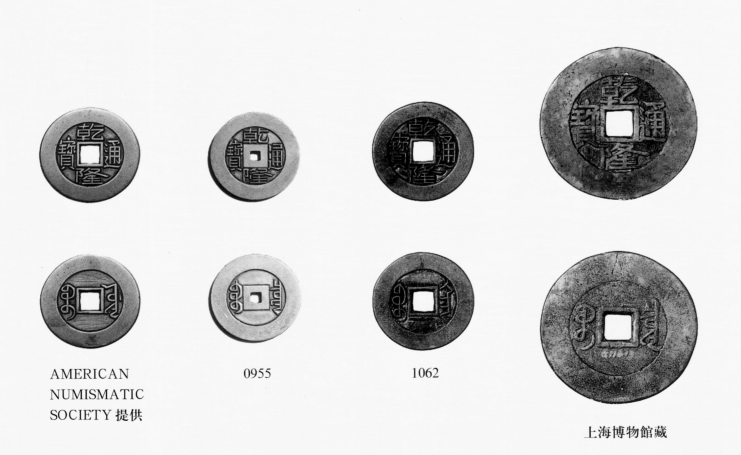

0955 1062

上海博物館藏

1373 1472 5250

AMERICAN
NUMISMATIC
SOCIETY 提供

1767 5259

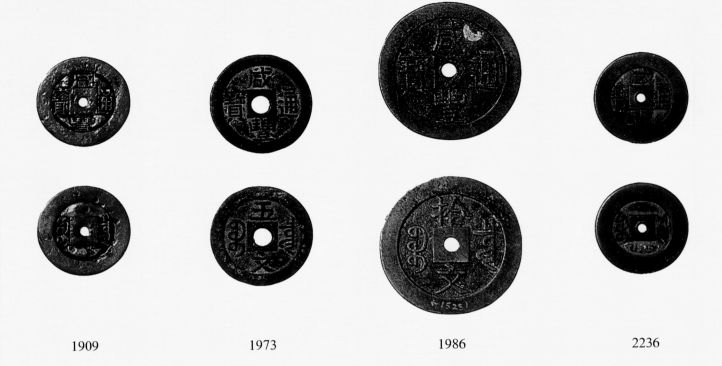

1909   1973   1986   2236

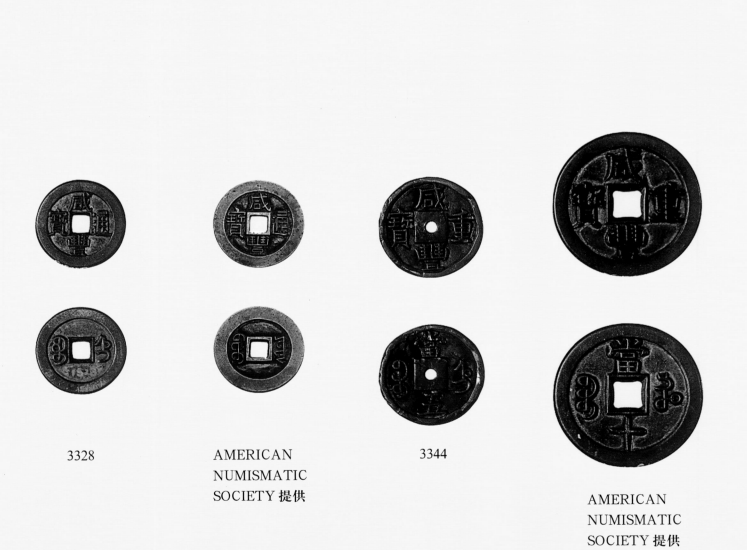

3328   AMERICAN
NUMISMATIC
SOCIETY 提供   3344   AMERICAN
NUMISMATIC
SOCIETY 提供

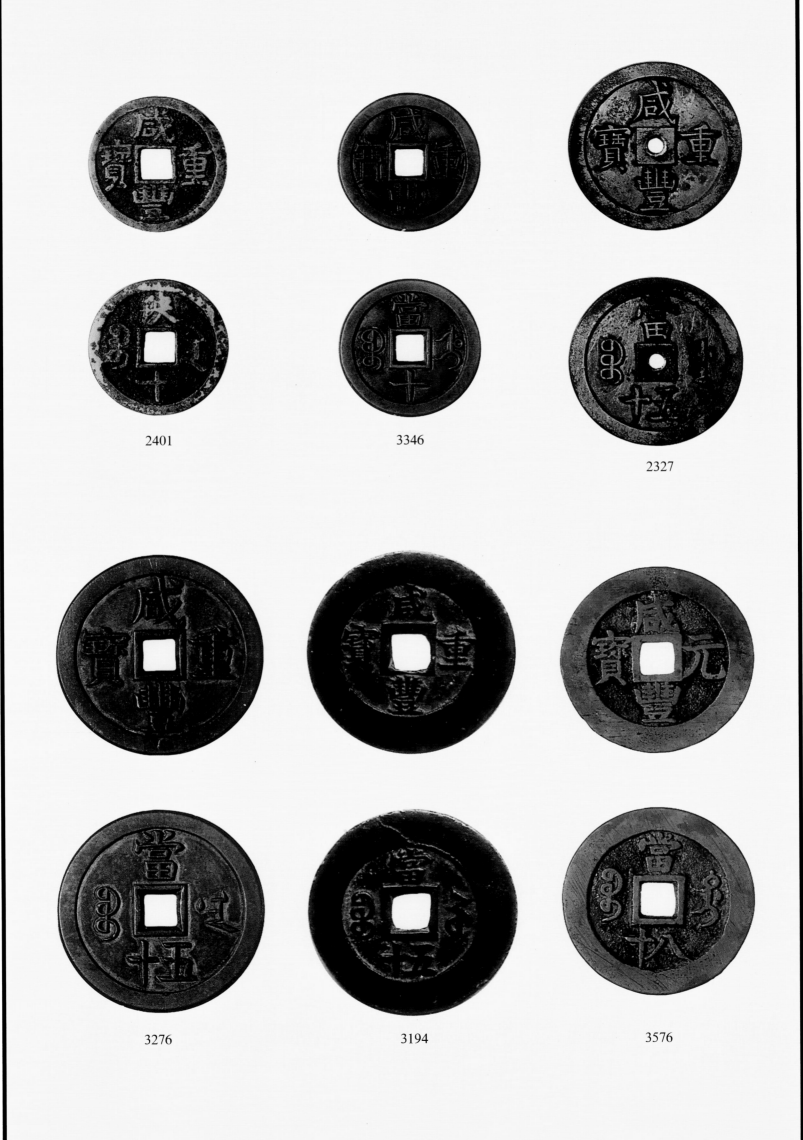

2401

3346

2327

3276

3194

3576

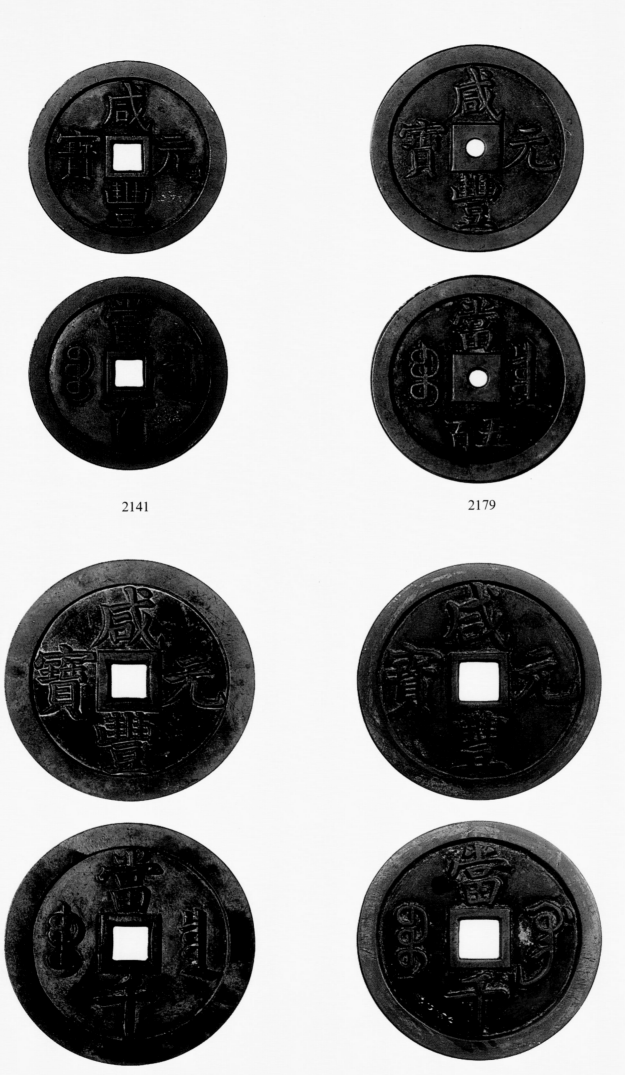

2141

2179

2218

3068

3471   3472   2867

2170   2176

2617 2648 2687

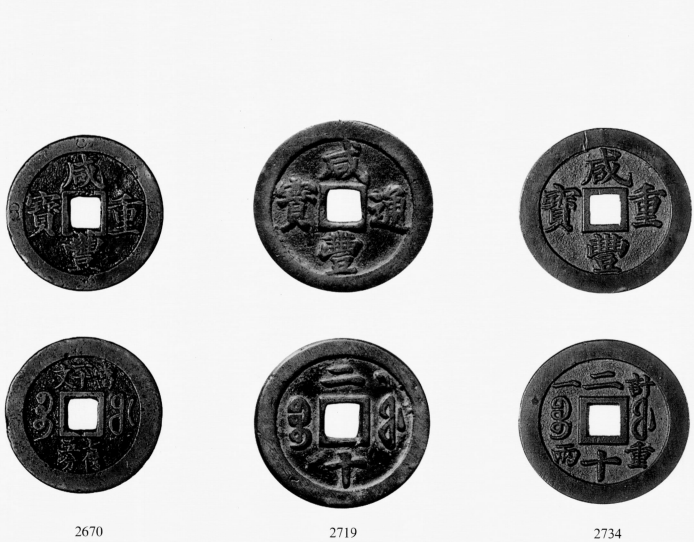

2670 2719 2734

2762

2795

2713

2738

2842

2847

2852

2858

2864

2232

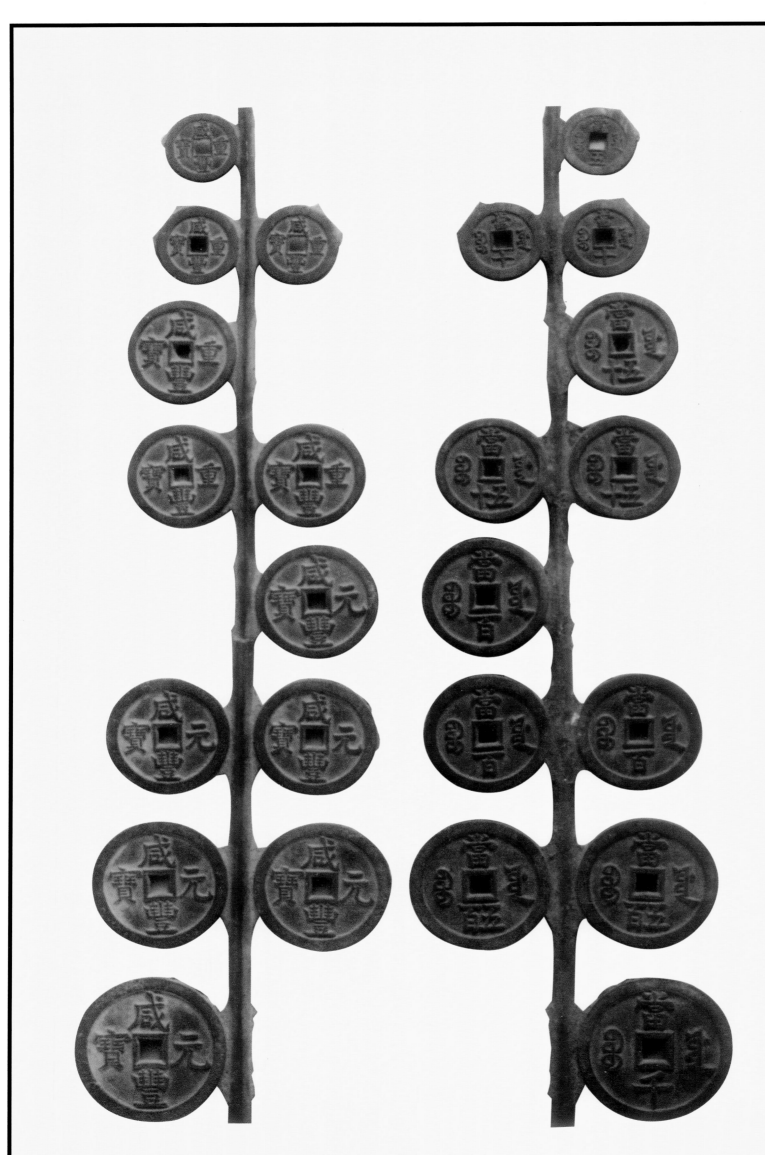

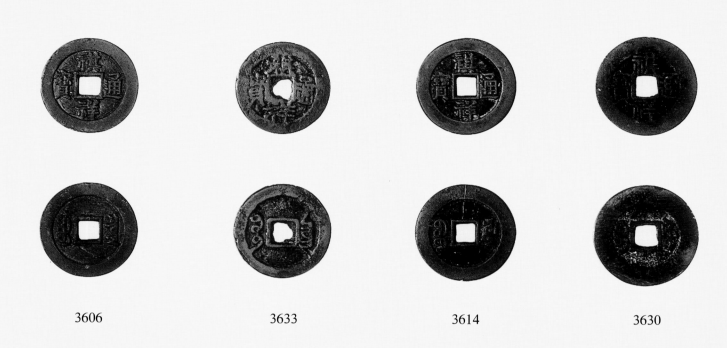

3606   3633   3614   3630

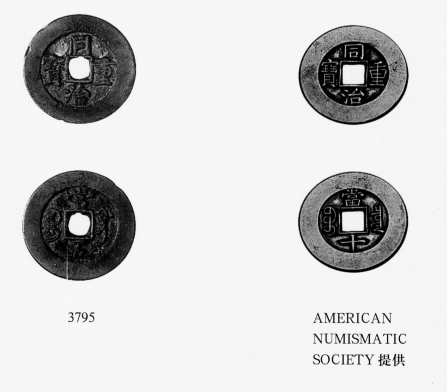

3795   AMERICAN
              NUMISMATIC
              SOCIETY 提供

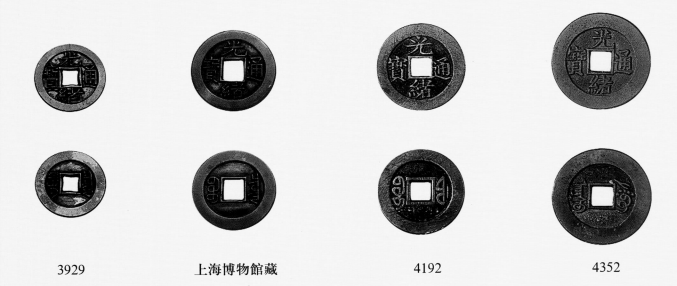

3929   上海博物館藏   4192   4352

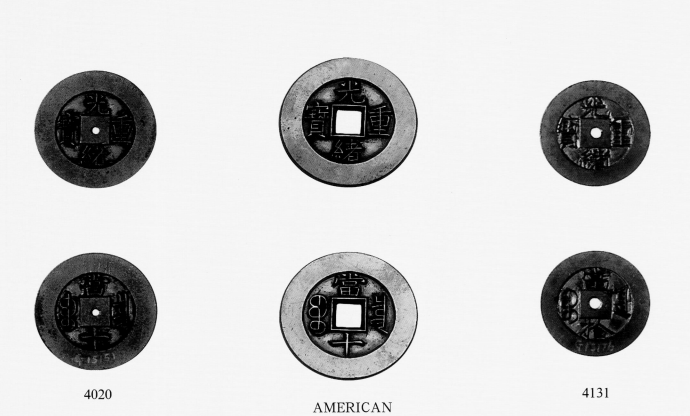

4020

AMERICAN
NUMISMATIC
SOCIETY 提供

4131

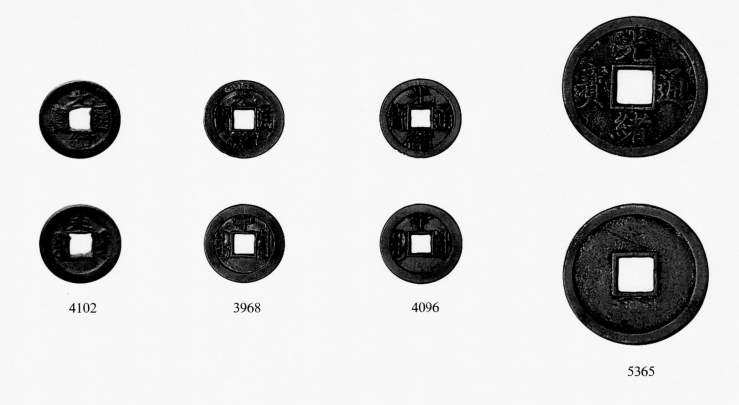

4102 3968 4096

5365

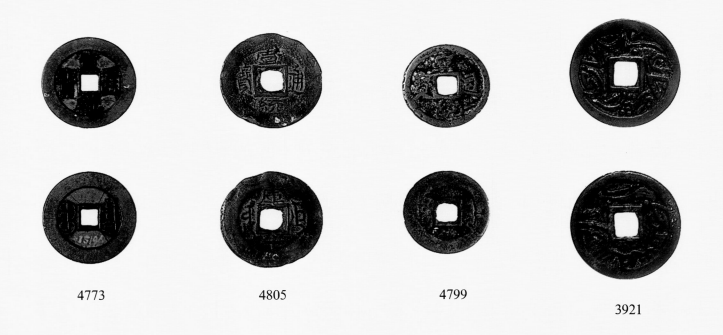

4773 4805 4799

3921

5051

5047

5038

南京市太平天國
歷史博物館藏

4934

南京市太平天國
歷史博物館藏

5065

5068

5079

序

　　中國是最早使用貨幣的文明古國之一。約在四千多年前的新石器時代晚期，隨着社會分工和商品交換的發展，已經出現了用牲畜、穀物等充當一般等價物的實物貨幣。三四千年前的夏商時期，中原地區使用了海貝，而在商代晚期一些墓葬中發現了青銅貝。春秋戰國時期，在東周王室及主要諸侯國統治區內，流通着中國特有的由生產工具演變而來的布幣、刀幣和圜錢等青銅鑄幣。秦統一貨幣後，歷代都因襲採用了方孔圓形的金屬鑄幣。北宋時期，在四川地區出現的"交子"是世界上最早的紙幣。元、明、清三代，紙幣、銀錠和鑄幣並行。清末機製銀元和銅元代替了銀錠和方孔圓錢。歷代不同幣材、形制和版別的貨幣浩如烟海，其數量之多爲世界各國歷史上所罕見。在幾千年的複雜發展過程中，各族人民共同創造了表現東方文化特徵的中國貨幣體系。這是光輝奪目的中華文化中的一簇奇葩。

　　長期以來，貨幣給予每個時代的政治、經濟、文化和人民生活以很大的影響，同時它本身也打上了各個時代的歷史烙印。中國歷史貨幣的研究涉及中國各個時代的政治、經濟、歷史、地理、文字學、美學、金屬冶煉和書法藝術等廣泛領域。錢幣是考古學上斷代的可靠依據之一。中國傳世的和出土的大量貨幣是珍貴的文物和實物資料。一千多年以來，很多錢幣學家和歷史考古家也爲我們留下了大量的著作。這些豐富的文物資料和研究成果都急待我們進一步認真地整理、研究和總結。爲此，我們決定編纂一套《中國歷代貨幣大系》，爲研究中國貨幣史和錢幣學等提供比較系統的科學資料，爲振興中華，發揚中國燦爛文化服務。

　　《中國歷代貨幣大系》的編纂力求聯繫各個時代的歷史背景，對歷代貨幣的制度、體系、幣材、形制和結構的變化，以及貨幣分佈、流通規律等進行科學分析。全書按照歷史發展順序，依據朝代的先後和歷史貨幣情況，分爲先秦貨幣、秦漢三國兩晉南北朝貨幣、隋唐五代十國貨幣、宋遼西夏金貨幣、元明貨幣、清錢幣、清紙幣、清民國銀錠銀元銅元、民國時期國家銀行地方銀行紙幣、民國時期商業銀行紙幣、新民主主義革命時期人民貨幣、錢幣學錄壓勝錢、周邊國家錢幣等十二卷。各卷內容包括四個部分：一是總論，是對這一時期貨幣的總的論述；二是圖錄，是這一時期各種貨幣拓片（或照片）的匯總；三是專論，是對這一時期貨幣的重要方面或重要問題作專門論述；四是資料，收錄這一時期貨幣的研究資料。有關貨幣史方面的內容，如各個歷史時期的財政、信用、貨幣購買力、貨幣理論等，本書除各卷總論或專論有所涉及以外，不再作專門介紹。

　　《中國歷代貨幣大系》列入上海市"六五"、"七五"規劃重點項目。《中國歷代貨幣大系》是大協作的產物。它由上海市錢幣學會發起，並組織專家、學者、專業工作者和錢幣收藏家等進行編纂。在編纂過程中，得到了中國錢幣學會、上海市社會科學界聯合會、上海博物館、中國人民銀行上海分行、各專業銀行和上海印鈔廠、造幣廠的大力支持；得到了各地博物館、錢幣學會、銀行、金融研究所、文物考古部門、高等院校等單位和很多熱心人士的積極支持。在此表示衷心感謝。

　　編纂本書，是一項頗爲艱難的工程。我們雖然勉力爲之，但書中疏漏、訛誤，仍難避免，謹希望讀者不吝指教。

馬飛海

1986 年 12 月撰寫
2002 年 3 月修訂

凡　　例

　　一、本卷清代錢幣的範圍是清代歷朝官鑄的制錢和大錢，包括不屬于清錢系列的太平天国鑄幣、民間私鑄錢和太平天国時期某些會黨等抗清勢力鑄幣，包括錢型鑄品，也擇要叙述。全卷共收圖版五千餘件。

　　二、本卷《總論》是就清代錢幣發展過程、幣制、鑄造、流通等主要問題，結合歷史文獻資料和實物，作總的論叙，儘可能反映國内外研究成果和研究中存在的不同意見，作爲進一步研究和探索的參考。

　　三、本卷《圖録》基本按清代各朝鑄行錢幣先後排列。橫向以寶泉、寶源局爲首，再按各省鑄局鑄幣的幣值、主要版别排列。圖版下的説明依次爲編號、特徵、徑長（毫米）、重量（克）、提供或收藏者、等級。錢徑數據是衡量原錢或原大拓片得來，而原大拓片經製版、印刷後有1‰的誤差。難以找到量度數據的暫缺。

　　爲便于研究參考，錢幣分列等級，按其在歷史上的地位作用、學術上的價值、稀見程度、鑄行年代的長短、傳統和現在的評價分爲五級，以星爲標志，最高爲四星，依次爲三星、二星、一星、無星。有些錢幣不列等級。

　　錢幣爲銅質的不加説明，如爲金、銀、鐵、鋁等，分别予以説明。

　　圖版的左右方向，如錢之穿左、穿右、左挑、右挑等，從習慣以觀者直視圖版的左右爲准。

　　彩色照片圖版的錢幣大多是稀見品或珍品，有極大的研究和欣賞價值，共發表90件。彩照下列有的編號即本卷圖版拓片的編號。無編號的，及新近征集，未及列入圖録。

　　四、本卷《專論》是就這一些比較重要的問題，進行比較深入、系統的介紹和分析研究。專論的作者，本着百家争鳴的方針，各抒自己的創見。專論按内容的性質先後排列。

　　五、本卷《資料》包括大事記和各種簡表，其資料來源或引用的檔案和圖書目録，見每一資料的説明中。

　　六、本卷《附録》除公認真錢、孤品、珍品外，凡不見于文獻記載、不符合清錢制式和送審品未被採用者、試製品、開爐錢、鎮庫錢、紀念品、後製品、私製品、套子錢、工人戲作品、怪异品、罕見品等而具有欣賞、研究和考證價值者都包括在内。錢形象牙雕刻品，有屬于牙雕樣錢，也有私刻品、後刻品，難于辨認，也列入附録。

　　七、本卷《索引》。圖版索引以本卷涉及的鑄幣名稱作爲詞目。每個索引詞目注明見于《圖版》編號、頁數。索引採用筆劃搜查法。以詞目首一字的筆劃爲序。詞目首一字筆劃相同的，以起筆筆形一、丨、丿、丶、一爲序。

　　八、本卷兼用公曆和中國歷史紀年，公曆用阿拉伯數碼表示。如公元1911年1月1日或1911.1.1。中國歷史紀年用中國數字表示。如光緒三十年二月初一日。在中國歷史紀年後要注明公曆年月日，可在其後括號内用阿拉伯數碼表示，可省去"公元"和"年"字，如康熙四年(1665)。

目　　録

壹 總 論

總　　論

馬飛海

正當明代封建王朝日趨衰敗之時，女真族首領努爾哈赤經歷三十餘年之征戰與招撫，統一了女真各部，建立了後金政權，建元"天命"（1616）。後繼者皇太極勵精圖治，積極擴充實力，于1636年在瀋陽稱帝，改國號爲清，改女真族爲滿族。清軍在進攻腐敗的明王朝的戰爭中獲得勝利。順治元年（1644），清軍入關，定都北京。在消滅了農民起義軍餘部及明王朝殘餘勢力之後，清王朝在全國的統治日漸加强，中央專制集權制得到鞏固。清王朝自世祖入主中原的順治元年至其末代宣統朝三年被推翻，前後歷時二百六十八年。

統一幣制是爲鞏固專制集權統治，發展經濟的重要措施。清統治者基本承襲了明後期銀錢并行的貨幣制度。清代財政和金融貨幣在前期基本穩定，但至其後期陷入嚴重危機，幣制混亂不堪。現就清代的制錢制度、銀錢比價和制錢危機、咸豐大錢、太平天国貨幣、新疆紅錢等一些比較重大的問題論述如下。

一、清代制錢制度

清代銀錢并行，納稅大部份用銀，小部份用錢；貿易大數用銀，小數用錢，遠途用銀，近途用錢；民間日常零星用途，特別是廣大農村，大量用錢。清王朝十分重視銅錢的作用和穩定，以官鑄小平錢爲法定制錢，規定制錢統一的錢式、鏞文、重量，按個數計算，爲無限法償貨幣。

清代對錢幣鑄行、原料供應等的管理有嚴密的制度和政策。清政府壟斷鑄幣權，禁私鑄。中央管理鑄幣的是户部，鑄局有户部寶泉局和工部寶源局。各省分設省、府、鎮鑄幣局，其設立、停、復和廢止，鑄額及其變動，均需上奏批准，并由朝廷指派官員專管、兼管或監管。這樣，既保證了中央政府壟斷鑄幣權，又節省了銅、鉛等鑄幣材料和鑄成錢幣後的運輸費用。清代由朝廷統頒的制錢樣式，均出自寶泉局。各省鑄造局則根據中央發下的樣錢翻鑄。因此，全國流通的制錢大小、重量、厚薄，其所含銅、鉛、鋅等的比例，鑄造方法等方面基本劃一。

清代地方的鑄錢局時有增設和停廢，有的剛設立不久即停廢，甚至還有没鑄造過錢幣的。有的停廢了又恢復。雍正以前，有一省設數局的，有的省從未設局。康熙六十年（1721），定每省一鑄局，六十一年底，胤禛（雍正帝）繼位後，又確定各省錢局名稱一律如同寶泉、寶源局，首字稱寶，次字用該省簡稱，所鑄錢幣背文用滿文局名，以此爲始，成爲清代基本定制。乾隆年間，邊疆擴大，便在新疆設寶伊、寶迪、阿克蘇、葉爾羌、烏什、庫車、和闐與喀什噶爾等局。咸豐三年（1853）決定鑄造大錢，各省不遵舊制，增設鑄局，亂鑄大錢以取利。後因發行大錢失敗，于是相繼停閉鑄局。鴉片戰爭後，外國銀元開始大量流入，光緒年間本國自造銀元和銅元大量流通。制錢需要量日益減少，鑄局大量裁撤，宣統年間祇剩户部寶泉局一家。

清代制錢種類繁多，錢的制式亦歷經多次變更。早在1616年（明萬曆四十四年），努爾哈赤建國稱帝，用天命年號鑄滿文和漢文天命通寶，滿文小平錢，比漢文錢略大些重些。1627年（明天啓七年），皇太極用天聰年號鑄漢文天聰通寶小平錢和滿文"天聰汗之錢"當十錢，後者背面穿左有"十"

字，穿右"一兩"兩字。這種形制係受明代天啟通寶錢的影響。1636年，天聰十年改年號爲崇德元年，鑄漢文崇德通寶平錢，乃仿明崇禎通寶錢。①

1644年，清推翻明王朝，建立了統一的封建帝國，前一年繼位於盛京的清世祖福臨入主北京，年號順治。順治初試鑄過順治通寶當十錢，背面穿上有"十"字，穿右"一兩"和背"一"、"二"折值錢。

順治正式鑄有五種形制的制錢：第一式爲光背順治通寶，重一錢，鑄于順治元年。清仿明制，設寶泉局與寶源局，由兩局鑄造。第二式爲漢文單字記局名錢，單漢字或在穿上，或在穿右、穿左。比上式增重二分，爲一錢二分，也鑄于順治初年，可能是二年。八年又增重爲一錢二分五厘。近代錢幣著作記有戶（戶部寶泉局）、工（工部寶源局）、宣（直隸宣府鎮局）、臨（山東臨清鎮局）、陝（陝西省局）、薊（直隸薊州鎮局）、同（山西大同鎮局）、原（山西省局）、雲（直隸密雲鎮局）、延（陝西延綏鎮局）、荊（湖北荊州鎮局）、河（河南省局）、寧（甘肅寧夏局）、廣（廣東省局）、昌（江西省局）、江（江南江寧府局）、福（福建省局）、陽（山西陽和鎮局）、浙（浙江省局）、東（山東省局）、襄（湖北襄陽府局）等21個鑄造局。其中陝、江、廣未見實物。據説另有背京和南字單漢字錢，也未見實物。第三式爲一厘折銀錢。順治十年建議疏通錢法，以八年增重一錢二分五厘錢爲定式，穿左加鑄直書"一厘"兩字。一厘是指值銀一厘，表示制錢同銀兩的法定比價，即千錢合銀一兩。有戶、工、宣、臨、陝、薊、同、原、雲（直隸密雲鎮局）、河、寧、昌、江、福、陽、浙、東等17個局。據説另有荊字一厘錢、福和東字穿上下一厘錢，未見實物。一厘錢于順治十七年停鑄，十八年曾核准行使兩年，康熙二年收繳。第四式爲滿文式錢，順治十四年因直省局鑄錢不精，私鑄乘之，官錢壅滯，官民兩受其害。上諭悉罷鑄，專令寶泉局精造一錢四分重錢。②幕穿左爲滿文"ᡦ"（寶）字，右爲滿文"泉"局名。寶源局滿文錢，應是以後寶源局恢復時的鑄品。第五式爲滿、漢文式錢，十七年停鑄一厘錢，復寶源局和直省鑄錢時鑄的，背穿左一個滿文，穿右一個漢字，均記局名，仍爲重錢，重一錢四分。有宣、臨、陝、薊、同、原、昌（湖廣武昌府局）、河、江（江西南昌府局）、寧（江南江寧府局）、浙、東等12個局。據《清朝文獻通考》記共有15個局，尚缺福（福建福州府局）、密（直隸密雲鎮局）、雲（雲南省局）3個局。此外，見有背滿漢文西字制錢，有山西榮河局鑄和後人作兩説，待考。

1662年，聖祖玄燁即位，改元康熙，鑄康熙通寶錢，共有兩式。第一式沿用順治通寶第四式，即滿文式，也祇有寶泉、寶源局鑄造。第二式沿用順治通寶第五式，即滿漢文式，是由各省鑄造局鑄造的，有宣、臨、陝、薊、同、原、昌、河、廣（廣東省局）、江（江西南昌府局）、寧（江南江寧府局）、福、浙、東、雲（雲南省局）、鞏（甘肅省局）、蘇（江蘇省蘇州府局）、南（湖南省局）、桂（廣西省局）、漳（福建漳州府局）、臺（臺灣府局）等21個局。此外，見有背滿漢文西字和雲字折三錢，待考。

康熙朝初，平西王吳三桂鎮雲南，平南王尚可喜鎮廣東，靖南王耿精忠鎮福建，時稱"三藩"。康熙十二年，三藩反，後爲清所滅。吳三桂初鑄行"利用通寶"。十七年，吳稱帝，國號周，建元昭武，鑄行"昭武通寶"。未半年，吳死，孫世璠襲位，改元洪化，鑄行"洪化通寶"。二十年，滅亡。康熙十三年，耿精忠鑄行"裕民通寶"，十五年亡。吳、耿鑄幣不屬清廷錢幣系統，也不屬南明錢幣系統，康熙年間短期在民間流通過。

1723年，世宗胤禛即位，改元雍正，鑄雍正通寶錢，各局所鑄一律採用背滿文局名式，成爲以後各朝定制。計有戶、工、陝、晉(山西寶晉局)、武（湖廣寶武局）、河、廣、昌（江西寶昌局）、福、浙、濟（山東寶濟局）、雲、川（四川寶川局）、鞏、蘇（江蘇寶蘇局）、南（湖南寶南局）、桂、黔（貴州寶黔局）、臺、安（安徽寶安局）等20個局。

1736年，高宗弘曆即位後改元乾隆，鑄乾隆通寶，有戶、工、陝、晉、武、廣、昌、福、浙、濟、雲、川、蘇、南、桂、黔、臺、直（直隸寶直局）、葉爾羌、阿克蘇、烏什、伊（新疆寶伊局）等22個局。此外，在嘉慶、道光、咸豐、光緒年間補鑄乾隆通寶錢的新疆各鑄局，包括喀什噶爾、庫車局。至于《故宮清錢譜》見有和闐局錢幣圖版是樣錢，未正式開鑄過，此外還有鑄局待考的。

1796年，仁宗顒琰即位後，改元嘉慶，鑄嘉慶通寶，計有戶、工、陝、晉、武、廣、昌、福、浙、雲、川、蘇、南、桂、黔、東（雲南東川寶東局）、直、阿克蘇、伊等19個局。

1821年，宣宗旻寧即位後，改元道光，鑄道光通寶，鑄局同嘉慶年間一樣共19個局。另有阿克蘇、庫車局，在光緒年間補鑄道光通寶錢。

1851年，文宗奕詝即位後，改元咸豐，三年開鑄大錢，稱咸豐通寶、重寶、元寶。大錢自當五至當千遞增。有銅錢、鐵錢、鉛錢。鑄局有戶、工、陝、晉、武、河、廣、昌、福、浙、濟、雲、川、鞏、蘇、南、桂、黔、臺、東、直、葉爾羌、阿克蘇、伊、薊（馬蘭鎮寶薊局）、德（熱河寶德局）、喀（新疆喀什噶爾局）、迪（新疆寶迪局）、庫車共29個局。其中河、薊、鞏、葉爾羌局原已停鑄，又加以恢復，德、迪、喀什噶爾、庫車係新設。此外，日本學者釋爲寶州局的鑄局，史無記載。見有咸豐小平，滿文局名爲"ᡣ"，此錢疑產于雲南，待考。

1861年（咸豐十一年），文宗奕詝死。七月穆宗載淳立，改元祺祥，由寶泉、寶源、寶雲、寶鞏、寶蘇鑄祺祥通寶。另傳世有和闐、烏什、喀什噶爾、葉爾羌和阿克蘇局樣錢。寶源局曾鑄過祺祥重寶。

十月廢祺祥，改元同治。翌年（1862）定爲元年。

同治鑄通寶、重寶錢，通寶爲小平制錢，重寶主要爲當十大錢，另有當五的。鑄局計有戶、工、陝、晉、武、河、廣、昌、福、浙、濟、雲、川、鞏、蘇、南、桂、黔、臺、東、直、葉爾羌、阿克蘇、伊、庫車等25個局。此外，也見有所謂寶州局鑄的小平錢，滿文局名爲"ᠵᡳ"。

1875年，德宗載湉即位後，改元光緒，鑄光緒通寶、重寶。重寶以當十爲主，另有當五的。鑄局有戶、工、陝、晉、武、奉（盛京寶奉局）、河、廣、昌、雲、川、蘇、南、桂、福、浙、黔、東、直、阿克蘇、喀什噶爾、庫車、新（新疆寶新局）、津（天津寶津局）、吉（吉林寶吉局）、沽（天津寶沽局）、寧（江南寶寧局）等27個局。機器壓製方孔制錢的，見有戶、工、武、奉（盛京寶奉局）、廣、福、浙、蘇、直、東（山東寶東局）、津、吉、沽、寧，及迪化水磨溝機器局等15個局。機製光緒通寶有背滿文ᠵ字，多被誤釋爲"漳"字，滿文"漳"字不帶點，帶點的字都釋爲"寧"字。③又查福建漳州府鑄錢局開設於康熙十九年，二十一年停鑄，六十年定每省一鑄局而裁撤。以後未再恢復鑄錢。所以光緒通寶背滿文ᠵ字錢，不是漳州府局，而是江南造幣廠寶寧局的鑄品。

1909年，溥儀即位後，改元宣統，鑄宣統通寶，由戶、廣、福、雲、烏什局鑄造。廣、福爲機製，均爲小平錢。

方孔圓錢的歷史到宣統時，已告結束。但進入民國初年，福建鑄有福建通寶（圓孔）一文、二文錢和福建省造二文錢；雲南鑄有民國通寶一文、當十錢，雲南東川鑄有民國通寶、背東川小錢。面值單位爲文，與銅元掛鈎。民國初僅有這兩個地方鑄局或單位在短暫的時間內仍自行鑄造通寶銅錢，不屬國家定制。這一歷史又遺現象，在此一并叙述。

現就清代歷朝鑄幣局與其鑄造錢幣的情況試製成《清代歷朝鑄幣局與鑄幣簡表》附于本卷資料部分。

清政府壟斷鑄幣權的措施之一，是規定各鑄幣局的鑄幣量。但鑄幣量的多少決定于能提供的銅材的多少。由于不少省份採買銅鉛有困難，因此，清政府認爲只需規定各省局鑄幣材料的量，也就等于規定了鑄幣的數額。順治和康熙年間，京局和江南、江蘇、浙江、兩湖、江西、廣東、福建等省局的幣材，主要由崇文門、天津、臨清、淮安、蕪湖、揚州、濟墅、九江、北新、西新等關隘辦買。康熙五十二年（1713），曾使内務府商人辦銅。五十四年停止商人採辦，而由戶部和錢法衙門專理，以後歷朝都採用控制銅政的辦法來確定各地方錢局和鑄幣量。儘管如此，各地方局仍有可能以收購民間廢銅舊錢、私下購買洋銅、私辦小型銅礦、減低制錢重量等方法來增加鑄幣量。

乾隆初，雲南銅産增加，十六年（1751）寶泉局在完成每年鑄額61卯，④經奏准多鑄10卯。乾隆二十五年又增5卯，後定爲75卯，乾隆五十九年裁去45卯，又裁減該局于乾隆七年所增之勤爐10座，准每年鑄30卯。嘉慶元年（1796）增鑄10卯而成40卯。可是嘉慶四年"因民間錢價日賤，飭令京局及外省俱各減卯停鑄。"⑤爲解決各省缺銅無法鑄錢問題，清政府還費很大力量，採用各省之間取有餘補不足的調劑辦法。如雲南省銅、鉛、錫礦得到開採，鑄幣最多，除部分解京外，還運往貴州、廣西、四川、陝西等省。經清政府對鑄量的控制和調劑，在乾隆時期，雖曾出現過鑄幣太多現象，但從總體説來，嘉、道以前鑄幣數額的增減調控基本正常，道光以後，由于鑄幣不敷流通，制度也就亂起來了。

清一代到底鑄造了多少錢幣，因史料不全，很難統計。《清實錄》、《清朝文獻通考》、《大清會典》等重要文獻也祇記錄寶泉、寶源兩局的鑄幣量。《清實錄》所載順治、康熙、雍正三朝京局（或云僅寶泉局）每年的鑄幣量，共鑄488.3億餘文，其中順治十八年間共鑄245億餘文，年均鑄13.6億餘文。順治十三年（1656）時高達26億餘文，這是清兵入關後急需推行新朝錢幣的緣故。康熙的61年間，共鑄180.7億餘文，平均每年鑄2.96億餘文，没有大起大落，比較平穩。雍正的12年間，共鑄63億餘文，每年平均5.2億餘文，頭四年每年鑄量都不到0.7億文，第五年開始，急增十倍，達7.2億餘文，第九年又增至10.4億餘文，最後三年回落至6.8億餘文。乾隆年間鑄量曾減少，其恒常鑄額爲11卯（每卯以1000串計，共計1100萬文），最高時達76卯（7600萬文）。全國鑄幣額零星見諸于資料者有：嘉慶五年戶部制定各省每年鑄額在20億文以上。⑥嘉慶七年修纂《錢法則例》規定，全國每年鑄69億文以上，但實際鑄了多少，不得而知。咸豐年間所鑄大錢，據不完全統計（缺三年），京局共鑄錢100.51億餘文。⑦同治三到六年，京局的鑄量爲4.68億餘文。⑧光緒初年仍鑄當十大錢，十三年鑄通寶制錢，光緒九到二十五年（缺十至十五年、二十一年），京局合計鑄錢85.89億餘文。⑨後來用機器鑄錢，數量不很多，銅元便代替了制錢。宣統年間只用寶泉局名義鑄小量舊式制錢。據彭信威估計，清代兩百多年應鑄有8000億文，扣除改鑄、少鑄和隨葬等約五成，還會留下4000億文，從日本、越南、朝鮮流入的錢幣和歷代各種舊錢，約佔流通量5%，私鑄錢約20%，清末年應有銅錢5000億文。⑩當然，這是粗略的估計數字，祇能作爲研究時的參考。

嚴格規定制錢重量是清代貨幣管理的有力措施。制錢重量由清廷確定。一般根據銀錢比價變動情況而定。銀價高，銅錢加重，反之減重，以調節銀錢比價，穩定錢價。茲據清代《皇朝政典類纂》、《大

清會典事例》和其他文獻資料中有關清制錢重量變動情況，列表如下：

順治元年（1644）	重一錢
二年（1645）	一錢二分
八年（1651）	一錢二分五厘
十四年（1657）	一錢四分
康熙二十三年（1684）	一錢
四十一年（1702）	一錢四分
雍正十二年（1734）	一錢二分
咸豐二年（1852）	一錢
光緒二十一年（1895）	七分
二十四年（1898）	八分
三十一年（1905）	六分

制錢的各種重量中，一錢二分錢行用最久，達 124 年，一錢達 62 年，一錢四分達 59 年，其餘不超過 10 年。

統一全國制錢重量不是一件易事。清廷表面上維護全國制錢的法定重量，但實際上做不到。乾隆九年曾准湖北鑄一錢制錢，十一年改鑄八分小錢搭放兵餉，大小錢同價；十二年准復一錢二分重。各地鑄幣偷工減料，制錢減重時有發生。即京局也不例外。康熙二十三年"又審定兩局爐役夾鑄私錢之禁。戶部議定：錢局爐頭匠役藉名官鑄，或夾鑄私錢。先經順治年間嚴定科條，而究獲者少。應令錢法侍郎稽察錢局科道及監督等，嚴行查緝，如瞻徇縱容，不行嚴究，別徑發覺，各官均以失察論。"⑪康熙二十三年改制錢一錢四分爲一錢，官局和民間私鑄小錢嚴重。三十六年，康熙在拜謁祖先陵寢時"見用小錢者甚衆，所換之錢亦多舊錢，兩局錢使用者絕少。"⑫乾隆末年各省鑄錢在斤兩上已參差不齊，咸豐初已有重六七分不等的。光緒年間各省可以自定制錢重量，有的經奏准，從每枚制錢重五分（寶奉局）、六分（湖北，在戶部令全國改六分前）、七分（直隸、江蘇、浙江、河南）、七分四厘（山西）、八分（兩廣、兩江、湖廣、天津、吉林，均在光緒三十四年戶部令全國改八分前）、八分五厘（福建）、八分八厘（湖南）到一錢（寶津局、山東、山西、江蘇、江西、浙江、湖北、陝西、廣東）、一錢二分（新疆、四川）。⑬

清政府爲了保證制錢質量，還規定了鑄幣中所含銅、鉛、錫的配比。現將歷代重大的配比變化敘述如下。

順治元年鑄重一錢的制錢中含紅銅七成，白鉛三成，所謂紅銅係純質銅，白鉛即鋅。順治時期，制錢曾多次改重，而其中所含的銅七鉛三的比例，則始終沒有改變。直到康熙二十三年定制錢重一錢，其配比改爲銅六鉛四。雍正五年改爲銅鉛各半配鑄。乾隆五年規定以紅銅五十斤、白鉛四十一斤半、黑鉛六斤半、點錫二斤的比例配合，鑄成青錢。⑭鑄錢加小量點錫，色青，再熔成銅斤，錘擊即碎，不能造器，可防毀錢。以前不加錫的爲黃錢。乾隆五十九年又改定爲銅六成、白鉛四成搭配鼓鑄。嘉慶四年，定爲銅五十二斤、白鉛四十一斤八兩、黑鉛六斤八兩配鑄，翌年又減去黑鉛三斤四兩，添加滇銅二斤、白鉛一斤四兩。嘉慶十年，每銅鉛百斤減去白鉛五斤，加洋銅二斤、高錫一斤八兩、黑鉛一斤八兩。翌年停洋銅、高錫，恢復嘉慶五年時的配比。咸豐時錢幣種類繁多，配比複雜。光緒時規定以銅六鉛四的比例配鑄大錢和制錢，後又改爲銅54%，白鉛46%，銅減少了。但各省并沒有嚴格按照執行，而自行決定配比。

以上各種配比都是經歷代皇帝"欽定"的。可是由于當時受冶煉技術的限制，各種幣材不可能提煉得很純，因此清廷根據各地鑄幣局幣材的實際情況而變動其配比，如乾隆三十二年"因金釵廠銅夾有黑鉛，將每爐每卯原配黑鉛四十六斤有奇盡數改易白鉛發鑄"，⑮并規定這一旨意亦同樣適用于其他使用金釵廠銅的鑄局。有時也會因各地幣材貴賤不同而調整其比例，如康熙二十三年，因雲南、貴州之鉛礦未開，銅賤鉛貴，故同意雲南以銅八鉛二之比例配鑄。⑯這類臨時性調整配比的例子甚多，但均需皇帝批准，否則屬私鑄之列。由于清代制錢配比的不同，有黃錢、紅錢、青錢等不同名稱。大體上來說，凡純銅六~七成，配以三~四成白鉛者爲黃錢；純銅比例達到八成者爲紅錢；銅六成黑鉛四成者爲青錢。新疆紅錢聞名于世，事實上，湖南、湖北、浙江等省局也曾鑄過紅色小制錢，而被康熙皇帝下令停鑄。康熙年間寶泉局鑄有一種呈金黃色的制錢，俗稱羅漢錢⑰（其中"熙"字不作"熙"而作"熙"）。總之，幣材的配比直接關繫到制錢的質量，"欽定"配比也是清代貨幣管理的重要措施。

爲統一幣制，清政府除向各省頒發統一鑄造的部頒樣錢外，還採取劃一的鑄幣技術。這就是我國傳統的模鑄方法，其"鑄錢之法，先將淨銅鏨鑿成重二錢三分者，曰祖錢。隨鑄造重一錢六七分不等者，曰母錢。然後印鑄制錢"。⑱清末洋務運動雖然興起于光緒十二年（1886年），在福建船廠首用機器製造制錢，但傳統的翻砂鑄制錢的方法卻一直沿用到清代覆亡。

清王朝鑄行錢幣十分注重質量，尤其在其前期，如在康熙時期曾出現七分重的小制錢，康熙下令停鑄，并不惜動用庫銀收購流通中的小制錢，[19] 以保證貨幣的信譽。處于清之季世的同治皇帝，也曾下令"儻有輕小錢文，當場捶碎"。[20] 清代制錢繼承了唐代以來的年號錢的傳統；錢幣上鑄有滿漢文，新疆紅錢還鑄有滿、漢、維三種文字，既利于流通，又有利于民族間的團結；大小和重量比較適中，便于携帶和使用；幣材的配比基本上以銅六鉛四的比例爲主。因此，可以說清代制錢是我國封建社會中方孔圓形錢發展到最完備的階段，也是最後的階段。

二、 銀、錢比價與制錢危機

清初，仍維持明代晚期銀錢并行、以銀爲主的貨幣制度，銀兩與制錢都作爲獨立的主幣，都具有無限法償能力。前者是秤量貨幣，以銀錠、元寶、銀餅形式出現，名稱、重量、成色各地不一，計算十分複雜。後者稱爲制錢，由政府壟斷鑄造，每枚的重量及其中所含金屬的成份、配比，以及它對白銀的比價，均有規定，嚴禁私鑄。清代長期沒有實行貨幣本位制度，一直到宣統二年（1910），頒佈《幣制則例》，發行大清銀幣，才算正式採用了銀本位制，但在第二年，清朝即被推翻，故實際上并未實行。

銀、錢需有一定的比價，順治四年，清廷議定一兩紋銀合制錢一千文，由此成爲清代基本不變的官定比價標準。但白銀與制錢的實際比價係由市場決定的，官定比價與市價之間產生了許多差異與矛盾。

由于使用兩種金屬貨幣，社會商品就存在着兩種價格。當銀賤錢貴時，以銀兩計算，則物價上漲，以制錢計算，則物價下跌；反之，則相反。即使同用制錢，一旦有重錢輕錢之分，也會出現雙重價格現象。如道光十二年，江蘇寶蘇局"于正卯之外，另鑄小錢，較民間私鑄略大，鉛多銅少。江蘇謂之局私，又謂之新錢。現在蘇州府城內外，凡買賣食物，如論斤者，即插標每斤大錢若干文，新錢若干文，新錢較大錢約八折作算。民間因係局錢，不能不勉強通用，其實已有區別。"[21] 這些不以人們意志爲轉移的銀、銅市價和官價的分離，是清代銀錢并行制度，或金屬貨幣體系內部的矛盾和弱點，也是造成清代制錢不穩定和產生危機的固有因素。

清代國內白銀和銅材產量不足，部份需仰賴國外進口，所以國際貿易中，國內價格受世界市場影響，而發生變動；鴉片不斷輸入，造成白銀大量外流。這些因素對國內銀錢比價和貨幣體制的衝擊，并非清廷所能自行調節的，也造成國內貨幣、金融的某些混亂。

金屬貨幣複本位制是不完善、不穩定的貨幣制度，在16到18世紀，歐美許多新興的資本主義國家曾廣泛採用。可是，到了後來，由于這種制度愈益不能適應發達資本主義經濟發展的需要，19世紀開始，英國等資本主義國家便先後放棄，而採用較先進的金本位制度。在清代前期，雖然商品經濟有所發展，但佔統治地位的仍是自然經濟，統治階級實行閉關自守的國策。淪爲半殖民地化後，更受到各帝國主義國家的掠奪和控制，社會生產力及商品經濟的發展不平衡，仍然保存着落後的貨幣制度。這種落後的貨幣制度，受到來自各方面的衝擊，而又無法擺脫困境，因而在整個清一代，也就談不上貨幣金融的根本改革。

貨幣金融市場是遵循一定客觀經濟規律發展的，清代統治階級不瞭解這個道理，因而對于貨幣制度中有關貨幣金屬、貨幣單位以及貨幣鑄造、發行和流通等的政策規定，都是根據一時的情況和需要，就事論事，主觀臆斷，不一定符合全國的和各地的實際情況與長遠利益。即使有了正確的政策和規定，也不能保證會被嚴格執行，尤其是在清中葉以後，中央權力逐步削弱，地方勢力擴大，分離傾向加劇，各自爲政。光緒後期，各省財政基本自爲出入。各地方政府和各級官吏爲了本地方、本部門利益，不執行清廷的法律和政策，任意曲解、更改或破壞。這也是造成清代後期金融貨幣各種弊端的原因。

銀價、錢價以及兩者比價的不斷波動，促使銀錢并行制的內部矛盾加劇，弱點更加暴露，使它從原來的基本穩定走上不穩定、混亂，終于陷入貨幣和金融財政危機，也全面地反映了清代貨幣制度的變化的特點。

現根據清代文獻檔案和前人整理研究的成果，我們綜合編寫成《清代銀錢比價簡表》（見本書資料部分）。由于各地的銀錢購買力和銀錢比價差別很大，且又缺少較全面的資料，所以，這個簡表很難全面准確地反映全國和地區之間比價的變動情況，只能從中看出比價變化的大致趨向。

從《清代銀錢比價簡表》中，可以看出：一、自順治元年（1644）至嘉慶十二年（1807）的164年（佔清代的過半時間）中，銀一兩市價合制錢數，基本在1000文以下。個別年份和地區有超過，如康熙三十五年到五十二年，這個時期官鑄減重小錢和私鑄小錢多（官鑄小錢稱"京錢"或"京墩"。以後京津地區的物價以京錢計算，二文京錢作一文制錢）。乾隆三十五、四十三、五十九年時的雲南地區產銅較多，鑄錢亦較多。銀一兩折合制錢不到千文，這一時期爲錢貴銀賤。二、自嘉慶十三年（1808）起轉爲銀貴錢賤。到同治七年（1868）的60年期間，銀、錢的比價，即一兩銀市價折合制錢數，超過1000文，嘉慶十三年達1200—1300文，且持續上升，没有回落的趨向。期間，道光二十四年（1844）到咸豐二年（1852）的9年中，銀、錢比價接近或超過2000文。自咸豐三年起，通貨膨脹引起銀價飛漲，一度銀價竟增長十多倍。三、自同治八年（1869）到清末的43年期間，通貨膨脹已經緩和，除個别年份外，銀錢比價一直下降，由同治九、十、十一年的1850文，回落到光緒末接近千文。錢幣學界一般以銀一兩折合制錢千文以上或以下作爲"銀貴錢賤"和"錢貴銀賤"的分界。

在這三個時期中，銀錢比價發生波動的原因，及其對幣制的影響和清政府爲穩定銀錢比價、穩定貨幣而採取的各種措施，及其效果和影響，是很值得探討的。這有助于我們瞭解清代貨幣制度演變的來龍去脈，以及清一代多種多樣、豐富多彩的錢幣文化。

從順治初到嘉慶中這一較長的時期裏，清政府一直重視白銀。征收賦稅都收白銀，至順治十年才改爲銀七錢三的比例，但還是以收銀爲主。在這期間，國家財政長期有積累，康熙六十一年（1722），積餘銀800餘萬兩；雍正時積餘銀6000餘萬兩；乾隆年間多次用兵和六次南游，耗費庫銀不少，但至乾隆末年仍餘銀7000餘萬兩。可見，在清代前期，中央庫存白銀有積累。這主要由于清入關後，隨着全國的逐步統一，統治逐步鞏固，社會趨于安定，經濟有了恢復和發展，商業發達，絲茶等土特産的外貿增加，白銀便源源流入。根據東印度公司的記録，自康熙二十年（1681）到嘉慶二十五年（1820）的140年間，由歐洲船輸入中國的白銀達80965740兩，如果加上來自菲律賓和日本等地的白銀，恐怕有幾億兩之多。㉒這一時期的銀錢比價雖略低于法定的1000文，但由于有了比較充裕的白銀，貨幣金融市場比較穩定，這是根本原因。

清代前期，造成錢貴銀賤的因素很多，鑄幣是否充裕是影響錢價的第一個重要因素。順治、康熙、雍正三個朝代中，銅材生産一直欠缺，制錢鑄量受到限制。鑄錢所需銅材很大一部份是從日本、安南輸入。康熙年間，曾從日本輸入銅800萬斤左右，以後逐漸減少。乾隆時期，在170—200萬斤左右。乾隆末嘉慶初，在100萬斤左右。嘉慶末至道光年間，在100萬斤以下。道光二十四年（1844，日本天保15年），日本德川幕府指令："與中國貿易之銅宜減少；日本現在産銅雖多，唯恐銅少受困，故不宜售于中國，如能以其他物品替代，宜完全停止。"㉓從日本進口的銅減少，于是鑄錢的原材料一部份靠收購民間舊銅，包括日用舊銅器、舊錢等；一部份由各地開採的銅礦、鉛礦來補充。政府爲採購銅材料，每年動用白銀萬餘兩，純質紅銅每斤的最高價達一錢七分五厘白銀，還派員出洋去採購。可是，即使如此，各省鑄局還是經常因缺少銅料，鑄幣量無法增加，制錢不敷市場流通使用。所以，順治、康熙、雍正三朝制錢價格居高不下。直至乾隆初年雲南發現了新的銅礦，并進行了大規模的開採，緊張的銅材供應才有了緩和。乾隆三年，户部奏請："現在雲南産銅頗旺，所有各省每年辦解京銅四百萬斤，自乾隆四年爲始，盡歸雲南辦運。"㉔七年，開始在京增爐加卯，增鑄制錢，因而，乾隆後期錢價下跌，基本維持千錢一兩白銀的比價。

這一時期所以發生私銷私鑄，主要是因爲銅價時有波動。銅貴，或鑄錢成本高于發行價值，便發生所謂"錢賤于銅，則有私毀之患"。錢價下跌了，鑄錢成本低于發行價值，便有所謂"錢貴于銅，則有私鑄之患"。㉕又因爲各年代都不免存在着重錢和輕錢，便有銷重錢鑄輕錢以牟利之患。私鑄私銷，造成小錢、劣質錢的流通量增多，于是引起銀錢比價波動。儘管清廷屢屢嚴禁私銷私鑄，可是，因爲私銷私鑄有利可圖，故屢禁不止。私鑄不僅發生在民間，而且在官錢局也設奸巧之法進行。在康熙中期和乾隆末期，私鑄私銷比較嚴重，晚清更爲嚴重。乾隆六十年上諭指出："錢價之賤總由于私錢未能凈盡。"㉖事實上，長期以來，民間和官局的私鑄屢禁不止，已成爲一個大難題。

清政府爲遏制私鑄私銷，這一時期所採取的辦法之一是調節制錢價值，減少制錢的法定重量。康熙二十三年（1684），因銅價貴，銷錢爲器和私銷重錢鑄輕錢的情況嚴重，決定每枚制錢由原一錢四分減爲一錢。可是，鑄造小錢可以較多獲利，于是各地紛紛仿效，甚至出現僅重七分的小錢。私鑄盛行，社會上流通的低劣小錢增多，錢價下跌。康熙三十六年，"錢多價賤，每千市價三錢二三分"。㉗即一兩銀可換3030—3125文（指小錢）。康熙四十一年，爲提高錢價，恢復一錢四分重量，但仍未見效。其舊鑄小錢，期二年銷毀，可是户部掌印給事中湯右曾反對，說廢了小錢民間會驚擾，而且新鑄大錢無多，舊錢已毀，恐私鑄更繁，錢法愈壞。因而允許大小錢兼用，大錢千文作銀一兩，小錢千文作銀七錢。康熙四十五年，山東巡撫趙世顯以山東地方私鑄小錢之風盛行，奏請改鑄一錢四分重的大錢。其時京城已恢復一錢四分原重，但山東的請求未被清廷批准，上諭："聞山東長山縣周村一帶俱開爐私鑄，若不禁私鑄而鑄大錢，則大錢重，小錢輕，必毀大錢以鑄小錢，是大不利于地方矣。"㉘并派大員去山東緝拿私鑄者，還宣佈若地方官不拿獲私鑄者，同樣有罪。直到乾隆年中，康熙小錢仍許流通。由于不足值的小錢多，銀錢比價超過1000文。

康熙六十一年，以一錢四分大錢換算，一兩銀換780文，說明制錢加重後，對白銀的市場比價較前提高了，但仍未能使錢價穩定。雍正十二年又實行減重，減至一錢二分。乾隆五年鑄青錢，制錢含銅量只佔一半，是貶值的行爲。㉙可見，清政府爲解決錢價穩定問題極感困擾，但祇是一味在制錢減重、加重和貶值上求索徘徊，總是找不到出路，最後陷入束手無策的境地。

錢多錢少，影響錢價和銀錢比價。錢少了，錢價貴，需要增加鑄量來調節，但由於缺乏銅料來源，往往得不到補充。如道光三年，湖北寶武局因滇銅未能接濟，不得不停鑄。嘉慶二十四年以後，因滇銅供應困難，減爐減卯。錢多了，錢價賤，需減少鑄量。京局減卯數，省局則令減爐數和卯數，或停鑄。順治十四到十六年，康熙元年到五年，九年到十六年，四十一年到末年，乾隆五十九年，爲了防止錢價繼續下跌，曾先後令各省局停鑄制錢。㉚道光年間，各省因當地錢多，或鑄錢工本虧折而自動停鑄，有的雖經戶部咨飭開鑄，也請暫緩開鑄。如道光六年，江蘇寶蘇局因存錢多，錢價賤，減鑄，七年到九年的三年因存錢多，鑄本貴而停鑄。十七年，江西寶昌局因錢多價賤停鑄。四川寶川局以庫貯錢文足敷二三年之用，奏准部份停鑄。十八年，貴州寶黔局因存錢多暫停鼓鑄。二十年，浙江寶浙局因存錢過多，銀貴錢賤，請仍暫停鼓鑄。㉛

此外，清政府爲維持貨幣的穩定，對貨幣市場還採取加強管理的辦法。

雍正時期，曾設錢牙行經紀掌握錢價。"大、宛二縣額設錢牙，均令分五城地方，酌量錢價貴賤，以平時值。每十日令牙戶親自赴部報價一次，務令錢價平減，以便民用。并令步軍統領、順天府尹、巡視五城御史，嚴行稽查。倘有聚集一處，私立罰規，暗中串通，高抬錢價者，送部治罪。其牙戶選擇殷實良民承充。"㉜這種用行政手段來管理錢價的辦法當然行不通。乾隆初期曾在京城內外開設官錢局，讓民衆任意兌換銅錢以收進銀兩，也酌量向各當鋪收兌銅錢。當鋪在需要銅錢季節也可向政府官局兌換。但有人反對這種辦法，認爲只要政府規定錢的比價，准許經紀鋪戶按比價按日用錢額買若干串銅錢，并使他們稍有利潤，制錢就會順利流通。㉝結果，開設官錢局也并不能平錢價。乾隆十年，政府轉而鼓勵民間用銀，減少制錢的需要。下令："民間日用，自當用銀，除零星布帛、菽粟之類准其用錢外，至鋪店向行家成總置買貨物，均令用銀交易，不得用錢。行令直省該 地方官，遍行出示曉諭。"㉞當時，清代鑄錢規模已相當擴展，滇銅供應增加，大量鑄行制錢。乾隆中葉以後，銀錢比價平穩，"近日錢價頓平，自由鑄錢日多之故。"㉟以上情況説明，靠增加鑄錢和市場調節的辦法，對穩定銀錢比價，特別是穩住錢價，有較好的作用。

在清代前期的百餘年，銀價較低，銀錢比價相對穩定，主要是因爲國內積累了較充裕的白銀。乾隆中期以前，比價偏低（指一兩銀折合制錢低于千文），錢價（指折合銀價）相對高了。以後比價略高，并有一定的波動，主要是因爲鑄錢缺銅，鑄量不夠，私銷、私鑄、減重等情況發生。但在雲南銅產增加，國內銅料比較充裕的有利條件下，清政府針對錢貴銀賤的因素，採取了一些調節和加強管理的辦法，起了一定的作用，因而銀錢比價沒有發生重大的波動。

在嘉慶中期到同治中期的 60 多年裏，銀錢比價發生了大的波動，即由錢貴銀賤轉入銀貴錢賤，銀價不斷上漲，打破了清前期多年制錢相對穩定的局面，進入了半個多世紀幣制急劇變化和混亂時期。

這一時期，銀貴錢賤、銀錢比價波動與白銀外流是有着密切的關繫。在道光以前，由於鴉片走私，國內白銀開始外流。白銀的輸入渠道和輸出去向，除英國、印度外，還有荷蘭、西班牙、法國、瑞典、丹麥、美國、菲律賓和日本等。由于當時白銀既有流出也有流入，仍是入超的。道光元年始，鴉片輸入量明顯增加，但白銀的流入仍大于流出。嘉慶二十五年到道光四年，中國的國際收支仍保持順差，每年平均白銀流入高達 300 萬兩。道光五年到九年，中國白銀的流出超過流入，每年平均逆差達 120 萬兩，發生了根本性逆轉。㊱另據東印度公司的記録，1821—1830 年，中國白銀轉爲輸出超過輸入，輸出共達 2298468 兩，1831—1833 年達到 9994185 兩。㊲道光十八年，鴻臚寺卿黃爵滋在《鴉片入口紋銀外流請嚴塞漏卮》摺中稱："道光三年至十一年，歲漏銀一千七八百萬兩；自十一年至十四年，歲漏銀二千餘萬兩；自十四年至今，漸漏至三千萬兩之多。此外，福建、江浙、山東、天津各海口，合之亦數千萬兩。"㊳摺中所舉歲漏銀數字不一定准確，但從中可以看出其嚴重情況。這一時期，從 18 世紀後半期到 19 世紀 40 年代，即乾隆中期到鴉片戰爭前，白銀的價值基本穩定。鴉片戰爭前，由于白銀外流，銀價開始上漲；鴉片戰爭後，鴉片大量輸入，到咸豐末，鴉片年輸入超過 5 萬箱，白銀外流更甚，銀價上漲更爲明顯。戰後十年間，銀價年增長率平均達到 4.8%。㊴所以，鴉片戰爭後，白銀外流是造成銀貴錢賤的主要原因。這一時期，全國人口從嘉慶二十四年（1819）的 3 億多增加到道光二十九年（1849）的 4.1 億以上，貨幣需要量增多；私銷私鑄不斷，政府仍然重銀輕錢。以上這些，對于銀貴錢賤雖有一定影響，但與大量白銀外流相比，僅爲次要因素。

白銀大量流出，銀價急劇上升，全國朝野極爲震動。爲阻止白銀外流，穩定錢價，各大臣先後提出了不少禁止白銀出口、禁止吸食鴉片、重錢輕銀等主張，但都無濟于事。禁止鴉片入口，逐漸成爲朝野的一致認識和要求。但由于大清帝國的腐敗和軟弱無力，導致鴉片戰爭的失敗，鴉片源源不斷地大量輸入，白銀便繼續不斷地大量流失。

咸豐初起由于鎮壓太平天國運動，濫發鈔票和大錢，實行通貨膨脹政策，在咸豐、同治之間一度銀價和物價飛漲，使銀貴錢賤達到驚人程度。這次通貨膨脹延續十多年之久，是引起咸豐同治年間銀錢比價激劇波動不可忽視的原因。

銀貴錢賤的波動引起國內各方面關繫的緊張，社會矛盾加劇，受害面很廣。受害最深的是本已貧困的廣大農民。他們賣糧所得到的是制錢，而繳納稅糧需折成白銀計算，地方官故意提高每兩紋銀的折錢數，使農民的賦稅負擔更爲加重。本來就不多的糧食，換成制錢和白銀後還不夠完稅。農民赤貧化，無法生存下去，只得起來反抗。太平天國革命運動蓬勃興起，使清政府受到沉重打擊。銀錢比價的波動，使國內農業、手工業、商業、外貿和財政收入受到嚴重影響，政府財政陷入嚴重危機。清王朝爲籌措軍費，爲擺脫財政危機，竟採取嚴重的通貨膨脹政策，以致錢法大亂，更加重了貨幣、金融和財政的危機。

同治八年（1869）以後，銀錢比價逐漸下落。九年，銀一兩合制錢1850文，到光緒三十一年下落到1089文了。溯自道光初白銀開始流出，到咸豐五年由于絲茶等出口貿易出超，白銀又開始回流。同治十年到光緒六年（1871—1880），白銀輸入到達32880000兩，[40]光緒十九年（1895）白銀開始入超。[41]這一時期，世界白銀產量增加，如咸豐元年至十年（1851—1860），共生產24006萬餘兩，而光緒二十七年至宣統二年（1901—1910），則增加到152271萬餘兩，計增加六倍多。[42]另一方面，因爲各國先後放棄銀本位或金銀複本位制，改爲金本位制，有的雖未改制，但在其國內停止自由鑄造銀元，使白銀的用途大爲減少，于是大量白銀流入國際市場。同治十三年以後，世界銀價下跌，尤以光緒十七年爲甚。世界銀價下跌，直接影響并迫使國內銀價下跌。正在此時，光緒十五年中國開始鑄造銀元。光緒二十六年開始試鑄銅元，因爲有利可得，各省紛紛鑄造，全國鑄量迅速增加。據梁啓超估計，光緒三十到三十四年間，全國銅元鑄造量即達120餘億枚。[42]這樣，大量銅元流入市場，造成供過于求，泛濫成災。有的省把過剩銅元向鄰省拋售，造成金融市場混亂。當時，制錢的鑄本很高，各省皆不願捨銅元而虧本鑄造制錢，于是一度制錢嚴重短缺，而制錢已不適應市場經濟的發展情況，更不可避免地爲銅元所取代；制錢在廣大農村雖還在使用，但實際上已不佔重要地位。自同治元年開始，朝野議論欲恢復制錢制度，實際已不可能。銅元面值開始與銀元掛鈎，幣上鑄有"每百個換一元"或"廣東一仙"（英文），後改爲"每枚當制錢十文"，與實際上已失去流通地位的制錢掛鈎，顯示了清政府在傳統舊幣制度變動的歷史趨勢中的保守立場和猶疑失措。這時，貨幣制度更加紊亂，又一次發生了更深刻的貨幣危機，此時，銀錢并行制度已名存實亡。

同治六年（1868），在中外反動勢力的勾結下，太平天國運動被鎮壓，清政府喘了一口氣。但中國的政治、經濟、財政受外國控制，難以翻身，鎮壓太平天國運動後的戰爭創傷也急待醫治。喘息苟安不到30年，光緒二十年和二十六年又連續發生甲午中日戰爭和庚子八國聯軍侵華戰爭。戰敗後，列強不僅企圖實現瓜分中國的野心，并勒索巨額賠款。清政府向日本賠款白銀2億餘兩，向八國賠款白銀45000萬兩。甲午中日戰爭是爲清政府財政極端惡化的轉折點。加上當時世界銀價下跌，金價上漲，清政府交出的賠款和外債本息，均需折合成黃金交付，于是發生巨額"鎊虧"，加重了清政府的財政危機。爲了擺脫財政金融困境，以適應當時的經濟發展的要求，清政府又進行了幣制改革的討論。但爲時不久，清政府即宣告滅亡。

光緒三十二年到宣統三年清亡的短短六年間，銀錢比價雖有迅速回升的記錄，可視爲餘波，對于清末這六年比價的研究已無實際意義。民國四年（1915），直隸庫平銀一兩折合制錢仍在2100文，表明銀價高漲未稍減，則是民國時期金融市場值得重視的一個問題。

三、咸 豐 大 錢

清入關後兩百多年間，貨幣制度相對來說比較穩定，少有變化。咸豐三年鑄行大錢和發行鈔票是一個轉折點。它是清朝金融財政陷入大混亂和嚴重危機的始點，也是帝國走上崩潰和滅亡的信號。

鑄行大錢的議論，早在道光年間就出現了。道光初年，張格爾在新疆叛亂，朝廷調動大軍鎮壓，龐大的軍費開支造成當地錢幣短缺。道光八年（1828）諭准在阿克蘇鑄行當十普爾錢。[43]道光十七年，著名的貨幣理論家王瑬提出"鑄錢爲三等：當百、當十、當一"的建議。[44]接着，由于解決銀貴錢賤、私鑄盛行，度支日形支絀等原因，各大臣紛紛上摺主張鑄大錢，有道光十八年，廣西巡撫梁章鉅、[45]二十二年十一月，御史雷以諴、[46]二十三年十二月，御史張修育、[47]二十六年八月，安徽巡撫王植、[48]二十八年十一月，給事中江鴻昇[49]等。這些大臣提出鑄大錢的主張，遭到有些大臣的反對，如二十二年十二月，管理戶部的潘世恩等上摺《議駁雷以諴鑄當百錢之建議》，認爲："圜法之道，惟在各省源源開鑄，設法疏用，正毋庸遽易成法，轉涉紛更。"[50]二十六年十月，軍機大臣穆章阿等上摺《駁王植鑄大錢議》，認爲"凡鑄當五、當十大錢，并當千、當百、當五十者，亦屢見史册，大約旋用旋罷，旋鑄旋廢，從未有行之數年而物價能平，公私稱便者"。[51]清廷也未予採納。

太平天国運動興起，清廷財政趨緊，且銀貴錢賤動摇了貨幣制度，于是鑄大錢的議論又起，爲朝野所注目。清廷態度也逐漸發生變化。咸豐二年十月，四川學政何紹基奏請鑄大錢，指出："以天下之財養天下之人，出納有何虞短絀。無如西北邊餉歲數百萬，東南出洋歲逾千萬，斯二者皆往而不返者也，積世累年，勢難爲繼。"并問："夫易窮則變，變則通，銀之爲用至今可謂窮矣，尚不思變通可乎？"咸豐硃批："小錢大錢，制雖異，用實同，現鑄小錢，銅尚不足，何況大錢乎！汝知一而未知其二也……此摺著户部存記，若有可行時，不妨採擇入奏。"[52]到了三年正月十七日，御史蔡紹洛上書認爲："今欲裕國用以便民生，莫如兼用錢以濟銀之窮，改鑄大錢以通錢之用。"[53]二月六日，刑部尚書周祖培摺中説："軍興以來，靡費帑金至二千數百萬兩之多，軍事一日未竣，帑餉一日難省，總應寬爲籌儲，以期無誤要需。"且兵餉以及各事用項，"皆可以錢代銀，錢無不足，民自有餘，度支可無虞支絀。""更可倣照漢、唐成法，鑄當十、當百、當千之大錢。"他竟主張不惜拆皇家山莊、花園的銅窗、銅房、銅器鑄大錢。[54]二月十二日，大理寺卿恒春上摺説："近因軍務、河工接踵靡費，現雖豐工合龍，賊氛未净，庫帑支絀，部臣議捐輸、議開礦，但各省捐輸未能一律踴躍，且難源源相濟；開礦則礦苗能否旺盛，亦難預必。當此而欲開財之源，使帑銀不匱，實無良法。"[55]這些奏摺比較概括地分析了由于白銀大批外流，鎮壓太平天国的軍費以及河工、邊餉的開支，使財政難以爲繼，財政開源實無良法。這時清廷態度纔有所改變。對恒春摺硃批："户部議奏。"[56]三月十八日，户部尚書孫瑞珍上摺《議鑄當十大錢》，又另摺《請鑄當五十大錢》，纔硃批："依議。"[57]

咸豐三年六月户部奏報："自廣西用兵以來，奏撥軍餉及各省截留籌解，已至2963萬兩，各省地丁、鹽課以及關税、捐輸，無不日形支絀。現在銀庫正項特支銀，僅存二十二萬七千餘兩"，并稱難支下月兵餉。"[58]由此可見當時財政困難的嚴重情况。京局已于五月開鑄大錢，各省于六月後也陸續開鑄大錢。但直到九月二十二日，户部仍不贊成鑄當百以上大錢。是日，户部尚書孫瑞珍上書認爲大錢之鑄，歷代行而輒罷，皆由折當太重，子母不能相權，以致廢格。且當千、當五百錢分量過于懸遠，恐奸民銷輕鑄重，私造日多，"應毋庸議"。對此，咸豐未表態。[59]但到了十一月十四日，巡防王大臣綿愉等上摺奏請鑄當百以上大錢，"如此變通盡利，實足濟目前急需"。當天，硃批："所奏是，户部速議具奏。"[60]十一月二十一日，體仁閣大學士祁寯藻等在《復議推廣大錢并减重行使》摺中即表示贊成鑄行當五百、當千之大錢，并"永爲定制，中外通行，以昭劃一而垂久遠。"[61]

這時鑄行當百以上大錢也已是既成事實。但大臣中仍有持反對意見的，在祁寯藻上書的同一日，户部侍郎王茂蔭上摺《論行大錢利弊》，他認爲"考歷代錢法，種類過繁市肆必擾，折當過重廢罷尤速"。有些人提出"折當太重，謂其嫌于虚耳，大錢雖虚，視鈔票則較實，豈鈔可行而大錢轉不行？"他回答説："不知鈔法以實運虚，雖虚可實；大錢以虚非實，似實而虚。故自來行鈔可數十年，而大錢無能數年者，此其明徵也。"又對有人提出的"國家定制當百則百，當千則千，誰敢有違"的論點回答説："官能定錢之值，而不能限物之價值；錢當千民不敢以爲百，物值百民不難以爲千。自來大錢之廢，多由私鑄繁興，物價湧貴，斗米有至七千時，此又其明徵也。"[62]四年正月十二日，王茂蔭在《再陳大錢减重有弊》摺中認爲："若奸人以四兩之銅鑄兩大錢，即可抵交一兩官銀，其虧國將有不可勝計者。舊行制錢每千重百二十兩，熔之可以得六十兩，以鑄當千可抵三十千之用。設奸人日銷以鑄大錢，則民間將無制錢可用，其病民又有不可勝言者。即此二弊，已無法杜，無論其他。"并謂，最大之患，莫如私鑄。[63]王茂蔭還曾于咸豐三年十一月總結了歷代興廢大錢的經驗教訓"恭呈御覽"。王茂蔭精通錢法，他列舉從西漢以來歷代鑄大錢，都行不通，不僅民感不便，還由于私鑄盛行，大亂錢法，旋鑄旋廢，或改鑄小錢。只有三國蜀漢直百錢"史稱旬月府庫充實"，但王茂蔭説："未詳所止，意亦愚民一時之計"，對之亦是持否定的態度的。[64]從留傳下來的蜀漢直百錢實物來看，輕重不一，輕小的僅及大的二十分之一。這種减重情况，説明鑄行直百大錢也并不成功。

從道光初到咸豐二三十年間對于鑄行大錢的爭論中，我們可以瞭解到當時雙方所陳述的贊成或反對的理由，以及對利和弊的看法。在咸豐三年以前，清廷不同意鑄行大錢，其主要原因是：一些大臣反對鑄大錢，他們多以不要遽易祖宗成法和史册中所載大錢旋用旋廢爲根據。且自嘉慶、道光以來，財政日見困難，但還未到日子過不了的時候。他們對金融財政雖缺乏認識，但在歷史上因鑄行大錢的教訓，還是有所瞭解和警惕的，非到不得已時，不敢貿然開鑄大錢。

咸豐二年十月十九日，咸豐帝批斥何紹基奏請鑄大錢爲"知一而未知二"，可是到了咸豐三年三月十八日，才過去五個月，咸豐帝忽然改變了主意，同意鑄行大錢，而且由寶泉、寶源兩局開鑄當十大錢，隨後又鑄行當五十、當百、當五百、當千大錢。這是因爲當時軍費、河工、邊餉開支浩大，財政難以爲繼。且自道光、咸豐年間，銀價日貴，錢價日賤。道光末和咸豐初，銀一兩要合制錢2000文上下，又因銅斤缺乏，銅價高，私銷私鑄和錢荒嚴重，貨幣流通諸多困難。且納税用銀，農民賣糧得錢，又以錢换銀納税，層層虧蝕，官民交困，官逼民反。這裏不僅是貨幣流通受阻，也是使社會不安定的大問題。政府便以變法救世爲名，決定開鑄大錢。這正説明，當時清朝的財政金融和社會危機已陷入非鑄行大錢和印行鈔票以求飲鴆止渴挽救危機的境地。

清政府爲了擺脱財政和政治危機，急于推行大錢，而不斷膨脹的地方勢力，更可乘機擺脱中央控制、掠奪厚利，擴大財力，并攫取更大財政權力，都積極響應鑄行大錢，并一哄而上，競相鑄造大錢。這也是大錢鑄行中所不可忽視的一個重要方面。

在從中央到地方的清政府統治集團都竭力要求鑄行大錢的形勢下，由京局帶領，各省區緊緊跟上，在兩年内就形成了史無前例的全國鑄造大錢的狂潮。

咸豐三年，首先推行制錢減重的辦法。清代自雍正十二年確定了制錢重爲一錢二分以後，歷代皇帝都遵其制，通行了118年。至咸豐二年銅材奇缺，首先想到的是把制錢減重爲一錢。制錢減重對于當時來説，雖爲杯水車薪，但終究不失爲解救錢荒的一個嘗試。接着，在寶泉局、寶源局減少原來制錢的卯數，以鑄行大錢。

户部寶泉局所鑄行的銅質大錢，主要有當十、當五十、當百、當五百、當千五種。其中當十、當五十、當百大錢以銅七鉛錫三的配比鑄成黄色。當十錢初重六錢，旋改重爲四錢四分。當五十錢初定重一兩八錢，旋改爲一兩二錢。當百大錢重一兩四錢，當五百大錢爲一兩六錢，當千大錢重二兩。當五百和當千大錢用净純銅鑄成紫色。這些大錢都在咸豐三年五月、八月、十一月鑄行，但第二年就下令停鑄當五百、當千大錢。咸豐四年還鑄行當二百、當三百、當四百大錢，旋即又停鑄，故在流通領域中曾出現過這三種大錢，但數量不多，影響不大。這一年還鑄鐵錢和鉛錢，以補銅斤之不足。咸豐五年又停鑄當五十、當百大錢，僅鑄當十大錢。

各省錢局中首先響應鑄大錢的是寶福局，當時福建巡撫王懿德是極力主張發行鈔票和鑄造大錢的。寶福局主要鑄造當十、當二十、當五十、當百四種大錢。"當十者重五錢，當二十者倍之，當五十、當百者如數遞增。"⑥所謂"如數遞增"，應理解爲按照一定份量加重，但寶泉、寶源局所鑄大錢并不按面值成倍地增加份量。

河南寶河局在清代前期主要靠收買舊銅鑄造制錢，常因缺銅而停鑄，所用錢幣多仰京局及其他省供給，而在鑄行咸豐大錢時也積極響應。咸豐四年"奏准河南省建設寶河局"，⑥遵照户部頒發的大錢章程，鑄造當十、當五十、當百三種大錢。分别重四錢四分、一兩二錢、一兩四錢，以後鑄當五百、當千大錢，還增設錢爐鑄造鐵錢。僅隔一年，于咸豐五年便停鑄各種大錢，九年又停鑄鐵錢。

當時鑄行過各類大錢的省和地區錢局，在咸豐三年的還有江西、山西、雲南、貴州、廣西、新疆的伊犁和阿克蘇，在四年的有熱河、甘肅、江蘇、陝西、湖北、直隸（寶直和寶薊）、湖南、河南、四川、山東、新疆葉爾羌、迪化、浙江，五年的有新疆喀什噶爾，六年的有庫車。户部還專在山西平定州設立分局鑄行鐵大錢，也曾鑄行過鉛質制錢。

全國共有户、工和18個省區、28個錢局先後開鑄銅鐵鉛大錢。就折當次論，銅大錢見有二、四、五、八、十、二十、三十、四十、五十、八十、一百、二百、三百、五百、一千等15種，鐵大錢見有四、五、十、五十、一百、五百、一千等7種，鉛大錢見有五、五十、一百、五百、一千等5種。大錢開鑄後不久，也就在咸豐朝，各省錢局奉命紛紛停鑄當五十以上大錢，惟有當十大錢還在苟延殘喘。咸豐以後，同治、光緒兩朝也曾鑄當十大錢，但因減重，在流通中一般僅折當制錢二文使用。咸豐大錢從鑄行到退出歷史舞臺，僅數年時間，真可謂急起急落。

咸豐鑄行大錢造成的後果是極其嚴重的，它加劇了通貨貶值，破壞了金融市場和貨幣制度，加深了財政危機，并引起廣大市民和農民的不滿，産生了社會政治不安定的嚴重局面。

由于大錢鑄造的時間不同、地區不同、幣材不同，造成質量不劃一，甚至面值大的重量反而輕于面值小的。政府對大錢衹放不收，結果造成大錢没有信用。當千、當五百大錢一出籠，由于折當太重，實際衹能打七八折行用。尤其是商人對大錢大力抵制，"當百大錢又有奸商折算等弊"，⑥"城鄉交易，或任意折算，或徑行不用"，⑥更把鐵錢、鉛制錢、寶鈔等視爲無用之物。大錢當千當五百先廢，當百當五十繼廢，乃專行當十錢，"當十錢行獨久，然一錢當制錢二，出國門即不通行"。⑥各地方大錢行使的情況與京城相仿。雲南省開始時當十大錢"每文猶可當三四文用，繼而不當一二文用"，後來"竟不值一文"。⑦李慈銘説："江浙間有用當十錢者，未幾復停。次年吾越以一當五用，旋至當三而罷。"⑦李氏所指的次年爲咸豐七年。

鑄行大錢受害最深的是人民群衆。當時全國各地人民都因錢價暴跌、物價飛漲而生活在水深火熱之中。京城郊區農民損失極大，竟至不敢把糧食運到京城出售。因而各糧行擡價居奇，京城"小民每日所得錢文，竟不能供一日之飽"。⑦民心慌亂，"賣食舖户多有關閉，貧民藉端滋鬧，竟有情急自盡者"。⑦福建省是最早鑄行大錢的省份，貨幣貶值的後果也最嚴重。咸豐八年"鐵制錢賤，每百文抵當十文"，幾至民變。⑦家人日不得一飽，"此境已歷時過久，百姓真熬不過矣"。⑦熱河地方"民皆罷市"以抵制大錢的使用。⑦原來生活較好而享有特權的八旗兵丁，很多亦陷于饑寒。⑦不斷有旗人到紫禁城請願，要求停鑄停發大錢。"貧民之流爲乞丐者不少，乞丐之至于倒斃者益多。"⑦"至于强者，公然白晝搶奪，肆行無忌。""宗室亦有散而爲盜者，糾衆橫行，劫奪倉米，犯案累累。"[79]真是社會動亂，民不聊生。大錢沒有能够解救當時的錢荒和財政危機，反而引起了社會的混亂。

造成咸豐大錢迅速退出歷史舞臺的原因是複雜的。首先，清政府財政問題日趨嚴重，採用發行無本位高額折當的大錢、寶鈔的應急措施，是有意進行通貨膨脹，掠奪人民財富，實際是飲鴆止渴。對于這一點，從清皇帝到各級官員都很清楚，只是不敢明説而已。

其次，政府不守信用，自壞成法。清代各地政府和各級官員爲着本地區和個人的利益，都不願維持大錢寶鈔幣值的信用，誰維護大錢信用，誰就必然自食巨額虧本的惡果。盡管朝廷明文規定大錢寶鈔搭放搭收的比率，但地方政府在征收賦税時，或故意貶低大錢價值，或拒絶收受。如長蘆鹽課"所有鐵制錢及銅錢大錢，一概不收，以致京外大錢不能通行"。[80]順天、直隸、山東、山西等省征收地丁錢糧，雖規定俱准呈交銅鐵當十大錢并鉛鐵制錢"。可是"官吏書差勒索挑剔，不肯收納"。[81]正是由于官方衹放不收，也就反過來影響了發放。官兵不願承領作爲軍餉的大錢，以致退回軍餉。清廷擔心軍隊激而生變，只得答應今後兵餉"毋庸搭放大錢，其練勇口糧即照兵丁口糧一體辦理"。[82]官方對于大錢的搭放搭收都不按規定執行，大錢也就不可能會有信用。咸豐三年十一月二十一日，户部侍郎王茂蔭摺《論行大錢利弊》，咸豐帝亦知其理，故硃批："蓋大錢之暢行與否，全視在上之信與不信。果能設法預籌，爲經久之計，不先自壞成法，斷無隔閡之理。"[83]衹是無法做到。

私鑄私銷，也是引起私鑄大錢風行的原因。私鑄私銷之所以風行，一是利益豐厚，二是技術簡單。在議鑄大錢時，曾有各種防僞設想，有主張"當千者字面填以黄金，當五百者嵌以白銀，仿古金錯刀遺意，使知寶貴"；[84]有的主張："當百以上者加嵌銀點，以示貴重。當千者十點，當五百者五點，當百者一點，每點嵌銀不過一二分，而可使辨别較易，造僞較難"；[85]有的主張："鏃邊銼磨之後，加以水磨，務使紋痕俱净，光潤如鏡。"[86]但這些建議都因難于實行而沒有被採納，或不能完全做到。當高額咸豐元寶發行後，私鑄之風驟熾。"自當千、當五百大錢一出，漁利之徒用數百制錢購買舊銅一二斤，便可鑄造當千大錢十餘個，其利不止十倍，此所以易于犯法也。"當千當五百大錢以其折當過甚，商民多不願使用，私鑄者因而減折其值，當千錢作六七百或五六百售用。"此端一開，到處紛紛效尤，而官鑄與私鑄混淆莫辨，不免同受虧折"。[87]咸豐帝于是下令停鑄當千當五百大錢，并要求提高其他各種大錢的鑄造質量，加強管理，嚴懲私鑄者。[88]但是，即使是皇帝的禁令、嚴刑酷法，都無濟于事，私鑄大錢反而有增無減，愈演愈烈。"通州河西務一帶，奸民聚衆私鑄，竟敢于白晝闤市中，公然設爐製造。地方官畏其人衆，不敢查問。"[89]私鑄大錢造成貨幣嚴重貶值，通貨膨脹。當五當十當五十大錢衹值一二文制錢時，人們又把大錢熔化後鑄成輕劣小平制錢。私鑄私銷是一對孿生兄弟，異曲同工地使雜亂的小錢、劣錢充斥于流通領域，破壞了國家的貨幣制度。

總之，清代後期，封建朝廷極端反動和腐敗的統治，陷財政于嚴重困境。統治階級不可能開出治病良方，而採取惡性通貨膨脹，加緊剥奪人民，來挽救財政危機的辦法，結果適得其反，更加重了危機。這是咸豐朝濫鑄大錢慘遭失敗的根本原因。

四、太平天国錢幣

1851年1月，洪秀全在廣西桂平縣金田村率衆起義，定國號太平天国。經過兩年的浴血奮戰，1853年3月攻克并定都南京，改南京爲天京。隨即，鑄行了自成系統的金屬鑄幣。太平天国錢幣不屬于清代貨幣系統，但太平天国錢幣和其他受太平天国起義影響的各種反清勢力所鑄行的錢幣，從發行到退出流通領域的全過程，都發生在清王朝統治的時代。

兩個政權、兩個錢幣系統并存、對立和鬥爭，是決定太平天国錢幣的產生、發展、消亡及其作用特點的歷史條件。

太平天国鑄行錢幣的歷史背景、鑄行時間、地點、歸誰所鑄，以及它對各方面的影響，均缺少文獻記載，也缺少科學專著。因此，必須根據實物和歷史資料，科學地、實事求是地進行分析研究。

（一）太平天国貨幣制度。太平天国鑄行單一的金屬鑄幣，而未發行國家紙幣。大清帝國對國家發行紙幣一直採取慎重態度。咸豐朝曾發國家紙幣，造成惡性通貨膨脹，加劇財政危機，可能是太平天国不發行紙幣的一個原因。太平天国己未九年，洪仁玕在《資政新編》中，主張"興銀行"、准頒"銀紙"，并注明具體發行辦法和好處。天王洪秀全批示："此策是也。"可見當時太平天国的主要領導人不是反對而是贊成興辦銀行發行紙幣的。發行紙幣是商品經濟發展的必然結果，也是貨幣制度的一種進步。太平天国統治區富庶，經濟繁榮，商業發達，對外貿易也很興旺，客觀上存在着增加市場貨幣量、發行紙幣的要求。這種要求不是主觀願望或行政手段所能阻止的。現在沒有發現太平天国發行紙幣，是否因爲已經發行大量銅錢，可以滿足市場的需要，而暫不急于發行紙幣，有待繼續研究。但不能排除天朝和地方政府或軍隊公開或内部發行某些類似紙幣的信用憑證等的可能性。有關太平天国的野史和筆記中，已有某些踪迹可尋，⑨有待進一步研究。

（二）太平天国錢幣的錢式。太平天国鑄行錢幣的時間不長，但是種類繁多。錢文有宋體、楷體、行書、隱起文四種；無紀年、紀地、紀值。這是不同于清錢的特點。從大量錢幣實物來分析，錢文排列的基本形式有兩種，即《天国（面）—聖寶（背）》和《太平天国（面）—聖寶（背）》。這兩種錢多在南京發現，稱爲"南京錢"，數量也多。也有發現于蘇州，應是天朝欽定的形制，也是天国統一的基本錢式。此外，把作爲錢文的"太平天国"，割裂成"太平"、"天国"，并和"聖寶"一詞進行不同的組合，産生《天国太平—聖寶》、《天国聖寶—太平》、《太平聖寶—天国》等三種錢式，多出于浙江杭州、紹興等地區，可視爲太平天国後期地方政權鑄造的錢幣。

從太平天国起義到建国初期的五六年，是軍事行動和各種國家典制建設取得成功的時期。天国錢幣開始鑄行也在這個時期。一説1853年7月（太平天国癸好三年六月），太平軍于江寧所虜銅匠中覓能鑄錢者得十二人，設廠開鑄，但屢鑄皆不成輪廓，字迹模糊莫辨，遂停止。⑨一説1853年5月至9月（癸好三年四月至八月）鑄天国聖寶錢，因鑄造不成功"交僞聖庫掌之"，未發行。⑨第二年1854年6月18日（甲寅四年五月二十三日），東王楊秀清答復英國人誥諭中説"天国聖寶即將頒行，妖號之錢，定將絶禁。"⑨1855年又鑄新錢太平天国聖寶。⑨太平天国1853年3月佔領南京到1855年的兩年内，鑄造了上述兩種基本錢式的聖寶錢。太平天国于1856年（丙辰六年）秋，發生了内訌，自相殘殺，翼王引兵出走，元氣大傷，國勢衰落，中央權力削弱。1861年（辛酉十一年），安慶失守，開始走下坡路。天国轉而經略江浙，稍有所得。在其攻佔浙江杭州後，曾國藩説，太平天国"佔領富庶之區，廣收官軍之降卒，財力五倍，人數十倍"。⑨給了太平天国以力挽狂瀾、力圖復興的機遇。可惜，天国自辛酉十一年起，發生賄買王爵等腐敗現象，亂封王號，朝綱日壞，敗亡之勢無可挽回。江浙各地區王爺可以不顧天朝政令，自行其事。這就是當時江浙各地所發行的錢幣不同于天朝基本錢式的緣故。

（三）太平天国還鑄造少量金、銀、鐵、鉛質錢。其錢式均屬天朝兩種基本錢式。

《天国太平—聖寶》金錢。面文讀法可先上下、後右左，或先右左、後上下。如按後者讀法，則爲"太平天国"，屬天朝基本錢式。

曾隨左宗棠軍同太平軍作戰，後被虜在天京居留一年的威廉·爾士尼（Willian Misny），在1905年出版的《爾士尼中國見聞雜記（Misny's Chinese miscellany）》中説，他曾親眼見過中國金幣，該幣是在19世紀60年代早期，由太平天国政府在南京鑄造。金幣一枚等于銀幣五兩或五枚西班牙銀元，屬于太平天国中晚期的鑄品。英國博物館藏有一枚，面"天国太平"，背橫書"聖寶"，徑長27毫米，重8.74克。（美）曾澤禄近年也獲得一枚，⑨徑長27毫米，重12.8克。據説美國錢幣協會博物館、芝加哥基弗氏（A.e.Keelez）和日本一位收藏家也各有一枚。此種金幣似多作爲賞賜之用，或也可以交換流通。

《天国—聖寶》銀錢。均手工刻製。曾到過天京的英國海軍少將白綸（Lindeay Brine）于1862年出版的《太平起義（The Taping Rebellion）》載有一枚，徑約3厘米，小的約2.6厘米，"銀錢之形狀如同銅幣方孔形，而且錢文是手雕刻的"。1878年德國柏林出版的《拍賣雜誌（Venglichniso Von Mungen and Deknaungen du Endthdile Auetialieu, adien alike）》載有一枚，錢文爲《天国—聖寶》，徑32毫米，重17.6克。1861年6月19日，太平天国忠王李秀成之弟李明成致英國翻譯福禮賜（Rolent fameo Forrect）的信中説："兹將我国聖錢，如托付呈，銀錢貳拾元，青錢拾元。祈庵下哂納，留爲粗玩。"⑨可見這種銀錢主要用作饋贈。留世的大小銀錢有多種，英國博物館藏的一枚，徑31毫米，重17.79克，另一枚徑32毫米，重18.29克。

《天国—聖寶》鐵錢。面背均直讀。徑約如當十錢。20世紀50年代初發現于南京。

《天国—聖寶》、《太平天国—聖寶》鉛錢。前者稱當十錢，面背錢文均直讀。後者爲小平錢，有兩種，一是面"太平天国"，直讀，背"聖寶"直讀和橫讀；二是面"天国太平"，直讀，背"聖寶"橫讀。兩種小平錢據版式分析，應鑄于天国後期，流通于江浙。

（四）太平天国鑄有同屬于《太平天国—聖寶》錢式的大錢和大花錢。大錢錢文有宋體和楷體兩種，其徑長和重量超過一般當十當百大錢，可分大中小三種，又有狹緣、闊緣之别。大花錢可分特大、大、中、小四號，特大號直徑爲335毫米，重約4500克，通體鎏金，發現時已殘破不全。錢面鑄"太平天国"四個宋體字，邊緣鑄雙龍戲球和壽山圖案；背直鑄"聖寶"兩個宋體字并雙鳳圖，邊緣鑄寶蓋、法輪、金魚、寶傘、妙蓮、寶瓶、盤腸、法螺等八種寶物圖案。惟小號花錢背"聖寶"兩字橫讀，且無雙鳳圖。大花錢鑄造精美，應鑄于天京、蘇州。這兩種鑄品，均非流通錢，一般認爲，都屬于紀念性鑄品，用于鎮庫、開爐、慶典、饋贈等。

（五）《天国—通寶》錢值得研究。這一錢種同《天国—聖寶》，除錢背"通"和"聖"、橫書和直書不同外，其他錢式相同。通寶錢不見文獻記載，有人認爲是天国早期鑄品，是天国三年三月佔領南京後最早鼓鑄的折十型錢幣，用來回收大量咸豐小平等舊錢的。照此論斷，《天国通寶》錢應鑄在《天国聖寶》錢之前。根據上述史料，天国三年六月或四月至八月開鑄天国聖寶錢時，只有覓到十二個能鑄錢的銅匠，初鑄不成，第二年夏秋才鑄成功。因此，斷言《天国通寶》錢在太平軍還未找到能鑄錢的銅匠之前，且僅在兩個或四個月中就鑄造成功，很難令人信服。天国定都天京後，曾廢除家庭，居住按性別分別編入男館與女館。日常生活必需用品，由聖庫定額供給，廢除私有制，一切財富（包括貨幣）歸國家所有。居民財產收歸聖庫，每人不得私藏十文以上，且廢除商業。這樣就不存在貨幣流通。因此，認爲《天国通寶》錢是天国定都南京最早所鑄過渡性流通鑄幣，很難令人信服。《天国通寶》和當十型《天国聖寶》錢相比，其重量按本卷有數據的圖版統計，前者六枚，平均22.33克，後者四十枚，平均25.49克。《天国通寶》錢比《天国聖寶》錢平均輕3.16克，即輕12.4%。《天国通寶》錢的徑長也比《天国聖寶》錢爲小，據實物測算，平均小2.23%，穿徑平均也較大，且通寶錢鑄工略勝於聖寶錢。這都是後鑄品的現象，説明《天国通寶》錢應鑄在《天国聖寶》錢之後。因此，《天国通寶》鑄在《天国聖寶》錢前之説，也難令人信服。有人認爲《天国通寶》錢是供天朝選擇的試鑄品。天国于辛開元年八月初七日頒發《命兵將殺妖取城所得財物盡繳歸天朝聖庫詔》，可見天国在起兵時即有聖庫制度。有學者認爲，天国定都天京後，爲迅速擴大其影響，鞏固其統治，急于"改正朔，易服飾"，加緊製定一整套典章制度，應用"聖"字命名并鑄造天国聖寶錢是理所當然的重要措施；其原本目的也不是專爲天京民間貿易之用。所以，不用"聖"而用"通"字試鑄通寶錢之説似難成立。有人認爲通寶錢是鑄錢工人戲鑄或誤鑄之品。天朝前期紀律嚴明，在天京鑄造聖錢，發生誤鑄品，而且錯版多達十餘種，可能性極小。

　　鑄造《天国通寶》錢的時間和原因，有幾種可能性。一是天国後期，紀綱松散，各地王爺或有權勢的人所鑄。二是太平天国失敗後，清末民初人圖謀私利的臆造品。這兩推測都有一定的合理性，但目前還缺乏必要的根據。三是太平天国同清朝鬥爭的一種形式。咸豐三年五月鑄當十大錢，正是太平天国定都天京，還未或正在准備鑄錢的時候。太平天国首先鑄造有如當十大錢，應是針對咸豐當十錢的，其目的在于排擠、代替咸豐錢。正如當時楊秀清對英國人宣告使"妖號之錢，定將絶禁"，明顯帶有政治經濟和軍事鬥爭的性質。1853年冬，天国繼放寬對私營商業的限制，在城內開設公營商店。1855年初，恢復家庭生活，還在城外不遠處設立專供同城內貿易的"買賣街"。但天京城外流通清錢，不用聖寶錢。天朝有可能爲打破清軍對天京的軍事包圍和經濟封鎖，爲繁榮商業、豐富物資供應，針對當十咸豐錢，鑄當十《天国通寶》錢，讓商人携帶出城交易。張汝南《金陵省難記略》也有"發與領本人持出城交易"的記述。上海小刀會于1854年底鑄《太平通寶》錢。入城貿易的商人帶出此錢，被清軍查獲殺害。爲保護商人的安全，維持和發展商業，曾鑄帶有咸豐錢樣的錢幣，即是一個例子。"天国"一詞原出于基督教新聖經，有濃厚的宗教色彩，稱爲《天国通寶》仍不失爲天朝貨幣性質，但避開作爲天国錢幣標志的"聖寶"兩字，易于混同使用。其重量相當于咸豐當十初鑄錢，而較其後鑄的減重錢爲重（據減重後各四枚寶泉、寶源局大小不一的當十錢測算，平均重爲14.88克），更易混同流通。後來，可能由于《天国聖寶》錢不減重，信用好，隨着商業的發展，流通暢順，直至流通到周圍的清軍地區。這時也就無須再用通寶錢，或者感到鑄行通寶錢雖爲權宜之計，仍是不妥，還是收回，發行單一的聖寶錢爲好。這些推論自然不能作爲定論，也有待進一步研究。

　　（六）太平天国錢的鑄地。太平天国錢幣上没有紀地。太平天国各地軍政直屬天朝管轄，由天朝統一發行鑄幣。太平天国崇拜獨一無二的真神上帝，上帝創造天地萬物，主宰一切。天地萬物歸于上帝，非個人所得以私有，當然更不會在幣上鑄有地名。天国內訌前鑄造的錢幣多在南京發現，應在天京鑄造。文獻記載，天国後期，忠王李秀成于咸豐十年佔領蘇州後，建立蘇福省；同治元年四月，忠王在蘇州開爐鑄錢，⑱江陰也鑄錢。⑲咸豐十一年八月，朗天義陳炳文在浙江嘉興鑄錢，不成。⑳十二月調往杭州，繼續鑄錢成功。㉑各地政府也自鑄錢幣。至于有人斷言，宋體文、隱起文的太平天国聖寶錢鑄于湖南和大花錢鑄于株州或衡陽錢局，據太平天国史學家郭豫明考證，株州縣原名淥口，太平軍僅于1854年5月1日因戰敗退出湘潭後，有一支數百人的隊伍路過該縣，并没有留下駐守，根本説不上招人鑄錢。衡陽原爲衡州府，太平軍于1852年自廣西北上途中進攻此地。在1853年、1854年西征時也没有到過此地。1856年後，太平天国更没有在湖南建立轄區，因而也不會由湖南鑄聖寶錢。㉒據傳，安徽鑄有面"太平"背"天国"，均直讀的聖寶錢，厚而鑄工精美，㉓可惜未見實物，無從判斷。

　　（七）太平天国錢無紀重紀值，或標明折當等級。咸豐小平錢稱通寶，當五當十稱重寶，當百和當百以上的稱元寶。太平天国錢幣無通寶、重寶、元寶之稱。《天国聖寶》和《天国通寶》錢幣相當于咸豐錢的當十量，但都未按清制規定稱重寶。

　　太平天国錢與清咸豐錢是敵對政權發行的不同體繫的貨幣，兩者均沿用方孔圓錢的傳統形式，其他形制皆有明顯區別。敵對兩方都不需要也不會把敵方幣制作爲仿摹對象。把太平天国錢幣徑長和重量大小不等的序列，説成是仿摹咸豐錢的換當和分等的説法，僅是一種缺乏實據的臆斷。也不應把太平天国錢制的變化，説成純粹是受咸豐錢制墮壞進程的制約，祇是亦步亦趨地跟着咸豐錢走。對太平天国後期各地區王爺自行開爐鑄造地區性錢幣時，出現了以小型錢爲主的情況，也不能說是受到當時清朝已停鑄高面值大錢的影響，可能以祇發行折五型錢爲度云云。正是由於史料上沒有發現太平天国錢有規定換當分等的記載，這一問題的研究有被導入歧途的可能，已成爲亟需重新探討、而較有難度的課題。

太平天国鑄行大小不等的聖寶錢，軍民上下都稱錢的單位爲"元"。如前引李成明致英國翻譯官的信中說："敝國聖錢，今已辦上大花錢壹元"，另一信提到"銀錢貳拾元，青錢拾元"。曾爲李秀成部下的英國人吟唎在《太平天国革命親歷記》中說，他率部奪獲清方武裝汽船後，因功受到忠王嘉獎，獲"獎發兩萬元"。[14]所以，學者郭豫明認爲，若以太平天国文件中提到"元"爲單位，則其分等似可分爲一角、五角、一元、五元四等。

太平天国聖寶錢，無論錢文是宋體、楷書、行書，還是隱起文，各自大小和重量不完全是按一定比例遞增的，彼此之間也有較大差異。有的被視爲當五的錢，卻和小平錢差別不大，似是大樣，而不是另一等級。有的其重量甚至還低于小平錢，并非預先計劃分等配套的，這類銅錢多出于天国晚期浙江地區。

（八）太平天国錢幣優于咸豐大錢。太平天国從起義到天京陷落的十四年，正是咸豐元年到同治三年期間。清朝爲挽救財政危機，發行鈔票和大錢，實行通貨膨脹政策，破壞了貨幣制度，使財政金融面臨總崩潰的境地。太平天国沒有發紙幣，鑄行了多種聖寶錢，沒有發生惡性的通貨貶值，統治區内財政充裕，金融穩定，人民安居樂業，遠勝于咸、同時期清朝統治區的情況。天国後期的五六年，在清軍和外國軍隊的進攻下，天国軍事連連失敗，廣大地區因戰禍，人民生活和經濟總陷入絕境。天国前期所以能够穩定金融和貨幣，有多種因素。一是天朝統治區商業發達，經濟繁榮，這是重要的基礎。太平天国據有長江流域，特別是江蘇、浙江富庶地區。由于對國内外貿易採取自由和保護政策，天京城邦"商業繁盛"，江蘇各地"貨物充斥"，宜興、大浦"商賈雲集，交易日數十萬金"，嘉興各地"商賈流通"，杭州"十里長街到市厘"，都是一派繁華景象。[15]出口有大宗茶葉、絲綢，輸入有軍火、米糧和雜貨。太平軍佔領產茶區和絲綢區後，每年出口量仍繼續增加。[16]天朝有劃一的稅則，取給于民皆有法有度，較清政府減半，民樂于效命。天朝"田賦則一收一支全歸地方官支配"。[17]所以，自中央到地方，財政收入有保證，明顯優于清朝咸、同時期。商品經濟的發展，需要與商品流通量相適應的貨幣量。祇要不過多發行，可以保持貨幣的穩定。二是慎重的發行政策。天国鑄行錢幣不是以剝奪人民財富爲目的，不搞大額不足值錢幣，不搞通貨貶值，這是同咸豐濫發行紙幣和大錢有根本區別。天国聖寶錢的銅質精良，所鑄錢幣除個別限于製造技術而輕小外，一般都始終保持在一定幅度内，沒有發現明顯減重的現象。太平天国雖有鐵鉛錢，但數量極少，當非依其錢制之正式鑄品。咸豐大錢則不同，就是寶泉局的當十大錢，大小差別也很大，甚至當百當五百當千的重量還不及當五十的，并鑄行大量鐵錢和部份鉛錢。咸豐錢名目繁多、粗鑄濫鑄，不斷減重，在人民心目中，已完全失去了作爲國家貨幣的權威和信用。天国早期只鑄大小兩等《天国聖寶》錢，以後又增加了被後人稱爲當五十的大錢，發現的量也不多，沒有鑄類似咸豐當百以上的大錢。至于大型的《天国聖寶》錢和花錢，不是流通幣，而是作爲其他用途的特鑄品。太平天国錢幣并未發生貶值，贏得人民的信任，甚至在清軍駐扎地區也有流通。[18]三是太平天国政紀軍紀較嚴，政令比較統一，沒有發生像清朝各級政府官員那樣，不遵守國家法令，任意破壞貨幣制度的現象。天朝到了後期，紀律有所松弛，各地各自爲政，但未發現人民反對聖寶錢的嚴重事件。聖寶錢受到人民信任和擁護，通行于天国全境。

太平天国政權延續不長，發行的錢幣複雜，但比較咸豐朝用高額折當的錢幣加重人民的負擔，不知要好多少倍。

太平天国起義勢如破竹，兩三年即定都天京，大大鼓舞了江南各地人民和會黨等抗清力量，他們陸續起來呼應，取得不同程度的勝利。在太平天国鑄行錢幣的帶動下，各地抗清勢力也鑄造了錢幣、紀念章和信號錢。

（一）上海小刀會錢幣。上海小刀會于1853年9月在嘉定起義，攻佔上海，堅持鬥爭一年半，建立起"大明國"政權，旋改爲大明太平天国，以示擁護太平天国。所鑄《太平通寶》錢有兩種，一是背面穿上下鑄日月紋，隱明字；二是背穿上有月紋，下爲"明"字，都表示他們反清復明的宗旨。兩者都是小平錢。

（二）大成國錢幣。1855年9月，廣東天地會首領陳開、李文茂率衆進入廣西，攻下潯州府城（今桂平），建立"大成國"，翌年秋陳開封李文茂爲平靖王。1857年3月，李文茂率衆克柳州，自成一統。鑄"平靖錢"。[19]有兩種：一爲《平靖通寶》，背穿右爲"中"字，小平錢；一爲《平靖勝寶》，錢形略大，背面有"中營"、"前營"、"後營"、"左營"、"右營"、"御林軍"、"長勝軍"等多種。

有人把《明道通寶》（背天）錢列入大成國的錢幣，但史無記載，且該錢多發現于江西，"明道"的含義也不清楚，斷定是大成國錢幣，缺少充分根據。該錢可能是另一地區會黨所鑄造的錢幣。

（三）貴州號軍錢幣。白蓮教支派燈花教起義隊伍用各色頭巾裹頭，用以編排，故稱號軍。老主教劉義順爲首領，後擁戴張保山冒充明朝皇帝後裔，或稱朱王。從1855年11月起事，到1868年失敗，共持續 13 年。鑄《嗣統通寶》錢，背無文，係小平錢。

（四）浙江會黨錢。1861 年 6 月金錢會創始人浙江平陽縣錢倉鎮人趙起、周榮、繆元、朱秀仙、謝公達等八人正式起事時鑄造《金錢義記》錢，背有"天"、"地"、"離"、"震忠團錢"和雙菱形圖無文等，作爲入會憑證的信號錢，不屬于當時流通貨幣。

《開元通寶背武》、《太平通寶背文》、《天朝通寶背永》、《皇帝通寶背聖》，多發現于浙江各地，有人指爲浙江會黨錢。其他如《太平天国背聖寶》八卦大花錢、《皇帝通寶背滿文寶浙》錢、《皇帝重寶背滿文寶浙當十》錢，是否也是浙江某一會黨所鑄的開爐錢或地方行用錢，也有待今後考證。

在太平天国錢幣研究中，對各種繁多的錢形鑄品，如《蒯蒯蒯薾背吉星拱照》錢、《羅漢金錢背天臺名山》錢、《怡怡和合背戌》錢、《德著皇都背恩流西粵》錢，等等，是何人何時何地爲何用所鑄，缺乏判斷的依據，不宜對錢文某字某詞隨意作出某些臆測、附會，加以論斷。又如把面文"水陸平安"背卦象兵器圖的錢形鑄品，斷爲義和團錢，是同一傾向的反映。其實，有關義和團的資料、檔案、野史、筆記、參與者日記等，浩如煙海，其事巨細多有詳錄，有無"水陸平安"團錢之事，當詳加考證，再作論斷。還有大量的厭勝錢，如《太平通寶—背龍虎會風雲》錢，要具體分析，不能同太平天国錢相混淆。還有更多的籌碼錢和臆造錢，祇要認真分析，也不難鑒別。

五、新疆紅錢

乾隆二十四年（1759），清政府統一回疆（南疆）後，用紅銅鑄造銅錢，俗稱紅錢，流通于南疆地區。光緒十年（1884）新疆建省後，紅錢通行全省。

新疆產銅，但鉛、錫等則稀少，由于遠地調運困難，就以本地所產含銅量高的紅銅鑄造，故錢色紅潤，歷史地形成新疆紅錢的特色。過去鑄行的准噶爾普爾（Pul）就是早已流通于回疆地區的紅錢，其式小于制錢，後由清廷收回。

清人入關之初即對新疆用兵。康熙曾三臨朔漠，征討准噶爾部的騷擾。雍正帝平定了青海、寧夏等地，爲新疆的平定打下基礎。乾隆十九年，西部蒙古各部杜爾伯特、和碩特、輝特先後降清。乾隆二十年，准噶爾平。二十一年輝特部臺吉阿睦爾撒納（1723—1757）叛，伊斯蘭教白山派封建主和卓之子小和卓霍集佔（1757）附之，旋率眾潛歸南疆，糾合胞兄大和卓倡亂，自稱"巴圖爾汗"，史稱"大小和卓之亂"。清廷再出師，二十三年克庫車、沙雅爾、阿克蘇、烏什諸城，明年收和闐、喀什噶爾、葉爾羌諸城，阿睦爾撒納先亡命俄境，病死，霍集佔後敗逃巴達支山（今阿富汗境內）被殺，回部亦平。二十四年統一回疆後，于二十七年設伊犁總統將軍及都統、參贊、辦事、協辦、領隊諸大臣分駐各城，并設阿奇木伯克理回務。⑩至光緒十年，建新疆省，置巡撫及布政司。由于乾隆帝平定新疆，首鑄乾隆通寶後，于三十七年下令今後"永遠恪遵，不必改毀另鑄"，以顯示乾隆帝的功績。這也標志着大清完成統一大業，并以此作爲征稅、發放軍餉的法定貨幣，是發展商業，加強財政和進一步團結少數民族的重要措施。

清政府在新疆設置了多個鑄幣局，不同于其他行省一省一局的格局。錢之面文用漢字，錢背鑄上維吾爾文和滿文兩種文字的局名，這一點明顯不同于其他各省鑄局，如雲南設有大理、蒙自、曲靖、東川等多局，但都鑄"寶雲"局名。

新疆各錢局中，僅伊犁局稱"寶伊"局，迪化局稱"寶迪"局，後改爲"寶新"局。庫車局和喀什噶爾局也有用滿文"寶庫車局"、"寶喀什噶爾局"簡稱。其餘各局沒有發現以滿文寶字帶頭的稱謂。

葉爾羌局。乾隆二十四年平定回疆，二十五年于葉爾羌設局銷毀原錢，改鑄制錢形式，重二錢，仍名普爾。正面漢字鑄乾隆通寶，背面左滿文、右維吾爾文葉爾羌字樣。每制錢一文換舊普爾錢二文，給葉爾羌、喀什噶爾、和闐三城通用。⑩葉爾羌不產銅，鑄局開設十年中完成了鑄造新幣和以新幣換舊幣的任務。乾隆三十四年，葉爾羌局停止鑄錢，直到咸豐初全國亂鑄不足值大錢時，纔又重新開鑄。葉爾羌今爲新疆莎車縣。在太平天国革命影響下，西北回民大起義，新疆回、維人民也起義響應，各種勢力乘機活動，自立爲汗。葉爾羌局在此動蕩不安的局面下，于同治三年（1864）關閉。

阿克蘇局。乾隆二十六年始設。阿克蘇盛產銅，曾鑄造過乾隆、嘉慶、道光、咸豐、同治、光緒等六種紀元錢和仿寶泉局乾隆紅錢，是新疆各錢局中持續時間長、鑄錢最多的鑄幣局。該局鑄幣供應南疆東部城市使用，與供應南疆西部城市使用錢幣的葉爾羌局是兩個并重的鑄幣局。乾隆三十一年至嘉慶四年的三十餘年間，曾移至烏什，後又移回。同治三年停閉，光緒初，左宗棠伐滅了阿古柏入侵政權，四年又恢復了阿克蘇局。不久後又曾停閉與復開。光緒十八年（1892），由于考慮木炭供應問題，移局于庫車。

烏什局。乾隆三十年清政府鎮壓了烏什維吾爾族人民的反清起義，鑒于烏什爲南疆總匯之地，令參贊大臣由喀什噶爾移駐烏什，并就地實行屯田，三十一年也將阿克蘇局移至烏什，改爲烏什局。乾隆三十四年，葉爾羌局停鑄，烏什局便代替阿克蘇局和葉爾羌局一度成爲南疆惟一的鑄錢局。其實烏什并不具備鑄幣條件，在烏什逐漸失去政治、軍事重心地位後，于嘉慶五年，鑄幣廠又遷回阿克蘇。

伊犁寶伊局。北疆早期使用的制錢，全部由内地流入，新疆地區統一後，便開始考慮設鑄幣局。乾隆四十年十月，伊犁寶伊局正式開鑄同内地一致的制錢，面漢文乾隆通寶，背滿文寶伊。咸豐三年十一月最早改鑄紅銅質的當十大錢。同治五年停鑄，後未恢復。伊犁爲准噶爾故地，乾隆二十二年平定准噶爾後，改爲伊犁。

迪化寶迪局。咸豐四年在迪化發現銅鉛礦，即籌組寶迪局。五年鑄當八、當十大錢，六年鑄當八十大錢。同治三年停鑄。

寶新局。新疆建省後，迪化成爲省會，于光緒十二年七月按舊例改迪化局爲寶新局，并重新開爐鼓鑄紅錢。光緒三十四年，因缺銅停鑄。迪化于1953年改名爲烏魯木齊市。

喀什噶爾局。從現存實物來看，咸豐五年開鑄咸豐大錢，九年，停鑄大錢時停辦。光緒十四年至卅四年，因紅錢奇缺，開爐鼓鑄紅錢。喀什地區轄英吉沙爾、葉爾羌、和闐，商品經濟發達，需要大量貨幣，但因原料缺乏，不得不請求阿克蘇、庫車局代鑄一部份。

庫車局。錢幣實物證明庫車局在咸豐六年開爐鼓鑄大錢，同治四年停鑄，光緒四年左宗棠收復南疆後，下令庫車鑄紅錢，并發給乾隆通寶寶源局錢作爲樣錢，專鑄仿寶源局乾隆紅錢。十二年冬撤。十八年阿克蘇局移至庫車，與原已裁撤的庫車局合成爲上屬省局，是由庫車同知管理的南疆最大最有實力的鑄錢局，仍用庫車（寶庫）局名或寶泉、寶源局名，爲其他地區或鑄局擔負起代鑄、補鑄和仿造紅錢的任務。以上是新疆鑄局設置的基本情況。

乾隆生前下令今後各朝新疆地區都要鑄造乾隆通寶錢，"永遠恪遵"。嘉慶、道光、咸豐、光緒各朝都補鑄乾隆通寶錢，尤以光緒朝爲多。光緒年間還曾補鑄道光、同治通寶錢，且有仿鑄寶泉、寶源、寶浙局乾隆通寶錢和仿鑄寶泉局光緒通寶錢。對于新疆補鑄仿鑄紅錢的特殊情況，我們綜合中外學者的研究成果，⑩參照錢文，加以初步分析整理。但紅錢情況比較複雜，有些問題還缺乏科學論證，有待進一步研究。

新疆銅錢，包括繁多的紅錢，由多個不同的鑄局鑄造出來。乾隆鑄行乾隆通寶後，新疆各鑄錢局都先後鑄造。每錢重量有所變化，初重二錢，三十五年由于缺錢又缺銅，爲補救流通困難，增加鑄量，改爲一錢五分，三十九年又改爲一錢二分左右，因而引起不斷貶值。乾隆五十四年銀一兩折紅錢160文，嘉慶年間達220文。新疆自乾隆朝以下各朝補鑄的乾隆通寶重量也不一。大體上幣文背面左右爲滿、維文局名（但寶伊局所鑄錢背面無維文），較重，爲乾隆朝所鑄；背面除局名外，穿上有星記、月紋、圓圈等，當爲嘉慶以後不同錢局的記號；背面穿上有"九"字者，係光緒九年補鑄；背上有"當十"漢字者，多爲咸豐或光緒朝補鑄；背面有"喀什"、"庫十"漢字者，全爲光緒時補鑄。

嘉慶紀元錢在新疆紅錢系列中版式最少，是質量最好的一種。當時，新疆地區僅有阿克蘇和寶伊兩局開鑄，因此，嘉慶通寶中惟有兩種樣式，都是小平錢式，惟一沒有紀值、紀地和錢背上沒有漢、滿、維三種文字的年號錢。

道光紀元錢道光通寶共有五種版式：　一、阿克蘇局所鑄背滿、維文局名。二、阿克蘇局所鑄背滿文局名，穿上下爲漢字"八年五"。三、阿克蘇局所鑄背滿、維文局名，穿上下爲漢字"八年五"；道光年間鑄行的當五、當十錢是清政府最早鑄行的不足值大錢。四、寶伊局所鑄，背滿文局名。五、庫車局在光緒年間補鑄的。

咸豐紀元錢是新疆紅錢中最繁複的。有咸豐通寶、重寶、元寶三種。有小平、當四、當五、當八、當十、當五十、當八十、當百和當五百。就錢局而言，有葉爾羌、阿克蘇、烏什、寶伊、喀什噶爾、寶迪、庫車等局。

咸豐通寶紅銅質制錢惟寶伊、阿克蘇兩局鑄造。咸豐重寶當四錢，惟見寶伊局所鑄。咸豐通寶當五錢，南疆各局均有鑄行。咸豐重寶當八錢，有紅銅、黃銅、青銅三種質地，惟見寶迪局所鑄。迪化當時銀一兩折合錢800文，一分值8文，故有當八等紀值。

咸豐通寶當十錢，爲葉爾羌、阿克蘇、喀什噶爾、庫車四局所鑄。咸豐重寶當十錢，爲阿克蘇局所鑄者，均爲紅銅，黃銅罕見。寶迪局所鑄者也有黃銅、紅銅之別。寶伊局所鑄者除有紅銅、黃銅以外，尚見鐵質者，形制較大，重四錢四分。

咸豐重寶當五十錢，背面滿、維文局名，有葉爾羌、阿克蘇、喀什噶爾、庫車四局名。寶伊局所鑄者背爲滿文局名。這種錢大小重量多不一致，有黃銅、紅銅者。

咸豐元寶當八十錢，爲寶迪局所鑄。衹見黃銅質。咸豐大錢當百以上者稱"元寶"，寶迪局當八十錢也稱元寶，是例外。

咸豐元寶當百錢，背面滿、維文局名。葉爾羌局所鑄有大、中、小之別，有紅銅質和黃銅質；阿克蘇局所鑄有紅銅、青銅，無大小之分；喀什噶爾、庫車局所鑄的是紅銅，亦無大小之分；寶伊局所鑄的背面爲滿文局名，有紅銅質、黃銅質兩種。

咸豐元寶當五百大錢，見有清政府頒發的寶伊局當五百咸豐元寶樣錢。今藏中國歷史博物館。臆造品、僞品較多。當千大錢爲臆造品或僞品。

同治紀元錢，史載同治六年始頒紀元樣錢。新疆鑄同治紀元錢者，有葉爾羌、阿克蘇、寶伊、庫車四局，主要也有四種錢： 同治通寶當十錢，紅銅質，由四局鑄行；同治通寶新十、庫十錢，均由庫車局鑄行；同治通寶當五錢，背上下漢字"當五"，由阿克蘇、庫車局鑄；同治重寶當四錢，惟寶伊局鑄造。

光緒紀元錢，現在所見種類較多，版式較雜。

光緒通寶當十錢。"當十"并沒有"一當十"的意思，其實僅作爲一般的制錢流通，衹是尊重當地習慣。時維吾爾人民視無當十、十字者，不是官制，衹當半文紅錢使用。後來各錢局特在錢背鑄上"十"字，如庫十、阿十、喀十、新十等，而不鑄"當十"。

一統萬年紀念幣。正面漢字"一統萬年"，背面穿右左滿文"寶庫"局名，黃銅質。僅見寶庫局所鑄者。按其文義，當是光緒十年（1884）新疆建省時鑄的建省紀念幣。

光緒干支紀年錢。正面穿上下"光緒"，右左有"丁未"、"戊申"兩種。丁未爲光緒三十三年（1907）造，有滿文寶庫和寶新兩種。戊申爲光緒三十四年造，僅見滿文寶庫一種，時寶新局可能因缺銅停鑄。干支紀年錢是清代制錢中所僅見者。

光緒朝所鑄行的制錢都比較薄小，質量也較差。還有兩種光緒重寶當十錢：一爲背滿、維文阿克蘇局名；一爲背滿文寶伊局名，黃銅質，形制大，當爲樣錢，未見有同類紅錢。

宣統年間，庫車局曾爲烏什代鑄行過少量的紅錢，正面是漢字宣統通寶，背面爲滿、維文烏什局名，穿上下"庫十"。

在太平天國和捻軍起義的影響下，西北地區維民也紛起響應，維酋後裔熱西丁和卓于同治三年率衆起事，自立爲汗，翌年爲阿古柏入侵新疆時所殺。鑄行過雙面老維文熱西丁錢，正面爲"聖人穆罕默德聖戰者熱西丁汗"之意，背面約爲京城庫車局鑄造之意。熱西丁錢存世無多。

新疆紅錢從乾隆二十四年開始鑄行到清帝國覆亡，整整經歷了一個半世紀。嘉慶以降，隨着惡性通貨膨脹、嚴重的經濟危機在全國的出現，當然也波及到新疆地區。但是，清王朝滅亡後，新疆紅錢一直使用到民國二十二三年，可見這種和民族相結合的紅錢有強大的生命力。

新疆土地廣闊，設有多個鑄錢局。各局設立有先有後，存在時間有長有短，規模和鑄錢能力有大有小，幣材原料和燃料供應有豐有缺，各地需要鑄錢數量隨時變化，因而發生鑄局移地鑄造、代他局鑄造或要求他局鑄造等情況，還有補鑄和仿鑄，記局記值方法也不盡相同，構成紅錢版式版別繁多的特點。紅錢由于鑄錢工藝、技術管理缺乏嚴格的要求和制度，發生許多錯亂，特別是錢幣上應用漢、滿、維吾爾三種文字，其中滿文書寫不規範，隨意性很大，以致書體不同，發生變體、簡體、增劃、缺筆等情況很多，且許多鑄文模糊不清，以致不同滿文局名寫法相似或相同，增加辨認的困難。

結 束 語

錢幣在清一代貨幣經濟結構中處于很重要的地位。清政府對于錢幣的鑄造和發行有一套嚴密的政策和管理制度，除咸豐一朝外，制錢比較穩定，長期對清貨幣和金融起着穩定的作用。以下幾個問題值得研究。

一、清代銀錢并行制度和社會經濟結構是基本相適應的

明末鎮壓農民起義運動、清軍推翻明政權和清初鎮壓人民抗清的戰爭，破壞了社會經濟。其後，商品生產的恢復和發展是比較緩慢的。在清代，以小農爲主的自然經濟仍佔主要地位。廣大農村的貧困化，促使耕種與家庭手工業結合的經濟結構逐漸發展。小農爲維持最低的貧困生活，在耕種之餘，兼營手工業生產。康熙、雍正時期實施的恢復、發展經濟政策和賦稅改革，使部份農產品和家庭手工業產品成爲商品。隨着人口的迅速增加和人均佔地面積的急劇下降，商品生產更加分散和滲透到廣大農村的家家戶戶中去，這種商品生產的技術和產量是低水平的。

帝國主義入侵和掠奪耗盡了中國的財富。在半殖民地半封建的統治下，農民小生產者的分化過程加劇。爲謀生而進行商品小生產的廣大小農，仍停留在舊有的生產關繫之中，近代小農經濟的分化和農業商品化的發展，并沒有形成新的生產力。

近代中國社會經濟的貧困化，使手工業的發展陷入困境，始終不能擺脫副業生產的地位。作爲商品生產主要部份的城市手工業，其產品主要在地方市場中流通。各種工場手工業生產不佔主要地位。

在"同光新政"前，清代社會經濟結構中各生產部門的生產方式都沒有改變，也沒有發展新的生產力，以逐步完成社會經濟結構的根本轉變，因此，商品生產雖有不同程度的發展，但始終處于低層次的發展水平。清代銀錢并行制度就是與這個總的情況相適應的，在較長時期內流通的銅錢可以滿足

社會商品流通中對小面額貨幣的需要，使這個貨幣制度能長期維持不變，直到光、宣年間。

二、清代銀錢比價波動的惡果給予人們有益的啓示

銀、銅市價的不同和兩者市場比價的變動是世界各國都有的現象。在清代後期，銀錢比價的波動對當時金融財政和貨幣制度造成的危害很嚴重。這同清代實行銀錢并行制度和銀錢比價所存在的內外矛盾是分不開的，也說明了清代銀錢并行制度同社會經濟發展水平和結構是基本相適應的，但又有無法排除的不適應的一面。

清代前期，市場銀錢比價比較平穩，幣制比較穩定。自順治到嘉慶中期的時期中，法定和市場的銀錢比價雖有距離，個別時候有過較大的波動，但是，總的趨勢是好的。前期政府積累白銀較多，市場經濟還不發達，幣制內外矛盾并未突出，銀錢比價雖有所波動，但還不至于影響全局。

鴉片戰爭的前後，中國白銀隨着鴉片的輸入而大量流出，國內白銀迅速短少。同時，銅材仍很短缺，私鑄嚴重，輕劣小錢充斥市場。咸豐初年爲了鎮壓太平天国革命，解決財政困難，濫發鈔票、濫鑄大錢，反而財政危機加劇，幾乎崩潰。這一時期銀錢比價急劇波動，銀貴錢賤，危害很大。

鎮壓了太平天國革命後，社會經濟開始恢復，財政情況開始好轉。市場經濟有所發展，客觀上有希望打破區域分割、走向大區域或全國性市場的趨勢。同時，制錢短缺，鑄造成本又太高，無法增加制錢流通量。但是由于帝國主義的侵略和清廷頑固、愚蠢的封建統治，阻礙了市場經濟的進一步發展。銀錢并行制度和法定比價的不合理和內外矛盾，到了清代後期不可避免地加重和尖銳起來，引起了市場混亂和財政危機。清朝閉關自守，不對外開放，被列強打開門戶後，國內市場就要受制于世界市場。如世界銀價下跌，國內銀價也被迫下跌，從前期的銀貴錢賤轉入銀賤錢貴，出現了制錢嚴重短缺。但鑄錢成本高，又無法增加制錢流通量。清廷雖極力圖謀恢復制錢制度也無可奈何。且銀銅材料國內產量不多，要靠國外市場的供應，特別是銅斤，清廷費了很大力量來購買、調撥，仍不能完全解決問題。不難看出，單純用行政手段處理經濟問題和閉關自守，脫離世界市場，是辦不好國內經濟的。

三、清代貨幣和物價長期保持穩定

清代是中國封建社會中物價比較穩定的朝代。在清入關到滅亡的268年間，銅錢除咸豐年間曾大幅度貶值外，在總體上呈現穩步緩降趨勢。其主要原因除了清代商品經濟不很發達這一根本狀況外，還有其他主客觀因素。清政府根據錢幣發展的趨向，積極製訂政策，加強管理和行政干預，這是同貨幣、物價的穩定分不開的。特別是還十分重視控制制錢的發行額，在較長時期內實行銅錢緊縮政策。由于出現銀貴錢賤、銅料欠缺等情況，清政府往往命令各省減鑄、停鑄或緩鑄制錢以控制和緊縮制錢的發行量。中國不是產銅國，鑄錢原料十分短缺。除銷銅器鑄錢外，大量是從國外進口洋銅，即使在雲南發現銅礦，產銅量最盛的乾隆時期，每年還由江蘇從日本繼續進口200萬斤。⑪各省經常發生錢荒，在毀錢鑄器時，錢荒更甚，客觀上形成鑄幣緊縮現象。正因爲除咸豐一朝外，在較長時期內流通的錢幣總額大體上少于或近于社會待售商品價格的總額，所以能維持物價基本平穩或上漲平緩的局面。此外，清政府通過隨時變動制錢的重量，嚴禁私鑄私銷等措施，調整和維持銀錢比價，維護銀錢并行制度，保證流通秩序和國家鑄幣的權威地位，從而長期基本穩定物價和金融貨幣，這也是一個重要因素。

四、清代實行有控制的、既分散因地制宜又集中統一的鑄造和發行制錢的制度

中國是個大國，清代幅員廣大，爲滿足全國各地對銅幣的需要，使大清制錢能够通行全國，吸收歷朝經驗，對制錢的鑄造和發行規定了一套比較完整的制度。

制錢是人民日常生活中所廣泛使用的，遠途運輸不便，不可能由中央統一鑄造後運往各省使用，祇得由各省自行鑄造發行。爲維持國家錢幣的標准化，由中央頒發樣錢和由地方呈送樣錢，經中央批准後開鑄等辦法，并嚴按規定執行，使全國流通的制錢大小、重量、厚薄、以及所含的銅、鉛（鋅）等比例基本劃一。爲統一一省制錢的鑄造，康熙六十一年雍正帝繼位時規定一省一局體制，每個鑄局用省名簡稱并冠以"寶"字爲統一名稱。雲南雖有東川、大理等多局，但均在錢背鑄"雲"字。後來爲適應雲南銅多、新疆地域廣大等特殊情況，才特准一省設多局。雲南東川局改爲寶東局，錢背鑄"東"字。新疆各鑄錢局除寶伊、寶迪局外，其他直稱地名局。

全國鑄幣需要銅材的量很大，不可能全由中央供應。順治、康熙年間，部份省由中央統籌，指定若干關隘負責供應，或由戶部錢法堂專辦銅料分配和調劑。但大部份省根據本省情況收購民間廢銅舊錢，購買洋銅，許民辦小型銅礦等以增加銅料，自行解決。

中央寶泉、寶源局鑄造的錢幣主要流通于京城和京畿地區。各省所鑄之錢主要在本省區流通，并禁止他省劣錢流入。各省鑄錢量和爐座、卯數均由清廷統一規定，視錢幣供應餘缺由中央令各省停、減、緩鑄或增鑄。爲解決某省區因缺銅無法增鑄制錢問題，還採取互相調劑的辦法，如雲南盛產銅料，鑄幣最多，把多餘的部分解京外，還運往鄰近地區。這樣，使各省都有一定數量的制錢投放流通，不致因短缺銅錢造成錢荒，并影響其他省區的金融貨幣市場。這種有控制的既分散、因地制宜，又集中

統一的鑄造和發行的體制，是歷代中最完備，也是清代貨幣制度之所以比較成功的地方。它解決了一個大國如何做到有層次地、有序地鑄造和發行制錢的難題。

五、太平天国鑄幣的成功和咸豐大錢的失敗形成了強烈的對比

清政府對發行制錢和紙幣一向採取謹慎的態度。咸豐時期是清代惟一發生通貨膨脹劇烈、物價暴漲的朝代。這與這一時期爲挽救財政危機、湊集鎮壓太平天国的軍費、維持清朝統治而發行虛值大錢，并不斷急增發行額，加上紙幣的大量發行有關。咸豐年間的惡性通貨膨脹是中國貨幣史上少有的災難，也是關繫清朝命運的大事。

太平天国在咸豐開鑄大錢時，在天京首鑄天国聖寶大錢。聖寶錢的大小、重量和初鑄咸豐當十大錢約略相當。但不久咸豐大錢發行即告慘敗，而天国聖寶等大錢却不受影響，在人民中一直享有很高的信用。兩種銅錢的性質都屬虛值大錢，但發行結果却完全不同，這是貨幣史上的奇迹。

在太平天国錢與咸豐錢的研究中，對這一奇迹的深層次原因的探究，尚未展開。從有關資料提供的情況，可以從以下三方面作大略的分析。

從兩種錢幣的發行目的看，咸豐大錢爲掠奪人民財富、挽救財政危機、鎮壓太平天国而鑄造。太平天国錢幣是爲保護人民財富、繁榮經濟、支持抗清鬥爭而鑄造。目的完全不同，由此決定了兩個政權對兩種鑄幣所採取的不同政策，及其所產生的不同後果，也由此決定了兩種幣制的不同命運。

從兩種錢幣的鑄造歷史背景看，咸豐錢是清代政治黑暗、財政枯竭、江南半壁江山已爲太平軍所佔領的危急情況時鑄造的。太平天国鑄幣時已定都天京，上下精神振奮，且擁有江南富庶地區，一派興旺景象，財政狀況也較好。兩者不同的歷史背景也給予兩種錢幣以不同的影響。

再從兩種鑄幣在人民中的信用來看，咸豐錢幣名目繁多，粗鑄濫發，不斷減重，甚至嚴重減重，在人民心目中已完全失去了作爲國家貨幣的權威和信用。太平天国鑄幣在發行的十多年中，既沒有減重，且又控制地發行，因此受到人民的歡迎，甚至還流通到清軍佔領區，即使在太平天国失敗後，仍在民間繼續流通了一段時期。由此可見兩者之根本不同。

僅從上述兩種鑄幣的發行目的、歷史背景和信用的對比，可看出，太平天国的鑄幣優于咸豐大錢。在這兩個對峙的政權同時發行兩種大錢的過程與最後得出不同的結果中，包含了許多值得人們深入研究的貨幣理論和貨幣發行、流通等的規律性問題。

六、對新疆紅錢應給予歷史評價

在清初，新疆是多民族居住并先後由各種軍事勢力割據的地區，清乾隆二十四年用兵統一了新疆，所鑄紅錢一直使用到清朝滅亡以後。

乾隆皇帝在新疆鑄行乾隆通寶錢後，曾賦詩云："天佑西師藏大功，勞徠泉府貴流通。形猶騰格因其俗，寶鑄乾隆奉我同。"又云："景德開元溯所有，和親互市鑒于中。篋藏詎諿聲靈暢，垂德懷柔慎自躬。"乾隆皇帝的詩句説出了他當時對發行紅錢的看法和願望。由于在新疆推行了既符合民族習慣，又符合清王朝貨幣系統的錢幣，促進了當地乃至新疆與甘肅、青海等地商業的發展、貿易的開展，起到了武力所起不到的作用。

乾隆帝平准噶爾并阿睦爾撒納和霍集佔，先後收復南疆諸城，客觀上解放了少數民族的勞苦群衆，受到廣大少數民族的歡迎。乾隆挾其軍威和政治影響鑄造發行乾隆通寶，并"永遠通用"，以顯示其功績，完成統一大業。當時南疆用普爾紅錢，乾隆仍沿用紅銅錢，改普爾錢爲乾隆通寶紅錢；在不同民族聚居地區設立鑄幣局；在錢幣中鑄造漢、滿和維吾爾族文字；在北疆原通行由內地輸入的制錢，亦仍其舊，直到光緒十年新疆建省後才在全省通行乾隆通寶等紅錢，有步驟、分階段地統一全省幣制。這些措施都保證了乾隆通寶等紅錢長期平穩地流通，并以紅錢征稅、發放軍餉、發展商業、開展貿易，便利人民使用，努力達到其懷柔和團結少數民族的目的。乾隆之後的一百多年，除同治朝外，新疆地區沒有大的戰亂，紅錢通暢，也説明了鑄造紅錢的成功。

注釋:

① 據清人孟麟《泉布統誌》記載，皇太極崇德年間（1636—1643），曾鑄有"崇德通寶"。未見其文獻記載。英國 Werner Burger 博士認爲，作爲少量試製品的存在是可能的，但未當成爲流通貨幣。

② 據《清世祖實錄》卷一《順治十四年九月己巳》。

③ 據中國第一歷史檔案館滿文部主任、滿文專家屈六生信中說，滿文漳字不帶點，帶點的字都釋爲"寧"字，點的位置比較隨便。讀音相同的漢字，在滿文中都用一個字來表示，如"寧"、"漳"、"章"、"張"的滿文都作ᠵ。

④ 清代限制各地方局鑄制錢，規定12000000文爲一卯（1000文爲一串，因此，亦即一卯爲12000串）。參見張家驤《中華幣制史》第二編第96頁。又見《大清會典事例》卷24，一卯是12498串。

⑤⑳ 《大清會典事例》卷214《京局鼓鑄》。

⑥ 張家驤《中華幣制史》第二編第96頁。

⑦⑧⑨⑬ 《中國近代貨幣史資料》第一輯第234（上册，以下爲下册）556，557，579—583頁。

⑩㉒㉙㊲㊵㊶㊷ 彭信威《中國貨幣》，上海人民出版社1965年版，第884—885，854，821，855，858，858，858頁。

⑪㉓⑯ 《清朝文獻通考·錢幣二》。

⑭ 《清朝文獻通考·錢幣四》。

⑮�65㊺㊹ 《大清會典事例》卷219《直省鼓鑄》。

⑰ 此說較早見于《制錢通考》。《中國貨幣史》和《清錢編年譜》作者亦主是說。而現在流行許多種說法，可參閱《中國錢幣》1983年第2期《誰來說清"羅漢錢"?》一文。

⑱ 《清朝文獻通考·錢幣四》。

⑲㉘ 《清朝文獻通考·錢幣二》。

㉑㊳㊺㊻㊼㊽㊾㊿ 《中國近代貨幣史資料》第一輯上册，第11，29—30，143—144，145—146，149—150，150—152，155，156頁。

㉓ [日] 加藤繁《中國經濟史考證》，商務印書館1973年版，第三卷第5頁。

㉔ 《大清會典事例》卷215《辦銅》。

㉕ 《中國近代史叢刊》第一稿《鴉片戰争》第528頁，引道光二十五年吳嘉賓《錢法議》。

㉖�88 《清朝續文獻通考·錢幣一、二》。

㉗ 《清史稿》卷五四《蕭永藻》。

㉚ 石毓符《中國貨幣金融史略》，天津人民出版社1984年版，第117頁。

㉛ 《道光年間各省制錢停鑄減鑄（復鑄）情況簡表》、《中國近代貨幣史資料》第一輯上册，第79—82頁。

㉜㉞㉟ 《大清會典事例》卷220《錢價》。

㉝ 《皇朝經世文編》卷53《錢幣》下。

㊱㊴ 謝杭生《鴉片戰争前銀錢比價的波動及其原因》，載《中國經濟史研究》1993年第2期。

㊸ 《制錢通考》卷3。

㊹ 王鎏《錢幣芻言·錢鈔議一》。

51�52�53�54�55�56�57�59�60㊿62㊿64㊿㊿ 《中國近代貨幣史資料》第一輯上册，第157，197—198，199，200，201，203，203—205，205—206，206，206，208—209，213—214，210，267，282，280頁。

58㊿㊿㊿㊿㊿ 《清實録》（文宗）卷97，135，173，163，175，136。

㊿ 《清史稿》卷124《食貨誌·錢法》。

㊿ 《軍機處録副奏摺》，咸豐八年十月初六雲南總督吳振棫等奏。

㊿ 《樾縵堂日記》，咸豐十一年六月初八。

㊿㊿ 《何桂清等書劄》，江蘇人民出版社1981年版，第152頁。

㊿㊿㊿㊿㊿㊿㊿㊿ 《中國近代貨幣史資料》第一輯上册，第294—295，296，301—302，209，205，214，207，265頁。

㊿ 《軍機處録副奏摺》咸豐七年正月二十六日御史蕭湑蘭奏。

⑳ 馬隆《太平天國紙幣辨僞綜述》，《中國歷代貨幣大系·清紙幣》上海書店1993年3月版。

⑨① 張堅德《錢情彙纂》，《太平天国資料叢刊》第三册第279、89頁。

⑨② 佚名：《粤逆紀略》，《太平天國史料叢編簡輯》第二册第36頁。

⑨③ 北京太平天國歷史研究會《太平天国史譯叢》第11頁；太平天國歷史博物館《太平天国文書案編》第301頁。

⑨④ 李圭《金陵兵事彙略》第二卷第1—2頁。

⑨⑤ 簡又文《太平天國全史》，簡氏書屋1962年版第1954、1955頁。

⑨⑥ 曾澤禄《太平天国金幣》，《中國錢幣》1995年第3期第3頁。

⑨⑦ 《太平天国文書彙編》，太平天國歷史博物館編，中華書局1979年8月版第316頁。

⑨⑧ 羅爾綱《太平天国文物圖釋》三聯書店1956年版，第282頁。

⑨⑨　羅爾綱《太平天囯史》第二册第 952 頁。

⑩⑩　浙江海寧馮氏《花溪日記》，《太平天囯資料叢刊》第六册第 693 頁。

⑩①　丁葆和《歸里雜詩》，《太平天囯史料叢編簡輯》第六册第 461 頁。

⑩②　郭豫明《關于太平天囯錢幣幾個問題》，見《中國歷代貨幣大系・清錢幣》專論。

⑩③　簡又文《太平天囯典制通考》，上册第 576、605 頁。

⑩④　吟唎《太平天囯革命親歷記》，上海古籍出版社 1985 年版下册第 555 頁。

⑩⑤ ⑩⑥ ⑩⑦　　簡又文《太平天囯典制考》，香港簡氏猛進書屋 1954 年版第 693 — 699 頁。

⑩⑧　李汝昭《鐘山野史》，《太平天囯資料叢刊》第三册第 14 頁。

⑩⑨　《清史稿・地理志二十三》。

⑩⑩　《新疆圖誌・食貨志三・銅幣二》。

⑪①　《新疆紅錢》，朱卓鵬、朱聖燹著，學林出版社 1991 年 5 月版。《新疆錢幣》新疆美術攝影出版社、香港文化教育出版社編，1991 年 8 月版。《新疆紅錢大全》杜堅毅、顧佩玉著，中華書局 1996 年 3 月版。《試論光緒年間仿寶源局寶泉局紅錢》顏松著，《新疆錢幣》2002 年第 1 期。

⑪②　姚賢鎬《中國近代貿易史資料》第一輯第 23 頁。

貳 圖録

一、後金時期錢幣

太祖（愛新覺羅努爾哈赤）天命年間（1616-1626年）

1. 滿文天命汗錢

1
滿文天命汗錢
徑 29.5 毫米
重 8.9 克
上海博物館藏

2
滿文天命汗錢
徑 29.22 毫米
重 6.5 克
上海博物館藏

3
滿文天命汗錢
徑 28.32 毫米
重 7.2 克
上海博物館藏

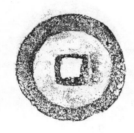

4
滿文天命汗錢
徑 28.52 毫米
重 6.1 克
上海博物館藏

5
滿文天命汗錢
徑 28.13 毫米
重 6.9 克
上海博物館藏

6
滿文天命汗錢
徑 28.18 毫米
重 6.58 克
存雲亭藏

7
滿文天命汗錢
徑 28.39 毫米
重 5.6 克
上海博物館藏

8
滿文天命汗錢
徑 28.03 毫米
重 5.2 克
上海博物館藏

9
滿文天命汗錢
徑 28.16 毫米
重 5.4 克
上海博物館藏

10
滿文天命汗錢
徑 28.05 毫米
重 6.3 克
上海博物館藏

11
滿文天命汗錢
徑 28.14 毫米
重 6.8 克
上海博物館藏

12
滿文天命汗錢
徑 27.81 毫米
重 5.7 克
上海博物館藏

13
滿文天命汗錢
徑 27.22 毫米
重 5.9 克
上海博物館藏

14
滿文天命汗錢
徑 27.93 毫米
重 6.7 克
上海博物館藏

15
滿文天命汗錢
徑 27.23 毫米
重 7.2 克
上海博物館藏

16
滿文天命汗錢
徑 27.28 毫米
重 6.3 克
上海博物館藏

17
滿文天命汗錢
徑 27.28 毫米
重 6.7 克
上海博物館藏

18
滿文天命汗錢
徑 27.49 毫米
重 7.6 克
上海博物館藏

19
滿文天命汗錢
徑 27.84 毫米
重 5.6 克
上海博物館藏

20
滿文天命汗錢
徑 27.24 毫米
重 5.8 克
上海博物館藏

21
滿文天命汗錢
徑 27.32 毫米
重 5.5 克
上海博物館藏

22
滿文天命汗錢
徑 27.13 毫米
重 5.4 克
上海博物館藏

23
滿文天命汗錢
徑 27.22 毫米
重 6.1 克
上海博物館藏

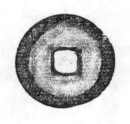

24
滿文天命汗錢
徑 27.42 毫米
重 5 克
上海博物館藏

25
滿文天命汗錢
徑 27.4 毫米
重 3.5 克
上海博物館藏

26
滿文天命汗錢
徑 27.42 毫米
重 4.3 克
上海博物館藏

27
滿文天命汗錢
徑 27 毫米
重 4 克
上海博物館藏

28
滿文天命汗錢
徑 26.32 毫米
重 3.9 克
上海博物館藏

29
滿文天命汗錢
徑 25.89 毫米
中國歷史博物館藏

30
滿文天命汗錢
徑 24.51 毫米
重 5.5 克
上海博物館藏

31
滿文天命汗錢
徑 21.69 毫米
重 4.5 克
上海博物館藏

2. 天命通寶

32
天命通寶
徑 26.7 毫米
重 5.3 克
上海博物館藏
★

33
天命通寶
徑 26.51 毫米
重 5.1 克
上海博物館藏
★

34
天命通寶
徑 26.04 毫米
重 4.9 克
上海博物館藏
★

35
天命通寶
徑 26.03 毫米
重 3.6 克
上海博物館藏
★

36
天命通寶
徑 26.04 毫米
重 4.8 克
上海博物館藏
★

37
天命通寶
徑 25.43 毫米
重 6 克
上海博物館藏
★

38
天命通寶
徑 25.92 毫米
重 5.3 克
上海博物館藏
★

39
天命通寶
徑 25.61 毫米
中國歷史博物館藏
★

40	41	42	43	44
天命通寶	天命通寶	天命通寶	天命通寶	天命通寶
徑 25.17 毫米	徑 25.02 毫米	徑 24.03 毫米	徑 24.03 毫米	徑 24.81 毫米
重 5.2 克	重 6.1 克	重 5.9 克	重 6.1 克	重 6.4 克
上海博物館藏	上海博物館藏	上海博物館藏	上海博物館藏	上海博物館藏
★	★	★	★	★

45	46	47	48	49
天命通寶	天命通寶	天命通寶	天命通寶	天命通寶
徑 24.59 毫米	徑 24.6 毫米	徑 23.83 毫米	徑 23.94 毫米	徑 22.26 毫米
重 6.6 克	重 6.5 克	重 5.2 克	中國歷史博物館藏	沈子槎舊藏
上海博物館藏	上海博物館藏	上海博物館藏	★	★
★	★	★		

太祖（愛新覺羅皇
太極） 天聰年間
（1627-1635 年）
崇德年間（1636-
1643 年）

3.滿文聰汗之錢

50	51
滿文聰汗之錢　背十‧一兩	滿文聰汗之錢　背十‧一兩
徑 43.14 毫米	徑 43.99 毫米
重 32.4 克	重 27.2 克
上海博物館藏	枕石齋藏
★★	★★

52
滿文聰汗之錢　背十·一兩
徑 43.41 毫米
重 26.2 克
上海博物館藏
★★

53
滿文聰汗之錢　背十·一兩
徑 43.74 毫米
重 24.4 克
上海博物館藏
★★

54
滿文聰汗之錢　背十·一兩
徑 43.32 毫米
重 29.6 克
上海博物館藏
★★

55
滿文聰汗之錢　背十·一兩
徑 43.32 毫米
重 28 克
上海博物館藏
★★

56
滿文聰汗之錢　背十·一兩
徑 43.32 毫米
重 28.4 克
上海博物館藏
★★

57
滿文聰汗之錢　背十·一兩
徑 42.93 毫米
重 26.4 克
鎮江博物館藏
★★

58
滿文聰汗之錢　背十·一兩
徑 42.7 毫米
重 26.4 克
鎮江博物館藏
★★

59
滿文聰汗之錢　背十·一兩
徑 43.32 毫米
重 25.8 克
上海博物館藏
★★

60
滿文聰汗之錢　背十・一兩
徑 43.66 毫米
重 25.4 克
枕石齋藏
★★

61
滿文聰汗之錢　背十・一兩
徑 43.66 毫米
中國歷史博物館藏
★★

二、順治時期錢幣

世祖（愛新覺羅福臨）

順治年間（1644–1661年）

1. 光背錢

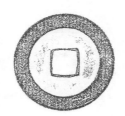

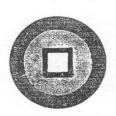

62
順治通寶母錢
徑 26.54 毫米
重 5.7 克
上海博物館藏
★★★

63
順治通寶
徑 24.96 毫米
重 4.5 克
上海博物館藏

64
順治通寶
徑 24.96 毫米
重 3.6 克
上海博物館藏

65
順治通寶
徑 26.15 毫米
重 6.1 克
陳紀東藏

66
順治通寶
徑 25.62 毫米
重 5.6 克
上海博物館藏

67
順治通寶
徑 27.02 毫米
重 5.3 克
金立夫藏

68
順治通寶
徑 25.62 毫米
重 4.8 克
上海博物館藏

69
順治通寶
徑 25.62 毫米
重 4.8 克
上海博物館藏

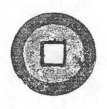

70
順治通寶
徑 25.25 毫米
重 3.7 克
上海博物館藏

71
順治通寶
徑 26.02 毫米
重 4.2 克
上海博物館藏

72
順治通寶
徑 23.56 毫米
重 2.7 克
上海博物館藏

73
順治通寶
徑 26.61 毫米
重 3.8 克
金立夫藏

74
順治通寶
徑 22.25 毫米
重 2.9 克
上海博物館藏

75
順治通寶
徑 22.25 毫米
重 2.7 克
上海博物館藏

76
順治通寶
徑 24.58 毫米
中國歷史博物館藏

77
順治通寶
徑 24.33 毫米
重 3.4 克
上海博物館藏

78
順治通寶
徑 24.33 毫米
重 3.4 克
上海博物館藏

79
順治通寶
徑 24.33 毫米
重 3.5 克
上海博物館藏

80
順治通寶
徑 20.59 毫米
重 1.4 克
金立夫藏

81
順治通寶
徑 17.4 毫米
重 1.5 克
《錢幣博覽》編輯部
提供

82
順治通寶
徑 27.5 毫米
重 4.5 克
上海市錢幣學會提供

83
順治通寶
徑 27 毫米
重 3.7 克
上海市錢幣學會提供

84
順治通寶
徑 26.1 毫米
重 3.8 克
上海市錢幣學會提供

85
順治通寶
徑 26.8 毫米
重 4 克
上海市錢幣學會提供

86
順治通寶
徑 24.96 毫米
重 3.3 克
上海博物館藏

87
順治通寶
徑 26.02 毫米
重 4.4 克
上海博物館藏

88
順治通寶
徑 24.44 毫米
重 3.6 克
上海博物館藏

89
順治通寶
徑 25.25 毫米
重 3.8 克
上海博物館藏

90
順治通寶
徑 25.62 毫米
重 3.9 克
上海博物館藏

附：順治早期錢幣

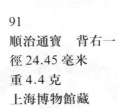

91
順治通寶　背右一
徑 24.45 毫米
重 4.4 克
上海博物館藏

92
順治通寶　背右一
徑 24.46 毫米
重 3.9 克
上海博物館藏

93
順治通寶　背右一
徑 24.46 毫米
中國歷史博物館藏

94
順治通寶　背右一
徑 25.81 毫米
重 3.7 克
存雲亭藏

95
順治通寶　背右二
徑 26.63 毫米
中國歷史博物館藏
★★

96
順治通寶　背右二
徑 26.63 毫米
重 4.2 克
上海博物館藏
★★

97
順治通寶　背右二
合面
徑 26.92 毫米
中國歷史博物館藏
★★

98
順治通寶　背右二
合面
徑 25.81 毫米
中國歷史博物館藏
★★

99
順治通寶　背上●
徑 24.33 毫米
重 3.4 克
上海博物館藏

100
順治通寶　背上●
徑 24.58 毫米
中國歷史博物館藏

101
順治通寶　背上●
徑 23.76 毫米
重 2.9 克
上海博物館藏

102
順治通寶　背上○
徑 26.02 毫米
重 4.1 克
上海博物館藏

103
順治通寶　背上○
徑 24.47 毫米
重 3.8 克
上海博物館藏

104
順治通寶　背上○
徑 26.28 毫米
重 3.9 克
存雲亭藏

105
順治通寶　背上○
徑 23.56 毫米
重 2.1 克
上海博物館藏

106
順治通寶　背右○
徑 23.56 毫米
重 2.4 克
上海博物館藏

107
順治通寶　背十·一兩
徑 46.73 毫米
重 31.6 克
上海博物館藏
★★★

108
順治通寶　背十·一兩
徑 46.73 毫米
重 26.2 克
選自《清錢珍稀四百種》
★★★

109
順治通寶　背十·一兩
徑 46.95 毫米
重 31.2 克
枕石齋藏
★★★

2. 單漢字記局錢

110
順治通寶　背上户
徑 25.79 毫米
重 4.5 克
上海博物館藏
★

111
順治通寶　背上户
徑 26.76 毫米
重 4 克
存雲亭藏
★

112
順治通寶　背上户
徑 25.37 毫米
重 2.8 克
上海博物館藏
★

113
順治通寶　背右户
徑 25.37 毫米
重 5.8 克
上海博物館藏

114
順治通寶　背右户
徑 25.37 毫米
重 5 克
上海博物館藏

115
順治通寶　背右户
徑 25.37 毫米
重 4.7 克
上海博物館藏

116
順治通寶　背右户
徑 24.51 毫米
重 4.4 克
上海博物館藏

117
順治通寶　背右户
徑 25.64 毫米
重 4.2 克
上海博物館藏

118
順治通寶　背右户
徑 25.64 毫米
重 4.1 克
上海博物館藏

119
順治通寶　背右户
徑 25.64 毫米
重 3.9 克
上海博物館藏

120
順治通寶　背右户
徑 25.92 毫米
重 3.65 克
存雲亭藏

121
順治通寶　背右户
徑 24.99 毫米
重 3.9 克
上海博物館藏

122
順治通寶　背右户
徑 24.99 毫米
重 3.8 克
上海博物館藏

123
順治通寶　背右戶
徑 24.99 毫米
重 3.7 克
上海博物館藏

124
順治通寶　背右戶
徑 25.2 毫米
重 3.3 克
金立夫藏

125
順治通寶　背上工
徑 24.07 毫米
重 3.7 克
上海博物館藏

126
順治通寶　背右工
徑 24.7 毫米
重 4.2 克
上海博物館藏

127
順治通寶　背右工
徑 25.33 毫米
重 4.1 克
上海博物館藏

128
順治通寶　背右工
徑 26.55 毫米
重 3.6 克
存雲亭藏

129
順治通寶　背上宣
徑 25.17 毫米
重 3.3 克
上海博物館藏

130
順治通寶　背右宣
徑 25.17 毫米
重 4 克
上海博物館藏

131
順治通寶　背右宣
徑 25.92 毫米
重 4 克
上海博物館藏

132
順治通寶　背右宣
徑 24.75 毫米
重 3.4 克
存雲亭藏

133
順治通寶　背上臨
徑 24.25 毫米
重 3.7 克
上海博物館藏

134
順治通寶　背上臨
徑 26.21 毫米
重 4.1 克
金立夫藏

135
順治通寶　背右臨
徑 25.7 毫米
重 4.4 克
上海博物館藏

136
順治通寶　背右臨
徑 25.7 毫米
重 4.3 克
上海博物館藏

137
順治通寶　背右臨
徑 25.7 毫米
重 3.7 克
上海博物館藏

138
順治通寶　背上薊
徑 26 毫米
重 4.2 克
鄒誌諒提供

139
順治通寶　背右薊
徑 24.36 毫米
重 4.2 克
上海博物館藏

140
順治通寶　背右同
徑 24.48 毫米
重 4.1 克
上海博物館藏

141
順治通寶　背右同
徑 25.54 毫米
重 3.6 克
存雲亭藏

142
順治通寶　背右同
徑 24.48 毫米
重 3.5 克
上海博物館藏

143
順治通寶　背右同
徑 26.1 毫米
重 3.8 克
上海市錢幣學會提供

144
順治通寶　背右同
徑 25 毫米
重 5 克
上海市錢幣學會提供

145
順治通寶　背右同
徑 25.1 毫米
重 4.8 克
上海市錢幣學會提供

146
順治通寶　背右同
徑 25.7 毫米
重 4.4 克
上海市錢幣學會提供

147
順治通寶　背右同
徑 25.4 毫米
重 4.2 克
上海市錢幣學會提供

148
順治通寶　背右同
徑 25.6 毫米
重 4.2 克
上海市錢幣學會提供

149
順治通寶　背上原
徑 25.33 毫米
重 4.4 克
上海博物館藏

150
順治通寶　背上原
徑 26.44 毫米
重 4.3 克
存雲亭藏

151
順治通寶　背右原
徑 25.33 毫米
重 4.2 克
上海博物館藏

152
順治通寶　背右原
徑 26.16 毫米
重 4.9 克
存雲亭藏

153
順治通寶　背右原
徑 21.61 毫米
重 1.8 克
上海博物館藏

154
順治通寶　背右云
徑 26.35 毫米
重 4.1 克
存雲亭藏

155
順治通寶　背右云
徑 25.09 毫米
重 3.5 克
上海博物館藏

156
順治通寶　背上延
徑 24.49 毫米
重 4 克
上海博物館藏
★★★

157
順治通寶　背右延
徑 25.05 毫米
王蔭嘉藏
★★

158
順治通寶　背右延
徑 23.29 毫米
重 2.5 克
上海博物館藏
★★

159
順治通寶　背右延
徑 25 毫米
重 3.39 克
鄒誌諒藏
★★

160
順治通寶　背左延
徑 24.82 毫米
王蔭嘉藏
★

161
順治通寶　背左延
徑 24.25 毫米
重 3.8 克
上海博物館藏
★

162
順治通寶　背左延
徑 24.25 毫米
重 3.4 克
上海博物館藏
★

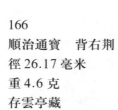

163
順治通寶　背左延
徑 24.25 毫米
重 3.1 克
上海博物館藏
★

164
順治通寶　背左延
徑 25.2 毫米
重 3.48 克
鄒誌諒藏
★

165
順治通寶　背上荊
徑 24.21 毫米
重 3.1 克
上海博物館藏
★

166
順治通寶　背右荊
徑 26.17 毫米
重 4.6 克
存雲亭藏

167
順治通寶　背右荊
徑 25.7 毫米
重 4.4 克
上海博物館藏

168
順治通寶　背右荊
徑 25.7 毫米
重 3.9 克
上海博物館藏

169
順治通寶　背上河
徑 25.06 毫米
重 4.4 克
上海博物館藏

170
順治通寶　背上河
徑 25.95 毫米
重 4.2 克
存雲亭藏

171
順治通寶　背右河
徑 26.01 毫米
重 4.4 克
存雲亭藏

172
順治通寶　背右河
徑 25.07 毫米
重 4.1 克
上海博物館藏

173
順治通寶　背右河
徑 25.07 毫米
重 4.1 克
上海博物館藏

174
順治通寶　背右河
徑 25.18 毫米
重 3.4 克
存雲亭藏

175
順治通寶　背右河
徑 23.34 毫米
重 2.7 克
上海博物館藏

176
順治通寶　背上寧
徑 25.33 毫米
重 4 克
上海博物館藏

177
順治通寶　背上寧
徑 25.83 毫米
重 4.3 克
存雲亭藏

178
順治通寶　背上寧
徑 26.16 毫米
重 3.6 克
上海博物館藏

179
順治通寶　背上寧
徑 23.74 毫米
重 2.9 克
上海博物館藏

180
順治通寶　背上寧
徑 24.75 毫米
重 4.2 克
上海博物館藏

181
順治通寶　背上寧
徑 25.29 毫米
重 3.4 克
金立夫藏

182
順治通寶　背上寧
徑 20.78 毫米
重 1.6 克
金立夫藏

183	184	185	186	187
順治通寶　背上昌	順治通寶　背上昌	順治通寶　背上昌	順治通寶　背上福	順治通寶　背上福
徑 25.2 毫米	徑 25.88 毫米	徑 25.44 毫米	徑 25.45 毫米	徑 25.92 毫米
重 4.4 克	重 4.1 克	重 3.8 克	重 4 克	重 4.5 克
上海博物館藏	存雲亭藏	枕石齋藏	上海博物館藏	存雲亭藏
★	★	★	★★	★★

188	189	190	191	192
順治通寶　背上福	順治通寶　背上福	順治通寶　背上福	順治通寶　背上陽	順治通寶　背上陽
徑 28.52 毫米	徑 28.23 毫米	徑 23 毫米	徑 24.48 毫米	徑 24.48 毫米
重 6.2 克	重 4.9 克	重 2.4 克	重 3.5 克	重 3.3 克
陳紀東藏	上海博物館藏	上海博物館藏	上海博物館藏	上海博物館藏
★★	★★	★★	★	★

193	194	195	196	197
順治通寶　背右陽	順治通寶　背上浙	順治通寶　背上浙	順治通寶　背上浙	順治通寶　背上浙
徑 24.48 毫米	徑 24.12 毫米	徑 24.42 毫米	徑 24.12 毫米	徑 24 毫米
重 3.5 克	重 4.2 克	重 3.6 克	重 3.4 克	重 2.9 克
上海博物館藏	上海博物館藏	存雲亭藏	上海博物館藏	上海博物館藏
★				

198
順治通寶　背右浙
徑 25.21 毫米
重 4.7 克
存雲亭藏

199
順治通寶　背右浙
徑 24 毫米
重 4.6 克
上海博物館藏

200
順治通寶　背右浙
徑 25.39 毫米
重 4 克
存雲亭藏

201
順治通寶　背右浙
徑 25.23 毫米
重 4.1 克
存雲亭藏

202
順治通寶　背右浙
徑 24.97 毫米
重 4 克
存雲亭藏

203
順治通寶　背右浙
徑 24.9 毫米
重 4.3 克
金立夫藏

204
順治通寶　背右浙
徑 24 毫米
重 3.9 克
上海博物館藏

205
順治通寶　背上東
徑 25.35 毫米
重 4.5 克
存雲亭藏

206
順治通寶　背上東
徑 24.49 毫米
重 3.9 克
上海博物館藏

207
順治通寶　背上東
徑 22.2 毫米
重 2.9 克
上海博物館藏

208
順治通寶　背上東
徑 23.03 毫米
重 2.0 克
存雲亭藏

209
順治通寶　背上東
徑 20.88 毫米
重 1.9 克
上海博物館藏

210
順治通寶　背右東
徑 24.44 毫米
重 3.3 克
上海博物館藏

211
順治通寶　背右東
徑 23.69 毫米
重 2.9 克
上海博物館藏

212
順治通寶　背右東
徑 23.32 毫米
重 3.9 克
存雲亭藏

213
順治通寶　背右東
徑 22.09 毫米
重 2.2 克
上海博物館藏

214
順治通寶　背上襄
徑 25.71 毫米
重 4.5 克
存雲亭藏

215
順治通寶　背上襄
徑 25.19 毫米
重 4.4 克
上海博物館藏

216
順治通寶　背上襄
徑 25.19 毫米
重 3.9 克
上海博物館藏

217
順治通寶　背上南
選自《中國珍稀錢幣》

218
順治通寶　背上新
選自《中國珍稀錢幣》

3. 折銀一厘錢

219
順治通寶
背户·一厘
徑 25.66 毫米
重 4.3 克
上海博物館藏

220
順治通寶
背户·一厘
徑 24.13 毫米
重 4.1 克
上海博物館藏

221
順治通寶
背户·一厘
徑 25.75 毫米
重 4.1 克
上海博物館藏

222
順治通寶
背户·一厘
徑 23.06 毫米
重 2.1 克
上海博物館藏

223
順治通寶
背户·一厘
徑 18.7 毫米
重 1.4 克
上海博物館藏

224
順治通寶
背工·一厘
徑 25.46 毫米
重 4.4 克
上海博物館藏

225
順治通寶
背工·一厘
徑 25.46 毫米
重 4.4 克
上海博物館藏

226
順治通寶
背工·一厘
徑 25.46 毫米
重 3.8 克
上海博物館藏

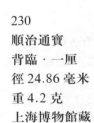

227
順治通寶
背工·一厘
徑 24.02 毫米
重 3.3 克
上海博物館藏

228
順治通寶
背宣·一厘
徑 24.51 毫米
重 3.9 克
上海博物館藏

229
順治通寶
背臨·一厘
徑 25.11 毫米
重 4.5 克
上海博物館藏

230
順治通寶
背臨·一厘
徑 24.86 毫米
重 4.2 克
上海博物館藏

231
順治通寶
背臨·一厘
徑 24.73 毫米
重 4 克
上海博物館藏

232
順治通寶
背陝·一厘
徑 24.61 毫米
重 4.4 克
上海博物館藏

233
順治通寶
背陝·一厘
徑 24.61 毫米
重 4.1 克
上海博物館藏

234
順治通寶
背陝·一厘
徑 24.61 毫米
重 4 克
上海博物館藏

235
順治通寶
背陝·一厘
徑 24.98 毫米
重 4.0 克
存雲亭藏

236
順治通寶
背陝·一厘
徑 24.61 毫米
重 3.8 克
上海博物館藏

237	238	239	240	241
順治通寶	順治通寶	順治通寶	順治通寶	順治通寶
背薊·一厘	背同·一厘	背原·一厘	背原·一厘	背原·一厘
徑 25.15 毫米	徑 24.17 毫米	徑 24.45 毫米	徑 25.04 毫米	徑 22.22 毫米
重 4.6 克	重 4.1 克	重 4.4 克	重 4.3 克	重 2.7 克
上海博物館藏	上海博物館藏	上海博物館藏	上海博物館藏	上海博物館藏
	★★			

242	243	244	245	246
順治通寶	順治通寶	順治通寶	順治通寶	順治通寶
背原·一厘	背雲·一厘	背雲·一厘	背雲·一厘	背雲·一厘
徑 25.53 毫米	徑 24.01 毫米	徑 24.97 毫米	徑 24.97 毫米	徑 24.54 毫米
王蔭嘉藏	重 5.1 克	重 4.2 克	重 4.2 克	重 4.2 克
★★	上海博物館藏	上海博物館藏	上海博物館藏	上海博物館藏

247	248	249	250	251
順治通寶	順治通寶	順治通寶	順治通寶	順治通寶
背雲·一厘	背雲·一厘	背雲·一厘	背雲·一厘	背雲·一厘
徑 24.56 毫米	徑 24.56 毫米	徑 24.81 毫米	徑 24.81 毫米	徑 23.92 毫米
重 4.1 克	重 4 克	重 3.9 克	重 3.9 克	重 3.8 克
上海博物館藏	上海博物館藏	上海博物館藏	上海博物館藏	上海博物館藏

 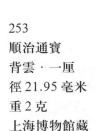   

252	253	254	255	256
順治通寶	順治通寶	順治通寶	順治通寶	順治通寶
背雲・一厘	背雲・一厘	背河・一厘	背河・一厘	背河・一厘
徑 24.92 毫米	徑 21.95 毫米	徑 25.57 毫米	徑 25.07 毫米	徑 23.10 毫米
重 3.6 克	重 2 克	重 4.7 克	重 4 克	重 2.8 克
上海博物館藏	上海博物館藏	存雲亭藏	上海博物館藏	上海博物館藏

257	258	259	260	261
順治通寶	順治通寶	順治通寶	順治通寶	順治通寶
背寧・一厘	背寧・一厘	背寧・一厘	背昌・一厘	背昌・一厘
徑 25.25 毫米	徑 25.43 毫米	徑 25.25 毫米	徑 24.91 毫米	徑 24.23 毫米
重 4.5 克	重 3.9 克	重 4.1 克	重 4.3 克	重 3.1 克
上海博物館藏	金立夫藏	上海博物館藏	存雲亭藏	上海博物館藏

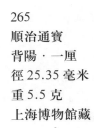

262	263	264	265	266
順治通寶	順治通寶	順治通寶	順治通寶	順治通寶
背江・一厘	背江・一厘	背福・一厘	背陽・一厘	背陽・一厘
徑 26.05 毫米	徑 26.05 毫米	徑 24.79 毫米	徑 25.35 毫米	徑 25.35 毫米
重 4.2 克	重 4.2 克	重 5.6 克	重 5.5 克	重 4.6 克
上海博物館藏	上海博物館藏	上海博物館藏	上海博物館藏	上海博物館藏

267	268	269	270	271
順治通寶	順治通寶	順治通寶	順治通寶	順治通寶
背浙・一厘	背浙・一厘	背浙・一厘	背浙・一厘	背東・一厘
徑 25.81 毫米	徑 24.70 毫米	徑 23.67 毫米	徑 25.61 毫米	徑 26.41 毫米
重 5.1 克	重 4.1 克	重 4.1 克	重 3.7 克	重 5.2 克
存雲亭藏	上海博物館藏	上海博物館藏	存雲亭藏	上海博物館藏
				★★★

272	273	274	275	276
順治通寶	順治通寶	順治通寶	順治通寶	順治通寶
背東・一厘	背東・一厘	背東・一厘	背東・一厘	背東・一厘
徑 26.12 毫米	徑 24.59 毫米	徑 25.51 毫米	徑 25.89 毫米	徑 22.86 毫米
重 4.5 克	重 4.4 克	重 4.3 克	重 4.3 克	重 2.4 克
上海博物館藏	上海博物館藏	上海博物館藏	上海博物館藏	上海博物館藏
★★★				

277	278
順治通寶	順治通寶
背東・一厘	背東・一厘
徑 21.20 毫米	徑 18 毫米
重 2 克	重 1.2 克
上海博物館藏	《錢幣博覽》編輯部
	提供

4. 滿文記局錢

279
順治通寶
背滿文寶泉局
徑 28.08 毫米
重 4.4 克
存雲亭藏

280
順治通寶
背滿文寶泉局
徑 26.46 毫米
重 5.4 克
上海博物館藏

281
順治通寶
背滿文寶泉局
徑 26.72 毫米
重 4.7 克
上海博物館藏

282
順治通寶
背滿文寶泉局
徑 27.02 毫米
重 4.5 克
上海博物館藏

283
順治通寶
背滿文寶泉局
徑 26.84 毫米
重 4.5 克
上海博物館藏

284
順治通寶
背滿文寶泉局
徑 26.44 毫米
重 4.3 克
上海博物館藏

285
順治通寶
背滿文寶泉局
徑 26.44 毫米
重 4.2 克
上海博物館藏

286
順治通寶
背滿文寶泉局
徑 18.28 毫米
重 0.8 克
存雲亭藏

287
順治通寶
背滿文寶泉局
徑 22.6 毫米
重 2.6 克
《錢幣博覽》編輯部
提供

288
順治通寶
背滿文寶泉局
徑 31.02 毫米
重 9.7 克
上海博物館藏
★★★

289
順治通寶
背滿文寶泉局
選自《歷代古錢圖說》
★★★

290
順治通寶
背滿文寶源局
徑 27.03 毫米
重 5.2 克
呂生榮藏

291
順治通寶
背滿文寶源局
徑 26.88 毫米
重 5.1 克
上海博物館藏

292	293	294	295	296
順治通寶	順治通寶	順治通寶	順治通寶	順治通寶
背滿文寶源局	背滿文寶源局	背滿文寶源局	背滿文寶源局	背滿文寶源局
徑 26.88 毫米	徑 26.66 毫米	徑 26.66 毫米	徑 26.66 毫米	徑 22.79 毫米
重 4.7 克	重 4.6 克	重 4.6 克	重 4.5 克	中國歷史博物館藏
上海博物館藏	上海博物館藏	上海博物館藏	上海博物館藏	

297	298	299	300
順治通寶	順治通寶	順治通寶	順治通寶
背滿文寶源局	背滿文寶源局	背滿文寶□局	背滿文寶□局
徑 23.2 毫米	徑 18.8 毫米	徑 18.80 毫米	徑 18.80 毫米
重 2.2 克	重 1.6 克	重 1.5 克	重 1.5 克
《錢幣博覽》編輯部	《錢幣博覽》編輯部	上海博物館藏	上海博物館藏
提供	提供		

5. 滿漢文記局錢

301	302	303
順治通寶	順治通寶	順治通寶
背滿漢文宣	背滿漢文宣	背滿漢文宣
徑 27.09 毫米	徑 27.15 毫米	徑 20 毫米
重 4 克	重 4.4 克	重 2.1 克
上海博物館藏	金立夫藏	《錢幣博覽》編輯
		部提供

304
順治通寶
背滿漢文臨
徑 27.5 毫米
重 4.4 克
上海博物館藏

305
順治通寶
背滿漢文臨
徑 27.58 毫米
重 4.3 克
存雲亭藏

306
順治通寶
背滿漢文臨
徑 26.69 毫米
重 4.2 克
上海博物館藏

307
順治通寶
背滿漢文臨
徑 26.69 毫米
重 3.4 克
上海博物館藏

308
順治通寶
背滿漢文臨
徑 21.7 毫米
重 1.9 克
《錢幣博覽》編輯部
提供

309
順治通寶
背滿漢文臨
徑 18.4 毫米
重 1.4 克
《錢幣博覽》編輯部
提供

310
順治通寶
背滿漢文陝
徑 26.08 毫米
重 4.9 克
上海博物館藏

311
順治通寶
背滿漢文陝
徑 26.51 毫米
重 4.6 克
上海博物館藏

312
順治通寶
背滿漢文陝
徑 26.08 毫米
重 4.3 克
上海博物館藏

313
順治通寶
背滿漢文陝
徑 26.21 毫米
重 3.9 克
上海博物館藏

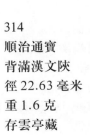

314
順治通寶
背滿漢文陝
徑 22.63 毫米
重 1.6 克
存雲亭藏

315
順治通寶
背滿漢文陝
徑 21.24 毫米
重 1.3 克
上海博物館藏

316
順治通寶
背滿漢文薊
徑 27.47 毫米
重 4.3 克
存雲亭藏

317
順治通寶
背滿漢文薊
徑 27.03 毫米
重 4.6 克
上海博物館藏

318
順治通寶
背滿漢文薊
徑 25.76 毫米
重 2.9 克
上海博物館藏

319
順治通寶
背滿漢文薊
徑 19.7 毫米
重 1.5 克
《錢幣博覽》編輯部
提供

320
順治通寶
背滿漢文同
徑 27.60 毫米
重 5.1 克
上海博物館藏

321
順治通寶
背滿漢文同
徑 27.35 毫米
重 4.3 克
存雲亭藏

322
順治通寶
背滿漢文同
徑 27.17 毫米
重 3.6 克
存雲亭藏

323
順治通寶
背滿漢文同
徑 19 毫米
重 1.7 克
《錢幣博覽》編輯部
提供

324
順治通寶
背滿漢文原
徑 28.93 毫米
重 5.2 克
存雲亭藏

325
順治通寶
背滿漢文原
徑 28.9 毫米
重 4.6 克
金立夫藏

326
順治通寶
背滿漢文原
徑 28.47 毫米
重 4.3 克
上海博物館藏

327
順治通寶
背滿漢文昌
徑 28.47 毫米
重 4.3 克
存雲亭藏

328
順治通寶
背滿漢文昌
徑 28 毫米
重 4.2 克
上海博物館藏

329
順治通寶
背滿漢文昌
徑 28 毫米
重 4.2 克
上海博物館藏

330
順治通寶
背滿漢文河
徑 26.4 毫米
重 5 克
上海博物館藏

331
順治通寶
背滿漢文河
徑 27.52 毫米
重 4.3 克
金立夫藏

332
順治通寶
背滿漢文河
徑 27.15 毫米
重 4.2 克
上海博物館藏

333
順治通寶
背滿漢文河
徑 22.2 毫米
重 2.6 克
《錢幣博覽》編輯部
提供

334
順治通寶
背滿漢文江
徑27.2毫米
重4.7克
上海博物館藏

335
順治通寶
背滿漢文江
徑27.21毫米
重4.5克
存雲亭藏

336
順治通寶
背滿漢文寧
徑26.96毫米
重4.1克
上海博物館藏

337
順治通寶
背滿漢文寧
徑26.39毫米
重3.4克
上海博物館藏

338
順治通寶
背滿漢文寧
徑28.04毫米
重3.8克
上海博物館藏

339
順治通寶
背滿漢文寧
徑26.71毫米
重4.3克
金立夫藏

340
順治通寶
背滿漢文寧
徑22毫米
重2.3克
《錢幣博覽》編輯部
提供

341
順治通寶
背滿漢文浙
徑26.96毫米
重7.8克
上海博物館藏

342
順治通寶
背滿漢文浙
徑26.96毫米
重4.5克
上海博物館藏

343
順治通寶
背滿漢文浙
徑26.82毫米
重4.8克
存雲亭藏

344
順治通寶
背滿漢文浙
徑26.31毫米
重5.1克
上海博物館藏

345
順治通寶
背滿漢文東
徑27.45毫米
重5.1克
上海博物館藏

346
順治通寶
背滿漢文東
徑27.28毫米
重4.8克
上海博物館藏

347
順治通寶
背滿漢文東
徑27.45毫米
重4.2克
上海博物館藏

348
順治通寶
背滿漢文東
徑26毫米
重4.1克
上海博物館藏

349
順治通寶
背滿漢文東
徑 26.26 毫米
重 4.1 克
上海博物館藏

350
順治通寶
背滿漢文東
徑 27.23 毫米
重 4.7 克
上海博物館藏

351
順治通寶
背滿漢文東
徑 21 毫米
重 2.7 克
《錢幣博覽》編輯部
提供

352
順治通寶
背滿漢文福　母錢
徑 28.19 毫米
選自《戴葆庭集拓中
外錢幣珍品》
★★

6．其他

353
順治通寶　合背
徑 25.46 毫米
重 4.7 克
上海博物館藏

354
順治通寶　合背
徑 23.32 毫米
重 3.2 克
上海博物館藏

355
順治通寶　合背
徑 24.94 毫米
中國歷史博物館藏

三、康熙時期錢幣

聖祖（愛新覺羅玄燁）
康熙年間（1662 – 1722 年）

1．寶泉局

356
康熙通寶
背滿文寶泉局
徑 26.07 毫米
重 5.9 克
上海博物館藏

357
康熙通寶
背滿文寶泉局
徑 24.36 毫米
重 4.8 克
上海博物館藏

358
康熙通寶
背滿文寶泉局
徑 26.04 毫米
重 4.6 克
上海博物館藏

359
康熙通寶
背滿文寶泉局
徑 25.61 毫米
重 4.6 克
上海博物館藏

360
康熙通寶
背滿文寶泉局
徑 25.21 毫米
重 4.2 克
上海博物館藏

361
康熙通寶
背滿文寶泉局
徑 25.46 毫米
重 4.1 克
上海博物館藏

362
康熙通寶
背滿文寶泉局
徑 25.75 毫米
重 5.1 克
上海博物館藏

363
康熙通寶
背滿文寶泉局
徑 22.92 毫米
重 3.4 克
上海博物館藏

364
康熙通寶
背滿文寶泉局
徑 26.14 毫米
重 4.8 克
金立夫藏

365
康熙通寶
背滿文寶泉局
徑 28.18 毫米
重 6.1 克
上海博物館藏

366
康熙通寶
背滿文寶泉局
徑 27.5 毫米
重 5.7 克
上海博物館藏

367
康熙通寶
背滿文寶泉局
徑 27.55 毫米
重 5 克
上海博物館藏

368
康熙通寶
背滿文寶泉局
徑 27.21 毫米
重 5.1 克
金立夫藏

369
康熙通寶
背滿文寶泉局
徑 26.46 毫米
重 5.7 克
上海博物館藏

370
康熙通寶
背滿文寶泉局
徑 27.23 毫米
重 4.8 克
上海博物館藏

371
康熙通寶
背滿文寶泉局
徑 27.68 毫米
重 4.8 克
上海博物館藏

372
康熙通寶
背滿文寶泉局
徑 27.71 毫米
重 4.8 克
上海博物館藏

373
康熙通寶
背滿文寶泉局
徑 28.32 毫米
重 4.7 克
金立夫藏

374
康熙通寶
背滿文寶泉局
徑 27.57 毫米
重 4.7 克
上海博物館藏

375
康熙通寶
背滿文寶泉局
徑 26.99 毫米
重 4.7 克
上海博物館藏

376
康熙通寶
背滿文寶泉局
徑 27.84 毫米
重 4.5 克
上海博物館藏

377
康熙通寶
背滿文寶泉局
徑 26.81 毫米
重 4.5 克
上海博物館藏

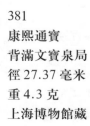

378
康熙通寶
背滿文寶泉局
徑 26.68 毫米
重 4.5 克
上海博物館藏

379
康熙通寶
背滿文寶泉局
徑 27.31 毫米
重 4.5 克
上海博物館藏

380
康熙通寶
背滿文寶泉局
徑 26.95 毫米
重 4.4 克
上海博物館藏

381
康熙通寶
背滿文寶泉局
徑 27.37 毫米
重 4.3 克
上海博物館藏

382
康熙通寶
背滿文寶泉局
徑 27.98 毫米
重 4.2 克
上海博物館藏

383
康熙通寶
背滿文寶泉局
徑 27.75 毫米
重 4.2 克
上海博物館藏

384
康熙通寶
背滿文寶泉局
徑 26.82 毫米
重 4.4 克
上海博物館藏

385
康熙通寶
背滿文寶泉局
徑 26.68 毫米
重 4.1 克
上海博物館藏

386
康熙通寶
背滿文寶泉局
徑 25.93 毫米
重 4.9 克
上海博物館藏

387
康熙通寶
背滿文寶泉局
徑 27.32 毫米
重 3.9 克
上海博物館藏

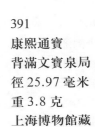

388
康熙通寶
背滿文寶泉局
徑 27.06 毫米
重 3.8 克
上海博物館藏

389
康熙通寶
背滿文寶泉局
徑 27.32 毫米
重 3.9 克
上海博物館藏

390
康熙通寶
背滿文寶泉局
徑 27.06 毫米
重 3.9 克
上海博物館藏

391
康熙通寶
背滿文寶泉局
徑 25.97 毫米
重 3.8 克
上海博物館藏

392
康熙通寶
背滿文寶泉局
徑 27.08 毫米
重 4.1 克
上海博物館藏

393
康熙通寶
背滿文寶泉局
徑 26.89 毫米
重 3.7 克
上海博物館藏

394
康熙通寶
背滿文寶泉局
徑 27.06 毫米
重 3.1 克
上海博物館藏

395
康熙通寶
背滿文寶泉局
徑 25.98 毫米
重 2.5 克
上海博物館藏

396
康熙通寶
背滿文寶泉局
徑 23.25 毫米
重 3.7 克
上海博物館藏

397
康熙通寶
背滿文寶泉局
徑 22.92 毫米
重 3.4 克
上海博物館藏

398	399	400	401	402
康熙通寶	康熙通寶	康熙通寶	康熙通寶	康熙通寶
背滿文寶泉局	背滿文寶泉局	背滿文寶泉局	背滿文寶泉局	背滿文寶泉局
徑 23.07 毫米	徑 22.70 毫米	徑 23.5 毫米	徑 24.18 毫米	徑 27.47 毫米
重 3.4 克	重 2.8 克	重 3.2 克	重 2.2 克	重 4.1 克
上海博物館藏	上海博物館藏	上海博物館藏	上海博物館藏	上海博物館藏

403	404	405	406	407
康熙通寶	康熙通寶	康熙通寶	康熙通寶	康熙通寶
背滿文寶泉局	背滿文寶泉局	背滿文寶泉局	背滿文寶泉局	背滿文寶泉局
徑 26.85 毫米	徑 27.32 毫米	徑 27.32 毫米	徑 24.65 毫米	徑 23.91 毫米
重 4 克	重 4 克	重 4 克	重 3 克	重 2.9 克
上海博物館藏	上海博物館藏	上海博物館藏	上海博物館藏	上海博物館藏

408	409	410	411	412
康熙通寶	康熙通寶	康熙通寶	康熙通寶	康熙通寶
背滿文寶泉局	背滿文寶泉局	背滿文寶泉局	背滿文寶泉局	背滿文寶泉局
徑 27.37 毫米	徑 27.35 毫米	徑 26.99 毫米	徑 23.19 毫米	徑 23.35 毫米
重 5.6 克	重 5 克	重 4.8 克	重 2.2 克	重 3.2 克
上海博物館藏	上海博物館藏	上海博物館藏	上海博物館藏	上海博物館藏

413	414	415	416	417
康熙通寶	康熙通寶	康熙通寶	康熙通寶	康熙通寶
背滿文寶泉局	背滿文寶泉局	背滿文寶泉局	背滿文寶泉局	背滿文寶泉局
徑 22.86 毫米	徑 26.52 毫米	徑 26.21 毫米	徑 26.49 毫米	徑 26.6 毫米
重 3.3 克	重 5.7 克	重 5.3 克	重 5.2 克	重 5.1 克
上海博物館藏	上海博物館藏	上海博物館藏	上海博物館藏	上海博物館藏

418	419	420	421	422
康熙通寶	康熙通寶	康熙通寶	康熙通寶	康熙通寶
背滿文寶泉局	背滿文寶泉局	背滿文寶泉局	背滿文寶泉局	背滿文寶泉局
徑 26.58 毫米	徑 25.81 毫米	徑 26.16 毫米	徑 26.43 毫米	徑 25.86 毫米
重 5.1 克	重 5.1 克	重 5 克	重 5 克	重 4.8 克
上海博物館藏	上海博物館藏	上海博物館藏	上海博物館藏	上海博物館藏

423	424	425	426	427
康熙通寶	康熙通寶	康熙通寶	康熙通寶	康熙通寶
背滿文寶泉局	背滿文寶泉局	背滿文寶泉局	背滿文寶泉局	背滿文寶泉局
徑 25.86 毫米	徑 25.86 毫米	徑 26.33 毫米	徑 26.15 毫米	徑 25.87 毫米
重 4.6 克	重 4.6 克	重 4.5 克	重 4.5 克	重 4.5 克
上海博物館藏	上海博物館藏	上海博物館藏	上海博物館藏	上海博物館藏

428
康熙通寶合背
徑 25.82 毫米
重 3.9 克
上海博物館藏

429
康熙通寶
背滿文寶泉合面
徑 25.16 毫米
中國歷史博物館藏

430
康熙通寶
背滿文寶泉局
徑 19.3 毫米
重 2.0 克
《錢幣博覽》
編輯部提供

2.寶源局

431
康熙通寶
背滿文寶源局
徑 27.45 毫米
重 4.9 克
上海博物館藏

432
康熙通寶
背滿文寶源局
徑 27.22 毫米
重 4.2 克
上海博物館藏

433
康熙通寶
背滿文寶源局
徑 26.25 毫米
重 4.9 克
上海博物館藏

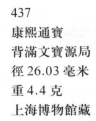

434
康熙通寶
背滿文寶源局
徑 25.4 毫米
重 4.6 克
上海博物館藏

435
康熙通寶
背滿文寶源局
徑 26.67 毫米
重 4.6 克
上海博物館藏

436
康熙通寶
背滿文寶源局
徑 27.21 毫米
重 4.5 克
上海博物館藏

437
康熙通寶
背滿文寶源局
徑 26.03 毫米
重 4.4 克
上海博物館藏

438
康熙通寶
背滿文寶源局
徑 27.06 毫米
重 4.4 克
上海博物館藏

439	440	441	442	443
康熙通寶	康熙通寶	康熙通寶	康熙通寶	康熙通寶
背滿文寶源局	背滿文寶源局	背滿文寶源局	背滿文寶源局	背滿文寶源局
徑 27.62 毫米	徑 27.39 毫米	徑 26.28 毫米	徑 25.34 毫米	徑 25.98 毫米
重 4.4 克	重 4.3 克	重 4.2 克	重 4.5 克	重 4.1 克
上海博物館藏	上海博物館藏	上海博物館藏	上海博物館藏	上海博物館藏

444	445	446	447	448
康熙通寶	康熙通寶	康熙通寶	康熙通寶	康熙通寶
背滿文寶源局	背滿文寶源局	背滿文寶源局	背滿文寶源局	背滿文寶源局
徑 26.81 毫米	徑 25.96 毫米	徑 26.35 毫米	徑 26.83 毫米	徑 23.52 毫米
重 4.1 克	重 4.1 克	重 4.1 克	重 3.8 克	重 3.2 克
上海博物館藏	上海博物館藏	上海博物館藏	上海博物館藏	上海博物館藏

449	450	451	452	453
康熙通寶	康熙通寶	康熙通寶	康熙通寶	康熙通寶
背滿文寶源局	背滿文寶源局	背滿文寶源局	背滿文寶源局	背滿文寶源局
徑 24.69 毫米	徑 26.55 毫米	徑 26.84 毫米	徑 25.51 毫米	徑 22.83 毫米
重 3.1 克	重 5 克	重 5.1 克	重 5.1 克	重 3.2 克
上海博物館藏	上海博物館藏	金立夫藏	上海博物館藏	上海博物館藏

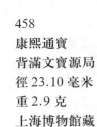

454
康熙通寶
背滿文寶源局
徑 22.85 毫米
重 3.1 克
上海博物館藏

455
康熙通寶
背滿文寶源局
徑 22.86 毫米
重 3.1 克
上海博物館藏

456
康熙通寶
背滿文寶源局
徑 22.86 毫米
重 3 克
上海博物館藏

457
康熙通寶
背滿文寶源局
徑 22.26 毫米
重 2.9 克
上海博物館藏

458
康熙通寶
背滿文寶源局
徑 23.10 毫米
重 2.9 克
上海博物館藏

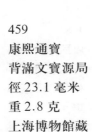

459
康熙通寶
背滿文寶源局
徑 23.1 毫米
重 2.8 克
上海博物館藏

460
康熙通寶
背滿文寶源局
徑 23.12 毫米
重 2.8 克
上海博物館藏

461
康熙通寶
背滿文寶源局
徑 22.43 毫米
重 2.4 克
上海博物館藏

462
康熙通寶
背滿文寶源局
徑 21.95 毫米
重 1.8 克
上海博物館藏

463
康熙通寶
背滿文寶源局
徑 21.66 毫米
重 1.7 克
上海博物館藏

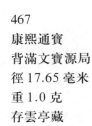

464
康熙通寶
背滿文寶源局
徑 19.98 毫米
重 1.3 克
存雲亭藏

465
康熙通寶
背滿文寶源局
徑 19.49 毫米
重 1.2 克
上海博物館藏

466
康熙通寶
背滿文寶源局
徑 18.55 毫米
重 1.1 克
上海博物館藏

467
康熙通寶
背滿文寶源局
徑 17.65 毫米
重 1.0 克
存雲亭藏

468
康熙通寶
背滿文寶源局
徑 18.1 毫米
重 1.8 克
《錢幣博覽》
編輯部提供

3. 寶宣局

469
康熙通寶
背滿漢文宣
徑 27.29 毫米
重 4.3 克
上海博物館藏

470
康熙通寶
背滿漢文宣
徑 26.45 毫米
中國歷史博物館藏

471
康熙通寶
背滿漢文宣
徑 24.99 毫米
重 5.2 克
上海博物館藏

472
康熙通寶
背滿漢文宣
徑 19.9 毫米
重 1.9 克
《錢幣博覽》
編輯部提供

4. 寶臨局

473
康熙通寶
背滿漢文臨
徑 27.53 毫米
重 5.8 克
上海博物館藏

474
康熙通寶
背滿漢文臨
徑 27.37 毫米
重 5.2 克
上海博物館藏

475
康熙通寶
背滿漢文臨
徑 27.34 毫米
重 5.2 克
上海博物館藏

476	477	478	479	480
康熙通寶	康熙通寶	康熙通寶	康熙通寶	康熙通寶
背滿漢文臨	背滿漢文臨	背滿漢文臨	背滿漢文臨	背滿漢文臨
徑 27.15 毫米	徑 27.82 毫米	徑 27.15 毫米	徑 27.15 毫米	徑 26.19 毫米
重 4.8 克	重 4.4 克	重 4.4 克	重 3.9 克	重 3.9 克
上海博物館藏	金立夫藏	上海博物館藏	上海博物館藏	上海博物館藏

481
康熙通寶
背滿漢文臨
徑 26.55 毫米
重 3.3 克
上海博物館藏

482
康熙通寶
背滿漢文臨
徑 26.55 毫米
中國歷史博物館藏

483
康熙通寶
背滿漢文臨
徑 21.5 毫米
重 1.9 克
《錢幣博覽》
編輯部提供

5.寶陝局

484
康熙通寶
背滿漢文陝
徑 26.53 毫米
重 4.7 克
上海博物館藏

485
康熙通寶
背滿漢文陝
徑 27.58 毫米
重 4.5 克
上海博物館藏

486
康熙通寶
背滿漢文陝
徑 26.15 毫米
重 4 克
上海博物館藏

487
康熙通寶
背滿漢文陝
徑 26.76 毫米
中國歷史博物館藏

488
康熙通寶
背滿漢文陝
徑 27.37 毫米
重 5 克
上海博物館藏

489
康熙通寶
背滿漢文陝
徑 20.8 毫米
重 2 克
《錢幣博覽》
編輯部提供

6.寶薊局

490
康熙通寶
背滿漢文薊
徑 27.81 毫米
重 5.1 克
上海博物館藏

491
康熙通寶
背滿漢文薊
徑 27.23 毫米
重 4.9 克
上海博物館藏

492
康熙通寶
背滿漢文薊
徑 27.23 毫米
重 4.7 克
上海博物館藏

493
康熙通寶
背滿漢文薊
徑 27.81 毫米
重 4.6 克
上海博物館藏

494
康熙通寶
背滿漢文薊
徑 27.29 毫米
重 4.4 克
上海博物館藏

495
康熙通寶
背滿漢文薊
徑 27.68 毫米
重 4.4 克
上海博物館藏

496
康熙通寶
背滿漢文薊
徑 27.09 毫米
中國歷史博物館藏

497
康熙通寶
背滿漢文薊
徑 25.99 毫米
重 4.7 克
上海博物館藏

498
康熙通寶
背滿漢文薊
徑 21.1 毫米
重 2 克
《錢幣博覽》
編輯部提供

7. 寶同局

499
康熙通寶
背滿漢文同
徑 27.27 毫米
重 5.4 克
上海博物館藏

500
康熙通寶
背滿漢文同
徑 26.64 毫米
重 4.1 克
上海博物館藏

501
康熙通寶
背滿漢文同
徑 26.45 毫米
重 3.4 克
上海博物館藏

502
康熙通寶
背滿漢文同
徑 26.48 毫米
重 3 克
上海博物館藏

503
康熙通寶
背滿漢文同
徑 27.26 毫米
中國歷史博物館藏

504
康熙通寶
背滿漢文同
徑 19.2 毫米
重 1.9 克
《錢幣博覽》
編輯部提供

8.寶原局

505
康熙通寶
背滿漢文原
徑 27.09 毫米
重 5.2 克
上海博物館藏

506
康熙通寶
背滿漢文原
徑 25.76 毫米
重 3.2 克
上海博物館藏

507
康熙通寶
背滿漢文原
徑 27.37 毫米
重 5.2 克
上海博物館藏

508
康熙通寶
背滿漢文原
徑 27.37 毫米
重 4.8 克
上海博物館藏

509
康熙通寶
背滿漢文原
徑 28.11 毫米
重 5.3 克
金立夫藏

510
康熙通寶
背滿漢文原
徑 27.65 毫米
重 4.6 克
上海博物館藏

511
康熙通寶
背滿漢文原
徑 27.12 毫米
重 4.3 克
上海博物館藏

512
康熙通寶
背滿漢文原
徑 27.65 毫米
重 4.3 克
上海博物館藏

513
康熙通寶
背滿漢文原
徑 27.38 毫米
重 3.9 克
上海博物館藏

514
康熙通寶
背滿漢文原
徑 26.30 毫米
重 3.3 克
上海博物館藏

515
康熙通寶
背滿漢文原
徑 26.65 毫米
重 3.1 克
上海博物館藏

516
康熙通寶
背滿漢文原
徑 26.84 毫米
中國歷史博物館藏

517
康熙通寶
背滿漢文原
徑 18.2 毫米
重 1.6 克
《錢幣博覽》編輯部提供

9.寶昌局

518
康熙通寶
背滿漢文昌
徑 26.95 毫米
重 4.9 克
上海博物館藏

519
康熙通寶
背滿漢文昌
徑 26.09 毫米
重 4.4 克
上海博物館藏

520
康熙通寶
背滿漢文昌
徑 26.95 毫米
重 4.3 克
上海博物館藏

521
康熙通寶
背滿漢文昌
徑 28.31 毫米
重 4.3 克
金立夫藏

522
康熙通寶
背滿漢文昌
徑 26.95 毫米
重 4.2 克
上海博物館藏

523
康熙通寶
背滿漢文昌
徑 27.85 毫米
重 3.9 克
上海博物館藏

524
康熙通寶
背滿漢文昌
徑 26.4 毫米
重 3.8 克
上海博物館藏

525
康熙通寶
背滿漢文昌
徑 27.33 毫米
中國歷史博物館藏

526
康熙通寶
背滿漢文昌
徑 27.33 毫米
重 4.1 克
上海博物館藏

527
康熙通寶
背滿漢文昌
徑 26.95 毫米
重 4 克
上海博物館藏

528
康熙通寶
背滿漢文昌
徑 25.43 毫米
重 3.2 克
上海博物館藏

529
康熙通寶
背滿漢文昌
徑 24.80 毫米
重 3.2 克
上海博物館藏

530
康熙通寶
背滿漢文昌
徑 23.64 毫米
重 3 克
上海博物館藏

531
康熙通寶
背滿漢文昌
徑 23.64 毫米
重 2.6 克
上海博物館藏

532
康熙通寶
背滿漢文昌
徑 18.8 毫米
重 1.4 克
《錢幣博覽》
編輯部提供

10.寶河局

533
康熙通寶
背滿漢文河
徑 26.92 毫米
重 4.9 克
上海博物館藏

534
康熙通寶
背滿漢文河
徑 27.22 毫米
重 4.8 克
上海博物館藏

535
康熙通寶
背滿漢文河
徑 27.22 毫米
重 4.7 克
上海博物館藏

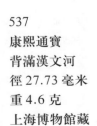

536
康熙通寶
背滿漢文河
徑 27.73 毫米
重 4.7 克
上海博物館藏

537
康熙通寶
背滿漢文河
徑 27.73 毫米
重 4.6 克
上海博物館藏

538
康熙通寶
背滿漢文河
徑 26.21 毫米
重 4.3 克
上海博物館藏

539
康熙通寶
背滿漢文河
徑 27.79 毫米
重 4.2 克
上海博物館藏

540
康熙通寶
背滿漢文河
徑 27.1 毫米
重 4.1 克
上海博物館藏

541	542	543	544	545
康熙通寶	康熙通寶	康熙通寶	康熙通寶	康熙通寶
背滿漢文河	背滿漢文河	背滿漢文河	背滿漢文河	背滿漢文河
徑 26.23 毫米	徑 25.06 毫米	徑 25.87 毫米	徑 26.77 毫米	徑 25.9 毫米
重 3 克	重 2.9 克	重 2.6 克	中國歷史博物館藏	重 2.9 克
上海博物館藏	上海博物館藏	上海博物館藏		上海博物館藏

546
康熙通寶
背滿漢文河
徑 16 毫米
重 1.2 克
《錢幣博覽》
編輯部提供

11. 寶廣局

547	548	549
康熙通寶	康熙通寶	康熙通寶
背滿漢文廣　雕母	背滿漢文廣	背滿漢文廣
徑 26.06 毫米	徑 23.3 毫米	徑 27.12 毫米
重 4.1 克	重 3.9 克	重 5.6 克
上海博物館藏	上海博物館藏	上海博物館藏
★★★★		★★

550
康熙通寶
背滿漢文廣
徑 27.56 毫米
重 4.9 克
上海博物館藏
★★

551
康熙通寶
背滿漢文廣
徑 28.07 毫米
中國歷史博物館藏
★

552
康熙通寶
背滿漢文廣
徑 28.40 毫米
重 4.5 克
上海博物館藏
★

553
康熙通寶
背滿漢文廣
徑 23.92 毫米
重 3.4 克
上海博物館藏

554
康熙通寶
背滿漢文廣
徑 23.69 毫米
重 3.3 克
上海博物館藏

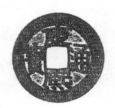

555
康熙通寶
背滿漢文廣
徑 24.63 毫米
重 3.1 克
上海博物館藏

556
康熙通寶
背滿漢文廣
徑 24.41 毫米
重 3 克
上海博物館藏

557
康熙通寶
背滿漢文廣
徑 25.04 毫米
重 2.9 克
上海博物館藏

558
康熙通寶
背滿漢文廣
徑 23.09 毫米
重 2.7 克
上海博物館藏

559
康熙通寶
背滿漢文廣
徑 22.36 毫米
重 2.1 克
上海博物館藏

560
康熙通寶
背滿漢文廣
徑 21.44 毫米
重 1.9 克
上海博物館藏

561
康熙通寶
背滿漢文廣
徑 22.36 毫米
重 1.7 克
上海博物館藏

12. 寶江局

562
康熙通寶
背滿漢文江
徑 26.39 毫米
重 5.3 克
上海博物館藏

563
康熙通寶
背滿漢文江
徑 26.93 毫米
重 4.4 克
上海博物館藏

564
康熙通寶
背滿漢文江
徑 23.98 毫米
中國歷史博物館藏

565
康熙通寶
背滿漢文江
徑 26.23 毫米
中國歷史博物館藏

566
康熙通寶
背滿漢文江
徑 26.66 毫米
重 5.2 克
上海博物館藏

567
康熙通寶
背滿漢文江
徑 26.92 毫米
重 4.3 克
上海博物館藏

13. 寶寧局

568
康熙通寶
背滿漢文寧
徑 27.57 毫米
重 4.9 克
上海博物館藏

569
康熙通寶
背滿漢文寧
徑 26.72 毫米
重 4.9 克
上海博物館藏

570
康熙通寶
背滿漢文寧
徑 27.73 毫米
重 4.5 克
上海博物館藏

571
康熙通寶
背滿漢文寧
徑 27.89 毫米
重 4.5 克
上海博物館藏

572
康熙通寶
背滿漢文寧
徑 27.9 毫米
重 4.5 克
上海博物館藏

573
康熙通寶
背滿漢文寧
徑 26.84 毫米
重 4.4 克
上海博物館藏

574
康熙通寶
背滿漢文寧
徑 26.83 毫米
重 4.2 克
上海博物館藏

575
康熙通寶
背滿漢文寧
徑 26.84 毫米
重 4 克
上海博物館藏

576
康熙通寶
背滿漢文寧
徑 26.95 毫米
重 3.1 克
上海博物館藏

577
康熙通寶
背滿漢文寧
徑 24.25 毫米
重 2.4 克
上海博物館藏

578
康熙通寶
背滿漢文寧
徑 24.17 毫米
重 1.9 克
上海博物館藏

579
康熙通寶
背滿漢文寧
徑 25.71 毫米
中國歷史博物館藏

580
康熙通寶
背滿漢文寧
徑 25.41 毫米
重 3.8 克
上海博物館藏

581
康熙通寶
背滿漢文寧
徑 18 毫米
重 1.3 克
《錢幣博覽》
編輯部提供

14.寶福局

582
康熙通寶
背滿漢文福
徑 27.06 毫米
重 5 克
上海博物館藏

583
康熙通寶
背滿漢文福
徑 27.06 毫米
重 4.8 克
上海博物館藏

584
康熙通寶
背滿漢文福
徑 27.06 毫米
重 4.7 克
上海博物館藏

585
康熙通寶
背滿漢文福
徑 27.06 毫米
重 4.6 克
上海博物館藏

586
康熙通寶
背滿漢文福
徑 26.74 毫米
重 4.6 克
上海博物館藏

587
康熙通寶
背滿漢文福
徑 26.74 毫米
重 3.9 克
上海博物館藏

588
康熙通寶
背滿漢文福
徑 26.05 毫米
重 3.2 克
上海博物館藏

589
康熙通寶
背滿漢文福
徑 26.98 毫米
中國歷史博物館藏

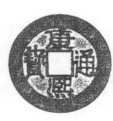

590
康熙通寶
背滿漢文福
徑 27.93 毫米
重 5.7 克
金立夫藏

591
康熙通寶
背滿漢文福
徑 27.6 毫米
重 5.5 克
上海博物館藏

592
康熙通寶
背滿漢文福
徑 27.00 毫米
重 5.2 克
上海博物館藏

593
康熙通寶
背滿漢文福
徑 26.97 毫米
重 5.1 克
上海博物館藏

594
康熙通寶
背滿漢文福
徑 27.29 毫米
重 4.9 克
上海博物館藏

595	596	597	598	599
康熙通寶	康熙通寶	康熙通寶	康熙通寶	康熙通寶
背滿漢文福	背滿漢文福	背滿漢文福	背滿漢文福	背滿漢文福
徑 27.24 毫米	徑 27.14 毫米	徑 27.14 毫米	徑 26.53 毫米	徑 26.53 毫米
重 4.7 克	重 4 克	重 4.4 克	重 4.3 克	重 4.1 克
上海博物館藏	上海博物館藏	上海博物館藏	上海博物館藏	上海博物館藏

600	601	602	603	604
康熙通寶	康熙通寶	康熙通寶	康熙通寶	康熙通寶
背滿漢文福	背滿漢文福	背滿漢文福	背滿漢文福	背滿漢文福
徑 26.17 毫米	徑 26.53 毫米	徑 26.53 毫米	徑 26.53 毫米	徑 26.53 毫米
重 4.5 克	重 3.9 克	重 3.5 克	中國歷史博物館藏	中國歷史博物館藏
上海博物館藏	上海博物館藏	上海博物館藏		

605	606	607	608	609
康熙通寶	康熙通寶	康熙通寶	康熙通寶	康熙通寶
背滿漢文福上Ⅲ	背滿漢文福上巳	背滿漢文福上午	背滿漢文福上申	背滿漢文福上酉
徑 27.14 毫米	徑 28.17 毫米	徑 26.93 毫米	徑 27.99 毫米	徑 26.53 毫米
重 4.6 克	選自《歷代古錢圖說》	選自《古錢百詠》	張綱伯藏	張綱伯藏
選自《清錢珍稀四百種》	★★★	★★★	★★★	★★★

610
康熙通寶
背滿漢文福上亥
徑 26.9 毫米
張絅伯藏
★★★

611
康熙通寶
背滿漢文福上子
徑 26.29 毫米
王蔭嘉藏
★★★

612
康熙通寶
背滿漢文福上丑
徑 26.8 毫米
張絅伯藏
★★★

613
康熙通寶
背滿漢文福上寅
徑 28.48 毫米
選自《歷代古錢圖說》
★★★

15.寶浙局

614
康熙通寶
背滿漢文浙
徑 26.24 毫米
重 5 克
上海博物館藏

615
康熙通寶
背滿漢文浙
徑 27.19 毫米
重 4.6 克
金立夫藏

616
康熙通寶
背滿漢文浙
徑 26.7 毫米
重 4.6 克
上海博物館藏

617
康熙通寶
背滿漢文浙
徑 27.29 毫米
重 4.5 克
上海博物館藏

618
康熙通寶
背滿漢文浙
徑 26.56 毫米
重 4.4 克
上海博物館藏

619
康熙通寶
背滿漢文浙
徑 26.96 毫米
重 4.5 克
上海博物館藏

620
康熙通寶
背滿漢文浙
徑 26.58 毫米
重 4.4 克
上海博物館藏

621
康熙通寶
背滿漢文浙
徑 27.17 毫米
重 4.4 克
上海博物館藏

622
康熙通寶
背滿漢文浙
徑 26.09 毫米
重 4.4 克
上海博物館藏

623
康熙通寶
背滿漢文浙
徑 27.17 毫米
重 4.4 克
上海博物館藏

624
康熙通寶
背滿漢文浙
徑 26.81 毫米
重 4.3 克
上海博物館藏

625
康熙通寶
背滿漢文浙
徑 26.81 毫米
重 4.3 克
上海博物館藏

626
康熙通寶
背滿漢文浙
徑 26.81 毫米
重 4.2 克
上海博物館藏

627
康熙通寶
背滿漢文浙
徑 26.24 毫米
重 4.1 克
上海博物館藏

628
康熙通寶
背滿漢文浙
徑 26.24 毫米
重 4.1 克
上海博物館藏

629
康熙通寶
背滿漢文浙
徑 26.24 毫米
重 4 克
上海博物館藏

630
康熙通寶
背滿漢文浙
徑 26.42 毫米
重 4 克
上海博物館藏

631
康熙通寶
背滿漢文浙
徑 26.42 毫米
重 3.9 克
上海博物館藏

632
康熙通寶
背滿漢文浙
徑 26.57 毫米
中國歷史博物館藏

633
康熙通寶
背滿漢文浙
徑 23.39 毫米
重 2.9 克
上海博物館藏

634
康熙通寶
背滿漢文浙
徑 23.31 毫米
重 3.2 克
存雲亭藏

635
康熙通寶
背滿漢文浙
徑 19.8 毫米
重 1.9 克
《錢幣博覽》
編輯部提供

16. 寶東局

636
康熙通寶
背滿漢文東
徑 25.58 毫米
重 5.2 克
上海博物館藏

637
康熙通寶
背滿漢文東
徑 26.88 毫米
重 5 克
上海博物館藏

638
康熙通寶
背滿漢文東
徑 26.9 毫米
重 5 克
上海博物館藏

639
康熙通寶
背滿漢文東
徑 26.88 毫米
重 4.4 克
上海博物館藏

640
康熙通寶
背滿漢文東
徑 25.72 毫米
重 3.7 克
上海博物館藏

641
康熙通寶
背滿漢文東
徑 26.95 毫米
中國歷史博物館藏

642
康熙通寶
背滿漢文東
徑 26.95 毫米
中國歷史博物館藏

643
康熙通寶
背滿漢文東
徑 27 毫米
選自《古錢百咏》

644
康熙通寶
背滿漢文東
徑 16.6 毫米
重 1.3 克
《錢幣博覽》
編輯部提供

17. 寶雲局

645
康熙通寶
背滿漢文雲
徑 27.93 毫米
重 5.6 克
上海博物館藏

646
康熙通寶
背滿漢文雲
徑 27.13 毫米
重 4.8 克
上海博物館藏

647
康熙通寶
背滿漢文雲
徑 27.9 毫米
重 5.4 克
上海博物館藏

648
康熙通寶
背滿漢文雲
徑 26.9 毫米
重 5.4 克
上海博物館藏

649
康熙通寶
背滿漢文雲
徑 27.38 毫米
重 5.3 克
上海博物館藏

650
康熙通寶
背滿漢文雲
徑 27.38 毫米
重 5.2 克
上海博物館藏

651
康熙通寶
背滿漢文雲
徑 26.74 毫米
重 5.5 克
上海博物館藏

652
康熙通寶
背滿漢文雲
徑 26.67 毫米
中國歷史博物館藏

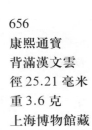

653
康熙通寶
背滿漢文雲
徑 26.36 毫米
重 4.3 克
上海博物館藏

654
康熙通寶
背滿漢文雲
徑 25.73 毫米
重 4.9 克
上海博物館藏

655
康熙通寶
背滿漢文雲
徑 26.03 毫米
重 3.7 克
上海博物館藏

656
康熙通寶
背滿漢文雲
徑 25.21 毫米
重 3.6 克
上海博物館藏

657
康熙通寶
背滿漢文雲
徑 25.25 毫米
重 4.4 克
上海博物館藏

658	659	660	661	662
康熙通寶	康熙通寶	康熙通寶	康熙通寶	康熙通寶
背滿漢文雲	背滿漢文雲	背滿漢文雲	背滿漢文雲	背滿漢文雲
徑 25.73 毫米	徑 25.03 毫米	徑 25.55 毫米	徑 24.34 毫米	徑 24.87 毫米
重 5.2 克	重 4.3 克	重 3.3 克	重 4.5 克	重 4.6 克
上海博物館藏	上海博物館藏	上海博物館藏	上海博物館藏	上海博物館藏

663	664	665	666	667
康熙通寶	康熙通寶	康熙通寶	康熙通寶	康熙通寶
背滿漢文雲	背滿漢文雲	背滿漢文雲	背滿漢文雲	背滿漢文雲
徑 24.76 毫米	徑 24.72 毫米	徑 24.07 毫米	徑 24.45 毫米	徑 24.93 毫米
重 3.6 克	重 3.2 克	重 3.8 克	重 3.3 克	重 3 克
上海博物館藏	上海博物館藏	上海博物館藏	上海博物館藏	上海博物館藏

668	669	670	671	672
康熙通寶	康熙通寶	康熙通寶	康熙通寶	康熙通寶
背滿漢文雲	背滿漢文雲	背滿漢文雲	背滿漢文雲　錯背範	背滿漢文雲　合背
徑 23.62 毫米	徑 23.43 毫米	徑 22.07 毫米	徑 26.59 毫米	徑 26.13 毫米
重 3.2 克	重 3.1 克	重 3.5 克	重 5.2 克	中國歷史博物館藏
上海博物館藏	上海博物館藏	上海博物館藏	上海博物館藏	

673
康熙通寶
背滿漢文雲
徑 22 毫米
重 2 克
《錢幣博覽》
編輯部提供

18. 寶鞏局

674
康熙通寶
背滿漢文鞏
徑 26.5 毫米
選自《古錢幣圖解》
★★

675
康熙通寶
背滿漢文鞏
徑 27.18 毫米
重 5 克
上海博物館藏
★★

676
康熙通寶
背滿漢文鞏
徑 27.45 毫米
重 4.8 克
上海博物館藏
★★

677
康熙通寶
背滿漢文鞏
徑 27.07 毫米
中國歷史博物館藏
★★

678
康熙通寶
背滿漢文鞏
徑 27.4 毫米
重 4.8 克
選自《甘肅歷史貨幣》
★★

19. 寶蘇局

679
康熙通寶
背滿漢文蘇
徑 26.49 毫米
重 4.8 克
上海博物館藏

680
康熙通寶
背滿漢文蘇
徑 26.63 毫米
重 4.4 克
上海博物館藏

681
康熙通寶
背滿漢文蘇
徑 27 毫米
重 4.4 克
上海博物館藏

682
康熙通寶
背滿漢文蘇
徑 26.63 毫米
重 4.2 克
上海博物館藏

683
康熙通寶
背滿漢文蘇
徑 26.71 毫米
重 4.2 克
上海博物館藏

684
康熙通寶
背滿漢文蘇
徑 27.47 毫米
中國歷史博物館藏

685
康熙通寶
背滿漢文蘇
徑 26.5 毫米
中國歷史博物館藏

686
康熙通寶
背滿漢文蘇合面
徑 24.11 毫米
中國歷史博物館藏

20. 寶南局

687
康熙通寶
背滿漢文南
徑 27.21 毫米
重 5 克
上海博物館藏

688
康熙通寶
背滿漢文南
徑 27.19 毫米
重 4.3 克
上海博物館藏

689
康熙通寶
背滿漢文南
徑 27.19 毫米
重 5 克
上海博物館藏

690
康熙通寶
背滿漢文南
徑 27.19 毫米
重 4.4 克
上海博物館藏

691
康熙通寶
背滿漢文南
徑 27.19 毫米
重 4.3 克
上海博物館藏

692
康熙通寶
背滿漢文南
徑 27.22 毫米
重 4.3 克
上海博物館藏

693
康熙通寶
背滿漢文南
徑 27.07 毫米
重 5.1 克
上海博物館藏

694
康熙通寶
背滿漢文南
徑 25.79 毫米
中國歷史博物館藏

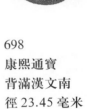

695
康熙通寶
背滿漢文南
徑 25.29 毫米
重 3.8 克
上海博物館藏

696
康熙通寶
背滿漢文南
徑 25.57 毫米
重 3.8 克
上海博物館藏

697
康熙通寶
背滿漢文南
徑 25.93 毫米
重 3.7 克
上海博物館藏

698
康熙通寶
背滿漢文南
徑 23.45 毫米
重 3.4 克
上海博物館藏

699
康熙通寶
背滿漢文南
徑 25.17 毫米
重 2.8 克
上海博物館藏

700
康熙通寶
背滿漢文南
徑 25.05 毫米
重 2.7 克
上海博物館藏

701
康熙通寶
背滿漢文南
徑 23.59 毫米
重 2.8 克
上海博物館藏

702
康熙通寶
背滿漢文南
徑 23.02 毫米
重 2 克
上海博物館藏

703
康熙通寶
背滿漢文南
徑 21.5 毫米
重 1.4 克
《錢幣博覽》
編輯部提供

704
康熙通寶
背滿漢文南上⌣下●
徑 24.83 毫米
中國歷史博物館藏
★★

705
康熙通寶
背滿漢文南上⌣下●
徑 25.12 毫米
重 3 克
上海博物館藏
★★

21. 寶桂局

706
康熙通寶
背滿漢文桂
徑 27.34 毫米
重 4.2 克
上海博物館藏

707
康熙通寶
背滿漢文桂
徑 26.61 毫米
重 5.3 克
上海博物館藏

708
康熙通寶
背滿漢文桂
徑 26.61 毫米
重 4.7 克
上海博物館藏

709
康熙通寶
背滿漢文桂
徑 25.4 毫米
重 3.8 克
中國博物館藏

710
康熙通寶
背滿漢文桂
徑 26.13 毫米
中國歷史博物館藏

711
康熙通寶
背滿漢文桂
徑 24.52 毫米
重 3.5 克
上海博物館藏

22. 寶漳局

712
康熙通寶
背滿漢文漳
徑 26.4 毫米
重 5.3 克
上海博物館藏

713
康熙通寶
背滿漢文漳
徑 27.57 毫米
重 5 克
上海博物館藏

714
康熙通寶
背滿漢文漳
徑 27.57 毫米
重 4.9 克
上海博物館藏

715
康熙通寶
背滿漢文漳
徑 26.57 毫米
重 4.8 克
上海博物館藏

716
康熙通寶
背滿漢文漳
徑 26.91 毫米
重 4.7 克
上海博物館藏

717
康熙通寶
背滿漢文漳
徑 27.15 毫米
重 4.6 克
上海博物館藏

718
康熙通寶
背滿漢文漳
徑 27.69 毫米
重 4.5 克
上海博物館藏

719
康熙通寶
背滿漢文漳
徑 26.18 毫米
重 4.4 克
上海博物館藏

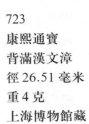

720
康熙通寶
背滿漢文漳
徑 26.47 毫米
重 4.3 克
上海博物館藏

721
康熙通寶
背滿漢文漳
徑 27.89 毫米
重 4 克
上海博物館藏

722
康熙通寶
背滿漢文漳
徑 27.57 毫米
中國歷史博物館藏

723
康熙通寶
背滿漢文漳
徑 26.51 毫米
重 4 克
上海博物館藏

724
康熙通寶
背滿漢文漳
徑 26.51 毫米
重 3.8 克
上海博物館藏

725
康熙通寶
背滿漢文漳
徑 25.64 毫米
重 5.9 克
選自《清錢珍稀
四百種》

23. 寶臺局

726
康熙通寶
背滿漢文臺
徑 26.87 毫米
重 5.8 克
上海博物館藏
★

727
康熙通寶
背滿漢文臺
徑 26.87 毫米
重 5 克
上海博物館藏
★

728
康熙通寶
背滿漢文臺
徑 26.87 毫米
重 4.9 克
上海博物館藏
★

729
康熙通寶
背滿漢文臺
徑 25.96 毫米
重 4 克
上海博物館藏
★

730
康熙通寶
背滿漢文臺
徑 26.91 毫米
重 3.5 克
金立夫藏
★

731
康熙通寶
背滿漢文臺
徑 26.29 毫米
中國歷史博物館藏
★

732
康熙通寶
背滿漢文臺
徑 23.78 毫米
重 3.3 克
上海博物館藏

24. 其他

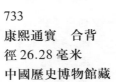 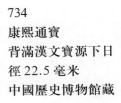

733
康熙通寶　合背
徑 26.28 毫米
中國歷史博物館藏

734
康熙通寶
背滿漢文寶源下日
徑 22.5 毫米
中國歷史博物館藏

735
康熙通寶
背滿漢文東·當十
徑 21.4 毫米
中國歷史博物館藏

附 三藩錢幣

(1647-1681 年)

一 雲南地區藩王錢

1.吳三桂（1673 年）

736
利用通寶
徑 24.12 毫米
重 3.7 克
存雲亭藏

737
利用通寶
徑 24.88 毫米
重 3 克
上海博物館藏

738
利用通寶
徑 26.5 毫米
重 3 克
上海博物館藏

739
利用通寶
徑 26.18 毫米
重 3 克
上海博物館藏

740
利用通寶
徑 26.57 毫米
中國歷史博物館藏

741
利用通寶
背洪化通寶合
徑 21.85 毫米
中國歷史博物館藏

742
利用通寶 背上貴
徑 25.36 毫米
重 3.8 克
上海博物館藏

743
利用通寶 背上貴
徑 23.19 毫米
中國歷史博物館藏

744
利用通寶 背右雲
徑 26.47 毫米
中國歷史博物館藏

745
利用通寶 背右雲
徑 26.12 毫米
重 5.3 克
上海博物館藏

746
利用通寶 背右厘
徑 26.02 毫米
重 5.3 克
上海博物館藏

747
利用通寶 背右厘
徑 25.5 毫米
重 3.8 克
上海博物館藏

748
利用通寶 背右厘
徑 25.83 毫米
中國歷史博物館藏

749
利用通寶　背左厘
徑 23.23 毫米
中國歷史博物館藏

750
利用通寶　背二厘
徑 26.04 毫米
重 3.9 克
上海博物館藏

751
利用通寶　背二厘
徑 26.04 毫米
重 3.8 克
上海博物館藏

752
利用通寶　背二厘
徑 27.64 毫米
中國歷史博物館藏

753
利用通寶　背□厘
徑 26.6 毫米
中國歷史博物館藏

754
利用通寶　背五厘
徑 31.03 毫米
重 7.8 克
金立夫藏

755
利用通寶　背五厘
徑 31.5 毫米
重 6.1 克
上海博物館藏

756
利用通寶　背五厘
徑 30.08 毫米
中國歷史博物館藏

757
利用通寶　背五厘
徑 31.33 毫米
重 9.8 克
金立夫藏
★

758
利用通寶　背五厘
徑 29.91 毫米
重 7.9 克
金立夫藏
★

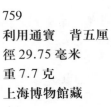

759
利用通寶　背五厘
徑 29.75 毫米
重 7.7 克
上海博物館藏
★

760
利用通寶　背五厘
徑 28.59 毫米
重 7 克
上海博物館藏
★

761
利用通寶　背一分
徑 38.7 毫米
重 19.2 克
上海博物館藏
★

762
利用通寶　背一分
徑 39.8 毫米
重 16.4 克
上海博物館藏
★

763
利用通寶　背一分
徑 37.94 毫米
中國歷史博物館藏
★

764
利用通寶　背一分
徑 45.23 毫米
重 19.2 克
金立夫藏

765
利用通寶　背一分
徑 43.57 毫米
重 17.4 克
上海博物館藏

766
利用通寶　背一分
徑 44.83 毫米
重 16.6 克
金立夫藏

767
利用通寶　背一分
徑 40.91 毫米
重 16.4 克
上海博物館藏

768
利用通寶　背一分
徑 40.96 毫米
重 15.2 克
金立夫藏

769
利用通寶　背壹分
徑 39.9 毫米
選自《藏葆庭集拓中
外錢幣珍品》
★★

770
利用通寶　背壹分
徑 38.57 毫米
重 24.6 克
上海博物館藏
★

771
利用通寶　背壹分
徑 39.78 毫米
中國歷史博物館藏
★

772
利用通寶　背壹分
徑 40.43 毫米
重 16.4 克
金立夫藏
★

773
利用通寶　背壹分
徑 38.47 毫米
重 14.6 克
金立夫藏
★

2.周王 [吴三桂]
昭武年間（1674–1677 年）

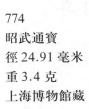

774
昭武通寶
徑 24.91 毫米
重 3.4 克
上海博物館藏

775
昭武通寶
徑 23.12 毫米
重 3.4 克
上海博物館藏

776
昭武通寶
徑 22.92 毫米
中國歷史博物館藏

777
昭武通寶　背下工
徑 23.24 毫米
中國歷史博物館藏

778
昭武通寶　背壹分
徑 38.88 毫米
重 12 克
金立夫藏

779
昭武通寶　背壹分
徑 35.71 毫米
重 14.6 克
上海博物館藏

780
昭武通寶　背壹分
徑 34.95 毫米
中國歷史博物館藏

781
昭武通寶　背壹分
徑 34.52 毫米
重 15 克
上海博物館藏

3.周 [吳世璠]
洪化年間（1679-1681 年）

782
洪化通寶
徑 24.18 毫米
重 3.4 克
上海博物館藏

783
洪化通寶
徑 24.47 毫米
中國歷史博物館藏

784
洪化通寶
徑 20.23 毫米
中國歷史博物館藏

785
洪化通寶　背右户
徑 23.62 毫米
重 3.9 克
上海博物館藏

786
洪化通寶　背右户
徑 23.62 毫米
重 3.6 克
上海博物館藏

787
洪化通寶　背右户
徑 24.49 毫米
中國歷史博物館藏

788
洪化通寶　背右工
徑 23.89 毫米
中國歷史博物館藏

789
洪化通寶　背右工
徑 24.48 毫米
中國歷史博物館藏

790
洪化通寶　背右工
徑 23.63 毫米
重 4 克
上海博物館藏

791
洪化通寶　背壹□
徑 21.63 毫米
自《戴葆庭集拓中外
錢幣珍品》
★★

二、福建地區藩王錢

1.靖南王[耿精忠]
裕民年間（1674-1676 年）

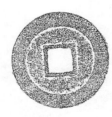

792
裕民通寶
徑 25.85 毫米
重 4 克
上海博物館藏

793
裕民通寶
徑 25.34 毫米
上海博物館藏

794
裕民通寶
徑 25.36 毫米
中國歷史博物館藏

795
裕民通寶　背一分
徑 28 毫米
重 6 克
上海博物館藏

796
裕民通寶　背一分
徑 28 毫米
重 5.4 克
上海博物館藏

797
裕民通寶　背一分
徑 28 毫米
中國歷史博物館藏

798
裕民通寶　背壹錢
徑 37.25 毫米
重 16.8 克
金立夫藏
★

799
裕民通寶　背壹錢
徑 36.83 毫米
中國歷史博物館藏
★

800
裕民通寶　背壹錢
徑 36.29 毫米
重 17.2 克
上海博物館藏
★

801
裕民通寶　背壹錢
徑 35.95 毫米
重 15.4 克
上海博物館藏
★

802
裕民通寶　背浙一錢
徑 36.2 毫米
重 19.4 克
上海博物館藏
★★

803
裕民通寶　背浙一錢
徑 36.2 毫米
重 17.8 克
上海博物館藏
★★

804
裕民通寶　背浙一錢
徑 36.2 毫米
中國歷史博物館藏
★★

四、雍正時期錢幣

世宗（愛新覺羅
胤禎）雍正年間
（1723-1735年）

1.寶泉局

805
雍正通寶
背滿文寶泉局雕母
徑28.95毫米
重8.5克
上海博物館藏
★★★★

806
雍正通寶
背滿文寶泉局雕母
徑28.24毫米
選自《戴葆庭集拓中
外錢幣珍品》
★★★★

807
雍正通寶
背滿文寶泉局雕母
徑29.27毫米
選自《戴葆庭集拓中
外錢幣珍品》
★★★★

808
雍正通寶
背滿文寶泉局雕母
徑30.35毫米
重6.6克
上海博物館藏
★★★★

809
雍正通寶
背滿文寶泉局
徑25.83毫米
重6.6克
上海博物館藏

810
雍正通寶
背滿文寶泉局
徑26.61毫米
重5.71克
上海博物館藏

811
雍正通寶
背滿文寶泉局
徑25.95毫米
重5.61克
上海博物館藏

812
雍正通寶
背滿文寶泉局
徑26.15毫米
重5.34克
上海博物館藏

813
雍正通寶
背滿文寶泉局
徑25.67毫米
重4.9克
金立夫藏

814
雍正通寶
背滿文寶泉局
徑25.63毫米
重4.9克
上海博物館藏

815
雍正通寶
背滿文寶泉局
徑26.75毫米
重4.81克
上海博物館藏

816
雍正通寶
背滿文寶泉局
徑25.62毫米
重4.4克
金立夫藏

817
雍正通寶
背滿文寶泉局
徑25.29毫米
重4.34克
上海博物館藏

818	819	820	821	822
雍正通寶	雍正通寶	雍正通寶	雍正通寶	雍正通寶
背滿文寶泉局	背滿文寶泉局	背滿文寶泉局	背滿文寶泉局	背滿文寶泉局
徑 25.6 毫米	徑 25.6 毫米	徑 26.4 毫米	徑 25.19 毫米	徑 24.72 毫米
重 4.3 克	重 4.22 克	重 4.21 克	重 4.2 克	重 3.7 克
上海博物館藏	上海博物館藏	上海博物館藏	上海博物館藏	上海博物館藏

823	824	825	826	827
雍正通寶	雍正通寶	雍正通寶	雍正通寶	雍正通寶
背滿文寶泉局	背滿文寶泉局	背滿文寶泉局	背滿文寶泉局	背滿文寶泉局
徑 18.8 毫米	徑 25.84 毫米	徑 27.08 毫米	徑 26.57 毫米	徑 27.1 毫米
重 1.8 克	重 6.5 克	重 6.2 克	重 4.83 克	重 5.74 克
《錢幣博覽》編輯部	上海博物館藏	上海博物館藏	上海博物館藏	上海博物館藏
提供				

828	829	830	831	832
雍正通寶	雍正通寶	雍正通寶	雍正通寶	雍正通寶
背滿文寶泉局	背滿文寶泉局	背滿文寶泉局	背滿文寶泉局	背滿文寶泉局
徑 27.53 毫米	徑 26.97 毫米	徑 26.97 毫米	徑 26.98 毫米	徑 27.34 毫米
重 5.3 克	重 5.2 克	重 4.99 克	重 4.92 克	重 4.71 克
存雲亭藏	上海博物館藏	上海博物館藏	上海博物館藏	上海博物館藏

833
雍正通寶
背滿文寶泉局
徑 27.34 毫米
重 4.7 克
上海博物館藏

834
雍正通寶
背滿文寶泉局
徑 27.34 毫米
重 4.64 克
上海博物館藏

835
雍正通寶
背滿文寶泉局
徑 27.34 毫米
重 4.61 克
上海博物館藏

836
雍正通寶
背滿文寶泉局
徑 25.33 毫米
重 4.51 克
上海博物館藏

837
雍正通寶
背滿文寶泉局
徑 27.19 毫米
重 4.5 克
上海博物館藏

838
雍正通寶
背滿文寶泉局
徑 27.19 毫米
重 4.43 克
上海博物館藏

839
雍正通寶
背滿文寶泉局
徑 26.67 毫米
重 4.34 克
上海博物館藏

840
雍正通寶
背滿文寶泉局
徑 27.37 毫米
重 4.22 克
上海博物館藏

841
雍正通寶
背滿文寶泉局
徑 27.18 毫米
重 4.1 克
上海博物館藏

842
雍正通寶
背滿文寶泉局
徑 26.69 毫米
重 3.6 克
上海博物館藏

843
雍正通寶
背滿文寶泉局
徑 26.94 毫米
中國歷史博物館藏

844
雍正通寶
背滿文寶泉局
徑 25.79 毫米
重 4.5 克
存雲亭藏

845
雍正通寶
背滿文寶泉局
徑 26.4 毫米
重 5.31 克
上海博物館藏

2.寶源局

846
雍正通寶
背滿文寶源局雕母
徑 29.64 毫米
重 7.5 克
上海博物館藏
★★★★

847
雍正通寶
背滿文寶源局
徑 27.55 毫米
重 4.6 克
上海博物館藏

848
雍正通寶
背滿文寶源局
徑 25.94 毫米
重 3.8 克
金立夫藏

849
雍正通寶
背滿文寶源局
徑 26.67 毫米
重 6.4 克
上海博物館藏

850
雍正通寶
背滿文寶源局
徑 26.36 毫米
重 5.5 克
上海博物館藏

851
雍正通寶
背滿文寶源局
徑 26.41 毫米
重 5.41 克
上海博物館藏

852
雍正通寶
背滿文寶源局
徑 26.91 毫米
重 5.4 克
上海博物館藏

853
雍正通寶
背滿文寶源局
徑 27.31 毫米
重 5.3 克
上海博物館藏

854
雍正通寶
背滿文寶源局
徑 25.14 毫米
重 5.13 克
上海博物館藏

855
雍正通寶
背滿文寶源局
徑 25.85 毫米
重 4.9 克
上海博物館藏

856
雍正通寶
背滿文寶源局
徑 25.49 毫米
重 4.9 克
上海博物館藏

857
雍正通寶
背滿文寶源局
徑 26.96 毫米
重 4.9 克
上海博物館藏

858
雍正通寶
背滿文寶源局
徑 26.2 毫米
重 4.83 克
上海博物館藏

859
雍正通寶
背滿文寶源局
徑 25.86 毫米
重 4.8 克
金立夫藏

860
雍正通寶
背滿文寶源局
徑 25.65 毫米
重 4.7 克
上海博物館藏

861
雍正通寶
背滿文寶源局
徑 25.32 毫米
重 4.7 克
上海博物館藏

862
雍正通寶
背滿文寶源局
徑 25.26 毫米
重 4.61 克
上海博物館藏

863
雍正通寶
背滿文寶源局
徑 26.94 毫米
重 5.2 克
存雲亭藏

864
雍正通寶
背滿文寶源局
徑 26.38 毫米
重 4.6 克
上海博物館藏

865
雍正通寶
背滿文寶源局
徑 25.4 毫米
重 4.32 克
上海博物館藏

866
雍正通寶
背滿文寶源局
徑 26.26 毫米
重 4.3 克
上海博物館藏

867
雍正通寶
背滿文寶源局
徑 25.63 毫米
重 4.12 克
上海博物館藏

868
雍正通寶
背滿文寶源局
徑 20.93 毫米
重 2.5 克
上海博物館藏

869
雍正通寶
背滿文寶源局
徑 18.26 毫米
重 1.1 克
存雲亭藏

870
雍正通寶
背滿文寶源局
徑 19.3 毫米
重 1.6 克
《錢幣博覽》編輯部提供

3.寶晉局

871
雍正通寶
背滿文寶晉局
徑 26.04 毫米
重 5.2 克
上海博物館藏

872
雍正通寶
背滿文寶晉局
徑 25.14 毫米
重 4.1 克
上海博物館藏

4.寶武局

873
雍正通寶
背滿文寶武局
徑 25.88 毫米
重 5.4 克
存雲亭藏

874
雍正通寶
背滿文寶武局
徑 27.11 毫米
重 5.4 克
上海博物館藏

875
雍正通寶
背滿文寶武局
徑 27.61 毫米
重 5.5 克
上海博物館藏

5.寶河局

876
雍正通寶
背滿文寶河局
徑 26.77 毫米
重 4.4 克
金立夫藏

877
雍正通寶
背滿文寶河局
徑 26.65 毫米
重 4.54 克
上海博物館藏

878
雍正通寶
背滿文寶河局
徑 26.65 毫米
重 4.14 克
上海博物館藏

879
雍正通寶
背滿文寶河局
徑 27.02 毫米
重 5.1 克
存雲亭藏

6. 寶昌局

880
雍正通寶
背滿文寶昌局
徑 27.25 毫米
重 4.2 克
上海博物館藏

881
雍正通寶
背滿文寶昌局
徑 27.49 毫米
重 4.9 克
金立夫藏

882
雍正通寶
背滿文寶昌局
徑 20.4 毫米
重 1.9 克
《錢幣博覽》
編輯部提供

7. 寶浙局

883
雍正通寶
背滿文寶浙局
徑 27.58 毫米
重 6.42 克
上海博物館藏

884
雍正通寶
背滿文寶浙局
徑 27.23 毫米
重 5.91 克
上海博物館藏

885
雍正通寶
背滿文寶浙局
徑 27.58 毫米
重 5.7 克
上海博物館藏

886
雍正通寶
背滿文寶浙局
徑 27.91 毫米
重 5.64 克
上海博物館藏

887
雍正通寶
背滿文寶浙局
徑 27.28 毫米
重 5.6 克
上海博物館藏

888
雍正通寶
背滿文寶浙局
徑 27.58 毫米
重 5.51 克
上海博物館藏

889
雍正通寶
背滿文寶浙局
徑 26.71 毫米
重 5.14 克
上海博物館藏

890
雍正通寶
背滿文寶浙局
徑 26.72 毫米
重 4.82 克
上海博物館藏

891
雍正通寶
背滿文寶浙局
徑 27.01 毫米
重 4.74 克
上海博物館藏

892
雍正通寶
背滿文寶浙局
徑 20.8 毫米
重 1.9 克
《錢幣博覽》
編輯部提供

8. 寶濟局

893
雍正通寶
背滿文寶濟局　樣錢
徑 28.22 毫米
中國歷史博物館藏
★★

894
雍正通寶
背滿文寶濟局
徑 26.74 毫米
重 4.73 克
上海博物館藏

895
雍正通寶
背滿文寶濟局
徑 26.56 毫米
重 4.6 克
金立夫藏

896
雍正通寶
背滿文寶濟局
徑 19.9 毫米
重 2 克
《錢幣博覽》
編輯部提供

9.寶雲局

897
雍正通寶
背滿文寶雲局
徑 27.52 毫米
重 4.8 克
上海博物館藏

898
雍正通寶
背滿文寶雲局
徑 27.05 毫米
重 5.49 克
上海博物館藏

899
雍正通寶
背滿文寶雲局
徑 27.67 毫米
重 4.5 克
上海博物館藏

900
雍正通寶
背滿文寶雲局
徑 25.97 毫米
重 5.5 克
上海博物館藏

901
雍正通寶
背滿文寶雲局
徑 23.97 毫米
重 2.92 克
上海博物館藏

902
雍正通寶
背滿文寶雲局
徑 23.32 毫米
重 3.33 克
上海博物館藏

903
雍正通寶
背滿文寶雲局
徑 27.08 毫米
重 4.8 克
上海博物館藏

904
雍正通寶
背滿文寶雲局
徑 28.35 毫米
重 6.2 克
金立夫藏

905	906	907	908	909
雍正通寶	雍正通寶	雍正通寶	雍正通寶	雍正通寶
背滿文寶雲局	背滿文寶雲局	背滿文寶雲局	背滿文寶雲局	背滿文寶雲局
徑 27.47 毫米	徑 26.84 毫米	徑 26.71 毫米	徑 27.48 毫米	徑 25.48 毫米
重 5.14 克	重 4.8 克	重 4.05 克	重 4 克	重 4.81 克
上海博物館藏	上海博物館藏	上海博物館藏	上海博物館藏	上海博物館藏

910
雍正通寶
背滿文寶雲局
徑 18.1 毫米
重 1.2 克
《錢幣博覽》
編輯部提供

10.寶川局

911
雍正通寶
背滿文寶川局
徑 27 毫米
選自《簡明錢幣辭典》

11.寶鞏局

912
雍正通寶
背滿文寶鞏局
徑 26.47 毫米
重 5.12 克
上海博物館藏

913
雍正通寶
背滿文寶鞏局
徑 26.44 毫米
重 4.8 克
上海博物館藏

914
雍正通寶
背滿文寶鞏局
徑 26.36 毫米
重 4.64 克
上海博物館藏

915
雍正通寶
背滿文寶鞏局
徑 26.18 毫米
重 4.32 克
上海博物館藏

916
雍正通寶
背滿文寶鞏局
徑 26.18 毫米
重 4.31 克
上海博物館藏

917
雍正通寶
背滿文寶鞏局
徑 26.67 毫米
重 5 克
金立夫藏

918
雍正通寶
背滿文寶鞏局
徑 26.6 毫米
重 4.7 克
上海博物館藏

12.寶蘇局

919
雍正通寶
背滿文寶蘇局樣錢
徑 29.5 毫米
重 5.4 克
鄒誌諒提供

920
雍正通寶
背滿文寶蘇局
徑 27.15 毫米
重 5.44 克
上海博物館藏

921
雍正通寶
背滿文寶蘇局
徑 27.4 毫米
重 5.23 克
上海博物館藏

922
雍正通寶
背滿文寶蘇局
徑 27.6 毫米
重 5.14 克
上海博物館藏

923
雍正通寶
背滿文寶蘇局
徑 27.42 毫米
重 4.7 克
存雲亭藏

924
雍正通寶
背滿文寶蘇局
徑 21 毫米
重 2.2 克
《錢幣博覽》
編輯部提供

13.寶南局

925
雍正通寶
背滿文寶南局
徑 26 毫米
重 6.1 克
上海博物館藏

14.寶桂局

926
雍正通寶
背滿文寶桂局
徑 27 毫米
《中國歷代貨幣大系》
編輯委員會提供
★

927
雍正通寶
背滿文寶桂局
徑 23 毫米
《中國歷代貨幣大系》
編輯委員會提供
★

15.寶黔局

928
雍正通寶
背滿文寶黔局
徑 32.75 毫米
王蔭嘉藏
★★

929
雍正通寶
背滿文寶黔局
徑 27.21 毫米
重 5.7 克
存雲亭藏

930
雍正通寶
背滿文寶黔局
徑 26.77 毫米
重 4.6 克
上海博物館藏

931
雍正通寶
背滿文寶黔局
徑 26.77 毫米
重 3.94 克
上海博物館藏

932
雍正通寶
背滿文寶黔局
徑 25.75 毫米
重 3.83 克
上海博物館藏

933
雍正通寶
背滿文寶黔局
徑 25.87 毫米
重 3.8 克
金立夫藏

934
雍正通寶
背滿文寶黔局
徑 27.3 毫米
重 3.94 克
上海博物館藏

935
雍正通寶
背滿文寶黔局
徑 17.9 毫米
重 1.7 克
《錢幣博覽》
編輯部提供

16.寶安局

936
雍正通寶
背滿文寶安局
徑 27.92 毫米
重 5.03 克
上海博物館藏

937
雍正通寶
背滿文寶安局
徑 27.84 毫米
重 4.14 克
上海博物館藏

938
雍正通寶
背滿文寶安局
徑 27.74 毫米
重 4.8 克
金立夫藏

939
雍正通寶
背滿文寶安局
徑 21.8 毫米
重 1.8 克
《錢幣博覽》
編輯部提供

940
雍正通寶
背滿文寶安局　合面
徑 27.84 毫米
中國歷史博物館藏

17. 其他

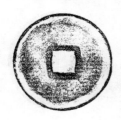
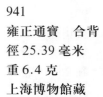

941
雍正通寶　合背
徑 25.39 毫米
重 6.4 克
上海博物館藏

942
雍正通寶　合背
徑 27.07 毫米
重 5.3 克
上海博物館藏

943
雍正通寶
徑 26.35 毫米
重 2.95 克
上海博物館藏

五、乾隆時期錢幣

高宗（愛新覺羅弘曆）
乾隆年間(1736－1795
年)

1. 寶泉局

0944
乾隆通寶
背滿文寶泉局　雕母
徑 28.47 毫米
重 9.3 克
上海博物館藏
★★★★

0945
乾隆通寶
背滿文寶泉局　雕母
徑 28.79 毫米
重 7.6 克
上海博物館藏
★★★★

0946
乾隆通寶
背滿文寶泉局　雕母
徑 28.11 毫米
重 7.33 克
上海博物館藏
★★★★

0947
乾隆通寶　背滿文
寶泉局　雕母
徑 28.29 毫米
重 7.22 克
上海博物館藏
★★★★

0948
乾隆通寶　背滿文
寶泉局　雕母
徑 27.97 毫米
重 6.8 克
上海博物館藏
★★★★

0949
乾隆通寶　背滿
文寶泉局　雕母
徑 24.98 毫米
重 6.5 克
上海博物館藏
★★★★

0950
乾隆通寶　背滿文
寶泉局　雕母
徑 27.46 毫米
選自《戴葆庭集拓中
外錢幣珍品》
★★★★

0951
乾隆通寶　背滿文
寶泉局　雕母
徑 26.12 毫米
中國歷史博物館藏
★★★★

0952
乾隆通寶　背滿文
寶泉局　雕母
徑 27.31 毫米
重 8.4 克
上海博物館藏
★★★★

0953
乾隆通寶　背滿文
寶泉局　雕母
徑 25.77 毫米
重 7.01 克
上海博物館藏
★★★★

0954
乾隆通寶　背滿文
寶泉局　雕母
徑 26.79 毫米
中國歷史博物館藏
★★★★

0955
乾隆通寶　背滿文
寶泉局　雕母
徑 24.92 毫米
重 7.2 克
枕石齋藏
★★★★

0956
乾隆通寶　背滿文
寶泉局　雕母
徑 24.92 毫米
重 7.2 克
上海博物館藏
★★★★

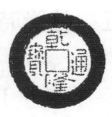
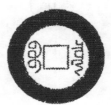

0957	0958	0959	0960	0961
乾隆通寶　背滿文 寶泉局　雕母 徑 26.08 毫米 重 8.1 克 上海博物館藏 ★★★★	乾隆通寶　背滿文 寶泉局　雕母 徑 26.09 毫米 重 6.9 克 上海博物館藏 ★★★★	乾隆通寶　背滿文 寶泉局　雕母 徑 23.94 毫米 重 6.74 克 上海博物館藏 ★★★★	乾隆通寶　背滿文 寶泉局　雕母 徑 23.64 毫米 中國歷史博物館藏 ★★★★	乾隆通寶　背滿文 寶泉局　雕母 徑 25.49 毫米 選自《戴葆庭集拓中 外錢幣珍品》 ★★★★

0962	0963	0964	0965	0966
乾隆通寶　背滿文 寶泉局　雕母 徑 23.02 毫米 中國歷史博物館藏 ★★★★	乾隆通寶　背漢文 康熙通寶　雕母 徑 24.61 毫米 重 8 克 上海博物館藏 ★★★★	乾隆通寶　背滿文 寶泉局母錢 徑 27.89 毫米 重 7.83 克 上海博物館藏 ★★★	乾隆通寶　背滿文 寶泉局母錢 徑 27.14 毫米 重 4.92 克 上海博物館藏 ★★★	乾隆通寶　背滿文 寶泉局母錢 徑 25.29 毫米 中國歷史博物館藏 ★★★

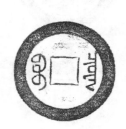

0967	0968	0969	0970	0971
乾隆通寶　背滿文寶泉 局　樣錢 徑 32.05 毫米 重 10.64 克 王綱懷藏 ★★	乾隆通寶　背滿文 寶泉局　樣錢 徑 24.96 毫米 重 4 克 上海博物館藏 ★★	乾隆通寶　背滿文 寶泉局 徑 27.14 毫米 重 6.9 克 上海博物館藏	乾隆通寶　背滿文 寶泉局 徑 27.16 毫米 重 6.64 克 上海博物館藏	乾隆通寶　背滿文 寶泉局 徑 27.16 毫米 重 6.5 克 上海博物館藏

0972
乾隆通寶　背滿文
寶泉局
徑 28.06 毫米
重 6.1 克
岑憲達藏

0973
乾隆通寶　背滿文
寶泉局
徑 26.62 毫米
重 5.63 克
上海博物館藏

0974
乾隆通寶　背滿文
寶泉局
徑 26.16 毫米
重 5.54 克
上海博物館藏

0975
乾隆通寶　背滿文
寶泉局
徑 27.59 毫米
重 6.2 克
金立夫藏

0976
乾隆通寶　背滿文
寶泉局
徑 27.46 毫米
重 6 克
金立夫藏

0977
乾隆通寶　背滿文
寶泉局
徑 25.46 毫米
重 4.2 克
金立夫藏

0978
乾隆通寶　背滿文
寶泉局
徑 25.29 毫米
重 4.3 克
上海博物館藏

0979
乾隆通寶　背滿文
寶泉局
徑 22.27 毫米
重 4.44 克
上海博物館藏

0980
乾隆通寶　背滿文
寶泉局
徑 25.91 毫米
重 4.2 克
金立夫藏

0981
乾隆通寶　背滿文
寶泉局
徑 23.79 毫米
重 4.14 克
上海博物館藏

0982
乾隆通寶　背滿文
寶泉局
徑 25.12 毫米
重 4 克
金立夫藏

0983
乾隆通寶　背滿文
寶泉局
徑 25.04 毫米
重 3.9 克
上海博物館藏

0984
乾隆通寶　背滿文
寶泉局
徑 22.84 毫米
重 3.9 克
上海博物館藏

0985
乾隆通寶　背滿文
寶泉局
徑 24.59 毫米
重 3.84 克
上海博物館藏

0986
乾隆通寶　背滿文
寶泉局
徑 24.76 毫米
重 3.64 克
上海博物館藏

0987
乾隆通寶　背滿文
寶泉局
徑 20.87 毫米
重 3.41 克
上海博物館藏

0988
乾隆通寶　背滿文
寶泉局
徑 20.17 毫米
重 1.81 克
上海博物館藏

0989
乾隆通寶　背滿文
寶泉局
徑 23.35 毫米
重 5 克
金立夫藏

0990
乾隆通寶　背滿文
寶泉局
徑 22.2 毫米
重 1.4 克
上海博物館藏

0991
乾隆通寶　背滿文
寶泉局
徑 18.22 毫米
重 1.23 克
上海博物館藏

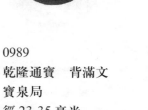
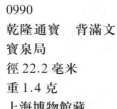

0992
乾隆通寶　背滿文
寶泉局
徑 24.16 毫米
重 4 克
上海博物館藏

0993
乾隆通寶　背滿文
寶泉局
徑 23.21 毫米
重 3.9 克
選自《清代珍稀四
百種》

0994
乾隆通寶　背滿文
寶泉局
徑 18.6 毫米
重 1.5 克
《錢幣博覽》編輯部
提供

0995
乾隆通寶　背滿文
寶泉局
徑 28.17 毫米
重 6.83 克
上海博物館藏

0996
乾隆通寶　背滿文
寶泉局
徑 28.2 毫米
重 6.8 克
金立夫藏

0997
乾隆通寶　背滿文
寶泉局
徑 22.87 毫米
重 4.52 克
上海博物館藏

0998
乾隆通寶　背滿文
寶泉局
徑 22.18 毫米
重 3.51 克
上海博物館藏

0999
乾隆通寶　背滿文
寶泉局
徑 25.37 毫米
重 4.42 克
上海博物館藏

1000
乾隆通寶　背滿文
寶泉局
徑 23.98 毫米
重 4.41 克
上海博物館藏

1001
乾隆通寶　背滿文
寶泉局
徑 21.03 毫米
重 2 克
上海博物館藏

1002
乾隆通寶　背滿文
寶泉局
徑 25.36 毫米
重 4 克
金立夫藏

1003
乾隆通寶　背滿文
寶泉局
徑 26.97 毫米
重 6.84 克
上海博物館藏

1004
乾隆通寶　背滿文
寶泉局
徑 27.16 毫米
重 6.71 克
上海博物館藏

1005
乾隆通寶　背滿文
寶泉局
徑 27.3 毫米
重 4 克
上海博物館藏

1006
乾隆通寶　背滿文
寶泉局
徑 21.39 毫米
重 3.64 克
上海博物館藏

1007
乾隆通寶　背滿文
寶泉局
徑 20.9 毫米
重 3.51 克
上海博物館藏

1008
乾隆通寶　背滿文
寶泉局
徑 23.6 毫米
重 4.3 克
金立夫藏

1009
乾隆通寶　背滿文
寶泉局
徑 23.25 毫米
重 4.73 克
上海博物館藏

1010
乾隆通寶　背滿文
寶泉局
徑 23.2 毫米
重 4.22 克
上海博物館藏

1011
乾隆通寶　背滿文
寶泉局
徑 22.04 毫米
重 4.24 克
上海博物館藏

1012
乾隆通寶　背滿文
寶泉局
徑 23.48 毫米
重 4.12 克
上海博物館藏

1013
乾隆通寶　背滿文
寶泉局
徑 22.8 毫米
重 3.99 克
上海博物館藏

1014
乾隆通寶　背滿文
寶泉局
徑 23.36 毫米
重 4.2 克
金立夫藏

1015
乾隆通寶　背滿文
寶泉局
徑 22.57 毫米
重 3.41 克
上海博物館藏

1016
乾隆通寶　背滿文
寶泉局
徑 20.86 毫米
重 2.84 克
上海博物館藏

1017
乾隆通寶　背滿文
寶泉局
徑 19.97 毫米
重 2.2 克
金立夫藏

1018
乾隆通寶　背滿文
寶泉局
徑 22.19 毫米
重 2.01 克
上海博物館藏

1019
乾隆通寶　背滿文
寶泉局
徑 21.72 毫米
重 1.71 克
上海博物館藏

1020
乾隆通寶　背滿文
寶泉局
徑 24.05 毫米
重 4.24 克
上海博物館藏

1021
乾隆通寶　背滿文
寶泉局
徑 22.94 毫米
重 3.74 克
上海博物館藏

1022
乾隆通寶　背滿文
寶泉局
徑 16.8 毫米
重 1.4 克
《錢幣博覽》編輯
部提供

1023
乾隆通寶　背滿文
寶泉局
徑 26.33 毫米
重 6.23 克
上海博物館藏

1024
乾隆通寶　背滿文
寶泉局
徑 23.08 毫米
重 4.33 克
上海博物館藏

1025
乾隆通寶　背滿文
寶泉局
徑 22.04 毫米
重 4.24 克
上海博物館藏

1026
乾隆通寶　背滿文
寶泉局
徑 22.36 毫米
重 4.21 克
上海博物館藏

1027
乾隆通寶　背滿文
寶泉局
徑 22.01 毫米
重 3.64 克
上海博物館藏

1028
乾隆通寶　背滿文
寶泉局
徑 19.78 毫米
重 2.9 克
上海博物館藏

1029
乾隆通寶　背滿文
寶泉局
徑 23.79 毫米
重 4.2 克
上海博物館藏

2. 寶源局

1030
乾隆通寶　背滿文
寶源局雕母
徑 26.16 毫米
重 7.3 克
上海博物館藏
★★★★

1031
乾隆通寶　背滿文
寶源局
徑 23.5 毫米
重 4.61 克
上海博物館藏

1032
乾隆通寶　背滿文
寶源局
徑 22.86 毫米
重 4.54 克
上海博物館藏

1033
乾隆通寶　背滿文
寶源局
徑 25.38 毫米
重 4.4 克
上海博物館藏

1034
乾隆通寶　背滿文
寶源局
徑 23.07 毫米
重 4.41 克
上海博物館藏

1035
乾隆通寶　背滿文
寶源局
徑 22.24 毫米
重 4.24 克
上海博物館藏

1036
乾隆通寶　背滿文
寶源局
徑 24.8 毫米
重 4.21 克
上海博物館藏

1037
乾隆通寶　背滿文
寶源局
徑 23.18 毫米
重 4.12 克
上海博物館藏

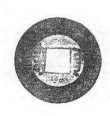

1038
乾隆通寶　背滿文
寶源局
徑 24.71 毫米
重 3.91 克
上海博物館藏

1039
乾隆通寶　背滿文
寶源局
徑 22.65 毫米
重 3.9 克
上海博物館藏

1040
乾隆通寶　背滿文
寶源局
徑 24.4 毫米
重 3.8 克
上海博物館藏

1041
乾隆通寶　背滿文
寶源局
徑 22.7 毫米
重 3.74 克
上海博物館藏

1042
乾隆通寶　背滿文
寶源局
徑 20.58 毫米
重 1.6 克
上海博物館藏

1043	1044	1045	1046	1047
乾隆通寶　背滿文	乾隆通寶　背滿文	乾隆通寶　背滿文	乾隆通寶　背滿文	乾隆通寶　背滿文
寶源局	寶源局	寶源局	寶源局	寶源局
徑 20.9 毫米	徑 22.91 毫米	徑 22.91 毫米	徑 22.67 毫米	徑 23.34 毫米
重 2.2 克	重 4.4 克	重 4.33 克	重 4.63 克	重 4.12 克
《錢幣博覽》編輯部	上海博物館藏	上海博物館藏	上海博物館藏	上海博物館藏
提供				

1048	1049	1050	1051	1052
乾隆通寶　背滿文	乾隆通寶　背滿文	乾隆通寶　背滿文	乾隆通寶　背滿文	乾隆通寶　背滿文
寶源局	寶源局	寶源局	寶源局	寶源局
徑 20.59 毫米	徑 21.39 毫米	徑 20.59 毫米	徑 24.19 毫米	徑 24.05 毫米
重 4.01 克	重 3.1 克	重 2.1 克	重 3.93 克	重 3.94 克
上海博物館藏	上海博物館藏	上海博物館藏	上海博物館藏	上海博物館藏

1053	1054	1055	1056	1057
乾隆通寶　背滿文	乾隆通寶　背滿文	乾隆通寶　背滿文	乾隆通寶　背滿文	乾隆通寶　背滿文
寶源局	寶源局	寶源局	寶源局	寶源局
徑 22.76 毫米	徑 21.37 毫米	徑 22.65 毫米	徑 21.09 毫米	徑 22.75 毫米
重 4.04 克	重 4 克	重 3.9 克	重 2.93 克	重 4.13 克
上海博物館藏	上海博物館藏	上海博物館藏	上海博物館藏	上海博物館藏

1058
乾隆通寶　背滿文
寶源局
徑 22.65 毫米
重 3.81 克
上海博物館藏

1059
乾隆通寶　背滿文
寶源局
徑 20.17 毫米
重 1 克
上海博物館藏

1060
乾隆通寶　背滿文
寶源局
徑 25.15 毫米
重 5.2 克
上海博物館藏

1061
乾隆通寶　背滿文
寶源局
徑 24.76 毫米
重 3.52 克
上海博物館藏

3. 寶陝局

1062
乾隆通寶　背滿文
寶陝局　雕母
徑 26.82 毫米
重 5.9 克
上海博物館藏
★★★★

1063
乾隆通寶　背滿文
寶陝局
徑 23.07 毫米
重 4.7 克
上海博物館藏

1064
乾隆通寶　背滿文
寶陝局
徑 22.42 毫米
重 4.5 克
上海博物館藏

1065
乾隆通寶　背滿文
寶陝局
徑 23.46 毫米
重 4.5 克
上海博物館藏

1066
乾隆通寶　背滿文
寶陝局
徑 22.81 毫米
重 4.5 克
上海博物館藏

1067
乾隆通寶　背滿文
寶陝局
徑 24.81 毫米
重 3.7 克
上海博物館藏

1068
乾隆通寶　背滿文
寶陝局
徑 23.95 毫米
重 3.7 克
上海博物館藏

1069
乾隆通寶　背滿文
寶陝局
徑 23.58 毫米
重 3 克
上海博物館藏

1070
乾隆通寶　背滿文
寶陝局
徑 24.37 毫米
重 4.6 克
金立夫藏

1071
乾隆通寶　背滿文
寶陝局
徑 22.66 毫米
重 3.6 克
上海博物館藏

1072
乾隆通寶　背滿文
寶陝局
徑 23.24 毫米
重 3.5 克
上海博物館藏

4. 寶晉局

1073
乾隆通寶　背滿文
寶晉局
徑 25.25 毫米
重 3.62 克
上海博物館藏

1074
乾隆通寶　背滿文
寶晉局
徑 23.31 毫米
重 3.8 克
上海博物館藏

1075
乾隆通寶　背滿文
寶晉局
徑 24.27 毫米
重 3.71 克
上海博物館藏

1076
乾隆通寶　背滿文
寶晉局
徑 22.95 毫米
重 4.1 克
上海博物館藏

5. 寶武局

1077
乾隆通寶　背滿文
寶武局
徑 24.76 毫米
重 4.13 克
上海博物館藏

1078
乾隆通寶　背滿文
寶武局
徑 23.7 毫米
重 4 克
上海博物館藏

1079
乾隆通寶　背滿文
寶武局
徑 24.14 毫米
重 3.7 克
上海博物館藏

1080
乾隆通寶　背滿文
寶武局
徑 23.66 毫米
重 3.5 克
上海博物館藏

1081
乾隆通寶　背滿文
寶武局
徑 24.28 毫米
重 3.24 克
上海博物館藏

1082
乾隆通寶　背滿文
寶武局
徑 24.28 毫米
重 2.83 克
上海博物館藏

1083
乾隆通寶　背滿文
寶武局
徑 24.14 毫米
重 3.8 克
上海博物館藏

1084
乾隆通寶　背滿文
寶武局
徑 21.77 毫米
重 2.21 克
上海博物館藏

1085
乾隆通寶　背滿文
寶武局上●
徑 23.42 毫米
重 3.9 克
上海博物館藏

1086
乾隆通寶　背滿文
寶武局下●
徑 23.41 毫米
重 4.99 克
上海博物館藏

1087
乾隆通寶　背滿文
寶武局下●
徑 23.42 毫米
重 4.21 克
上海博物館藏

6. 寶廣局

1088
乾隆通寶　背滿文
寶廣局
徑 24.11 毫米
重 3.93 克
上海博物館藏

1089
乾隆通寶　背滿文
寶廣局
徑 24.82 毫米
重 3.8 克
上海博物館藏

1090
乾隆通寶　背滿文
寶廣局
徑 22.83 毫米
重 2.1 克
上海博物館藏

1091
乾隆通寶　背滿文
寶廣局
徑 23.41 毫米
重 4.61 克
上海博物館藏

1092
乾隆通寶　背滿文
寶廣局
徑 23.54 毫米
重 3.7 克
上海博物館藏

1093
乾隆通寶　背滿文
寶廣局
徑 22.84 毫米
重 1.31 克
上海博物館藏

1094
乾隆通寶　背滿文
寶廣局
徑 20.81 毫米
重 1.12 克
上海博物館藏

7. 寶昌局

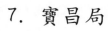

1095
乾隆通寶　背滿文
寶昌局
徑 24.84 毫米
重 5.53 克
上海博物館藏

1096
乾隆通寶　背滿文
寶昌局
徑 24.82 毫米
重 3.9 克
上海博物館藏

1097
乾隆通寶　背滿文
寶昌局
徑 24.7 毫米
重 4.53 克
上海博物館藏

1098	1099	1100	1101	1102
乾隆通寶　背滿文	乾隆通寶　背滿文	乾隆通寶　背滿文	乾隆通寶　背滿文	乾隆通寶　背滿文
寶昌局	寶昌局	寶昌局	寶昌局	寶昌局
徑 24.7 毫米	徑 25.07 毫米	徑 17.8 毫米	徑 24.04 毫米	徑 24.82 毫米
重 4.41 克	重 4.3 克	重 1.5 克	重 4.72 克	重 4.21 克
上海博物館藏	上海博物館藏	《錢幣博覽》編輯部	上海博物館藏	上海博物館藏
		提供		

1103
乾隆通寶　背滿文
寶昌局
徑 23.19 毫米
重 3.9 克
上海博物館藏

1104
乾隆通寶　背滿文
寶昌局
徑 24.04 毫米
重 3.6 克
上海博物館藏

8. 寶福局

1105
乾隆通寶　背滿文
寶福局
徑 28 毫米
重 6 克
王宜椿藏

1106
乾隆通寶　背滿文
寶福局
徑 25.46 毫米
重 4.8 克
上海博物館藏

1107
乾隆通寶　背滿文
寶福局
徑 24.01 毫米
重 4.5 克
上海博物館藏

1108	1109	1110	1111	1112
乾隆通寶 背滿文	乾隆通寶 背滿文	乾隆通寶 背滿文	乾隆通寶 背滿文	乾隆通寶 背滿文
寶福局	寶福局	寶福局	寶福局	寶福局
徑 23.97 毫米	徑 25.25 毫米	徑 23.31 毫米	徑 21.10 毫米	徑 25.99 毫米
重 3.8 克	重 3.6 克	重 3.4 克	重 1.9 克	重 3.91 克
上海博物館藏	上海博物館藏	上海博物館藏	上海博物館藏	上海博物館藏

1113
乾隆通寶 背滿文
寶福局
徑 23.56 毫米
重 3.23 克
上海博物館藏

9. 寶浙局

1114	1115	1116
乾隆通寶 背滿文	乾隆通寶 背滿文	乾隆通寶 背滿文
寶浙局 雕母	寶浙局 樣錢	寶浙局
徑 26.62 毫米	徑 25.88 毫米	徑 24.58 毫米
張綱伯藏	重 3.1 克	重 4.9 克
★★★★	上海博物館藏	上海博物館藏
	★★	

1117
乾隆通寶　背滿文
寶浙局
徑 24.89 毫米
重 4.12 克
上海博物館藏

1118
乾隆通寶　背滿文
寶浙局
徑 24.59 毫米
重 3.83 克
上海博物館藏

1119
乾隆通寶　背滿文
寶浙局
徑 25.86 毫米
重 4.3 克
金立夫藏

1120
乾隆通寶　背滿文
寶浙局
徑 24.9 毫米
重 4.01 克
上海博物館藏

1121
乾隆通寶　背滿文
寶浙局
徑 23.7 毫米
重 5.14 克
上海博物館藏

1122
乾隆通寶　背滿文
寶浙局
徑 25.64 毫米
重 4.43 克
上海博物館藏

1123
乾隆通寶　背滿文
寶浙局
徑 24.53 毫米
重 4.14 克
上海博物館藏

1124
乾隆通寶　背滿文
寶浙局
徑 24.89 毫米
重 4.04 克
上海博物館藏

1125
乾隆通寶　背滿文
寶浙局
徑 24.94 毫米
重 3.64 克
上海博物館藏

1126
乾隆通寶　背滿文
寶浙局
徑 19.7 毫米
重 2.4 克
《錢幣博覽》編輯部
提供

1127
乾隆通寶　背滿文
寶浙局
徑 27.7 毫米
重 7.72 克
上海博物館藏

1128
乾隆通寶　背滿文
寶浙局
徑 23.72 毫米
重 3.64 克
上海博物館藏

1129
乾隆通寶　背滿文
寶浙局
徑 24.18 毫米
重 4.34 克
上海博物館藏

1130
乾隆通寶　背滿文
寶浙局
徑 23.9 毫米
重 4.24 克
上海博物館藏

1131
乾隆通寶　背滿文
寶浙局
徑 23.6 毫米
重 4 克
上海博物館藏

1132
乾隆通寶　背滿文
寶浙局
徑 24.23 毫米
重 3.9 克
上海博物館藏

1133
乾隆通寶　背滿文
寶浙局
徑 19.54 毫米
重 1.31 克
上海博物館藏

10. 寶濟局

1134
乾隆通寶　背滿文
寶濟局
徑 24.99 毫米
重 3.54 克
上海博物館藏

11. 寶雲局

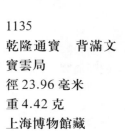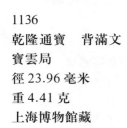

1135
乾隆通寶　背滿文
寶雲局
徑 23.96 毫米
重 4.42 克
上海博物館藏

1136
乾隆通寶　背滿文
寶雲局
徑 23.96 毫米
重 4.41 克
上海博物館藏

1137
乾隆通寶　背滿文
寶雲局
徑 25.28 毫米
重 4.4 克
上海博物館藏

1138
乾隆通寶　背滿文
寶雲局
徑 25.49 毫米
重 4.01 克
上海博物館藏

1139
乾隆通寶　背滿文
寶雲局
徑 22.43 毫米
重 4.25 克
上海博物館藏

1140
乾隆通寶　背滿文
寶雲局
徑 24.85 毫米
重 4.23 克
上海博物館藏

1141
乾隆通寶　背滿文
寶雲局
徑 24.21 毫米
重 4.1 克
上海博物館藏

1142
乾隆通寶　背滿文
寶雲局
徑 24.52 毫米
重 4.1 克
上海博物館藏

1143
乾隆通寶　背滿文
寶雲局
徑 24.86 毫米
重 3.73 克
上海博物館藏

1144
乾隆通寶　背滿文
寶雲局
徑 25.49 毫米
重 3.72 克
上海博物館藏

1145
乾隆通寶　背滿文
寶雲局
徑 24.51 毫米
重 3.3 克
上海博物館藏

1146
乾隆通寶　背滿文
寶雲局
徑 23.04 毫米
重 3.14 克
上海博物館藏

1147
乾隆通寶　背滿文
寶雲局
徑 23.81 毫米
重 2.99 克
上海博物館藏

1148
乾隆通寶　背滿文
寶雲局
徑 22.83 毫米
重 2.81 克
上海博物館藏

1149
乾隆通寶　背滿文
寶雲局
徑 20.46 毫米
重 1.5 克
上海博物館藏

1150
乾隆通寶　背滿文
寶雲局
徑 19.19 毫米
重 1.3 克
金立夫藏

1151
乾隆通寶　背滿文
寶雲局
徑 19.4 毫米
重 1.7 克
《錢幣博覽》編輯部
提供

12. 寶川局

1152
乾隆通寶　背滿文
寶川局
徑 24.31 毫米
重 4.4 克
上海博物館藏

1153
乾隆通寶　背滿文
寶川局
徑 23.42 毫米
重 4.4 克
上海博物館藏

1154
乾隆通寶　背滿文
寶川局
徑 24.45 毫米
重 3.9 克
上海博物館藏

1155
乾隆通寶　背滿文
寶川局
徑 24.45 毫米
重 3.83 克
上海博物館藏

1156
乾隆通寶　背滿文
寶川局
徑 24.81 毫米
重 3.8 克
上海博物館藏

1157
乾隆通寶　背滿文
寶川局
徑 24.81 毫米
重 3.71 克
上海博物館藏

1158
乾隆通寶　背滿文
寶川局
徑 22.96 毫米
重 3.71 克
上海博物館藏

1159
乾隆通寶　背滿文
寶川局
徑 25.5 毫米
重 3.71 克
上海博物館藏

1160
乾隆通寶　背滿文
寶川局
徑 22.92 毫米
重 3.21 克
上海博物館藏

1161
乾隆通寶　背滿文
寶川局
徑 23.36 毫米
重 2.91 克
上海博物館藏

1162
乾隆通寶　背滿文
寶川局
徑 23.95 毫米
重 2.9 克
上海博物館藏

1163
乾隆通寶　背滿文
寶川局
徑 22.7 毫米
重 2.84 克
上海博物館藏

1164
乾隆通寶　背滿文
寶川局
徑 21.4 毫米
重 2.62 克
上海博物館藏

1165
乾隆通寶 背滿文
寶川局
徑 20.56 毫米
重 1.91 克
上海博物館藏

1166
乾隆通寶 背滿文
寶川局
徑 17.26 毫米
重 0.9 克
上海博物館藏

1167
乾隆通寶 背滿文
寶川局
徑 18.7 毫米
重 1.6 克
《錢幣博覽》編輯
部提供

1168
乾隆通寶 背滿文
寶川局合面
徑 22.75 毫米
中國歷史博物館藏

1169
乾隆通寶 背滿文
寶川局 鐵錢
徑 21.67 毫米
重 2.71 克
上海博物館藏

13. 寶蘇局

1170
乾隆通寶 背滿文
寶蘇局雕母
徑 25.31 毫米
中國歷史博物館藏
★★★★

1171
乾隆通寶 背滿文
寶蘇局母錢
徑 27.7 毫米
重 6.1 克
枕石齋藏
★★★

1172
乾隆通寶 背滿文
寶蘇局樣錢
徑 27.08 毫米
重 6.53 克
上海博物館藏
★★

1173
乾隆通寶 背滿文
寶蘇局
徑 26.44 毫米
重 4.7 克
上海博物館藏

1174
乾隆通寶 背滿文
寶蘇局
徑 26.58 毫米
重 4.5 克
金立夫藏

1175
乾隆通寶 背滿文
寶蘇局
徑 25.03 毫米
重 4.5 克
上海博物館藏

1176
乾隆通寶 背滿文
寶蘇局
徑 25.25 毫米
重 4.32 克
上海博物館藏

1177
乾隆通寶 背滿文
寶蘇局
徑 23.46 毫米
重 4.31 克
上海博物館藏

1178	1179	1180	1181	1182
乾隆通寶　背滿文寶蘇局	乾隆通寶　背滿文寶蘇局	乾隆通寶　背滿文寶蘇局	乾隆通寶　背滿文寶蘇局	乾隆通寶　背滿文寶蘇局
徑 23.72 毫米	徑 24.21 毫米	徑 24.81 毫米	徑 24.52 毫米	徑 22.79 毫米
重 4.13 克	重 3.93 克	重 3.84 克	重 3.84 克	重 3.8 克
上海博物館藏	上海博物館藏	上海博物館藏	上海博物館藏	上海博物館藏

1183	1184	1185	1186	1187
乾隆通寶　背滿文寶蘇局	乾隆通寶　背滿文寶蘇局	乾隆通寶　背滿文寶蘇局	乾隆通寶　背滿文寶蘇局	乾隆通寶　背滿文寶蘇局
徑 25.03 毫米	徑 23.54 毫米	徑 21.5 毫米	徑 23.22 毫米	徑 23.37 毫米
重 3.7 克	重 3.52 克	重 2.74 克	重 2.14 克	重 4.42 克
上海博物館藏	上海博物館藏	上海博物館藏	上海博物館藏	上海博物館藏

1188	1189	1190	1191	1192
乾隆通寶　背滿文寶蘇局	乾隆通寶　背滿文寶蘇局	乾隆通寶　背滿文寶蘇局	乾隆通寶　背滿文寶蘇局	乾隆通寶　背滿文寶蘇局
徑 24.57 毫米	徑 24.23 毫米	徑 23.63 毫米	徑 20.4 毫米	徑 19.28 毫米
重 4.2 克	重 4.2 克	重 3.72 克	重 1.34 克	重 1 克
上海博物館藏	上海博物館藏	上海博物館藏	上海博物館藏	上海博物館藏

1193
乾隆通寶　背滿文
寶蘇局
徑 16 毫米
重 1.4 克
《錢幣博覽》編輯部
提供

14. 寶南局

1194	1195	1196
乾隆通寶　背滿文	乾隆通寶　背滿文	乾隆通寶　背滿文
寶南局	寶南局	寶南局
徑 24.49 毫米	徑 24.58 毫米	徑 23.82 毫米
重 4.54 克	重 3.8 克	重 3.4 克
上海博物館藏	上海博物館藏	上海博物館藏

1197	1198	1199
乾隆通寶　背滿文	乾隆通寶　背滿文	乾隆通寶　背滿文
寶南局	寶南局	寶南局
徑 23.47 毫米	徑 23.93 毫米	徑 21.96 毫米
重 4.2 克	重 3.81 克	重 3.1 克
上海博物館藏	上海博物館藏	上海博物館藏

15. 寶桂局

1200
乾隆通寶　背滿文
寶桂局
徑 24.52 毫米
重 4.3 克
上海博物館藏

1201
乾隆通寶　背滿文
寶桂局
徑 24.77 毫米
重 3.8 克
上海博物館藏

1202
乾隆通寶　背滿文
寶桂局
徑 25.78 毫米
重 3.71 克
上海博物館藏

1203
乾隆通寶　背滿文
寶桂局
徑 24.24 毫米
重 3.6 克
上海博物館藏

1204
乾隆通寶　背滿文
寶桂局
徑 23.81 毫米
重 3.3 克
上海博物館藏

1205
乾隆通寶　背滿文
寶桂局
徑 24.52 毫米
重 5 克
上海博物館藏

1206
乾隆通寶　背滿文
寶桂局
徑 24.52 毫米
重 4.2 克
上海博物館藏

1207
乾隆通寶　背滿文
寶桂局
徑 24.17 毫米
重 4.02 克
上海博物館藏

1208
乾隆通寶　背滿文
寶桂局
徑 23.13 毫米
重 3.34 克
上海博物館藏

1209
乾隆通寶　背滿文
寶桂局
徑 22.34 毫米
重 1.44 克
上海博物館藏

1210
乾隆通寶　背滿文
寶桂局
徑 19.4 毫米
重 1.21 克
上海博物館藏

16. 寶黔局

1211
乾隆通寶　背滿文
寶黔局
徑 25.19 毫米
重 4.24 克
上海博物館藏

1212
乾隆通寶　背滿文
寶黔局
徑 24.81 毫米
重 4.1 克
上海博物館藏

1213
乾隆通寶　背滿文
寶黔局
徑 25.44 毫米
重 4.03 克
上海博物館藏

1214
乾隆通寶　背滿文
寶黔局
徑 23.88 毫米
重 3.51 克
上海博物館藏

1215
乾隆通寶　背滿文
寶黔局
徑 25.26 毫米
重 3.24 克
上海博物館藏

1216
乾隆通寶　背滿文
寶黔局
徑 19.5 毫米
重 2.2 克
《錢幣博覽》編輯部
提供

17. 寶臺局

1217
乾隆通寶　背滿文
寶臺局
徑 25.81 毫米
重 3.8 克
金立夫藏

1218
乾隆通寶　背滿文
寶臺局
徑 25.44 毫米
重 3.61 克
上海博物館藏

1219
乾隆通寶　背滿文
寶臺局
徑 26.16 毫米
重 3.34 克
上海博物館藏

1220
乾隆通寶　背滿文
寶臺局
徑 23.91 毫米
重 2.6 克
上海博物館藏

18. 寶直局

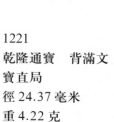

1221	1222	1223
乾隆通寶　背滿文	乾隆通寶　背滿文	乾隆通寶　背滿文
寶直局	寶直局	寶直局
徑 24.37 毫米	徑 21.28 毫米	徑 23.88 毫米
重 4.22 克	重 4.04 克	重 4.02 克
上海博物館藏	上海博物館藏	上海博物館藏

   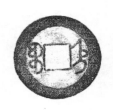 

1224	1225	1226	1227	1228
乾隆通寶　背滿文	乾隆通寶　背滿文	乾隆通寶　背滿文	乾隆通寶　背滿文	乾隆通寶　背滿文
寶直局	寶直局	寶直局	寶直局	寶直局
徑 24.82 毫米	徑 22.62 毫米	徑 22.22 毫米	徑 23.12 毫米	徑 23.54 毫米
重 4 克	重 4 克	重 3.92 克	重 3.81 克	重 3.5 克
金立夫藏	上海博物館藏	上海博物館藏	上海博物館藏	上海博物館藏

1229	1230	1231	1232	1233
乾隆通寶　背滿文	乾隆通寶　背滿文	乾隆通寶　背滿文	乾隆通寶　背滿文	乾隆通寶　背滿文
寶直局	寶直局	寶直局	寶直局	寶直局
徑 20.54 毫米	徑 19.06 毫米	徑 20.52 毫米	徑 21.72 毫米	徑 21.69 毫米
重 4 克	重 2.8 克	重 2.4 克	重 4 克	重 1.9 克
上海博物館藏	金立夫藏	上海博物館藏	上海博物館藏	上海博物館藏

1234
乾隆通寶　背滿文
寶直局
徑 19.57 毫米
重 1.5 克
上海博物館藏

19. 葉爾羌局

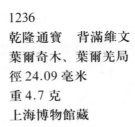

1235	1236	1237
乾隆通寶　背滿維文	乾隆通寶　背滿維文	乾隆通寶　背滿維文
葉爾奇木、葉爾羌局	葉爾奇木、葉爾羌局	葉爾奇木、葉爾羌局
徑 24.58 毫米	徑 24.09 毫米	徑 23.52 毫米
重 7.6 克	重 4.7 克	中國歷史博物館藏
上海博物館藏	上海博物館藏	

1238
乾隆通寶　背滿維文
葉爾奇木、葉爾羌局
徑 24.68 毫米
重 5.94 克
上海博物館藏

1239
乾隆通寶　背滿維文
葉爾奇木、葉爾羌局
徑 23.70 毫米
重 5 克
上海博物館藏

1240
乾隆通寶　背滿維文
葉爾奇木、葉爾羌局
徑 23.99 毫米
重 6.4 克
杜堅毅提供

1241
乾隆通寶　背滿維文
葉爾羌局
徑 26.13 毫米
重 6.8 克
上海博物館藏

1242
乾隆通寶　背滿維文
葉爾羌局
徑 23.84 毫米
重 9 克
杜堅毅提供

1243
乾隆通寶　背滿維文
葉爾羌局
徑 23.66 毫米
重 7.16 克
杜堅毅提供

1244
乾隆通寶　背滿維文
葉爾羌局
徑 26.6 毫米
重 7.9 克
喻戰勇藏

20. 阿克蘇局

1245
乾隆通寶　背滿維文
阿克蘇局樣錢
選自《故宮清錢譜》
★★

1246
乾隆通寶　背滿維文
阿克蘇局
徑 25.34 毫米
重 7.7 克
上海博物館藏

1247
乾隆通寶　背滿維文
阿克蘇局
徑 24.94 毫米
重 6.4 克
上海博物館藏

1248	1249	1250	1251	1252
乾隆通寶　背滿維文	乾隆通寶　背滿維文	乾隆通寶　背滿維文	乾隆通寶　背滿維文	乾隆通寶　背滿維文
阿克蘇局	阿克蘇局	阿克蘇局	阿克蘇局	阿克蘇局
徑 24.71 毫米	徑 24.48 毫米	徑 24.94 毫米	徑 23.29 毫米	徑 23.42 毫米
重 8.2 克	重 7.93 克	重 6.41 克	重 4.6 克	重 3.95 克
上海博物館藏	上海博物館藏	上海博物館藏	杜堅毅提供	杜堅毅提供

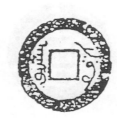

1253	1254	1255	1256	1257
乾隆通寶　背滿維文	乾隆通寶　背滿維文	乾隆通寶　背滿維文	乾隆通寶　背滿維文	乾隆通寶　背滿維文
阿克蘇局	阿克蘇局	阿克蘇局樣錢	阿克蘇局樣錢	阿克蘇局
徑 24.61 毫米	徑 21.68 毫米	選自《新疆紅錢》	選自《新疆紅錢》	徑 23.44 毫米
重 4.84 克	重 4.5 克	★★	★★	重 4 克
上海博物館藏	杜堅毅提供			杜堅毅提供

1258	1259	1260	1261
乾隆通寶　背滿維文	乾隆通寶　背滿維文	乾隆通寶　背滿維文	乾隆通寶　背滿維文
阿克蘇局	阿克蘇局	阿克蘇局上九	阿克蘇局上九
徑 24.69 毫米	徑 24.62 毫米	徑 23.57 毫米	徑 23.57 毫米
重 7.20 克	重 3.9 克	重 3.95 克	重 4.31 克
陳學斌藏	上海博物館藏	杜堅毅提供	杜堅毅提供

21. 烏什局

1262
乾隆通寶　背滿維文
烏什局
徑 25.88 毫米
重 6.72 克
上海博物館藏

1263
乾隆通寶　背滿維
文烏什局
選自《故宮清錢譜》

1264
乾隆通寶　背滿維文
烏什局
徑 24.14 毫米
中國歷史博物館藏

1265
乾隆通寶　背滿維文
烏什局
徑 23.58 毫米
重 5.94 克
上海博物館藏

1266
乾隆通寶　背滿維文
烏什局
徑 27.02 毫米
重 7.13 克
上海博物館藏

1267
乾隆通寶　背滿維文
烏什局
徑 26.84 毫米
中國歷史博物館藏

1268
乾隆通寶　背滿維文
烏什局
徑 25.25 毫米
中國歷史博物館藏

1269
乾隆通寶　背滿維文
烏什局
徑 25.59 毫米
重 4.62 克
上海博物館藏

1270
乾隆通寶　背滿維文
烏什局
徑 25.59 毫米
重 4.53 克
上海博物館藏

1271
乾隆通寶　背滿維
文烏什局
徑 24.65 毫米
重 3.5 克
上海博物館藏

22. 寶伊局

1272
乾隆通寶　背滿文
寶伊局樣錢
選自《故宮清錢譜》
★★

1273
乾隆通寶　背滿文
寶伊局
徑 23.88 毫米
重 4.44 克
上海博物館藏

1274
乾隆通寶　背滿文
寶伊局
徑 23.88 毫米
重 4.51 克
上海博物館藏

1275
乾隆通寶　背滿文
寶伊局
徑 23.71 毫米
重 4.2 克
杜堅毅提供

1276
乾隆通寶　背滿文
寶伊局
徑 23.71 毫米
重 4.2 克
杜堅毅提供

1277
乾隆通寶　背滿文
寶伊局
徑 23.33 毫米
重 4.18 克
杜堅毅提供

1278
乾隆通寶　背滿文
寶伊局
徑 21.15 毫米
重 3.34 克
杜堅毅提供

1279
乾隆通寶　背滿文
寶伊局
徑 24.07 毫米
重 4.04 克
上海博物館藏

1280
乾隆通寶　背滿文
寶伊局上●
徑 24.63 毫米
重 5.7 克
金立夫藏

1281
乾隆通寶　背滿文
寶伊局上●
徑 23.71 毫米
重 4.5 克
上海博物館藏

1282
乾隆通寶　背滿文寶伊
局上●
徑 22.46 毫米
重 3.4 克
選自《清錢珍稀四百種》

1283
乾隆通寶　背滿文
寶伊局直劃
徑 24.69 毫米
重 4.81 克
上海博物館藏

1284
乾隆通寶　背滿文
寶伊局上下直劃
徑 23.2 毫米
重 4.12 克
上海博物館藏

23. 喀什噶爾局

1285
乾隆通寶　背滿維文
喀什噶爾局樣錢
徑 25.17 毫米
選自《故宮清錢譜》
★★

24. 和闐局

1286
乾隆通寶　背滿維文
和闐局樣錢
徑 25.17 毫米
選自《故宮清錢譜》
★★

25. 其他

1287
乾隆通寶　合背
徑 21.68 毫米
重 3.5 克
上海博物館藏

1288
乾隆通寶　合背
徑 21.98 毫米
重 3.4 克
上海博物館藏

1289
乾隆通寶　合背
徑 23.36 毫米
重 3.11 克
上海博物館藏

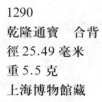

1290
乾隆通寶　合背
徑 25.49 毫米
重 5.5 克
上海博物館藏

1291
乾隆通寶　合背
徑 22.86 毫米
重 2.3 克
金立夫藏

1292
乾隆通寶　合背
徑 23.49 毫米
重 3.3 克
上海博物館藏

1293
乾隆通寶　合背
徑 20.74 毫米
重 2.84 克
上海博物館藏

1294
乾隆通寶　背滿文寶□
徑 12.43 毫米
重 0.4 克
上海博物館藏

六、嘉慶時期錢幣

仁宗（愛新覺羅顒琰）
嘉慶年間（1796－1820
年）

1. 寶泉局

1295
嘉慶通寶
背滿文寶泉局　雕母
徑 26.95 毫米
重 9.2 克
上海博物館藏
★★★★

1296
嘉慶通寶
背滿文寶泉局　雕母
徑 26.95 毫米
重 6.5 克
上海博物館藏
★★★★

1297
嘉慶通寶
背滿文寶泉局　雕母
徑 26.95 毫米
選自《戴葆庭集拓中
外錢幣珍品》
★★★★

1298
嘉慶通寶
背滿文寶泉局　雕母
徑 28.49 毫米
重 9.2 克
上海博物館藏
★★★★

1299
嘉慶通寶
背滿文寶泉局　雕母
徑 27.92 毫米
重 7.5 克
上海博物館藏
★★★★

1300
嘉慶通寶
背滿文寶泉局　雕母
徑 26.55 毫米
重 6.73 克
上海博物館藏
★★★★

1301
嘉慶通寶
背滿文寶泉局　雕母
徑 25.62 毫米
選自《戴葆庭集拓中
外錢幣珍品》
★★★★

1302
嘉慶通寶
背滿文寶泉局　雕母
徑 22.06 毫米
中國歷史博物館藏
★★★★

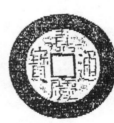

1303
嘉慶通寶
背滿文寶泉局　雕母
徑 22.06 毫米
中國歷史博物館藏
★★★★

1304
嘉慶通寶
背滿文寶泉局　母錢
徑 29.05 毫米
重 9 克
枕石齋藏
★★★

1305
嘉慶通寶
背滿文寶泉局　母錢
徑 25.17 毫米
重 6.1 克
存雲亭藏
★★★

1306
嘉慶通寶
背滿文寶泉局　樣錢
徑 29.05 毫米
重 7.5 克
上海博物館藏
★

1307
嘉慶通寶
背滿文寶泉局
徑 29.05 毫米
重 8.1 克
上海博物館藏

1308	1309	1310	1311	1312
嘉慶通寶	嘉慶通寶	嘉慶通寶	嘉慶通寶	嘉慶通寶
背滿文寶泉局	背滿文寶泉局	背滿文寶泉局	背滿文寶泉局	背滿文寶泉局
徑 27.19 毫米	徑 27.19 毫米	徑 25.66 毫米	徑 23.68 毫米	徑 21.83 毫米
重 6.91 克	重 6.14 克	重 4.82 克	重 4.41 克	重 4.1 克
上海博物館藏	上海博物館藏	上海博物館藏	上海博物館藏	上海博物館藏

1313	1314	1315	1316	1317
嘉慶通寶	嘉慶通寶	嘉慶通寶	嘉慶通寶	嘉慶通寶
背滿文寶泉局	背滿文寶泉局	背滿文寶泉局	背滿文寶泉局	背滿文寶泉局
徑 22.76 毫米	徑 22.74 毫米	徑 23.56 毫米	徑 25.18 毫米	徑 23.74 毫米
重 3.93 克	重 3.9 克	重 3.71 克	重 3.6 克	重 3.4 克
上海博物館藏	金立夫藏	上海博物館藏	上海博物館藏	上海博物館藏

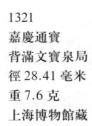

1318	1319	1320	1321	1322
嘉慶通寶	嘉慶通寶	嘉慶通寶	嘉慶通寶	嘉慶通寶
背滿文寶泉局	背滿文寶泉局	背滿文寶泉局	背滿文寶泉局	背滿文寶泉局
徑 29.05 毫米	徑 29.05 毫米	徑 29.05 毫米	徑 28.41 毫米	徑 28.41 毫米
重 9.1 克	重 9 克	重 8 克	重 7.6 克	重 7.5 克
上海博物館藏	上海博物館藏	上海博物館藏	上海博物館藏	上海博物館藏

1323	1324	1325	1326	1327
嘉慶通寶	嘉慶通寶	嘉慶通寶	嘉慶通寶	嘉慶通寶
背滿文寶泉局	背滿文寶泉局	背滿文寶泉局	背滿文寶泉局	背滿文寶泉局
徑 28.41 毫米	徑 27.19 毫米	徑 27.19 毫米	徑 26.5 毫米	徑 25.11 毫米
重 7 克	重 5.92 克	重 6.4 克	重 5.13 克	重 4.9 克
上海博物館藏	上海博物館藏	上海博物館藏	上海博物館藏	上海博物館藏

1328	1329	1330	1331	1332
嘉慶通寶	嘉慶通寶	嘉慶通寶	嘉慶通寶	嘉慶通寶
背滿文寶泉局	背滿文寶泉局	背滿文寶泉局	背滿文寶泉局	背滿文寶泉局
徑 25.11 毫米	徑 22.44 毫米	徑 23.8 毫米	徑 25.21 毫米	徑 23.68 毫米
重 4.8 克	重 4.61 克	重 4.6 克	重 4.5 克	重 4.4 克
上海博物館藏	上海博物館藏	上海博物館藏	上海博物館藏	上海博物館藏

 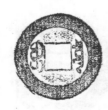   

1333	1334	1335	1336	1337
嘉慶通寶	嘉慶通寶	嘉慶通寶	嘉慶通寶	嘉慶通寶
背滿文寶泉局	背滿文寶泉局	背滿文寶泉局	背滿文寶泉局	背滿文寶泉局
徑 24.73 毫米	徑 23.29 毫米	徑 21.87 毫米	徑 24.94 毫米	徑 24.43 毫米
重 3.92 克	重 4.21 克	重 4.3 克	重 3.64 克	重 4 克
上海博物館藏	上海博物館藏	上海博物館藏	上海博物館藏	上海博物館藏

1338	1339	1340	1341	1342
嘉慶通寶	嘉慶通寶	嘉慶通寶	嘉慶通寶	嘉慶通寶
背滿文寶泉局	背滿文寶泉局	背滿文寶泉局	背滿文寶泉局	背滿文寶泉局
徑 21.56 毫米	徑 28.41 毫米	徑 27.19 毫米	徑 24.65 毫米	徑 23.68 毫米
重 2.4 克	重 7.34 克	重 6.74 克	重 4.72 克	重 4.44 克
上海博物館藏	上海博物館藏	上海博物館藏	上海博物館藏	上海博物館藏

1343	1344	1345	1346	1347
嘉慶通寶	嘉慶通寶	嘉慶通寶	嘉慶通寶	嘉慶通寶
背滿文寶泉局	背滿文寶泉局	背滿文寶泉局	背滿文寶泉局	背滿文寶泉局
徑 24.04 毫米	徑 22.83 毫米	徑 23.4 毫米	徑 22.17 毫米	徑 29.05 毫米
重 4.3 克	重 4.03 克	重 3.8 克	上海博物館藏	重 8.22 克
上海博物館藏	上海博物館藏	上海博物館藏		上海博物館藏

1348	1349	1350	1351	1352
嘉慶通寶	嘉慶通寶	嘉慶通寶	嘉慶通寶	嘉慶通寶
背滿文寶泉局	背滿文寶泉局	背滿文寶泉局	背滿文寶泉局	背滿文寶泉局
徑 29.83 毫米	徑 25.21 毫米	徑 24.21 毫米	徑 23.29 毫米	徑 22.57 毫米
重 7.8 克	重 4.54 克	重 4.4 克	重 4.32 克	重 4.14 克
金立夫藏	上海博物館藏	上海博物館藏	上海博物館藏	上海博物館藏

1353	1354	1355	1356	1357
嘉慶通寶	嘉慶通寶	嘉慶通寶	嘉慶通寶	嘉慶通寶
背滿文寶泉局	背滿文寶泉局	背滿文寶泉局	背滿文寶泉局	背滿文寶泉局
徑 22.83 毫米	徑 21.19 毫米	徑 23.69 毫米	徑 22.72 毫米	徑 24.55 毫米
重 4.04 克	重 4.02 克	重 3.9 克	重 3.9 克	重 3.83 克
上海博物館藏	上海博物館藏	上海博物館藏	上海博物館藏	上海博物館藏

1358	1359	1360	1361	1362
嘉慶通寶	嘉慶通寶	嘉慶通寶	嘉慶通寶	嘉慶通寶
背滿文寶泉局	背滿文寶泉局上●	背滿文寶泉局上●	背滿文寶泉局上●	背滿文寶泉局上●
徑 24.09 毫米	徑 24.57 毫米	徑 23.98 毫米	徑 23.98 毫米	徑 23.97 毫米
重 3.83 克	重 4.24 克	重 3.54 克	重 3.71 克	重 4.04 克
上海博物館藏	上海博物館藏	上海博物館藏	上海博物館藏	上海博物館藏

1363	1364	1365	1366	1367
嘉慶通寶	嘉慶通寶	嘉慶通寶	嘉慶通寶	嘉慶通寶
背滿文寶泉局上●	背滿文寶泉局上●	背滿文寶泉局上●	背滿文寶泉局上●	背滿文寶泉局上●
徑 24.57 毫米	徑 24.57 毫米	徑 24.16 毫米	徑 22.96 毫米	徑 23.98 毫米
重 4.21 克	重 4.14 克	重 4.8 克	重 3.7 克	重 3.91 克
上海博物館藏	上海博物館藏	上海博物館藏	上海博物館藏	上海博物館藏

1368
嘉慶通寶
背滿文寶泉局上●
徑 24.37 毫米
重 4 克
金立夫藏

1369
嘉慶通寶
背滿文寶泉局上●
徑 22.96 毫米
重 3.71 克
上海博物館藏

1370
嘉慶通寶
背滿文寶泉局上●
徑 22.47 毫米
重 2.7 克
上海博物館藏

1371
嘉慶通寶
背滿文寶泉局雙胎上●
徑 24.1 毫米
重 4.3 克
上海博物館藏

1372
嘉慶通寶
背滿文寶泉局
徑 15.3 毫米
重 1.5 克
《錢幣博覽》編輯部
提供

2. 寶源局

1373
嘉慶通寶　背滿文
寶源局　雕母
徑 29.45 毫米
重 8.7 克
上海博物館藏
★★★★

1374
嘉慶通寶　背滿文
寶源局　雕母
徑 25.01 毫米
重 5.45 克
上海博物館藏
★★★★

1375
嘉慶通寶　背滿文
寶源局　雕母
徑 26.34 毫米
重 6.1 克
上海博物館藏
★★★★

1376
嘉慶通寶　背滿文
寶源局　雕母
徑 22.97 毫米
中國歷史博物館藏
★★★★

1377
嘉慶通寶　背滿文
寶源局　雕母
徑 25.89 毫米
重 5.9 克
上海博物館藏
★★★★

1378
嘉慶通寶　背滿文
寶源局　雕母
徑 26.86 毫米
選自《戴葆庭集拓
中外錢幣珍品》
★★★★

1379
嘉慶通寶　背滿文
寶源局
徑 23.38 毫米
重 4.4 克
上海博物館藏

1380
嘉慶通寶
背滿文寶源局
徑 23.32 毫米
重 4.2 克
上海博物館藏

1381	1382	1383	1384	1385
嘉慶通寶	嘉慶通寶	嘉慶通寶	嘉慶通寶	嘉慶通寶
背滿文寶源局	背滿文寶源局	背滿文寶源局	背滿文寶源局	背滿文寶源局
徑 23.63 毫米	徑 23.63 毫米	徑 23.13 毫米	徑 22.88 毫米	徑 25.13 毫米
重 4.03 克	重 3.95 克	重 3.63 克	重 4.05 克	重 4.7 克
上海博物館藏	上海博物館藏	上海博物館藏	上海博物館藏	上海博物館藏

1386	1387	1388	1389	1390
嘉慶通寶	嘉慶通寶	嘉慶通寶	嘉慶通寶	嘉慶通寶
背滿文寶源局	背滿文寶源局	背滿文寶源局	背滿文寶源局	背滿文寶源局
徑 24.73 毫米	徑 24.16 毫米	徑 24.16 毫米	徑 24.45 毫米	徑 24.94 毫米
重 4.5 克	重 4.3 克	重 4.21 克	重 4 克	重 4 克
上海博物館藏	上海博物館藏	上海博物館藏	上海博物館藏	上海博物館藏

1391	1392	1393	1394	1395
嘉慶通寶	嘉慶通寶	嘉慶通寶	嘉慶通寶	嘉慶通寶
背滿文寶源局	背滿文寶源局	背滿文寶源局	背滿文寶源局	背滿文寶源局
徑 24.95 毫米	徑 23.51 毫米	徑 23.46 毫米	徑 17.68 毫米	徑 18.92 毫米
重 3.9 克	重 3.81 克	重 3.74 克	重 1 克	重 0.94 克
上海博物館藏	上海博物館藏	上海博物館藏	上海博物館藏	上海博物館藏

1396	1397	1398	1399	1400
嘉慶通寶	嘉慶通寶	嘉慶通寶	嘉慶通寶	嘉慶通寶
背滿文寶源局	背滿文寶源局	背滿文寶源局	背滿文寶源局	背滿文寶源局
徑 23.06 毫米	徑 24.04 毫米	徑 22.5 毫米	徑 24.16 毫米	徑 24.04 毫米
重 4.7 克	重 4.52 克	重 4.5 克	重 4.34 克	重 4.1 克
上海博物館藏	上海博物館藏	上海博物館藏	上海博物館藏	上海博物館藏

1401	1402	1403	1404	1405
嘉慶通寶	嘉慶通寶	嘉慶通寶	嘉慶通寶	嘉慶通寶
背滿文寶源局	背滿文寶源局	背滿文寶源局	背滿文寶源局	背滿文寶源局
徑 21.88 毫米	徑 23.46 毫米	徑 22.43 毫米	徑 24.7 毫米	徑 24.53 毫米
重 3.83 克	重 3.8 克	重 3.8 克	重 3.71 克	重 3.62 克
上海博物館藏	上海博物館藏	金立夫藏	上海博物館藏	上海博物館藏

1406	1407	1408	1409	1410
嘉慶通寶	嘉慶通寶	嘉慶通寶	嘉慶通寶	嘉慶通寶
背滿文寶源局	背滿文寶源局	背滿文寶源局上●	背滿文寶源局下●	背滿文寶源局下●
徑 22.59 毫米	徑 21.13 毫米	徑 22.76 毫米	徑 24.38 毫米	徑 24.38 毫米
重 4.61 克	重 1.54 克	重 3.9 克	重 4.74 克	重 4.5 克
上海博物館藏	上海博物館藏	上海博物館藏	上海博物館藏	上海博物館藏

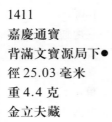 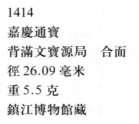

1411	1412	1413	1414	1415
嘉慶通寶	嘉慶通寶	嘉慶通寶	嘉慶通寶	嘉慶通寶
背滿文寶源局下●	背滿文寶源局下●	背滿文寶源局下●	背滿文寶源局 合面	背滿文寶源局
徑 25.03 毫米	徑 24.38 毫米	徑 24.38 毫米	徑 26.09 毫米	徑 15.4 毫米
重 4.4 克	重 4.3 克	中國歷史博物館藏	重 5.5 克	重 1.6 克
金立夫藏	上海博物館藏		鎮江博物館藏	《錢幣博覽》編輯部
				提供

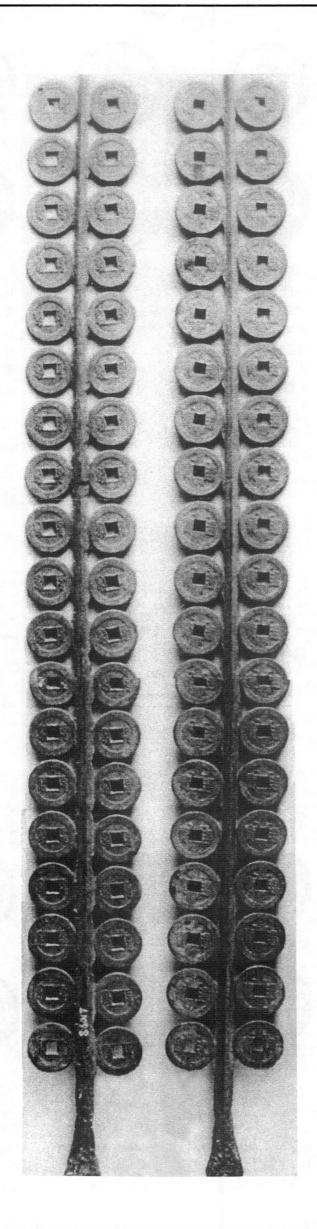

1416
嘉慶通寶　背滿文寶源局　雙列
三十八枚錢樹
長550毫米
寬57毫米
旅順市博物館藏

3. 寶陝局

1417
嘉慶通寶
背滿文寶陝局
徑 22.98 毫米
重 4.85 克
上海博物館藏

1418
嘉慶通寶
背滿文寶陝局
徑 24.15 毫米
重 4.35 克
上海博物館藏

1419
嘉慶通寶
背滿文寶陝局
徑 22.06 毫米
重 3.85 克
上海博物館藏

1420
嘉慶通寶
背滿文寶陝局
徑 21.63 毫米
重 3.75 克
上海博物館藏

4. 寶晉局

1421
嘉慶通寶
背滿文寶晉局
徑 22.71 毫米
重 4.65 克
上海博物館藏

1422
嘉慶通寶
背滿文寶晉局
徑 25.48 毫米
重 4.4 克
上海博物館藏

1423
嘉慶通寶
背滿文寶晉局
徑 22.68 毫米
重 4.25 克
上海博物館藏

1424
嘉慶通寶
背滿文寶晉局
徑 24.29 毫米
重 4.2 克
上海博物館藏

1425
嘉慶通寶
背滿文寶晉局
徑 26.15 毫米
重 3.8 克
金立夫藏

5. 寶武局

1426
嘉慶通寶
背滿文寶武局
徑 24.1 毫米
重 4.15 克
上海博物館藏

1427
嘉慶通寶
背滿文寶武局
徑 24.1 毫米
重 4 克
上海博物館藏

1428
嘉慶通寶
背滿文寶武局
徑 24.1 毫米
重 3.9 克
上海博物館藏

1429
嘉慶通寶
背滿文寶武局
徑 24.1 毫米
重 3.9 克
上海博物館藏

1430
嘉慶通寶
背滿文寶武局
徑 21.66 毫米
重 3.3 克
上海博物館藏

1431
嘉慶通寶
背滿文寶武局
徑 21.25 毫米
重 2.5 克
上海博物館藏

1432
嘉慶通寶
背滿文寶武局上☽
徑 23.36 毫米
重 4.2 克
上海博物館藏

1433
嘉慶通寶
背滿文寶武局上☽
徑 23.69 毫米
重 4.2 克
上海博物館藏

1434
嘉慶通寶
背滿文寶武局上〇
徑 24.48 毫米
重 3.9 克
上海博物館藏

1435
嘉慶通寶
背滿文寶武局上〇
徑 23.93 毫米
重 3.9 克
上海博物館藏

1436
嘉慶通寶
背滿文寶武局上〇
徑 23.93 毫米
重 3.75 克
上海博物館藏

1437
嘉慶通寶
背滿文寶武局上〇
徑 23.93 毫米
重 3.6 克
上海博物館藏

1438
嘉慶通寶
背滿文寶武局上〇
徑 23.68 毫米
重 3.5 克
上海博物館藏

1439
嘉慶通寶
背滿文寶武局上〇
徑 23.68 毫米
中國歷史博物館藏

6. 寶廣局

1440
嘉慶通寶
背滿文寶廣局
徑 25.12 毫米
重 4.2 克
上海博物館藏

1441
嘉慶通寶
背滿文寶廣局
徑 23.52 毫米
重 1.8 克
上海博物館藏

1442
嘉慶通寶
背滿文寶廣局　鐵錢
徑 20.97 毫米
重 2.1 克
上海博物館藏

7. 寶昌局

1443
嘉慶通寶
背滿文寶昌局
徑 24.78 毫米
重 3.8 克
金立夫藏

1444
嘉慶通寶
背滿文寶昌局
徑 21.99 毫米
重 3.1 克
上海博物館藏

1445
嘉慶通寶
背滿文寶昌局
徑 22.09 毫米
重 3 克
金立夫藏

1446
嘉慶通寶
背滿文寶昌局
徑 20.67 毫米
重 2.1 克
上海博物館藏

1447
嘉慶通寶　背滿文
寶昌局左上●
徑 24.61 毫米
重 4.1 克
上海博物館藏

1448
嘉慶通寶　背滿文
寶昌局左上●
徑 23.18 毫米
重 3.5 克
上海博物館藏

8. 寶福局

1449
嘉慶通寶
背滿文寶福局
徑 23.08 毫米
重 4 克
上海博物館藏

1450
嘉慶通寶
背滿文寶福局
徑 24.14 毫米
重 4.1 克
上海博物館藏

1451
嘉慶通寶
背滿文寶福局
徑 24.14 毫米
重 3.9 克
上海博物館藏

1452
嘉慶通寶
背滿文寶福局
徑 23.86 毫米
重 5.1 克
上海博物館藏

9. 寶浙局

1453
嘉慶通寶
背滿文寶浙局　雕母
徑 24.36 毫米
重 4.2 克
上海博物館藏
★

1454
嘉慶通寶
背滿文寶浙局　樣錢
徑 26 毫米
重 3.95 克
上海博物館藏
★

1455
嘉慶通寶
背滿文寶浙局
徑 21.97 毫米
重 3.88 克
上海博物館藏

1456
嘉慶通寶
背滿文寶浙局
徑 23.55 毫米
重 3.8 克
上海博物館藏

1457
嘉慶通寶
背滿文寶浙局
徑 22.4 毫米
重 3.65 克
上海博物館藏

1458
嘉慶通寶
背滿文寶浙局
徑 21.62 毫米
重 2.75 克
上海博物館藏

1459
嘉慶通寶
背滿文寶浙局
徑 21.81 毫米
重 1.8 克
上海博物館藏

1460
嘉慶通寶
背滿文寶浙局
徑 21.4 毫米
重 1.6 克
上海博物館藏

1461	1462	1463	1464	1465
嘉慶通寶	嘉慶通寶	嘉慶通寶	乾隆通寶	嘉慶通寶
背滿文寶浙局	背滿文寶浙局	背滿文寶浙局	背滿文寶浙局	背滿文寶浙局
徑 19.34 毫米	徑 22.59 毫米	徑 22.96 毫米	徑 23.07 毫米	徑 21.80 毫米
重 1.45 克	重 5.75 克	重 4.34 克	重 3.7 克	重 3.3 克
上海博物館藏	上海博物館藏	上海博物館藏	上海博物館藏	上海博物館藏

1466	1467	1468	1469	1470
嘉慶通寶	嘉慶通寶	嘉慶通寶	嘉慶通寶	嘉慶通寶
背滿文寶浙局	背滿文寶浙局	背滿文寶浙局	背滿文寶浙局	背滿文寶浙局
徑 22.47 毫米	徑 20.55 毫米	徑 20.79 毫米	徑 19.41 毫米	徑 20.78 毫米
重 3.2 克	重 2.7 克	重 2 克	重 1.7 克	重 1.22 克
上海博物館藏	上海博物館藏	上海博物館藏	上海博物館藏	上海博物館藏

1471
嘉慶通寶
背滿文寶浙局
徑 17.78 毫米
重 1.05 克
上海博物館藏

10. 寶雲局

1472
嘉慶通寶
背滿文寶雲局　雕母
徑 26.53 毫米
重 7 克
上海博物館藏
★★★★

1473
嘉慶通寶
背滿文寶雲局
徑 25.24 毫米
重 5.4 克
上海博物館藏

1474
嘉慶通寶
背滿文寶雲局
徑 25.24 毫米
重 4.7 克
上海博物館藏

1475
嘉慶通寶
背滿文寶雲局
徑 25.24 毫米
重 4.4 克
上海博物館藏

1476
嘉慶通寶
背滿文寶雲局
徑 25.24 毫米
重 4 克
上海博物館藏

1477
嘉慶通寶
背滿文寶雲局
徑 25.24 毫米
重 3.9 克
上海博物館藏

1478
嘉慶通寶
背滿文寶雲局
徑 24.3 毫米
重 3.75 克
上海博物館藏

1479
嘉慶通寶
背滿文寶雲局
徑 25.55 毫米
重 3.5 克
上海博物館藏

1480
嘉慶通寶
背滿文寶雲局
徑 23.4 毫米
重 2.75 克
上海博物館藏

1481
嘉慶通寶
背滿文寶雲局
徑 23.4 毫米
重 2.75 克
上海博物館藏

1482
嘉慶通寶
背滿文寶雲局
重 2.6 克
上海博物館藏

1483
嘉慶通寶
背滿文寶雲局
徑 19.11 毫米
重 2.5 克
上海博物館藏

1484
嘉慶通寶
背滿文寶雲局
徑 17.83 毫米
重 1.95 克
上海博物館藏

1485	1486	1487	1488	1489
嘉慶通寶	嘉慶通寶	嘉慶通寶	嘉慶通寶	嘉慶通寶
背滿文寶雲局	背滿文寶雲局	背滿文寶雲局	背滿文寶雲局上⌣	背滿文寶雲局
徑 19.41 毫米	徑 15.75 毫米	徑 15.75 毫米	徑 14.42 毫米	徑 17.2 毫米
重 1.9 克	重 1.7 克	重 1.55 克	重 1.7 克	重 1.4 克
上海博物館藏	上海博物館藏	上海博物館藏	上海博物館藏	《錢幣博覽》編輯部提供

11. 寶川局

1490	1491	1492
嘉慶通寶　背滿文	嘉慶通寶	嘉慶通寶
寶川局　雕母	背滿文寶川局	背滿文寶川局
徑 23.8 毫米	徑 24.74 毫米	徑 24.74 毫米
中國歷史博物館藏	重 4.15 克	重 3.9 克
★★★★	上海博物館藏	上海博物館藏

1493	1494	1495
嘉慶通寶	嘉慶通寶	嘉慶通寶
背滿文寶川局	背滿文寶川局	背滿文寶川局
徑 24.74 毫米	徑 22.58 毫米	徑 22.58 毫米
重 3.9 克	重 3.4 克	重 1.9 克
上海博物館藏	上海博物館藏	上海博物館藏

12. 寶蘇局

1496
嘉慶通寶
背滿文寶蘇局雕母
徑 28.88 毫米
重 6 克
上海博物館藏
★★★★

1497
嘉慶通寶
背滿文寶蘇局
徑 29.46 毫米
重 9.05 克
上海博物館藏

1498
嘉慶通寶
背滿文寶蘇局
徑 28.47 毫米
重 7.65 克
上海博物館藏

1499
嘉慶通寶
背滿文寶蘇局
徑 27.99 毫米
重 9.8 克
上海博物館藏

1500
嘉慶通寶
背滿文寶蘇局
徑 28.04 毫米
重 7 克
上海博物館藏

1501
嘉慶通寶
背滿文寶蘇局
徑 29.62 毫米
重 7.1 克
鎮江博物館藏

1502
嘉慶通寶
背滿文寶蘇局
徑 28.04 毫米
重 6.95 克
上海博物館藏

1503
嘉慶通寶
背滿文寶蘇局
徑 28.84 毫米
重 6.8 克
上海博物館藏

1504
嘉慶通寶
背滿文寶蘇局
徑 28.84 毫米
重 6.35 克
上海博物館藏

1505
嘉慶通寶
背滿文寶蘇局
徑 28.84 毫米
重 6.3 克
上海博物館藏

1506
嘉慶通寶
背滿文寶蘇局
徑 28.16 毫米
重 6.15 克
上海博物館藏

1507
嘉慶通寶
背滿文寶蘇局
徑 29.38 毫米
重 5.8 克
金立夫藏

1508
嘉慶通寶
背滿文寶蘇局
徑 28.23 毫米
重 5.3 克
上海博物館藏

1509	1510	1511	1512	1513
嘉慶通寶	嘉慶通寶	嘉慶通寶	嘉慶通寶	嘉慶通寶
背滿文寶蘇局	背滿文寶蘇局	背滿文寶蘇局	背滿文寶蘇局	背滿文寶蘇局
徑 28.84 毫米	徑 25.26 毫米	徑 25.24 毫米	徑 25.24 毫米	徑 23.64 毫米
重 4.9 克	重 4.7 克	重 4.7 克	中國歷史博物館藏	重 4.35 克
上海博物館藏	上海博物館藏	上海博物館藏		上海博物館藏

1514	1515	1516	1517	1518
嘉慶通寶	嘉慶通寶	嘉慶通寶	嘉慶通寶	嘉慶通寶
背滿文寶蘇局	背滿文寶蘇局	背滿文寶蘇局	背滿文寶蘇局	背滿文寶蘇局
徑 24.66 毫米	徑 25.19 毫米	徑 22.94 毫米	徑 24.26 毫米	徑 19.47 毫米
重 4 克	重 3.7 克	重 3.7 克	重 3.4 克	重 2.15 克
上海博物館藏	上海博物館藏	上海博物館藏	上海博物館藏	上海博物館藏

1519	1520
嘉慶通寶	嘉慶通寶
背滿文寶蘇局	背滿文寶蘇局　合背
徑 20.38 毫米	徑 29.62 毫米
重 2 克	重 6.2 克
上海博物館藏	鎮江博物館藏

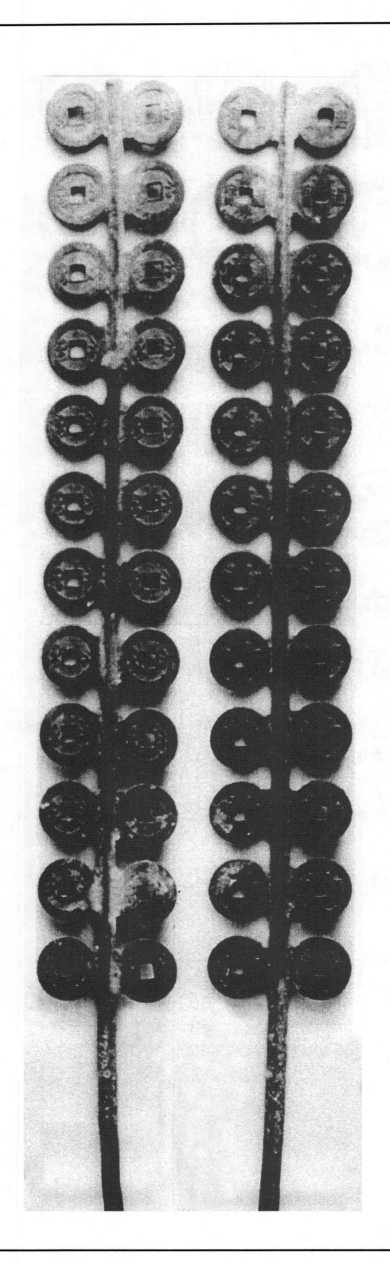

1521
嘉慶通寶　背滿文寶蘇局
雙列二十四枚錢樹
長 455 毫米
寬 57 毫米
重 205 克
旅順市博物館藏

13. 寶南局

1522	1523	1524
嘉慶通寶	嘉慶通寶	嘉慶通寶
背滿文寶南局	背滿文寶南局	背滿文寶南局
徑 24.36 毫米	徑 22.54 毫米	徑 23.85 毫米
重 4 克	重 3.9 克	重 3.3 克
上海博物館藏	上海博物館藏	上海博物館藏

14. 寶桂局

1525	1526	1527
嘉慶通寶	嘉慶通寶	嘉慶通寶
背滿文寶桂局	背滿文寶桂局	背滿文寶桂局
徑 20.03 毫米	徑 20.05 毫米	徑 24.09 毫米
重 1.5 克	重 1.2 克	重 4.8 克
上海博物館藏	上海博物館藏	上海博物館藏

1528	1529	1530
嘉慶通寶	嘉慶通寶	嘉慶通寶
背滿文寶桂局	背滿文寶桂局	背滿文寶桂局
徑 24.53 毫米	徑 23.16 毫米	徑 21.2 毫米
重 4 克	重 2.25 克	重 1.8 克
上海博物館藏	上海博物館藏	上海博物館藏

15. 寶黔局

1531
嘉慶通寶
背滿文寶黔局
徑 24.34 毫米
重 3.7 克
上海博物館藏

1532
嘉慶通寶
背滿文寶黔局
徑 24.34 毫米
重 3.95 克
上海博物館藏

1533
嘉慶通寶
背滿文寶黔局
徑 24.34 毫米
重 4.4 克
上海博物館藏

1534
嘉慶通寶
背滿文寶黔局
徑 23.71 毫米
重 3.6 克
上海博物館藏

1535
嘉慶通寶
背滿文寶黔局
徑 23.71 毫米
重 3.3 克
上海博物館藏

1536
嘉慶通寶
背滿文寶黔局
徑 22.25 毫米
重 3.2 克
上海博物館藏

1537
嘉慶通寶
背滿文寶黔局
徑 22.84 毫米
重 2.95 克
上海博物館藏

1538
嘉慶通寶
背滿文寶黔局
徑 22.1 毫米
重 2.4 克
上海博物館藏

1539
嘉慶通寶
背滿文寶黔局
徑 20.79 毫米
重 2.4 克
上海博物館藏

1540
嘉慶通寶
背滿文寶黔局下 ■
徑 25.1 毫米
重 4.05 克
上海博物館藏

16. 寶東局

1541
嘉慶通寶
背滿文寶東局
徑 25.56 毫米
重 5.4 克
上海博物館藏

1542
嘉慶通寶
背滿文寶東局
徑 24.94 毫米
重 3.8 克
上海博物館藏

17. 寶直局

1543
嘉慶通寶
背滿文寶直局　雕母
徑 22 毫米
中國歷史博物館藏
★★★★

1544
嘉慶通寶
背滿文寶直局　母錢
徑 29.9 毫米
重 9 克
上海博物館藏
★★★

1545
嘉慶通寶　背滿文
寶直局　母錢
徑 29.9 毫米
中國歷史博物館藏
★★★

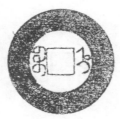

1546
嘉慶通寶
背滿文寶直局　樣錢
徑 31.26 毫米
重 8.7 克
鎮江博物館藏
★★

1547
嘉慶通寶
背滿文寶直局
徑 27.66 毫米
重 6.05 克
上海博物館藏

1548
嘉慶通寶
背滿文寶直局
徑 27.66 毫米
沈子槎舊藏

1549
嘉慶通寶
背滿文寶直局
徑 24.75 毫米
重 3.6 克
上海博物館藏

1550
嘉慶通寶
背滿文寶直局
徑 24.5 毫米
重 3.93 克
上海博物館藏

1551	1552	1553	1554	1555
嘉慶通寶	嘉慶通寶	嘉慶通寶	嘉慶通寶	嘉慶通寶
背滿文寶直局	背滿文寶直局	背滿文寶直局	背滿文寶直局	背滿文寶直局
徑 24.5 毫米	徑 23.34 毫米	徑 22.43 毫米	徑 22.39 毫米	徑 22.39 毫米
重 4.02 克	重 4.1 克	重 5.7 克	重 4.45 克	重 4.15 克
上海博物館藏	上海博物館藏	金立夫藏	上海博物館藏	上海博物館藏

1556	1557	1558	1559
嘉慶通寶	嘉慶通寶	嘉慶通寶	嘉慶通寶
背滿文寶直局	背滿文寶直局	背滿文寶直局	背滿文寶直局
徑 21.97 毫米	徑 20.49 毫米	徑 18.22 毫米	徑 19.68 毫米
重 3.7 克	重 1.75 克	重 1.15 克	重 0.9 克
上海博物館藏	上海博物館藏	上海博物館藏	上海博物館藏

18. 阿克蘇局

1560	1561	1562
嘉慶通寶　背滿維文	嘉慶通寶　背滿維文	嘉慶通寶　背滿維文
阿克蘇局　母錢	阿克蘇局　樣錢	阿克蘇局　樣錢
選自《故宮清錢譜》	徑 24.44 毫米	選自《故宮清錢譜》
★★★	重 3.55 克	★★
	上海博物館藏	
	★★	

1563
嘉慶通寶
背滿維文阿克蘇局
徑 24.44 毫米
重 3.1 克
上海博物館藏

1564
嘉慶通寶
背滿維文阿克蘇局
徑 23.46 毫米
重 4.45 克
杜堅毅提供

1565
嘉慶通寶
背滿維文阿克蘇局
徑 25 毫米
重 3.8 克
上海博物館藏

1566
嘉慶通寶
背滿維文阿克蘇局
徑 23.75 毫米
重 5.2 克
上海博物館藏

1567
嘉慶通寶
背滿維文阿克蘇局
徑 24.44 毫米
重 3.6 克
杜堅毅提供

1568
嘉慶通寶
背滿維文阿克蘇局
徑 23.14 毫米
重 4.22 克
杜堅毅提供

1569
嘉慶通寶
背滿維文阿克蘇局
徑 22.61 毫米
重 4.45 克
杜堅毅提供

19. 寶伊局

1570
嘉慶通寶
背滿文寶伊局　樣錢
選自《故宮清錢譜》
★★

1571
嘉慶通寶
背滿文寶伊局
徑 24.28 毫米
重 5.6 克
上海博物館藏

1572
嘉慶通寶
背滿文寶伊局
徑 24.28 毫米
重 5.1 克
上海博物館藏

1573
嘉慶通寶
背滿文寶伊局
徑 24.28 毫米
重 5 克
上海博物館藏

1574
嘉慶通寶
背滿文寶伊局
徑 23.48 毫米
重 3.4 克
杜堅毅提供

1575
嘉慶通寶
背滿文寶伊局上直劃
徑 24.84 毫米
重 3.9 克
上海博物館藏

1576
嘉慶通寶　背滿文
寶伊局下直劃
徑 24.4 毫米
重 4.5 克
上海博物館藏

1577
嘉慶通寶　背滿文
寶伊局上下直劃
徑 23.89 毫米
重 4.47 克
杜堅毅提供

1578
嘉慶通寶　背滿文
寶伊局下直劃
徑 24.4 毫米
重 4.75 克
杜堅毅提供

1579
嘉慶通寶　背滿文
寶伊局下二直劃
徑 24.35 毫米
重 4.3 克
上海博物館藏

1580
嘉慶通寶
背滿文寶伊局下●
徑 24.32 毫米
重 5 克
上海博物館藏

20. 其他

1581
嘉慶通寶　合背
徑 25.2 毫米
中國歷史博物館藏

1582
乾隆通寶
背乾隆通寶
徑 25.2 毫米
中國歷史博物館藏

七、道光時期錢幣

宣宗（愛新覺羅旻寧）道光年間（1821－1850年）

1. 寶泉局

1583
道光通寶
背滿文寶泉局
雕母
徑 28.03 毫米
重 8.15 克
上海博物館藏
★★★★

1584
道光通寶
背滿文寶泉局
雕母
徑 28.03 毫米
選自《戴葆庭集拓中外錢幣珍品》
★★★★

1585
道光通寶
背滿文寶泉局
雕母
徑 25.42 毫米
重 6.9 克
上海博物館藏
★★★★

1586
道光通寶
背滿文寶泉局
雕母
徑 26.28 毫米
重 7.3 克
上海博物館藏
★★★★

1587
道光通寶
背滿文寶泉局
雕母
徑 24.25 毫米
重 6.2 克
上海博物館藏
★★★★

1588
道光通寶
背滿文寶泉局上●
雕a母
徑 23.74 毫米
中國歷史博物館藏
★★★★

1589
道光通寶
背滿文寶泉局上●
雕母
徑 25.21 毫米
重 5.8 克
上海博物館藏
★★★★

1590
道光通寶
背滿文寶泉局
徑 28.54 毫米
重 8.3 克
上海博物館藏

1591
道光通寶
背滿文寶泉局
徑 27.73 毫米
重 6.5 克
上海博物館藏

1592
道光通寶
背滿文寶泉局
徑 25.55 毫米
重 5.8 克
上海博物館藏

1593
道光通寶
背滿文寶泉局
徑 24.94 毫米
重 4.8 克
上海博物館藏

1594
道光通寶
背滿文寶泉局
徑 23.92 毫米
重 4.45 克
上海博物館藏

1595
道光通寶
背滿文寶泉局
徑 22.93 毫米
重 4.6 克
上海博物館藏

1596
道光通寶
背滿文寶泉局
徑 22.83 毫米
重 4.25 克
上海博物館藏

1597
道光通寶
背滿文寶泉局
徑 24.44 毫米
重 4.2 克
上海博物館藏

1598
道光通寶
背滿文寶泉局
徑 23.58 毫米
重 4.2 克
上海博物館藏

1599
道光通寶
背滿文寶泉局
徑 21.17 毫米
重 4.15 克
上海博物館藏

1600
道光通寶
背滿文寶泉局
徑 21.88 毫米
重 4 克
上海博物館藏

1601
道光通寶
背滿文寶泉局
徑 21.32 毫米
重 3.9 克
上海博物館藏

1602
道光通寶
背滿文寶泉局
徑 21.34 毫米
重 3.7 克
上海博物館藏

1603
道光通寶
背滿文寶泉局
徑 21.34 毫米
重 3.5 克
上海博物館藏

1604
道光通寶
背滿文寶泉局白銅
徑 19.88 毫米
重 1.6 克
鎮江博物館藏

1605
道光通寶
背滿文寶泉局
徑 19.28 毫米
重 1.4 克
上海博物館藏

1606
道光通寶
背滿文寶泉局
徑 19.28 毫米
重 1.3 克
上海博物館藏

1607
道光通寶
背滿文寶泉局上●
徑 24.02 毫米
重 4.05 克
上海博物館藏

1608
道光通寶
背滿文寶泉局
徑 29.71 毫米
重 10.05 克
上海博物館藏

1609
道光通寶
背滿文寶泉局
徑 29.13 毫米
重 9 克
上海博物館藏

1610
道光通寶
背滿文寶泉局
徑 28.84 毫米
重 7.55 克
上海博物館藏

1611	1612	1613	1614	1615
道光通寶	道光通寶	道光通寶	道光通寶	道光通寶
背滿文寶泉局	背滿文寶泉局	背滿文寶泉局	背滿文寶泉局	背滿文寶泉局
徑 27.82 毫米	徑 27.14 毫米	徑 25.32 毫米	徑 23.69 毫米	徑 22.53 毫米
中國歷史博物館藏	重 6.55 克	重 4.9 克	重 4.8 克	重 4.43 克
	上海博物館藏	上海博物館藏	上海博物館藏	上海博物館藏

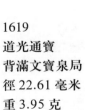

1616	1617	1618	1619	1620
道光通寶	道光通寶	道光通寶	道光通寶	道光通寶
背滿文寶泉局	背滿文寶泉局	背滿文寶泉局	背滿文寶泉局	背滿文寶泉局
徑 24.3 毫米	徑 23.61 毫米	徑 25.03 毫米	徑 22.61 毫米	徑 21.82 毫米
重 4.4 克	重 4.4 克	重 4.06 克	重 3.95 克	重 3.9 克
上海博物館藏	上海博物館藏	上海博物館藏	上海博物館藏	上海博物館藏

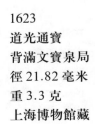

1621	1622	1623	1624	1625
道光通寶	道光通寶	道光通寶	道光通寶	道光通寶
背滿文寶泉局	背滿文寶泉局	背滿文寶泉局	背滿文寶泉局	背滿文寶泉局
徑 23.86 毫米	徑 20.38 毫米	徑 21.82 毫米	徑 19.46 毫米	徑 20.85 毫米
重 3.45 克	重 3.35 克	重 3.3 克	重 2.05 克	重 1.75 克
上海博物館藏	上海博物館藏	上海博物館藏	上海博物館藏	上海博物館藏

1626
道光通寶
背滿文寶泉局
徑 24.05 毫米
重 3.2 克
上海博物館藏

1627
道光通寶
背滿文寶泉局
徑 18.7 毫米
重 1.9 克
《錢幣博覽》
編輯部提供

1628
道光通寶
背滿文寶泉局
徑 28.63 毫米
重 7.1 克
上海博物館藏

1629
道光通寶
背滿文寶泉局
徑 28.54 毫米
重 10 克
上海博物館藏

1630
道光通寶
背滿文寶泉局
徑 27.23 毫米
重 5.8 克
上海博物館藏

1631
道光通寶
背滿文寶泉局
徑 25.14 毫米
重 4.4 克
上海博物館藏

1632
道光通寶
背滿文寶泉局
徑 23.11 毫米
重 4.45 克
上海博物館藏

1633
道光通寶
背滿文寶泉局
徑 22.82 毫米
重 4.2 克
上海博物館藏

1634
道光通寶
背滿文寶泉局
徑 24.06 毫米
重 4.05 克
上海博物館藏

1635
道光通寶
背滿文寶泉局
徑 22.61 毫米
重 4.05 克
上海博物館藏

1636
道光通寶
背滿文寶泉局
徑 22.61 毫米
重 4 克
上海博物館藏

1637
道光通寶
背滿文寶泉局
徑 23.76 毫米
重 4 克
上海博物館藏

1638
道光通寶
背滿文寶泉局
徑 21.59 毫米
重 3.7 克
上海博物館藏

1639
道光通寶
背滿文寶泉局
徑 21.64 毫米
重 3.4 克
上海博物館藏

1640
道光通寶
背滿文寶泉局
徑 29.71 毫米
重 8.8 克
上海博物館藏

1641	1642	1643	1644	1645
道光通寶	道光通寶	道光通寶	道光通寶	道光通寶
背滿文寶泉局	背滿文寶泉局	背滿文寶泉局	背滿文寶泉局	背滿文寶泉局
徑 27.7 毫米	徑 27.23 毫米	徑 25.71 毫米	徑 24.27 毫米	徑 25.41 毫米
重 7.6 克	重 5.2 克	重 6.95 克	重 4.95 克	重 4.2 克
上海博物館藏	上海博物館藏	上海博物館藏	上海博物館藏	上海博物館藏

1646	1647	1648	1649	1650
道光通寶	道光通寶	道光通寶	道光通寶	道光通寶
背滿文寶泉局	背滿文寶泉局	背滿文寶泉局	背滿文寶泉局	背滿文寶泉局
徑 23.16 毫米	徑 23.83 毫米	徑 23.34 毫米	徑 21.82 毫米	徑 23.29 毫米
重 4.2 克	重 4.2 克	重 4.1 克	重 3.9 克	重 3.8 克
上海博物館藏	上海博物館藏	上海博物館藏	上海博物館藏	上海博物館藏

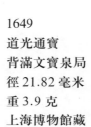
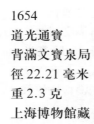

1651	1652	1653	1654	1655
道光通寶	道光通寶	道光通寶	道光通寶	道光通寶
背滿文寶泉局	背滿文寶泉局	背滿文寶泉局	背滿文寶泉局	背滿文寶泉局上●
徑 20.97 毫米	徑 20.25 毫米	徑 19.51 毫米	徑 22.21 毫米	徑 24.7 毫米
重 3.75 克	重 2.8 克	重 2.7 克	重 2.3 克	重 4 克
上海博物館藏	上海博物館藏	上海博物館藏	上海博物館藏	上海博物館藏

1656
道光通寶
背滿文寶泉局上●
徑 24.05 毫米
重 3.85 克
上海博物館藏

2.寶源局

1657
道光通寶
背滿文寶源局雕母
徑 25.05 毫米
重 7.7 克
上海博物館藏
★★★★

1658
道光通寶
背滿文寶源局雕母
徑 26.53 毫米
重 6.75 克
上海博物館藏
★★★★

1659
道光通寶
背滿文寶源局雕母
徑 25.43 毫米
重 6.85 克
上海博物館藏
★★★★

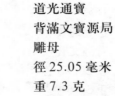

1660
道光通寶
背滿文寶源局雕母
徑 25.79 毫米
重 6.85 克
上海博物館藏
★★★★

1661
道光通寶
背滿文寶源局雕母
徑 25.13 毫米
重 6.1 克
上海博物館藏
★★★★

1662
道光通寶
背滿文寶源局
雕母
徑 22.13 毫米
重 5.3 克
上海博物館藏
★★★★

1663
道光通寶
背滿文寶源局
雕母
徑 22.52 毫米
中國歷史博物館藏
★★★★

1664
道光通寶
背滿文寶源局
雕母
徑 25.05 毫米
重 7.3 克
上海博物館藏
★★★★

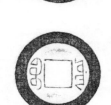

1665
道光通寶
背滿文寶源局
雕母
徑 25.13 毫米
選自《戴葆庭集拓中
外錢幣珍品》
★★★★

1666
道光通寶
背滿文寶源局
雕母
徑 25.79 毫米
重 7.2 克
上海博物館藏
★★★★

1667
道光通寶
背滿文寶源局
雕母
徑 22.71 毫米
重 5.35 克
上海博物館藏
★★★★

1668
道光通寶
背滿文寶源局
母錢
徑 23.29 毫米
重 5 克
鎮江博物館藏
★★

1669
道光通寶
背滿文寶源局
母錢
徑 22.91 毫米
重 4.7 克
傅爲群藏
★★

1670
道光通寶
背滿文寶源局
母錢
徑 22.44 毫米
重 4.3 克
鎮江博物館藏
★★

1671
道光通寶
背滿文寶源局
母錢
徑 20.71 毫米
重 3.8 克
鎮江博物館藏
★★

1672
道光通寶
背滿文寶源局
母錢
徑 22.13 毫米
重 4.4 克
枕石齋藏
★★

1673
道光通寶
背滿文寶源局
母錢
徑 21.72 毫米
重 3.8 克
鎮江博物館藏
★★

1674
道光通寶
背滿文寶源局
徑 27.86 毫米
重 7.4 克
上海博物館藏

1675
道光通寶
背滿文寶源局
徑 23.22 毫米
重 5.25 克
上海博物館藏

1676
道光通寶
背滿文寶源局
徑 23.6 毫米
重 4.45 克
上海博物館藏

1677
道光通寶
背滿文寶源局
徑 24.62 毫米
重 4.28 克
上海博物館藏

1678
道光通寶
背滿文寶源局
徑 22.64 毫米
重 4.2 克
上海博物館藏

1679
道光通寶
背滿文寶源局
徑 23.97 毫米
重 4.2 克
上海博物館藏

1680	1681	1682	1683	1684
道光通寶	道光通寶	道光通寶	道光通寶	道光通寶
背滿文寶源局	背滿文寶源局	背滿文寶源局	背滿文寶源局	背滿文寶源局
徑 23.03 毫米	徑 23.95 毫米	徑 22.35 毫米	徑 22.07 毫米	徑 22.08 毫米
重 4.1 克	重 4 克	重 3.95 克	重 3.75 克	重 3.45 克
上海博物館藏	上海博物館藏	上海博物館藏	上海博物館藏	上海博物館藏

1685	1686	1687	1688	1689
道光通寶	道光通寶	道光通寶	道光通寶	道光通寶
背滿文寶源局	背滿文寶源局	背滿文寶源局	背滿文寶源局	背滿文寶源局
徑 21.26 毫米	徑 21.7 毫米	徑 21.7 毫米	徑 20.94 毫米	徑 18.89 毫米
重 3.45 克	重 3.3 克	重 3.3 克	重 3 克	重 2.7 克
上海博物館藏	上海博物館藏	上海博物館藏	上海博物館藏	上海博物館藏

1690	1691	1692	1693	1694
道光通寶	道光通寶	道光通寶	道光通寶	道光通寶
背滿文寶源局	背滿文寶源局	背滿文寶源局	背滿文寶源局	背滿文寶源局
徑 16.48 毫米	徑 14.91 毫米	徑 17.8 毫米	徑 24.02 毫米	徑 22.36 毫米
重 0.85 克	重 0.75 克	重 1.8 克	重 5 克	重 4.65 克
上海博物館藏	上海博物館藏	《錢幣博覽》編輯部提供	金立夫藏	上海博物館藏

1695	1696	1697	1698	1699
道光通寶	道光通寶	道光通寶	道光通寶	道光通寶
背滿文寶源局	背滿文寶源局	背滿文寶源局	背滿文寶源局	背滿文寶源局
徑 23.97 毫米	徑 22.58 毫米	徑 22.07 毫米	徑 21.65 毫米	徑 22.01 毫米
重 4.15 克	重 4 克	重 3.8 克	重 2.98 克	重 2.85 克
上海博物館藏	上海博物館藏	上海博物館藏	上海博物館藏	上海博物館藏

1700	1701	1702	1703	1704
道光通寶	道光通寶	道光通寶	道光通寶	道光通寶
背滿文寶源局	背滿文寶源局	背滿文寶源局	背滿文寶源局	背滿文寶源局
徑 23.45 毫米	徑 23.89 毫米	徑 21.88 毫米	徑 22.31 毫米	徑 21.99 毫米
重 4.95 克	重 4.55 克	重 4.35 克	重 4.15 克	重 4.05 克
上海博物館藏	上海博物館藏	上海博物館藏	上海博物館藏	上海博物館藏

1705	1706	1707	1708	1709
道光通寶	道光通寶	道光通寶	道光通寶	道光通寶
背滿文寶源局	背滿文寶源局	背滿文寶源局	背滿文寶源局	背滿文寶源局
徑 23.09 毫米	徑 24.68 毫米	徑 22.07 毫米	徑 20.43 毫米	徑 18.88 毫米
重 3.9 克	重 3.85 克	重 3.8 克	重 3 克	重 1.2 克
上海博物館藏	上海博物館藏	上海博物館藏	上海博物館藏	上海博物館藏

1710
道光通寶
背滿文寶源局
鐵錢
徑 22.01 毫米
重 2.35 克
上海博物館藏

3.寶陝局

1711	1712	1713
道光通寶	道光通寶	道光通寶
背滿文寶陝局	背滿文寶陝局	背滿文寶陝局
徑 22.35 毫米	徑 22.35 毫米	徑 20.8 毫米
重 3.95 克	重 3.8 克	重 4 克
上海博物館藏	上海博物館藏	上海博物館藏

1714
道光通寶
背滿文寶陝局
徑 20.77 毫米
重 3.05 克
上海博物館藏

4. 寶晉局

1715
道光通寶
背滿文寶晉局
徑 22.47 毫米
重 4.85 克
上海博物館藏

5. 寶武局

1716
道光通寶
背滿文寶武局
徑 23.92 毫米
重 3.85 克
上海博物館藏

6. 寶廣局

1717	1718	1719
道光通寶	道光通寶	道光通寶
背滿文寶廣局	背滿文寶廣局	背滿文寶廣局
樣錢	徑 24.25 毫米	徑 22.46 毫米
徑 26.27 毫米	重 3.9 克	重 2.15 克
重 4.8 克	上海博物館藏	上海博物館藏
選自《清錢珍稀四		
百種》		
★★		

1720
道光通寶
背滿文寶廣局
徑 22.89 毫米
重 2 克
上海博物館藏

1721
道光通寶
背滿文寶廣局
徑 21.02 毫米
重 1.7 克
上海博物館藏

1722
道光通寶
背滿文寶廣局
徑 21.86 毫米
重 1.4 克
上海博物館藏

1723
道光通寶
背滿文寶廣局
徑 19.43 毫米
重 1.35 克
上海博物館藏

7. 寶昌局

1724
道光通寶
背滿文寶昌局
徑 24.95 毫米
重 4.8 克
上海博物館藏

1725
道光通寶
背滿文寶昌局
徑 23.66 毫米
重 4.1 克
上海博物館藏

1726
道光通寶
背滿文寶昌局
徑 21.29 毫米
重 2.25 克
上海博物館藏

1727
道光通寶
背滿文寶昌局
徑 21.29 毫米
重 2.1 克
上海博物館藏

1728
道光通寶
背滿文寶昌局
徑 21.9 毫米
重 2.1 克
上海博物館藏

1729
道光通寶
背滿文寶昌局
徑 20.95 毫米
重 1.65 克
上海博物館藏

8.寶福局

1730
道光通寶
背滿文寶福局
徑 21.81 毫米
重 2.1 克
上海博物館藏

1731
道光通寶
背滿文寶福局
徑 22.73 毫米
重 4.25 克
上海博物館藏

9.寶浙局

1732
道光通寶
背滿文寶浙局
徑 23.43 毫米
重 4.7 克
金立夫藏

1733
道光通寶
背滿文寶浙局
徑 20.92 毫米
重 3.5 克
金立夫藏

1734
道光通寶
背滿文寶浙局
徑 20.65 毫米
重 3.2 克
上海博物館藏

1735
道光通寶
背滿文寶浙局
徑 21.49 毫米
重 3.1 克
上海博物館藏

1736
道光通寶
背滿文寶浙局
徑 19.28 毫米
重 2.6 克
上海博物館藏

1737
道光通寶
背滿文寶浙局
徑 24.04 毫米
重 4.4 克
上海博物館藏

1738
道光通寶
背滿文寶浙局
徑 21.87 毫米
重 4.25 克
上海博物館藏

1739
道光通寶
背滿文寶浙局
徑 21.87 毫米
重 4.1 克
上海博物館藏

1740	1741	1742	1743	1744
道光通寶	道光通寶	道光通寶	道光通寶	道光通寶
背滿文寶浙局	背滿文寶浙局	背滿文寶浙局	背滿文寶浙局	背滿文寶浙局
徑 23.19 毫米	徑 23.19 毫米	徑 23.19 毫米	徑 21.32 毫米	徑 20.65 毫米
重 3.8 克	重 3.6 克	重 3.55 克	重 3.2 克	重 3.2 克
上海博物館藏	上海博物館藏	上海博物館藏	上海博物館藏	上海博物館藏

1745	1746	1747	1748	1749
道光通寶	道光通寶	道光通寶	道光通寶	道光通寶
背滿文寶浙局	背滿文寶浙局	背滿文寶浙局	背滿文寶浙局	背滿文寶浙局
徑 21.44 毫米	徑 21.91 毫米	徑 22.26 毫米	徑 20.77 毫米	徑 20.78 毫米
重 3 克	重 2.8 克	重 2.15 克	重 2 克	重 1.8 克
上海博物館藏	上海博物館藏	上海博物館藏	上海博物館藏	鎮江博物館藏

1750	1751
道光通寶	道光通寶
背滿文寶浙局	背滿文寶浙局
徑 18.89 毫米	徑 16.81 毫米
重 1.7 克	重 1.1 克
上海博物館藏	上海博物館藏

10.寶雲局

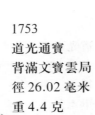

1752
道光通寶
背滿文寶雲局雕母
徑 26.02 毫米
中國歷史博物館藏
★★★★

1753
道光通寶
背滿文寶雲局
徑 26.02 毫米
重 4.4 克
上海博物館藏

1754
道光通寶
背滿文寶雲局
徑 23.84 毫米
重 3.4 克
鎮江博物館藏

1755
道光通寶
背滿文寶雲局
徑 23.7 毫米
重 3 克
上海博物館藏

1756
道光通寶
背滿文寶雲局
徑 24.28 毫米
重 2.6 克
上海博物館藏

1757
道光通寶
背滿文寶雲局
徑 20.99 毫米
重 1.65 克
上海博物館藏

11.寶川局

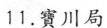

1758
道光通寶
背滿文寶川局
徑 21.23 毫米
重 3.3 克
上海博物館藏

1759
道光通寶
背滿文寶川局
徑 21.23 毫米
重 3.25 克
上海博物館藏

1760
道光通寶
背滿文寶川局
徑 19.47 毫米
重 2.3 克
上海博物館藏

1761	1762	1763	1764	1765
道光通寶	道光通寶	道光通寶	道光通寶	道光通寶
背滿文寶川局	背滿文寶川局	背滿文寶川局	背滿文寶川局	背滿文寶川局
徑 26.04 毫米	徑 22.57 毫米	徑 23.35 毫米	徑 21.75 毫米	徑 22.65 毫米
重 6.8 克	重 4.2 克	重 3.4 克	重 3.95 克	重 3.45 克
選自《清錢珍稀四百種》	上海博物館藏	上海博物館藏	上海博物館藏	上海博物館藏

1766
道光通寶
背滿文寶川局
徑 23.27 毫米
重 3.4 克
上海博物館藏

12.寶蘇局

1767	1768	1769
道光通寶	道光通寶	道光通寶
背滿文寶蘇局　雕母	背滿文寶蘇局　雕母	背滿文寶蘇局
徑 28.33 毫米	徑 22.86 毫米	徑 28.41 毫米
重 7.1 克	重 3.8 克	重 9.6 克
上海博物館藏	上海博物館藏	上海博物館藏
★★★★	★★★★	

1770	1771	1772	1773	1774
道光通寶	道光通寶	道光通寶	道光通寶	道光通寶
背滿文寶蘇局	背滿文寶蘇局	背滿文寶蘇局	背滿文寶蘇局	背滿文寶蘇局
徑 28.41 毫米	徑 28.41 毫米	徑 28.41 毫米	徑 28.08 毫米	徑 28.41 毫米
重 8.5 克	重 7.9 克	重 7.85 克	重 7.7 克	重 7.4 克
上海博物館藏	上海博物館藏	上海博物館藏	上海博物館藏	上海博物館藏

1775	1776	1777	1778	1779
道光通寶	道光通寶	道光通寶	道光通寶	道光通寶
背滿文寶蘇局	背滿文寶蘇局	背滿文寶蘇局	背滿文寶蘇局	背滿文寶蘇局
徑 28.4 毫米	徑 28.16 毫米	徑 28.52 毫米	徑 28.2 毫米	徑 28.61 毫米
重 7.3 克	重 7.25 克	重 7.2 克	重 7.1 克	重 6.9 克
上海博物館藏	上海博物館藏	上海博物館藏	上海博物館藏	上海博物館藏

1780	1781	1782	1783	1784
道光通寶	道光通寶	道光通寶	道光通寶	道光通寶
背滿文寶蘇局	背滿文寶蘇局	背滿文寶蘇局	背滿文寶蘇局	背滿文寶蘇局
徑 28.6 毫米	徑 28.6 毫米	徑 28.85 毫米	徑 28.37 毫米	徑 23.17 毫米
重 6.7 克	重 6.35 克	重 7 克	重 7 克	重 4.45 克
上海博物館藏	上海博物館藏	金立夫藏	金立夫藏	上海博物館藏

1785	1786	1787	1788	1789
道光通寶	道光通寶	道光通寶	道光通寶	道光通寶
背滿文寶蘇局	背滿文寶蘇局	背滿文寶蘇局	背滿文寶蘇局	背滿文寶蘇局
徑 22.84 毫米	徑 22.97 毫米	徑 22.91 毫米	徑 22.96 毫米	徑 23.11 毫米
重 4.4 克	重 4.2 克	重 4.15 克	重 3.9 克	重 3.8 克
上海博物館藏	上海博物館藏	上海博物館藏	上海博物館藏	上海博物館藏

1790	1791	1792	1793	1794
道光通寶	道光通寶	道光通寶	道光通寶	道光通寶
背滿文寶蘇局	背滿文寶蘇局	背滿文寶蘇局	背滿文寶蘇局	背滿文寶蘇局
徑 23.54 毫米	徑 23.91 毫米	徑 19.84 毫米	徑 18.8 毫米	徑 21.7 毫米
重 3.7 克	重 3.7 克	重 2.35 克	重 2.15 克	重 1.95 克
上海博物館藏	上海博物館藏	上海博物館藏	上海博物館藏	上海博物館藏

1795	1796	1797	1798	1799
道光通寶	道光通寶	道光通寶	道光通寶	道光通寶
背滿文寶蘇局	背滿文寶蘇局	背滿文寶蘇局	背滿文寶蘇局	背滿文寶蘇局
徑 19.63 毫米	徑 18.7 毫米	徑 23.05 毫米	徑 19.25 毫米	徑 20.29 毫米
重 1.65 克	重 1.75 克	重 3.5 克	重 2.8 克	重 2.4 克
上海博物館藏	上海博物館藏	上海博物館藏	上海博物館藏	上海博物館藏

1800
道光通寶
背滿文寶蘇局
徑 18.4 毫米
重 2.25 克
上海博物館藏

1801
道光通寶
背滿文寶蘇局
徑 19.23 毫米
重 2.2 克
上海博物館藏

1802
道光通寶
背滿文寶蘇局
徑 19.98 毫米
重 1.9 克
上海博物館藏

1803
道光通寶
背滿文寶蘇局
徑 17.33 毫米
重 1.7 克
金立夫藏

1804
道光通寶
背滿文寶蘇局
徑 17.47 毫米
重 1.5 克
上海博物館藏

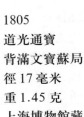

1805
道光通寶
背滿文寶蘇局
徑 17 毫米
重 1.45 克
上海博物館藏

1806
道光通寶
背滿文寶蘇局
徑 17.94 毫米
重 1.35 克
上海博物館藏

1807
道光通寶
背滿文寶蘇局
徑 16.15 毫米
重 0.9 克
上海博物館藏

1808
道光通寶
背滿文寶蘇局
徑 17.3 毫米
中國歷史博物館藏

1809
道光通寶
背滿文寶蘇局　鐵錢
徑 23.63 毫米
重 3.75 克
上海博物館藏

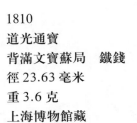

1810
道光通寶
背滿文寶蘇局　鐵錢
徑 23.63 毫米
重 3.6 克
上海博物館藏

1811
道光通寶
背滿文寶蘇局　鐵錢
徑 18.6 毫米
重 1.6 克
上海博物館藏

1812
道光通寶　合背
徑 27.76 毫米
重 12.15 克
上海博物館藏

1813
道光通寶
寶蘇局　合面
徑 22.19 毫米
中國歷史博物館藏

13. 寶南局

1814
道光通寶
背滿文寶南局
徑 19.35 毫米
重 1.3 克
上海博物館藏

1815
道光通寶
背滿文寶南局
徑 21.11 毫米
重 2.4 克
上海博物館藏

14. 寶桂局

1816
道光通寶
背滿文寶桂局
徑 24.64 毫米
重 3.5 克
上海博物館藏

1817
道光通寶
背滿文寶桂局
徑 22.55 毫米
重 2.9 克
上海博物館藏

1818
道光通寶
背滿文寶桂局
徑 22.26 毫米
重 2.4 克
金立夫藏

1819
道光通寶
背滿文寶桂局
徑 20.82 毫米
重 2.2 克
上海博物館藏

1820
道光通寶
背滿文寶桂局
徑 20.15 毫米
重 1.85 克
上海博物館藏

15. 寶黔局

1821
道光通寶
背滿文寶黔局
徑 24.64 毫米
重 5.4 克
上海博物館藏

1822
道光通寶
背滿文寶黔局
徑 24.64 毫米
重 4.8 克
上海博物館藏

1823
道光通寶
背滿文寶黔局
徑 22.82 毫米
重 3 克
上海博物館藏

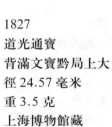

1824
道光通寶
背滿文寶黔局
徑 21.96 毫米
重 2.25 克
上海博物館藏

1825
道光通寶
背滿文寶黔局
徑 22.82 毫米
重 2.28 克
上海博物館藏

1826
道光通寶
背滿文寶黔局
徑 21.96 毫米
重 1.9 克
上海博物館藏

1827
道光通寶
背滿文寶黔局上大
徑 24.57 毫米
重 3.5 克
上海博物館藏

1828
道光通寶
背滿文寶黔局上大
徑 24.57 毫米
中國歷史博物館藏

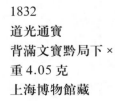

1829
道光通寶
背滿文寶黔局上 ×
徑 24.57 毫米
重 3.75 克
上海博物館藏

1830
道光通寶
背滿文寶黔局上 ×
徑 24.57 毫米
中國歷史博物館藏

1831
道光通寶
背滿文寶黔局上 ×
徑 24.51 毫米
重 3 克
金立夫藏

1832
道光通寶
背滿文寶黔局下 ×
重 4.05 克
上海博物館藏

1833
道光通寶
背滿文寶黔局下匕
徑 24.57 毫米
重 3.55 克
上海博物館藏

1834
道光通寶
背滿文寶黔局上▲
徑 24.57 毫米
重 4.35 克
上海博物館藏

1835
道光通寶
背滿文寶黔局上▲
徑 24.57 毫米
中國歷史博物館藏

1836
道光通寶
背滿文寶黔局下 ▼
徑 24.57 毫米
重 4.05 克
上海博物館藏

1837
道光通寶
背滿文寶黔局上⌣
徑 24.57 毫米
重 3.4 克
上海博物館藏

1838
道光通寶
背滿文寶黔局上⌣
徑 24.57 毫米
中國歷史博物館藏

1839
道光通寶
背滿文寶黔局下●
徑 24.57 毫米
上海博物館藏

1840
道光通寶
背滿文寶黔局上○
徑 24.57 毫米
重 4 克
上海博物館藏

1841
道光通寶
背滿文寶黔局上○
徑 24.57 毫米
中國歷史博物館藏

16.寶東局

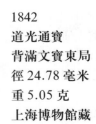

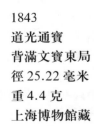

1842
道光通寶
背滿文寶東局
徑 24.78 毫米
重 5.05 克
上海博物館藏

1843
道光通寶
背滿文寶東局
徑 25.22 毫米
重 4.4 克
上海博物館藏

1844
道光通寶
背滿文寶東局
徑 25.22 毫米
重 4.4 克
上海博物館藏

1845	1846	1847	1848	1849
道光通寶	道光通寶	道光通寶	道光通寶	道光通寶
背滿文寶東局	背滿文寶東局	背滿文寶東局	背滿文寶東局	背滿文寶東局
徑 25.98 毫米	徑 23.57 毫米	徑 24.15 毫米	徑 23.45 毫米	徑 23.15 毫米
重 3.8 克	重 4 克	重 4.05 克	重 3.4 克	重 3.1 克
上海博物館藏	上海博物館藏	上海博物館藏	上海博物館藏	上海博物館藏

1850	1851	1852	1853
道光通寶	道光通寶	道光通寶	道光通寶
背滿文寶東局	背滿文寶東局	背滿文寶東局	背滿文寶東局　鎏金
徑 22.1 毫米	徑 22.96 毫米	徑 19.87 毫米	徑 23.78 毫米
重 2.9 克	重 2.1 克	重 1.72 克	重 2.75 克
上海博物館藏	上海博物館藏	上海博物館藏	上海博物館藏

17. 寶直局

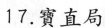

1854	1855	1856
道光通寶	道光通寶	道光通寶
背滿文寶直局	背滿文寶直局	背滿文寶直局
徑 20.67 毫米	徑 22.16 毫米	徑 21.62 毫米
重 1.9 克	重 4.5 克	重 3.85 克
上海博物館藏	上海博物館藏	上海博物館藏

1857
道光通寶
背滿文寶直局上下○
徑 19.18 毫米
重 2.65 克
上海博物館藏

18.阿克蘇局

1858
道光通寶
背滿維文阿克蘇局
雕母
選自《新疆紅錢》
★★★★

1859
道光通寶
背滿維文阿克蘇局
母錢
徑 26.76 毫米
重 6.22 克
上海博物館藏
★★★

1860
道光通寶
背滿維文阿克蘇局
母錢
徑 26.76 毫米
重 5.55 克
上海博物館藏
★★★

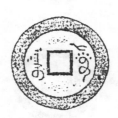

1861
道光通寶
背滿維文阿克蘇局
樣錢
徑 26.76 毫米
重 6.3 克
枕石齋藏
★★

1862
道光通寶
背滿維文阿克蘇局
樣錢
徑 24.46 毫米
重 7.35 克
朱聖弢藏
★★

1863
道光通寶
背滿維文阿克蘇局
徑 26.67 毫米
重 5.8 克
金立夫藏

1864
道光通寶
背滿維文阿克蘇局
徑 25.5 毫米
重 4.05 克
上海博物館藏

1865
道光通寶
背滿維文阿克蘇局
徑 24.53 毫米
重 4 克
上海博物館藏

1866	1867	1868	1869	1870
道光通寶	道光通寶	道光通寶	道光通寶	道光通寶
背滿維文阿克蘇局	背滿維文阿克蘇局	背滿維文阿克蘇局	背滿維文阿克蘇局	背滿維文阿克蘇局
徑 24.45 毫米	徑 24.45 毫米	徑 25.05 毫米	徑 25.26 毫米	徑 22.73 毫米
重 3.3 克	重 3.3 克	重 2.7 克	中國歷史博物館藏	重 4.75 克
上海博物館藏	上海博物館藏	上海博物館藏		杜堅毅提供

1871	1872	1873	1874	1875
道光通寶	道光通寶	道光通寶	道光通寶	道光通寶
背滿維文阿克蘇局	背滿維文阿克蘇局·	背滿維文阿克蘇局·	背滿維文阿克蘇局·	背滿維文阿克蘇局·
銀質錢	八年·五	八年·五	八年·五	八年·五
徑 25.73 毫米	徑 24.29 毫米	徑 22.61 毫米	徑 24.25 毫米	徑 23.77 毫米
重 6.45 克	重 4.4 克	重 4.15 克	重 4 克	重 3.8 克
朱卓鵬藏	上海博物館藏	上海博物館藏	上海博物館藏	上海博物館藏

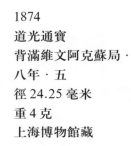

1876	1877	1878	1879	1880
道光通寶	道光通寶	道光通寶	道光通寶	道光通寶
背滿維文阿克蘇局·	背滿維文阿克蘇局·	背滿維文阿克蘇局·	背滿維文阿克蘇局·	背滿維文阿克蘇局·
八年·五	八年·五	八年·十	八年·十	八年·十
徑 22.84 毫米	徑 21.94 毫米	徑 27.14 毫米	徑 26.99 毫米	徑 25.39 毫米
重 3.6 克	重 4.8 克	重 5.35 克	重 6 克	中國歷史博物館藏
上海博物館藏	杜堅毅提供	上海博物館藏	上海博物館藏	

1881
道光通寶
背滿維文阿克蘇局·
八年·十
徑 26.13 毫米
重 4.8 克
存雲亭藏

1882
道光通寶
背滿維文阿克蘇局·
八年·十
徑 25.34 毫米
重 5.85 克
杜堅毅提供

1883
道光通寶
背滿維文阿克蘇局·
八年·十　鉛錢
選自《新疆紅錢》

19.寶伊局

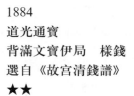

1884
道光通寶
背滿文寶伊局　樣錢
選自《故宮清錢譜》
★★

1885
道光通寶
背滿文寶伊局　樣錢
選自《昭和錢譜》
★★

1886
道光通寶
背滿文寶伊局
徑 24.3 毫米
重 5.7 克
上海博物館藏

1887
道光通寶
背滿文寶伊局
徑 23.45 毫米
重 4.6 克
上海博物館藏

1888
道光通寶
背滿文寶伊局
徑 23.45 毫米
重 4.45 克
杜堅毅提供

1889
道光通寶
背滿文寶伊局
徑 24.03 毫米
重 3.85 克
上海博物館藏

1890
道光通寶
背滿文寶伊局
徑 24.53 毫米
重 5.7 克
上海博物館藏

1891
道光通寶
背滿文寶伊局
徑 22.51 毫米
重 3.8 克
上海博物館藏

1892	1893	1894	1895	1896
道光通寶	道光通寶	道光通寶	道光通寶	道光通寶
背滿文寶伊局上●	背滿文寶伊局上●	背滿文寶伊局上●	背滿文寶伊局上●	背滿文寶伊局上●
徑 22.06 毫米	徑 26.17 毫米	徑 22.95 毫米	徑 23.81 毫米	徑 24.62 毫米
重 6.95 克	重 5 克	重 5 克	重 4.6 克	重 4.12 克
杜堅毅提供	金立夫藏	上海博物館藏	上海博物館藏	杜堅毅提供

1897	1898	1899	1900	1901
道光通寶	道光通寶	道光通寶	道光通寶	道光通寶
背滿文寶伊局上●	背滿文寶伊局上●	背滿文寶伊局上●	背滿文寶伊局上●	背滿文寶伊局上豎
徑 22.89 毫米	徑 22.89 毫米	徑 23.6 毫米	徑 23.6 毫米	徑 23.5 毫米
重 3.8 克		重 4.35 克	重 4.2 克	重 3.2 克
上海博物館藏	中國歷史博物館藏	上海博物館藏	上海博物館藏	上海博物館藏

1902	1903	1904	1905
道光通寶	道光通寶	道光通寶	道光通寶
背滿文寶伊局上下豎	背滿文寶伊局上下豎	背滿文寶伊局上⌣	背滿文寶伊局上⌣
重 5.84 克	徑 23.82 毫米	徑 22.06 毫米	徑 22.55 毫米
杜堅毅提供	重 4.1 克	重 4.71 克	重 4.3 克
	上海博物館藏	杜堅毅提供	杜堅毅提供

20.其他

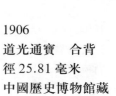

1906
道光通寶　合背
徑 25.81 毫米
中國歷史博物館藏

1907
道光通寶
背乾隆通寶
徑 23.03 毫米
中國歷史博物館藏

八、咸豐時期錢幣

文宗（愛新覺羅奕詝）
咸豐年間（1851 –
1861年）

1. 寶泉局

1908
咸豐通寶
背滿文寶泉局　雕母
徑 25.96 毫米
重 10.1 克
上海博物館藏
★★★★

1909
咸豐通寶
背滿文寶泉局　雕母
徑 25.2 毫米
重 6.95 克
上海博物館藏
★★★★

1910
咸豐通寶
背滿文寶泉局　雕母
徑 25.81 毫米
重 7.53 克
上海博物館藏
★★★★

1911
咸豐通寶
背滿文寶泉局　雕母
徑 23.12 毫米
中國歷史博物館藏
★★★★

1912
咸豐通寶
背滿文寶泉局　雕母
徑 22.11 毫米
曾澤祿藏
★★★★

1913
咸豐通寶
背滿文寶泉局　母錢
徑 23.5 毫米
重 5.64 克
上海博物館藏
★★★

1914
咸豐通寶
背滿文寶泉局　母錢
徑 23.2 毫米
重 5.6 克
上海博物館藏
★★★

1915
咸豐通寶
背滿文寶泉局　母錢
徑 22.87 毫米
重 3.63 克
上海博物館藏
★★★

1916
咸豐通寶
背滿文寶泉局　母錢
徑 22.25 毫米
重 4.6 克
枕石齋藏
★★★

1917
咸豐通寶
背滿文寶泉局　母錢
徑 24.22 毫米
重 5 克
陳紀東藏
★★★

1918
咸豐通寶
背滿文寶泉局　母錢
徑 24.51 毫米
重 5.4 克
傅爲群藏
★★★

1919
咸豐通寶
背滿文寶泉局　母錢
徑 24.16 毫米
重 6.5 克
上海博物館藏
★★★

1920
咸豐通寶
背滿文寶泉局　鐵母
徑 23.88 毫米
重 6.1 克
上海博物館藏
★★★

1921	1922	1923	1924	1925
咸豐通寶	咸豐通寶	咸豐通寶	咸豐通寶	咸豐通寶
背滿文寶泉局　鐵母	背滿文寶泉局　鐵母	背滿文寶泉局　鐵母	背滿文寶泉局　鐵母	背滿文寶泉局　鐵母
徑 23.88 毫米	徑 23.64 毫米	徑 23.24 毫米	徑 22.99 毫米	徑 22.44 毫米
重 5.8 克	重 4.9 克	重 5.33 克	重 5.3 克	重 4.32 克
枕石齋藏	上海博物館藏	上海博物館藏	存雲亭藏	上海博物館藏
★★★	★★★	★★★	★★★	★★★

1926	1927	1928	1929	1930
咸豐通寶	咸豐通寶	咸豐通寶	咸豐通寶	咸豐通寶
背滿文寶泉局　鐵母	背滿文寶泉局　鐵母	背滿文寶泉局　鐵母	背滿文寶泉局　鐵母	背滿文寶泉局　鐵母
徑 22.35 毫米	徑 22.64 毫米	徑 22.64 毫米	徑 22.64 毫米	徑 24.15 毫米
重 5.25 克	重 5.1 克	重 5 克	重 5.25 克	重 5.5 克
上海博物館藏	枕石齋藏	上海博物館藏	上海博物館藏	上海博物館藏
★★★	★★★	★★★	★★★	★★★

1931	1932	1933	1934	1935
咸豐通寶	咸豐通寶	咸豐通寶	咸豐通寶	咸豐通寶
背滿文寶泉局　鐵母	背滿文寶泉局　鐵母	背滿文寶泉局　鐵母	背滿文寶泉局　鐵母	背滿文寶泉局　鐵母
徑 22.04 毫米	徑 21.19 毫米	徑 20.85 毫米	徑 20.66 毫米	徑 22.02 毫米
重 4.7 克	重 4.23 克	重 4.24 克	重 4.64 克	重 4.93 克
上海博物館藏	上海博物館藏	上海博物館藏	上海博物館藏	上海博物館藏
★★★	★★★	★★★	★★★	★★★

1936
咸豐通寶
背滿文寶泉局　樣錢
徑 27.43 毫米
重 8 克
選自《清錢幣珍稀四
百種》
★★

1937
咸豐通寶
背滿文寶泉局　樣錢
徑 23.6 毫米
重 4.75 克
選自《中國錢幣》
★★

1938
咸豐通寶
背滿文寶泉局　樣錢
徑 23.05 毫米
張絅伯舊藏
★★

1939
咸豐通寶
背滿文寶泉局　樣錢
徑 22.73 毫米
重 5.4 克
鎮江博物館藏
★★

1940
咸豐通寶
背滿文寶泉局
徑 25.99 毫米
重 6.65 克
上海博物館藏

1941
咸豐通寶
背滿文寶泉局
徑 25.31 毫米
重 5.95 克
上海博物館藏

1942
咸豐通寶
背滿文寶泉局
徑 22.03 毫米
重 4.04 克
上海博物館藏

1943
咸豐通寶
背滿文寶泉局
徑 22.9 毫米
重 4.3 克
金立夫藏

1944
咸豐通寶
背滿文寶泉局
徑 25.62 毫米
重 6.4 克
上海博物館藏

1945
咸豐通寶
背滿文寶泉局
徑 23.25 毫米
重 4.3 克
上海博物館藏

1946
咸豐通寶
背滿文寶泉局
徑 22.73 毫米
重 2.85 克
上海博物館藏

1947
咸豐通寶
背滿文寶泉局
徑 21.57 毫米
重 3.95 克
上海博物館藏

1948
咸豐通寶
背滿文寶泉局
徑 23.27 毫米
重 4.5 克
金立夫藏

1949
咸豐通寶
背滿文寶泉局
徑 21.82 毫米
重 4.1 克
上海博物館藏

1950
咸豐通寶
背滿文寶泉局
徑 23.51 毫米
重 5.6 克
上海博物館藏

1951	1952	1953	1954	1955
咸豐通寶	咸豐通寶	咸豐通寶	咸豐通寶	咸豐通寶
背滿文寶泉局	背滿文寶泉局	背滿文寶泉局	背滿文寶泉局	背滿文寶泉局
徑 19.48 毫米	徑 25.87 毫米	徑 21.51 毫米	徑 21.51 毫米	徑 19.87 毫米
重 2.95 克	重 5.2 克	重 3.17 克	重 4.15 克	重 3.05 克
上海博物館藏	上海博物館藏	上海博物館藏	上海博物館藏	上海博物館藏

1956	1957	1958	1959	1960
咸豐通寶	咸豐通寶	咸豐通寶	咸豐通寶	咸豐通寶
背滿文寶泉局	背滿文寶泉局	背滿文寶泉局　鐵錢	背滿文寶泉局　鐵錢	背滿文寶泉局　鐵錢
徑 22.42 毫米	徑 20.36 毫米	徑 21.79 毫米	徑 21.44 毫米	徑 23.59 毫米
重 3.6 克	重 2.8 克	重 3.5 克	重 5.4 克	重 5.6 克
上海博物館藏	金立夫藏	王松麟藏	上海博物館藏	上海博物館藏

1961	1962	1963	1964	1965
咸豐通寶	咸豐通寶	咸豐通寶	咸豐通寶	咸豐通寶
背滿文寶泉局　鐵錢	背滿文寶泉局　鐵錢	背滿文寶泉局　鐵錢	背滿文寶泉局　鐵錢	背滿文寶泉局　鐵錢
徑 22.74 毫米	徑 22.16 毫米	徑 23.66 毫米	徑 23.66 毫米	徑 23.64 毫米
重 3.8 克	中國歷史博物館藏	重 4.4 克	重 4.8 克	重 4.8 克
上海博物館藏		上海博物館藏	上海博物館藏	上海博物館藏

1966
咸豐通寶　背滿文
寶泉局　鐵錢
徑 21.94 毫米
重 3.15 克
上海博物館藏

1967
咸豐通寶　背滿文
寶泉局　鐵錢
徑 22.05 毫米
重 4.2 克
鎮江博物館藏

1968
咸豐通寶　背滿文
寶泉局　鐵錢
徑 22.16 毫米
重 3.5 克
上海博物館藏

1969
咸豐通寶　背滿文
寶泉局　鐵錢
徑 27.02 毫米
重 5.85 克
上海博物館藏

1970
咸豐通寶　背滿文
寶泉局　鐵錢
徑 24.88 毫米
重 4.9 克
鎮江博物館藏

1971
咸豐通寶　背滿文
寶泉局　鐵錢
徑 23.64 毫米
重 4.94 克
王松麟藏

1972
咸豐重寶　背滿文寶
泉局·當五　雕母
徑 28.3 毫米
張絅伯舊藏
★★★★

1973
咸豐通寶　背滿文寶
泉局·五文　雕母
徑 27.54 毫米
重 8.7 克
上海博物館藏
★★★★

1974
咸豐通寶　背滿文
寶泉局·五文　雕母
徑 27.13 毫米
選自《戴葆庭集拓中
外錢幣珍品》
★★★★

1975
咸豐重寶　背滿文
寶泉局·伍文　雕母
徑 26.48 毫米
選自《戴葆庭集拓中
外錢幣珍品》
★★★★

1976
咸豐重寶　背滿文
寶泉局·伍文　雕母
徑 26.47 毫米
張絅伯舊藏
★★★★

1977
咸豐重寶　背滿文
寶泉局·伍文　雕母
徑 26.34 毫米
重 8.73 克
上海博物館藏
★★★★

1978
咸豐重寶　背滿文寶
泉局·當五　母錢
徑 28.67 毫米
重 6.84 克
上海博物館藏
★★★

1979
咸豐重寶　背滿文
寶泉局·當五　母錢
重 28.54 克
張絅伯舊藏
★★★

1980
咸豐重寶　背滿文
寶泉局·當五　母錢
徑 28.3 毫米
重 8.9 克
上海博物館藏
★★★

1981
咸豐重寶　背滿文寶泉
局·當五
徑 30.05 毫米
選自《清錢珍稀四百種》
★

1982
咸豐重寶　背滿文寶泉
局·當五
徑 29.18 毫米
重 8.1 克
選自《清錢珍稀四百種》
★

1983
咸豐重寶　背滿文
寶泉局·當五
徑 28.21 毫米
選自《戴葆庭集拓
中外錢幣珍品》
★

1984
咸豐重寶　背滿文
寶泉局·當五雙胎
徑 29.6 毫米
重 9.9 克
鎮江博物館藏
★

1985
咸豐重寶　背滿文寶泉
局·當五
徑 28.17 毫米
重 8.2 克
選自《清錢珍稀四百種》
★

1986
咸豐通寶　背滿文
寶泉局·拾文　雕母
徑 38.11 毫米
重 18.54 克
上海博物館藏
★★★★

1987
咸豐通寶　背滿文
寶泉局·拾文
徑 36.83 毫米
重 13.15 克
上海博物館藏
★★★

1988
咸豐通寶　背滿文
寶泉局·拾文
徑 36.36 毫米
重 12.6 克
上海博物館藏
★★★

1989
咸豐重寶　背滿文
寶泉局·拾文
徑 35.8 毫米
重 15.09 克
上海博物館藏
★★

1990
咸豐重寶　背滿文寶泉
局·拾文
徑 35.79 毫米
重 17.6 克
選自《清錢珍稀四百種》
★★

1991
咸豐重寶　背滿文
寶泉局·拾文
徑 29.42 毫米
中國歷史博物館藏
★★

1992
咸豐重寶　背滿文
寶泉局·當十　雕母
徑 38.35 毫米
重 28.04 克
上海博物館藏
★★★★

1993
咸豐重寶　背滿文
寶泉局·當十　雕母
徑 37.72 毫米
重 21.25 克
上海博物館藏
★★★★

1994
咸豐重寶　背滿文
寶泉局·當十　雕母
徑 36.99 毫米
重 17.9 克
上海博物館藏
★★★★

1995
咸豐重寶　背滿文寶
泉局·當十　雕母
徑 39.18 毫米
選自《戴葆庭集拓中
外錢幣珍品》
★★★★

1996
咸豐重寶　背滿文
寶泉局·當十　雕母
徑 38.58 毫米
重 25.7 克
上海博物館藏
★★★★

1997
咸豐重寶　背滿文
寶泉局·當十　雕母
徑 38.23 毫米
選自《戴葆庭集拓中
外錢幣珍品》
★★★★

1998
咸豐重寶　背滿文
寶泉局·當十　雕母
徑 37.78 毫米
重 23.4 克
上海博物館藏
★★★★

1999
咸豐重寶　背滿文寶
泉局·當十　雕母
徑 37.68 毫米
選自《戴葆庭集拓中
外錢幣珍品》
★★★★

2000
咸豐重寶　背滿文寶
泉局·當十　雕母
徑 34.29 毫米
重 16.74 克
上海博物館藏
★★★★

2001
咸豐重寶　背滿文
寶泉局·當十　雕母
徑 33.72 毫米
選自《戴葆庭集拓中
外錢幣珍品》
★★★★

2002
咸豐重寶　背滿文寶
泉局·當十　雕母
徑 38.49 毫米
重 29.4 克
上海博物館藏
★★★★

2003
咸豐重寶　背滿文
寶泉局·當十　雕母
徑 36.63 毫米
重 28.05 克
上海博物館藏
★★★★

2004
咸豐重寶　背滿文寶
泉局·當十　雕母
徑 35.79 毫米
中國歷史博物館藏
★★★★

2005
咸豐重寶　背滿文寶
泉局·當十　雕母
徑 34.03 毫米
重 18.4 克
上海博物館藏
★★★★

2006
咸豐重寶　背滿文
寶泉局·當十　雕母
徑 33.24 毫米
中國歷史博物館藏
★★★★

2007
咸豐重寶　背滿文
寶泉局·當十　雕母
徑 37 毫米
重 31.63 克
上海博物館藏
★★★★

2008
咸豐重寶　背滿文
寶泉局·當十　母錢
徑 28.5 毫米
選自《中國錢幣》
★★★

2009
咸豐重寶　背滿文
寶泉局·當十　母錢
徑 38.24 毫米
重 33.2 克
枕石齋藏
★★★

2010
咸豐重寶　背滿文
寶泉局·當十　母錢
徑 38.63 毫米
重 18.9 克
上海博物館藏
★★★

2011
咸豐重寶　背滿文
寶泉局·當十　鐵母
徑 37.7 毫米
選自《古錢幣圖解》
★★★

2012
咸豐重寶　背滿文
寶泉局·當十　鐵母
徑 36.5 毫米
重 21.2 克
朱卓鵬藏
★★★

2013
咸豐重寶　背滿文
寶泉局·當十　鐵母
徑 37.2 毫米
曾澤祿藏
★★★

2014
咸豐重寶　背滿文
寶泉局·當十　鐵母
徑 38.63 毫米
重 28.2 克
枕石齋藏
★★★

2015
咸豐重寶　背滿文
寶泉局·當十　鐵母
徑 38.33 毫米
王蔭嘉舊藏
★★★

2016
咸豐重寶　背滿文
寶泉局·當十　鐵母
徑 37.07 毫米
重 24.15 克
上海博物館藏
★★★

2017
咸豐重寶　背滿文寶
泉局·當十　鐵母
徑 37.06 毫米
重 21.5 克
上海博物館藏
★★★

2018
咸豐重寶
背滿文寶泉局·當十　樣錢
徑 34.5 毫米
重 16.2 克
鎮江博物館藏
★★

2019
咸豐重寶
背滿文寶泉局·當十
徑 38.11 毫米
重 22.1 克
上海博物館藏

2020
咸豐重寶
背滿文寶泉局·當十
徑 37.94 毫米
重 19.7 克
上海博物館藏

2021
咸豐重寶
背滿文寶泉局·當十
徑 37.7 毫米
重 19.2 克
王連根藏

2022	2023	2024	2025
咸豐重寶	咸豐重寶	咸豐重寶	咸豐重寶
背滿文寶泉局·當十	背滿文寶泉局·當十	背滿文寶泉局·當十	背滿文寶泉局·當十
徑 34.49 毫米	徑 34.11 毫米	徑 33.54 毫米	徑 33.41 毫米
重 17.3 克	重 15 克	重 14.6 克	重 13.35 克
上海博物館藏	上海博物館藏	枕石齋藏	上海博物館藏

2026	2027	2028	2029
咸豐重寶	咸豐重寶	咸豐重寶	咸豐重寶
背滿文寶泉局·當十	背滿文寶泉局·當十	背滿文寶泉局·當十	背滿文寶泉局·當十
徑 32.3 毫米	徑 32.19 毫米	徑 31.03 毫米	徑 29.47 毫米
重 13.5 克	重 11.5 克	重 11.1 克	重 10.32 克
上海博物館藏	上海博物館藏	上海博物館藏	王松麟藏

2030
咸豐重寶
背滿文寶泉局·當十
徑 38.41 毫米
重 15.25 克
上海博物館藏

2031
咸豐重寶
背滿文寶泉局·當十
徑 37.92 毫米
重 17.8 克
上海博物館藏

2032
咸豐重寶
背滿文寶泉局·當十
徑 38.42 毫米
重 19.65 克
上海博物館藏

2033
咸豐重寶
背滿文寶泉局·當十
徑 37.82 毫米
重 18.25 克
上海博物館藏

2034
咸豐重寶
背滿文寶泉局·當十
徑 34.5 毫米
重 15.88 克
王松麟藏

2035
咸豐重寶
背滿文寶泉局·當十
徑 33.35 毫米
重 18.1 克
上海博物館藏

2036
咸豐重寶
背滿文寶泉局·當十
徑 32.45 毫米
重 12.95 克
上海博物館藏

2037
咸豐重寶
背滿文寶泉局·當十
徑 32.45 毫米
重 12.8 克
上海博物館藏

2038	2039	2040	2041
咸豐重寶	咸豐重寶	咸豐重寶	咸豐重寶
背滿文寶泉局·當十	背滿文寶泉局·當十	背滿文寶泉局·當十	背滿文寶泉局·當十
徑 31.84 毫米	徑 30.87 毫米	徑 29.78 毫米	徑 27.49 毫米
重 11.8 克	重 14.5 克	重 8.95 克	重 4.15 克
金立夫藏	上海博物館藏	上海博物館藏	上海博物館藏

2042	2043	2044	2045
咸豐重寶	咸豐重寶	咸豐重寶	咸豐重寶
背滿文寶泉局·當十	背滿文寶泉局·當十	背滿文寶泉局·當十	背滿文寶泉局·當十
徑 33.82 毫米	徑 33.5 毫米	徑 32.55 毫米	徑 32.58 毫米
重 19.2 克	重 18 克	重 15.95 克	重 18.75 克
枕石齋藏	上海博物館藏	上海博物館藏	王松麟藏

2046
咸豐重寶
背滿文寶泉局·當十
徑 31.03 毫米
重 15.6 克
枕石齋藏

2047
咸豐重寶
背滿文寶泉局·當十
徑 36.43 毫米
重 17.1 克
上海博物館藏

2048
咸豐重寶
背滿文寶泉局·當十
徑 36 毫米
重 19.2 克
王連根藏

2049
咸豐重寶
背滿文寶泉局·當十
徑 32.94 毫米
重 15.35 克
上海博物館藏

2050
咸豐重寶
背滿文寶泉局·當十
徑 32.94 毫米
重 13.75 克
上海博物館藏

2051
咸豐重寶
背滿文寶泉局·當十
徑 32.28 毫米
重 14 克
上海博物館藏

2052
咸豐重寶
背滿文寶泉局·當十
徑 31.64 毫米
重 11.85 克
上海博物館藏

2053
咸豐重寶
背滿文寶泉局·當十
徑 31.46 毫米
重 11.25 克
上海博物館藏

2054
咸豐重寶
背滿文寶泉局·當十
徑 27.82 毫米
重 8.65 克
上海博物館藏

2055
咸豐重寶
背滿文寶泉局·當十
徑 27.12 毫米
重 8.3 克
上海博物館藏

2056
咸豐重寶
背滿文寶泉局·當十
徑 35.78 毫米
重 16.72 克
王連根藏

2057
咸豐重寶
背滿文寶泉局·當十
徑 34.36 毫米
重 16.45 克
上海博物館藏

2058
咸豐重寶
背滿文寶泉局·當十
徑 34.58 毫米
重 17.4 克
上海博物館藏

2059
咸豐重寶
背滿文寶泉局·當十
徑 32.37 毫米
重 11.75 克
上海博物館藏

2060
咸豐重寶
背滿文寶泉局·當十
徑 32.24 毫米
重 13.4 克
王松麟藏

2061
咸豐重寶
背滿文寶泉局·當十
徑 32.05 毫米
重 19.9 克
上海博物館藏

2062
咸豐重寶
背滿文寶泉局·當十
徑 33.34 毫米
中國歷史博物館藏

2063
咸豐重寶
背滿文寶泉局·當十
徑 35.57 毫米
重 15 克
上海博物館藏

2064
咸豐重寶
背滿文寶泉局·當十
徑 32.6 毫米
重 14.38 克
王松麟藏

2065
咸豐重寶
背滿文寶泉局·當十
徑 31.88 毫米
重 13.35 克
上海博物館藏

2066
咸豐重寶
背滿文寶泉局·當十
徑 32.6 毫米
重 15.95 克
上海博物館藏

2067
咸豐重寶
背滿文寶泉局·當十
徑 31.78 毫米
重 12.25 克
上海博物館藏

2068
咸豐重寶
背滿文寶泉局·當十
徑 30.69 毫米
重 11 克
上海博物館藏

2069
咸豐重寶
背滿文寶泉局·當十
徑 30.26 毫米
重 12.2 克
枕石齋藏

2070
咸豐重寶
背滿文寶泉局·當十
徑 28.07 毫米
重 6.72 克
王松麟藏

2071
咸豐重寶　背滿文
寶泉局·當十
徑 26.37 毫米
重 4.75 克
上海博物館藏

2072
咸豐重寶　背滿文
寶泉局·當十　鐵錢
徑 36.52 毫米
重 17.5 克
上海博物館藏

2073
咸豐重寶　背滿文
寶泉局·當十　鐵錢
徑 36.52 毫米
重 17.3 克
上海博物館藏

2074
咸豐重寶　背滿文
寶泉局·當十　鐵錢
徑 36.52 毫米
重 16.9 克
上海博物館藏

2075
咸豐重寶　背滿文
寶泉局·當十　鐵錢
徑 34.7 毫米
重 16.8 克
枕石齋藏

2076
咸豐重寶　背滿文
寶泉局·當十　鐵錢
徑 36.54 毫米
重 15.4 克
上海博物館藏

2077
咸豐重寶　背滿文
寶泉局·當十　鐵錢
徑 36.48 毫米
《中國歷代貨幣大
系》編輯委員會提供

2078
咸豐重寶　背滿文
寶泉局·當十　鐵錢
徑 36.6 毫米
重 16.8 克
上海博物館藏

   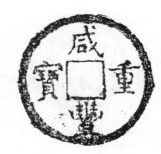

2079
咸豐重寶　背滿文
寶泉局·當十　鐵錢
徑 38.45 毫米
重 16.2 克
鎮江博物館藏

2080
咸豐重寶　背滿文
寶泉局·當十　鐵錢
徑 34.89 毫米
重 18.35 克
王松麟藏

2081
咸豐重寶　背滿文
寶泉局·當十　鐵錢
徑 36.95 毫米
重 17.7 克
上海博物館藏

2082
咸豐重寶　背滿文
寶泉局·當十　鐵錢
徑 35.74 毫米
重 18.3 克
王松麟藏

2083
咸豐重寶　背滿文
寶泉局·當十　鐵錢
徑 36.92 毫米
重 19 克
上海博物館藏
★

2084
咸豐重寶　背滿文
寶泉局·當十　鐵錢
徑 36.92 毫米
重 16.95 克
上海博物館藏
★

2085
咸豐重寶　背滿文
寶泉局·當十　鐵錢
徑 38.11 毫米
重 16.8 克
鎮江博物館藏
★

2086
咸豐重寶　背滿文
寶泉局·當十　鉛錢
徑 35.4 毫米
重 21.2 克
王連根藏

2087
咸豐重寶　背滿文寶泉局·當四十　樣錢
徑 46.45 毫米
《中國歷代貨幣大系》編輯委員會提供
★★★★

2088
咸豐重寶　背滿文寶泉局·當四十　樣錢
徑 45.92 毫米
汪嘯麟藏
★★★★

2089
咸豐重寶　背滿文寶
泉局·當制五十　雕母
徑 59.79 毫米
《中國歷代貨幣大系》
編輯委員會提供
★★★★

2090
咸豐重寶　背滿文寶
泉局·當制五十　雕母
徑 57.99 毫米
《中國歷代貨幣大系》
編輯委員會提供
★★★★

2091
咸豐重寶　背滿文寶
泉局·當五十　雕母
徑 58.1 毫米
《中國歷代貨幣大系》
編輯委員會提供
★★★★

2092
咸豐重寶　背滿文寶泉局·當五十　雕母
徑 56.56 毫米
《中國歷代貨幣大系》編輯委員會提供
★★★★

2093
咸豐重寶　背滿文寶泉局·當五十　雕母
徑 56.46 毫米
選自《戴葆庭集拓中外錢幣珍品》
★★★★

2094
咸豐元寶　背滿文寶
泉局·當五十　母錢
徑 46.42 毫米
重 43.2 克
枕石齋藏
★★★

2095
咸豐重寶　背滿文寶
泉局·當五十　樣錢
徑 54.39 毫米
《中國歷代貨幣大系》
編輯委員會提供
★★★

2096
咸豐重寶　背滿文寶
泉局·當五十　樣錢
徑 52.38 毫米
《中國歷代貨幣大系》
編輯委員會提供
★★★★

2097
咸豐元寶　背滿文寶
泉局·當五十　樣錢
徑 46.57 毫米
重 47 克
枕石齋藏
★

2098
咸豐重寶　背滿文寶泉局·當
五十　樣錢
徑 44.11 毫米
重 43.2 克
枕石齋藏
★

2099
咸豐重寶　背滿文寶泉局·當五十
徑 55.76 毫米
重 59 克
上海博物館藏

2100
咸豐重寶　背滿文寶泉局·當五十
徑 55.63 毫米
重 68.5 克
枕石齋藏

2101
咸豐重寶　背滿文寶泉局·當五十
徑 55.21 毫米
中國歷史博物館藏

2102
咸豐重寶　背滿文寶泉局·當五十
徑 54.13 毫米
重 65.5 克
枕石齋藏

2103
咸豐重寶　背滿文寶泉局·當五十
徑 52.52 毫米
重 46.25 克
上海博物館藏

2104
咸豐重寶　背滿文寶泉局·當五十
徑 55.49 毫米
重 73 克
上海博物館藏

2105
咸豐重寶　背滿文寶泉局·當五十
徑 55.49 毫米
重 67.21 克
王松麟藏

2106
咸豐重寶　背滿文寶泉局·當五十
徑 55.21 毫米
重 76.5 克
枕石齋藏

2108
咸豐重寶　背滿文寶泉局·當五十
徑 63.3 毫米
重 162.6 克
上海博物館藏
★

2107
咸豐重寶　背滿文寶泉局·當五十
徑 44.11 毫米
重 37.8 克
上海博物館藏

2109
咸豐重寶　背滿文寶泉局・當五十
徑 58.69 毫米
重 106.8 克
上海博物館藏
★

2110
咸豐重寶　背滿文寶泉局・當五十
徑 56.19 毫米
重 59.5 克
王連根藏

2111
咸豐重寶　背滿文寶泉局・當五十
徑 55.29 毫米
重 55.4 克
上海博物館藏

2112
咸豐重寶　背滿文寶泉局・當五十
徑 54.79 毫米
重 60.98 克
王松麟藏

2113
咸豐重寶　背滿文寶泉局・當五十
徑 54.74 毫米
重 108.35 克
上海博物館藏

2114
咸豐重寶　背滿文寶泉局・當五十
徑 56.05 毫米
重 74.15 克
上海博物館藏

2115
咸豐重寶　背滿文寶泉局·當五十
徑 55.71 毫米
重 64 克
王連根藏

2116
咸豐重寶　背滿文寶泉局·當五十
徑 54.47 毫米
重 68.08 克
王松麟藏

2117
咸豐重寶　背滿文寶泉局·當五十
徑 45.89 毫米
重 38.2 克
上海博物館藏

2118
咸豐重寶　背滿文寶泉局·當五十
徑 48.46 毫米
重 44.42 克
王連根藏

2119
咸豐重寶　背滿文寶泉局·當五十
徑 47.54 毫米
重 41.1 克
上海博物館藏

2120
咸豐重寶　背滿文寶泉局·當五十
徑 47.28 毫米
重 31 克
上海博物館藏

2121
咸豐重寶　背滿文寶泉局‧當五十
徑 47.05 毫米
重 33.6 克
王松麟藏

2122
咸豐重寶　背滿文寶泉局‧當五十
徑 45.55 毫米
重 32.1 克
王松麟藏

2123
咸豐重寶　背滿文寶泉局‧當五十
徑 46.42 毫米
重 42.5 克
王松麟藏

2124
咸豐重寶　背滿文寶泉局‧當五十
徑 44.11 毫米
重 40.3 克
王松麟藏

2125
咸豐重寶　背滿文寶泉局‧當五十
徑 45.89 毫米
重 49.2 克
上海博物館藏

2126
咸豐重寶　背滿文寶泉局‧當五十
徑 45.7 毫米
重 33.9 克
上海博物館藏

2127
咸豐重寶　背滿文寶泉局·當五十
徑 45.83 毫米
重 44.45 克
上海博物館藏

2128
咸豐重寶　背滿文寶泉局·當五十
徑 44.86 毫米
重 47.7 克
王松麟藏

2129
咸豐重寶　背滿文寶泉局·當五十
徑 44.79 毫米
重 39.95 克
上海博物館藏

2130
咸豐重寶
背滿文寶泉局·當五十　鐵錢
徑 55.2 毫米
重 61 克
王連根藏

2131
咸豐重寶
背滿文寶泉局·當五十　鉛錢
徑 47.29 毫米
重 50.8 克
朱鑒清藏

2132
咸豐重寶
背滿文寶泉局·當五十上●☾
徑 46.63 毫米
重 38.5 克
上海博物館藏

2133
咸豐重寶　背滿文寶泉
局·當五十上●◖
徑 40.39 毫米
重 41.3 克
上海博物館藏

2134
咸豐重寶　背滿文寶泉局·當
五十上●◖
徑 40.8 毫米
重 37.6 克
上海博物館藏

2135
咸豐重寶　背滿文寶泉
局·當五十上●◖
徑 39.54 毫米
重 37 克
枕石齋藏

2136
咸豐重寶　背滿文寶泉
局·當五十上●◖
徑 39.54 毫米
重 36.31 克
王松麟藏

2137
咸豐重寶　背滿文寶泉
局·當五十上●◖
徑 39.54 毫米
重 34.96 克
王松麟藏

2138
咸豐重寶　背滿文寶泉
局·當五十上●◖
徑 39.94 毫米
重 34.88 克
王松麟藏

2139
咸豐重寶　背滿文寶泉
局·當五十上●◖
徑 39.94 毫米
重 30.58 克
王松麟藏

2140
咸豐重寶　背滿文寶泉
局·當五十上●◖
徑 39.38 毫米
中國歷史博物館藏

2141
咸豐元寶
背滿文寶泉局·當百　雕母
徑 52.75 毫米
重 60 克
上海博物館藏
★★★★

2142
咸豐元寶
背滿文寶泉局·當百　樣錢
徑 52.35 毫米
重 58.3 克
上海博物館藏
★★

2143
咸豐元寶
背滿文寶泉局·當百
徑 48.42 毫米
重 49.2 克
王連根藏

2144
咸豐元寶
背滿文寶泉局·當百
徑 47.82 毫米
重 42.4 克
上海博物館藏

2145
咸豐元寶
背滿文寶泉局·當百
徑 49.16 毫米
重 37.95 克
上海博物館藏

2146
咸豐元寶
背滿文寶泉局·當百
徑 52.05 毫米
重 57.4 克
上海博物館藏

2147
咸豐元寶　背滿文寶泉局·當百
徑 51.85 毫米
重 44.8 克
上海博物館藏

2148
咸豐元寶　背滿文寶泉局·當百
徑 50.13 毫米
重 50.02 克
王松麟藏

2149
咸豐元寶　背滿文寶泉局·當百
徑 46.66 毫米
重 42.2 克
上海博物館藏

2150
咸豐元寶　背滿文寶泉局·當百
徑 46.27 毫米
重 43.21 克
王松麟藏

2151
咸豐元寶　背滿文寶泉局·當百
徑 53.42 毫米
重 48.5 克
上海博物館藏

2152
咸豐元寶　背滿文寶泉局·當百
徑 53.15 毫米
重 54.71 克
王連根藏

2153
咸豐元寶　背滿文寶泉局·當百
徑 50.97 毫米
中國歷史博物館藏

2154
咸豐元寶　背滿文寶泉局·當百
徑 52.53 毫米
重 49.7 克
上海博物館藏

2155
咸豐元寶　背滿文寶泉局·當百
徑 51.09 毫米
重 48.2 克
枕石齋藏

2156
咸豐元寶　背滿文寶泉局·當百
徑 49.38 毫米
重 50.54 克
王松麟藏

2157
咸豐元寶　背滿文寶泉局·當百
徑 48.46 毫米
重 42.6 克
上海博物館藏

2158
咸豐元寶　背滿文寶泉局·當百
徑 48.18 毫米
重 50.9 克
上海博物館藏

2159
咸豐元寶　背滿文寶泉局·當百
徑 46.27 毫米
重 42.86 克
王松麟藏

2160
咸豐元寶　背滿文寶泉局·當百
徑 48.17 毫米
重 46.4 克
上海博物館藏

2161
咸豐元寶　背滿文寶泉局·當
百上●（
徑 48.82 毫米
中國歷史博物館藏
★

2162
咸豐元寶　背滿文寶泉局·當百上●（
徑 48.56 毫米
重 40.15 克
上海博物館藏
★

2163
咸豐元寶　背滿文寶泉局·當百上●（
徑 47.82 毫米
重 39.02 克
上海博物館藏
★

2164
咸豐元寶　背滿文寶泉局·當百上●（
徑 47.4 毫米
重 39.8 克
枕石齋藏
★

2165
咸豐元寶　背滿文寶泉局·當百上●〔
徑 47.38 毫米
重 42.4 克
上海博物館藏
★

2166
咸豐元寶　背滿文寶泉局·當百上●〔
徑 46.98 毫米
重 39.37 克
王松麟藏
★

2167
咸豐元寶　背滿文寶泉局·當百上●〔
徑 45.74 毫米
重 43.78 克
王松麟藏
★

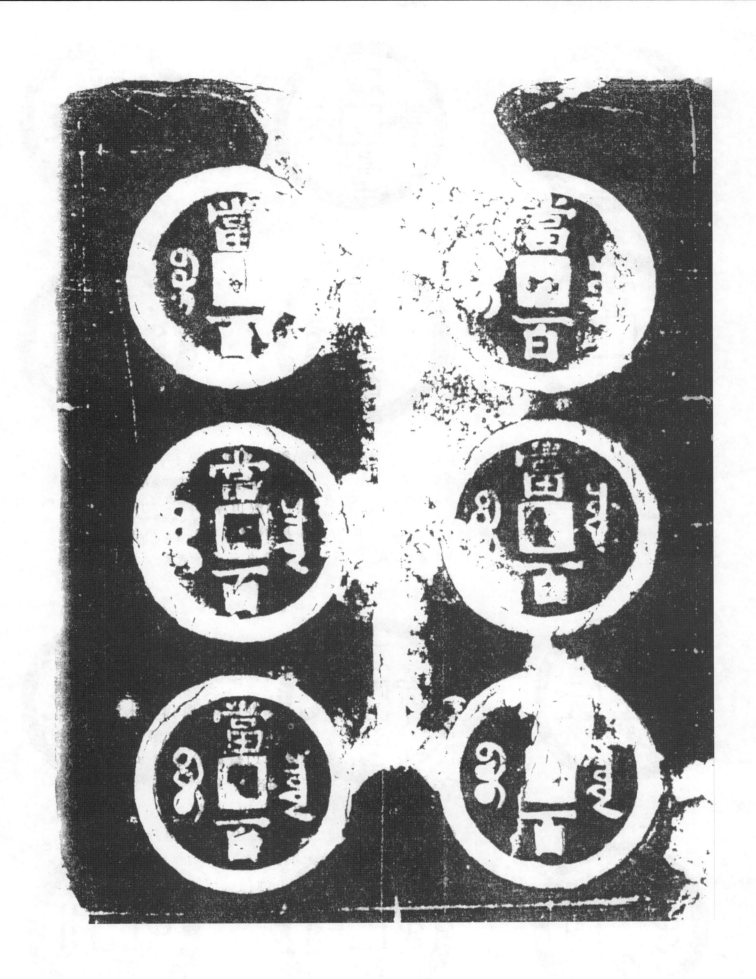

2168
咸豐元寶　背滿文寶泉局‧當百雙列六枚　磚範
長 205 毫米
寬 165 毫米
厚 42 毫米
重 2800 克
高桂雲提供
★★

2169
咸豐通寶
背滿文寶泉局・當二百上●（　雕母
徑 46.8 毫米
中國歷史博物館藏
★★★★

2170
咸豐元寶
背滿文寶泉局・當二百上●（　母錢
徑 46.8 毫米
重 42.62 克
上海博物館藏
★★★

2171
咸豐元寶
背滿文寶泉局・當二百上●（　母錢
徑 46.47 毫米
中國歷史博物館藏
★★★

2172
咸豐元寶
背滿文寶泉局・當二百上●（　母錢
徑 45.73 毫米
中國歷史博物館藏
★★★

2173
咸豐元寶
背滿文寶泉局・當二百上●（
徑 46.73 毫米
中國歷史博物館藏
★★★

2174
咸豐元寶
背滿文寶泉局・當二百上●（
徑 46.73 毫米
中國歷史博物館藏
★★★

2175
咸豐元寶
背滿文寶泉局·當二百上●(
徑 46.8 毫米
中國歷史博物館藏
★★★

2176
咸豐元寶　背滿文寶泉局·當三百
徑 51.77 毫米
重 47 克
上海博物館藏
★★★★

2177
咸豐元寶　背滿文寶泉局·當三百
徑 50.11 毫米
汪嘯麟藏
★★★★

2178
咸豐元寶　背滿文寶泉局·當三百
徑 50.11 毫米
選自《昭和泉譜》
★★★★

2179
咸豐元寶
背滿文寶泉局·當五百　雕母
徑 57.2 毫米
重 73.5 克
上海博物館藏
★★★★

2180
咸豐元寶
背滿文寶泉局·當五百　雕母
徑 57.41 毫米
選自《戴葆庭集拓中外錢幣珍品》
★★★★

2181
咸豐元寶
背滿文寶泉局·當五百　雕母
徑 56 毫米
曾澤祿藏
★★★★

2182
咸豐元寶　背滿文寶泉局·當五百
徑 56.16 毫米
重 62.5 克
選自《清錢珍稀四百種》
★

2183
咸豐元寶　背滿文寶泉局·當五百
徑 55.57 毫米
重 63.28 克
上海博物館藏
★

2184
咸豐元寶　背滿文寶泉局·當五百
徑 56.53 毫米
重 52.4 克
上海博物館藏
★

2185
咸豐元寶　背滿文寶泉局·當五百
徑 58.29 毫米
重 63 克
枕石齋藏
★

2186
咸豐元寶　背滿文寶泉局·當五百
徑 57.02 毫米
重 54.6 克
上海博物館藏
★

2187
咸豐元寶　背滿文寶泉局・當五百
徑 55.92 毫米
中國歷史博物館藏
★

2188
咸豐元寶　背滿文寶泉局・當五百
徑 55.49 毫米
重 57.5 克
上海博物館藏
★

2189
咸豐元寶　背滿文寶泉局・當五百
徑 56.84 毫米
重 61.5 克
上海博物館藏
★

2190
咸豐元寶　背滿文寶泉局・當五百
徑 56.65 毫米
重 58.5 克
王連根藏
★

2191
咸豐元寶　背滿文寶泉局・當五百
徑 58.83 毫米
重 68.8 克
上海博物館藏
★

2192
咸豐元寶　背滿文寶泉局・當五百
徑 58.83 毫米
重 63 克
上海博物館藏
★

2193
咸豐元寶　背滿文寶泉局·當五百
徑 60.03 毫米
重 57.08 克
上海博物館藏
★

2194
咸豐元寶　背滿文寶泉局·當五百
徑 58.27 毫米
重 66 克
上海博物館藏
★

2195
咸豐元寶　背滿文寶泉局·當五百
徑 55.51 毫米
重 54.4 克
上海博物館藏
★

2196
咸豐元寶　背滿文寶泉局·當五百上●(
徑 54.76 毫米
重 57.25 克
上海博物館藏
★★

2197
咸豐元寶　背滿文寶泉局·當五百上●(
徑 54.49 毫米
重 54.9 克
上海博物館藏
★★

2198
咸豐元寶　背滿文寶泉局·當五百上●(
徑 53.87 毫米
重 57 克
枕石齋藏
★★

2199
咸豐元寶　背滿文寶泉局·當五百上●〔
徑 52.62 毫米
重 56.5 克
鎮江博物館藏
★★

2200
咸豐元寶　背滿文寶泉局·當五百上●〔
徑 51.72 毫米
重 59.1 克
上海博物館藏
★★

2201
咸豐元寶　背滿文寶泉局·當五百上●〔
徑 50.56 毫米
中國歷史博物館藏
★★

2202
咸豐元寶　背滿文寶泉局·當五百
徑 58.68 毫米
重 56.5 克
鎮江博物館藏

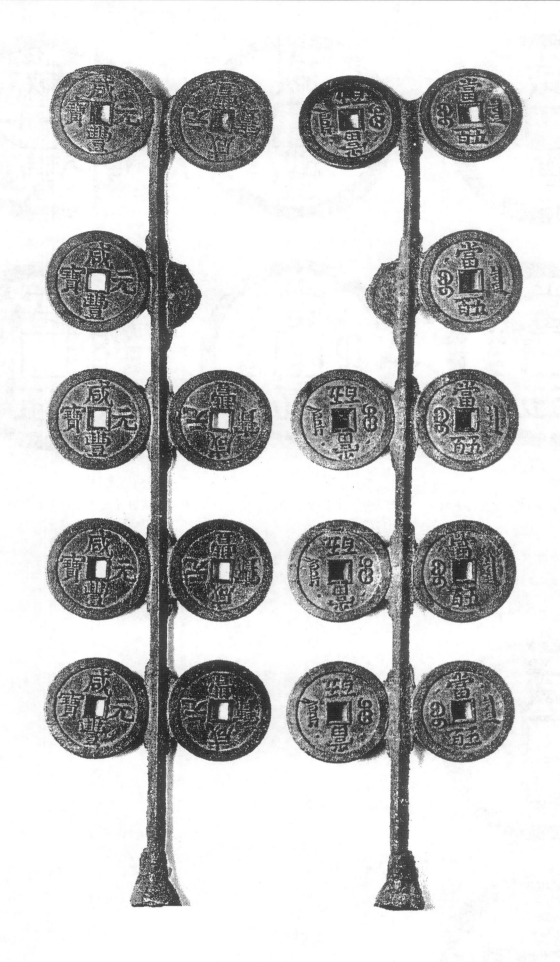

2203
咸豐元寶　背滿文寶泉局・當五百・上●ℂ雙列九枚　錢樹
長 433 毫米
寬 118 毫米
重 714.6 克
《中國歷代貨幣大系》編輯委員會提供
★★★

2204
咸豐元寶
背滿文寶泉局·當千　雕母
徑 65.92 毫米
選自《古錢幣圖解》
★★★★

2205
咸豐元寶
背滿文寶泉局·當千　母錢
徑 63.58 毫米
重 74 克
上海博物館藏
★★★

2206
咸豐元寶
背滿文寶泉局·當千
徑 63.45 毫米
重 69.1 克
上海博物館藏

2207
咸豐元寶
背滿文寶泉局·當千
徑 60.62 毫米
重 72 克
上海博物館藏

2208
咸豐元寶
背滿文寶泉局‧當千
徑 71.23 毫米
重 130.85 克
上海博物館藏
★

2209
咸豐元寶
背滿文寶泉局‧當千
徑 64.1 毫米
重 79.65 克
上海博物館藏

2210
咸豐元寶
背滿文寶泉局‧當千
徑 62.95 毫米
重 84.05 克
上海博物館藏

2211
咸豐元寶
背滿文寶泉局‧當千
徑 61.99 毫米
重 71.1 克
上海博物館藏

2212
咸豐元寶
背滿文寶泉局·當千
徑61.85毫米
中國歷史博物館藏

2213
咸豐元寶
背滿文寶泉局·當千
徑59.73毫米
重78.2克
上海博物館藏

2214
咸豐元寶
背滿文寶泉局·當千
徑58.97毫米
重72克
枕石齋藏

2215
咸豐元寶
背滿文寶泉局·當千
徑58.46毫米
重68.5克
王連根藏

2216
咸豐元寶
背滿文寶泉局·當千
徑 55.09 毫米
重 55.1 克
上海博物館藏

2217
咸豐元寶
背滿文寶泉局·當千
徑 63.58 毫米
重 87.1 克
上海博物館藏

2218
咸豐元寶
背滿文寶泉局·當千
徑 63.7 毫米
重 90.9 克
上海博物館藏

2219
咸豐元寶
背滿文寶泉局·當千
徑 61.98 毫米
重 96 克
上海博物館藏

2220
咸豐元寶
背滿文寶泉局・當千
徑 61.58 毫米
重 76.5 克
上海博物館藏

2221
咸豐元寶
背滿文寶泉局・當千
徑 60.83 毫米
重 79.5 克
鎮江博物館藏

2222
咸豐元寶
背滿文寶泉局・當千
徑 60 毫米
重 71 克
上海博物館藏

2223
咸豐元寶
背滿文寶泉局・當千
徑 59.54 毫米
重 75.5 克
枕石齋藏

2224
咸豐元寶
背滿文寶泉局·當千
徑 58.05 毫米
重 81.5 克
王連根藏

2225
咸豐元寶
背滿文寶泉局·當千
徑 60.9 毫米
重 70.5 克
鎮江博物館藏

2226
咸豐元寶
背滿文寶泉局·當千　鐵錢
徑 65.66 毫米
重 79 克
鎮江博物館藏
★

2227
咸豐元寶
背滿文寶泉局·當千上●(
徑 60.59 毫米
重 84.7 克
上海博物館藏
★

2228
咸豐元寶
背滿文寶泉局・當千上●(
徑 60.59 毫米
重 76.5 克
枕石齋藏
★

2229
咸豐元寶
背滿文寶泉局・當千上●(
徑 60.59 毫米
重 76.35 克
上海博物館藏
★

2230
咸豐元寶
背滿文寶泉局・當千上●(
徑 58.33 毫米
重 64.78 克
上海博物館藏
★

2231
咸豐元寶
背滿文寶泉局・當千上●(
徑 58.33 毫米
中國歷史博物館藏
★

2232
咸豐元寶　背滿文寶泉局　鎮庫錢
徑 117.43 毫米
重 902.1 克
枕石齋藏
★★★★

2. 寶源局

2233
咸豐通寶
背滿文寶源局　雕母
徑 24.69 毫米
重 6.2 克
上海博物館藏
★★★★

2234
咸豐通寶
背滿文寶源局　雕母
徑 24.02 毫米
重 6 克
上海博物館藏
★★★★

2235
咸豐通寶
背滿文寶源局　雕母
徑 23.16 毫米
重 4.25 克
上海博物館藏
★★★★

2236
咸豐通寶
背滿文寶源局　雕母
徑 24.69 毫米
重 7.6 克
上海博物館藏
★★★★

2237
咸豐通寶
背滿文寶源局　母錢
徑 22.22 毫米
重 5.1 克
枕石齋藏
★★★

2238
咸豐通寶
背滿文寶源局
徑 26.87 毫米
重 7.4 克
上海博物館藏

2239
咸豐通寶
背滿文寶源局
徑 26.89 毫米
重 6.6 克
金立夫藏

2240
咸豐通寶
背滿文寶源局
徑 26.89 毫米
中國歷史博物館藏

2241
咸豐通寶
背滿文寶源局
徑 23.57 毫米
重 4.3 克
上海博物館藏

2242
咸豐通寶
背滿文寶源局
徑 22.32 毫米
重 2.95 克
上海博物館藏

2243
咸豐通寶
背滿文寶源局
徑 21.1 毫米
重 2.98 克
上海博物館藏

2244
咸豐通寶
背滿文寶源局
徑 20.08 毫米
重 2 克
上海博物館藏

2245
咸豐通寶
背滿文寶源局
徑 18.19 毫米
重 1.45 克
上海博物館藏

2246	2247	2248	2249	2250
咸豐通寶	咸豐通寶	咸豐通寶	咸豐通寶	咸豐通寶
背滿文寶源局	背滿文寶源局	背滿文寶源局	背滿文寶源局	背滿文寶源局
徑 24.39 毫米	徑 22.91 毫米	徑 26.98 毫米	徑 23.29 毫米	徑 22.91 毫米
重 4.25 克	重 4.2 克	重 7.4 克	重 5.41 克	重 3.95 克
上海博物館藏	上海博物館藏	枕石齋藏	金立夫藏	上海博物館藏

2251	2252	2253	2254	2255
咸豐通寶	咸豐通寶	咸豐通寶	咸豐通寶	咸豐通寶
背滿文寶源局	背滿文寶源局	背滿文寶源局	背滿文寶源局	背滿文寶源局
徑 22.92 毫米	徑 22.21 毫米	徑 21.1 毫米	徑 20.49 毫米	徑 19.13 毫米
重 3.9 克	重 3.7 克	重 3.3 克	重 2 克	重 2.5 克
上海博物館藏	金立夫藏	上海博物館藏	上海博物館藏	上海博物館藏

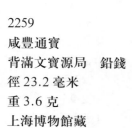

2256	2257	2258	2259	2260
咸豐通寶	咸豐通寶	咸豐通寶	咸豐通寶	咸豐通寶
背滿文寶源局	背滿文寶源局	背滿文寶源局　鐵錢	背滿文寶源局　鉛錢	背滿文寶源局　鉛錢
徑 19.08 毫米	徑 18.61 毫米	徑 23.2 毫米	徑 23.2 毫米	徑 22.2 毫米
重 1.7 克	重 1.7 克	重 3.84 克	重 3.6 克	重 3.1 克
上海博物館藏	上海博物館藏	上海博物館藏	上海博物館藏	上海博物館藏

2261	2262	2263	2264	2265
咸豐重寶 背滿文	咸豐重寶 背滿文寶	咸豐重寶 背滿文	咸豐重寶 背滿文	咸豐重寶 背滿文
寶源局·當四	源局·當五 樣錢	寶源局·當五	寶源局·當五	寶源局·當五
徑 29.17 毫米	徑 26.31 毫米	徑 28.8 毫米	徑 28.58 毫米	徑 27.69 毫米
重 8.7 克	重 8 克	重 7.4 克	重 7.9 克	中國歷史博物館藏
鎮江博物館藏	枕石齋藏	上海博物館藏	上海博物館藏	
★★★★	★★			

2266	2267	2268	2269	2270
咸豐重寶 背滿文	咸豐重寶 背滿文	咸豐重寶 背滿文	咸豐重寶 背滿文	咸豐重寶 背滿文
寶源局·當五	寶源局·當五	寶源局·當五	寶源局·當五	寶源局·當五
徑 26.78 毫米	徑 26.7 毫米	徑 26.13 毫米	徑 25.9 毫米	徑 24.4 毫米
重 6.9 克	重 8.8 克	重 7.85 克	重 6.9 克	重 5.16 克
枕石齋藏	上海博物館藏	王松麟藏	上海博物館藏	王松麟藏

2271	2272	2273	2274	2275
咸豐重寶 背滿文	咸豐重寶 背滿文	咸豐重寶 背滿文	咸豐重寶 背滿文	咸豐重寶 背滿文
寶源局·當五	寶源局·當五	寶源局·當五	寶源局·當五	寶源局·當五
徑 24.13 毫米	徑 29.63 毫米	徑 30.19 毫米	徑 29.72 毫米	徑 29.27 毫米
重 4.55 克	重 7.5 克	重 5.71 克	重 8.35 克	重 7.7 克
上海博物館藏	上海博物館藏	王松麟藏	上海博物館藏	上海博物館藏

2276	2277	2278	2279	2280
咸豐重寶　背滿文	咸豐重寶　背滿文	咸豐重寶　背滿文	咸豐重寶　背滿文	咸豐重寶　背滿文
寶源局·當五	寶源局·當五	寶源局·當五	寶源局·當五	寶源局·當五
徑 29.39 毫米	徑 28.43 毫米	徑 28.04 毫米	徑 27.69 毫米	徑 27.46 毫米
重 6.2 克	重 6.1 克	重 5.8 克	重 7.34 克	重 5.85 克
存雲亭藏	枕石齋藏	上海博物館藏	王松麟藏	上海博物館藏

2281	2282	2283	2284	2285
咸豐重寶　背滿文	咸豐重寶　背滿文	咸豐重寶　背滿文	咸豐重寶　背滿文	咸豐重寶　背滿文
寶源局·當五	寶源局·當五	寶源局·當五	寶源局·當五	寶源局·當五
徑 27.33 毫米	徑 27.27 毫米	徑 26.93 毫米	徑 25.92 毫米	徑 25.45 毫米
重 6.55 克	重 4.6 克	重 7.1 克	重 6.47 克	重 5.68 克
王松麟藏	上海博物館藏	上海博物館藏	上海博物館藏	上海博物館藏

2286	2287	2288	2289	2290
咸豐重寶　背滿文	咸豐重寶　背滿文	咸豐重寶　背滿文	咸豐重寶　背滿文寶	咸豐重寶　背滿文
寶源局·當五	寶源局·當五	寶源局·當五	源局·當十　雕母	寶源局·當十　雕母
徑 24.9 毫米	徑 24.4 毫米	徑 24.14 毫米	徑 35.2 毫米	徑 34.83 毫米
重 4.8 克	重 5.65 克	重 4.2 克	選自《戴葆庭集拓中	重 20.3 克
上海博物館藏	王松麟藏	上海博物館藏	外錢幣珍品》	上海博物館藏
			★★★★	★★★★

2291
咸豐重寶
背滿文寶源局·當十　雕母
徑 34.8 毫米
中國歷史博物館藏
★★★★

2292
咸豐重寶
背滿文寶源局·當十
徑 37.4 毫米
重 22.1 克
上海博物館藏

2293
咸豐重寶
背滿文寶源局·當十
徑 37.12 毫米
重 21.54 克
王松麟藏

2294
咸豐重寶
背滿文寶源局·當十
徑 35.83 毫米
重 18.8 克
上海博物館藏

2295
咸豐重寶
背滿文寶源局·當十
徑 34.44 毫米
重 12.95 克
上海博物館藏

2296
咸豐重寶
背滿文寶源局·當十
徑 33.6 毫米
中國歷史博物館藏

2297
咸豐重寶
背滿文寶源局·當十
徑 33.41 毫米
重 15.8 克
上海博物館藏

2298
咸豐重寶
背滿文寶源局·當十
徑 33.38 毫米
重 13.75 克
上海博物館藏

2299	2300	2301	2302
咸豐重寶	咸豐重寶	咸豐重寶	咸豐重寶
背滿文寶源局·當十	背滿文寶源局·當十	背滿文寶源局·當十	背滿文寶源局·當十
徑 32.83 毫米	徑 31.59 毫米	徑 31.08 毫米	徑 31.11 毫米
重 13.92 克	重 9.4 克	重 10.9 克	重 9.3 克
王松麟藏	上海博物館藏	上海博物館藏	上海博物館藏

2303	2304	2305	2306
咸豐重寶	咸豐重寶	咸豐重寶	咸豐重寶
背滿文寶源局·當十	背滿文寶源局·當十	背滿文寶源局·當十	背滿文寶源局·當十
徑 38.82 毫米	徑 38.08 毫米	徑 37.82 毫米	徑 37.12 毫米
重 22.1 克	重 19.4 克	重 21.64 克	重 19.4 克
上海博物館藏	金立夫藏	王松麟藏	枕石齋藏

2307
咸豐重寶
背滿文寶源局·當十
徑 33.38 毫米
重 13.9 克
上海博物館藏

2308
咸豐重寶
背滿文寶源局·當十
徑 32.94 毫米
重 13.67 克
王松麟藏

2309
咸豐重寶
背滿文寶源局·當十
徑 32.71 毫米
重 11.6 克
上海博物館藏

2310
咸豐重寶
背滿文寶源局·當十
徑 32.68 毫米
重 13.4 克
上海博物館藏

2311
咸豐重寶
背滿文寶源局·當十
徑 32.23 毫米
重 13.38 克
王松麟藏

2312
咸豐重寶
背滿文寶源局·當十
徑 32.07 毫米
重 13.4 克
上海博物館藏

2313
咸豐重寶
背滿文寶源局·當十
徑 31.36 毫米
重 11.3 克
上海博物館藏

2314
咸豐重寶
背滿文寶源局·當十
徑 31.08 毫米
重 12.4 克
枕石齋藏

2315	2316	2317	2318	2319
咸豐重寶	咸豐重寶	咸豐重寶	咸豐重寶	咸豐重寶
背滿文寶源局·當十	背滿文寶源局·當十	背滿文寶源局·當十	背滿文寶源局·當十	背滿文寶源局·當十
徑 34.01 毫米	徑 33.84 毫米	徑 32.58 毫米	徑 30.44 毫米	徑 29.88 毫米
重 13.88 克	重 13.58 克	重 16 克	重 12.7 克	重 10.4 克
上海博物館藏	上海博物館藏	上海博物館藏	上海博物館藏	枕石齋藏

2320	2321	2322	2323
咸豐重寶	咸豐重寶	咸豐重寶	咸豐重寶
背滿文寶源局·當十	背滿文寶源局·當十	背滿文寶源局·當十	背滿文寶源局·當十
徑 34.8 毫米	徑 34.03 毫米	徑 33.84 毫米	徑 33.73 毫米
重 15.5 克	重 15 克	重 12.55 克	重 13.97 克
上海博物館藏	枕石齋藏	上海博物館藏	上海博物館藏

2324
咸豐重寶
背滿文寶源局·當十
徑 32.58 毫米
重 13.31 克
王松麟藏

2325
咸豐重寶
背滿文寶源局·當十
徑 31.46 毫米
重 12.8 克
上海博物館藏

2326
咸豐重寶
背滿文寶源局
徑 33.16 毫米
重 14.2 克
枕石齋藏

2327
咸豐重寶
背滿文寶源局·當五十　雕母
徑 46.26 毫米
重 48 克
上海博物館藏
★★★★

2328
咸豐重寶
背滿文寶源局·當五十　雕母
徑 46.26 毫米
重 49.4 克
上海博物館藏
★★★★

2329
咸豐重寶　背滿文寶源局·當五十　樣錢
徑 55 毫米
重 51.5 克
枕石齋藏
★★

2330
咸豐重寶　背滿文寶源局·當五十
徑 55.83 毫米
重 68.9 克
上海博物館藏

2331
咸豐重寶　背滿文寶源局・當五十
徑 55.83 毫米
重 68.85 克
王松麟藏

2332
咸豐重寶　背滿文寶源局・當五十
徑 55.83 毫米
重 61 克
上海博物館藏

2333
咸豐重寶　背滿文寶源局・當五十
徑 55.65 毫米
重 65.5 克
金立夫藏

2334
咸豐重寶　背滿文寶源局・當五十
徑 55.54 毫米
重 58.9 克
上海博物館藏

2335
咸豐重寶　背滿文寶源局・當五十
徑 55.54 毫米
重 58.1 克
上海博物館藏

2336
咸豐重寶　背滿文寶源局・當五十
徑 55.16 毫米
重 57.58 克
王松麟藏

2337
咸豐重寶　背滿文寶源局・當五十
徑 55.16 毫米
重 57.33 克
王松麟藏

2338
咸豐重寶　背滿文寶源局・當五十
徑 55.16 毫米
重 51.71 克
王松麟藏

2339
咸豐重寶　背滿文寶源局·當五十
徑 55.9 毫米
重 60.2 克
王連根藏

2340
咸豐重寶　背滿文寶源局·當五十
徑 54.71 毫米
重 59.29 克
王松麟藏

2341
咸豐重寶　背滿文寶源局·當五十
徑 54.67 毫米
中國歷史博物館藏

2342
咸豐重寶　背滿文寶源局·當五十
徑 52.59 毫米
重 51.01 克
王松麟藏

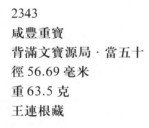

2343
咸豐重寶
背滿文寶源局・當五十
徑 56.69 毫米
重 63.5 克
王連根藏

2344
咸豐重寶
背滿文寶源局・當五十
徑 43.35 毫米
重 42.8 克
上海博物館藏

2345
咸豐重寶
背滿文寶源局・當五十
徑 44.32 毫米
重 38 克
上海博物館藏

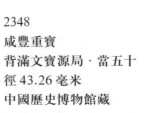

2346
咸豐重寶
背滿文寶源局・當五十
徑 44.4 毫米
重 35.3 克
王連根藏

2347
咸豐重寶
背滿文寶源局・當五十
徑 43.36 毫米
重 38 克
上海博物館藏

2348
咸豐重寶
背滿文寶源局・當五十
徑 43.26 毫米
中國歷史博物館藏

2349
咸豐重寶
背滿文寶源局・當五十
徑 42.92 毫米
重 34.09 克
王松麟藏

2350
咸豐重寶　背滿文寶源局・當五十
徑 41.15 毫米
重 31.71 克
王松麟藏

2351
咸豐元寶　背滿文寶源局・當百
徑 48.65 毫米
重 43.85 克
上海博物館藏

2352
咸豐元寶　背滿文寶源局・當百
徑 48.51 毫米
重 41.6 克
枕石齋藏

2353
咸豐元寶　背滿文寶源局・當百
徑 47.67 毫米
重 45.97 克
王松麟藏

2354
咸豐元寶　背滿文寶源局・當百
徑 49.98 毫米
重 44.5 克
上海博物館藏

2355
咸豐元寶　背滿文寶源局・當百
徑 49.5 毫米
重 48.55 克
上海博物館藏

2356
咸豐元寶　背滿文寶源局·當百
徑 49.18 毫米
重 42.6 克
上海博物館藏

2357
咸豐元寶　背滿文寶源局·當百
徑 48.63 毫米
重 38.65 克
上海博物館藏

2358
咸豐元寶　背滿文寶源局·當百
徑 48.6 毫米
重 46.13 克
王松麟藏

2359
咸豐元寶　背滿文寶源局·當百
徑 48.65 毫米
重 43.63 克
王松麟藏

2360
咸豐元寶　背滿文寶源局·當百
徑 48.21 毫米
重 35.95 克
王松麟藏

2361
咸豐元寶　背滿文寶源局·當百
徑 47.73 毫米
中國歷史博物館藏

2362
咸豐元寶　背滿文寶源局·當百　雙胎
徑 46.14 毫米
重 46 克
枕石齋藏

2363
咸豐元寶　背滿文寶源局·當五百　雕母
徑 56.65 毫米
重 73.8 克
上海博物館藏
★★★★

2364
咸豐元寶　背滿文寶源局·當五百　雕母
徑 56.65 毫米
重 70.35 克
上海博物館藏
★★★★

2365
咸豐元寶　背滿文寶源局·當五百　雕母
徑 55.06 毫米
選自《戴葆庭集拓中外錢幣珍品》
★★★★

2366
咸豐元寶　背滿文寶源局·當五百
徑 55.21 毫米
重 72.8 克
上海博物館藏
★

2367
咸豐元寶　背滿文寶源局·當五百
徑 55.08 毫米
重 54 克
枕石齋藏
★

2368
咸豐元寶　背滿文寶源局・當五百
徑 54.61 毫米
重 53 克
鎮江博物館藏
★

2369
咸豐元寶　背滿文寶源局・當五百
徑 54.21 毫米
中國歷史博物館藏
★

2370
咸豐元寶　背滿文寶源局・當五百
徑 56.67 毫米
重 64 克
上海博物館藏
★

2371
咸豐元寶　背滿文寶源局・當五百
徑 55.62 毫米
重 62.7 克
上海博物館藏
★

2372
咸豐元寶　背滿文寶源局・當五百
徑 55.72 毫米
重 53.5 克
王連根藏
★

2373
咸豐元寶　背滿文寶源局・當五百
徑 55.06 毫米
重 56 克
枕石齋藏
★

2374
咸豐元寶
背滿文寶源局·當千　母錢
徑 61.78 毫米
重 84.5 克
枕石齋藏
★★★

2375
咸豐元寶
背滿文寶源局·當千
徑 70.75 毫米
重 218.7 克
上海博物館藏
★★

2376
咸豐元寶
背滿文寶源局·當千
徑 63.23 毫米
重 77.6 克
上海博物館藏
★

2377
咸豐元寶
背滿文寶源局·當千
徑 62.26 毫米
重 80.9 克
上海博物館藏
★

2378
咸豐元寶
背滿文寶源局·當千
徑 61.14 毫米
重 92.8 克
上海博物館藏
★

2379
咸豐元寶
背滿文寶源局·當千
徑 63.65 毫米
中國歷史博物館藏
★

2380
咸豐元寶
背滿文寶源局·當千
徑 62.46 毫米
重 65 克
王連根藏
★

2381
咸豐重寶
背滿文寶源局·當千
徑 62.25 毫米
重 78.8 克
上海博物館藏
★

2382
咸豐元寶
背滿文寶源局·當千
徑 61.13 毫米
重 92.3 克
上海博物館藏
★

2383
咸豐元寶
背滿文寶源局·當千
徑 60.09 毫米
重 203.7 克
上海博物館藏
★

2384
咸豐元寶
背滿文寶源局·當千　鉛錢
徑 60.55 毫米
重 101.5 克
枕石齋藏
★

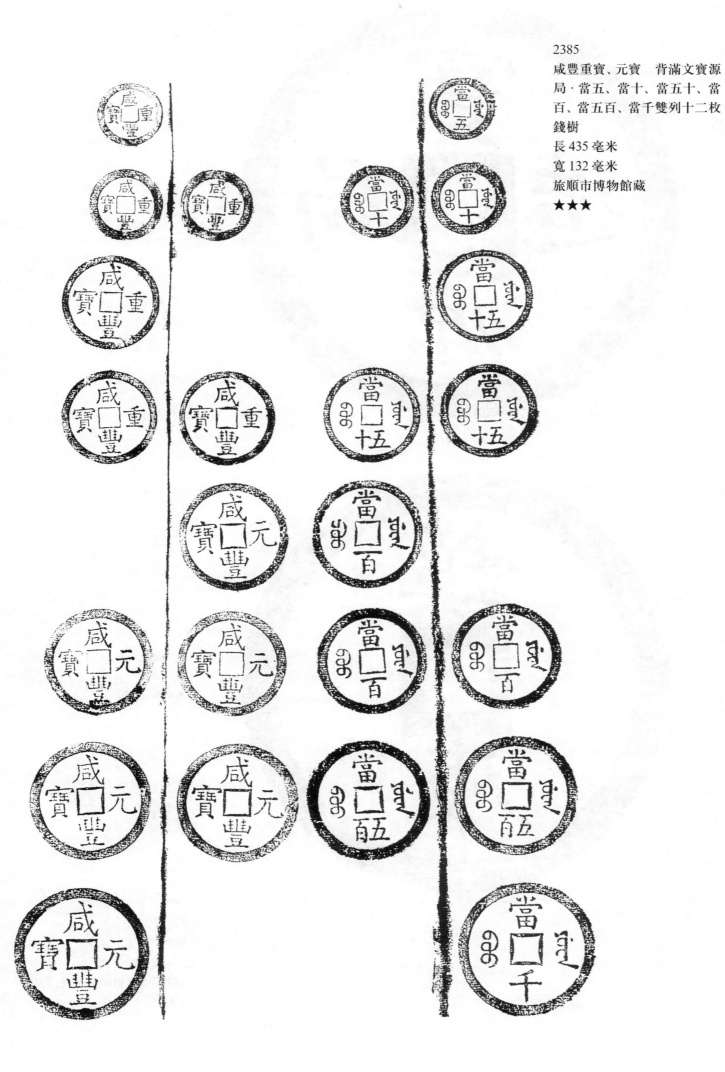

2385
咸豐重寶、元寶　背滿文寶源
局・當五、當十、當五十、當
百、當五百、當千雙列十二枚
錢樹
長 435 毫米
寬 132 毫米
旅順市博物館藏
★★★

2386
寶源局造　背漢文鎮庫
徑 112.98 毫米
選自《戴葆庭集拓中外錢幣珍品》
★★★★

3. 寶陝局

2387
咸豐通寶
背滿文寶陝局　母錢
徑 23.41 毫米
重 6 克
枕石齋藏
★★★

2388
咸豐通寶
背滿文寶陝局　樣錢
徑 25.65 毫米
重 6.9 克
上海博物館藏
★★

2389
咸豐通寶
背滿文寶陝局
徑 22.52 毫米
重 5.65 克
上海博物館藏

2390
咸豐通寶
背滿文寶陝局
徑 21.38 毫米
重 4.15 克
上海博物館藏

2391
咸豐通寶
背滿文寶陝局
徑 22.53 毫米
重 3.4 克
鎮江博物館藏

2392
咸豐通寶
背滿文寶陝局
徑 20.55 毫米
重 3.45 克
上海博物館藏

2393
咸豐通寶
背滿文寶陝局
徑 20.67 毫米
重 3.3 克
上海博物館藏

2394
咸豐通寶
背滿文寶陝局
徑 18.29 毫米
重 2.5 克
上海博物館藏

2395
咸豐通寶
背滿文寶陝局
徑 17.11 毫米
重 2.3 克
上海博物館藏

2396
咸豐通寶
背滿文寶陝局　鐵錢
徑 22.63 毫米
重 4.1 克
鎮江博物館藏

2397
咸豐通寶
背滿文寶陝局　鐵錢
徑 21.41 毫米
重 4.5 克
上海博物館藏

2398
咸豐通寶
背滿文寶陝局　鐵錢
徑 21 毫米
重 3.25 克
上海博物館藏

2399
咸豐通寶
背滿文寶陝局　鐵錢
徑 23.23 毫米
重 4.1 克
上海博物館藏

2400
咸豐重寶
背滿文寶陝局·陝十
徑 36.77 毫米
中國歷史博物館藏
★★★

2401
咸豐重寶
背滿文寶陝局·陝十
徑 38.05 毫米
重 17.7 克
上海博物館藏
★★★

2402
咸豐重寶
背滿文寶陝局·陝十
徑 36.77 毫米
重 15.04 克
上海博物館藏
★★★

2403
咸豐重寶
背滿文寶陝局·陝十
徑 36.33 毫米
張絧伯藏
★★★

2404
咸豐重寶
背滿文寶陝局·當十
徑 41.47 毫米
中國歷史博物館藏

2405
咸豐重寶
背滿文寶陝局·當十
徑 37.84 毫米
重 17.2 克
上海博物館藏

2406
咸豐重寶
背滿文寶陝局·當十
徑 35.26 毫米
重 15.8 克
上海博物館藏

2407
咸豐重寶
背滿文寶陝局·當十
徑 35.26 毫米
重 13.8 克
枕石齋藏

2408
咸豐重寶
背滿文寶陝局·當十
徑 35.26 毫米
重 10.45 克
王松麟藏

2409
咸豐重寶
背滿文寶陝局·當十
徑 34.34 毫米
重 17.4 克
枕石齋藏

2410
咸豐重寶
背滿文寶陝局·當十
徑 33.7 毫米
中國歷史博物館藏

2411
咸豐重寶
背滿文寶陝局·當五十
徑 50.39 毫米
重 49.35 克
上海博物館藏

2412
咸豐重寶
背滿文寶陝局·當五十
徑 49.82 毫米
中國歷史博物館藏

2413
咸豐重寶
背滿文寶陝局·當五十
徑 49.82 毫米
重 65.5 克
枕石齋藏

2414
咸豐重寶
背滿文寶陝局·當五十
徑 49.06 毫米
重 41.95
上海博物館藏

2415
咸豐重寶　背滿文寶陝局·當五十
徑 47.93 毫米
重 50.96 克
王松麟藏

2416
咸豐重寶　背滿文寶陝局·當五十
徑 47.05 毫米
重 43.95 克
上海博物館藏

2417
咸豐重寶　背滿文寶陝局·當五十
徑 45.51 毫米
重 45.1 克
上海博物館藏

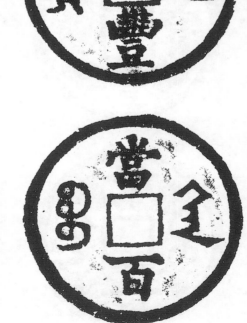

2418
咸豐元寶　背滿文寶陝局·當百
徑 60.87 毫米
重 69.05 克
上海博物館藏

2419
咸豐元寶　背滿文寶陝局·當百
徑 58.45 毫米
重 80.05 克
上海博物館藏

2420
咸豐元寶　背滿文寶陝局·當百
徑 58.15 毫米
重 68.5 克
王連根藏

2421
咸豐元寶　背滿文寶陝局·當百
徑 57.92 毫米
重 72.9 克
上海博物館藏

2422
咸豐元寶　背滿文寶陝局·當百
徑 57.92 毫米
重 74 克
枕石齋藏

2423
咸豐元寶　背滿文寶陝局·當百
徑 57.91 毫米
重 68.4 克
上海博物館藏

2424
咸豐元寶　背滿文寶陝局·當百
徑 56.78 毫米
重 69.5 克
枕石齋藏

2425
咸豐元寶　背滿文寶陝局·當百
徑 55.81 毫米
中國歷史博物館藏

2426
咸豐元寶　背滿文寶陝局··當百
徑 55.81 毫米
中國歷史博物館藏

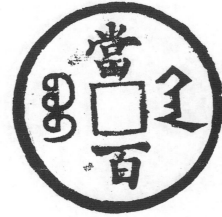

2427
咸豐元寶　背滿文寶陝局·當百
徑 55.74 毫米
重 69.5 克
枕石齋藏

2428
咸豐元寶　背滿文寶陝局·當百
徑 54.94 毫米
重 81.75 克
王松麟藏

2429
咸豐元寶　背滿文寶陝局·當百
徑 54.76 毫米
重 62.54 克
王松麟藏

2430
咸豐元寶　背滿文寶陝局·當百
徑 52.45 毫米
重 55 克
王連根藏

2431
咸豐元寶　背滿文寶陝局·當百
徑 51.9 毫米
重 62.3 克
上海博物館藏

2432
咸豐元寶　背滿文寶陝局·當百
徑 50.53 毫米
重 58.4 克
上海博物館藏

2433
咸豐元寶　背滿文寶陝局·當百
徑 49.62 毫米
重 57.58 克
王松麟藏

2434
咸豐元寶　背滿文寶陝局·當百
徑 49.54 毫米
重 48 克
枕石齋藏

2435
咸豐元寶　背滿文寶陝局·當百
徑 47.8 毫米
重 47.85 克
王松麟藏

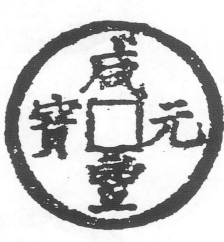

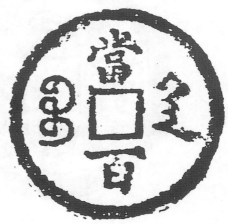

2436
咸豐元寶　背滿文寶陝局·當百
徑 46.85 毫米
重 52.58 克
王松麟藏

2437
咸豐元寶　背滿文寶陝局·當百
徑 46.56 毫米
重 49.06 克
王松麟藏

2438
咸豐元寶　背滿文寶陝局·當百鐵錢
徑 56.38 毫米
選自《清錢珍稀四百種》
★

2439
咸豐元寶　背滿文寶陝局・當五百・官
徑 63.42 毫米
重 90.8 克
上海博物館藏
★★

2440
咸豐元寶　背滿文寶陝局・當五百・官
徑 62.91 毫米
中國歷史博物館藏
★★

2441
咸豐元寶　背滿文寶陝局・當五百
徑 64.11 毫米
重 96 克
枕石齋藏
★★

2442
咸豐元寶　背滿文寶陝局·當五百
徑 63.33 毫米
重 97.3 克
上海博物館藏
★★

2443
咸豐元寶　背滿文寶陝局·當五百
徑 62.91 毫米
中國歷史博物館藏
★★

2444
咸豐元寶　背滿文寶陝局·當千　雕母
徑 72.86 毫米
選自《古錢幣圖解》
★★★★

2445
咸豐元寶　背滿文寶陝局·當千　雕母
徑 70.24 毫米
選自《昭和泉譜》
★★★★

2446
咸豐元寶　背滿文寶陝局·當千·官
徑 70.31 毫米
中國歷史博物館藏
★★

2447
咸豐元寶　背滿文寶陝局·當千·官
徑 69.71 毫米
選自《清錢珍稀四百種》
★★

2448
咸豐元寶　背滿文寶陝局・當千・官
徑 69 毫米
重 115 克
選自《錢幣博覽》
★★

2449
咸豐元寶　背滿文寶陝局・當千・官
徑 68.86 毫米
重 121.35 克
上海博物館藏
★★

2450
咸豐元寶　背滿文寶陝局・當千・官
徑 68.86 毫米
重 116.4 克
枕石齋藏
★★

2451
咸豐元寶　背滿文寶陝局·當千·官
徑 68.86 毫米
中國歷史博物館藏
★★

2452
咸豐元寶　背滿文寶陝局·當千
徑 68.1 毫米
重 99.25 克
上海博物館藏
★★

2453
咸豐元寶　背滿文寶陝局·當千
徑 67.65 毫米
中國歷史博物館藏
★★

2454
咸豐元寶　背滿文寶陝局·當千
徑64.1毫米
重85.8克
選自《清錢珍稀四百種》
★★

4. 寶晉局

2455
咸豐通寶　背滿文寶晉局
徑22.95毫米
重4.4克
上海博物館藏

2456
咸豐通寶　背滿文寶晉局
徑23.3毫米
重3.4克
王連根藏

2457
咸豐重寶
背滿文寶晉局·當十
徑36.43毫米
重16.59克
王松麟藏

2458
咸豐重寶
背滿文寶晉局·當十
徑35.95毫米
重17.3克
上海博物館藏

2459
咸豐重寶
背滿文寶晉局·當十
徑35.15毫米
中國歷史博物館藏

2460	2461	2462	2463
咸豐重寶	咸豐重寶	咸豐重寶	咸豐重寶
背滿文寶晉局·當十	背滿文寶晉局·當十	背滿文寶晉局·當十	背滿文寶晉局·當十
徑 35.11 毫米	徑 35.1 毫米	徑 34.86 毫米	徑 34.86 毫米
重 16.18 克	重 16.33 克	重 15.77 克	重 16.1 克
王松麟藏	王松麟藏	王松麟藏	王松麟藏

2464	2465	2466	2467
咸豐重寶	咸豐重寶	咸豐重寶	咸豐重寶
背滿文寶晉局·當十	背滿文寶晉局·當十	背滿文寶晉局·當十	背滿文寶晉局·當十
徑 34.82 毫米	徑 34.42 毫米	徑 34.05 毫米	徑 33.39 毫米
重 13.11 克	重 15.77 克	重 10.8 克	重 17.15 克
王松麟藏	王松麟藏	上海博物館藏	上海博物館藏

2468
咸豐重寶
背滿文寶晉局·當十
徑 34.13 毫米
重 18.25 克
上海博物館藏

2469
咸豐重寶
背滿文寶晉局·當十
徑 32.77 毫米
重 19.19 克
王松麟藏

2470
咸豐重寶
背滿文寶晉局·當十
徑 32.67 毫米
重 19.6 克
鎮江博物館藏

2471
咸豐重寶
背滿文寶晉局·當十
徑 32.42 毫米
重 19.2 克
枕石齋藏

5. 寶武局

2472
咸豐通寶
背滿文寶武局　雕母
徑 26.97 毫米
《中國歷代貨幣大系》
編輯委員會提供
★★★★

2473
咸豐通寶
背滿文寶武局　樣錢
徑 26.97 毫米
《中國歷代貨幣大系》
編輯委員會提供
★★

2474	2475	2476	2477
咸豐通寶　背滿文寶武局	咸豐通寶　背滿文寶武局	咸豐通寶　背滿文寶武局	咸豐通寶
徑 21.82 毫米	徑 21.49 毫米	徑 23.3 毫米	背滿文寶武局　鐵錢
重 4.65 克	重 2.85 克	重 5.1 克	徑 21.82 毫米
上海博物館藏	上海博物館藏	選自《中國錢幣》	《中國歷代貨幣大系》
			編輯委員會提供

2478	2479	2480	2481
咸豐重寶	咸豐重寶	咸豐重寶	咸豐重寶
背滿文寶武局·當五	背滿文寶武局·當十	背滿文寶武局·當十	背滿文寶武局·當十
徑 28.82 毫米	徑 39.93 毫米	徑 38.48 毫米	徑 38.18 毫米
王蔭嘉舊藏	重 18.5 克	重 21.2 克	中國歷史博物館藏
★★	上海博物館藏	上海博物館藏	

2482	2483	2484	2485
咸豐重寶	咸豐重寶	咸豐重寶	咸豐重寶
背滿文寶武局 · 當十	背滿文寶武局 · 當十	背滿文寶武局 · 當十	背滿文寶武局 · 當十
徑 38.14 毫米	徑 34.5 毫米	徑 34.89 毫米	徑 34.75 毫米
重 18.6 克	重 14.35 克	重 19.5 克	重 15.15 克
上海博物館藏	上海博物館藏	上海博物館藏	上海博物館藏

2486	2487	2488	2489
咸豐重寶	咸豐重寶	咸豐重寶	咸豐重寶
背滿文寶武局 · 當十	背滿文寶武局 · 當十	背滿文寶武局 · 當十	背滿文寶武局 · 當十
徑 35.54 毫米	徑 33.96 毫米	徑 33.77 毫米	徑 35.5 毫米
重 16.4 克	重 15.49 克	重 14.8 克	重 16.4 克
上海博物館藏	王松麟藏	上海博物館藏	選自《中國錢幣》
			★★

2490
咸豐重寶　背滿文寶武局·當十上〇
徑 35.56 毫米
中國歷史博物館藏
★

2491
咸豐重寶　背滿文寶武局·當十上〇
徑 34.32 毫米
重 13.95 克
上海博物館藏
★

2492
咸豐重寶　背滿文寶武局·當五十
徑 50.55 毫米
重 38.4 克
上海博物館藏

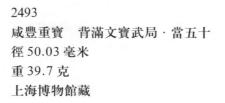

2493
咸豐重寶　背滿文寶武局·當五十
徑 50.03 毫米
重 39.7 克
上海博物館藏

2494
咸豐重寶　背滿文寶武局·當五十
徑 49.78 毫米
重 47.3 克
上海博物館藏

2495
咸豐重寶　背滿文寶武局·當五十
徑 49.55 毫米
中國歷史博物館藏

2496
咸豐重寶　背滿文寶武局·當五十
徑 46.36 毫米
重 25.95 克
上海博物館藏

2497
咸豐重寶　背滿文寶武局·當五十
徑 48.72 毫米
重 39 克
上海博物館藏

2498
咸豐重寶　背滿文寶武局·當五十
徑 48.43 毫米
重 40 克
上海博物館藏

2499
咸豐重寶　背滿文寶武局·當五十
徑 48.18 毫米
重 38.65 克
上海博物館藏

2500
咸豐重寶　背滿文寶武局·當五十
徑 47.85 毫米
重 46.7 克
上海博物館藏
★★

2501
咸豐重寶　背滿文寶武局·當五十
徑 47.4 毫米
重 41.8 克
選自《中國錢幣》
★★

2502
咸豐重寶　背滿文寶武局・當百上⌒
徑 48.87 毫米
重 38.2 克
上海博物館藏
★

2503
咸豐元寶　背滿文寶武局・當百
徑 55.27 毫米
重 52.5 克
王連根藏

2504
咸豐元寶　背滿文寶武局・當百
徑 53.7 毫米
重 55.6 克
上海博物館藏

2505
咸豐元寶　背滿文寶武局・當百
徑 53.7 毫米
重 46.9 克
上海博物館藏

2506
咸豐元寶　背滿文寶武局・當百
徑 53.4 毫米
重 47.4 克
上海博物館藏

2507
咸豐元寶　背滿文寶武局・當百
徑 53.35 毫米
重 52.5 克
上海博物館藏

2508
咸豐元寶　背滿文寶武局·當百
徑 53.19 毫米
中國歷史博物館藏

2509
咸豐元寶　背滿文寶武局·當百
徑 52.25 毫米
重 45.18 克
王松麟藏

2510
咸豐元寶　背滿文寶武局·當百
徑 51.94 毫米
重 54.6 克
上海博物館藏

2511
咸豐元寶　背滿文寶武局·當百
徑 53.5 毫米
重 50.4 克
選自《中國錢幣》
★★

2512
咸豐元寶　背滿文寶武局·當百上⌒
徑 53.4 毫米
中國歷史博物館藏
★

6. 寶河局

2513
咸豐通寶
背滿文寶河局　雕母
徑 22.62 毫米
中國歷史博物館藏
★★★★

2514
咸豐通寶
背滿文寶河局　鐵母
徑 23.58 毫米
重 4.8 克
上海博物館藏
★★★

2515
咸豐通寶
背滿文寶河局　鐵母
徑 23.1 毫米
重 5.1 克
枕石齋藏
★★★

2516
咸豐通寶
背滿文寶河局　鐵母
徑 23.94 毫米
重 5.55 克
上海博物館藏
★★★

2517
咸豐通寶
背滿文寶河局　鐵母
徑 23.4 毫米
重 5.3 克
選自《清錢珍稀四百種》
★★★

2518
咸豐通寶
背滿文寶河局　鐵母
徑 23.38 毫米
重 5.8 克
選自《清錢珍稀四百種》
★★★

2519
咸豐通寶
背滿文寶河局
徑 22.32 毫米
重 2.5 克
選自《清錢珍稀四百種》
★

2520
咸豐通寶
背滿文寶河局
徑 22.24 毫米
重 3.3 克
選自《清錢珍稀四百種》
★

2521
咸豐通寶
背滿文寶河局　鐵錢
徑 23.41 毫米
重 5 克
上海博物館藏

2522
咸豐通寶
背滿文寶河局　鐵錢
徑 22.67 毫米
重 5.35 克
上海博物館藏

2523
咸豐通寶
背滿文寶河局　鐵錢
徑 22.63 毫米
選自《清錢珍稀四百種》

2524
咸豐通寶
背滿文寶河局　鐵錢
徑 23.4 毫米
重 4.35 克
上海博物館藏

2525
咸豐通寶
背滿文寶河局　鐵錢
徑 22.64 毫米
重 6.35 克
上海博物館藏

2526
咸豐通寶
背滿文寶河局　鐵錢
徑 22.74 毫米
選自《清錢珍稀四百種》

2527
咸豐通寶
背滿文寶河局　鉛錢
徑 22 毫米
重 4.7 克
選自《清錢珍稀四百種》

2528
咸豐重寶
背滿文寶河局·當十　雕母
徑 39.55 毫米
重 27.3 克
上海博物館藏
★★★★

2529
咸豐重寶
背滿文寶河局·當十
徑 38.72 毫米
重 21.8 克
上海博物館藏

2530
咸豐重寶
背滿文寶河局·當十
徑 37.25 毫米
重 20 克
上海博物館藏

2531
咸豐重寶
背滿文寶河局·當十
徑 37.69 毫米
重 19.4 克
金立夫藏

2532
咸豐通寶
背滿文寶河局·當十
徑 36.96 毫米
重 17.23 克
王松麟藏

2533
咸豐重寶
背滿文寶河局·當十
徑 36.14 毫米
中國歷史博物館藏

2534
咸豐重寶
背滿文寶河局·當十
徑 35.71 毫米
重 19.62 克
王松麟藏

2535
咸豐重寶
背滿文寶河局·當十
徑 35.44 毫米
重 17.98 克
王松麟藏

2536
咸豐重寶
背滿文寶河局·當十
徑 35.43 毫米
重 17.96 克
王松麟藏

2537
咸豐重寶
背滿文寶河局·當五十　雕母
徑 45.1 毫米
《中國歷代貨幣大系》編輯委員
會提供
★★★★

2538
咸豐重寶
背滿文寶河局·當五十　雕母
徑 44.38 毫米
《中國歷代貨幣大系》編輯委員
會提供
★★★★

2539
咸豐重寶
背滿文寶河局·當五十
徑 47.15 毫米
中國歷史博物館藏

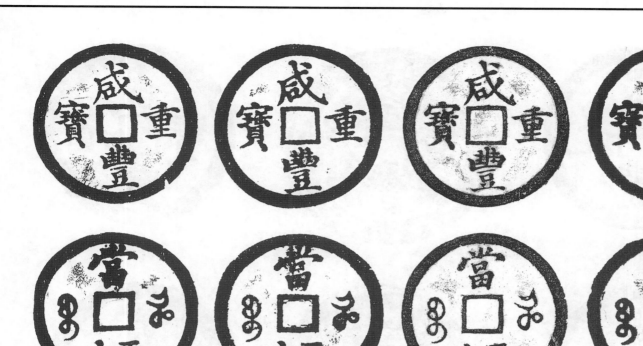

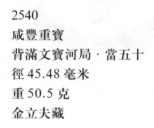

2540
咸豐重寶
背滿文寶河局·當五十
徑 45.48 毫米
重 50.5 克
金立夫藏

2541
咸豐重寶
背滿文寶河局·當五十
徑 45.47 毫米
重 48.6 克
金立夫藏

2542
咸豐重寶
背滿文寶河局·當五十
徑 44.19 毫米
重 48 克
上海博物館藏

2543
咸豐重寶
背滿文寶河局·當五十
徑 43.31 毫米
重 49.35 克
王松麟藏

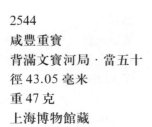

2544
咸豐重寶
背滿文寶河局·當五十
徑 43.05 毫米
重 47 克
上海博物館藏

2545
咸豐重寶
背滿文寶河局·當五十
徑 43.05 毫米
重 46.21 克
王松麟藏

2546
咸豐重寶
背滿文寶河局·當五十
徑 42.24 毫米
中國歷史博物館藏

2547
咸豐元寶
背滿文寶河局·當百　雕母
徑 49.86 毫米
百千齋舊藏
★★★★

2548
咸豐元寶
背滿文寶河局·當百
徑 54.42 毫米
中國歷史博物館藏

2549
咸豐元寶
背滿文寶河局·當百
徑 50.9 毫米
重 61.25 克
上海博物館藏

2550
咸豐元寶
背滿文寶河局·當百
徑 50.04 毫米
重 57.8 克
上海博物館藏

2551
咸豐元寶
背滿文寶河局·當百
徑 49.93 毫米
重 55.5 克
金立夫藏

2552
咸豐元寶
背滿文寶河局·當百
徑 49.69 毫米
重 75.2 克
王連根藏

2553
咸豐元寶
背滿文寶河局·當百
徑 49.49 毫米
重 47.7 克
上海博物館藏

2554
咸豐元寶
背滿文寶河局·當百
徑 49.21 毫米
重 58.5 克
金立夫藏

2555
咸豐元寶
背滿文寶河局·當百
徑 49.17 毫米
重 57.15 克
上海博物館藏

2556
咸豐元寶
背滿文寶河局·當百
徑 48.91 毫米
重 67.15 克
上海博物館藏

2557
咸豐元寶
背滿文寶河局·當百
徑 48.59 毫米
中國歷史博物館藏

2558
咸豐元寶
背滿文寶河局·當百
徑 48.51 毫米
重 58.4 克
上海博物館藏

2559	2560	2561
咸豐元寶	咸豐元寶	咸豐元寶
背滿文寶河局·當百	背滿文寶河局·當百	背滿文寶河局·當百
徑 47.88 毫米	徑 47.04 毫米	徑 46.99 毫米
重 89.18 克	重 52.92 克	重 54.54 克
王松麟藏	王松麟藏	王松麟藏

2562	2563	2564
咸豐元寶	咸豐元寶	咸豐元寶
背滿文寶河局·當百	背滿文寶河局·當百	背滿文寶河局·當百
徑 46.31 毫米	徑 45.88 毫米	徑 48.37 毫米
重 52.92 克	重 53.54 克	重 48.2 克
王松麟藏	王松麟藏	金立夫藏

2565
咸豐元寶
背滿文寶河局·當五百　母錢
徑 56.09 毫米
重 64.52 克
上海博物館藏
★★★

2566
咸豐元寶
背滿文寶河局·當五百
徑 55.21 毫米
中國歷史博物館藏

2567
咸豐元寶
背滿文寶河局·當五百
徑 53.04 毫米
重 58.7 克
上海博物館藏

2568
咸豐元寶
背滿文寶河局·當千　樣錢
徑 60.02 毫米
選自《古錢幣圖解》
★★

2569
咸豐元寶　背滿文寶河局·當千
徑 60.26 毫米
重 83.8 克
上海博物館藏
★★

2570
咸豐元寶　背滿文寶河局·當千
徑 59.08 毫米
重 69.35 克
上海博物館藏
★★

2571
咸豐元寶　背滿文寶河局·當千
徑 58.82 毫米
中國歷史博物館藏
★★

2572
咸豐元寶　背滿文寶河局·當千
徑 56.79 毫米
重 88.5 克
枕石齋藏
★★

7. 寶廣局

2573
咸豐通寶
背滿文寶廣局　樣錢
徑 25.55 毫米
重 5.6 克
選自《清錢珍稀四百種》
★

2574
咸豐通寶
背滿文寶廣局　樣錢
徑 22.55 毫米
重 4.6 克
選自《清錢珍稀四百種》
★

2575
咸豐通寶　背滿文
寶廣局
徑 24.67 毫米
重 4.5 克
金立夫藏

2576
咸豐通寶　背滿文寶廣局
徑 24.32 毫米
重 4.45 克
上海博物館藏

2577
咸豐重寶　背滿文寶廣局當十
徑 28.72 毫米
重 23.2 克
選自《清錢珍稀四百種》
★★

8. 寶昌局

2578
咸豐通寶
背滿文寶昌局　樣錢
徑 24.83 毫米
重 4.5 克
上海博物館藏
★

2579
咸豐通寶　背滿
文寶昌局
徑 19 毫米
重 1.8 克
上海博物館藏

2580
咸豐通寶　背滿文
寶昌局
徑 18.21 毫米
重 1.5 克
上海博物館藏

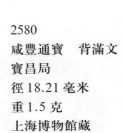

2581
咸豐通寶　背滿文
寶昌局
徑 17.3 毫米
重 1.6 克
上海博物館藏

2582
咸豐通寶　背滿文寶
昌局
徑 21.68 毫米
重 4 克

2583
咸豐通寶　背滿文寶
昌局
徑 22.19 毫米
重 2.9 克

2584
咸豐通寶　背滿文寶
昌局
徑 18.62 毫米
重 1.55 克

2585
咸豐通寶　背滿
文寶昌局
徑 17.83 毫米

2586	2587	2588	2589
咸豐重寶	咸豐重寶	咸豐重寶	咸豐重寶
背滿文寶昌局·當十　雕母	背滿文寶昌局·當十	背滿文寶昌局·當十	背滿文寶昌局·當十
徑39.35毫米	徑37.15毫米	徑37.12毫米	徑36.31毫米
張絅伯藏	重15.3克	重14.6克	重15.6克
★★★★	上海博物館藏	存雲亭藏	上海博物館藏

2590	2591	2592	2593
咸豐重寶	咸豐重寶	咸豐重寶	咸豐重寶
背滿文寶昌局·當十	背滿文寶昌局·當十	背滿文寶昌局·當十	背滿文寶昌局·當十
徑36.3毫米	徑36.29毫米	徑35.95毫米	徑35.92毫米
重18.35克	重18.89克	中國歷史博物館藏	重15.5克
上海博物館藏	王松麟藏		上海博物館藏

2594
咸豐重寶
背滿文寶昌局·當十
徑 34.86 毫米
重 10 克
上海博物館藏

2595
咸豐重寶
背滿文寶昌局·當十
徑 38.64 毫米
中國歷史博物館藏

2596
咸豐重寶
背滿文寶昌局·當十
徑 35.77 毫米
重 20.8 克
上海博物館藏

2597
咸豐重寶
背滿文寶昌局·當十
徑 35.77 毫米
重 14.9 克
上海博物館藏

2598
咸豐重寶
背滿文寶昌局·當十
徑 35.66 毫米
中國歷史博物館藏

2599
咸豐重寶
背滿文寶昌局·當十
徑 35 毫米
重 16.2 克
存雲亭藏

2600
咸豐重寶
背滿文寶昌局七●⌒紋
徑 33.84 毫米
中國歷史博物館藏

2601
咸豐重寶
背滿文寶昌局·當十
徑 36.26 毫米
重 15.8 克
王連根藏

2602
咸豐重寶
背滿文寶昌局·當五十
徑 52.18 毫米
重 44.2 克
金立夫藏

2603
咸豐重寶
背滿文寶昌局·當五十
徑 51.82 毫米
重 44.8 克
上海博物館藏

2604
咸豐重寶
背滿文寶昌局·當五十
徑 51.09 毫米
中國歷史博物館藏

2605
咸豐重寶
背滿文寶昌局·當五十
徑 51.06 毫米
重 44.8 克
上海博物館藏

2606
咸豐重寶
背滿文寶昌局·當五十
徑 50.53 毫米
重 48.8 克
上海博物館藏

2607
咸豐重寶
背滿文寶昌局·當五十
徑 50.4 毫米
重 45.1 克
上海博物館藏

2608
咸豐重寶　背滿文寶昌局·當五十
徑 51.74 毫米
重 67 克
王連根藏

2609
咸豐重寶　背滿文寶昌局·當五十
徑 51.6 毫米
重 62.3 克
上海博物館藏

2610
咸豐重寶　背滿文寶昌局·當五十
徑 51.6 毫米
重 36.4 克
上海博物館藏

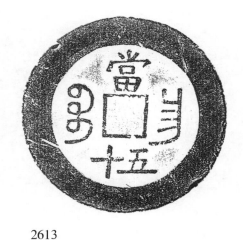

2611
咸豐重寶　背滿文寶昌局·當五十
徑 51.59 毫米
重 43.83 克
王松麟藏

2612
咸豐重寶　背滿文寶昌局·當五十
徑 50.54 毫米
重 47.9 克
上海博物館藏

2613
咸豐重寶　背滿文寶昌局·當五十
徑 51.59 毫米
重 51.75 克
上海博物館藏

2614
咸豐重寶　背滿文寶昌局·當五十
徑 51.59 毫米
重 52.6 克
上海博物館藏

9.寶福局

2615	2616	2617
咸豐通寶	咸豐通寶	咸豐通寶
背滿文寶福局　鐵母	背滿文寶福局　鐵母	背滿文寶福局　鐵母
徑 28.98 毫米	徑 28.97 毫米	徑 28.29 毫米
重 11 克	重 9.25 克	重 9.9 克
上海博物館藏	上海博物館藏	上海博物館藏
★★★	★★★	★★★

2618
咸豐通寶
背滿文寶福局　鐵母
徑 28.24 毫米
重 5.89 克
存雲亭藏
★★★

2619
咸豐通寶
背滿文寶福局　鐵母
徑 26.73 毫米
重 7.55 克
上海博物館藏
★★★

2620
咸豐通寶
背滿文寶福局　鐵母
徑 26.56 毫米
重 8.9 克
上海博物館藏
★★★

2621
咸豐通寶
背滿文寶福局　鐵母
徑 27.91 毫米
重 6.6 克
陳紀東藏
★★★

2622
咸豐通寶
背滿文寶福局　樣錢
徑 26.45 毫米
重 6.9 克
陳紀東藏
★★

2623
咸豐通寶
背滿文寶福局
徑 27.75 毫米
重 8.95 克
上海博物館藏

2624
咸豐通寶
背滿文寶福局
徑 26.96 毫米
重 8 克
上海博物館藏

2625
咸豐通寶
背滿文寶福局
徑 27.72 毫米
重 7.7 克
存雲亭藏

2626
咸豐通寶
背滿文寶福局
徑 26.8 毫米
重 7.9 克
存雲亭藏

2627
咸豐通寶
背滿文寶福局
徑 25.3 毫米
中國歷史博物館藏

2628
咸豐通寶
背滿文寶福局
徑 24.38 毫米
重 7.3 克
上海博物館藏

2629
咸豐通寶
背滿文寶福局
徑 22.60 毫米
重 4.2 克
上海博物館藏

2630
咸豐通寶
背滿文寶福局
徑 21.64 毫米
重 2.4 克
上海博物館藏

2631
咸豐通寶
背滿文寶福局
徑 21.56 毫米
重 2.2 克
鎮江博物館藏

2632
咸豐通寶
背滿文寶福局
徑 25.34 毫米
重 4.5 克
上海博物館藏

2633	2634	2635	2636	2637
咸豐通寶	咸豐通寶	咸豐通寶	咸豐通寶	咸豐通寶
背滿文寶福局	背滿文寶福局	背滿文寶福局	背滿文寶福局	背滿文寶福局
徑 25.31 毫米	徑 25.3 毫米	徑 25.26 毫米	徑 25.26 毫米	徑 24.81 毫米
重 5.05 克	重 3.8 克	重 4.2 克	重 3.7 克	重 4.15 克
上海博物館藏	上海博物館藏	上海博物館藏	金立夫藏	上海博物館藏

2638	2639	2640	2641	2642
咸豐通寶	咸豐通寶	咸豐通寶	咸豐通寶	咸豐通寶
背滿文寶福局	背滿文寶福局	背滿文寶福局	背滿文寶福局	背滿文寶福局
徑 24.55 毫米	徑 24.53 毫米	徑 24.3 毫米	徑 25.55 毫米	徑 21.17 毫米
重 4.3 克	重 3.5 克	中國歷史博物館藏	重 3.2 克	重 3.15 克
上海博物館藏	上海博物館藏		福建省大田、永春、泉	上海博物館藏
			州、福州當地出土征集	

2643	2644	2645	2646
咸豐通寶	咸豐通寶	咸豐通寶	咸豐通寶
背滿文寶福局	背滿文寶福局　鐵錢	背滿文寶福局　鐵錢	背滿文寶福局　鐵錢
徑 18.05 毫米	徑 26.38 毫米	徑 26.38 毫米	徑 26.38 毫米
重 1.75 克	重 7.3 克	重 6.5 克	重 5.3 克
上海博物館藏	上海博物館藏	王松麟藏	上海博物館藏

2647
咸豐通寶
背滿文寶福局　鐵錢
徑 25.69 毫米
重 7.0 克
鎮江博物館藏

2648
咸豐重寶
背滿文寶福局·五文·
三錢八分
徑 33.18 毫米
重 15.2 克
上海博物館藏
★★★★

2649
咸豐重寶
背滿文寶福局·五文·
三錢八分
徑 33.17 毫米
《中國歷代貨幣大系》
編輯委員會提供
★★★★

2650
咸豐重寶
背滿文寶福局·當五·
二錢五分
徑 31.28 毫米
重 11.8 克
上海博物館藏
★★★

2651
咸豐重寶
背滿文寶福局·當五·
二錢五分
徑 30.5 毫米
重 9.8 克
上海博物館藏
★★★

2652
咸豐重寶
背滿文寶福局·當五·
二錢五分
徑 31.5 毫米
重 9.8 克
上海博物館藏
★★★

2653
大清咸豐通寶
背滿文寶福局·一十
徑 40.75 毫米
《中國歷代貨幣大系》
編輯委員會提供
★★★

2654
大清咸豐通寶
背滿文寶福局·一十
徑 38.9 毫米
中國歷史博物館藏
★★★

2655
咸豐通寶
背漢文一十·七錢五分
徑 41.95 毫米
陳仁濤藏
★★★★

2656
咸豐通寶
背滿文寶福局·一十
徑 40.73 毫米
重 25.2 克
上海博物館藏

2657
咸豐通寶
背滿文寶福局·一十
徑 36.49 毫米
重 21.2 克
選自《清錢珍稀四百種》

2658
咸豐通寶
背滿文寶福局·一十
徑 35.73 毫米
重 23.1 克
上海博物館藏

2659
咸豐通寶
背滿文寶福局·一十
徑 35.59 毫米
重 18.75 克
上海博物館藏

2660
咸豐通寶
背滿文寶福局·一十
徑 36.49 毫米
重 20.9 克
上海博物館藏

2661
咸豐通寶
背滿文寶福局·一十
徑 36.21 毫米
重 19.8 克
上海博物館藏

2662
咸豐通寶
背滿文寶福局·一十
徑 35.56 毫米
重 26.95 克
上海博物館藏

2663
咸豐通寶
背滿文寶福局·一十
徑 35.25 毫米
中國歷史博物館藏

2664
咸豐通寶
背滿文寶福局·一十
徑 34.95 毫米
重 14.45 克
上海博物館藏

2665
咸豐通寶
背滿文寶福局·一十
徑 34.88 毫米
重 17.2 克
上海博物館藏

2666
咸豐通寶
背滿文寶福局·一十
徑 34.87 毫米
重 12.1 克
上海博物館藏

2667
咸豐通寶
背滿文寶福局·一十
徑 34.19 毫米
重 20.05 克
王松麟藏

2668
咸豐通寶
背滿文寶福局·一十
徑 33.15 毫米
重 20.15 克
上海博物館藏

2669
咸豐通寶
背滿文寶福局·一十
徑 31.51 毫米
重 16.15 克
上海博物館藏

2670
咸豐重寶
背滿文寶福局·當一十文·
七錢五分
徑 42.34 毫米
重 35.9 克
上海博物館藏
★★★★

2671
咸豐重寶
背滿文寶福局·當一十文·
七錢五分
徑 41.96 毫米
《中國歷代貨幣大系》
編輯委員會提供
★★★

2672
咸豐重寶
背滿文寶福局·當一十文·
七錢五分
徑 41.96 毫米
陳仁濤藏
★★★★

2673
咸豐重寶
背滿漢文寶福局·一十
徑 36.52 毫米
《中國歷代貨幣大系》
編輯委員會提供
★★★★

2674
咸豐重寶
背滿漢文寶福局·一十
徑 36.54 毫米
《中國歷代貨幣大系》
編輯委員會提供
★★★★

2675
咸豐重寶
背滿文寶福局·一十
徑 36.37 毫米
重 20.1 克
上海博物館藏

2676
咸豐重寶
背滿文寶福局·一十
徑 36.37 毫米
中國歷史博物館藏

2677
咸豐重寶
背滿文寶福局·一十
徑 35.34 毫米
重 15.8 克
上海博物館藏

2678
咸豐重寶
背滿文寶福局·一十
徑 35.02 毫米
重 21.5 克
上海博物館藏

2679
咸豐重寶
背滿文寶福局·一十·
計重五錢
徑 36.49 毫米
重 20.9 克
上海博物館藏

2680
咸豐重寶
背滿文寶福局·一十·
計重五錢
徑 35.31 毫米
重 15.1 克
上海博物館藏

2681
咸豐重寶
背滿文寶福局·一十·
計重五錢
徑 35.38 毫米
重 19 克
上海博物館藏

2682
咸豐重寶
背滿文寶福局·一十·
計重五錢
徑 35.18 毫米
中國歷史博物館藏

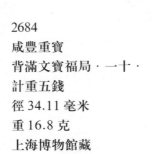
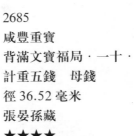

2683
咸豐重寶
背滿文寶福局·一十·
計重五錢
徑 34.78 毫米
重 12.9 克
上海博物館藏

2684
咸豐重寶
背滿文寶福局·一十·
計重五錢
徑 34.11 毫米
重 16.8 克
上海博物館藏

2685
咸豐重寶
背滿文寶福局·一十·
計重五錢　母錢
徑 36.52 毫米
張晏孫藏
★★★★

2686
咸豐重寶
背滿文寶福局·一十·
計重五錢　母錢
徑 36.51 毫米
中國歷史博物館藏
★★★★

2687
咸豐重寶
背滿文寶福局·一十·
計重五錢
徑 37.3 毫米
重 22.75 克
上海博物館藏
★★★

2688
咸豐重寶
背滿文寶福局·一十·
計重五錢
徑 37.23 毫米
重 17.93 克
上海博物館藏
★★★

2689
咸豐重寶
背滿文寶福局·一十·
徑 36.84 毫米
《中國歷代貨幣大系》
編輯委員會提供
★★★

2690
咸豐重寶
背滿文寶福局·一十·
計重五錢
徑 36.18 毫米
中國歷史博物館藏
★★★

2691
咸豐重寶
背滿文寶福局·一十·計重五錢
徑 35.42 毫米
重 19.2 克
上海博物館藏
★★★

2692
咸豐重寶
背滿文寶福局·一十·計重五錢
徑 35.4 毫米
重 19.2 克
上海博物館藏
★★★

2693
咸豐通寶
背漢文二十·壹兩五錢
徑 51.58 毫米
中國歷史博物館藏
★★★

2694
咸豐通寶　背滿文寶福局·二十
徑 50.84 毫米
重 46.2 克
上海博物館藏

2695
咸豐通寶　背滿文寶福局·二十
徑 48.98 毫米
重 49.7 克
選自《清錢珍稀四百種》

2696
咸豐通寶　背滿文寶福局·二十
徑 48.41 毫米
重 52 克
沈子槎藏

2697
咸豐通寶　背滿文寶福局·二十
徑 47.43 毫米
重 54.3 克
上海博物館藏

2698
咸豐通寶　背滿文寶福局·二十
徑 46.25 毫米
重 39.65 克
上海博物館藏

2699
咸豐通寶　背滿文寶福局·二十
徑 45.71 毫米
重 38.25 克
上海博物館藏

2700
咸豐通寶　背滿文寶福局‧二十
徑 44.09 毫米
中國歷史博物館藏

2701
咸豐通寶　背滿文寶福局‧二十
徑 43.45 毫米
重 34.2 克
上海博物館藏

2702
咸豐通寶　背滿文寶福局‧二十
徑 43.13 毫米
重 33.7 克
上海博物館藏

2703
咸豐通寶
背滿文寶福局‧二十
徑 42.66 毫米
重 37.8 克
上海博物館藏

2704
咸豐通寶
背滿文寶福局‧二十
徑 46.43 毫米
重 40.8 克
存雲亭藏

2705
咸豐通寶
背滿文寶福局‧二十
徑 40.02 毫米
重 20.2 克
上海博物館藏
★

2706
咸豐通寶
背滿文寶福局‧二十
徑 39.46 毫米
中國歷史博物館藏
★

2707
咸豐通寶　背滿文寶福局·二十
徑 48.02 毫米
重 56.1 克
上海博物館藏
★

2708
咸豐通寶　背滿文寶福局·二十
徑 46.72 毫米
重 47.75 克
上海博物館藏
★

2709
咸豐通寶　背滿文寶福局·二十
徑 46 毫米
重 43.8 克
中國歷史博物館藏
★

2710
咸豐通寶　背滿文寶福局·二十
徑 45 毫米
重 55.9 克
中國歷史博物館藏
★

2711
咸豐重寶
背滿文寶福局·二十計重一兩　母錢
徑 46.78 毫米
《中國歷代貨幣大系》編輯委員會提供
★★★★

2712
咸豐重寶
背滿文寶福局·當二十文　一兩五錢
徑 48.04 毫米
《中國歷代貨幣大系》編輯委員會提供
★★★

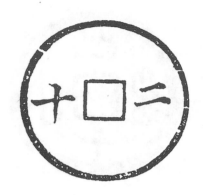

2713
咸豐重寶　背漢文二十
徑 45.46 毫米
重 36.8 克
上海博物館藏
★★★★

2714
咸豐重寶　背漢文二十
徑 44.51 毫米
《中國歷代貨幣大系》編輯委員會提供
★★★★

2715
咸豐重寶　背漢文二十
徑 43.91 毫米
選自《戴葆庭集拓中外錢幣珍品》
★★★★

2716
咸豐重寶　背滿文寶福局·二十
徑 47.41 毫米
重 41.15 克
上海博物館藏

2717
咸豐重寶　背滿文寶福局·二十
徑 45.3 毫米
重 38.9 克
上海博物館藏

2718
咸豐重寶　背滿文寶福局·二十
徑 45.3 毫米
重 37.6 克
上海博物館藏

2719
咸豐重寶　背滿文寶福局·二十
徑 45.24 毫米
重 33.2 克
存雲亭藏

2720
咸豐重寶
背滿文寶福局·二十·計重一兩
徑 47.51 毫米
重 44 克
上海博物館藏

2721
咸豐重寶
背滿文寶福局·二十·計重一兩
徑 46.79 毫米
重 38.55 克
上海博物館藏

2722
咸豐重寶
背滿文寶福局·二十·計重一兩
徑 46.72 毫米
中國歷史博物館藏

2723
咸豐重寶
背滿文寶福局·二十·計重一兩
徑 46.49 毫米
重 38.9 克
上海博物館藏

2724
咸豐重寶
背滿文寶福局·二十·計重一兩
徑 45.44 毫米
重 32.9 克
上海博物館藏

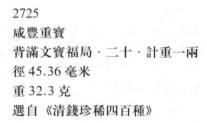

2725
咸豐重寶
背滿文寶福局·二十·計重一兩
徑 45.36 毫米
重 32.3 克
選自《清錢珍稀四百種》

2726
咸豐重寶
背滿文寶福局·二十·計重一兩
徑 46.84 毫米
重 37 克
存雲亭藏

2727
咸豐重寶
背滿文寶福局·二十·計重一兩
徑 46.5 毫米
重 35.25 克
王連根藏

2728
咸豐重寶
背滿文寶福局·二十·計重一兩
徑 46.71 毫米
重 43.8 克
存雲亭藏

2729
咸豐重寶
背滿文寶福局·二十·計重一兩
徑 45.08 毫米
重 29.65 克
上海博物館藏

2730
咸豐重寶
背滿文寶福局·二十·計重一兩
徑 45.08 毫米
重 25 克
上海博物館藏

2731
咸豐重寶
背滿文寶福局·二十·計重一兩
徑 43.98 毫米
重 33.2 克
上海博物館藏

2732
咸豐重寶
背滿文寶福局·二十·計重一兩
徑 43.49 毫米
重 27.7 克
上海博物館藏

2733
咸豐重寶
背滿文寶福局·二十·輪計重一兩
徑 46.07 毫米
曾澤禄藏

2734
咸豐重寶
背滿文寶福局·二十·計重一兩
徑 47.02 毫米
重 37.7 克
上海博物館藏
★★★

2735
咸豐重寶
背滿文寶福局·二十·計重一兩
徑 47.02 毫米
中國歷史博物館藏
★★★

2736
咸豐重寶
背滿文寶福局·當五十　雕母
徑 50 毫米
重 77.5 克
陳仁濤藏
★★★★

2737
咸豐重寶
背滿文寶福局・五十・二兩五錢　母錢
徑 57 毫米
重 103.4 克
沈子槎藏
★★★

2738
咸豐重寶　背漢文五十
徑 55.89 毫米
重 79.7 克
上海博物館藏
★★★★

2739
咸豐通寶　背滿文寶福局・五十
徑 58.15 毫米
重 104.2 克
金立夫藏

2740
咸豐通寶　背滿文寶福局・五十
徑 57.48 毫米
重 95.55 克
上海博物館藏

2741
咸豐通寶　背滿文寶福局・五十
徑 56.87 毫米
重 91.8 克
王連根藏

2742
咸豐通寶　背滿文寶福局・五十
徑 56.22 毫米
中國歷史博物館藏

2743
咸豐通寶　背滿文寶福局·
五十
徑 55.3 毫米
重 93.3 克
上海博物館藏

2744
咸豐通寶　背滿文寶福局·五十
徑 53.34 毫米
重 83.4 克
上海博物館藏

2745
咸豐通寶　背滿文寶福局·五十
徑 55.9 毫米
重 83.3 克
王連根藏

2746
咸豐通寶　背滿文寶福局·五十
徑 56.96 毫米
重 97.35 克
上海博物館藏

2747
咸豐通寶　背滿文寶福局·五十
徑 56.05 毫米
重 94.5 克
上海博物館藏

2748
咸豐通寶　背滿文寶福局·五十
徑 67.38 毫米
陳崇相藏
★★

2749
咸豐通寶　背滿文寶福局·五十
徑 65.81 毫米
戴葆庭舊藏
★★

2750
咸豐重寶　背滿文寶福局・五十
徑 57.01 毫米
重 98.9 克
上海博物館藏

2751
咸豐重寶　背滿文寶福局・五十
徑 56.31 毫米
重 94 克
金立夫藏

2752
咸豐重寶　背滿文寶福局・五十
徑 54.54 毫米
中國歷史博物館藏

2753
咸豐重寶
背滿文寶福局
徑 53.95 毫米
《中國歷代貨幣大系》編輯委員會提供

2754
咸豐重寶
背滿文寶福局・五十・二兩五錢
徑 58.22 毫米
重 102.9 克
選自《清錢珍稀四百種》
★

2755
咸豐重寶
背滿文寶福局·五十·二兩五錢
徑 58.22 毫米
重 108.1 克
枕石齋藏
★

2756
咸豐重寶
背滿文寶福局·五十·二兩五錢
徑 57.9 毫米
重 94.2 克
上海博物館藏
★

2757
咸豐重寶
背滿文寶福局·五十·二兩五錢
徑 57.33 毫米
中國歷史博物館藏
★

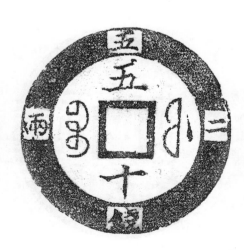

2758
咸豐重寶
背滿文寶福局·五十·二兩五錢
徑 57.08 毫米
重 89.9 克
上海博物館藏
★

2759
咸豐重寶
背滿文寶福局・五十・二兩五錢
徑 56.35 毫米
重 93.3 克
上海博物館藏
★

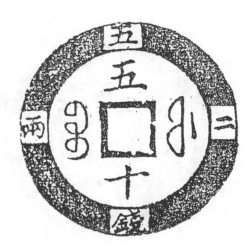

2760
咸豐通寶
背滿文寶福局・五十・二兩五錢
徑 56.26 毫米
存雲亭提供
★

2761
咸豐重寶
背滿文寶福局・五十・二兩五錢
徑 57.52 毫米
重 112.5 克
上海博物館藏
★★★

2762
咸豐重寶
背滿文寶福局・五十・二兩五錢
徑 56.95 毫米
重 110.2 克
上海博物館藏
★★★

2763
咸豐重寶　背滿文寶福局·五十·二兩五錢
徑 55.88 毫米
戴葆庭舊藏
★★★

2764
咸豐通寶　背滿文寶福局·一百　雕母
徑 68.59 毫米
《中國歷代貨幣大系》編輯委員會提供
★★★★

2765
咸豐通寶　背滿文寶福局·一百　樣錢
徑 70.74 毫米
《中國歷代貨幣大系》編輯委員會提供
★★★

2766
咸豐通寶　背滿文寶福局·一百
徑 74.48 毫米
重 191.3 克
上海博物館藏
★

2767
咸豐通寶　背滿文寶福局·一百
徑 70.6 毫米
重 178.1 克
上海博物館藏
★

2768
咸豐通寶　背滿文寶福局·一百
徑 70.38 毫米
重 197.2 克
枕石齋藏
★

2769
咸豐通寶　背滿文寶福局·一百
徑 70.11 毫米
重 181.1 克
枕石齋藏
★

2770
咸豐通寶　背滿文寶福局·一百
徑 69.88 毫米
重 198.25 克
上海博物館藏
★

2771
咸豐通寶　背滿文寶福局·一百
徑 69.53 毫米
重 312 克
選自《清錢珍稀四百種》
★

2772
咸豐通寶　背滿文寶福局·一百
徑 69.53 毫米
重 177.4 克
上海博物館藏
★

2773
咸豐通寶　背滿文寶福局·一百
徑 67.04 毫米
重 155 克
上海博物館藏
★

2774
咸豐通寶　背滿文寶福局·一百
徑 66.74 毫米
重 138.2 克
上海博物館藏
★

2775
咸豐通寶　背滿文寶福局·一百
徑 66.74 毫米
中國歷史博物館藏
★

2776
咸豐通寶　背滿文寶福局·一百
徑 70.67 毫米
重 211.3 克
上海博物館藏
★

2777
咸豐通寶　背滿文寶福局·一百
徑 69.21 毫米
重 153.6 克
上海博物館藏
★

2778
咸豐通寶　背滿文寶福局·一百
徑 75 毫米
重 181.4 克
上海博物館藏
★★

2779
咸豐通寶　背滿文寶福局·一百
徑 75 毫米
重 226.3 克
選自《清錢珍稀四百種》
★★

2780
咸豐通寶　背滿文寶福局·一百
徑 72.94 毫米
重 230 克
選自《清錢珍稀四百種》
★★

2781
咸豐通寶　背滿文寶福局·一百
徑 72.29 毫米
《中國歷代貨幣大系》編輯委員會提供
★★

2782
咸豐重寶　背滿文寶福局·一百
徑 71.64 毫米
重 182.75 克
上海博物館藏

2783
咸豐重寶　背滿文寶福局·一百
徑 71.58 毫米
重 197.8 克
枕石齋藏

2784
咸豐重寶　背滿文寶福局·一百
徑 71.43 毫米
重 186.3 克
王連根藏

2785
咸豐重寶　背滿文寶福局·一百
徑 70.91 毫米
重 199.35 克
上海博物館藏

2786
咸豐重寶　背滿文寶福局·一百
徑 70.06 毫米
重 166.39 克
枕石齋藏

2787
咸豐重寶　背滿文寶福局·一百
徑 69.16 毫米
中國歷史博物館藏

2788
咸豐重寶　背滿文寶福局·一百
徑 67.93 毫米
重 185 克
鎮江博物館藏

2789
咸豐重寶　背滿文寶福局·一百
徑 66.44 毫米
重 190.05 克
鎮江博物館藏

2790
咸豐重寶　背滿文寶福局·一百·計重五兩
徑 80 毫米
重 147 克
存雲亭提供
★★★★

2791
咸豐重寶　背滿文寶福局·一百·計重五兩
徑 80.47 毫米
重 122.4 克
鎮江博物館藏
★★★★

2792
咸豐重寶　背滿文寶福局‧一百‧計重五兩
徑 71.92 毫米
重 182.7 克
上海博物館藏
★★★★

2793
咸豐重寶　背滿文寶福局‧一百‧計重五兩
徑 70.94 毫米
重 167 克
鄒誌諒提供
★★★★

2794
咸豐重寶　背滿文寶福局‧一百‧計重五兩
徑 70.4 毫米
重 188.1 克
上海博物館藏
★★★★

2795
咸豐重寶　背滿文寶福局・一百・計重五兩
徑 71.08 毫米
重 183.3 克
上海博物館藏
★★★★

2796
咸豐重寶　背滿文寶福局・一百・計重五兩
徑 70.66 毫米
存雲亭提供
★★★★

2797
咸豐重寶　背滿文寶福局・一百・計重五兩
徑 70.53 毫米
重 186.2 克
枕石齋藏
★★★★

2798
咸豐重寶　背滿文寶福局·一百·計重五兩
徑 69.05 毫米
中國歷史博物館藏
★★★★

2799
咸豐重寶　背滿文寶福局
徑 32.55 毫米
《中國歷代貨幣大系》
編輯委員會提供

2800
咸豐重寶　背滿文寶福局上●
徑 31.87 毫米
《中國歷代貨幣大系》
編輯委員會提供

2801
咸豐重寶　背滿文寶福局
徑 39.6 毫米
《中國歷代貨幣大系》
編輯委員會提供

10.寶浙局

2802
咸豐通寶
背滿文寶浙局　雕母
徑 23.49 毫米
選自《戴葆庭集拓中
外錢幣珍品》
★★★★

2803
咸豐通寶
背滿漢文浙
徑 25.59 毫米
重 5.25 克
上海博物館藏

2804
咸豐通寶
背滿文寶浙局
徑 21.75 毫米
重 2 克
上海博物館藏

2805	2806	2807	2808	2809
咸豐通寶	咸豐通寶	咸豐通寶	咸豐通寶	咸豐通寶
背滿文寶浙局	背滿文寶浙局	背滿文寶浙局	背滿文寶浙局	背滿文寶浙局
徑 18.82 毫米	徑 23.2 毫米	徑 21.17 毫米	徑 20.48 毫米	徑 20.41 毫米
重 3.3 克	重 3.3 克	重 4.05 克	重 3 克	重 3.8 克
上海博物館藏	上海博物館藏	上海博物館藏	上海博物館藏	上海博物館藏

2810	2811	2812	2813
咸豐通寶　背滿文寶浙局	咸豐通寶　背滿文寶浙局	咸豐通寶　背滿文寶浙局	咸豐通寶　背滿文寶浙局
徑 20.06 毫米	徑 19.65 毫米	徑 18.82 毫米	徑 17.07 毫米
重 3.35 克	重 3 克	重 3.3 克	重 2 克
上海博物館藏	上海博物館藏	上海博物館藏	上海博物館藏

2814
咸豐重寶　背滿文寶浙局·十
徑 38.58 毫米
重 15.5 克
上海博物館藏
★★★★

2815
咸豐重寶　背滿漢文浙·當十
徑 37.3 毫米
重 22.2 克
上海博物館藏
★★★

2816
咸豐重寶
背滿漢文浙·當十
徑 37.3 毫米
重 17.7 克
上海博物館藏
★★★

2817
咸豐重寶
背滿文寶浙局·當十　樣錢
徑 36.46 毫米
重 12.08 克
王松麟藏
★★

2818
咸豐重寶
背滿文寶浙局·當十
徑 39.35 毫米
重 15.2 克
上海博物館藏

2819
咸豐重寶
背滿文寶浙局·當十
徑 38.26 毫米
重 17.1 克
上海博物館藏

2820
咸豐重寶
背滿文寶浙局·當十
徑 37.57 毫米
重 18.15 克
上海博物館藏

2821
咸豐重寶
背滿文寶浙局·當十
徑 37.57 毫米
重 17.25 克
上海博物館藏

2822
咸豐重寶
背滿文寶浙局·當十
徑 38.57 毫米
重 18.5 克
上海博物館藏

2823
咸豐重寶
背滿文寶浙局·當十
徑 37.41 毫米
重 14.6 克
上海博物館藏

2824
咸豐重寶
背滿文寶浙局·當十
徑 36.83 毫米
重 12.5 克
上海博物館藏

2825
咸豐重寶
背滿文寶浙局·當十
徑 36.82 毫米
重 12.1 克
上海博物館藏

2826
咸豐重寶
背滿文寶浙局·當十
徑 36.82 毫米
重 11.9 克
上海博物館藏

2827
咸豐重寶
背滿文寶浙局·當十
徑 36.74 毫米
重 12.6 克
上海博物館藏

2828
咸豐重寶
背滿文寶浙局·當十
徑 36.71 毫米
中國歷史博物館藏

2829
咸豐重寶
背滿文寶浙局·當十
徑 36.15 毫米
重 16 克
上海博物館藏

2830
咸豐重寶
背滿文寶浙局·當十
徑 36.66 毫米
重 14.1 克
上海博物館藏

2831
咸豐重寶
背滿文寶浙局·當十
徑 36.65 毫米
重 14.2 克
上海博物館藏

2832
咸豐重寶　背滿文寶浙局·當十
徑 36.64 毫米
重 15.7 克
上海博物館藏

2833
咸豐重寶　背滿文寶浙局·當十
徑 36.55 毫米
重 16.1 克
上海博物館藏

2834
咸豐重寶　背滿文寶浙局·當十
徑 36.3 毫米
重 15.4 克
上海博物館藏

2835
咸豐重寶　背滿文寶浙局·當十
徑 36.7 毫米
重 17.5 克
存雲亭藏

2836
咸豐重寶　背滿文寶浙局·當十
徑 35.74 毫米
重 17.71 克
存雲亭藏

2837
咸豐重寶　背滿文寶浙局·當十
徑 35.49 毫米
重 15.35 克
王松麟藏

2838
咸豐重寶　背滿文寶浙局·當十
徑 34.65 毫米
重 9.7 克
上海博物館藏

2839
咸豐重寶　背滿文寶浙局　合背
徑 36.64 毫米
重 15.75 克
上海博物館藏

2840
咸豐重寶　背滿文寶浙局·當十　合面
徑 34.57 毫米
中國歷史博物館藏

2841
咸豐重寶
背滿文寶浙局·當十·雙列
十五枚錢樹
長 507 毫米
寬 95 毫米
旅順市博物館藏
★★

2842
咸豐重寶　背滿漢文浙·
當二十
徑 40.08 毫米
重 37.9 克
上海博物館藏
★★★

2843
咸豐重寶　背滿漢文浙·
當二十
徑 39.61 毫米
選自《戴葆庭集拓中外錢
幣珍品》
★★★

2844
咸豐重寶　背滿漢文浙·
當二十
徑 39.61 毫米
選自《戴葆庭集拓中外錢
幣珍品》
★★★

2845
咸豐重寶　背滿文寶浙
局·當二十
徑 32.25 毫米
重 9.1 克
上海博物館藏
★★★

2846
咸豐重寶
背滿文寶浙局·當二十
徑 31.72 毫米
選自《戴葆庭集拓中外
錢幣珍品》
★★★

2847
咸豐重寶
背滿漢文浙·當三十
徑 46.2 毫米
重 54.5 克
上海博物館藏
★★★

2848
咸豐重寶
背滿漢文浙·當三十
徑 46.74 毫米
選自《戴葆庭集拓中外錢幣
珍品》
★★★

2849
咸豐重寶
背滿文寶浙局·當三十
徑 34.21 毫米
重 12.5 克
上海博物館藏
★★★

2850
咸豐重寶　背滿文寶浙局·當三十
徑 33.85 毫米
選自《戴葆庭集拓中外錢幣珍品》
★★★

2851
咸豐重寶　背滿文寶浙局·當三十
徑 32.71 毫米
選自《戴葆庭集拓中外錢幣珍品》
★★★

2852
咸豐重寶　背滿漢文浙·當四十
徑 53.2 毫米
重 84 克
上海博物館藏
★★★

2853
咸豐重寶　背滿漢文浙·當四十
徑 51.6 毫米
選自《戴葆庭集拓中外錢幣珍品》
★★★

2854
咸豐重寶　背滿漢文浙·當四十
徑 51.59 毫米
中國歷史博物館藏
★★★

2855
咸豐重寶　背滿文寶浙局·當四十
徑 40.07 毫米
重 18.5 克
上海博物館藏
★★★

2856
咸豐重寶　背滿文寶浙局·當四十
徑 39.31 毫米
選自《戴葆庭集拓中外錢幣珍品》
★★★

2857
咸豐重寶　背滿文寶浙局·當五十
樣錢
徑 53.85 毫米
張絅伯藏
★★★

2858
咸豐重寶　背滿漢文浙·當五十
徑 59.33 毫米
重 84.2 克
上海博物館藏
★★★

2859
咸豐重寶　背滿漢文浙·當五十
徑 53.85 毫米
重 116.3 克
上海博物館藏
★★★

2860
咸豐重寶　背滿文寶浙局·當五十
徑 51.27 毫米
重 100.2 克
上海博物館藏
★★★

2861
咸豐重寶　背滿文寶浙局·當五十
徑 42.74 毫米
重 25 克
上海博物館藏
★★★

2862
咸豐重寶　背滿文寶浙局・當五十
徑 43.38 毫米
重 18.5 克
上海博物館藏
★★★

2863
咸豐重寶　背滿漢文浙・當百
徑 69.96 毫米
重 190 克
上海博物館藏
★★★

2864
咸豐重寶　背滿漢文浙・當百
徑 69.86 毫米
重 118.1 克
上海博物館藏
★★★

2865
咸豐重寶　背滿文寶浙局·百
徑 46.88 毫米
選自《戴葆庭集拓中外錢幣珍品》
★★★

2866
咸豐重寶　背滿文寶浙局·百
徑 48 毫米
重 46.4 克
陳仁濤藏
★★★

2867
咸豐重寶　背滿文寶浙局·百
徑 46.16 毫米
重 47.3 克
上海博物館藏
★★★

11. 寶濟局

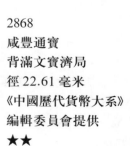
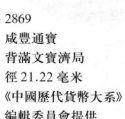
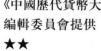

2868
咸豐通寶
背滿文寶濟局
徑 22.61 毫米
《中國歷代貨幣大系》
編輯委員會提供
★★

2869
咸豐通寶
背滿文寶濟局
徑 21.22 毫米
《中國歷代貨幣大系》
編輯委員會提供
★★

2870
咸豐通寶
背滿文寶濟局
徑 21 毫米
《中國歷代貨幣大系》
編輯委員會提供
★★

2871
咸豐重寶
背滿文寶濟局・當十
徑 36.35 毫米
曾澤祿藏
★★

2872
咸豐重寶
背滿文寶濟局・當十
徑 36.1 毫米
《中國歷代貨幣大系》
編輯委員會提供
★★

2873
咸豐重寶
背滿文寶濟局・當十
徑 34.83 毫米
中國歷史博物館藏
★★

2874
咸豐重寶
背滿文寶濟局・當十
徑 31.62 毫米
中國歷史博物館藏
★★

2875
咸豐重寶
背滿文寶濟局・當十
徑 33.38 毫米
重 20.2 克
枕石齋藏
★★

2876
咸豐重寶
背滿文寶濟局・當十
徑 32.43 毫米
重 11.4 克
枕石齋藏
★★

2877
咸豐重寶
背滿文寶濟局・當十
徑 31.62 毫米
重 19.9 克
上海博物館藏
★★

2878
咸豐重寶
背滿文寶濟局・當十
徑 31.62 毫米
重 17.7 克
上海博物館藏
★★

2879
咸豐重寶　背滿文寶濟局·當五十
徑 43.6 毫米
《中國歷代貨幣大系》編輯委員會提供
★★

2880
咸豐重寶　背滿文寶濟局·當五十
徑 42.31 毫米
重 37.25 克
上海博物館藏
★★

2881
咸豐重寶　背滿文寶濟局·當五十
重 34.85 克
上海博物館藏
★★

2882
咸豐重寶　背滿文寶濟局·當五十
徑 40.99 毫米
中國歷史博物館藏
★★

2883
咸豐重寶　背滿文寶濟局·當五十
徑 40.99 毫米
枕石齋藏
★★

2884
咸豐元寶　背滿文寶濟局·當百
徑 57.92 毫米
重 50.1 克
上海博物館藏
★★

2885
咸豐元寶　背滿文寶濟局·當百
徑 56.17 毫米
中國歷史博物館藏
★★

2886
咸豐元寶　背滿文寶濟局·當百
徑 55.82 毫米
枕石齋藏
★★

2887
咸豐元寶　背滿文寶濟局·當百
徑 53.69 毫米
重 54.4 克
上海博物館藏
★★

2888
咸豐元寶　背滿文寶濟局·當百
徑 53.7 毫米
孫師匡藏
★★

12. 寶雲局

2889
咸豐通寶
背滿文寶雲局
徑 21.77 毫米
重 2.4 克
上海博物館藏

2890
咸豐通寶
背滿文寶雲局
徑 21.64 毫米
重 2.5 克
存雲亭藏

2891
咸豐通寶
背滿文寶雲局
徑 25.24 毫米
重 6.5 克
選自《清錢珍稀
四百種》

2892	2893	2894	2895	2896
咸豐通寶	咸豐通寶	咸豐通寶	咸豐通寶	咸豐通寶
背滿文寶雲局	背滿文寶雲局	背滿文寶雲局	背滿文寶雲局	背滿文寶雲局
徑 25.14 毫米	徑 24.73 毫米	徑 23.96 毫米	徑 22.62 毫米	徑 20.22 毫米
重 3 克	重 4.8 克	重 4.3 克	重 3.1 克	重 2.4 克
上海博物館藏	上海博物館藏	上海博物館藏	上海博物館藏	上海博物館藏

2897	2898	2899	2900	2901
咸豐通寶	咸豐通寶	咸豐通寶	咸豐通寶	咸豐通寶
背滿文寶雲局	背滿文寶雲局	背滿文寶雲局上l	背滿文寶雲局上⌣	背滿文寶雲局上⌣
徑 20.08 毫米	徑 16.18 毫米	徑 26.38 毫米	徑 25.19 毫米	徑 24.65 毫米
重 2.45 克	重 0.9 克	重 6.35 克	重 5.9 克	中國歷史博物館藏
上海博物館藏	存雲亭藏	上海博物館藏	上海博物館藏	

2902	2903	2904	2905	2906
咸豐通寶	咸豐通寶	咸豐通寶	咸豐通寶	咸豐通寶
背滿文寶雲局上⌣	背滿文寶雲局上○	背滿文寶雲局上○	背滿文寶雲局上○	背滿文寶雲局上○
徑 21.02 毫米	徑 24.53 毫米	徑 23.65 毫米	徑 21.36 毫米	徑 20.01 毫米
中國歷史博物館藏	重 4.75 克	中國歷史博物館藏	重 2.75 克	重 3 克
	上海博物館藏		上海博物館藏	上海博物館藏

2907
咸豐通寶
背滿文寶雲局上〇
徑 20.9 毫米
重 2.7 克
上海博物館藏

2908
咸豐通寶
背滿文寶雲局下〇
徑 21.06 毫米
重 3.2 克
上海博物館藏

2909
咸豐通寶
背滿文寶雲局下〇
徑 21.06 毫米
重 3.25 克
上海博物館藏

2910
咸豐通寶
背滿文寶雲局上●
徑 21.15 毫米
重 2.8 克
上海博物館藏

2911
咸豐通寶
背滿文寶雲局上□下⌒
徑 23 毫米
重 3.3 克
上海博物館藏

2912
咸豐通寶
背滿文寶雲局上□下⌒
徑 22.31 毫米
中國歷史博物館藏

2913
咸豐通寶
背滿文寶雲局上□
徑 22.17 毫米
重 3.6 克
上海博物館藏

2914
咸豐通寶　背滿漢文
寶雲局上金、下⊙
徑 22.17 毫米
重 3.5 克
上海博物館藏

2915
咸豐通寶　背滿文
寶雲局上金、下⊙
徑 22.09 毫米
重 2.8 克
鎮江博物館藏

2916
咸豐通寶　背滿文
寶雲局上金、下⊙
徑 22.31 毫米
中國歷史博物館藏

2917
咸豐通寶
背滿文寶雲局三
徑 21.49 毫米
中國歷史博物館藏

2918
咸豐通寶
背滿文寶雲局四
徑 21.49 毫米
中國歷史博物館藏

2919
咸豐通寶
背滿文寶雲局五
徑 21.77 毫米
中國歷史博物館藏

2920
咸豐通寶
背滿漢文寶雲局背六
徑 23.24 毫米
重 3.4 克
金立夫藏

2921
咸豐通寶
背滿文寶雲局 8
徑 20.49 毫米
中國歷史博物館藏

2922
咸豐通寶
背滿文寶雲局上×
徑 20.9 毫米
重 2.6 克
上海博物館藏

2923
咸豐通寶
背滿文寶雲局上
徑 21.77 毫米
中國歷史博物館藏

2924
咸豐通寶
背滿文寶雲局工
徑 20.22 毫米
重 2.9 克
上海博物館藏

2925
咸豐通寶
背滿文寶雲局蝠紋
徑 21.56 毫米
中國歷史博物館藏

2926
咸豐通寶
背滿文寶雲局蝠紋
徑 21.77 毫米
中國歷史博物館藏

2927
咸豐通寶
背滿文寶雲局　鐵錢
徑 23.76 毫米
重 4.4 克
金立夫藏

2928
咸豐重寶
背滿文寶雲局·當十
徑 39.92 毫米
重 30.4 克
王連根藏

2929
咸豐重寶
背滿文寶雲局·當十
徑 39.42 毫米
重 22.65 克
上海博物館藏

2930
咸豐重寶
背滿文寶雲局·當十
徑 38.75 毫米
重 16.6 克
方家禮藏

2931
咸豐重寶
背滿文寶雲局·當十
徑 38.74 毫米
重 15.95 克
上海博物館藏

2932
咸豐重寶
背滿文寶雲局·當十
徑 38.19 毫米
重 13.51 克
王松麟藏

2933
咸豐重寶
背滿文寶雲局·當十
徑 37.7 毫米
重 15.15 克
王連根藏

2934
咸豐重寶
背滿文寶雲局·當十
徑 37.42 毫米
重 14.3 克
上海博物館藏

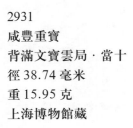

2935
咸豐重寶　背滿文寶雲局·當十
徑 36.95 毫米
中國歷史博物館藏

2936
咸豐重寶　背滿文寶雲局·當十　雙胎
徑 39.31 毫米
重 18.4 克
王連根藏

2937
咸豐重寶　背滿文寶雲局·當五十
徑 60.06 毫米
重 72.6 克
選自《清錢珍稀四百種》

2938
咸豐重寶　背滿文寶雲局·當五十
徑 55.91 毫米
中國歷史博物館藏

2939
咸豐重寶　背滿文寶雲局·當五十
徑 55.54 毫米
重 68.3 克
上海博物館藏

2940
咸豐重寶　背滿文寶雲局·當五十
徑 54.07 毫米
重 50.5 克
上海博物館藏

2941
咸豐重寶　背滿文寶雲局·當五十
徑 52.85 毫米
重 44.9 克
選自《清錢珍稀四百種》

13. 寶川局

2942
咸豐通寶
背滿文寶川局　雕母
徑 23.47 毫米
中國歷史博物館藏
★★★★

2943
咸豐通寶
背滿文寶川局 8　雕母
徑 22.65 毫米
中國歷史博物館藏
★★★★

2944
咸豐通寶
背滿文寶川局⊥　雕母
徑 22.65 毫米
中國歷史博物館藏
★★★★

2945
咸豐通寶
背滿文寶川局≟　雕母
徑 22.65 毫米
中國歷史博物館藏
★★★★

2946
咸豐通寶
背滿文寶川局　母錢
徑 21.38 毫米
中國歷史博物館藏
★★★

2947
咸豐通寶
背滿文寶川局乙　母錢
徑 22.65 毫米
中國歷史博物館藏
★★★

2948
咸豐通寶
背滿文寶川局三　母錢
徑 22.65 毫米
中國歷史博物館藏
★★★

2949
咸豐通寶
背滿文寶川局　樣錢
徑 26.14 毫米
重 5.4 克
枕石齋藏
★★

2950
咸豐通寶
背滿文寶川局
徑 24.39 毫米
重 4.5 克
選自《清錢珍稀
四百種》

2951
咸豐通寶
背滿文寶川局
徑 21.42 毫米
重 4.35 克
上海博物館藏

2952
咸豐通寶
背滿文寶川局
徑 20.52 毫米
重 2.25 克
上海博物館藏

2953
咸豐通寶
背滿文寶川局
徑 19.79 毫米
重 2.3 克
上海博物館藏

2954
咸豐通寶
背滿文寶川局(
徑 21 毫米
重 2 克
上海博物館藏

2955	2956	2957	2958	2959
咸豐通寶	咸豐通寶	咸豐通寶	咸豐通寶	咸豐重寶　背滿文
背滿文寶川局 8	背滿文寶川局上文	背滿文寶川局下蝠紋	背滿文寶川局上□	寶川局・當十　雕母
徑 22.85 毫米	徑 22.65 毫米	徑 22.85 毫米	徑 22.05 毫米	徑 35.69 毫米
重 4 克	重 4.1 克	中國歷史博物館藏	中國歷史博物館藏	中國歷史博物館藏
上海博物館藏	上海博物館藏			★★★★

2960	2961	2962	2963
咸豐重寶	咸豐重寶	咸豐重寶	咸豐重寶
背滿文寶川局・當十　母錢	背滿文寶川局・當十	背滿文寶川局・當十	背滿文寶川局・當十
徑 35.69 毫米	徑 35.69 毫米	徑 35.69 毫米	徑 35.69 毫米
重 14.2 克	重 17.6 克	重 16.8 克	重 15.6 克
枕石齋藏	上海博物館藏	上海博物館藏	上海博物館藏
★★★			

2964
咸豐重寶
背滿文寶川局·當十
徑 34.5 毫米
重 15.25 克
上海博物館藏

2965
咸豐重寶
背滿文寶川局·當十
徑 34.5 毫米
重 15.4 克
上海博物館藏

2966
咸豐重寶
背滿文寶川局·當十
徑 34.5 毫米
重 15.4 克
上海博物館藏

2967
咸豐重寶　背滿文
寶川局·當五十　母錢
徑 43.89 毫米
重 37.44 克
上海博物館藏
★★★

2968
咸豐重寶　背滿文
寶川局·當五十　樣錢
徑 50.02 毫米
重 45.15 克
上海博物館藏
★★

2969
咸豐重寶　背滿文寶川局·當五十
徑 49.19 毫米
中國歷史博物館藏

2970
咸豐重寶　背滿文寶川局·當五十
徑 49.19 毫米
重 37.85 克
上海博物館藏

2971
咸豐重寶　背滿文寶川局·當五十
徑 48.65 毫米
重 42.4 克
選自《清錢珍稀四百種》

2972
咸豐元寶　背滿文寶川局·當百　母錢
徑 49.9 毫米
重 50.3 克
上海博物館藏
★★★

2973
咸豐元寶　背滿文寶川局·當百
徑 55.82 毫米
重 65.25 克
上海博物館藏

2974
咸豐元寶　背滿文寶川局·當百
徑 55.13 毫米
重 58.2 克
上海博物館藏

2975
咸豐元寶　背滿文寶川局·當百
徑 55.06 毫米
重 56.7 克
上海博物館藏

2976
咸豐元寶　背滿文寶川局·當百
徑 54.99 毫米
重 63.5 克
王連根藏

2977
咸豐元寶　背滿文寶川局‧當百
徑 53.72 毫米
重 55.4 克
選自《清錢珍稀四百種》

2978
咸豐元寶　背滿文寶川局‧當百
徑 53 毫米
重 47.9 克
上海博物館藏

2979
咸豐元寶　背滿文寶川局‧當百
徑 52.97 毫米
重 61.4 克
上海博物館藏

2980
咸豐元寶　背滿文寶川局‧當百
徑 52.58 毫米
中國歷史博物館藏

2981
咸豐元寶　背滿文寶川局‧當百
徑 52.58 毫米
中國歷史博物館藏

2982
咸豐元寶　背滿文寶川局‧當百
徑 52.16 毫米
重 46.25 克
上海博物館藏

2983
咸豐元寶　背滿文寶川局·當百
徑 54.64 毫米
重 52.45 克
上海博物館藏

14. 寶鞏局

2984	2985	2986
咸豐通寶	咸豐通寶	咸豐通寶
背滿文寶鞏局	背滿文寶鞏局	背滿文寶鞏局·當二
徑 19.85 毫米	徑 19.05 毫米	徑 26.51 毫米
重 2.85 克	重 3.05 克	《中國歷代貨幣大系》
上海博物館藏	上海博物館藏	編輯委員會提供
		★★★

2987
咸豐通寶
背滿文寶鞏局·當二
徑 25.79 毫米
《中國歷代貨幣大系》
編輯委員會提供
★★★

2988
咸豐重寶
背滿文寶鞏局·當五
徑 28.55 毫米
重 9 克
上海博物館藏

2989
咸豐重寶
背滿文寶鞏局·當五
徑 28.35 毫米
重 7.8 克
金立夫藏

2990
咸豐重寶
背滿文寶鞏局·當五
徑 28.33 毫米
重 6.9 克
上海博物館藏

2991
咸豐重寶
背滿文寶鞏局·當五
徑 26.55 毫米
重 6.25 克
王松麟藏

2992
咸豐重寶
背滿文寶鞏局·當五
徑 24.86 毫米
重 6.68 克
上海博物館藏

2993
咸豐重寶
背滿文寶鞏局·當五
徑 25.79 毫米
重 5.4 克
金立夫藏

2994
咸豐重寶
背滿文寶鞏局·當五
徑 25.51 毫米
重 5.58 克
王松麟藏

2995
咸豐重寶
背滿文寶鞏局·當五
徑 27.94 毫米
重 7.55 克
上海博物館藏

2996
咸豐重寶
背滿文寶鞏局·當五
徑 24.8 毫米
中國歷史博物館藏

2997
咸豐重寶
背滿文寶鞏局·當五
徑 26.13 毫米
重 6.25 克
上海博物館藏

2998
咸豐重寶
背滿文寶鞏局·當五
徑 27.22 毫米
重 10.4 克
上海博物館藏

2999
咸豐重寶
背滿文寶鞏局·當五
徑 27.31 毫米
重 9.1 克
上海博物館藏

3000
咸豐重寶
背滿文寶鞏局·當五
徑 24.83 毫米
重 4.65 克
上海博物館藏

3001
咸豐重寶
背滿文寶鞏局·當五
徑 26.09 毫米
重 7.55 克
上海博物館藏

3002
咸豐重寶
背滿文寶鞏局·當五
徑 27.08 毫米
中國歷史博物館藏

3003
咸豐重寶
背滿文寶鞏局·當五
徑 29.3 毫米
重 7.3 克
上海博物館藏

3004
咸豐重寶
背滿文寶鞏局·當五
徑 26.52 毫米
重 6.2 克
上海博物館藏

3005
咸豐重寶
背滿文寶鞏局·當五
徑 28.4 毫米
重 9.4 克
陳起成藏

3006
咸豐重寶
背滿文寶鞏局·當五
徑 27.57 毫米
重 6.1 克
枕石齋藏

3007
咸豐重寶　背滿文
寶鞏局·當五
徑 26.42 毫米
重 6.2 克
上海博物館藏

3008
咸豐重寶　背滿文
寶鞏局·當五
徑 26.16 毫米
《中國歷代貨幣大系》
編輯委員會提供

3009
咸豐重寶　背滿文
寶鞏局·當十
徑 38.09 毫米
重 22.9 克
上海博物館藏

3010
咸豐重寶　背滿文
寶鞏局·當十
徑 34.9 毫米
重 19.05 克
上海博物館藏

3011
咸豐重寶
背滿文寶鞏局·當十
徑 34.78 毫米
重 13.95 克
上海博物館藏

3012
咸豐重寶
背滿文寶鞏局·當十
徑 34.71 毫米
重 14.8 克
金立夫藏

3013
咸豐重寶
背滿文寶鞏局·當十
徑 34.4 毫米
重 11.8 克
陳起成藏

3014
咸豐重寶
背滿文寶鞏局·當十
徑 33.79 毫米
重 12.4 克
上海博物館藏

3015
咸豐重寶
背滿文寶鞏局·當十
徑 32.59 毫米
重 15.1 克
上海博物館藏

3016
咸豐重寶
背滿文寶鞏局·當十
徑 31.9 毫米
重 11.55 克
上海博物館藏

3017
咸豐重寶
背滿文寶鞏局·當十
徑 33.14 毫米
重 16.36 克
王松麟藏

3018
咸豐重寶
背滿文寶鞏局·當十
徑 35.85 毫米
中國歷史博物館藏

3019	3020	3021	3022
咸豐重寶	咸豐重寶	咸豐重寶	咸豐重寶
背滿文寶鞏局·當十	背滿文寶鞏局·當十	背滿文寶鞏局·當十	背滿文寶鞏局·當十
徑 33.36 毫米	徑 32.92 毫米	徑 32.79 毫米	徑 31.86 毫米
重 13.1 克	重 12.6 克	重 11.3 克	重 17.4 克
上海博物館藏	金立夫藏	上海博物館藏	上海博物館藏

3023	3024	3025	3026
咸豐重寶	咸豐重寶	咸豐重寶	咸豐重寶
背滿文寶鞏局·當十	背滿文寶鞏局·當十	背滿文寶鞏局·當十	背滿文寶鞏局·當十
徑 31.16 毫米	徑 33.27 毫米	徑 31.11 毫米	徑 30.53 毫米
重 10.08 克	重 11.7 克	重 10.87 克	重 10.2 克
王松麟藏	上海博物館藏	王松麟藏	王松麟藏

3027 咸豐重寶 背滿文寶鞏局·當十 徑 30.37 毫米 重 8.75 克 上海博物館藏	3028 咸豐重寶 背滿文寶鞏局·當十 徑 33.57 毫米 重 15.8 克 上海博物館藏	3029 咸豐重寶 背滿文寶鞏局·當十 徑 31.82 毫米 重 10.4 克 上海博物館藏	3030 咸豐重寶 背滿文寶鞏局·當十 徑 35.52 毫米 重 17.35 克 上海博物館藏

3031 咸豐重寶 背滿文寶鞏局·當十 徑 35.2 毫米 重 9.2 克 上海博物館藏	3032 咸豐重寶 背滿文寶鞏局·當十 徑 35.19 毫米 重 15.3 克 上海博物館藏	3033 咸豐重寶 背滿文寶鞏局·當十 徑 35.11 毫米 重 14.6 克 金立夫藏	3034 咸豐重寶 背滿文寶鞏局·當十 徑 35.1 毫米 重 13 克 陳起成藏

3035
咸豐重寶
背滿文寶鞏局·當十
徑 34.58 毫米
重 14.6 克
上海博物館藏

3036
咸豐重寶
背滿文寶鞏局·當十
徑 34.47 毫米
重 23.7 克
上海博物館藏

3037
咸豐重寶
背滿文寶鞏局·當十
徑 34.12 毫米
重 10.8 克
金立夫藏

3038
咸豐重寶
背滿文寶鞏局·當十
徑 33.69 毫米
中國歷史博物館藏

3039
咸豐重寶　背滿文寶鞏局·當五十
徑 49.61 毫米
上海博物館藏

3040
咸豐重寶　背滿文寶鞏局·當五十
徑 48.51 毫米
重 41.45 克
上海博物館藏

3041
咸豐重寶　背滿文寶鞏局·當五十
徑 48.3 毫米
重 43 克
王連根藏

3042
咸豐重寶　背滿文寶鞏局·當五十
徑 47.36 毫米
重 47.2 克
金立夫藏

3043
咸豐重寶　背滿文寶鞏局·當五十
徑 46.34 毫米
重 37.11 克
王松麟藏

3044
咸豐重寶　背滿文寶鞏局·當五十
徑 46.24 毫米
重 44.3 克
王松麟藏

3045
咸豐重寶　背滿文寶鞏局·當五十
徑 44.85 毫米
重 41.21 克
王松麟藏

3046
咸豐重寶　背滿文寶鞏局·當五十
徑 51.1 毫米
重 48.4 克
王連根藏

3047
咸豐重寶　背滿文寶鞏局·當五十
徑 50.56 毫米
重 45 克
金立夫藏

3048
咸豐重寶　背滿文寶鞏局・當五十
徑 49.97 毫米
重 42.3 克
上海博物館藏

3049
咸豐重寶　背滿文寶鞏局・當五十
徑 49.88 毫米
枕石齋藏

3050
咸豐重寶　背滿文寶鞏局・當五十
徑 46.58 毫米
重 44.2 克
上海博物館藏

3051
咸豐重寶　背滿文寶鞏局・當五十
徑 46.57 毫米
重 42.51 克
王松麟藏

3052
咸豐重寶　背滿文寶鞏局・當五十鉛錢
徑 47.89 毫米
重 51.5 克
王連根藏

3053
咸豐元寶　背滿文寶鞏局・當百
徑 54.85 毫米
重 50.6 克
上海博物館藏

3054
咸豐元寶　背滿文寶鞏局・當百
徑 52.54 毫米
上海博物館藏

3055
咸豐元寶　背滿文寶鞏局・當百
徑 52.52 毫米
重 54 克
金立夫藏

3056
咸豐元寶　背滿文寶鞏局・當百
徑 49.48 毫米
重 37.24 克
王松麟藏

3057
咸豐元寶　背滿文寶鞏局・當百
徑 54.2 毫米
重 50 克
上海博物館藏

3058
咸豐元寶　背滿文寶鞏局・當百
徑 53.87 毫米
中國歷史博物館藏

3059
咸豐元寶　背滿文寶鞏局・當百
徑 53.83 毫米
重 49 克
金立夫藏

3060
咸豐元寶　背滿文寶鞏局·當百
徑 53.34 毫米
重 46.85 克
王松麟藏

3061
咸豐元寶　背滿文寶鞏局·當百
徑 52.07 毫米
枕石齋藏

3062
咸豐元寶　背滿文寶鞏局·當百
徑 52.73 毫米
重 48 克
上海博物館藏

3063
咸豐元寶　背滿文寶鞏局·當百　重輪
徑 51.33 毫米
重 38.3 克
上海博物館藏

3064
咸豐元寶　背滿文寶鞏局·當五百
徑 61.29 毫米
重 63 克
枕石齋藏

3065
咸豐元寶　背滿文寶鞏局·當五百
徑 60.49 毫米
重 62.9 克
選自《清錢珍稀四百種》

3066
咸豐元寶　背滿文寶鞏局・當五百
徑 60.42 毫米
重 64.4 克
上海博物館藏

3067
咸豐元寶　背滿文寶鞏局・當五百
徑 60.35 毫米
中國歷史博物館藏

3068
咸豐元寶　背滿文寶鞏局・當千　雕母
徑 64.3 毫米
重 66.2 克
上海博物館藏
★★★★

3069
咸豐元寶　背滿文寶鞏局·當千
徑 69.45 毫米
重 86.2 克
上海博物館藏
★★

3070
咸豐元寶　背滿文寶鞏局·當千
徑 64.97 毫米
選自《清錢珍稀四百種》
★★

3071
咸豐元寶　背滿文寶鞏局·當千
徑 63.67 毫米
重 72.5 克
枕石齋藏
★★

3072
咸豐元寶　背滿文寶鞏局·當千
徑63.01毫米
重70.8克
上海博物館藏
★★

15. 寶蘇局

3073
咸豐通寶
背滿文寶蘇局　雕母
徑29.16毫米
重7.8克
上海博物館藏
★★★★

3074
咸豐通寶
背滿文寶蘇局　雕母
徑27.28毫米
張絅伯舊藏
★★★★

3075
咸豐通寶
背滿文寶蘇局　雕母
徑25.92毫米
重10.8克
上海博物館藏
★★★★

3076
咸豐通寶
背滿文寶蘇局　雕母
徑25.07毫米
張絅伯舊藏
★★★★

3077
咸豐通寶
背滿文寶蘇局　雕母
徑21.14毫米
選自《戴葆庭集拓
中外錢幣珍品》
★★★★

3078
咸豐通寶
背滿文寶蘇局　母錢
徑21.12毫米
重2.6克
上海博物館藏
★★★

3079
咸豐通寶
背滿文寶蘇局　樣錢
徑29.3毫米
重7.3克
上海博物館藏
★

3080
咸豐通寶
背滿文寶蘇局　樣錢
徑28.71毫米
重5.65克
上海博物館藏
★

3081	3082	3083	3084	3085
咸豐通寶	咸豐通寶	咸豐通寶	咸豐通寶	咸豐通寶
背滿文寶蘇局　樣錢	背滿文寶蘇局　樣錢	背滿文寶蘇局　樣錢	背滿文寶蘇局　樣錢	背滿文寶蘇局　樣錢
徑 28.46 毫米	徑 28.3 毫米	徑 27.77 毫米	徑 25.86 毫米	徑 29.51 毫米
重 7.6 克	重 6.6 克	重 8.2 克	重 7.65 克	重 8.05 克
鎮江博物館藏	上海博物館藏	上海博物館藏	上海博物館藏	上海博物館藏
★	★	★	★	★

3086	3087	3088	3089	3090
咸豐通寶	咸豐通寶	咸豐通寶	咸豐通寶	咸豐通寶
背滿文寶蘇局　樣錢	背滿文寶蘇局	背滿文寶蘇局	背滿文寶蘇局	背滿文寶蘇局
徑 28.47 毫米	徑 24.11 毫米	徑 23.34 毫米	徑 21.87 毫米	徑 21.65 毫米
重 6.55 克	中國歷史博物館藏	重 4.6 克	重 3.45 克	重 3.3 克
上海博物館藏		上海博物館藏	上海博物館藏	上海博物館藏
★				

3091	3092	3093	3094	3095
咸豐通寶	咸豐通寶	咸豐通寶	咸豐通寶	咸豐通寶
背滿文寶蘇局	背滿文寶蘇局	背滿文寶蘇局	背滿文寶蘇局	背滿文寶蘇局
徑 21.16 毫米	徑 19.94 毫米	徑 19.33 毫米	徑 19.33 毫米	徑 24.67 毫米
重 2.9 克	重 2.65 克	重 2.5 克	重 2.5 克	重 4.8 克
上海博物館藏	上海博物館藏	上海博物館藏	上海博物館藏	金立夫藏

3096
咸豐通寶
背滿文寶蘇局
徑 23.89 毫米
重 4.3 克
上海博物館藏

3097
咸豐通寶
背滿文寶蘇局
徑 21.18 毫米
重 3.25 克
上海博物館藏

3098
咸豐通寶
背滿文寶蘇局
徑 21.18 毫米
重 3.25 克
上海博物館藏

3099
咸豐通寶
背滿文寶蘇局
徑 21.18 毫米
重 3.15 克
上海博物館藏

3100
咸豐通寶
背滿文寶蘇局
徑 20.42 毫米
重 2.8 克
上海博物館藏

3101
咸豐通寶
背滿文寶蘇局
徑 20.4 毫米
重 2.25 克
上海博物館藏

3102
咸豐通寶
背滿文寶蘇局
徑 18.66 毫米
重 2.1 克
上海博物館藏

3103
咸豐通寶
背滿文寶蘇局
徑 18.64 毫米
重 1.8 克
上海博物館藏

3104
咸豐通寶
背滿文寶蘇局
徑 17.69 毫米
重 1.65 克
上海博物館藏

3105
咸豐通寶
背滿文寶蘇局
徑 17.65 毫米
重 1.2 克
上海博物館藏

3106
咸豐通寶
背滿文寶蘇局
徑 16.61 毫米
重 1.6 克
上海博物館藏

3107
咸豐通寶
背滿文寶蘇局
徑 15.37 毫米
重 1.1 克
上海博物館藏

3108
咸豐通寶　背滿文
寶蘇局·當五　樣錢
徑 30.47 毫米
重 11.6 克
上海博物館藏
★

3109
咸豐通寶　背滿文
寶蘇局·當五　樣錢
徑 30.15 毫米
重 10.4 克
枕石齋藏
★

3110
咸豐通寶　背滿文
寶蘇局·當五　樣錢
徑 30.15 毫米
中國歷史博物館藏
★

3111
咸豐通寶
背滿文寶蘇局·當五
徑 31.29 毫米
重 10.8 克
鎮江博物館藏
★

3112
咸豐重寶
背滿文寶蘇局·當五
徑 30.29 毫米
重 11.2 克
上海博物館藏
★

3113
咸豐重寶
背滿文寶蘇局·當五
徑 28.4 毫米
重 11.4 克
上海博物館藏
★

3114
咸豐重寶　背滿文
寶蘇局·當五　鐵錢
徑 27.74 毫米
重 8.8 克
上海博物館藏

3115
咸豐通寶　背滿文
寶蘇局·當五　鐵錢
徑 28.92 毫米
重 7.5 克
鎮江博物館藏

3116
咸豐重寶　背滿文寶蘇局·當十　母錢
徑 43.5 毫米
《中國歷代貨幣大系》編輯委員會提供
★★★

3117
咸豐重寶　背滿文寶蘇局·當十　樣錢
徑 38.4 毫米
重 22.3 克
鄒誌諒藏
★★

3118
咸豐重寶　背滿文寶蘇局·當十
徑 43.41 毫米
中國歷史博物館藏

3119
咸豐重寶
背滿文寶蘇局·當十
徑 39.46 毫米
重 25.88 克
王松麟藏

3120
咸豐重寶
背滿文寶蘇局·當十
徑 39.26 毫米
重 22.1 克
上海博物館藏

3121
咸豐重寶
背滿文寶蘇局·當十
徑 38.94 毫米
重 21.85 克
上海博物館藏

3122
咸豐重寶
背滿文寶蘇局·當十
徑 38.19 毫米
重 25.2 克
上海博物館藏

3123
咸豐重寶
背滿文寶蘇局·當十
徑 38.17 毫米
重 14.8 克
上海博物館藏

3124
咸豐重寶
背滿文寶蘇局·當十
徑 37.63 毫米
重 18.4 克
上海博物館藏

3125
咸豐重寶
背滿文寶蘇局·當十
徑 36.91 毫米
重 15.2 克
上海博物館藏

3126
咸豐重寶
背滿文寶蘇局·當十
徑 36.84 毫米
重 18.7 克
上海博物館藏

3127
咸豐重寶
背滿文寶蘇局·當十
徑 36.83 毫米
重 16.2 克
枕石齋藏

3128
咸豐重寶
背滿文寶蘇局·當十
徑 36.83 毫米
重 15.2 克
上海博物館藏

3129
咸豐重寶
背滿文寶蘇局·當十
徑 36.04 毫米
重 15.61 克
王松麟藏

3130
咸豐重寶
背滿文寶蘇局·當十
徑 35.96 毫米
重 16.38 克
王松麟藏

3131
咸豐重寶
背滿文寶蘇局·當十
徑 35.85 毫米
重 17.25 克
上海博物館藏

3132
咸豐重寶
背滿文寶蘇局·當十
徑 35.85 毫米
重 17.2 克
枕石齋藏

3133
咸豐重寶
背滿文寶蘇局·當十
徑 34.31 毫米
重 16.46 克
王松麟藏

3134
咸豐重寶
背滿文寶蘇局·當十
徑 34.06 毫米
重 16.3 克
上海博物館藏

3135
咸豐重寶
背滿文寶蘇局·當十
徑 32.43 毫米
重 13 克
上海博物館藏

3136
咸豐重寶
背滿文寶蘇局·當十
徑 32.11 毫米
重 13.2 克
枕石齋藏

3137
咸豐重寶
背滿文寶蘇局·當十
徑 32 毫米
重 13.1 克
上海博物館藏

3138
咸豐重寶
背滿文寶蘇局·當十
徑 36.86 毫米
重 15.6 克
鎮江博物館藏

3139
咸豐重寶
背滿文寶蘇局·當十
徑 36.29 毫米
重 12.48 克
王松麟藏

3140
咸豐重寶
背滿文寶蘇局·當十
徑 36.53 毫米
重 14.5 克
上海博物館藏

3141
咸豐重寶
背滿文寶蘇局·當十
徑 34.71 毫米
重 14.2 克
上海博物館藏

3142
咸豐重寶
背滿文寶蘇局·當十
徑 34.71 毫米
重 13.65 克
上海博物館藏

3143
咸豐重寶
背滿文寶蘇局·當十
徑 34.7 毫米
重 16 克
枕石齋藏

3144
咸豐重寶
背滿文寶蘇局·當十
徑 32.49 毫米
重 15.12 克
王松麟藏

3145
咸豐重寶
背滿文寶蘇局·當十
徑 35.82 毫米
重 13.8 克
上海博物館藏

3146
咸豐重寶
背滿文寶蘇局·當十
徑 38.57 毫米
重 22.15 克
上海博物館藏

3147
咸豐重寶
背滿文寶蘇局·當十
徑 37.97 毫米
重 20.2 克
上海博物館藏

3148
咸豐重寶
背滿文寶蘇局·當十
徑 37.86 毫米
重 19.95 克
上海博物館藏

3149
咸豐重寶
背滿文寶蘇局·當十
徑 36.82 毫米
重 19.85 克
上海博物館藏

3150
咸豐重寶
背滿文寶蘇局·當十
徑 36 毫米
重 19.55 克
上海博物館藏

3151
咸豐重寶
背滿文寶蘇局·當十
徑 35.92 毫米
重 16.45 克
上海博物館藏

3152
咸豐重寶
背滿文寶蘇局·當十
徑 34.93 毫米
重 17.35 克
上海博物館藏

3153
咸豐重寶
背滿文寶蘇局·當十
徑 34.92 毫米
中國歷史博物館藏

3154
咸豐重寶
背滿文寶蘇局·當十
徑 34.57 毫米
重 18.55 克
上海博物館藏

3155
咸豐重寶
背滿文寶蘇局·當十
徑 34.43 毫米
重 15.6 克
上海博物館藏

3156
咸豐重寶
背滿文寶蘇局·當十
徑 34.33 毫米
重 13.6 克
上海博物館藏

3157
咸豐重寶
背滿文寶蘇局·當十
徑 33.45 毫米
重 10.05 克
上海博物館藏

3158
咸豐重寶
背滿文寶蘇局·當十
徑 33.28 毫米
重 12.5 克
上海博物館藏

3159
咸豐重寶
背滿文寶蘇局·當十
徑 32.89 毫米
重 13.55 克
上海博物館藏

3160
咸豐重寶
背滿文寶蘇局·當十
徑 32.88 毫米
重 15.2 克
枕石齋藏

3161
咸豐重寶
背滿文寶蘇局·當十
徑 32.85 毫米
重 10.8 克
王連根藏

3162
咸豐重寶
背滿文寶蘇局·當十
徑 32.61 毫米
重 12.3 克
上海博物館藏

 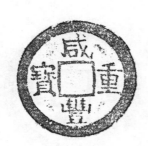  

3163
咸豐重寶
背滿文寶蘇局·當十
徑 32.4 毫米
重 13.25 克
上海博物館藏

3164
咸豐重寶
背滿文寶蘇局·當十
徑 31.66 毫米
重 12.1 克
上海博物館藏

3165
咸豐重寶
背滿文寶蘇局·當十
徑 31.42 毫米
重 13.5 克
上海博物館藏

3166
咸豐重寶
背滿文寶蘇局·當十
徑 31.3 毫米
重 11.6 克
上海博物館藏

3167	3168	3169	3170
咸豐重寶	咸豐重寶	咸豐重寶	咸豐重寶
背滿文寶蘇局·當十	背滿文寶蘇局·當十	背滿文寶蘇局·當十	背滿文寶蘇局·當十
徑 32.3 毫米	徑 31.22 毫米	徑 30.84 毫米	徑 28.62 毫米
重 13.6 克	重 13.62 克	重 12.4 克	重 14.6 克
王連根藏	王松麟藏	上海博物館藏	上海博物館藏

3171	3172	3173	3174
咸豐重寶	咸豐重寶	咸豐重寶	咸豐重寶
背滿文寶蘇局·當十	背滿文寶蘇局·當十	背滿文寶蘇局·當十	背滿文寶蘇局·當十
徑 39.41 毫米	徑 38.77 毫米	徑 38.6 毫米	徑 38.36 毫米
重 22.2 克	選自《戴葆庭集拓中外	重 24.2 克	重 21.2 克
王連根藏	錢幣珍品》	鎮江博物館藏	鎮江博物館藏

3175
咸豐重寶　背滿文
寶蘇局·當十　鉛錢
徑 32.49 毫米
重 17.9 克
上海博物館藏

3176
咸豐重寶
背滿文寶蘇局·當二十
徑 41.28 毫米
重 21.11 克
上海博物館藏
★

3177
咸豐重寶
背滿文寶蘇局·當二十
徑 40.54 毫米
重 27.8 克
上海博物館藏
★

3178
咸豐重寶
背滿文寶蘇局·當二十
徑 40.07 毫米
選自《古錢幣圖録》
★

3179
咸豐重寶
背滿文寶蘇局·當二十
徑 41.22 毫米
中國歷史博物館藏
★

3180
咸豐重寶
背滿文寶蘇局·當二十
徑 40.99 毫米
重 24.4 克
上海博物館藏
★

3181
咸豐重寶
背滿文寶蘇局·當二十
徑 40.24 毫米
重 22.2 克
上海博物館藏
★

3182
咸豐重寶
背滿文寶蘇局·當二十
徑 40.07 毫米
重 22.8 克
上海博物館藏
★

3183
咸豐重寶
背滿文寶蘇局・當二十
徑 40 毫米
重 19.4 克
枕石齋藏
★

3184
咸豐重寶
背滿文寶蘇局・當二十
徑 40.8 毫米
重 22.65 克
鄒誌諒提供
★

3185
咸豐重寶
背滿文寶蘇局・當二十
徑 39.19 毫米
重 23 克
上海博物館藏
★

3186
咸豐重寶　背滿文寶蘇局・當三十樣錢
徑 47.83 毫米
重 31.63 克
上海博物館藏
★★

3187
咸豐重寶　背滿文寶蘇局・當三十
徑 45.59 毫米
重 23.1 克
上海博物館藏
★

3188
咸豐重寶　背滿文寶蘇局・當三十
徑 45.48 毫米
中國歷史博物館藏
★

3189
咸豐重寶　背滿文寶蘇局·當三十
徑 45.27 毫米
重 29.7 克
上海博物館藏
★

3190
咸豐重寶　背滿文寶蘇局·當三十
徑 44.86 毫米
重 38.9 克
上海博物館藏
★

3191
咸豐重寶　背滿文寶蘇局·當三十
徑 44.32 毫米
重 28 克
枕石齋藏
★

3192
咸豐重寶　背滿文
寶蘇局·當五十　樣錢
徑 54.8 毫米
重 44 克
上海博物館藏
★★

3193
咸豐重寶　背滿文
寶蘇局·當五十　樣錢
徑 54.5 毫米
重 50.1 克
上海博物館藏
★★

3194
咸豐重寶　背滿文
寶蘇局·當五十　樣錢
徑 54.2 毫米
重 38.6 克
鄒誌諒提供
★★

3195
咸豐重寶　背滿文
寶蘇局・當五十　樣錢
徑 54.58 毫米
重 44.2 克
上海博物館藏
★★

3196
咸豐重寶　背滿文寶蘇局・當五十
徑 59.61 毫米
重 72.6 克
上海博物館藏

3197
咸豐重寶　背滿文寶蘇局・當五十
徑 58.47 毫米
中國歷史博物館藏

3198
咸豐重寶　背滿文寶蘇局・當五十
徑 54.57 毫米
中國歷史博物館藏

3199
咸豐重寶　背滿文寶蘇局・當五十
徑 54.25 毫米
重 42.4 克
上海博物館藏

3200
咸豐重寶　背滿文寶蘇局・當五十
徑 54.24 毫米
重 46.65 克
上海博物館藏

3201
咸豐重寶　背滿文寶蘇局·當五十
徑 54.13 毫米
重 40 克
上海博物館藏

3202
咸豐重寶　背滿文寶蘇局·當五十
徑 54.07 毫米
重 43.1 克
上海博物館藏

3203
咸豐重寶　背滿文寶蘇局·當五十
徑 51.96 毫米
重 42 克
上海博物館藏

3204
咸豐重寶　背滿文寶蘇局·當五十
徑 49.69 毫米
重 42.85 克
上海博物館藏

3205
咸豐重寶　背滿文寶蘇局·當五十
徑 50.14 毫米
中國歷史博物館藏

3206
咸豐重寶　背滿文寶蘇局·當五十
徑 54.67 毫米
重 43 克
枕石齋藏

3207
咸豐重寶　背滿文寶蘇局·當五十
徑 53.94 毫米
重 45.3 克
上海博物館藏

3208
咸豐重寶　背滿文寶蘇局·當五十
徑 50.55 毫米
重 35.7 克
上海博物館藏

3209
咸豐重寶　背滿文寶蘇局·當五十
徑 56.77 毫米
重 55.5 克
王連根藏

3210
咸豐重寶　背滿文寶蘇局·當五十
徑 52.91 毫米
重 42.91 克
王松麟藏

3211
咸豐重寶　背滿文寶蘇局·當五十
徑 50.63 毫米
重 51.5 克
王連根藏

3212
咸豐重寶　背滿文寶蘇局·當五十
徑 49.32 毫米
中國歷史博物館藏

3213
咸豐重寶　背滿文寶蘇局·當五十
徑 49.33 毫米
重 38.2 克
枕石齋藏

3214
咸豐重寶　背滿文寶蘇局·當五十
徑 49.59 毫米
重 41.58 克
王松麟藏

3215
咸豐重寶　背滿文寶蘇局·當五十
徑 54.97 毫米
重 44.2 克
上海博物館藏

3216
咸豐重寶　背滿文寶蘇局·當五十
徑 53.44 毫米
重 59.8 克
上海博物館藏

3217
咸豐重寶　背滿文寶蘇局·當五十
徑 52.59 毫米
重 42 克
上海博物館藏

3218
咸豐重寶　背滿文寶蘇局·當五十
徑 51.37 毫米
中國歷史博物館藏

3219
咸豐重寶　背滿文寶蘇局·當五十
徑 54.17 毫米
重 41.4 克
王連根藏

3220
咸豐重寶　背滿文寶蘇局·當五十
徑 53.56 毫米
重 39.9 克
上海博物館藏

3221
咸豐重寶　背滿文寶蘇局·當五十
徑 53.04 毫米
重 46.2 克
上海博物館藏

3222
咸豐重寶　背滿文寶蘇局·當五十
徑 53.03 毫米
重 52 克
上海博物館藏

3223
咸豐重寶　背滿文寶蘇局·當五十
徑 53.11 毫米
重 40.8 克
方家禮藏

3224
咸豐重寶　背滿文寶蘇局·當五十
徑 53.02 毫米
重 37.8 克
王連根藏

3225
咸豐重寶　背滿文寶蘇局·當五十
徑 52.61 毫米
重 41.8 克
王連根藏

3226
咸豐重寶　背滿文寶蘇局·當五十
徑 51.4 毫米
重 36.3 克
上海博物館藏

3227
咸豐重寶
背滿文寶蘇局·當五十　鐵錢
徑 53.49 毫米
選自《寶蘇局錢幣》
★★★

3228
咸豐元寶　背滿文寶蘇局·當百　母錢
徑 59 毫米
許廷憲藏
★★★

3229
咸豐元寶　背滿文寶蘇局·當百　樣錢
徑 61.23 毫米
重 65.92 克
王連根藏
★★

3230
咸豐元寶　背滿文寶蘇局·當百
徑 60 毫米
重 71.85 克
孫仲匯提供

3231
咸豐元寶　背滿文寶蘇局·當百
徑 61.43 毫米
重 72.5 克
枕石齋藏

3232
咸豐元寶　背滿文寶蘇局·當百
徑 60.96 毫米
重 59.5 克
鎮江博物館藏

3233
咸豐元寶　背滿文寶蘇局·當百
徑 60.4 毫米
重 78.5 克
上海博物館藏

3236
咸豐元寶　背滿文寶蘇局·當百
徑 56.4 毫米
重 66.4 克
上海博物館藏

3234
咸豐元寶　背滿文寶蘇局·當百
徑 58.34 毫米
重 46.8 克
金立夫藏

3235
咸豐元寶　背滿文寶蘇局·當百
徑 57.27 毫米
重 59 克
上海博物館藏

3237
咸豐元寶　背滿文寶蘇局·當百
徑 61.49 毫米
重 66.6 克
上海博物館藏

3238
咸豐元寶　背滿文寶蘇局·當百
徑 58.52 毫米
重 57.5 克
上海博物館藏

3239
咸豐元寶　背滿文寶蘇局·當百
徑 57.41 毫米
重 51.7 克
上海博物館藏

3240
咸豐元寶　背滿文寶蘇局·當百
徑 56.63 毫米
重 49.5 克
上海博物館藏

3241
咸豐元寶　背滿文寶蘇局·當百
徑 56.4 毫米
重 66.6 克
上海博物館藏

3242
咸豐元寶　背滿文寶蘇局·當百
徑 61.53 毫米
重 51 克
王連根藏

3243
咸豐元寶　背滿文寶蘇局·當百
徑 60.4 毫米
重 72.5 克
上海博物館藏

3244
咸豐元寶　背滿文寶蘇局·當百
徑 61.06 毫米
重 65 克
枕石齋藏

3245
咸豐元寶　背滿文寶蘇局·當百
徑 59.71 毫米
中國歷史博物館藏

3246
咸豐元寶　背滿文寶蘇局·當百
徑 59.1 毫米
重 60 克
枕石齋藏

3247
咸豐元寶　背滿文寶蘇局·當百
徑 58.11 毫米
重 51.5 克
上海博物館藏

3248
咸豐元寶　背滿文寶蘇局·當百
徑 57.8 毫米
重 52.6 克
上海博物館藏

3249
咸豐元寶　背滿文寶蘇局・當百
徑 56.17 毫米
重 61.5 克
鎮江博物館藏

3250
咸豐元寶　背滿文寶蘇局・當百
徑 56.63 毫米
中國歷史博物館藏

3251
咸豐元寶　背滿文寶蘇局・當百
徑 55.81 毫米
重 62 克
枕石齋藏

3252
咸豐元寶　背滿文寶蘇局・當百
徑 55.57 毫米
重 53.5 克
上海博物館藏

3253
咸豐元寶　背滿文寶蘇局・當百
徑 61.5 毫米
中國歷史博物館藏

3254
咸豐元寶　背滿文寶蘇局・當百
徑 61.15 毫米
重 61 克
鎮江博物館藏

3255
咸豐元寶　背滿文寶蘇局·當百
徑 61.12 毫米
重 51.5 克
枕石齋藏

3256
咸豐元寶　背滿文寶蘇局·當百
徑 60.75 毫米
重 52.7 克
上海博物館藏

3257
咸豐元寶　背滿文寶蘇局·當百
徑 60.27 毫米
重 60.7 克
上海博物館藏

3258
咸豐元寶　背滿文寶蘇局·當百
徑 60.04 毫米
重 51 克
上海博物館藏

3259
咸豐元寶　背滿文寶蘇局·當百
徑 59.88 毫米
重 54 克
上海博物館藏

3260
咸豐元寶　背滿文寶蘇局·當百
徑 59.86 毫米
重 54.4 克
上海博物館藏

3261
咸豐元寶　背滿文寶蘇局・當百
徑 61.61 毫米
重 58.5 克
金立夫藏

3262
咸豐元寶　背滿文寶蘇局・當百
徑 61.44 毫米
重 59.45 克
上海博物館藏

3263
咸豐元寶　背滿文寶蘇局・當百
徑 60.73 毫米
重 61.8 克
上海博物館藏

3264
咸豐元寶　背滿文寶蘇局・當百
徑 60.69 毫米
重 55.15 克
上海博物館藏

3265
咸豐元寶　背滿文寶蘇局・當百
徑 60.26 毫米
重 62.5 克
枕石齋藏

3266
咸豐元寶　背滿文寶蘇局・當百
徑 60.05 毫米
重 54.4 克
上海博物館藏

3267
咸豐元寶　背滿文寶蘇局·當百
徑 58.91 毫米
重 81 克
王連根藏

3268
咸豐元寶　背滿文寶蘇局·當百
徑 58.66 毫米
重 63.5 克
金立夫藏

3269
咸豐元寶　背滿文寶蘇局·當百
徑 58.39 毫米
重 56.83 克
王松麟藏

3270
咸豐元寶　背滿文寶蘇局·當百
徑 57.56 毫米
重 51.4 克
上海博物館藏

3271
咸豐元寶　背滿文寶蘇局·當百
徑 57.3 毫米
重 90.6 克
上海博物館藏

3272
咸豐元寶　背滿文寶蘇局·當百　合面
徑 65.2 毫米
中國歷史博物館藏

16. 寶南局

3273
咸豐通寶
背滿文寶南局
徑 21.61 毫米
重 3 克
上海博物館藏

3274
咸豐通寶
背滿文寶南局
徑 21.61 毫米
選自《清錢珍稀
四百種》

3275
咸豐重寶　背滿文
寶南局·當十　樣錢
徑 37.21 毫米
曾澤禄藏
★★

3276
咸豐重寶
背滿文寶南局·當五十　雕母
徑 55.89 毫米
重 78.8 克
上海博物館藏
★★★★

3277
咸豐重寶
背滿文寶南局·當五十　樣錢
徑 54.54 毫米
重 72.7 克
上海博物館藏
★★

17. 寶桂局

3278
咸豐通寶
背滿文寶桂局　母錢
徑 26.16 毫米
重 5.8 克
上海博物館藏
★★★

3279
咸豐通寶
背滿文寶桂局
徑 21.18 毫米
重 3.6 克
上海博物館藏

3280
咸豐通寶
背滿文寶桂局
徑 20.07 毫米
重 1.7 克
上海博物館藏

3281
咸豐通寶
背滿文寶桂局
徑 19.34 毫米
重 2.1 克
存雲亭藏

3282
咸豐通寶
背滿文寶桂局
徑 18.5 毫米
重 1.6 克
上海博物館藏

3283
咸豐通寶
背滿文寶桂局
徑 18.5 毫米
重 1.5 克
上海博物館藏

3284
咸豐重寶
背滿文寶桂局·當十
徑 39.45 毫米
重 31.8 克
上海博物館藏

3285
咸豐重寶　背滿文寶桂局·當十
徑 39.45 毫米
重 23.6 克
上海博物館藏

3286
咸豐重寶　背滿文寶桂局·當十
徑 39.45 毫米
重 18.5 克
上海博物館藏

3287
咸豐重寶
背滿文寶桂局・當十
徑 38.56 毫米
重 17.7 克
上海博物館藏

3288
咸豐重寶
背滿文寶桂局・當十
徑 38.56 毫米
重 16.8 克
上海博物館藏

3289
咸豐重寶
背滿文寶桂局・當十
徑 38.56 毫米
中國歷史博物館藏

3290
咸豐重寶　背滿文寶桂局・當五十
徑 53.71 毫米
重 61 克
枕石齋藏
★★

3291
咸豐重寶　背滿文寶桂局・當五十
徑 53.71 毫米
重 57 克
上海博物館藏
★★

3292
咸豐重寶　背滿文寶桂局・當五十
徑 53.71 毫米
重 45.2 克
上海博物館藏
★★

3293
咸豐重寶　背滿文寶桂局·當五十
徑 52.47 毫米
中國歷史博物館藏
★★

18.　寶黔局

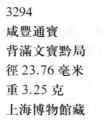 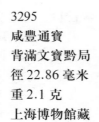

3294
咸豐通寶
背滿文寶黔局
徑 23.76 毫米
重 3.25 克
上海博物館藏

3295
咸豐通寶
背滿文寶黔局
徑 22.86 毫米
重 2.1 克
上海博物館藏

3296
咸豐通寶
背滿文寶黔局
徑 21.71 毫米
重 2.3 克
上海博物館藏

3297
咸豐通寶
背滿文寶黔局
徑 22.67 毫米
重 2.6 克
上海博物館藏

3298
咸豐通寶
背滿文寶黔局上‖
徑 23.32 毫米
重 2.4 克
上海博物館藏

3299
咸豐通寶
背滿文寶黔局上‖‖
徑 23.3 毫米
重 3.3 克
上海博物館藏

3300
咸豐通寶
背滿文寶黔局上×
徑 24.86 毫米
重 3.7 克
上海博物館藏

3301
咸豐通寶
背滿文寶黔局上×
徑 22.86 毫米
中國歷史博物館藏

3302
咸豐通寶
背滿文寶黔局﹀
徑 21.84 毫米
重 2.6 克
上海博物館藏

3303
咸豐通寶
背滿文寶黔局上∧
徑 24.11 毫米
重 3.3 克
上海博物館藏

3304
咸豐通寶
背滿文寶黔局上□
徑 23.76 毫米
重 3.1 克
上海博物館藏

3305
咸豐通寶
背滿文寶黔局上□
徑 23.76 毫米
重 3 克
上海博物館藏

3306
咸豐重寶
背滿文寶黔局·當十
徑 40.15 毫米
重 23 克
上海博物館藏

3307
咸豐重寶
背滿文寶黔局·當十
徑 38.46 毫米
重 18.4 克
上海博物館藏

3308
咸豐重寶
背滿文寶黔局·當十
徑 38.46 毫米
重 12.15 克
上海博物館藏

3309
咸豐重寶
背滿文寶黔局·當十
徑 37.62 毫米
中國歷史博物館藏

3310
咸豐重寶　背滿文寶黔局·當五十　雕母
徑 56.34 毫米
《中國歷代貨幣大系》編輯委員會提供
★★★★

19. 寶臺局

3311
咸豐通寶
背滿文寶臺局
徑 24.65 毫米
重 5.4 克
上海博物館藏
★

3312
咸豐通寶
背滿文寶臺局
徑 24.65 毫米
重 4.4 克
上海博物館藏
★

3313
咸豐通寶
背滿漢文寶臺局·五文
徑 30.92 毫米
《中國歷代貨幣大系》
編輯委員會提供
★★★★

3314
咸豐通寶
背滿漢文寶臺局·五文
徑 29.76 毫米
《中國歷代貨幣大系》
編輯委員會提供
★★★★

20. 寶安局

3315
咸豐重寶　背滿文寶安局·當十
徑 28.27 毫米
重 21.3 克
選自《清錢珍稀四百種》
★★

3316
咸豐重寶　背滿文寶安局·當五十　雕母
徑 54.42 毫米
選自《咸豐大泉錢譜》
★★★★

3317
咸豐重寶
背滿文寶安局·當五十　樣錢
徑 54.33 毫米
選自《清錢珍稀四百種》
★★

3318
咸豐重寶
背滿文寶安局·當五十　樣錢
徑 55.91 毫米
重 70.15 克
選自《清錢珍稀四百種》
★★

21.　寶東局

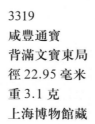

3319
咸豐通寶
背滿文寶東局
徑 22.95 毫米
重 3.1 克
上海博物館藏

3320
咸豐通寶
背滿文寶東局
徑 21.62 毫米
重 3 克
上海博物館藏

3321
咸豐通寶
背滿文寶東局
徑 20.44 毫米
重 2.5 克
上海博物館藏

3322
咸豐通寶
背滿文寶東局乀
徑 17.86 毫米
重 1.5 克
上海博物館藏

3323
咸豐重寶
背滿文寶東局·當十
徑 38.62 毫米
重 21.7 克
上海博物館藏

3324
咸豐重寶
背滿文寶東局·當十
徑 37.88 毫米
重 14.7 克
上海博物館藏

3325
咸豐重寶
背滿文寶東局·當十
徑 37.88 毫米
重 13.4 克
上海博物館藏

3326
咸豐重寶
背滿文寶東局·當十
徑 37.6 毫米
中國歷史博物館藏

3327
咸豐重寶
背滿文寶東局·當十
徑 32.81 毫米
重 8.5 克
上海博物館藏

22. 寶直局

3328
咸豐通寶
背滿文寶直局　雕母
徑 23.75 毫米
重 7 克
上海博物館藏
★★★★

3329
咸豐通寶
背滿文寶直局　雕母
徑 23.15 毫米
選自《子槎果園兩翁
古稀祝壽泉帖》
★★★★

3330
咸豐通寶
背滿文寶直局　母錢
徑 22.77 毫米
中國歷史博物館藏
★★★

3331
咸豐通寶
背滿文寶直局　母錢
徑 22.4 毫米
重 4.9 克
枕石齋藏
★★★

3332
咸豐通寶
背滿文寶直局
徑 24.82 毫米
重 5.4 克
選自《清錢珍稀
四百種》

3333
咸豐通寶
背滿文寶直局
徑 22.82 毫米
重 4.2 克
上海博物館藏

3334
咸豐通寶
背滿文寶直局
徑 24.59 毫米
重 5.3 克
鎮江博物館藏

3335
咸豐通寶
背滿文寶直局
徑 23.88 毫米
重 4.32 克
上海博物館藏

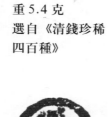

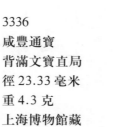

3336
咸豐通寶
背滿文寶直局
徑 23.33 毫米
重 4.3 克
上海博物館藏

3337
咸豐通寶
背滿文寶直局
徑 23.28 毫米
重 3.3 克
鎮江博物館藏

3338
咸豐通寶
背滿文寶直局
徑 23.17 毫米
重 4.5 克
上海博物館藏

3339
咸豐通寶
背滿文寶直局
徑 22.85 毫米
重 4.08 克
王松麟藏

3340
咸豐通寶
背滿文寶直局
徑 22.59 毫米
重 3.9 克
枕石齋藏

3341	3342	3343	3344	3345
咸豐通寶	咸豐通寶	咸豐重寶　背滿文	咸豐重寶　背滿文	咸豐重寶
背滿文寶直局	背滿文寶直局	寶直局·當五　雕母	寶直局·當五　雕母	背滿文寶直局·當五
徑 22.24 毫米	徑 22.24 毫米	徑 30.81 毫米	徑 27.98 毫米	徑 30.92 毫米
重 4.51 克	重 4.68 克	中國歷史博物館藏	重 10.34 克	中國歷史博物館藏
王松麟藏	王松麟藏	★★★★	上海博物館藏	★
			★★★★	

3346	3347	3348	3349
咸豐重寶	咸豐重寶	咸豐重寶	咸豐重寶
背滿文寶直局·當十　雕母	背滿文寶直局·當十	背滿文寶直局·當十	背滿文寶直局·當十
徑 37.95 毫米	徑 34.2 毫米	徑 33.45 毫米	徑 33.27 毫米
重 28.6 克	重 16.5 克	重 15.4 克	中國歷史博物館藏
上海博物館藏	上海博物館藏	上海博物館藏	
★★★★			

3350	3351	3352	3353
咸豐重寶	咸豐重寶	咸豐重寶	咸豐重寶
背滿文寶直局・當十	背滿文寶直局・當十	背滿文寶直局・當十	背滿文寶直局・當十
徑 33.21 毫米	徑 33.01 毫米	徑 32.81 毫米	徑 32.78 毫米
重 18.66 克	重 15.88 克	重 16.63 克	重 15.95 克
王松麟藏	上海博物館藏	王松麟藏	王松麟藏

3354	3355	3356	3357
咸豐重寶	咸豐重寶	咸豐重寶	咸豐重寶
背滿文寶直局・當十	背滿文寶直局・當十	背滿文寶直局・當十	背滿文寶直局・當十
徑 32.42 毫米	徑 32.14 毫米	徑 32.8 毫米	徑 31.96 毫米
重 14.2 克	重 14.4 克	重 15.9 克	重 14.02 克
上海博物館藏	枕石齋藏	王連根藏	王松麟藏

3358	3359	3360	3361
咸豐重寶	咸豐重寶	咸豐重寶	咸豐重寶
背滿文寶直局·當十	背滿文寶直局·當十	背滿文寶直局·當十	背滿文寶直局·當十
徑 31.89 毫米	徑 31.23 毫米	徑 30.37 毫米	徑 30.3 毫米
重 16.2 克	重 14.02 克	重 12.38 克	重 14.68 克
王松麟藏	王松麟藏	王松麟藏	王松麟藏

3362	3363	3364	3365
咸豐重寶	咸豐重寶	咸豐重寶	咸豐重寶
背滿文寶直局·當十　鐵錢	背滿文寶直局·當十　鐵錢	背滿文寶直局·當十　鐵錢	背滿文寶直局·當十　鐵錢
徑 37.49 毫米	徑 36.57 毫米	徑 36.56 毫米	徑 35.89 毫米
重 20.8 克	重 23.53 克	中國歷史博物館藏	重 21.83 克
上海博物館藏	王松麟藏		王松麟藏

3366
咸豐重寶　背滿文寶直局·當五十
徑 44.08 毫米
重 43.3 克
上海博物館藏

3367
咸豐重寶　背滿文寶直局·當五十
徑 43.9 毫米
重 41.32 克
王連根藏

3368
咸豐重寶　背滿文寶直局·當五十
徑 43.64 毫米
中國歷史博物館藏

3369
咸豐重寶　背滿文寶直局·當五十
徑 43.1 毫米
重 39.5 克
王松麟藏

3370
咸豐重寶　背滿文寶直局·當五十
徑 42.59 毫米
重 44.6 克
枕石齋藏

3371
咸豐重寶　背滿文寶直局·當五十
徑 42.37 毫米
重 40.05 克
王松麟藏

3372
咸豐重寶　背滿文寶直局·當五十
徑 42.28 毫米
重 30.8 克
上海博物館藏

3373
咸豐元寶　背滿文寶直局·當百　樣錢
徑 49.48 毫米
重 49.6 克
枕石齋藏
★★

3374
咸豐元寶　背滿文寶直局·當百
徑 47.87 毫米
重 48.9 克
上海博物館藏
★

3375
咸豐元寶　背滿文寶直局·當百
徑 46.35 毫米
重 50 克
枕石齋藏
★

3376
咸豐元寶　背滿文寶直局·當百
徑 46.2 毫米
重 37.9 克
上海博物館藏
★

23.葉爾羌局

3377
咸豐通寶　背滿維文
葉爾羌局·當十
徑 26.33 毫米
重 7.95 克
杜堅毅提供

3378
咸豐通寶　背滿維文
葉爾羌局·當十
徑 26.07 毫米
重 3.3 克
杜堅毅提供

3379
咸豐通寶　背滿維文
葉爾羌局·當十
徑 25.41 毫米
重 3.5 克
上海博物館藏

3380
咸豐通寶
背滿維文葉爾羌局·當十
徑 25.17 毫米
中國歷史博物館藏

3381
咸豐重寶
背滿維文葉爾羌局·當五十
徑 37.32 毫米
重 20.1 克
上海博物館藏

3382
咸豐重寶
背滿維文葉爾羌局·當五十
徑 35.08 毫米
重 17 克
杜堅毅提供

3383
咸豐重寶
背滿維文葉爾羌局·當五十
徑 45.55 毫米
中國歷史博物館藏

3384
咸豐重寶
背滿維文葉爾羌局·當五十
徑 34.37 毫米
重 16.35 克
杜堅毅提供

3385
咸豐重寶
背滿維文葉爾羌局·當五十
徑 33.55 毫米
重 12.1 克
上海博物館藏

3386
咸豐重寶
背滿維文葉爾羌局·當五十
徑 32.98 毫米
重 20.86 克
杜堅毅提供

3387
咸豐元寶　背滿維文葉爾羌局·當百
徑 51.99 毫米
重 37 克
上海博物館藏

3388
咸豐元寶　背滿維文葉爾羌局·當百
徑 50.51 毫米
中國歷史博物館藏
★

3389
咸豐元寶　背滿維文葉爾羌局·當百
徑 48.41 毫米
重 34.85 克
杜堅毅提供
★

3390
咸豐元寶　背滿維文葉爾羌局·當百
徑 45.98 毫米
重 39.65 克
杜堅毅提供
★

3391
咸豐元寶　背滿維文葉爾羌局·當百
徑 45.55 毫米
重 21.1 克
上海博物館藏
★

3392
咸豐元寶　背滿維文葉爾羌局·當百
徑 45.48 毫米
重 22.25 克
上海博物館藏
★

24.阿克蘇局

3393
咸豐通寶　背滿維文
阿克蘇局　母錢
徑 26.85 毫米
重 5.7 克
上海博物館藏
★★★

3394
咸豐通寶　背滿維文
阿克蘇局　樣錢
徑 26.51 毫米
重 5.1 克
枕石齋藏
★★

3395
咸豐通寶　背滿維文
阿克蘇局　樣錢
徑 26.5 毫米
選自《新疆紅錢》
★★

3396
咸豐通寶　背滿維文
阿克蘇局・當五
徑 21.86 毫米
重 4.89 克
杜堅毅提供

3397
咸豐通寶　背滿維文
阿克蘇局・當五
徑 21.85 毫米
重 4.4 克
杜堅毅提供

3398
咸豐通寶　背滿維文
阿克蘇局・當五
徑 24.39 毫米
重 3.7 克
上海博物館藏

3399
咸豐通寶　背滿維文
阿克蘇局・當五
徑 24.18 毫米
中國歷史博物館藏

3400
咸豐通寶　背滿維文
阿克蘇局・當五
徑 23.32 毫米
重 3.3 克
上海博物館藏

3401
咸豐通寶　背滿維文
阿克蘇局・當五
徑 24.6 毫米
重 4.35 克
王連根藏

3402
咸豐通寶　背滿維文
阿克蘇局・當五
徑 22.71 毫米
重 4.9 克
杜堅毅提供

3403
咸豐通寶　背滿維文
阿克蘇局・當五
徑 22.54 毫米
重 5.08 克
王松麟藏

3404
咸豐通寶　背滿維文
阿克蘇局・當五
徑 21.85 毫米
重 4.1 克
上海博物館藏

3405
咸豐通寶　背滿維文
阿克蘇局・當十
徑 26.26 毫米
重 5.5 克
上海博物館藏

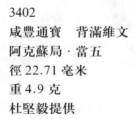
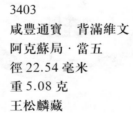
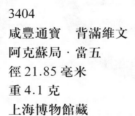

3406
咸豐通寶　背滿維文
阿克蘇局・當十
徑 26.16 毫米
重 6 克
上海博物館藏

3407
咸豐通寶　背滿維文
阿克蘇局・當十
徑 25.98 毫米
中國歷史博物館藏

3408
咸豐通寶　背滿維文
阿克蘇局・當十
徑 25.87 毫米
重 4.9 克
上海博物館藏

3409
咸豐通寶　背滿維文
阿克蘇局・當十
徑 25.78 毫米
重 6.1 克
上海博物館藏

3410
咸豐通寶　背滿維文
阿克蘇局・當十
徑 25.57 毫米
重 4.2 克
上海博物館藏

3411	3412	3413	3414	3415
咸豐通寶　背滿維文	咸豐通寶　背滿維文	咸豐通寶　背滿維文	咸豐通寶　背滿維文	咸豐通寶　背滿維文
阿克蘇局·當十	阿克蘇局·當十	阿克蘇局·當十	阿克蘇局·當十	阿克蘇局·當十
徑 25.31 毫米	徑 25.01 毫米	徑 24.56 毫米	徑 24.5 毫米	徑 23.25 毫米
重 4.67 克	重 4.4 克	重 4.4 克	重 5.25 克	重 4.65 克
王松麟藏	上海博物館藏	上海博物館藏	杜堅毅提供	杜堅毅提供

3416
咸豐重寶
背滿維文阿克蘇局·當五十　樣錢
徑 55 毫米
重 84 克
丁西藏
★★★

3417
咸豐重寶
背滿維文阿克蘇局·當五十　樣錢
徑 55.7 毫米
重 72.克
沈子槎藏
★★★

3418
咸豐重寶
背滿維文阿克蘇局·當五十　樣錢
徑 55.26 毫米
重 69.9 克
陳仁濤舊藏
★★★

3419
咸豐重寶
背滿維文阿克蘇局・當五十　樣錢
徑 37.86 毫米
重 17.2 克
郭若愚藏
★★★

3420
咸豐重寶
背滿維文阿克蘇局・當五十
徑 56.64 毫米
曾澤禄藏
★★

3421
咸豐重寶
背滿維文阿克蘇局・當五十
徑 37.82 毫米
重 18.05 克
上海博物館藏
★

3422
咸豐重寶
背滿維文阿克蘇局・當五十
徑 37.42 毫米
重 15.75 克
上海博物館藏
★

3423
咸豐重寶
背滿維文阿克蘇局・當五十
徑 36.95 毫米
中國歷史博物館藏
★

3424
咸豐重寶
背滿維文阿克蘇局・當五十
徑 36.77 毫米
重 13.2 克
鎮江博物館藏
★

3425
咸豐重寶
背滿維文阿克蘇局·當五十
徑 36.17 毫米
重 10.2 克
鎮江博物館藏
★

3426
咸豐重寶
背滿維文阿克蘇局·當五十
徑 35.95 毫米
重 15.22 克
杜堅毅提供
★

3427
咸豐重寶
背滿維文阿克蘇局·當五十
徑 35.81 毫米
重 16.41 克
王松麟藏
★

3428
咸豐重寶
背滿維文阿克蘇局·當五十
徑 35.77 毫米
重 12.25 克
杜堅毅提供
★

3429
咸豐重寶
背滿維文阿克蘇局·當五十
徑 34.36 毫米
鄭家相藏
★

3430
咸豐重寶
背滿維文阿克蘇局·當五十
徑 34.35 毫米
重 10.6 克
上海博物館藏
★

3431
咸豐元寶
背滿維文阿克蘇局·當百
徑 43.86 毫米
重 18.7 克
杜堅毅提供
★

3432
咸豐元寶
背滿維文阿克蘇局·當百
徑 42.53 毫米
重 17.4 克
上海博物館藏
★

3433
咸豐元寶
背滿維文阿克蘇局‧當百
徑 40.72 毫米
重 18.8 克
上海博物館藏
★

3434
咸豐元寶
背滿維文阿克蘇局‧當百
徑 40.29 毫米
重 23.1 克
上海博物館藏
★

3435
咸豐元寶
背滿維文阿克蘇局‧當百
徑 39.79 毫米
重 23.07 克
杜堅毅提供
★

3436
咸豐元寶
背滿維文阿克蘇局‧當百
徑 39.54 毫米
中國歷史博物館藏
★

3437
咸豐元寶
背滿維文阿克蘇局‧當百
徑 39.24 毫米
重 20.45 克
杜堅毅提供
★

3438
咸豐元寶
背滿維文阿克蘇局‧當百
徑 38.69 毫米
重 19.38 克
王松麟藏
★

3439
咸豐元寶
背滿維文阿克蘇局‧當百
徑 38.47 毫米
重 17 克
杜堅毅提供
★

3440
咸豐元寶
背滿維文阿克蘇局‧當百
徑 43.89 毫米
中國歷史博物館藏
★

3441
咸豐元寶
背滿維文阿克蘇局·當百
徑 41.63 毫米
重 20.15 克
杜堅毅提供
★

25. 寶伊局

3442	3443	3444
咸豐通寶	咸豐通寶	咸豐通寶
背滿文寶伊局	背滿文寶伊局	背滿文寶伊局
徑 23.22 毫米	徑 23.21 毫米	徑 23.21 毫米
重 5.2 克	重 5.15 克	重 5.65 克
上海博物館藏	杜堅毅提供	上海博物館藏

3445	3446	3447	3448	3449
咸豐通寶	咸豐通寶	咸豐通寶	咸豐通寶	咸豐重寶
背滿文寶伊局	背滿文寶伊局	背滿文寶伊局上●	背滿文寶伊局下●	背滿文寶伊局·當四
徑23.2毫米	徑26.81毫米	徑23.2毫米	徑21.86毫米	徑34.43毫米
重4.25克	選自《新疆紅錢》	重4.75克	重4.14克	中國歷史博物館藏
朱金根藏		杜堅毅提供	杜堅毅提供	

3450	3451	3452	3453	3454
咸豐重寶	咸豐重寶	咸豐重寶	咸豐重寶	咸豐重寶
背滿文寶伊局·當四	背滿文寶伊局·當四	背滿文寶伊局·當四	背滿文寶伊局·當四	背滿文寶伊局·當四
徑34.26毫米	徑33.92毫米	徑33.62毫米	徑32.73毫米	徑33.88毫米
重16.52克	重13.95克	重16克	重11.3克	重14.4克
王松麟藏	上海博物館藏	存雲亭藏	上海博物館藏	朱鑒清藏

3455
咸豐重寶
背滿文寶伊局·當四
徑 35.3 毫米
重 14.2 克
王連根藏

3456
咸豐重寶
背滿文寶伊局·當四
徑 34.48 毫米
重 15 克
陳福耕藏

3457
咸豐重寶
背滿文寶伊局·當十
徑 35.14 毫米
重 15 克
上海博物館藏

3458
咸豐重寶
背滿文寶伊局·當十
徑 35.24 毫米
重 16.1 克
杜堅毅提供

3459
咸豐重寶
背滿文寶伊局·當十
徑 34.66 毫米
重 13.8 克
杜堅毅提供

3460
咸豐重寶
背滿文寶伊局·當十
徑 33.24 毫米
重 12.55 克
杜堅毅提供

3461
咸豐重寶
背滿文寶伊局·當五十
徑 45.7 毫米
重 24.1 克
王連根藏

3462
咸豐重寶
背滿文寶伊局·當五十
徑 44.9 毫米
重 22.4 克
上海博物館藏

3463
咸豐重寶
背滿文寶伊局·當五十
徑 44.76 毫米
重 24.7 克
上海博物館藏

3464
咸豐重寶
背滿文寶伊局·當五十
徑 44.41 毫米
重 30.8 克
上海博物館藏

3465
咸豐重寶
背滿文寶伊局·當五十
徑 44.05 毫米
重 43.5 克
杜堅毅提供

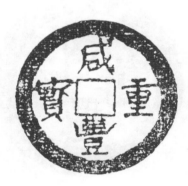

3466
咸豐重寶　背滿文寶伊局·當五十
徑 43.65 毫米
重 23.3 克
上海博物館藏

3467
咸豐重寶　背滿文寶伊局·當五十
徑 43.1 毫米
重 25.7 克
郭若愚藏

3468
咸豐重寶　背滿文寶伊局·當五十
徑 43.09 毫米
重 25.8 克
杜堅毅提供

3469
咸豐重寶　背滿文寶伊局·當五十
徑 41.07 毫米
中國歷史博物館藏

3470
咸豐元寶　背滿文寶伊局·當百　樣錢
徑 52 毫米
選自《中國珍稀錢幣》
★★

3471
咸豐元寶　背滿文寶伊局·當百
徑 53.22 毫米
重 42.6 克
存雲亭提供

3472
咸豐元寶　背滿文寶伊局·當百
徑 52.94 毫米
重 40.02 克
存雲亭提供

3473
咸豐元寶　背滿文寶伊局·當百
徑 51.6 毫米
重 47 克
上海博物館藏

3474
咸豐元寶　背滿文寶伊局·當百
徑 51.31 毫米
重 46.2 克
上海博物館藏

3475
咸豐元寶　背滿文寶伊局·當百
徑 51.3 毫米
中國歷史博物館藏

3476
咸豐元寶　背滿文寶伊局·當百
徑 51.07 毫米
重 36 克
陶小南藏

3477
咸豐元寶　背滿文寶伊局·當百
徑 50.12 毫米
重 40.85 克
上海博物館藏

3478
咸豐元寶　背滿文寶伊局·當百
徑 51.02 毫米
重 45.78 克
王松麟藏

3479
咸豐元寶　背滿文寶伊局·當百
徑 51.4 毫米
重 47.4 克
王連根藏

3480
咸豐元寶　背滿文寶伊局·當百
徑 49.57 毫米
重 46.02 克
杜堅毅提供

3481
咸豐元寶　背滿文寶伊局·當百
徑 49.56 毫米
重 41.4 克
上海博物館藏

3482
咸豐元寶　背滿文寶伊局·當百
徑 48.67 毫米
重 44.65 克
杜堅毅提供

3483
咸豐元寶　背滿文寶伊局·當五百
徑 56.05 毫米
重 82.7 克
朱卓鵬藏
★★

3484
咸豐元寶　背滿文寶伊局·當五百
徑 55.45 毫米
中國歷史博物館藏
★★

26.寶薊局

3485
咸豐通寶
背滿文寶薊局
徑 21 毫米
選自《簡明錢幣辭典》
★

3486
咸豐重寶
背滿文寶薊局·當十
徑 36.02 毫米
中國歷史博物館藏
★

3487
咸豐重寶
背滿文寶薊局·當十
徑 33.4 毫米
重 18.2 克
枕石齋藏
★

3488
咸豐重寶
背滿文寶薊局·當十
徑 27.21 毫米
中國歷史博物館藏
★

3489
咸豐重寶
背滿文寶薊局·當十
徑 27.06 毫米
重 11 克
上海博物館藏
★

3490
咸豐重寶
背滿文寶薊局·當十
徑 26.74 毫米
重 13.2 克
上海博物館藏
★

3491
咸豐重寶
背滿文寶薊局·當十
徑 26.19 毫米
重 12.19 克
王松麟藏
★

3492
咸豐重寶
背滿文寶薊局·當十
徑 25.78 毫米
重 12.38 克
王松麟藏
★

3493
咸豐重寶　背滿文寶薊局·當十　鐵錢
徑 36.01 毫米
《中國歷代貨幣大系》編輯委員會提供
★

3494
咸豐重寶　背滿文寶薊局·當十　鐵錢
徑 34.78 毫米
《中國歷代貨幣大系》編輯委員會提供
★

3495
咸豐元寶　背滿文寶薊局‧當五十
徑 43.42 毫米
重 38.85 克
上海博物館藏
★★

3496
咸豐重寶　背滿文寶薊局‧當五十
徑 42.37 毫米
中國歷史博物館藏
★★

3497
咸豐重寶　背滿文寶薊局‧當五十
徑 41.75 毫米
重 35.81 克
王松麟藏
★★

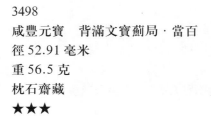

3498
咸豐元寶　背滿文寶薊局‧當百
徑 52.91 毫米
重 56.5 克
枕石齋藏
★★★

3499
咸豐元寶　背滿文寶薊局‧當百
徑 52.63 毫米
重 53.8 克
上海博物館藏
★★★

3500
咸豐元寶　背滿文寶薊局‧當百
徑 52.12 毫米
中國歷史博物館藏
★★★

27.寶德局

3501
咸豐通寶
背滿文寶德局　雕母
徑 21.31 毫米
《中國歷代貨幣大系》
編輯委員會提供
★★★★

3502
咸豐通寶
背滿文寶德局　雕母
徑 20.63 毫米
《中國歷代貨幣大系》
編輯委員會提供
★★★★

3503
咸豐通寶
背滿文寶德局　母錢
徑 22.45 毫米
《中國歷代貨幣大系》
編輯委員會提供
★★★

3504
咸豐通寶
背滿文寶德局　樣錢
徑 21.74 毫米
《中國歷代貨幣大系》
編輯委員會提供
★★

3505
咸豐通寶
背滿文寶德局
徑 24.47 毫米
《中國歷代貨幣大系》
編輯委員會提供
★

3506
咸豐通寶
背滿文寶德局
徑 20.63 毫米
《中國歷代貨幣大系》
編輯委員會提供
★

3507
咸豐通寶
背滿文寶德局　鐵錢
徑 22.49 毫米
《中國歷代貨幣大系》
編輯委員會提供
★

3508
咸豐通寶
背滿文寶德局　鐵錢
徑 22.48 毫米
《中國歷代貨幣大系》
編輯委員會提供
★

3509
咸豐重寶　背滿文
寶德局·當五　雕母
徑 28.06 毫米
重 9.3 克
沈子槎舊藏
★★★★

3510
咸豐重寶　背滿文
寶德局·當五　母錢
徑 29.02 毫米
重 11.1 克
上海博物館藏
★★★

3511
咸豐重寶　背滿文
寶德局·當五　母錢
徑 29.04 毫米
重 9.6 克
枕石齋藏
★★★

3512
咸豐重寶　背滿文
寶德局·當五　母錢
徑 28.71 毫米
《中國歷代貨幣大系》
編輯委員會提供
★★★

3513
咸豐重寶　背滿文
寶德局·當五　母錢
徑 28.47 毫米
羅伯昭舊藏
★★★

3514
咸豐重寶　背滿文
寶德局·當五　母錢
徑 28.08 毫米
《中國歷代貨幣大系》
編輯委員會提供
★★★

3515
咸豐重寶　背滿文
寶德局·當五　母錢
徑 28.06 毫米
《中國歷代貨幣大系》
編輯委員會提供
★★★

3516
咸豐重寶　背滿文
寶德局·當五　母錢
徑 27.42 毫米
孫師匡藏
★★★

3517
咸豐重寶　背滿文
寶德局·當五　鐵錢
徑 29.83 毫米
重 8.3 克
金立夫藏

3518
咸豐重寶　背滿文
寶德局·當五　鐵錢
徑 28.38 毫米
重 7.8 克
上海博物館藏

3519
咸豐重寶　背滿文
寶德局·當五　鐵錢
徑 28.01 毫米
重 7.1 克
鎮江博物館藏

3520
咸豐重寶　背滿文
寶德局·當十　樣錢
重 16.9 克
上海博物館藏
★★

3521
咸豐重寶
背滿文寶德局·當十
徑 35.09 毫米
重 18.2 克
金立夫藏

3522
咸豐重寶
背滿文寶德局·當十
徑 33.13 毫米
中國歷史博物館藏

3523
咸豐重寶
背滿文寶德局·當十
徑 32.23 毫米
重 16.24 克
王松麟藏

3524
咸豐重寶
背滿文寶德局‧當十
徑 31.22 毫米
重 16.55 克
上海博物館藏

3525
咸豐重寶
背滿文寶德局‧當十
徑 31.04 毫米
重 13.8 克
金立夫藏

3526
咸豐重寶
背滿文寶德局‧當五十
徑 45.6 毫米
重 47.4 克
王連根藏

3527
咸豐重寶
背滿文寶德局‧當五十
徑 45.77 毫米
重 49.4 克
上海博物館藏

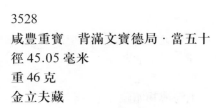

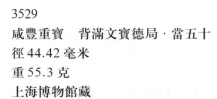

3528
咸豐重寶　背滿文寶德局‧當五十
徑 45.05 毫米
重 46 克
金立夫藏

3529
咸豐重寶　背滿文寶德局‧當五十
徑 44.42 毫米
重 55.3 克
上海博物館藏

3530
咸豐重寶　背滿文寶德局‧當五十
徑 42.41 毫米
中國歷史博物館藏

3531
咸豐元寶　背滿文寶德局·當百　樣錢
徑 51.27 毫米
重 55 克
鎮江博物館藏
★★

3532
咸豐元寶　背滿文寶德局·當百
徑 50.25 毫米
重 55.5 克
金立夫藏
★

3533
咸豐元寶　背滿文寶德局·當百
徑 50.18 毫米
重 53.3 克
王連根藏
★

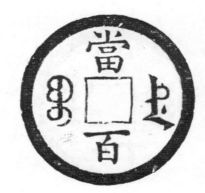

3534
咸豐元寶　背滿文寶德局·當百
徑 48.1 毫米
中國歷史博物館藏
★

3535
咸豐元寶　背滿文寶德局·當百
徑 47.58 毫米
重 50 克
上海博物館藏
★

3536
咸豐元寶　背滿文寶德局·當百
徑 47.05 毫米
重 43.15 克
上海博物館藏
★

28.喀什噶爾局

3537
咸豐通寶　背滿維文
喀什噶爾局·當五
徑 23.21 毫米
重 4.4 克
杜堅毅提供

3538
咸豐通寶　背滿維文
喀什噶爾局·當十
徑 26.53 毫米
重 4.4 克
上海博物館藏

3539
咸豐通寶　背滿維文
喀什噶爾局·當十
徑 26.04 毫米
重 4.9 克
上海博物館藏

3540
咸豐通寶　背滿維文
喀什噶爾局·當十
徑 25.19 毫米
中國歷史博物館藏

3541
咸豐通寶　背滿維文
喀什噶爾局·當十
徑 24.48 毫米
重 2.9 克
杜堅毅提供

3542
咸豐通寶　背滿維文
喀什噶爾局·當十
徑 24.12 毫米
重 3.75 克
杜堅毅提供

3543
咸豐重寶　背滿維文
喀什噶爾局·當五十
徑 36.35 毫米
重 14.75 克
上海博物館藏
★

3544
咸豐重寶　背滿維文
喀什噶爾局·當五十
徑 35.24 毫米
重 13.78 克
杜堅毅提供
★

3545
咸豐元寶　背滿維文喀什噶爾局·當百
徑 42.5 毫米
重 18.65 克
趙漢國藏
★★

3546
咸豐元寶　背滿維文喀什噶爾局·當百
徑 42.11 毫米
重 20.5 克
陳忠純藏
★★

3547
咸豐元寶
背滿維文喀什噶爾局·當百
徑 38.71 毫米
重 19.85 克
選自《新疆紅錢》
★★

3548
咸豐元寶
背滿維文喀什噶爾局·當百
徑 38.32 毫米
重 12.5 克
上海博物館藏
★★

3549
咸豐元寶
背滿維文喀什噶爾局·當百
徑 38.32 毫米
重 12.01 克
杜堅毅提供
★★

29.寶迪局

3550
咸豐重寶
背滿文寶迪局·當八
徑 27.51 毫米
重 5.78 克
杜堅毅提供

3551
咸豐重寶
背滿文寶迪局·當八
徑 27.3 毫米
重 6.2 克
選自《新疆紅錢》

3552
咸豐重寶
背滿文寶迪局·當八
徑 27.24 毫米
重 6 克
上海博物館藏

3553
咸豐重寶
背滿文寶迪局·當八
徑 26.58 毫米
重 5.3 克
鎮江博物館藏

3554
咸豐重寶
背滿文寶迪局·當八
徑 26.42 毫米
重 6.65 克
上海博物館藏

3555
咸豐重寶
背滿文寶迪局·當八
徑 26.28 毫米
重 7.3 克
鎮江博物館藏

3556
咸豐重寶
背滿文寶迪局·當八
徑 25.91 毫米
重 6.3 克
上海博物館藏

3557
咸豐重寶
背滿文寶迪局·當八
徑 25.20 毫米
重 7.94 克
杜堅毅提供

3558
咸豐重寶
背滿文寶迪局·當八
徑 24.68 毫米
中國歷史博物館藏

3559
咸豐重寶
背滿文寶迪局·當八
徑 24.64 毫米
重 5.72 克
王松麟藏

3560
咸豐重寶
背滿文寶迪局·當八
徑 24.29 毫米
重 5.95 克
杜堅毅提供

3561
咸豐重寶
背滿文寶迪局·當八
徑 23.03 毫米
重 5.05 克
上海博物館藏

3562
咸豐重寶　背滿文
寶迪局·當十樣錢
徑 26.57 毫米
選自《新疆紅錢》
★★

3563
咸豐重寶
背滿文寶迪局·當十
徑 30.61 毫米
重 15.3 克
杜堅毅提供

3564
咸豐重寶
背滿文寶迪局·當十
徑 29.29 毫米
重 8.95 克
杜堅毅提供

3565
咸豐重寶
背滿文寶迪局·當十
徑 26.4 毫米
重 4.88 克
存雲亭藏

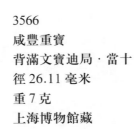

3566
咸豐重寶
背滿文寶迪局·當十
徑 26.11 毫米
重 7 克
上海博物館藏

3567
咸豐重寶
背滿文寶迪局·當十
徑 25.72 毫米
中國歷史博物館藏

3568	3569	3570	3571	3572
咸豐重寶	咸豐重寶	咸豐重寶	咸豐重寶	咸豐重寶
背滿文寶迪局·當十	背滿文寶迪局·當十	背滿文寶迪局·當十	背滿文寶迪局·當十	背滿文寶迪局·當十
徑 25.71 毫米	徑 25.43 毫米	徑 24.86 毫米	徑 24.69 毫米	徑 23.76 毫米
重 6.6 克	重 4.4 克	重 6.55 克	重 7.6 克	重 4.84 克
上海博物館藏	上海博物館藏	杜堅毅提供	杜堅毅提供	杜堅毅提供

3573
咸豐重寶
背滿文寶迪局·當十
徑 30.58 毫米
重 8.1 克
上海博物館藏

3574
咸豐重寶　背滿文
寶迪局·當十　鉛錢
徑 30.04 毫米
重 19.52 克
丁酉藏

3575
咸豐元寶　背滿文寶迪局·當八十
徑 51.9 毫米
選自《中國珍稀錢幣》
★★

3576
咸豐元寶　背滿文寶迪局·當八十
徑 51.34 毫米
重 43.7 克
上海博物館藏
★★

3577
咸豐元寶　背滿文寶迪局·當八十
徑 51 毫米
重 47.1 克
選自《新疆錢幣》
★★

3578
咸豐元寶　背滿文寶迪局·當八十
徑 50.61 毫米
重 39.2 克
選自《清錢珍稀四百種》
★★

30.庫車局

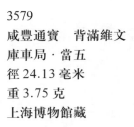 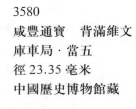

3579
咸豐通寶　背滿維文
庫車局·當五
徑 24.13 毫米
重 3.75 克
上海博物館藏

3580
咸豐通寶　背滿維文
庫車局·當五
徑 23.35 毫米
中國歷史博物館藏

3581
咸豐通寶　背滿維文
庫車局·當五
徑 23.6 毫米
重 3.75 克
杜堅毅提供

3582
咸豐通寶　背滿維文
庫車局·當五
徑 23.25 毫米
重 3.75 克
上海博物館藏

3583
咸豐通寶　背滿維文
庫車局·當五
徑 22.74 毫米
重 4 克
杜堅毅提供

3584
咸豐通寶　背滿維文
庫車局·當十
徑 25.74 毫米
重 4.35 克
上海博物館藏

3585
咸豐通寶　背滿維文
庫車局·當十
徑 25.72 毫米
重 4.6 克
上海博物館藏

3586
咸豐通寶　背滿維文
庫車局·當十
徑 25.72 毫米
重 3.35 克
上海博物館藏

3587
咸豐通寶　背滿維文
庫車局·當十
徑 25.72 毫米
重 4.02 克
杜堅毅提供

3588
咸豐通寶　背滿維文
庫車局·當十
徑 25.71 毫米
重 4.8 克
上海博物館藏

3589
咸豐通寶　背滿維文
庫車局·當十
徑 25.7 毫米
中國歷史博物館藏

3590
咸豐通寶　背滿維文
庫車局·當十
徑 25.14 毫米
重 3.9 克
上海博物館藏

3591
咸豐通寶　背滿維文
庫車局·當十
徑 25.02 毫米
重 4.9 克
上海博物館藏

3592
咸豐通寶　背滿維文
庫車局·當十
徑 24.9 毫米
重 5.1 克
杜堅毅提供

3593
咸豐通寶　背滿維文
庫車局·當十
徑 23.47 毫米
重 4.85 克
杜堅毅提供

3594
咸豐元寶　背滿維文庫車局·當五十
徑 37.55 毫米
重 15.6 克
上海博物館藏

3595
咸豐元寶
背滿維文庫車局・當百
徑 41.26 毫米
中國歷史博物館藏

3596
咸豐元寶
背滿維文庫車局・當百
徑 41.16 毫米
選自《新疆紅錢》

3597
咸豐元寶
背滿維文庫車局・當百
徑 39.18 毫米
重 21.55 克
上海博物館藏

3598
咸豐元寶
背滿維文庫車局・當百
徑 39.18 毫米
中國歷史博物館藏

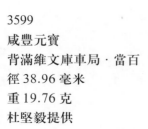

3599
咸豐元寶
背滿維文庫車局・當百
徑 38.96 毫米
重 19.76 克
杜堅毅提供

31.寶州局

3600
咸豐通寶
背滿文寶州局上○
徑 21.66 毫米
重 2.2 克
上海博物館藏

3601
咸豐通寶
背滿文寶州局〜
徑 21.37 毫米
重 2 克
上海博物館藏

九、祺祥時期錢幣

（愛新覺羅載淳）
祺祥年間（1861年）

1. 寶泉局

3602
祺祥通寶
背滿文寶泉局　雕母
沈子槎藏
★★★★

3603
祺祥通寶
背滿文寶泉局　雕母
徑 28.08 毫米
選自《戴葆庭集拓中
外錢幣珍品》
★★★★

3604
祺祥通寶
背滿文寶泉局　母錢
徑 26.99 毫米
重 7.6 克
枕石齋藏
★★★

3605
祺祥通寶
背滿文寶泉局　樣錢
徑 26.99 毫米
重 8.6 克
選自《清錢珍稀四百
種》
★★

3606
祺祥通寶
背滿文寶泉局
徑 25.89 毫米
重 6.4 克
上海博物館藏
★★

3607
祺祥通寶
背滿文寶泉局
徑 27.14 毫米
重 6.1 克
上海博物館藏
★★

3608
祺祥通寶
背滿文寶泉局
徑 25.81 毫米
重 5.7 克
選自《清錢珍稀四
百種》
★★

3609
祺祥通寶
背滿文寶泉局
徑 24.83 毫米
中國歷史博物館藏
★★

3610
祺祥通寶
背滿文寶泉局
徑 25.76 毫米
中國歷史博物館藏
★★

3611
祺祥重寶　背滿文寶泉局·當十　雕母
徑 35.17 毫米
選自《戴葆庭集拓中外錢幣珍品》
★★★★

2. 寶源局

3612
祺祥通寶
背滿文寶源局　雕母
徑 27.28 毫米
選自《戴葆庭集拓中
外錢幣珍品》
★★★★

3613
祺祥通寶
背滿文寶源局　母錢
徑 27.78 毫米
重 7.8 克
枕石齋藏
★★★

3614
祺祥通寶
背滿文寶源局　母錢
徑 26.76 毫米
重 6.2 克
上海博物館藏
★★★

3615
祺祥通寶
背滿文寶源局　樣錢
徑 26.67 毫米
重 9.1 克
選自《清錢珍稀四百
種》
★★

3616
祺祥通寶
背滿文寶源局　樣錢
徑 26.67 毫米
重 8.2 克
選自《清錢珍稀四百
種》
★★

3617
祺祥通寶
背滿文寶源局
徑 26.03 毫米
中國歷史博物館藏
★★

3618
祺祥通寶
背滿文寶源局
徑 26.04 毫米
中國歷史博物館藏
★★

3619
祺祥通寶　背滿文寶源局雙列十一枚錢樹
長 225 毫米
寬 76 毫米
美國錢幣學會藏
★★★★

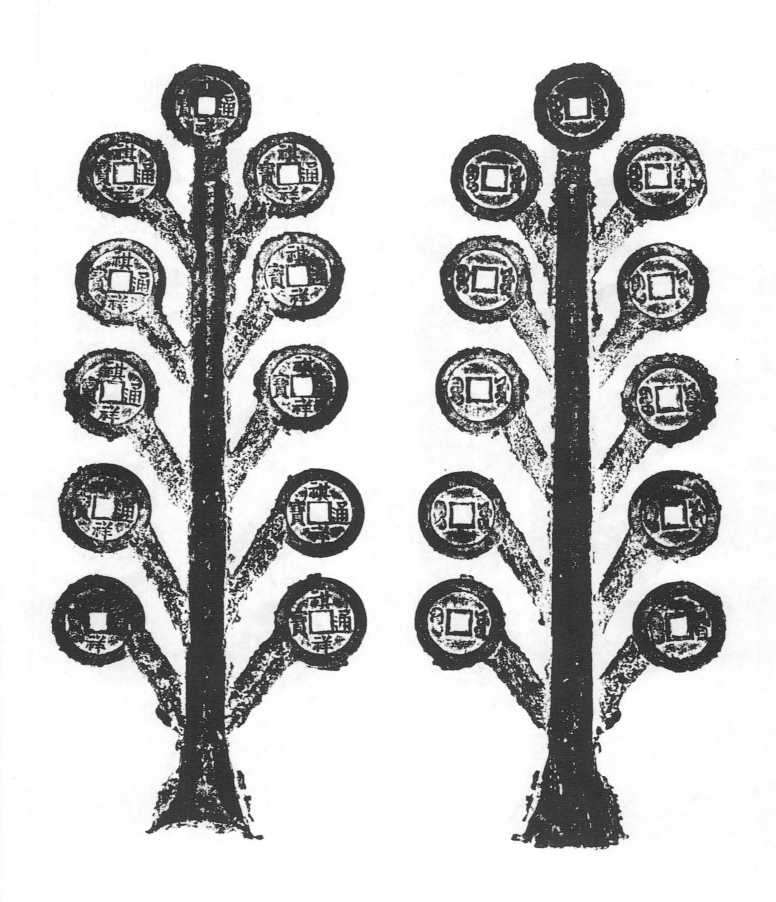

3620
祺祥通寶　背滿文寶源局雙列十一枚錢樹
長230毫米
寬90毫米
美國錢幣學會藏
★★★★

3621
祺祥重寶　背滿文寶源局·
當十　雕母
徑 35.41 毫米
選自《戴葆庭集拓中外錢幣
珍品》
★★★★

3622
祺祥重寶　背滿文寶源局·
當十　母錢
徑 35.53 毫米
重 18.4 克
上海博物館藏
★★★

3623
祺祥重寶　背滿文寶源局·
當十
徑 34.57 毫米
重 15.3 克
上海博物館藏
★★

3624
祺祥重寶　背滿文寶源局·
當十
徑 34.58 毫米
重 15.1 克
上海博物館藏
★★

3625
祺祥重寶　背滿文寶源局·
當十
徑 33.4 毫米
中國歷史博物館藏
★★

3626
祺祥重寶　背滿文寶源局·
當十
鄒誌諒提供
★★

3627
祺祥重寶　背滿文寶源局·
當十　鐵錢
徑 31.81 毫米
重 8 克
陳紀東藏
★★

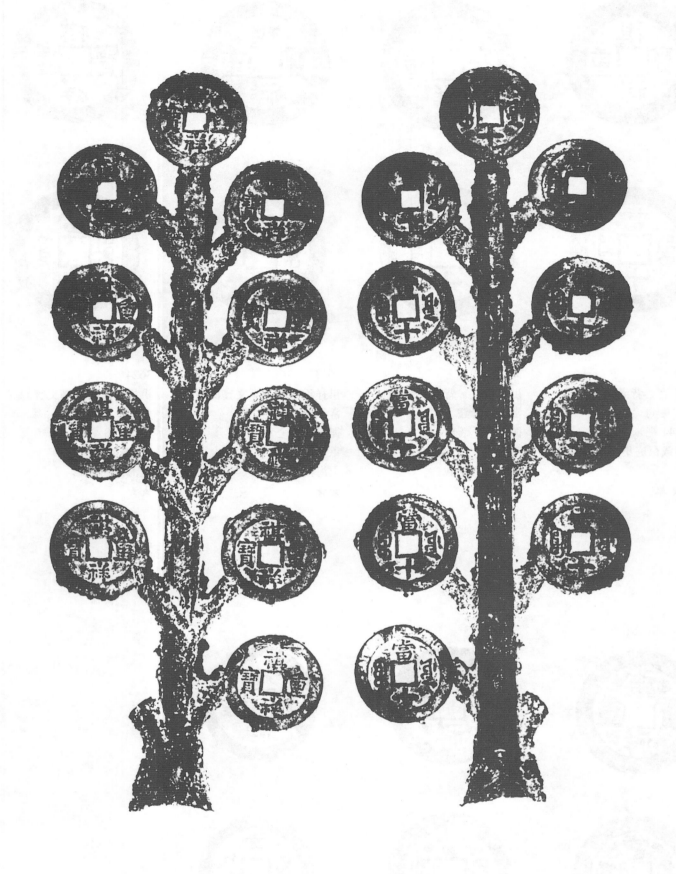

3628
祺祥重寶　背滿文寶源局‧當十雙列十一枚錢樹（斷一枚）
長 243 毫米
寬 96 毫米
美國錢幣學會藏
★★★★

3629
祺祥重寶　背滿文寶源局·當十雙列十一枚錢樹
長 284 毫米
寬 110 毫米
美國錢幣學會藏
★★★★

3.寶蘇局

3630
祺祥通寶
背滿文寶蘇局
徑 27.12 毫米
重 5.13 克
上海博物館藏
★★★

4.寶鞏局

3631
祺祥通寶
背滿文寶鞏局
徑 22.73 毫米
重 4.43 克
上海博物館藏
★★

3632
祺祥重寶
背滿文寶鞏局·當十
徑 31.17 毫米
孫師匡藏
★★

5.寶雲局

3633
祺祥通寶
背滿文寶雲局
徑 25.11 毫米
重 5 克
上海博物館藏
★★

3634
祺祥通寶
背滿文寶雲局
徑 25.25 毫米
中國歷史博物館藏
★★

3635
祺祥通寶
背滿文寶雲局
徑 24.18 毫米
重 3.9 克
上海博物館藏
★★

3636
祺祥通寶
背滿文寶雲局
徑 23.65 毫米
《中國歷代貨幣大系》編輯委員會提供
★★

3637
祺祥通寶
背滿文寶雲局
徑 24.2 毫米
中國歷史博物館藏
★★

3638
祺祥通寶
背滿文寶雲局
中國歷史博物館藏
★★

6.寶東局

3639
祺祥通寶
背滿文寶東局
徑 24.23 毫米
《中國歷代貨幣大系》
編輯委員會提供
★★

3640
祺祥通寶
背滿文寶東局
徑 24.11 毫米
《中國歷代貨幣大系》
編輯委員會提供
★★

7.和闐局

3641
祺祥通寶
背滿維文和闐局
樣錢
徑 26.20 毫米
《中國歷代貨幣大系》
編輯委員會提供
★★★

8.烏什局

3642
祺祥通寶
背滿維文烏什局
樣錢
徑 25.33 毫米
《中國歷代貨幣大
系》編輯委員會提供
★★★

9.喀什噶爾局

3643
祺祥通寶
背滿維文喀什噶爾局
樣錢
徑 25.78 毫米
《中國歷代貨幣大系》
編輯委員會提供
★★★

10.葉爾羌局

3644
祺祥通寶
背滿維文葉爾羌局
徑 25.43 毫米
《中國歷代貨幣大系》
編輯委員會提供
★★★

11.阿克蘇局

3645
祺祥通寶
背滿維文阿克蘇局
徑 25.32 毫米
《中國歷代貨幣大系》
編輯委員會提供
★★

十、同治時期錢幣

穆宗（愛新覺羅載淳）
同治年間（1862－1874年）

1. 寶泉局

3646
同治通寶
背滿文寶泉局　雕母
徑 26.57 毫米
重 7.5 克
上海博物館藏
★★★★

3647
同治通寶
背滿文寶泉局　雕母
徑 27.57 毫米
重 9 克
上海博物館藏
★★★★

3648
同治通寶
背滿文寶泉局　雕母
徑 25.99 毫米
中國歷史博物館藏
★★★★

3649
同治通寶
背滿文寶泉局　雕母
徑 25.18 毫米
重 6.5 克
上海博物館藏
★★★★

3650
同治通寶
背滿文寶泉局
徑 23.96 毫米
重 5.6 克
上海博物館藏

3651
同治通寶
背滿文寶泉局
徑 23.66 毫米
重 4.9 克
金立夫藏

3652
同治通寶
背滿文寶泉局
徑 23.63 毫米
重 4.7 克
上海博物館藏

3653
同治通寶
背滿文寶泉局
徑 23.14 毫米
重 4.4 克
上海博物館藏

3654
同治重寶　背滿文
寶泉局·當十　雕母
徑 32.15 毫米
重 13.4 克
上海博物館藏
★★★★

3655
同治重寶　背滿文
寶泉局·當十　雕母
徑 35.2 毫米
選自《戴葆庭集拓中
外錢幣珍品》
★★★★

3656
同治重寶　背滿文
寶泉局·當十　樣錢
徑 32.12 毫米
重 13.6 克
枕石齋藏
★★

3657
同治重寶
背滿文寶泉局·當十
徑 31.55 毫米
重 11.9 克
上海博物館藏

3658
同治重寶
背滿文寶泉局·當十
徑 31.55 毫米
重 10.1 克
上海博物館藏

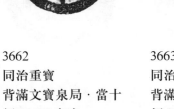
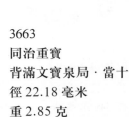

3659	3660	3661	3662	3663
同治重寶	同治重寶	同治重寶	同治重寶	同治重寶
背滿文寶泉局·當十	背滿文寶泉局·當十	背滿文寶泉局·當十	背滿文寶泉局·當十	背滿文寶泉局·當十
徑 30.06 毫米	徑 29.44 毫米	徑 25.28 毫米	徑 23.93 毫米	徑 22.18 毫米
重 9.5 克	重 8.8 克	重 4.3 克	重 3.1 克	重 2.85 克
上海博物館藏	上海博物館藏	上海博物館藏	上海博物館藏	上海博物館藏

3664	3665	3666	3667	3668
同治重寶	同治重寶	同治重寶	同治重寶	同治重寶
背滿文寶泉局·當十	背滿文寶泉局·當十	背滿文寶泉局·當十	背滿文寶泉局·當十	背滿文寶泉局·當十
徑 22.36 毫米	徑 23.33 毫米	徑 23.51 毫米	徑 21.15 毫米	徑 33.61 毫米
重 2.8 克	重 2.8 克	重 2.6 克	重 1.8 克	重 13.8 克
上海博物館藏	上海博物館藏	上海博物館藏	上海博物館藏	上海博物館藏

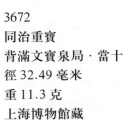

3669	3670	3671	3672	3673
同治重寶	同治重寶	同治重寶	同治重寶	同治重寶
背滿文寶泉局·當十	背滿文寶泉局·當十	背滿文寶泉局·當十	背滿文寶泉局·當十	背滿文寶泉局·當十
徑 31.99 毫米	徑 32.86 毫米	徑 30.93 毫米	徑 32.49 毫米	徑 30.21 毫米
重 13.2 克	重 12.8 克	重 11.7 克	重 11.3 克	重 11.25 克
上海博物館藏	上海博物館藏	上海博物館藏	上海博物館藏	上海博物館藏

3674
同治重寶
背滿文寶泉局·當十
徑 31.68 毫米
重 10.7 克
上海博物館藏

3675
同治重寶
背滿文寶泉局·當十
徑 30.29 毫米
重 9.3 克
上海博物館藏

3676
同治重寶
背滿文寶泉局·當十
徑 30.3 毫米
重 9.3 克
上海博物館藏

3677
同治重寶
背滿文寶泉局·當十
徑 29.28 毫米
重 8.6 克
上海博物館藏

3678
同治重寶
背滿文寶泉局·當十
徑 29.06 毫米
重 8.1 克
上海博物館藏

3679
同治重寶
背滿文寶泉局·當十
徑 27.6 毫米
重 7.9 克
上海博物館藏

3680
同治重寶
背滿文寶泉局·當十
徑 27.18 毫米
重 7.8 克
上海博物館藏

3681
同治重寶
背滿文寶泉局·當十
徑 29.31 毫米
重 7.7 克
上海博物館藏

3682
同治重寶
背滿文寶泉局·當十
徑 28.81 毫米
重 7.25 克
上海博物館藏

3683
同治重寶
背滿文寶泉局·當十
徑 30.75 毫米
重 7.25 克
上海博物館藏

3684
同治重寶
背滿文寶泉局·當十
徑 27.09 毫米
重 7.1 克
上海博物館藏

3685
同治重寶　背滿文寶泉局·當十
徑 28.21 毫米
重 6.9 克
上海博物館藏

3686
同治重寶
背滿文寶泉局·當十
徑 26.28 毫米
重 6.5 克
上海博物館藏

3687
同治重寶
背滿文寶泉局·當十
徑 28.4 毫米
重 6.5 克
上海博物館藏

3688
同治重寶
背滿文寶泉局·當十
徑 26.92 毫米
重 6.1 克
上海博物館藏

3689
同治重寶
背滿文寶泉局·當十
徑 27.15 毫米
重 6.1 克
上海博物館藏

3690
同治重寶
背滿文寶泉局·當十
徑 26.63 毫米
重 5.1 克
上海博物館藏

3691
同治重寶
背滿文寶泉局·當十
徑 25.21 毫米
重 4.7 克
上海博物館藏

3692
同治重寶
背滿文寶泉局·當十
徑 25.28 毫米
重 4.5 克
上海博物館藏

2. 寶源局

3693
同治通寶
背滿文寶源局　雕母
徑 27.89 毫米
選自《戴葆庭集拓中
外錢幣珍品》
★★★★

3694
同治通寶
背滿文寶源局
徑 27.5 毫米
重 7.1 克
金立夫藏

3695
同治通寶
背滿文寶源局
徑 27.09 毫米
重 6.6 克
上海博物館藏

3696
同治通寶
背滿文寶源局
徑 22.06 毫米
重 1.6 克
上海博物館藏

3697
同治重寶　背滿文
寶源局·當十　雕母
徑 34.42 毫米
選自《戴葆庭集拓中
外錢幣珍品》
★★★★

3698
同治重寶　背滿文
寶源局·當十　母錢
徑 32.56 毫米
重 10.4 克
枕石齋藏
★★★

3699
同治重寶
背滿文寶源局·當十
徑 30.46 毫米
重 11 克
上海博物館藏

3700
同治重寶
背滿文寶源局·當十
徑 29.9 毫米
重 9.8 克
上海博物館藏

3701
同治重寶
背滿文寶源局·當十
徑 30.88 毫米
重 9.6 克
上海博物館藏

3702
同治重寶
背滿文寶源局·當十
徑 34.9 毫米
重 23 克
王連根藏

3703
同治重寶
背滿文寶源局·當十
徑 34.65 毫米
重 14.1 克
上海博物館藏

3704
同治重寶
背滿文寶源局·當十
徑 31.98 毫米
重 12.3 克
上海博物館藏

3705
同治重寶
背滿文寶源局·當十
徑 33.67 毫米
重 11.6 克
上海博物館藏

3706
同治重寶
背滿文寶源局·當十
徑 30.71 毫米
重 9.8 克
上海博物館藏

3707
同治重寶
背滿文寶源局·當十
徑 29.25 毫米
重 9.7 克
上海博物館藏

3708
同治重寶
背滿文寶源局·當十
徑 30.56 毫米
重 8.8 克
上海博物館藏

3.寶陝局

3709
同治通寶　背滿文
寶陝局　樣錢
徑 25.37 毫米
《中國歷代貨幣大系》
編輯委員會提供
★★

3710
同治重寶　背滿文寶陝局·當十　樣錢
徑 33.86 毫米
《中國歷代貨幣大系》編輯委員會提供
★★

4. 寶晉局

3711
同治通寶　背滿文
寶晉局　樣錢
徑 25.11 毫米
《中國歷代貨幣大系》
編輯委員會提供
★★

3712
同治重寶　背滿文寶晉局·當十　雕母
徑 33.34 毫米
重 15 克
上海博物館藏
★★★★

5. 寶武局

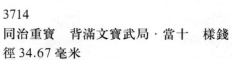

3713
同治通寶　背滿文
寶武局　樣錢
徑 25.89 毫米
《中國歷代貨幣大系》
編輯委員會提供
★★

3714
同治重寶　背滿文寶武局·當十　樣錢
徑 34.67 毫米
《中國歷代貨幣大系》編輯委員會提供
★★

6. 寶廣局

3715
同治通寶　背滿文
寶廣局　樣錢
徑 25.07 毫米
《中國歷代貨幣大系》
編輯委員會提供
★★

7.寶昌局

3716
同治通寶
背滿文寶昌局
徑 24 毫米
重 4.6 克
上海博物館藏

3717
同治通寶
背滿文寶昌局
徑 23.15 毫米
重 4.5 克
上海博物館藏

3718
同治通寶
背滿文寶昌局
徑 20.42 毫米
重 2.65 克
上海博物館藏

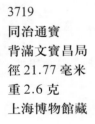

3719
同治通寶
背滿文寶昌局
徑 21.77 毫米
重 2.6 克
上海博物館藏

3720
同治通寶
背滿文寶昌局
徑 22.79 毫米
重 2.5 克
上海博物館藏

3721
同治通寶
背滿文寶昌局
徑 17.31 毫米
重 1.4 克
上海博物館藏

3722
同治重寶　背滿文寶昌局·當十　樣錢
徑 34.17 毫米
《中國歷代貨幣大系》編輯委員會提供
★★

8.寶福局

3723
同治通寶　背滿文
寶福局　雕母
徑 25.5 毫米
重 8.4 克
上海博物館藏
★★★★

3724
同治通寶　背滿文
寶福局　雕母
徑 23.13 毫米
中國歷史博物館藏
★★★★

3725
同治通寶　背滿文
寶福局　雕母
徑 25.5 毫米
選自《戴葆庭集拓
中外錢幣珍品》
★★★★

3726
同治重寶　背滿文
寶福局·當十　樣錢
徑 33.85 毫米
重 15.8 克
上海博物館藏
★★★

9. 寶浙局

3727
同治通寶
背滿文寶浙局
徑 21.52 毫米
重 6.7 克
上海博物館藏

3728
同治通寶
背滿文寶浙局
徑 21.52 毫米
重 4.1 克
上海博物館藏

3729
同治通寶
背滿文寶浙局
徑 21.52 毫米
重 4 克
上海博物館藏

3730
同治通寶
背滿文寶浙局
徑 21.52 毫米
重 3.8 克
上海博物館藏

3731
同治通寶
背滿文寶浙局
徑 21.52 毫米
重 3.6 克
上海博物館藏

3732
同治通寶
背滿文寶浙局
徑 20.85 毫米
重 3.4 克
金立夫藏

3733
同治通寶
背滿文寶浙局
徑 20.24 毫米
重 3.2 克
上海博物館藏

3734
同治通寶
背滿文寶浙局
徑 21.9 毫米
重 3.2 克
上海博物館藏

3735	3736	3737	3738	3739
同治通寶	同治通寶	同治通寶	同治通寶	同治通寶
背滿文寶浙局	背滿文寶浙局	背滿文寶浙局	背滿文寶浙局	背滿文寶浙局
徑 20.37 毫米	徑 20.37 毫米	徑 18.67 毫米	徑 20.37 毫米	徑 19.2 毫米
重 3.1 克	重 2.8 克	重 2.7 克	重 2.6 克	重 2.5 克
上海博物館藏	上海博物館藏	上海博物館藏	上海博物館藏	上海博物館藏

3740	3741	3742	3743	3744
同治通寶	同治通寶	同治通寶	同治通寶	同治通寶
背滿文寶浙局	背滿文寶浙局	背滿文寶浙局	背滿文寶浙局	背滿文寶浙局
徑 19.20 毫米	徑 17.72 毫米	徑 16.5 毫米	徑 18.16 毫米	徑 18.89 毫米
重 1.6 克	重 1.35 克	重 1.2 克	重 1.2 克	重 1.7 克
上海博物館藏	上海博物館藏	上海博物館藏	上海博物館藏	上海博物館藏

3745
同治通寶
背滿文寶浙局上月
徑 17.49 毫米
重 1.7 克
上海博物館藏

3746
同治重寶　背滿文寶浙局・當十　樣錢
徑 34.45 毫米
選自《戴葆庭集拓中外錢幣珍品》
★★

10.寶濟局

3747
同治通寶
背滿文寶濟局
徑 24.32 毫米
《中國歷代貨幣大
系》編輯委員會提供
★★

11.寶雲局

3748	3749	3750
同治通寶	同治通寶	同治通寶
背滿文寶雲局	背滿文寶雲局	背滿文寶雲局
徑 25.05 毫米	徑 23.65 毫米	徑 23.65 毫米
重 4 克	重 3.2 克	重 3.2 克
上海博物館藏	上海博物館藏	上海博物館藏

3751	3752	3753	3754	3755
同治通寶	同治通寶	同治通寶	同治通寶	同治通寶
背滿文寶雲局	背滿文寶雲局上合	背滿文寶雲局上仁	背滿文寶雲局上順	背滿文寶雲局上工
徑 21.3 毫米	徑 20.88 毫米	徑 20.88 毫米	徑 20.88 毫米	徑 21.43 毫米
重 2.7 克	重 2.4 克	重 2.4 克	重 3.1 克	重 2.85 克
上海博物館藏	上海博物館藏	上海博物館藏	上海博物館藏	上海博物館藏

3756	3757	3758	3759	3760
同治通寶	同治通寶	同治通寶	同治通寶	同治通寶
背滿文寶雲局上士	背滿文寶雲局上士	背滿文寶雲局下山	背滿文寶雲局上山	背滿文寶雲局上一
徑 20.11 毫米	徑 23.40 毫米	徑 21.6 毫米	徑 21.11 毫米	徑 21.15 毫米
重 3.1 克	重 2.6 克	重 2.6 克	重 2.65 克	重 2.6 克
上海博物館藏	上海博物館藏	上海博物館藏	上海博物館藏	上海博物館藏

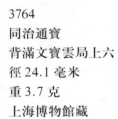

3761	3762	3763	3764	3765
同治通寶	同治通寶	同治通寶	同治通寶	同治通寶
背滿文寶雲局上一	背滿文寶雲局下二	背滿文寶雲局下五	背滿文寶雲局上六	背滿文寶雲局上六
徑 21.6 毫米	徑 23.8 毫米	徑 20.99 毫米	徑 24.1 毫米	徑 22.32 毫米
重 2.4 克	重 3.7 克	重 2.3 克	重 3.7 克	重 2.5 克
上海博物館藏	上海博物館藏	上海博物館藏	上海博物館藏	上海博物館藏

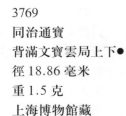

3766	3767	3768	3769	3770
同治通寶	同治通寶	同治通寶	同治通寶	同治通寶
背滿文寶雲局上七	背滿文寶雲局上七	背滿文寶雲局上八	背滿文寶雲局上下●	背滿文寶雲局上十下）
徑 23.43 毫米	徑 19.48 毫米	徑 23.43 毫米	徑 18.86 毫米	徑 18.86 毫米
重 3.9 克	重 2.2 克	重 2.9 克	重 1.5 克	重 1.7 克
上海博物館藏	上海博物館藏	上海博物館藏	上海博物館藏	上海博物館藏

3771
同治通寶
背滿文寶雲局上十下一
徑 19.48 毫米
上海博物館藏

3772
同治通寶
背滿文寶雲局上十下一
徑 17.84 毫米
上海博物館藏

3773
同治通寶
背滿文寶雲局上○
徑 23.95 毫米
重 4.5 克
上海博物館藏

3774
同治通寶
背滿文寶雲局下⌒
徑 21.51 毫米
重 4 克
上海博物館藏

3775
同治通寶
背滿文寶雲局上⌒
徑 21.51 毫米
上海博物館藏

3776
同治通寶
背滿文寶雲局上⌒
徑 21.51 毫米
重 3.5 克
上海博物館藏

3777
同治通寶
背滿文寶雲局上文下五
徑 18.69 毫米
重 1.8 克
上海博物館藏

3778
同治通寶
背滿文寶雲局上文下七
徑 19.48 毫米
重 2 克
上海博物館藏

3779
同治通寶
背滿文寶雲局上文下千
徑 18.9 毫米
重 1.65 克
上海博物館藏

3780
同治通寶
背滿文寶雲局上文下山
徑 18.88 毫米
重 2.1 克
上海博物館藏

3781
同治重寶
背滿文寶雲局 · 當十
徑 37.78 毫米
重 13.2 克
金立夫藏

3782
同治重寶
背滿文寶雲局 · 當十
徑 36.38 毫米
重 12.7 克
上海博物館藏

3783
同治重寶
背滿文寶雲局 · 當十
徑 36.87 毫米
重 10 克
上海博物館藏

12.寶川局

3784
同治通寶
背滿文寶川局　雕母
徑 22.1 毫米
中國歷史博物館藏
★★★★

3785
同治通寶
背滿文寶川局　雕母
徑 23.09 毫米
中國歷史博物館藏
★★★★

3786
同治通寶
背滿文寶川局　母錢
徑 21.85 毫米
重 3.9 克
上海博物館藏
★★★

3787
同治通寶
背滿文寶川局
徑 22.4 毫米
重 4 克
金立夫藏

3788
同治通寶
背滿文寶川局
徑 21.85 毫米
重 3.55 克
上海博物館藏

3789
同治通寶
背滿文寶川局
徑 22.17 毫米
重 3.2 克
上海博物館藏

3790
同治通寶
背滿文寶川局
徑 17.64 毫米
重 1.7 克
上海博物館藏

3791
同治重寶　背滿文
寶川局·當十　樣錢
徑 35.02 毫米
《中國歷代貨幣大系》
編輯委員會提供
★★

13.寶鞏局

3792
同治通寶
背滿文寶鞏局
徑 23.87 毫米
重 3.82 克
岑憲達藏

3793
同治通寶
背滿文寶鞏局
徑 17.30 毫米
重 3.6 克
上海博物館藏

3794
同治重寶　背滿文
寶鞏局·當五　雕母
徑 26.09 毫米
選自《戴葆庭集拓中
外錢幣珍品》
★★★★

3795
同治重寶　背滿文
寶鞏局·當五　樣錢
徑 28.82 毫米
重 8 克
上海博物館藏
★★

3796
同治重寶　背滿文
寶鞏局·當五
徑 26.87 毫米
重 4 克
上海博物館藏
★

3797
同治重寶　背滿文
寶鞏局·當十　樣錢
鄒誌諒提供
★★

3798
同治重寶　背滿文
寶鞏局·當十
徑 26.35 毫米
重 8.4 克
上海博物館藏

3799
同治重寶　背滿文
寶鞏局·當十
徑 28.83 毫米
重 8.1 克
上海博物館藏

3800
同治重寶　背滿文
寶鞏局·當十
徑 29.98 毫米
重 7.15 克
上海博物館藏

3801
同治重寶　背滿文
寶鞏局·當十
徑 25.69 毫米
重 6.7 克
上海博物館藏

3802
同治重寶　背滿文
寶鞏局·當十
徑 25.86 毫米
重 5.2 克
金立夫藏

3803
同治重寶　背滿文
寶鞏局·當十
徑 24.6 毫米
重 5.6 克
上海博物館藏

3804
同治重寶　背滿文
寶鞏局·當十
徑 23.21 毫米
重 5.25 克
上海博物館藏

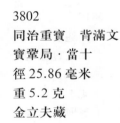

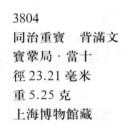

3805
同治重寶　背滿文
寶鞏局·當十
徑 24.16 毫米
重 4.6 克
上海博物館藏

3806
同治重寶　背滿文
寶鞏局·當十
徑 26.12 毫米
重 4.1 克
上海博物館藏

3807
同治重寶　背滿文
寶鞏局·當十
徑 22.15 毫米
重 3.4 克
上海博物館藏

14.寶蘇局

3808
同治通寶
背滿文寶蘇局　雕母
徑 26.02 毫米
張季量舊藏
★★★★

3809
同治通寶
背滿文寶蘇局　樣錢
鄒誌諒提供
★★

3810
同治通寶
背滿文寶蘇局　樣錢
徑 25.9 毫米
重 5.6 克
上海博物館藏
★★

3811
同治通寶
背滿文寶蘇局　樣錢
徑 25.4 毫米
重 4.90 克
鄒誌諒藏
★★

3812
同治通寶
背滿文寶蘇局
鄒誌諒提供

3813
同治通寶
背滿文寶蘇局
徑 23.05 毫米
重 4.4 克
上海博物館藏

3814
同治通寶
背滿文寶蘇局
徑 21.9 毫米
重 4.1 克
上海博物館藏

3815
同治通寶
背滿文寶蘇局
徑 20.45 毫米
重 3.8 克
上海博物館藏

3816
同治通寶
背滿文寶蘇局
徑 21.93 毫米
重 3.6 克
上海博物館藏

3817
同治通寶
背滿文寶蘇局
徑 21.55 毫米
重 3.6 克
上海博物館藏

3818
同治通寶
背滿文寶蘇局
徑 22.94 毫米
重 3.3 克
金立夫藏

3819
同治通寶
背滿文寶蘇局
徑 20.82 毫米
重 3 克
上海博物館藏

3820
同治通寶
背滿文寶蘇局
徑 20.67 毫米
重 3 克
上海博物館藏

3821
同治通寶
背滿文寶蘇局
徑 20.42 毫米
重 2.6 克
上海博物館藏

3822
同治通寶
背滿文寶蘇局
徑 19.53 毫米
重 2.5 克
上海博物館藏

3823
同治通寶
背滿文寶蘇局
徑 17.89 毫米
重 1.9 克
上海博物館藏

3824
同治通寶
背滿文寶蘇局
徑 19.54 毫米
重 1.8 克
上海博物館藏

3825
同治通寶
背滿文寶蘇局
徑 17.73 毫米
重 1.2 克
上海博物館藏

3826
同治通寶
背滿文寶蘇局
徑 12.62 毫米
重 0.5 克
上海博物館藏

3827
同治重寶　背滿文寶蘇局·當十　樣錢
徑 35.72 毫米
《中國歷代貨幣大系》編輯委員會提供
★★

15.寶南局

3828
同治通寶
背滿文寶南局　樣錢
徑 25.43 毫米
《中國歷代貨幣大系》
編輯委員會提供
★★

3829
同治通寶
背滿文寶南局
徑 20.73 毫米
羅伯昭舊藏
★★

3830
同治通寶
背滿文寶南局
徑 21.22 毫米
重 3.1 克
上海博物館藏
★★

3831
同治重寶　背滿文寶南局・當十　樣錢
徑 35.21 毫米
《中國歷代貨幣大系》編輯委員會提供
★★

16.寶桂局

3832
同治通寶
背滿文寶桂局　樣錢
徑 26.57 毫米
重 7.1 克
金立夫藏
★★

3833
同治通寶
背滿文寶桂局○
徑 21.86 毫米
《中國歷代貨幣大系》
編輯委員會提供

3834
同治通寶
背滿文寶桂局○
徑 23.29 毫米
重 4.5 克
上海博物館藏

3835
同治通寶
背滿文寶桂局○
徑 23.29 毫米
重 3.5 克
上海博物館藏

3836
同治通寶
背滿文寶桂局○
徑 22.01 毫米
重 3.4 克
上海博物館藏

3837
同治重寶　背滿文
寶桂局・當十　雕母
徑 35.24 毫米
王蔭嘉舊藏
★★★★

3838
同治重寶　背滿文
寶桂局・當十　樣錢
徑 35.12 毫米
《中國歷代貨幣大系》
編輯委員會提供
★★

17. 寶黔局

3839
同治通寶
背滿文寶黔局　樣錢
徑 26.01 毫米
《中國歷代貨幣大系》
編輯委員會提供
★★

3840
同治重寶　背滿文
寶黔局·當十　樣錢
徑 33.79 毫米
《中國歷代貨幣大系》
編輯委員會提供
★★

18. 寶臺局

3841
同治通寶
背滿文寶臺局
徑 19.16 毫米
重 1.5 克
上海博物館藏
★

3842
同治通寶
背滿文寶臺局
徑 18.32 毫米
重 1.4 克
上海博物館藏
★

19. 寶東局

3843
同治通寶
背滿文寶東局正●
徑 20.26 毫米
重 2.8 克
上海博物館藏

3844
同治通寶
背滿文寶東局府○
徑 20.26 毫米
重 2.2 克
上海博物館藏

3845
同治通寶
背滿文寶東局正○
徑 20.26 毫米
重 2.1 克
上海博物館藏

3846
同治通寶
背滿文寶東局主
徑 20.25 毫米
重 2.3 克
上海博物館藏

3847
同治通寶
背滿文寶東局◡
徑 16.87 毫米
重 1.3 克
上海博物館藏

20.寶直局

3848
同治通寶
背滿文寶直局
徑 25.34 毫米
中國歷史博物館藏
★

3849
同治重寶
背滿文寶直局
徑 17.66 毫米
中國歷史博物館藏

3850
同治重寶　背滿文
寶直局·當十　樣錢
徑 33.91 毫米
重 14.4 克
上海博物館藏
★★

21.寶州局

3851
同治通寶
背滿文寶州局合
徑 23.19 毫米
重 3.5 克
上海博物館藏

3852
同治通寶
背滿文寶州局合
徑 23.19 毫米
重 2.6 克
上海博物館藏

3853
同治通寶
背滿文寶州局心
徑 19.72 毫米
重 1.8 克
上海博物館藏

3854
同治通寶
背滿文寶州局又
徑 21.98 毫米
重 2.95 克
上海博物館藏

3855
同治通寶
背滿文寶州局川
徑 21.55 毫米
重 2.7 克
上海博物館藏

3856
同治通寶
背滿文寶州局川
徑 20.61 毫米
重 2.3 克
上海博物館藏

3857
同治通寶
背滿文寶州局順
徑 22.07 毫米
《中國歷代貨幣大系》
編輯委員會提供

3858
同治通寶
背滿文寶州局仁
徑 21.2 毫米
重 3 克
《錢幣博覽》
編輯部提供

3859
同治通寶
背滿文寶州局士
徑 21.54 毫米
重 3.3 克
上海博物館藏

3860
同治通寶
背滿文寶州局尹
徑 21.43 毫米
重 2.7 克
上海博物館藏

3861
同治通寶
背滿文寶州局上
徑 21.44 毫米
重 2.3 克
上海博物館藏

3862
同治通寶
背滿文寶州局井
徑 20.95 毫米
重 2.8 克
上海博物館藏

3863
同治通寶
背滿文寶州局正
徑 22.26 毫米
重 2.9 克
上海博物館藏

3864
同治通寶
背滿文寶州局正
徑 22.28 毫米
重 2.9 克
上海博物館藏

3865
同治通寶
背滿文寶州局之
徑 20.77 毫米
重 2.4 克
上海博物館藏

3866
同治通寶
背滿文寶州局｜
徑 20.04 毫米
重 2.65 克
上海博物館藏

3867
同治通寶
背滿文寶州局｜
徑 21.92 毫米
重 2.6 克
上海博物館藏

3868
同治通寶
背滿文寶州局一
徑 21.55 毫米
重 2.4 克
上海博物館藏

3869
同治通寶
背滿文寶州局六
徑 20.36 毫米
重 2.2 克
上海博物館藏

3870
同治通寶
背滿文寶州局十
徑 21.69 毫米
重 2.3 克
上海博物館藏

3871
同治通寶
背滿文寶州局上十
徑 20.08 毫米
重 2.1 克
上海博物館藏

22.葉爾羌局

3872
同治通寶　背滿維文
葉爾羌局·當十
徑 26.75 毫米
重 7.4 克
上海博物館藏

3873
同治通寶　背滿維文
葉爾羌局·當十
徑 24.03 毫米
重 5.05 克
杜堅毅提供

3874
同治通寶　背滿維文
葉爾羌局·當十
徑 23.56 毫米
重 4.77 克
杜堅毅提供

3875
同治通寶　背滿維文
葉爾羌局·當十
徑 25.29 毫米
重 4.6 克
上海博物館藏

3876
同治通寶　背滿維文
葉爾羌局·當十
徑 25.48 毫米
重 3.8 克
上海博物館藏

3877
同治通寶　背滿維文
葉爾羌局·當十
徑 25.98 毫米
重 3 克
上海博物館藏

23.阿克蘇局

3878
同治通寶　背滿維文
阿克蘇局·當五
徑 23.87 毫米
重 4.4 克
上海博物館藏

3879
同治通寶　背滿維文
阿克蘇局·當五
徑 23.63 毫米
重 4 克
上海博物館藏

3880
同治通寶　背滿維文
阿克蘇局·當十
徑 25.89 毫米
重 5.8 克
上海博物館藏

3881
同治通寶　背滿維文
阿克蘇局·當十
徑 23.95 毫米
重 4.9 克
杜堅毅提供

3882
同治通寶　背滿維文
阿克蘇局·當十
徑 24.23 毫米
重 4.8 克
上海博物館藏

3883
同治通寶　背滿維文
阿克蘇局·當十
徑 23.94 毫米
重 4.14 克
杜堅毅提供

3884
同治重寶　背滿維文
阿克蘇局·當十　樣錢
徑 35.02 毫米
程伯遜藏
★★

3885
同治重寶　背滿維文
阿克蘇局·當十　樣錢
徑 35.44 毫米
中國歷史博物館藏
★★

24.寶伊局

3886
同治重寶　背滿文寶伊局·當四　雕母
徑 31.25 毫米
選自《戴葆庭集拓中外錢幣珍品》
★★★★

3887
同治重寶　背滿文
寶伊局·當四　雕母
徑 31.2 毫米
選自《戴葆庭集拓中
外錢幣珍品》
★★★★

3888
同治重寶　背滿文
寶伊局·當四　樣錢
徑 31.45 毫米
重 10.8 克
上海博物館藏
★★

3889
同治重寶　背滿文
寶伊局·當四　樣錢
徑 31.75 毫米
重 7.8 克
上海博物館藏
★★

3890
同治重寶　背滿文
寶伊局·當四
徑 32.78 毫米
重 12.55 克
丁酉藏
★★

3891
同治重寶　背滿文
寶伊局·當十　樣錢
徑 35.21 毫米
中國歷史博物館藏
★★

25.庫車局

3892
同治通寶　背滿維文
庫車局·當五
徑 23.72 毫米
重 4.75 克
上海博物館藏
★

3893
同治通寶　背滿維文
庫車局·當五
徑 22.63 毫米
重 4.35 克
杜堅毅提供
★

3894
同治通寶　背滿維文
庫車局·當五
徑 24.32 毫米
重 3.9 克
上海博物館藏
★

3895
同治通寶　背滿維文
庫車局·當五
徑 22.81 毫米
重 3.2 克
杜堅毅提供
★

3896
同治通寶　背滿維文
庫車局·當十
徑 25.27 毫米
重 6.7 克
上海博物館藏

3897
同治通寶　背滿維文
庫車局·當十
徑 22.82 毫米
重 4.8 克
杜堅毅提供

3898
同治通寶　背滿維文
庫車局·當十
徑 24.67 毫米
重 4.5 克
上海博物館藏

3899
同治通寶　背滿維文
庫車局·當十
徑 24.49 毫米
重 4.5 克
上海博物館藏

3900
同治通寶　背滿維文
庫車局·當十
徑 24.5 毫米
重 4.5 克
上海博物館藏

3901
同治通寶　背滿維文
庫車局·當十
徑 22.53 毫米
重 4.48 克
杜堅毅提供

3902
同治通寶　背滿維文
庫車局·當十
徑 24.13 毫米
重 4.3 克
上海博物館藏

3903
同治通寶　背滿維文
庫車局·當十
徑 24.44 毫米
重 4.2 克
上海博物館藏

3904
同治通寶　背滿維文
庫車局·當十
徑 24.43 毫米
重 3.9 克
上海博物館藏

3905
同治通寶　背滿維文
庫車局·當十
徑 24.42 毫米
重 3.8 克
上海博物館藏

3906
同治通寶　背滿維文
庫車局·當十
徑 24.7 毫米
重 3.8 克
上海博物館藏

3907
同治通寶　背滿維文
庫車局·當十
徑 24.78 毫米
重 3.5 克
上海博物館藏

26.察合臺文熱西丁汗庫車鑄

3908
察合臺文熱西丁汗
背庫車鑄
徑 24.73 毫米
重 4.3 克
上海博物館藏

3909
察合臺文熱西丁汗
背庫車鑄
徑 25.4 毫米
重 4 克
金立夫藏

3910
察合臺文熱西丁汗
背庫車鑄
徑 25.5 毫米
重 3.8 克
上海博物館藏

3911	3912	3913	3914	3915
察合臺文熱西丁汗	察合臺文熱西丁汗	察合臺文熱西丁汗	察合臺文熱西丁汗	察合臺文熱西丁汗
背庫車鑄	背庫車鑄	背庫車鑄	背庫車鑄	背庫車鑄
徑 24.82 毫米	徑 25.42 毫米	徑 28.11 毫米	徑 25.31 毫米	徑 22.99 毫米
重 3.6 克	重 3.5 克	重 8.2 克	重 5.5 克	重 5.4 克
上海博物館藏	上海博物館藏	上海博物館藏	上海博物館藏	杜堅毅提供

3916	3917	3918	3919	3920
察合臺文熱西丁汗	察合臺文熱西丁汗	察合臺文熱西丁汗	察合臺文熱西丁汗	察合臺文熱西丁汗
背庫車鑄	背庫車鑄	背庫車鑄	背庫車鑄	背庫車鑄
徑 24.45 毫米	徑 25.42 毫米	徑 25.42 毫米	徑 25.42 毫米	徑 24.21 毫米
重 5.3 克	重 4.5 克	重 4.5 克	重 4.4 克	重 4.4 克
上海博物館藏	上海博物館藏	鎮江博物館藏	上海博物館藏	杜堅毅提供

3921	3922
察合臺文熱西丁汗	察合臺文熱西丁汗
背庫車鑄	背庫車鑄
徑 26.07 毫米	徑 25.5 毫米
重 4.4 克	重 4.35 克
上海博物館藏	上海博物館藏

27.察合臺文熱西丁汗
　　阿克蘇鑄

3923
察合臺文熱西丁汗
背阿克蘇鑄
徑 24.18 毫米
重 4.6 克
上海博物館藏

3924
察合臺文熱西丁汗
背阿克蘇鑄
徑 24.98 毫米
重 5.7 克
上海博物館藏

27.察合臺文熱西丁汗
　　阿克蘇鑄

十一、光緒時期錢幣

德宗（愛新覺羅載湉）光緒年間（1875－1908年）

1. 寶泉局

3925
光緒通寶
背滿文寶泉局　雕母
徑 25.58 毫米
重 7 克
上海博物館藏
★★★★

3926
光緒通寶
背滿文寶泉局　雕母
徑 25.09 毫米
重 6.22 克
上海博物館藏
★★★★

3927
光緒通寶
背滿文寶泉局　雕母
徑 24.4 毫米
重 6.01 克
上海博物館藏
★★★★

3928
光緒通寶
背滿文寶泉局　雕母
徑 23.37 毫米
重 5.03 克
上海博物館藏
★★★★

3929
光緒通寶
背滿文寶泉局　雕母
徑 20.22 毫米
重 2.9 克
上海博物館藏
★★★★

3930
光緒通寶
背滿文寶泉局　雕母
徑 20.45 毫米
選自《戴葆庭集拓中外錢幣珍品》
★★★★

3931
光緒通寶
背滿文寶泉局　雕母
徑 27.49 毫米
重 7.94 克
上海博物館藏
★★★★

3932
光緒通寶
背滿文寶泉局　雕母
徑 26.94 毫米
重 8.1 克
上海博物館藏
★★★★

3933
光緒通寶
背滿文寶泉局　雕母
徑 23.98 毫米
重 5.78 克
上海博物館藏
★★★★

3934
光緒通寶
背滿文寶泉局　雕母
徑 24.2 毫米
選自《戴葆庭集拓中外錢幣珍品》
★★★★

3935
光緒通寶
背滿文寶泉局　雕母
徑 25.4 毫米
重 5.83 克
上海博物館藏
★★★★

3936
光緒通寶
背滿文寶泉局　雕母
徑 25.34 毫米
重 7.11 克
上海博物館藏
★★★★

3937
光緒通寶
背滿文寶泉局　雕母
徑 25.33 毫米
重 6.53 克
上海博物館藏
★★★★

3938
光緒通寶
背滿文寶泉局　雕母
徑 22.37 毫米
重 5 克
上海博物館藏
★★★★

3939
光緒通寶
背滿文寶泉局　雕母
徑 23.55 毫米
重 5 克
上海博物館藏
★★★★

3940
光緒通寶
背滿文寶泉局　雕母
徑 22.73 毫米
重 4.7 克
上海博物館藏
★★★★

3941
光緒通寶
背滿文寶泉局　雕母
徑 21.58 毫米
選自《戴葆庭集拓中
外錢幣珍品》
★★★★

3942
光緒通寶
背滿文寶泉局　雕母
徑 26.66 毫米
重 8.13 克
上海博物館藏
★★★★

3943
光緒通寶
背滿文寶泉局　母錢
徑 22.18 毫米
重 3.8 克
上海博物館藏
★★★

3944
光緒通寶
背滿文寶泉局　樣錢
徑 24.33 毫米
重 4.9 克
上海博物館藏
★★

3945
光緒通寶
背滿文寶泉局
徑 24.33 毫米
重 4.7 克
上海博物館藏

3946
光緒通寶
背滿文寶泉局
徑 23.96 毫米
重 4.3 克
上海博物館藏

3947
光緒通寶
背滿文寶泉局
徑 21.61 毫米
重 4 克
上海博物館藏

3948
光緒通寶
背滿文寶泉局
徑 21.07 毫米
重 3.9 克
上海博物館藏

3949
光緒通寶
背滿文寶泉局
徑 21.45 毫米
重 3.8 克
上海博物館藏

3950
光緒通寶
背滿文寶泉局
徑 21.65 毫米
重 3.7 克
上海博物館藏

3951
光緒通寶
背滿文寶泉局
徑 19 毫米
重 2.7 克
上海博物館藏

3952
光緒通寶
背滿文寶泉局
徑 18.3 毫米
重 2.4 克
上海博物館藏

3953
光緒通寶
背滿文寶泉局
徑 18.69 毫米
重 2.2 克
上海博物館藏

3954
光緒通寶
背滿文寶泉局
徑 19.29 毫米
重 1.4 克
上海博物館藏

3955
光緒通寶
背滿文寶泉局
徑 26.46 毫米
重 7.2 克
選自《清錢珍稀四百種》

3956
光緒通寶
背滿文寶泉局
徑 27.16 毫米
中國歷史博物館藏

3957
光緒通寶
背滿文寶泉局
徑 22 毫米
重 3.7 克
上海博物館藏

3958
光緒通寶
背滿文寶泉局
徑 22.1 毫米
重 3.6 克
上海博物館藏

3959
光緒通寶
背滿文寶泉局
徑 24.67 毫米
重 5.1 克
上海博物館藏

3960
光緒通寶
背滿文寶泉局
徑 23.02 毫米
重 4.3 克
上海博物館藏

3961
光緒通寶
背滿文寶泉局
徑 21.8 毫米
重 3.6 克
上海博物館藏

3962
光緒通寶
背滿文寶泉局
徑 21.2 毫米
重 3.3 克
上海博物館藏

3963
光緒通寶
背滿文寶泉局
徑 18.9 毫米
重 2.3 克
上海博物館藏

3964
光緒通寶
背滿文寶泉局
徑 18.9 毫米
重 2.25 克
上海博物館藏

3965
光緒通寶
背滿文寶泉局
徑 18.9 毫米
重 2.2 克
上海博物館藏

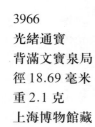

3966
光緒通寶
背滿文寶泉局
徑 18.69 毫米
重 2.1 克
上海博物館藏

3967
光緒通寶
背滿文寶泉局　合面
徑 19.99 毫米
重 3.7 克
鎮江博物館藏

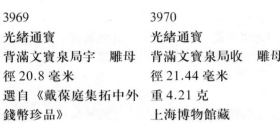
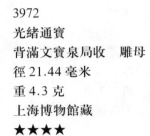

3968
光緒通寶
背滿文寶泉局宇　雕母
徑 21.25 毫米
重 4.03 克
上海博物館藏
★★★★

3969
光緒通寶
背滿文寶泉局宇　雕母
徑 20.8 毫米
選自《戴葆庭集拓中外
錢幣珍品》
★★★★

3970
光緒通寶
背滿文寶泉局收　雕母
徑 21.44 毫米
重 4.21 克
上海博物館藏
★★★★

3971
光緒通寶
背滿文寶泉局收　雕母
徑 21.24 毫米
選自《戴葆庭集拓中外
錢幣珍品》
★★★★

3972
光緒通寶
背滿文寶泉局收　雕母
徑 21.44 毫米
重 4.3 克
上海博物館藏
★★★★

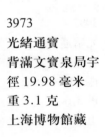
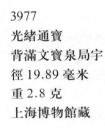

3973
光緒通寶
背滿文寶泉局宇
徑 19.98 毫米
重 3.1 克
上海博物館藏

3974
光緒通寶
背滿文寶泉局宇
徑 20.5 毫米
重 3.25 克
上海博物館藏

3975
光緒通寶
背滿文寶泉局宇
徑 19.89 毫米
重 3 克
上海博物館藏

3976
光緒通寶
背滿文寶泉局宇
徑 20 毫米
重 2.9 克
上海博物館藏

3977
光緒通寶
背滿文寶泉局宇
徑 19.89 毫米
重 2.8 克
上海博物館藏

3978
光緒通寶
背滿文寶泉局宇
徑 19.37 毫米
重 2.7 克
上海博物館藏

3979
光緒通寶
背滿文寶泉局宇
徑 20.5 毫米
重 3.3 克
上海博物館藏

3980
光緒通寶
背滿文寶泉局宙
徑 19.23 毫米
重 2.9 克
上海博物館藏

3981
光緒通寶
背滿文寶泉局宙
徑 19.24 毫米
重 2.8 克
上海博物館藏

3982
光緒通寶
背滿文寶泉局宙
徑 19.23 毫米
重 2.8 克
上海博物館藏

3983	3984	3985	3986	3987
光緒通寶	光緒通寶	光緒通寶	光緒通寶	光緒通寶
背滿文寶泉局宙	背滿文寶泉局宙	背滿文寶泉局日	背滿文寶泉局日	背滿文寶泉局日
徑 19.23 毫米	徑 19.2 毫米	徑 19.86 毫米	徑 20.8 毫米	徑 20.01 毫米
重 2.7 克	重 1.8 克	重 3 克	重 2.3 克	重 2.5 克
上海博物館藏	上海博物館藏	上海博物館藏	上海博物館藏	上海博物館藏

3988	3989	3990	3991	3992
光緒通寶	光緒通寶	光緒通寶	光緒通寶	光緒通寶
背滿文寶泉局日	背滿文寶泉局日	背滿文寶泉局日	背滿文寶泉局日	背滿文寶泉局列
徑 19.31 毫米	徑 19.31 毫米	徑 16.95 毫米	徑 20 毫米	徑 19.44 毫米
重 2.9 克	重 2.9 克	重 1.7 克	重 2.8 克	重 3.6 克
上海博物館藏	上海博物館藏	上海博物館藏	上海博物館藏	上海博物館藏

  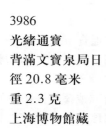 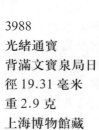 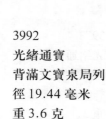

3993	3994	3995	3996	3997
光緒通寶	光緒通寶	光緒通寶	光緒通寶	光緒通寶
背滿文寶泉局列	背滿文寶泉局列	背滿文寶泉局列	背滿文寶泉局來	背滿文寶泉局來
徑 19.46 毫米	徑 20.02 毫米	徑 19.44 毫米	徑 19.68 毫米	徑 19.11 毫米
重 3.1 克	重 2.9 克	重 2.9 克	重 2.9 克	重 2.7 克
上海博物館藏	上海博物館藏	上海博物館藏	上海博物館藏	上海博物館藏

3998	3999	4000	4001	4002
光緒通寶	光緒通寶	光緒通寶	光緒通寶	光緒通寶
背滿文寶泉局來	背滿文寶泉局來	背滿文寶泉局往	背滿文寶泉局往	背滿文寶泉局往
徑 19.95 毫米	徑 19.68 毫米	徑 19.29 毫米	徑 19.75 毫米	徑 19.76 毫米
重 3.1 克	重 2.8 克	重 3 克	重 3 克	重 2.9 克
上海博物館藏	上海博物館藏	上海博物館藏	上海博物館藏	上海博物館藏

4003	4004	4005	4006	4007
光緒通寶	光緒通寶	光緒通寶	光緒通寶	光緒通寶
背滿文寶泉局往	背滿文寶泉局往	背滿文寶泉局往	背滿文寶泉局往	背滿文寶泉局金
徑 19.28 毫米	徑 19.29 毫米	徑 17.62 毫米	徑 18.12 毫米	徑 19.30 毫米
重 2.8 克	重 3 克	重 2.4 克	重 2.0 克	重 3.1 克
上海博物館藏	上海博物館藏	上海博物館藏	存雲亭藏	上海博物館藏

4008	4009	4010	4011	4012
光緒通寶	光緒通寶	光緒通寶	光緒通寶	光緒通寶
背滿文寶泉局金	背滿文寶泉局川	背滿文寶泉局元	背滿文寶泉局工	背滿文寶泉局　鉛錢
徑 21.11 毫米	徑 19.89 毫米	徑 20.08 毫米	徑 20.32 毫米	徑 19.81 毫米
重 2.8 克	重 2.02 克	重 1.7 克	重 2.3 克	重 3 克
存雲亭藏	存雲亭藏	存雲亭藏	上海博物館藏	金立夫藏
	★	★		

背面　　　正面

4013
光緒通寶　背滿文寶泉局·雙列三十七枚錢樹
長 583 毫米
寬 53 毫米
重 336.5 克
旅順市博物館藏
★★★★

4014
光緒重寶
背滿文寶泉局·當十　雕母
徑 33.18 毫米
重 15.84 克
上海博物館藏
★★★★

4015
光緒重寶
背滿文寶泉局·當十　雕母
徑 31.81 毫米
重 13.21 克
上海博物館藏
★★★★

4016
光緒重寶
背滿文寶泉局·當十　雕母
徑 33.16 毫米
重 16 克
上海博物館藏
★★★★

4017
光緒重寶
背滿文寶泉局·當十　雕母
徑 32.85 毫米
重 15.84 克
上海博物館藏
★★★★

4018
光緒重寶
背滿文寶泉局·當十　雕母
徑 31.36 毫米
重 14.1 克
上海博物館藏
★★★★

4019
光緒重寶
背滿文寶泉局·當十　雕母
徑 32.56 毫米
重 14.04 克
上海博物館藏
★★★★

4020
光緒重寶
背滿文寶泉局·當十　雕母
徑 33.55 毫米
重 16.14 克
上海博物館藏
★★★★

4021
光緒重寶
背滿文寶泉局·當十　雕母
徑 32.54 毫米
重 14.31 克
上海博物館藏
★★★★

4022
光緒重寶　背滿文
寶泉局·當十　雕母
徑 32.56 毫米
選自《戴葆庭集拓中
外錢幣珍品》
★★★★

4023
光緒重寶　背滿文
寶泉局·當十　雕母
徑 32.1 毫米
重 14.34 克
★★★★

4024
光緒重寶　背滿文
寶泉局·當十　母錢
徑 31.03 毫米
重 11 克
上海博物館藏
★★★

4025
光緒重寶　背滿文寶
泉局·當十　母錢
徑 29.63 毫米
重 10.6 克
枕石齋藏
★★★

4026
光緒重寶　背滿文寶
泉局·當十
徑 31.63 毫米
重 12 克
上海博物館藏

4027
光緒重寶
背滿文寶泉局·當十
徑 28.88 毫米
重 9 克
上海博物館藏

4028
光緒重寶
背滿文寶泉局·當十
徑 30.9 毫米
重 9 克
上海博物館藏

4029
光緒重寶
背滿文寶泉局·當十
徑 31.16 毫米
重 10.4 克
上海博物館藏

4030
光緒重寶
背滿文寶泉局·當十
徑 31.16 毫米
重 10 克
上海博物館藏

4031
光緒重寶
背滿文寶泉局·當十
徑 30.45 毫米
重 9.6 克
上海博物館藏

4032
光緒重寶
背滿文寶泉局·當十
徑 29.58 毫米
重 9.5 克
上海博物館藏

4033
光緒重寶
背滿文寶泉局·當十
徑 28.79 毫米
重 10 克
上海博物館藏

4034
光緒重寶
背滿文寶泉局·當十
徑 31.67 毫米
重 10.3 克
上海博物館藏

4035
光緒重寶
背滿文寶泉局·當十
徑 31.31 毫米
重 10.3 克
上海博物館藏

4036
光緒重寶
背滿文寶泉局·當十
徑 28.6 毫米
重 9.6 克
上海博物館藏

4037	4038	4039	4040	4041
光緒重寶	光緒重寶	光緒重寶	光緒重寶	光緒重寶
背滿文寶泉局·當十	背滿文寶泉局·當十	背滿文寶泉局·當十	背滿文寶泉局·當十	背滿文寶泉局·當十
徑 28.62 毫米	徑 31.1 毫米	徑 30.01 毫米	徑 31.02 毫米	徑 29.08 毫米
重 9.1 克	重 10.1 克	重 9 克	重 11.5 克	重 11 克
上海博物館藏	上海博物館藏	上海博物館藏	上海博物館藏	上海博物館藏

4042	4043	4044	4045	4046
光緒重寶	光緒重寶	光緒重寶	光緒重寶	光緒重寶
背滿文寶泉局·當十	背滿文寶泉局·當十	背滿文寶泉局·當十	背滿文寶泉局·當十	背滿文寶泉局·當十
徑 31.67 毫米	徑 29.34 毫米	徑 28.74 毫米	徑 30.37 毫米	徑 31.63 毫米
重 10.6 克	重 9 克	重 9.7 克	重 9.6 克	重 9.1 克
上海博物館藏	上海博物館藏	上海博物館藏	上海博物館藏	上海博物館藏

4047	4048	4049	4050	4051
光緒重寶	光緒重寶	光緒重寶	光緒重寶	光緒重寶
背滿文寶泉局·當十	背滿文寶泉局·當十	背滿文寶泉局·當十	背滿文寶泉局·當十	背滿文寶泉局·當十
徑 30.77 毫米	徑 29.67 毫米	徑 31.47 毫米	徑 31.08 毫米	徑 28.60 毫米
重 8.5 克	重 8.5 克	重 10.9 克	重 10 克	重 9.3 克
上海博物館藏	上海博物館藏	上海博物館藏	上海博物館藏	上海博物館藏

4052
光緒重寶
背滿文寶泉局·當十
徑 28.6 毫米
重 9.1 克
上海博物館藏

4053
光緒重寶　背滿文寶
泉局·當拾　雕母
徑 27.56 毫米
重 4.34 克
上海博物館藏

4054
光緒重寶　背滿文寶泉
局·當拾右上●　雕母
徑 28.89 毫米
重 9.7 克
上海博物館藏
★★★★

4055
光緒重寶　背滿文寶泉
局·當拾右上●　雕母
徑 28.54 毫米
重 9.6 克
上海博物館藏
★★★★

4056
光緒重寶　背滿文寶泉
局·當拾右上●　雕母
徑 28.23 毫米
重 10 克
上海博物館藏
★★★★

4057
光緒重寶　背滿文寶泉
局·當拾右上●　雕母
徑 29.39 毫米
重 9.8 克
上海博物館藏
★★★★

4058
光緒重寶　背滿文寶泉
局·當拾右上●　母錢
徑 26.88 毫米
重 7.9 克
鎮江博物館藏
★★★

4059
光緒重寶　背滿文寶泉
局·當拾　鉛母
徑 22.25 毫米
重 2.6 克
上海博物館藏
★★★

4060
光緒重寶　背滿文寶
泉局·當拾　鉛母
徑 21.23 毫米
重 2.6 克
上海博物館藏
★★★

4061
光緒重寶
背滿文寶泉局·當拾
徑 23.3 毫米
重 3.7 克
上海博物館藏

4062
光緒重寶
背滿文寶泉局·當拾
徑 22.51 毫米
重 2.9 克
上海博物館藏

4063
光緒重寶
背滿文寶泉局·當拾
徑 19.69 毫米
重 1.7 克
上海博物館藏

4064
光緒重寶
背滿文寶泉局·當拾
徑 27.6 毫米
重 8.3 克
上海博物館藏

4065
光緒重寶
背滿文寶泉局·當拾
徑 26.73 毫米
重 7.6 克
上海博物館藏

4066
光緒重寶
背滿文寶泉局·當拾
徑 26.95 毫米
重 6.7 克
上海博物館藏

4067
光緒重寶
背滿文寶泉局·當拾
徑 25.4 毫米
重 6.6 克
上海博物館藏

4068
光緒重寶
背滿文寶泉局·當拾
徑 25.58 毫米
重 7.7 克
上海博物館藏

4069
光緒重寶
背滿文寶泉局·當拾
徑 26.61 毫米
重 7.1 克
上海博物館藏

4070
光緒重寶　背滿文寶
泉局·當拾右上●
徑 27.84 毫米
重 7.7 克
上海博物館藏

4071
光緒重寶　背滿文寶
泉局·當拾右上●
徑 28.1 毫米
重 6.7 克
王連根藏

4072
光緒重寶　背滿文
寶泉局·當拾右上●
徑 27 毫米
重 7.4 克
上海博物館藏

4073
光緒重寶　背滿文寶
泉局·當拾右上●
徑 26.95 毫米
重 6.6 克
上海博物館藏

4074
光緒重寶　背滿文寶
泉局·當拾右上●
徑 26.95 毫米
重 7.7 克
上海博物館藏

4075
光緒重寶　背滿文寶
泉局·當拾右上●
徑 27 毫米
重 7.1 克
上海博物館藏

4076
光緒重寶　背滿文寶
泉局·當拾右上●
徑 27.59 毫米
重 7.9 克
上海博物館藏

4077
光緒重寶　合背　雕母
徑 28.37 毫米
重 9.7 克
上海博物館藏
★★★★

2. 寶源局

4078
光緒通寶
背滿文寶源局　雕母
徑 23.9 毫米
重 5.2 克
上海博物館藏
★★★★

4079
光緒通寶
背滿文寶源局　雕母
徑 24.76 毫米
重 5.43 克
上海博物館藏
★★★★

4080
光緒通寶
背滿文寶源局　雕母
徑 23.64 毫米
重 5.14 克
上海博物館藏
★★★★

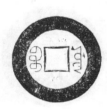

4081
光緒通寶
背滿文寶源局　雕母
徑 23.79 毫米
重 5.4 克
上海博物館藏
★★★★

4082
光緒通寶
背滿文寶源局　雕母
徑 23.9 毫米
重 5.3 克
上海博物館藏
★★★★

4083
光緒通寶
背滿文寶源局　雕母
徑 23.79 毫米
重 5.2 克
上海博物館藏
★★★★

4084
光緒通寶
背滿文寶源局　雕母
徑 23.78 毫米
重 5.3 克
上海博物館藏
★★★★

4085
光緒通寶
背滿文寶源局　雕母
徑 23.78 毫米
重 5.42 克
上海博物館藏
★★★★

4086
光緒通寶
背滿文寶源局　母錢
徑 21.63 毫米
重 4.3 克
枕石齋藏
★★★

4087
光緒通寶
背滿文寶源局　鉛母
徑 19.98 毫米
重 3.1 克
上海博物館藏
★★★

4088
光緒通寶
背滿文寶源局
徑 25.55 毫米
重 5.4 克
選自《清錢珍稀四百種》

4089
光緒通寶
背滿文寶源局
徑 22.12 毫米
重 4.1 克
上海博物館藏

4090
光緒通寶
背滿文寶源局
徑 21.7 毫米
重 3.65 克
上海博物館藏

4091	4092	4093	4094	4095
光緒通寶	光緒通寶	光緒通寶	光緒通寶	光緒通寶
背滿文寶源局	背滿文寶源局	背滿文寶源局	背滿文寶源局	背滿文寶源局　鐵錢
徑 21.61 毫米	徑 21.61 毫米	徑 21.61 毫米	徑 19.64 毫米	徑 20.38 毫米
重 3.5 克	重 3.2 克	重 2.9 克	重 2.3 克	重 2.2 克
上海博物館藏	上海博物館藏	上海博物館藏	上海博物館藏	上海博物館藏

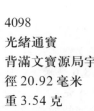

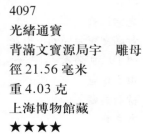

4096	4097	4098	4099	4100
光緒通寶	光緒通寶	光緒通寶	光緒通寶	光緒通寶
背滿文寶源局天	背滿文寶源局宇　雕母	背滿文寶源局宇　雕母	背滿文寶源局宇　雕母	背滿文寶源局宇　雕母
徑 21.08 毫米	徑 21.56 毫米	徑 20.92 毫米	徑 22.33 毫米	徑 22.04 毫米
重 2.9 克	重 4.03 克	重 3.54 克	曾澤祿藏	重 4.6 克
徐崇偉藏	上海博物館藏	上海博物館藏	★★★★	上海博物館藏
★★★	★★★★	★★★★		★★★★

4101	4102	4103	4104	4105
光緒通寶	光緒通寶	光緒通寶	光緒通寶	光緒通寶
背滿文寶源局宇	背滿文寶源局宇	背滿文寶源局宇	背滿文寶源局宇	背滿文寶源局宇
徑 18.32 毫米	徑 18.62 毫米	徑 20.4 毫米	徑 19.77 毫米	徑 18.32 毫米
重 2 克	重 2.7 克	重 3 克	重 2.4 克	重 2.3 克
上海博物館藏	上海博物館藏	上海博物館藏	上海博物館藏	上海博物館藏

4106
光緒通寶
背滿文寶源局宇
徑 18.36 毫米
重 2 克
上海博物館藏

4107
光緒通寶
背滿文寶源局往
徑 17.63 毫米
重 2.5 克
上海博物館藏

4108
光緒通寶
背滿文寶源局往
徑 19.27 毫米
重 2.7 克
上海博物館藏

4109
光緒通寶
背滿文寶源局來
徑 18.6 毫米
重 2.3 克
上海博物館藏

4110
光緒通寶
背滿文寶源局日　雕母
徑 21.52 毫米
重 4.3 克
上海博物館藏
★★★★

4111
光緒通寶
背滿文寶源局日
徑 19.88 毫米
重 2.7 克
上海博物館藏

4112
光緒通寶
背滿文寶源局日
徑 17.76 毫米
重 1.8 克
上海博物館藏

4113
光緒通寶
背滿文寶源局日
徑 18.6 毫米
重 2.4 克
上海博物館藏

4114
光緒通寶
背滿文寶源局列　母錢
徑 19.59 毫米
重 2.6 克
枕石齋藏
★★★

4115
光緒通寶
背滿文寶源局列
徑 18.51 毫米
重 2.3 克
上海博物館藏

4116
光緒通寶
背滿文寶源局列
徑 18.51 毫米
重 2.8 克
上海博物館藏

4117
光緒通寶
背滿文寶源局列
徑 19.18 毫米
重 3 克
上海博物館藏

4118
光緒通寶
背滿文寶源局列
徑 19.19 毫米
重 3 克
上海博物館藏

4119
光緒通寶
背滿文寶源局⌒●紋
徑 19.63 毫米
重 2.1 克
上海博物館藏

4120
光緒重寶
背滿文寶源局·當十　雕母
徑 32.77 毫米
重 12.54 克
上海博物館藏
★★★★

4121
光緒重寶　背滿文寶
源局·當十　雕母
徑 29.8 毫米
重 9.2 克
上海博物館藏
★★★★

4122
光緒重寶　背滿文寶
源局·當十
徑 29.36 毫米
重 8.4 克
上海博物館藏

4123
光緒重寶　背滿文寶源
局·當十
徑 30.13 毫米
重 8.9 克
上海博物館藏

4124
光緒重寶　背滿文寶源
局·當十
徑 31.32 毫米
重 9.5 克
上海博物館藏

4125
光緒重寶　背滿文寶源
局·當十
徑 31.53 毫米
重 8.4 克
上海博物館藏

4126
光緒重寶
背滿文寶源局·當十
徑 28.27 毫米
重 8.1 克
上海博物館藏

4127
光緒重寶　背滿文寶源
局·當十
徑 29.52 毫米
重 7.5 克
上海博物館藏

4128
光緒重寶
背滿文寶源局·當十
徑 29.19 毫米
重 7.1 克
上海博物館藏

4129
光緒重寶
背滿文寶源局·當十
徑 28.49 毫米
重 6.8 克
上海博物館藏

4130
光緒重寶　背滿文寶源
局·當十　鉛錢
徑 31.44 毫米
重 15.2 克
上海博物館藏

4131
光緒重寶　背滿文寶源
局·當拾左上● 雕母
徑 30.08 毫米
重 10.64 克
上海博物館藏
★★★★

4132
光緒重寶　背滿文寶源
局·當拾左上● 雕母
徑 30.08 毫米
選自《戴葆庭集拓中外
錢幣珍品》
★★★★

4133
光緒重寶　背滿文寶源
局·當拾左上● 雕母
徑 28.84 毫米
重 10.3 克
上海博物館藏
★★★★

4134
光緒重寶　背滿文寶源
局·當拾左上● 雕母
徑 28.84 毫米
重 9.22 克
上海博物館藏
★★★★

4135
光緒重寶　背滿文寶源
局·當拾左上● 母錢
徑 27.14 毫米
重 8.2 克
枕石齋藏
★★★

4136
光緒重寶　背滿文寶源局・當拾　鉛母
徑 24.98 毫米
重 4 克
上海博物館藏
★★★

4137
光緒重寶　背滿文寶源局・當拾
徑 25.89 毫米
重 6.5 克
上海博物館藏

4138
光緒重寶　背滿文寶源局・當拾
徑 23.74 毫米
重 3.3 克
上海博物館藏

4139
光緒重寶　背滿文寶源局・當拾
徑 24.56 毫米
重 3.1 克
上海博物館藏

4140
光緒重寶　背滿文寶源局・當拾
徑 21.7 毫米
重 2.8 克
上海博物館藏

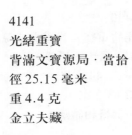

4141
光緒重寶
背滿文寶源局・當拾
徑 25.15 毫米
重 4.4 克
金立夫藏

4142
光緒重寶
背滿文寶源局・當拾
徑 21.99 毫米
重 2.5 克
上海博物館藏

4143
光緒重寶　背滿文寶源局・當拾左上●
徑 27.17 毫米
重 6.8 克
上海博物館藏

4144
光緒重寶　背滿文寶源局・當拾左上●
徑 26.88 毫米
重 2.3 克
上海博物館藏

正面   背面

4145
光緒重寶
背滿漢文寶源局·當拾·雙列三十二枚錢樹
長 647 毫米
寬 71 毫米
重 567 克
旅順市博物館藏
★★★★

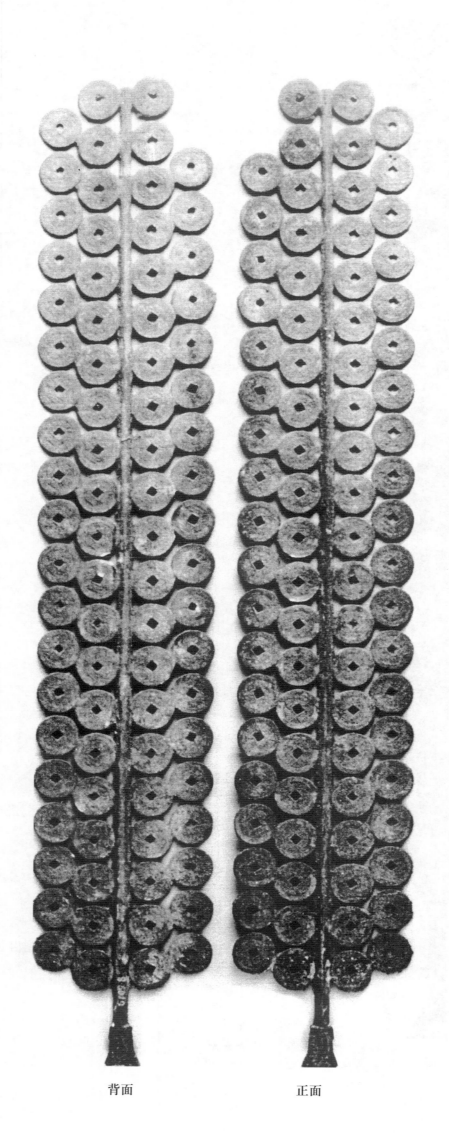

背面　　　　　正面

4146
光緒重寶
背滿漢文寶源局·當拾·四列八十一枚錢樹
長 660 毫米
寬 113 毫米
旅順市博物館藏
★★★★

3．寶陝局

4147
光緒通寶
背滿文寶陝局　樣錢
徑 21.23 毫米
重 4 克
鎮江博物館藏
★★

4148
光緒通寶
背滿文寶陝局
徑 21.22 毫米
重 3.4 克
上海博物館藏

4149
光緒通寶
背滿文寶陝局
徑 17.91 毫米
重 2.2 克
上海博物館藏

4150
光緒通寶
背滿文寶陝局
徑 21.22 毫米
重 3.6 克
上海博物館藏

4151
光緒通寶
背滿文寶陝局
徑 17.91 毫米
重 3 克
上海博物館藏

4152
光緒重寶　背滿文寶陝
局·當十　樣錢
《中國歷代貨幣大系》
編輯委員會提供
★★

4．寶晉局

4153
光緒通寶
背滿文寶晉局　樣錢
徑 25.91 毫米
重 6.2 克
上海博物館藏
★★

4154
光緒通寶
背滿文寶晉局
徑 19.28 毫米
重 2.9 克
上海博物館藏

4155
光緒重寶
背滿文寶晉局·當十　樣錢
徑 31.37 毫米
重 10.6 克
上海博物館藏
★★

5. 寶武局

4156	4157	4158
光緒通寶	光緒通寶	光緒通寶
背滿文寶武局	背滿文寶武局	背滿文寶武局
徑 22.58 毫米	徑 22.58 毫米	徑 20.61 毫米
重 3.7 克	重 3.8 克	重 3.7 克
上海博物館藏	上海博物館藏	上海博物館藏

4159
光緒通寶
背滿文寶武局
徑 21.81 毫米
重 3.5 克
上海博物館藏

4160
光緒重寶　背滿文寶
武局·當十　樣錢
《中國歷代貨幣大系》
編輯委員會提供
★★

6. 寶奉局

4161
光緒通寶
背滿文寶奉局
徑 19.49 毫米
重 1.8 克
王綱懷藏

7. 寶河局

4162
光緒通寶
背滿文寶河局
徑 21.13 毫米
重 2.94 克
上海博物館藏

4163
光緒通寶
背滿文寶河局
徑 17.61 毫米
重 9 克
上海博物館藏

4164
光緒通寶
背滿文寶河局○
徑 21.07 毫米
重 2.3 克
上海博物館藏

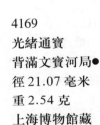

4165
光緒通寶
背滿文寶河局○
徑 21.07 毫米
重 2.1 克
上海博物館藏

4166
光緒通寶
背滿文寶河局○
徑 21.07 毫米
重 2.23 克
上海博物館藏

4167
光緒通寶
背滿文寶河局○
徑 21.07 毫米
重 2.14 克
上海博物館藏

4168
光緒通寶
背滿文寶河局○
徑 21.07 毫米
中國歷史博物館藏

4169
光緒通寶
背滿文寶河局●
徑 21.07 毫米
重 2.54 克
上海博物館藏

4170
光緒通寶
背滿文寶河局●
徑 21.07 毫米
重 1.64 克
上海博物館藏

4171
光緒通寶
背滿文寶河局左●
徑 21.07 毫米
重 2.52 克
上海博物館藏

4172
光緒通寶
背滿文寶河局●
徑 21.07 毫米
重 2.6 克
上海博物館藏

4173
光緒通寶
背滿文寶河局上○下●
徑 21.07 毫米
重 2.3 克
上海博物館藏

4174
光緒通寶
背滿文寶河局⌣
徑 21.07 毫米
重 2.7 克
上海博物館藏

4175
光緒通寶
背滿文寶河局⌣
徑 21.07 毫米
重 2.34 克
上海博物館藏

4176
光緒通寶
背滿文寶河局⌣
徑 21.07 毫米
中國歷史博物館藏

4177
光緒通寶
背滿文寶河局⌣
徑 21.07 毫米
重 2.21 克
上海博物館藏

4178
光緒通寶
背滿文寶河局⌣
徑 21.07 毫米
重 2.6 克
上海博物館藏

4179
光緒通寶
背滿文寶河局⌣
徑 21.07 毫米
重 2.22 克
上海博物館藏

4180
光緒通寶
背滿文寶河局⌣
徑 21.07 毫米
重 2.44 克
上海博物館藏

4181
光緒通寶
背滿文寶河局·上⌣下●
徑 21.72 毫米
重 2.6 克
金立夫藏

4182
光緒通寶
背滿文寶河局上⌣下●
徑 21.07 毫米
重 2.32 克
上海博物館藏

4183
光緒通寶
背滿文寶河局上⌣下●
徑 20.45 毫米
重 1.5 克
上海博物館藏

4184
光緒通寶
背滿文寶河局⌣合面
徑 19.84 毫米
重 4.0 克
鎮江博物館藏

4185
光緒通寶　背滿文寶
河局汴
徑 21.5 毫米
中國歷史博物館藏
★

8. 寶廣局

4186
光緒通寶
背滿文寶廣局
《中國歷代貨幣大系》
編輯委員會提供
★★

4187
光緒重寶　背滿文寶廣
局·當十　樣錢
《中國歷代貨幣大系》
編輯委員會提供
★★

4188
光緒重寶　背滿文寶廣
局·當十　樣錢
《中國歷代貨幣大系》
編輯委員會提供
★★

9. 寶昌局

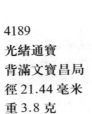

4189
光緒通寶
背滿文寶昌局
徑21.44毫米
重3.8克
上海博物館藏

4190
光緒重寶　背滿文寶昌
局·當十　樣錢
《中國歷代貨幣大系》
編輯委員會提供
★★

10. 寶福局

4191
光緒通寶
背滿文寶福局　母錢
徑26.32毫米
重6.5克
上海博物館藏
★★★

4192
光緒通寶
背滿文寶福局　母錢
徑23.55毫米
重4.1克
上海博物館藏
★★★

4193
光緒通寶
背滿文寶福局　母錢
徑21.36毫米
重3.5克
上海博物館藏
★★★

4194	4195	4196	4197	4198
光緒通寶	光緒通寶	光緒通寶	光緒通寶	光緒通寶
背滿文寶福局　樣錢	背滿文寶福局	背滿文寶福局	背滿文寶福局	背滿文寶福局
徑 23.54 毫米	徑 23.44 毫米	徑 21.58 毫米	徑 22.49 毫米	徑 22.31 毫米
重 4.1 克	重 4.2 克	重 3.7 克	重 3.6 克	重 3.5 克
陳紀東藏	上海博物館藏	上海博物館藏	上海博物館藏	上海博物館藏
★★				

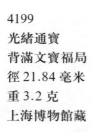

4199	4200	4201	4202	4203
光緒通寶	光緒通寶	光緒通寶	光緒通寶	光緒通寶
背滿文寶福局	背滿文寶福局	背滿文寶福局	背滿文寶福局	背滿文寶福局
徑 21.84 毫米	徑 22.93 毫米	徑 22.41 毫米	徑 23 毫米	徑 21.84 毫米
重 3.2 克	重 3.1 克	重 3.1 克	重 2.9 克	重 2.6 克
上海博物館藏	上海博物館藏	上海博物館藏	上海博物館藏	上海博物館藏

4204	4205	4206	4207	4208
光緒通寶	光緒通寶	光緒通寶	光緒通寶	光緒通寶
背滿文寶福局	背滿文寶福局	背滿文寶福局	背滿文寶福局	背滿文寶福局
徑 22.92 毫米	徑 21.66 毫米	徑 20.77 毫米	徑 21.3 毫米	徑 22.31 毫米
重 2.4 克	重 2.5 克	重 2.2 克	重 2.2 克	重 3 克
金立夫藏	上海博物館藏	上海博物館藏	上海博物館藏	上海博物館藏

4209
光緒通寶
背滿文寶福局
徑 21.09 毫米
重 2.1 克
上海博物館藏

4210
光緒通寶
背滿文寶福局
徑 20.83 毫米
重 2 克
上海博物館藏

4211
光緒通寶
背滿文寶福局
徑 19.86 毫米
重 1.9 克
上海博物館藏

4212
光緒通寶
背滿文寶福局
徑 18.07 毫米
重 1.1 克
上海博物館藏

4213
光緒通寶
背滿文寶福局
徑 23.24 毫米
中國歷史博物館藏

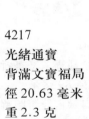

4214
光緒通寶
背滿文寶福局
徑 21.7 毫米
重 2.3 克
上海博物館藏

4215
光緒通寶
背滿文寶福局
徑 21.33 毫米
重 2.9 克
上海博物館藏

4216
光緒通寶
背滿文寶福局
徑 20.59 毫米
重 2.6 克
上海博物館藏

4217
光緒通寶
背滿文寶福局
徑 20.63 毫米
重 2.3 克
上海博物館藏

4218
光緒通寶
背滿文寶福局
徑 20.82 毫米
重 1.9 克
上海博物館藏

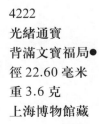

4219
光緒通寶
背滿文寶福局
徑 21.42 毫米
重 3.5 克
上海博物館藏

4220
光緒通寶
背滿文寶福局
徑 21.84 毫米
中國歷史博物館藏

4221
光緒通寶
背滿文寶福局●
徑 24.07 毫米
重 4.34 克
上海博物館藏

4222
光緒通寶
背滿文寶福局●
徑 22.60 毫米
重 3.6 克
上海博物館藏

4223
光緒通寶
寶福局　合背
徑 22.25 毫米
重 3.2 克
上海博物館藏

4224
光緒通寶
滿文寶福局　合面
徑 21.65 毫米
中國歷史博物館藏

4225
光緒通寶
滿文寶福局　合面
徑 21.93 毫米
重 3.1 克
上海博物館藏

4226
光緒通寶
背滿文寶福局　銀錢
徑 23 毫米
重 3.81 克
劉敬揚藏
★

4227
光緒通寶
背滿文寶福局　鉛錢
徑 21.17 毫米
重 1.7 克
上海博物館藏

4228
光緒重寶
背滿文寶福局·當十
樣錢
《中國歷代貨幣大系》編
輯委員會提供
★★

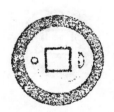

4229
光緒通寶　篆書背○D
徑 25.07 毫米
王蔭嘉舊藏
★★

4230
光緒通寶　篆書背○D
徑 24.89 毫米
選自《古錢幣圖解》
★★

4231
光緒通寶　篆書背○D
徑 24.73 毫米
曾澤祿藏
★★

11. 寶浙局

4232
光緒通寶
背滿文寶浙局　雕母
徑 26.02 毫米
重 6.3 克
上海博物館藏
★★★★

4233
光緒通寶
背滿文寶浙局　鉛母
徑 22.58 毫米
重 4.7 克
上海博物館藏
★★★

4234
光緒通寶
背滿文寶浙局　鉛母
徑 20.21 毫米
重 3.1 克
上海博物館藏
★★★

4235
光緒通寶
背滿文寶浙局
徑 21.31 毫米
重 2.9 克
上海博物館藏

4236
光緒通寶
背滿文寶浙局
徑 20.39 毫米
重 2.6 克
上海博物館藏

4237
光緒通寶
背滿文寶浙局
徑 21.23 毫米
重 2.6 克
上海博物館藏

4238
光緒通寶
背滿文寶浙局
徑 19.43 毫米
重 2.5 克
上海博物館藏

4239
光緒通寶
背滿文寶浙局
徑 19.52 毫米
重 1.5 克
上海博物館藏

4240
光緒通寶
背滿文寶浙局
徑 18.77 毫米
重 1.4 克
上海博物館藏

4241
光緒通寶
背滿文寶浙局
徑 19.68 毫米
重 1.7 克
鎮江博物館藏

4242
光緒通寶
背滿文寶浙局
徑 23.52 毫米
中國歷史博物館藏

4243
光緒通寶
背滿文寶浙局
徑 22.45 毫米
重 3.6 克
上海博物館藏

4244
光緒通寶
背滿文寶浙局
徑 20.38 毫米
重 2.4 克
上海博物館藏

4246
光緒重寶
背滿文寶浙局·當十　樣錢
選自《簡明錢幣辭典》
★★

4245
光緒通寶
寶浙局　合面
徑 21.26 毫米
中國歷史博物館藏

12. 寶雲局

4247
光緒通寶
背滿文寶雲局
徑 25.34 毫米
重 4.7 克
上海博物館藏

4248
光緒通寶
背滿文寶雲局
徑 21.15 毫米
重 2.6 克
上海博物館藏

4249
光緒通寶
背滿文寶雲局刂
徑 21.95 毫米
重 2.5 克
上海博物館藏

4250
光緒通寶
背滿文寶雲局金
徑 19.29 毫米
中國歷史博物館藏

4251
光緒通寶
背滿文寶雲局上⌣下●
徑 20.16 毫米
重 1.4 克
上海博物館藏

4252
光緒通寶
背滿文寶雲局八
徑 21.92 毫米
重 2 克
上海博物館藏

4253
光緒通寶
背滿文寶雲局九
徑 21.53 毫米
重 2.4 克
上海博物館藏

4254
光緒通寶
背滿文寶雲局九
徑 22.18 毫米
中國歷史博物館藏

4255
光緒重寶
背滿文寶雲局·當十　樣錢
《中國歷代貨幣大系》編輯委員會提供
★★

13. 寶川局

4256
光緒通寶
背滿文寶川局　雕母
徑 26.95 毫米
中國歷史博物館藏
★★★★

4257
光緒通寶
背滿文寶川局　樣錢
徑 26.95 毫米
重 6.5 克
上海博物館藏
★★

4258
光緒通寶
背滿文寶川局
徑 21.74 毫米
重 3.5 克
上海博物館藏

4259
光緒通寶
背滿文寶川局
徑 21.74 毫米
重 3.5 克
上海博物館藏

4260
光緒通寶
背滿文寶川局上星
徑 18.81 毫米
重 1.3 克
上海博物館藏

4261
光緒通寶
背滿文寶川局川
徑 22.22 毫米
中國歷史博物館藏

4262
光緒通寶
背滿文寶川局川
徑 22.22 毫米
重 4.1 克
上海博物館藏

4263
光緒通寶
背滿文寶川局鐵錢
徑 20.51 毫米
重 6.7 克
上海博物館藏

4264
光緒重寶　背滿文寶川局·當十　樣錢
《中國歷代貨幣大系》編輯委員會提供
★★

14. 寶蘇局

4265
光緒通寶
背滿文寶蘇局　雕母
徑 27.9 毫米
沈子槎舊藏
★★★★

4266
光緒通寶
背滿文寶蘇局　母錢
徑 24.88 毫米
重 5.2 克
上海博物館藏
★★★

4267
光緒通寶
背滿文寶蘇局　母錢
徑 23.90 毫米
重 3.3 克
上海博物館藏
★★★

4268
光緒通寶
背滿文寶蘇局　母錢
徑 23.90 毫米
選自《戴葆庭集拓中
外錢幣珍品》
★★★

4269
光緒通寶
背滿文寶蘇局　母錢
徑 22.3 毫米
重 4 克
上海博物館藏
★★★

4270
光緒通寶
背滿文寶蘇局　母錢
徑 22.98 毫米
重 3.7 克
上海博物館藏
★★★

4271
光緒通寶
背滿文寶蘇局　樣錢
徑 27.66 毫米
重 5.8 克
枕石齋藏
★★

4272
光緒通寶
背滿文寶蘇局　樣錢
徑 23.9 毫米
張絅伯舊藏
★★

4273
光緒通寶
背滿文寶蘇局　樣錢
徑 23.84 毫米
重 4.7 克
鎮江博物館藏
★★

4274
光緒通寶
背滿文寶蘇局　樣錢
徑 23.12 毫米
重 3.6 克
上海博物館藏
★★

4275
光緒通寶
背滿文寶蘇局　樣錢
徑 23.44 毫米
重 3.4 克
上海博物館藏
★★

4276
光緒通寶
背滿文寶蘇局
徑 24.23 毫米
重 4.4 克
上海博物館藏

4277
光緒通寶
背滿文寶蘇局
徑 21.48 毫米
重 3.3 克
上海博物館藏

4278	4279	4280	4281	4282
光緒通寶	光緒通寶	光緒通寶	光緒通寶	光緒通寶
背滿文寶蘇局	背滿文寶蘇局	背滿文寶蘇局	背滿文寶蘇局	背滿文寶蘇局
徑 19.34 毫米	徑 17.72 毫米	徑 17.72 毫米	徑 22.81 毫米	徑 24.23 毫米
重 2.4 克	重 1.8 克	重 1.8 克	重 4.3 克	重 4.3 克
上海博物館藏	上海博物館藏	上海博物館藏	上海博物館藏	上海博物館藏

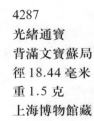

4283	4284	4285	4286	4287
光緒通寶	光緒通寶	光緒通寶	光緒通寶	光緒通寶
背滿文寶蘇局	背滿文寶蘇局	背滿文寶蘇局	背滿文寶蘇局	背滿文寶蘇局
徑 22.81 毫米	徑 20.41 毫米	徑 19.02 毫米	徑 18.43 毫米	徑 18.44 毫米
重 3.7 克	重 2.5 克	重 2.2 克	重 1.5 克	重 1.5 克
上海博物館藏	上海博物館藏	上海博物館藏	上海博物館藏	上海博物館藏

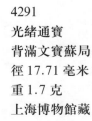

4288	4289	4290	4291	4292
光緒通寶	光緒通寶	光緒通寶	光緒通寶	光緒通寶
背滿文寶蘇局	背滿文寶蘇局	背滿文寶蘇局	背滿文寶蘇局	背滿文寶蘇局
徑 15.71 毫米	徑 22.82 毫米	徑 19.01 毫米	徑 17.71 毫米	徑 22.81 毫米
重 1 克	重 4.2 克	重 2.6 克	重 1.7 克	重 4.4 克
上海博物館藏	上海博物館藏	上海博物館藏	上海博物館藏	上海博物館藏

4293
光緒通寶
背滿文寶蘇局
徑 22.9 毫米
重 3.4 克
上海博物館藏

4294
光緒通寶
背滿文寶蘇局 o
徑 18.17 毫米
重 2.1 克
上海博物館藏

4295
光緒通寶
背滿文寶蘇局 ●
徑 17.98 毫米
重 1.9 克
上海博物館藏

4296
光緒通寶
背滿文寶蘇局 ⌣
徑 17.98 毫米
重 2.1 克
上海博物館藏

4297
光緒重寶
背滿文寶蘇局 · 當五
徑 27.69 毫米
重 6.7 克
上海博物館藏

4298
光緒重寶
背滿文寶蘇局 · 當五
徑 28.62 毫米
重 6.6 克
上海博物館藏

4299
光緒重寶
背滿文寶蘇局 · 當五
徑 27.89 毫米
重 6 克
上海博物館藏

4300
光緒重寶
背滿文寶蘇局 · 當五
徑 28.07 毫米
重 5.7 克
上海博物館藏

4301
光緒重寶
背滿文寶蘇局 · 當五
徑 25.19 毫米
重 5.1 克
上海博物館藏

4302
光緒重寶
背滿文寶蘇局 · 當十　樣錢
《中國歷代貨幣大系》編輯
委員會提供
★★

15. 寶南局

4303
光緒通寶
背滿文寶南局
徑 23.65 毫米
重 3.6 克
上海博物館藏

4304
光緒通寶
背滿文寶南局
徑 22.02 毫米
重 3.3 克
上海博物館藏

4305
光緒通寶
背滿文寶南局
徑 22.26 毫米
重 3.1 克
上海博物館藏

4308
光緒重寶
背滿文寶南局‧當十　樣錢
《中國歷代貨幣大系》編輯委員會提供
★★

4306
光緒通寶
背滿文寶南局
徑 21.56 毫米
重 3 克
上海博物館藏

4307
光緒通寶
背滿文寶南局
徑 19.77 毫米
重 2 克
上海博物館藏

16. 寶桂局

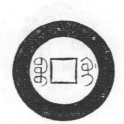  

4309
光緒通寶
背滿文寶桂局　雕母
徑 26.58 毫米
張絅伯舊藏
★★★★

4310
光緒通寶
背滿文寶桂局
徑 22.73 毫米
重 3.4 克
上海博物館藏

4311
光緒重寶
背滿文寶桂局‧當十　樣錢
《中國歷代貨幣大系》編輯委員會提供
★★

17. 寶黔局

4312
光緒通寶
背滿文寶黔局●
徑 21.19 毫米
中國歷史博物館藏

4313
光緒通寶
背滿文寶黔局●
徑 21.24 毫米
重 3.3 克
上海博物館藏

4314
光緒通寶
背滿文寶黔局右●
徑 21.24 毫米
重 3.8 克
上海博物館藏

4315	4316	4317
光緒通寶	光緒通寶	光緒重寶
背滿文寶黔局工	背滿文寶黔局正	背滿文寶黔局·當十　樣錢
徑 19.15 毫米	徑 19.15 毫米	《中國歷代貨幣大系》編輯委
重 2.3 克	重 2.6 克	員會提供
上海博物館藏	上海博物館藏	★★

18. 寶東局

4318	4319	4320
光緒通寶	光緒通寶	光緒通寶
背滿文寶東局　雕母	背滿文寶東局	背滿文寶東局
徑 23.08 毫米	徑 23.33 毫米	徑 22.82 毫米
中國歷史博物館藏	重 5.2 克	重 3.8 克
★★★★	上海博物館藏	上海博物館藏

4321	4322	4323	4324	4325
光緒通寶	光緒通寶	光緒通寶	光緒通寶	光緒通寶
背滿文寶東局	背滿文寶東局	背滿文寶東局	背滿文寶東局	背滿文寶東局
徑 23.47 毫米	徑 22.2 毫米	徑 22.82 毫米	徑 20.84 毫米	徑 20.5 毫米
重 3.5 克	重 3.2 克	重 3.9 克	重 3.3 克	重 3.1 克
上海博物館藏	上海博物館藏	上海博物館藏	上海博物館藏	上海博物館藏

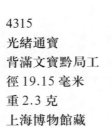

4326	4327	4328	4329	4330
光緒通寶	光緒通寶	光緒通寶	光緒通寶	光緒通寶
背滿文寶東局	背滿文寶東局	背滿文寶東局	背滿文寶東局⌒	背滿文寶東局⌒
徑 19.5 毫米	徑 18.23 毫米	徑 19.97 毫米	徑 20.98 毫米	徑 20.05 毫米
重 2.1 克	重 2.2 克	重 3 克	重 3.1 克	重 2.2 克
上海博物館藏	上海博物館藏	上海博物館藏	鎮江博物館藏	上海博物館藏

4331	4332	4333	4334
光緒通寶	光緒通寶	光緒通寶	光緒通寶
背滿文寶東局金	背滿文寶東局金	背滿文寶東局村	背滿文寶東局村
徑 19.07 毫米	徑 17.99 毫米	徑 20.18 毫米	徑 20.18 毫米
重 3.05 克	重 2.8 克	重 2.4 克	中國歷史博物館藏
存雲亭藏	上海博物館藏	上海博物館藏	

19. 寶直局

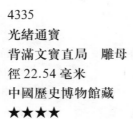 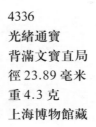

4335	4336	4337
光緒通寶	光緒通寶	光緒通寶
背滿文寶直局　雕母	背滿文寶直局	背滿文寶直局
徑 22.54 毫米	徑 23.89 毫米	徑 22.43 毫米
中國歷史博物館藏	重 4.3 克	重 3.3 克
★★★★	上海博物館藏	上海博物館藏

4338	4339	4340	4341	4342
光緒通寶	光緒通寶	光緒通寶	光緒通寶	光緒通寶
背滿文寶直局	背滿文寶直局	背滿文寶直局	背滿文寶直局○	背滿文寶直局○
徑 18.31 毫米	徑 21.06 毫米	徑 18.31 毫米	徑 23.05 毫米	徑 24.05 毫米
重 1.2 克	重 3.1 克	重 1 克	重 4 克	重 3.7 克
上海博物館藏	上海博物館藏	上海博物館藏	上海博物館藏	王綱懷藏

4343	4344	4345	4346	4347
光緒通寶	光緒通寶	光緒通寶	光緒通寶	光緒通寶
背滿文寶直局○	背滿文寶直局●	背滿文寶直局一	背滿文寶直局⌒	背滿文寶直局⌒
徑 20.06 毫米	徑 23.05 毫米	徑 21.77 毫米	徑 24.3 毫米	徑 22.59 毫米
重 3.5 克	重 3.9 克	重 2.9 克	重 4.5 克	重 3.5 克
上海博物館藏	上海博物館藏	上海博物館藏	上海博物館藏	上海博物館藏

4348	4349	4350	4351
光緒通寶	光緒通寶	光緒重寶　背滿文寶	光緒重寶　背滿文寶
背滿文寶直局⌒	背滿文寶直局一	直局・當十　樣錢	直局・當十　樣錢
徑 20.97 毫米	徑 23.63 毫米	《中國歷代貨幣大系》	《中國歷代貨幣大系》
重 3.3 克	重 3.7 克	編輯委員會提供	編輯委員會提供
上海博物館藏	鎮江博物館藏	★★	★★

20. 阿克蘇局

4352
光緒通寶　背滿維文
阿克蘇局　樣錢
徑 25.77 毫米
重 6.22 克
上海博物館藏
★★

4353
光緒通寶　背滿維文
阿克蘇局　樣錢
徑 25.66 毫米
重 5.4 克
朱聖弢藏
★★

4354
光緒通寶
背滿維文阿克蘇局
徑 24.04 毫米
重 5.2 克
上海博物館藏

4355
光緒重寶　背滿維文阿
克蘇局·當十　樣錢
徑 32.11 毫米
重 11.2 克
朱聖弢藏
★★

4356
光緒重寶　背滿維文阿
克蘇局·當十　樣錢
徑 31.26 毫米
重 10.9 克
朱聖弢藏
★★

4357
光緒重寶　背滿維文
阿克蘇局·當十　樣錢
徑 31.18 毫米
重 11.01 克
上海博物館藏
★★

4358
光緒重寶　背滿維文
阿克蘇局·當十樣錢
徑 31.24 毫米
重 11 克
朱聖弢藏
★★

4359
光緒重寶　背滿維文阿
克蘇局·當十　樣錢
徑 30 毫米
重 8.4 克
選自《清錢珍稀四百種》
★★

4360
光緒通寶　背滿維文
阿克蘇局·阿十
徑 24.4 毫米
重 4.33 克
上海博物館藏

4361
光緒通寶　背滿維文
阿克蘇局·阿十
徑 24.4 毫米
重 4.3 克
上海博物館藏

4362
光緒通寶　背滿維文
阿克蘇局·阿十
徑 24.82 毫米
重 3.94 克
上海博物館藏

4363
光緒通寶　背滿維文
阿克蘇局·阿十
徑 24.22 毫米
重 3.91 克
上海博物館藏

4364
光緒通寶　背滿維文
阿克蘇局·阿十
徑 24.84 毫米
重 3.9 克
上海博物館藏

4365
光緒通寶　背滿維文
阿克蘇局·阿十
徑 22.57 毫米
重 3.54 克
上海博物館藏

4366
光緒通寶　背滿維文
阿克蘇局·阿十
徑 24.05 毫米
重 4.7 克
上海博物館藏

4367
光緒通寶　背滿維文
阿克蘇局·阿十
徑 24.40 毫米
重 4.33 克
上海博物館藏

4368
光緒通寶　背滿維文
阿克蘇局·阿十
徑 24.63 毫米
重 5.52 克
上海博物館藏

4369
光緒通寶　背滿維文
阿克蘇局·阿十
徑 24.84 毫米
重 3.4 克
上海博物館藏

4370
光緒通寶　背滿維文
阿克蘇局·阿十
徑 24.82 毫米
重 4.13 克
上海博物館藏

4371
光緒通寶　背滿維文
阿克蘇局·阿十
徑 24.4 毫米
重 4.32 克
上海博物館藏

4372
光緒通寶　背滿維文
阿克蘇局·阿十
徑 25.1 毫米
重 4.5 克
上海博物館藏

4373
光緒通寶　背滿維文
阿克蘇局·阿十
徑 24.84 毫米
重 3.9 克
上海博物館藏

4374
光緒通寶　背滿維文
阿克蘇局·阿十
徑 24.84 毫米
重 3.9 克
上海博物館藏

4375
光緒通寶　背滿維文
阿克蘇局·阿十
徑 24.84 毫米
重 3.83 克
上海博物館藏

4376
光緒通寶　背滿維文
阿克蘇局·阿十
徑 24.84 毫米
重 3.4 克
上海博物館藏

4377
光緒通寶　背滿維文
阿克蘇局·阿十右角○
徑 25.1 毫米
重 4.5 克
上海博物館藏

4378
光緒通寶　背滿維文
阿克蘇局·阿十右角○
徑 23.39 毫米
重 4.17 克
杜堅毅提供

4379	4380	4381	4382	4383

4379
光緒通寶　背滿維文
阿克蘇局·喀十
重 3.78 克
選自《新疆紅錢》

4380
光緒通寶　背滿維文
阿克蘇局·喀十
重 3.7 克
選自《新疆紅錢》

4381
光緒通寶　背滿維文
阿克蘇局·喀十
徑 24.18 毫米
重 3.3 克
上海博物館藏

4382
光緒通寶　背滿維文
阿克蘇局·喀十
徑 23.94 毫米
重 4.6 克
上海博物館藏

4383
光緒通寶　背滿維文
阿克蘇局·喀十
徑 24.05 毫米
重 4.43 克
上海博物館藏

4384
光緒通寶　背滿維文
阿克蘇局·喀十
徑 24.05 毫米
重 4.3 克
上海博物館藏

21. 寶伊局

4385
光緒通寶
背滿文寶伊局　樣錢
徑 25.02 毫米
重 5.2 克
朱卓鵬藏
★★

4386
光緒通寶
背滿文寶伊局　樣錢
徑 25 毫米
《中國歷代貨幣大系》
編輯委員會提供
★★

4387
光緒重寶　背滿文寶
伊局·當十　母錢
《中國歷代貨幣大系》
編輯委員會提供
★★★

22. 喀什噶爾局

4388
光緒通寶　背滿維文
喀什噶爾局·喀十
徑 24.27 毫米
重 3.9 克
上海博物館藏

4389
光緒通寶　背滿維文
喀什噶爾局·喀十
徑 23.13 毫米
重 5.12 克
上海博物館藏

4390
光緒通寶　背滿維文
喀什噶爾局·喀十
徑 23.47 毫米
重 3.3 克
杜堅毅提供

4391
光緒通寶　背滿維文
喀什噶爾局·喀十
徑 25.68 毫米
重 4.41 克
上海博物館藏

4392
光緒通寶　背滿維文
喀什噶爾局·喀十
徑 22.54 毫米
重 5.88 克
杜堅毅提供

4393
光緒通寶　背滿維文
喀什噶爾局·喀十
徑 24.27 毫米
重 4.13 克
上海博物館藏

4394
光緒通寶　背滿維文
喀什噶爾局·喀十
徑 24.36 毫米
重 3.23 克
上海博物館藏

23. 庫車局

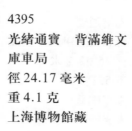
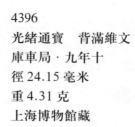

4395
光緒通寶　背滿維文
庫車局
徑 24.17 毫米
重 4.1 克
上海博物館藏

4396
光緒通寶　背滿維文
庫車局·九年十
徑 24.15 毫米
重 4.31 克
上海博物館藏

4397
光緒通寶　背滿維文
庫車局·九年十
徑 24.15 毫米
重 3.91 克
上海博物館藏

4398	4399	4400	4401	4402
光緒通寶　背滿維文	光緒通寶　背滿維文	光緒通寶　背滿維文	光緒通寶　背滿維文	光緒通寶　背滿維文
庫車局·庫十	庫車局·庫十	庫車局·庫十	庫車局·庫十	庫車局·庫十
徑 24.19 毫米	徑 24.75 毫米	徑 23.59 毫米	徑 23.06 毫米	徑 24.88 毫米
重 6.91 克	重 5.92 克	重 4.25 克	重 4.2 克	重 4.8 克
上海博物館藏	上海博物館藏	杜堅毅提供	杜堅毅提供	上海博物館藏

4403	4404	4405	4406	4407
光緒通寶　背滿維文	光緒通寶　背滿維文	光緒通寶　背滿維文	光緒通寶　背滿維文	光緒通寶　背滿維文
庫車局·庫十	庫車局·庫十	庫車局·庫十	庫車局·庫十	庫車局·庫十
徑 24.88 毫米	徑 25.06 毫米	徑 24.88 毫米	徑 24.88 毫米	徑 24.88 毫米
重 4.79 克	重 4.42 克	重 4.6 克	重 4.53 克	重 4.51 克
上海博物館藏	上海博物館藏	上海博物館藏	上海博物館藏	上海博物館藏

4408	4409	4410	4411	4412
光緒通寶　背滿維文	光緒通寶　背滿維文	光緒通寶　背滿維文	光緒通寶　背滿維文	光緒通寶　背滿維文
庫車局·庫十	庫車局·庫十	庫車局·庫十	庫車局·庫十下⌒	寶庫局·庫十四角⌒
徑 24.74 毫米	重 4.8 克	徑 24.74 毫米	徑 24.73 毫米	徑 23.75 毫米
重 5.2 克	上海博物館藏	重 4.91 克	重 4.1 克	重 5.2 克
上海博物館藏		上海博物館藏	上海博物館藏	杜堅毅提供

24. 寶庫局

4413
光緒通寶
背滿文寶庫局　樣錢
徑 27.32 毫米
重 2.9 克
朱卓鵬藏
★★

4414
光緒通寶
背滿文寶庫局　樣錢
徑 24.28 毫米
重 4.2 克
邹誌諒藏
★★

4415
光緒通寶　背滿文寶庫局
徑 22.27 毫米
重 3.6 克
選自《清錢珍稀四百種》

4416
光緒通寶
背滿文寶庫局
徑 22.27 毫米
重 3.6 克
選自《清錢珍稀四百種》

4417
光緒通寶
背滿文寶庫局
徑 19.1 毫米
選自《清錢珍稀四百種》

4418
光緒通寶
背滿文寶庫局·庫十
徑 22.21 毫米
重 5:56 克
杜堅毅提供

4419
光緒通寶
背滿文寶庫局·庫十
徑 24.54 毫米
重 5.52 克
上海博物館藏

4420
光緒通寶
背滿文寶庫局·庫十
徑 25.08 毫米
重 5.5 克
上海博物館藏

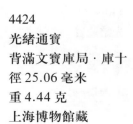

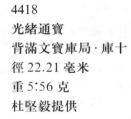
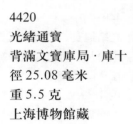

4421
光緒通寶
背滿文寶庫局·庫十
徑 24.88 毫米
重 4.71 克
上海博物館藏

4422
光緒通寶
背滿文寶庫局·庫十
徑 24.74 毫米
重 5 克
上海博物館藏

4423
光緒通寶
背滿文寶庫局·庫十
徑 25.38 毫米
重 4.5 克
上海博物館藏

4424
光緒通寶
背滿文寶庫局·庫十
徑 25.06 毫米
重 4.44 克
上海博物館藏

4425
光緒通寶
背滿文寶庫局·庫十
徑 24.18 毫米
重 4.11 克
上海博物館藏

4426
光緒通寶
背滿文寶庫局·庫十
徑 24.18 毫米
重 4.11 克
上海博物館藏

4427
光緒通寶
背滿文寶庫局·庫十
徑 23.79 毫米
重 4.02 克
上海博物館藏

4428
光緒通寶
背滿文寶庫局·庫十
徑 23.79 毫米
重 3.93 克
上海博物館藏

4429
光緒通寶
背滿文寶庫局·庫十
徑 22.64 毫米
重 3.92 克
上海博物館藏

4430
光緒通寶
背滿文寶庫局·庫十
徑 22.64 毫米
重 3.71 克
上海博物館藏

4431
光緒通寶
背滿文寶庫局·庫十
徑 25.05 毫米
重 3.34 克
上海博物館藏

4432
光緒通寶
背滿文寶庫局·喀十
徑 23.55 毫米
重 3.7 克
杜堅毅提供

4433
光緒通寶
背滿文寶庫局·喀十
徑 24.55 毫米
重 3.62 克
上海博物館藏

4434
光緒通寶
背滿文寶庫局·喀十
徑 24.55 毫米
重 3.6 克
上海博物館藏

4435
光緒通寶
背滿文寶庫局·喀十
徑 23.68 毫米
重 3.12 克
上海博物館藏

4436
光緒通寶
背滿文寶庫局·喀十
徑 24.39 毫米
重 4.04 克
上海博物館藏

4437
光緒通寶
背滿文寶庫局·喀十
重 4.15 克
選自《新疆紅錢》

4438
光緒通寶
背滿文寶庫局·喀十
徑 24.84 毫米
重 4.03 克
上海博物館藏

4439
光緒通寶
背滿文寶庫局·喀十
徑 24.84 毫米
重 4 克
上海博物館藏

4440
光緒通寶
背滿文寶庫局·喀十
重 4.1 克
陳學斌藏

4441
光緒通寶
背滿文寶庫局·喀十
重 3.95 克
圖南藏

4442
光緒通寶
背滿文寶庫局·喀十
王蔭嘉舊藏

4443
光緒通寶
背滿文寶庫局·喀十
重 3.95 克
選自《新疆紅錢》

4444
光緒通寶
背滿維文寶庫局·喀十
徑 25.05 毫米
重 3.5 克
上海博物館藏

4445
光緒通寶
背滿維文寶庫局·喀十
徑 25.04 毫米
重 3.6 克
上海博物館藏

4446
光緒通寶
背滿維文寶庫局·喀十
徑 24.22 毫米
重 4.6 克
上海博物館藏

4447
光緒通寶
背滿文寶庫局·新十
徑 24.84 毫米
重 4.51 克
上海博物館藏

4448
光緒通寶
背滿文寶庫局·新十
徑 24.84 毫米
重 4.5 克
上海博物館藏

4449
光緒通寶
背滿文寶庫局·新十
徑 25.97 毫米
重 4.5 克
上海博物館藏

4450
光緒通寶
背滿文寶庫局·新十
徑 25.46 毫米
重 4 克
上海博物館藏

4451
光緒通寶
背滿文寶庫局·新十
徑 26.05 毫米
重 3.92 克
上海博物館藏

4452
光緒通寶
背滿文寶庫局·新十
重 4.25 克
朱金根藏

4453
光緒通寶
背滿文寶庫局·新十
重 4.2 克
選自《新疆紅錢》

4454
光緒通寶
背滿文寶庫局·新十
重 4.2 克
選自《新疆紅錢》

4455
光緒通寶
背滿文寶庫局·新十
重 4 克
選自《新疆紅錢》

4456	4457	4458	4459	4460
光緒通寶	光緒通寶　背滿文寶	光緒通寶	光緒通寶	光緒通寶
背滿文寶庫局·新十	庫局·新十　鉛錢	背滿文寶庫局·新十	背滿文寶庫局·新十	背滿文寶庫局·新十
陳鴻禧藏	選自《新疆紅錢》	徑 25.59 毫米	徑 24.38 毫米	徑 23.05 毫米
		重 5.91 克	重 5.2 克	重 5 克
		上海博物館藏	杜堅毅提供	杜堅毅提供

4461	4462	4463	4464	4465
光緒通寶	光緒丁未	光緒丁未	光緒戊申	光緒戊申
背滿文寶庫局·新十	背滿文寶庫局·新十	背滿文寶庫局·新十	背滿文寶庫局·新十	背滿文寶庫局·新十
徑 23.17 毫米	徑 24.51 毫米	徑 24.51 毫米	徑 25.18 毫米	徑 25.18 毫米
重 4.75 克	重 3.6 克	重 2.6 克	重 4.91 克	重 4 克
上海博物館藏	上海博物館藏	上海博物館藏	上海博物館藏	上海博物館藏

25. 寶新局

4466	4467	4468
光緒通寶	光緒通寶	光緒通寶
背滿文寶新局·新十	背滿文寶新局·新十	背滿文寶新局·新十
徑 25.82 毫米	徑 25.02 毫米	徑 25.02 毫米
重 4.84 克	重 4.5 克	重 4.5 克
上海博物館藏	上海博物館藏	上海博物館藏

4469	4470	4471	4472	4473
光緒通寶	光緒通寶	光緒通寶	光緒通寶	光緒通寶
背滿文寶新局·新十	背滿文寶新局·新十	背滿文寶新局·新十	背滿文寶新局·新十	背滿文寶新局·新十
徑 25.02 毫米	徑 24.84 毫米	徑 24.84 毫米	徑 23.89 毫米	徑 23.89 毫米
重 4.33 克	重 3.91 克	重 3.63 克	重 3.53 克	重 3.3 克
上海博物館藏	上海博物館藏	上海博物館藏	上海博物館藏	上海博物館藏

4474
光緒通寶
背滿文寶新局·新十
徑 28.46 毫米
重 2.75 克
朱卓鵬藏

26. 寶津局

4475	4476	4477
光緒通寶	光緒通寶	光緒通寶
背滿文寶津局	背滿文寶津局	背滿文寶津局
徑 21.97 毫米	徑 23.52 毫米	徑 21.47 毫米
重 3.6 克	重 3.8 克	重 3.3 克
上海博物館藏	上海博物館藏	上海博物館藏

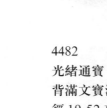
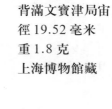

4478	4479	4480	4481	4482
光緒通寶	光緒通寶	光緒通寶	光緒通寶	光緒通寶
背滿文寶津局	背滿文寶津局	背滿文寶津局元	背滿文寶津局元	背滿文寶津局宙
徑 20 毫米	徑 20 毫米	徑 19.52 毫米	徑 20.76 毫米	徑 19.52 毫米
重 2.4 克	重 2 克	中國歷史博物館藏	重 2.4 克	重 1.8 克
上海博物館藏	上海博物館藏		鎮江博物館藏	上海博物館藏

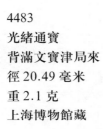
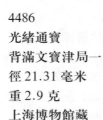

4483	4484	4485	4486	4487
光緒通寶	光緒通寶	光緒通寶	光緒通寶	光緒通寶背滿文寶津
背滿文寶津局來	背滿文寶津局河	背滿文寶津局一	背滿文寶津局一	局○
徑 20.49 毫米	徑 21.31 毫米	徑 21.31 毫米	徑 21.31 毫米	徑 20.6 毫米
重 2.1 克	中國歷史博物館藏	重 3.5 克	重 2.9 克	重 1.93 克
上海博物館藏		上海博物館藏	上海博物館藏	上海博物館藏

4488	4489	4490	4491	4492
光緒通寶	光緒通寶	光緒通寶	光緒通寶	光緒通寶
背滿文寶津局○	背滿文寶津局○	背滿文寶津局○	背滿文寶津局○	背滿文寶津局●
徑 21.23 毫米	徑 20.74 毫米	徑 18.63 毫米	徑 21.29 毫米	徑 23.59 毫米
重 3.02 克	重 2.6 克	重 1.7 克	重 2.7 克	重 2.64 克
上海博物館藏	上海博物館藏	上海博物館藏	上海博物館藏	上海博物館藏

4493	4494	4495	4496	4497
光緒通寶	光緒通寶	光緒通寶	光緒通寶	光緒通寶
背滿文寶津局●	背滿文寶津局左上●	背滿文寶津局左上●	背滿文寶津局下●	背滿文寶津局下●
徑 21.8 毫米	徑 20.03 毫米	徑 20.03 毫米	徑 20.74 毫米	徑 20.01 毫米
重 2.91 克	重 2.5 克	重 1.8 克	重 2.74 克	重 2.2 克
上海博物館藏	上海博物館藏	上海博物館藏	上海博物館藏	上海博物館藏

4498	4499	4500	4501	4502
光緒通寶	光緒通寶	光緒通寶	光緒通寶	光緒通寶
背滿文寶津局右下●	背滿文寶津局右下●	背滿文寶津局左下●	背滿文寶津局左下●	背滿文寶津局左下●
徑 20.63 毫米	徑 20.01 毫米	徑 20.01 毫米	徑 19.43 毫米	徑 21.71 毫米
重 3.03 克	重 2.1 克	重 2.91 克	重 2.9 克	重 2.2 克
上海博物館藏	上海博物館藏	上海博物館藏	上海博物館藏	上海博物館藏

4503	4504	4505	4506	4507
光緒通寶	光緒通寶	光緒通寶	光緒通寶	光緒通寶
背滿文寶津局⌣	背滿文寶津局⌢	背滿文寶津局⟮	背滿文寶津局⟮	背滿文寶津局⟯
徑 20.04 毫米	徑 20.94 毫米	徑 19.95 毫米	徑 19.95 毫米	徑 19.95 毫米
重 2.33 克	重 2.83 克	重 2.1 克	重 1.92 克	重 2.03 克
上海博物館藏	上海博物館藏	上海博物館藏	上海博物館藏	上海博物館藏

4508	4509	4510	4511	4512
光緒通寶	光緒通寶	光緒通寶	光緒通寶	光緒通寶
背滿文寶津局）	背滿文寶津局）	背滿文寶津局）	背滿文寶津局）	背滿文寶津局〇
徑 19.95 毫米	徑 20.25 毫米	徑 20.25 毫米	徑 20.25 毫米	徑 20.25 毫米
重 2 克	重 2.91 克	重 2.91 克	重 2.7 克	重 2.81 克
上海博物館藏	上海博物館藏	上海博物館藏	上海博物館藏	上海博物館藏

4513
光緒通寶　背滿文
寶津局〇
徑 20.25 毫米
重 2.32 克
上海博物館藏

4514
光緒通寶　背滿文
寶津局）
徑 21.68 毫米
重 2.2 克
上海博物館藏

27. 寶吉局

4515	4516	4517
光緒通寶	光緒通寶	光緒通寶
背滿文寶吉局　雕母	背滿文寶吉局　雕母	背滿文寶吉局　母錢
徑 22.2 毫米	徑 18.65 毫米	徑 18.2 毫米
中國歷史博物館藏	中國歷史博物館藏	重 2.2 克
★★★★	★★★★	枕石齋藏
		★★★

4518
光緒通寶
背滿文寶吉局
徑 19.12 毫米
重 3.4 克
上海博物館藏

4519
光緒通寶
背滿文寶吉局
徑 21.48 毫米
重 3.2 克
上海博物館藏

4520
光緒通寶
背滿文寶吉局
徑 19.49 毫米
重 3.3 克
上海博物館藏

4521
光緒通寶
背滿文寶吉局
徑 20.04 毫米
重 2.7 克
上海博物館藏

28. 寶沽局

4522
光緒通寶
背滿文寶沽局
徑 20.7 毫米
重 2.71 克
上海博物館藏

4523
光緒通寶
背滿文寶沽局
徑 19.66 毫米
重 2.2 克
上海博物館藏

4524
光緒通寶
背滿文寶沽局
徑 21.07 毫米
重 1.63 克
上海博物館藏

4525
光緒通寶
背滿文寶沽局
徑 19.84 毫米
重 2.52 克
上海博物館藏

4526
光緒通寶
背滿文寶沽局
徑 19.84 毫米
重 2.13 克
上海博物館藏

4527
光緒通寶
背滿文寶沽局　合面
中國歷史博物館藏

4528
光緒通寶
背滿文寶沽局　合面
徑 19.67 毫米
重 3.8 克
鎮江博物館藏

29. 其他

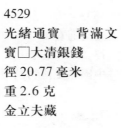

4529
光緒通寶　背滿文
寶□大清銀錢
徑 20.77 毫米
重 2.6 克
金立夫藏

4530
光緒通寶　合背
徑 23.17 毫米
中國歷史博物館藏

4531
光緒通寶　合背
徑 22.4 毫米
中國歷史博物館藏

4532
光緒通寶　合背
徑 21.95 毫米
中國歷史博物館藏

十二、光緒時期機製錢幣

德宗（愛新覺羅載湉）
光緒年間（1875－1908
年）

1．寶泉局

4533	4534
光緒通寶	光緒通寶
徑 23.58 毫米	徑 23.04 毫米
中國歷史博物館藏	中國歷史博物館藏

2．寶源局

4535	4536	4537
光緒通寶	光緒通寶	光緒通寶
背滿文寶源局	背滿文寶源局	背滿文寶源局
徑 23.04 毫米	徑 23.04 毫米	徑 23.04 毫米
重 3.4 克	重 2.9 克	重 3.8 克
選自《清錢珍稀四百種》	選自《清錢珍稀四百種》	上海博物館藏

4538
光緒通寶
背滿文寶源局
徑 23.04 毫米
重 3.14 克
上海博物館藏

3. 寶武局

4539
光緒通寶
背滿文寶武局
徑 21.45 毫米
重 3.14 克
上海博物館藏

4540
光緒通寶
背滿文寶武局
徑 20.21 毫米
重 2.7 克
上海博物館藏

4. 盛京寶奉局

4541
光緒通寶　背滿文寶
奉局·官板四分
徑 17.96 毫米
重 1.7 克
上海博物館藏

4542
光緒通寶　背滿文寶
奉局·官板四分
徑 17.96 毫米
中國歷史博物館藏

5. 寶廣局

4543
光緒通寶
背滿文寶廣局　錢模
中國歷史博物館藏
★★★

4544
光緒通寶
背滿文寶廣局
徑 23.62 毫米
重 11.2 克
選自《清錢珍稀四百種》

4545
光緒通寶
背滿文寶廣局
徑 23.62 毫米
重 2.6 克
上海博物館藏

4546
光緒通寶
背滿文寶廣局
徑 15.91 毫米
重 1.22 克
上海博物館藏

4547
光緒通寶
背滿文寶廣局
徑 15.91 毫米
重 1.2 克
上海博物館藏

4548
光緒通寶
背滿文寶廣局
徑 15.91 毫米
中國歷史博物館藏

4549
光緒通寶
背滿漢文廣
徑 22.63 毫米
重 2.2 克
上海博物館藏

4550
光緒通寶
背滿漢文廣
徑 23.67 毫米
中國歷史博物館藏

4551
光緒通寶
背滿漢文廣庫平一錢
徑 23.73 毫米
重 4.1 克
上海博物館藏
★

4552
光緒通寶
背滿漢文廣 · 庫平一錢
徑 24.3 毫米
重 3.72 克
上海博物館藏
★

4553
光緒通寶
背滿漢文廣 · 庫平一錢
徑 23.73 毫米
重 3.7 克
上海博物館藏

4554
光緒通寶
背滿漢文廣 · 庫平一錢
徑 23.73 毫米
重 3.6 克
上海博物館藏

4555
光緒通寶
背滿漢文廣 · 庫平一錢
徑 23.73 毫米
中國歷史博物館藏

4556
光緒重寶
背滿文寶廣局 · 當五
徑 23.36 毫米
張季量舊藏
★★

4557
光緒重寶
背滿文寶廣局 · 當十
徑 26.58 毫米
重 8.03 克
上海博物館藏
★★

4558
光緒重寶
背滿文寶廣局 · 當十
徑 27.88 毫米
選自《清錢珍稀四百種》
★★

4559
光緒通寶
陰陽文合背
徑 23.64 毫米
重 2.81 克
上海博物館藏

4560
光緒通寶　背滿文
寶廣局　陰陽合面
徑 23.64 毫米
選自《清錢珍稀四
百種》

6. 寶福局

4561
光緒通寶
背滿文寶福局
徑 14.62 毫米
重 1.11 克
上海博物館藏

4562
光緒通寶
背滿文寶福局
徑 14.62 毫米
中國歷史博物館藏

7. 寶浙局

4563
光緒通寶
背滿文寶浙局
徑 21.58 毫米
重 3.91 克
上海博物館藏

4564
光緒通寶
背滿文寶浙局
徑 21.58 毫米
重 3.33 克
上海博物館藏

4565
光緒通寶
背滿文寶浙局
徑 21.58 毫米
重 3.3 克
上海博物館藏

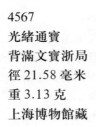 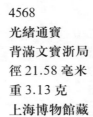

4566
光緒通寶
背滿文寶浙局
徑 21.58 毫米
重 3.24 克
上海博物館藏

4567
光緒通寶
背滿文寶浙局
徑 21.58 毫米
重 3.13 克
上海博物館藏

4568
光緒通寶
背滿文寶浙局
徑 21.58 毫米
重 3.13 克
上海博物館藏

4569
光緒通寶
背滿文寶浙局
徑 21.58 毫米
重 3.1 克
上海博物館藏

4570
光緒通寶
背滿文寶浙局
徑 21.58 毫米
重 3.1 克
上海博物館藏

4571
光緒通寶
背滿文寶浙局
徑 21.58 毫米
重 3.1 克
上海博物館藏

4572
光緒通寶
背滿文寶浙局
徑 21.58 毫米
重 3.04 克
上海博物館藏

4573
光緒通寶
背滿文寶浙局
徑 21.58 毫米
重 3.03 克
上海博物館藏

4574
光緒通寶
背滿文寶浙局
徑 21.58 毫米
重 2.94 克
上海博物館藏

8. 寶蘇局

4575
光緒通寶
背滿文寶蘇局
徑 22.03 毫米
中國歷史博物館藏
★

4576
光緒通寶
背滿文寶蘇局
徑 22.03 毫米
重 4 克
上海博物館藏
★

4577
光緒通寶
背滿文寶蘇局
徑 22.03 毫米
重 3.83 克
上海博物館藏

4578
光緒通寶
背滿文寶蘇局
徑 22.03 毫米
重 3.5 克
上海博物館藏

4579
光緒通寶
背滿文寶蘇局
徑 22.03 毫米
重 3.3 克
上海博物館藏

4580
光緒通寶
背滿文寶蘇局
徑 22.03 毫米
重 3.3 克
上海博物館藏

4581
光緒通寶
背滿文寶蘇局
徑 22.03 毫米
重 3.21 克
上海博物館藏

4582
光緒通寶
背滿文寶蘇局
徑 22.03 毫米
中國歷史博物館藏

4583
光緒通寶　背滿文
寶蘇局陰陽合面
徑 22.06 毫米
重 3.5 克
鎮江博物館藏

9. 寶直局

4584
光緒通寶
背滿文寶直局
徑 27 毫米
選自《古錢幣圖解》

10. 寶東局

4585
光緒通寶
背滿文寶東局
徑 23.48 毫米
重 2.6 克
上海博物館藏

11. 寶津局

4586
光緒通寶
背滿文寶津局
徑 23.04 毫米
重 3.32 克
上海博物館藏

4587
光緒通寶
背滿文寶津局
徑 23.04 毫米
重 2.94 克
上海博物館藏

4588
光緒通寶
背滿文寶津局
徑 23.04 毫米
重 2.7 克
上海博物館藏

4589
光緒通寶
背滿文寶津局　銀錢
徑 23.04 毫米
重 4.2 克
選自《清錢珍稀四百種》
★★

4590
光緒通寶
背滿文寶津局　銀錢
徑 23.04 毫米
重 4.1 克
選自《清錢珍稀四百種》
★★

12. 寶吉局

4591
光緒通寶
背滿文寶吉局
徑 20.22 毫米
重 2.54 克
上海博物館藏

4592
光緒通寶
背滿文寶吉局
徑 20.22 毫米
重 2.5 克
上海博物館藏

4593
光緒通寶
背滿文寶吉局
徑 20.22 毫米
重 2.5 克
上海博物館藏

13. 寶沽局

4594
光緒通寶
背滿文寶沽局
徑 20.97 毫米
重 2.61 克
上海博物館藏

14. 寶寧局

4595	4596	4597
光緒通寶	光緒通寶	光緒通寶
背滿文寶寧局	背滿文寶寧局	背滿文寶寧局
徑 21.09 毫米	徑 20.98 毫米	徑 22 毫米
重 2.8 克	中國歷史博物館藏	選自《中國古錢譜》
上海博物館藏		

4598	4599	4600	4601
光緒通寶	光緒通寶	光緒通寶	光緒通寶
背滿文寶寧局	背滿文寶寧局	背滿文寶寧局	背滿文寶寧局
徑 21.44 毫米	徑 20.98 毫米	徑 20.98 毫米	徑 20.98 毫米
重 2.51 克	重 2.6 克	重 2.52 克	中國歷史博物館藏
上海博物館藏	選自《清錢珍稀四百種》	上海博物館藏	

15. 喀什噶爾局

4602
光緒通寶　背滿維文
喀什噶爾局·喀十
徑 23.5 毫米
選自《中國珍稀錢幣》

16. 迪化水磨溝機器局

4603	4604	4605
光緒通寶	光緒通寶	光緒通寶
背滿文寶庫局·新十	背滿文寶庫局·新十	背滿文寶庫局·新十
徑 23.45 毫米	徑 22.9 毫米	徑 24.07 毫米
重 5.1 克	重 3.25 克	重 5.1 克
朱聖弢藏	虞翔鳴藏	朱卓鵬藏

17. 奉天機器局

4606	4607	4608
光緒通寶　背漢文	光緒通寶　背漢文奉	光緒通寶　背漢文奉
奉天機器局造紫銅	天機器局造紫銅當十	天機器局造紫銅當十
當十錢重二錢四分	錢重二錢四分	錢重二錢四分
徑 33.08 毫米	徑 33.08 毫米	徑 33.08 毫米
重 9.61 克	重 8.9 克	重 8.6 克
上海博物館藏	鎮江博物館藏	上海博物館藏

4609
光緒通寶　背漢文奉
天機器局造紫銅當十
錢重二錢四分
徑 33.08 毫米
重 8.5 克
上海博物館藏

4610
光緒通寶　背漢文奉
天機器局造紫銅當十
錢重二錢四分
徑 33.08 毫米
重 8 克
上海博物館藏

18. 其他

4611
光緒通寶
背漢文公平
徑 23.46 毫米
重 4 克
鎮江博物館藏

4612
光緒通寶
背漢文公平
徑 23.39 毫米
重 3.6 克
上海博物館藏

4613
光緒通寶
背漢文公平
徑 23.04 毫米
中國歷史博物館藏

4614
光緒通寶
背漢文公平
徑 23.3 毫米
鄒誌諒提供

4615
光緒通寶
背漢文公平
徑 23.39 毫米
重 4.2 克
上海博物館藏

4616
一統萬年
背漢文江南試造當十制錢
徑 39.09 毫米
重 26.21 克
上海博物館藏

4617
一統萬年
背漢文江南試造當十制錢
徑 39.09 毫米
重 23.62 克
上海博物館藏

4618
一統萬年
背漢文江南試造當十制錢
徑 39.15 毫米
重 22.6 克
上海博物館藏

4619
一統萬年
背漢文江南試造
徑 23.03 毫米
重 3.22 克
上海博物館藏

4620
天子萬年
背漢文江南試造當十制錢
徑 38.73 毫米
重 24.12 克
上海博物館藏

4621
天子萬年
背漢文江南試造當十制錢
徑 38.52 毫米
重 22.23 克
上海博物館藏

十三、新疆的補鑄、
　　仿鑄紅錢

（一）乾隆通寶嘉慶
　　年間補鑄

1.阿克蘇局補鑄乾隆
　通寶

4622
乾隆通寶
背滿維文阿克蘇局
徑 23.78 毫米
重 4.36 克
選自《新疆紅錢》

4623
乾隆通寶
背滿維文阿克蘇局
徑 23.81 毫米
重 4.27 克
選自《新疆紅錢》

2.寶伊局補鑄乾隆
　通寶

4624
乾隆通寶
背滿文寶伊局
徑 24.11 毫米
重 4.2 克
選自《新疆紅錢》

（二）乾隆通寶道光
　　年間補鑄

寶伊局補鑄乾隆通寶

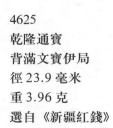

4625
乾隆通寶
背滿文寶伊局
徑 23.9 毫米
重 3.96 克
選自《新疆紅錢》

4626
乾隆通寶
背滿文寶伊局
徑 23.51 毫米
重 4 克
選自《新疆紅錢》

4627
乾隆通寶
背滿文寶伊局
徑 23.75 毫米
重 3.96 克
選自《新疆紅錢》

4628
乾隆通寶
背滿文寶伊局
徑 23.03 毫米
重 3.65 克
選自《新疆紅錢》

4629
乾隆通寶
背滿文寶伊局
徑 24.14 毫米
重 3.8 克
選自《新疆紅錢》

4630
乾隆通寶
背滿文寶伊局
徑 24.43 毫米
重 4.3 克
選自《新疆紅錢》

4631
乾隆通寶
背滿文寶伊局
徑 23.88 毫米
重 4.15 克
選自《新疆紅錢》

（三）乾隆通寶咸豐年間補鑄

庫車局補鑄乾隆通寶

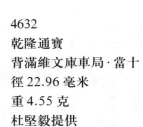

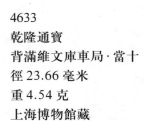

4632
乾隆通寶
背滿維文庫車局·當十
徑 22.96 毫米
重 4.55 克
杜堅毅提供

4633
乾隆通寶
背滿維文庫車局·當十
徑 23.66 毫米
重 4.54 克
上海博物館藏

4634
乾隆通寶
背滿維文庫車局·當十
徑 24.31 毫米
重 3.7 克
上海博物館藏

4635
乾隆通寶
背滿維文庫車局·當十
徑 23.66 毫米
中國歷史博物館藏

（四）乾隆通寶光緒
##　　年間補鑄、仿鑄

1.庫車局補鑄乾隆
###　　通寶

4636
乾隆通寶
背滿維文庫車局
徑24毫米
重4.2克
上海博物館藏

4637
乾隆通寶
背滿維文庫車局
徑24毫米
重3.5克
上海博物館藏

4638
乾隆通寶
背滿維文庫車局
徑24毫米
重3.4克
上海博物館藏

4639
乾隆通寶
背滿維文庫車局
徑23.34毫米
重3.34克
上海博物館藏

4640
乾隆通寶
背滿維文庫車局
徑23.34毫米
重3.2克
上海博物館藏

4641
乾隆通寶
背維文光緒
徑23.51毫米
重5.42克
上海博物館藏

4642
乾隆通寶
背維文光緒
徑24.28毫米
重3.2克
上海博物館藏

4643
乾隆通寶
背維文光緒☽
徑24.28毫米
重4克
上海博物館藏

4644
乾隆通寶
背維文光緒☽
徑23.53毫米
中國歷史博物館藏

2.寶庫局補鑄乾隆通寶

4645
乾隆通寶
背滿文寶庫局
徑 23.22 毫米
重 4.95 克
選自《新疆紅錢》

4646
乾隆通寶
背滿文寶庫局〵
徑 25.8 毫米
重 4.15 克
管兔根藏

4647
乾隆通寶
背滿文寶庫局〵
徑 25.07 毫米
重 4.1 克
選自《新疆紅錢》

4648
乾隆通寶
背滿文寶庫局〵
徑 23.71 毫米
重 3.4 克
選自《新疆紅錢》

4649
乾隆通寶
背滿文寶庫局·庫十
徑 24.98 毫米
重 4.8 克
上海博物館藏

4650
乾隆通寶
背滿文寶庫局·庫十
徑 24.78 毫米
重 4.3 克
上海博物館藏

4651
乾隆通寶
背滿文寶庫局·庫局
徑 23.57 毫米
重 4.71 克
上海博物館藏

4652
乾隆通寶
背滿文寶庫局·庫局
徑 23.57 毫米
重 3.6 克
上海博物館藏

4653
乾隆通寶
背滿文寶庫局·庫局
徑 23.5 毫米
重 3.6 克
選自《新疆紅錢》

3.阿克蘇局補鑄乾隆通寶

4654
乾隆通寶
背滿維文阿克蘇局
徑 24.9 毫米
重 5.13 克
上海博物館藏

4655
乾隆通寶
背滿維文阿克蘇局
徑 24.94 毫米
重 5 克
上海博物館藏

4656
乾隆通寶
背滿維文阿克蘇局
徑 24.61 毫米
重 4.8 克
上海博物館藏

4657
乾隆通寶
背滿維文阿克蘇局
徑 24.66 毫米
重 4.64 克
上海博物館藏

4658
乾隆通寶
背滿維文阿克蘇局
徑 24.59 毫米
重 4.11 克
上海博物館藏

4659
乾隆通寶
背維文阿克蘇局
徑 24.71 毫米
重 4.01 克
上海博物館藏

4660
乾隆通寶
背滿維文阿克蘇局
徑 24.23 毫米
重 3.8 克
上海博物館藏

4661
乾隆通寶
背滿維文阿克蘇局
徑 24.57 毫米
重 3.73 克
上海博物館藏

4662
乾隆通寶
背滿維文阿克蘇局
徑 24.12 毫米
重 3.63 克
上海博物館藏

4663
乾隆通寶
背滿維文阿克蘇局
徑 24.31 毫米
重 3.62 克
上海博物館藏

4664
乾隆通寶
背滿維文阿克蘇局
徑 23.87 毫米
重 3.33 克
上海博物館藏

4665
乾隆通寶
背滿維文阿克蘇局
徑 24.5 毫米
重 4 克
上海博物館藏

4666
乾隆通寶
背滿維文阿克蘇局
徑 25.31 毫米
重 5.41 克
上海博物館藏

4667	4668	4669	4670	4671
乾隆通寶	乾隆通寶	乾隆通寶	乾隆通寶	乾隆通寶
背滿維文阿克蘇局	背滿維文阿克蘇局	背滿維文阿克蘇局	背滿維文阿克蘇局	背滿維文阿克蘇局
徑 25.56 毫米	徑 25.76 毫米	徑 24.91 毫米	徑 25.13 毫米	徑 24.96 毫米
重 5.9 克	重 4.84 克	重 4.4 克	重 3.4 克	重 4.4 克
上海博物館藏	上海博物館藏	上海博物館藏	上海博物館藏	上海博物館藏

4672	4673	4674	4675	4676
乾隆通寶	乾隆通寶	乾隆通寶	乾隆通寶	乾隆通寶
背滿維文阿克蘇局	背滿維文阿克蘇局	背滿維文阿克蘇局	背滿維文阿克蘇局	背滿維文阿克蘇局
徑 25.5 毫米	徑 25.71 毫米	徑 24.78 毫米	徑 24.5 毫米	徑 24.5 毫米
重 4.74 克	重 3.8 克	重 4.72 克	重 3.94 克	重 3.8 克
上海博物館藏	上海博物館藏	上海博物館藏	上海博物館藏	上海博物館藏

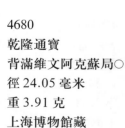

4677	4678	4679	4680	4681
乾隆通寶	乾隆通寶	乾隆通寶	乾隆通寶	乾隆通寶
背滿維文阿克蘇局○	背滿維文阿克蘇局○	背滿維文阿克蘇局○	背滿維文阿克蘇局○	背滿維文阿克蘇局○
徑 24.5 毫米	徑 24.81 毫米	徑 24.05 毫米	徑 24.05 毫米	徑 24.05 毫米
重 4.9 克	重 4.34 克	重 4.1 克	重 3.91 克	重 4.02 克
上海博物館藏	上海博物館藏	上海博物館藏	上海博物館藏	上海博物館藏

4682
乾隆通寶
背滿維文阿克蘇局○
徑 24.05 毫米
重 4 克
上海博物館藏

4683
乾隆通寶
背維文阿克蘇局○
徑 24.05 毫米
中國歷史博物館藏

4684
乾隆通寶
背滿維文阿克蘇局●
徑 24.2 毫米
重 3.4 克
選自《新疆紅錢》

4685
乾隆通寶
背滿維文阿克蘇局九
徑 24.3 毫米
重 3.82 克
上海博物館藏

4686
乾隆通寶
背滿維文阿克蘇局·
當十
徑 24.18 毫米
重 5.2 克
上海博物館藏

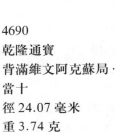

4687
乾隆通寶
背滿維文阿克蘇局·
當十
徑 24.2 毫米
重 4.84 克
上海博物館藏

4688
乾隆通寶
背滿維文阿克蘇局·
當十
徑 24.22 毫米
重 4.3 克
上海博物館藏

4689
乾隆通寶
背滿維文阿克蘇局·
當十
徑 25.3 毫米
重 4.38 克
存雲亭藏

4690
乾隆通寶
背滿維文阿克蘇局·
當十
徑 24.07 毫米
重 3.74 克
上海博物館藏

4691
乾隆通寶
背滿維文阿克蘇局·
當十
徑 24.09 毫米
重 3.32 克
上海博物館藏

4692
乾隆通寶
背滿維文阿克蘇局·
當十
徑 24.02 毫米
重 4.21 克
上海博物館藏

4693
乾隆通寶
背滿維文阿克蘇局·
當十
徑 24.09 毫米
重 3.6 克
上海博物館藏

4694
乾隆通寶
背滿維文阿克蘇局·
阿十
徑 23.83 毫米
重 5.9 克
上海博物館藏

4695
乾隆通寶
背滿維文阿克蘇局·
阿十
徑 23.83 毫米
重 5.62 克
上海博物館藏

4696
乾隆通寶
背滿維文阿克蘇局·
阿十
徑 24.19 毫米
重 4.6 克
上海博物館藏

4697	4698	4699	4700	4701
乾隆通寶	乾隆通寶	乾隆通寶	乾隆通寶	乾隆通寶
背滿維文阿克蘇局·	背滿維文阿克蘇局·	背滿維文阿克蘇局·	背滿維文阿克蘇局·	背滿維文阿克蘇局·
阿十	阿十	阿十	阿十	阿十
徑 23.45 毫米	徑 23.48 毫米	徑 24.1 毫米	徑 23.55 毫米	徑 23.99 毫米
重 4.6 克	重 3.99 克	重 3.9 克	重 3.9 克	重 3.8 克
上海博物館藏	上海博物館藏	上海博物館藏	上海博物館藏	上海博物館藏

4702	4703	4704	4705	4706
乾隆通寶	乾隆通寶	乾隆通寶	乾隆通寶	乾隆通寶
背滿維文阿克蘇局·	背滿維文阿克蘇局·	背滿維文阿克蘇局·	背滿維文阿克蘇局·	背滿維文阿克蘇局·
阿十	阿十	阿十	阿十	阿十
徑 23.77 毫米	徑 23.57 毫米	徑 24.18 毫米	徑 24.18 毫米	徑 24.14 毫米
重 3.7 克	重 3.6 克	重 3.52 克	重 3.4 克	重 3.3 克
上海博物館藏	上海博物館藏	上海博物館藏	上海博物館藏	上海博物館藏

4707	4708
乾隆通寶	乾隆通寶
背滿維文阿克蘇局·	背滿維文阿克蘇局·
阿十	阿十
徑 22.94 毫米	徑 23 毫米
重 3.21 克	重 3.03 克
上海博物館藏	上海博物館藏

4. 寶庫局補鑄乾隆通寶喀十

4709
乾隆通寶
背滿文寶庫局·喀十
雕母
徑 23.57 毫米
選自《戴葆庭集拓中外錢幣珍品》
★★★★

4710
乾隆通寶
背滿文寶庫局·喀十
徑 24.24 毫米
重 5.12 克
上海博物館藏

4711
乾隆通寶
背滿文寶庫局·喀十
徑 24.24 毫米
重 4.43 克
上海博物館藏

4712
乾隆通寶
背滿文寶庫局·喀十
徑 23.25 毫米
重 3.21 克
上海博物館藏

5. 阿克蘇局補鑄乾隆通寶喀十

4713
乾隆通寶
背滿維文阿克蘇局·喀十
徑 24.7 毫米
重 5 克
上海博物館藏

4714
乾隆通寶
背滿維文阿克蘇局·喀十
徑 24.51 毫米
重 3.92 克
上海博物館藏

4715
乾隆通寶
背滿維文阿克蘇局·喀十
徑 24.51 毫米
重 3.9 克
上海博物館藏

4716
乾隆通寶
背滿維文阿克蘇局·
喀十
徑 23.75 毫米
重 3.31 克
上海博物館藏

4717
乾隆通寶
背滿維文阿克蘇局·
喀十
徑 24.02 毫米
中國歷史博物館藏

6. 庫車局補鑄乾隆通寶烏什局

4718
乾隆通寶
背滿維文烏什局十
徑 24.06 毫米
重 4.22 克
上海博物館藏

7. 乾隆通寶仿寶泉局

4719
乾隆通寶
背滿文寶泉局
徑 21.71 毫米
重 3.94 克
杜堅毅提供

4720
乾隆通寶
背滿文寶泉局
徑 23.29 毫米
重 3.2 克
上海博物館藏

4721
乾隆通寶
背滿文寶泉局
徑 21.41 毫米
重 3.55 克
杜堅毅提供

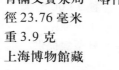

4722
乾隆通寶
背滿文寶泉局
徑 23.29 毫米
重 3.7 克
上海博物館藏

4723
乾隆通寶
背滿文寶泉局·喀什
徑 23.76 毫米
重 3.9 克
上海博物館藏

4724
乾隆通寶
背滿文寶泉局·喀什
徑 23.49 毫米
重 3.6 克
選自《清錢珍稀四百種》

8.乾隆通寶仿寶源局

4725
乾隆通寶
背滿文寶源局
徑 23.05 毫米
重 4.11 克
上海博物館藏

4726
乾隆通寶
背滿文寶源局
徑 23.38 毫米
重 3.3 克
上海博物館藏

4727
乾隆通寶背滿文寶源局〴
徑 23.78 毫米
重 4.02 克
上海博物館藏

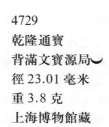

4728
乾隆通寶
背滿文寶源局〴
徑 23.29 毫米
重 5.1 克
上海博物館藏

4729
乾隆通寶
背滿文寶源局〴
徑 23.01 毫米
重 3.8 克
上海博物館藏

4730
乾隆通寶
背滿文寶源局〴
徑 23.38 毫米
中國歷史博物館藏

9.乾隆通寶仿寶浙局

4731
乾隆通寶
背滿文寶浙局
徑 22.41 毫米
重 3.95 克
杜堅毅提供

4732
乾隆通寶
背滿文寶浙局
徑 23.06 毫米
重 3.7 克
杜堅毅提供

（五）道光通寶光緒
　　年間補鑄

1.阿克蘇局補鑄道光
　通寶

4733
道光通寶
背滿維文阿克蘇局·
阿十
徑 24.16 毫米
重 5.35 克
上海博物館藏

4734
道光通寶
背滿維文阿克蘇局·
阿十
徑 23.84 毫米
重 3.94 克
杜堅毅提供

2.庫車局補鑄道光
　通寶

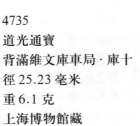

4735
道光通寶
背滿維文庫車局·庫十
徑 25.23 毫米
重 6.1 克
上海博物館藏

4736
道光通寶
背滿維文庫車局·庫十
徑 25.23 毫米
重 5.5 克
上海博物館藏

4737
道光通寶
背滿維文庫車局·庫十
徑 24.72 毫米
重 4.7 克
上海博物館藏

4738
道光通寶
背滿維文庫車局·庫十
徑 26 毫米
重 4.7 克
金立夫藏

4739
道光通寶
背滿維文庫車局·庫十
徑 24.06 毫米
重 4.05 克
上海博物館藏

4740
道光通寶
背滿維文庫車局·庫十
徑 24.64 毫米
中國歷史博物館藏

3.寶庫局代寶新局 補鑄道光通寶

4741
道光通寶
背滿文寶庫局·新十
徑 25.63 毫米
重 4.75 克
上海博物館藏

4742
道光通寶
背滿文寶庫局·新十
徑 25.04 毫米
中國歷史博物館藏

（六）同治通寶光緒 年間補鑄、仿鑄

1.庫車局補鑄同治 通寶

4743
同治通寶
背滿維文庫車局·庫十
徑 25.12 毫米
重 3.9 克
上海博物館藏

4744
同治通寶
背滿維文庫車局·庫十
徑 25.77 毫米
重 3.9 克
上海博物館藏

4745
同治通寶
背滿維文庫車局·庫十
徑 25.19 毫米
重 4.7 克
上海博物館藏

4746
同治通寶
背滿維文庫車局·庫十
徑 24.52 毫米
重 4.9 克
上海博物館藏

4747
同治通寶
背滿維文庫車局·庫十
徑 25.7 毫米
重 4.72 克
存雲亭藏

4748
同治通寶
背滿維文庫車局·庫十
徑 25.59 毫米
重 4.7 克
上海博物館藏

4749
同治通寶
背滿維文庫車局·庫十
徑 24.52 毫米
重 5 克
上海博物館藏

4750
同治通寶
背滿維文庫車局·庫十
徑 25.44 毫米
重 5.65 克
上海博物館藏

4751
同治通寶
背滿維文庫車局·庫十
徑 25.44 毫米
重 4.5 克
上海博物館藏

4752
同治通寶
背滿維文庫車局·庫十
徑 26.29 毫米
張絧伯舊藏

4753
同治通寶
背滿維文庫車局·庫十
徑 25.08 毫米
重 4.2 克
上海博物館藏

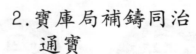

2. 寶庫局補鑄同治通寶

4754
同治通寶
背滿維文庫車局·庫十
徑 24.61 毫米
重 6.9 克
上海博物館藏

4755
同治通寶
背滿維文庫車局·庫十
徑 25.13 毫米
重 4.3 克
上海博物館藏

4756
同治通寶
背滿維文庫車局·庫十
徑 24.26 毫米
重 3.9 克
杜堅毅提供

4757
同治通寶
背滿文寶庫局·新十
徑 24.49 毫米
重 4.8 克
上海博物館藏

4758
同治通寶
背滿文寶庫局·新十
徑 23.98 毫米
重 4.4 克
上海博物館藏

4759
同治通寶
背滿文寶庫局·新十
徑 24.45 毫米
重 4.3 克
上海博物館藏

4760
同治通寶
背滿文寶庫局·新十
徑 25.16 毫米
重 4.2 克
上海博物館藏

4761
同治通寶
背滿文寶庫局·新十
徑 25.16 毫米
重 4.2 克
上海博物館藏

3.同治通寶仿寶泉局

4762
同治通寶
背滿文寶泉局
徑 21.75 毫米
重 2.6 克
上海博物館藏

4763
同治通寶
背滿文寶泉局
徑 15.83 毫米
重 1.5 克
上海博物館藏

4764
同治通寶
背滿文寶泉局
徑 16.85 毫米
重 1.3 克
上海博物館藏

（七）光緒通寶光緒
　　年間仿鑄

光緒通寶仿寶泉局

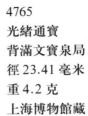

4765
光緒通寶
背滿文寶泉局
徑 23.41 毫米
重 4.2 克
上海博物館藏

4766
光緒通寶
背滿文寶泉局
徑 23.92 毫米
重 4.3 克
上海博物館藏

4767
光緒通寶
背滿文寶泉局
徑 23.41 毫米
重 4 克
上海博物館藏

4768
光緒通寶
背滿文寶泉局
徑 23.41 毫米
重 3.91 克
上海博物館藏

4769
光緒通寶
背滿文寶泉局
徑 24.72 毫米
重 3.81 克
上海博物館藏

4770
光緒通寶
背滿文寶泉局
徑 23.87 毫米
重 3.44 克
上海博物館藏

4771
光緒通寶
背滿文寶泉局
徑 23.87 毫米
重 3.5 克
上海博物館藏

十四、宣統時期錢幣

（愛新覺羅溥儀）
宣統年間（1909 –
1911 年）

1. 寶泉局

4772
宣統通寶
背滿文寶泉局　雕母
徑 24.89 毫米
重 6.8 克
上海博物館藏
★★★★

4773
宣統通寶
背滿文寶泉局　雕母
徑 24.07 毫米
重 6.5 克
上海博物館藏
★★★★

4774
宣統通寶
背滿文寶泉局　雕母
徑 24.07 毫米
選自《戴葆庭集拓中
外錢幣珍品》
★★★★

4775
宣統通寶
背滿文寶泉局　雕母
徑 24.07 毫米
重 5.44 克
上海博物館藏
★★★★

4776
宣統通寶
背滿文寶泉局　雕母
徑 19.11 毫米
重 2.82 克
上海博物館藏
★★★★

4777
宣統通寶
背滿文寶泉局　雕母
徑 19.11 毫米
選自《戴葆庭集拓中
外錢幣珍品》
★★★★

4778
宣統通寶
背滿文寶泉局　雕母
徑 23.63 毫米
重 6.51 克
上海博物館藏
★★★★

4779
宣統通寶
背滿文寶泉局　雕母
徑 21.9 毫米
重 4.5 克
上海博物館藏
★★★★

4780
宣統通寶
背滿文寶泉局　雕母
徑 19.11 毫米
重 2.9 克
上海博物館藏
★★★★

4781
宣統通寶
背滿文寶泉局　雕母
徑 19.11 毫米
重 2.8 克
上海博物館藏
★★★★

4782
宣統通寶
背滿文寶泉局　雕母
徑 19.1 毫米
選自《戴葆庭集拓中
外錢幣珍品》
★★★★

4783
宣統通寶
背滿文寶泉局
徑 23.98 毫米
重 4.54 克
上海博物館藏

4784
宣統通寶
背滿文寶泉局
徑 23.49 毫米
重 4.53 克
上海博物館藏

4785
宣統通寶
背滿文寶泉局
徑 19.11 毫米
重 2.91 克
上海博物館藏

4786
宣統通寶
背滿文寶泉局
徑 19.11 毫米
重 2.7 克
上海博物館藏

4787
宣統通寶
背滿文寶泉局
徑 18.66 毫米
重 2.4 克
上海博物館藏

4788
宣統通寶
背滿文寶泉局
徑 18.79 毫米
重 2.31 克
上海博物館藏

4789
宣統通寶
背滿文寶泉局
徑 19.11 毫米
重 2.3 克
上海博物館藏

4790
宣統通寶
背滿文寶泉局
徑 17.84 毫米
重 1.51 克
上海博物館藏

4791
宣統通寶
背滿文寶泉局
徑 24.54 毫米
重 5.24 克
上海博物館藏

4792
宣統通寶
背滿文寶泉局
徑 22.72 毫米
重 4.4 克
上海博物館藏

4793
宣統通寶
背滿文寶泉局
徑 18.66 毫米
重 2.42 克
上海博物館藏

4794
宣統通寶
背滿文寶泉局
徑 18 毫米
重 2.31 克
上海博物館藏

4795
宣統通寶
背滿文寶泉局
徑 18.64 毫米
重 2.03 克
上海博物館藏

4796
宣統通寶
背滿文寶泉局
徑 17.83 毫米
重 1.83 克
上海博物館藏

4797
宣統通寶
背滿文寶泉局
徑 17.58 毫米
重 1.4 克
上海博物館藏

正面

背面

4798
宣統通寶
背滿文寶泉局·三列四十枚錢樹
長 620 毫米
寬 118 毫米
旅順博物館藏
★★★★

2.寶雲局

4799
宣統通寶
背滿文寶雲局
徑 23.25 毫米
重 3.2 克
上海博物館藏

4800
宣統通寶
背滿文寶雲局
徑 22.46 毫米
選自《戴葆庭集拓
中外錢幣珍品》

4801
宣統通寶
背滿文寶雲局
徑 17.01 毫米
重 1.7 克
上海博物館藏

4802
宣統通寶
背滿文寶雲局磽
徑 17.85 毫米
重 2 克
上海博物館藏

4803
宣統通寶
背滿文寶雲局磽
徑 18.09 毫米
重 1.82 克
上海博物館藏

4804
宣統通寶
背滿文寶雲局山
徑 18.08 毫米
重 1.9 克
上海博物館藏

3.烏什局

4805
宣統通寶
背滿維文烏什局・庫十
徑 25.82 毫米
重 5.55 克
上海博物館藏

4806
宣統通寶
背滿維文烏什局・庫十
徑 24.66 毫米
重 3.84 克
杜堅毅提供

4807
宣統通寶
背滿維文烏什局・庫十
徑 23.51 毫米
重 3.64 克
杜堅毅提供

4808
宣統通寶
背滿維文烏什局 · 庫十
徑 24.24 毫米
重 3.1 克
上海博物館藏

4809
宣統通寶
背滿維文烏什局 · 庫十
徑 22.38 毫米
重 2.95 克
杜堅毅提供

十五、宣統時期機製錢幣

（愛新覺羅溥儀）
宣統年間（1909 – 1911
年）

1. 寶廣局

4810
宣統通寶
背滿文寶廣局
徑 16.71 毫米
重 1.2 克
上海博物館藏

2. 寶福局

4811
宣統通寶
背滿文寶福局
徑 15.68 毫米
重 1.14 克
上海博物館藏

十六、太平天国時期錢幣
（1851-1864）

（一）太平天国錢幣

1. 天国背聖寶

4812　　　　　　　　　4813　　　　　　　　　4814
天国　背聖寶　　　　天国　背聖寶　　　　天国　背聖寶
選自《古錢幣圖解》　徑 23.67 毫米　　　　徑 22.81 毫米
★★　　　　　　　　　重 7.1 克　　　　　　重 6.8 克
　　　　　　　　　　上海博物館藏　　　　上海博物館藏
　　　　　　　　　　★★　　　　　　　　★★

4815　　　　　　4816　　　　　　4817　　　　　　4818　　　　　　4819
天国　背聖寶　　天国　背聖寶　　天国　背聖寶　　天国　背聖寶　　天国　背聖寶
徑 24.82 毫米　　徑 23.04 毫米　　徑 23.66 毫米　　徑 24.61 毫米　　徑 24.68 毫米
重 6.3 克　　　　重 6.2 克　　　　重 6.2 克　　　　重 6.0 克　　　　重 6.3 克
南京市太平天國歷史　上海博物館藏　　南京市太平天國歷史　上海博物館藏　　南京市太平天國歷史
博物館藏　　　　★★　　　　　　博物館藏　　　　★★　　　　　　博物館藏
★★　　　　　　　　　　　　　　★★

4820　　　　　　4821　　　　　　4822　　　　　　4823
天国　背聖寶　　天国　背聖寶　　天国　背聖寶　　天国　背聖寶
徑 23.24 毫米　　徑 24.17 毫米　　徑 24 毫米　　　徑 24.17 毫米
重 5.5 克　　　　重 4.4 克　　　　選自《戴葆庭集拓中　選自《戴葆庭集拓中
上海博物館藏　　上海博物館藏　　外錢幣珍品》　　外錢幣珍品》
★★　　　　　　★★　　　　　　★★　　　　　　★★

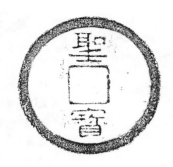

4824
天国 背聖寶
徑 40.03 毫米
重 47.0 克
上海博物館藏
★

4825
天国 背聖寶
徑 38.39 毫米
重 31.1 克
南京市太平天國歷史
博物館藏
★

4826
天国 背聖寶
徑 37.32 毫米
重 30.8 克
上海博物館藏
★

4827
天国 背聖寶
徑 36.93 毫米
重 24 克
南京市太平天國歷史
博物館藏
★

4828
天国 背聖寶
徑 36.62 毫米
重 20.1 克
上海博物館藏
★

4829
天国 背聖寶
徑 39.05 毫米
重 20 克
南京市太平天國歷史
博物館藏
★

4830
天国 背聖寶
徑 38.06 毫米
選自《戴葆庭集拓中外
錢幣珍品》
★

4831
天国 背聖寶
徑 37.81 毫米
重 33 克
上海博物館藏
★

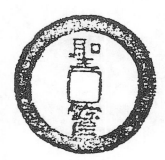

4832 天国　背聖寶 徑 39.66 毫米 重 32 克 南京市太平天國歷史 博物館藏 ★	4833 天国　背聖寶 徑 37.85 毫米 重 31.8 克 上海博物館藏 ★	4834 天国　背聖寶 徑 39.63 毫米 重 31.43 克 存雲亭藏 ★	4835 天国　背聖寶 徑 35.76 毫米 重 28 克 南京市太平天國歷史 博物館藏 ★

4836 天国　背聖寶 徑 36.23 毫米 重 26.8 克 南京市太平天國歷史 博物館藏 ★	4837 天国　背聖寶 徑 38.35 毫米 重 25.6 克 上海博物館藏 ★	4838 天国　背聖寶 徑 34.71 毫米 重 25.1 克 上海博物館藏 ★	4839 天国　背聖寶 徑 36.69 毫米 重 24.5 克 南京市太平天國歷史 博物館藏 ★

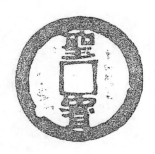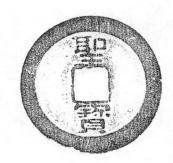

4840
天国 背聖寶
徑 35.29 毫米
重 23 克
枕石齋藏
★

4841
天国 背聖寶
徑 36.84 毫米
重 20.8 克
上海博物館藏
★

4842
天国 背聖寶
徑 35.75 毫米
重 19.7 克
上海博物館藏
★

4843
天国 背聖寶
徑 37.4 毫米
重 15.6 克
上海博物館藏
★

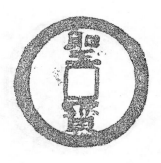

4844
天国 背聖寶
徑 35.72 毫米
選自《子槎果園兩翁古
稀祝壽泉拓》
★

4845
天国 背聖寶
徑 37.32 毫米
重 28.7 克
上海博物館藏
★

4846
天国 背聖寶
徑 37.1 毫米
重 26.4 克
枕石齋藏
★

4847
天国 背聖寶
徑 37.5 毫米
重 26.2 克
上海博物館藏
★

4848
天国　背聖寶
徑 36.94 毫米
重 21.3 克
南京市太平天國歷史
博物館藏
★

4849
天国　背聖寶
徑 37.42 毫米
重 21.2 克
金立夫藏
★

4850
天国　背聖寶
徑 37 毫米
重 21 克
上海博物館藏
★

4851
天国　背聖寶
徑 37.43 毫米
重 21 克
上海博物館藏
★

  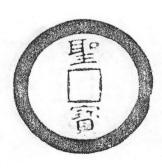 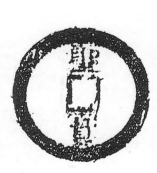

4852
天国　背聖寶
徑 37.27 毫米
重 19.2 克
金立夫藏
★

4853
天国　背聖寶
徑 35.07 毫米
重 15.3 克
南京市太平天國歷史
博物館藏
★

4854
天国　背聖寶
徑 37.1 毫米
重 36.2 克
上海博物館藏
★

4855
天国　背聖寶
徑 37.63 毫米
重 32.3 克
南京市太平天國歷史
博物館藏
★

4856	4857	4858	4859
天国 背聖寶	天国 背聖寶	天国 背聖寶	天国 背聖寶
徑 38.47 毫米	徑 38.11 毫米	徑 37.57 毫米	徑 36.84 毫米
重 31.2 克	重 30.5 克	重 22.6 克	重 22.3 克
南京市太平天國歷史	南京市太平天國歷史	枕石齋藏	上海博物館藏
博物館藏	博物館藏	★	★
★	★		

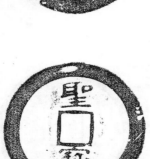

4860	4861	4862	4863
天国 背聖寶	天国 背聖寶	天国 背聖寶	天国 背聖寶
徑 38.41 毫米	徑 37.14 毫米	徑 39.06 毫米	徑 36.63 毫米
重 27.96 克	重 26 克	重 25.2 克	重 20.5 克
存雲亭藏	上海博物館藏	上海博物館藏	上海博物館藏
★	★	★	★

4864
天国　背聖寶
徑 36.83 毫米
重 17.4 克
上海博物館藏
★

4865
天国　背聖寶
徑 37.44 毫米
重 16.8 克
枕石齋藏
★

4866
天国　背聖寶
徑 37.01 毫米
重 16.6 克
枕石齋藏
★

4867
天国　背聖寶
徑 38.21 毫米
重 16.5 克
南京市太平天國歷史
博物館藏
★

4868
天国　背聖寶
重 15.5 克
選自《太平天国錢幣》
★

4869
天国　背聖寶
重 15.8 克
選自《舟山錢幣》
★

4870
天国　背聖寶　鐵錢
徑 38.6 毫米
南京市太平天國歷史
博物館藏
★

4871
天国　背聖寶　鐵錢
徑 41.24 毫米
南京市太平天國歷史
博物館藏
★

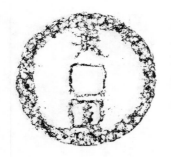

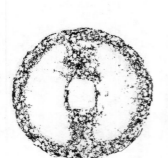

4872
天国 背聖寶 鐵錢
徑 36.57 毫米
重 14.4 克
上海博物館藏
★

4873
天国 背聖寶 鉛錢
重 21.4 克
選自《太平天国錢幣》
★★

4874
天国 背聖寶 鉛錢
重 38.8 克
選自《太平天国錢幣》
★★

4875
天国 背聖寶 鉛錢
重 37.2 克
選自《太平天国錢幣》
★★

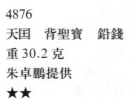

4876
天国 背聖寶 鉛錢
重 30.2 克
朱卓鵬提供
★★

4877
天国 背聖寶
選自《戴葆庭集拓中
外錢幣珍品》
★

4878
天国 背聖寶
徑 37.28 毫米
選自《戴葆庭集拓中
外錢幣珍品》
★

2. 太平天国背聖寶

● 宋書字體

4879	4880	4881
太平天国　背聖寶	太平天国　背聖寶	太平天国　背聖寶
徑 24.25 毫米	徑 24.39 毫米	徑 22.57 毫米
重 7 克	重 6 克	重 5.33 克
上海博物館藏	南京市太平天國歷史	上海博物館藏
★	博物館藏	★
	★	

4882	4883	4884	4885	4886
太平天国　背聖寶	太平天国　背聖寶	太平天国　背聖寶	太平天国　背聖寶	太平天国　背聖寶
徑 23.53 毫米	徑 23.63 毫米	徑 24.1 毫米	徑 24.07 毫米	徑 32.99 毫米
重 5.22 克	重 4.71 克	重 4.4 克	重 3.51 克	重 9.1 克
上海博物館藏	上海博物館藏	上海博物館藏	上海博物館藏	枕石齋藏
★	★	★	★	★★

4887	4888	4889	4890
太平天国　背聖寶	太平天国　背聖寶	太平天国　背聖寶	太平天国　背聖寶
徑 32.34 毫米	徑 32.38 毫米	徑 32.35 毫米	徑 32.48 毫米
重 8.51 克	重 14.41 克	重 10.21 克	重 10.03 克
上海博物館藏	上海博物館藏	上海博物館藏	上海博物館藏
★★	★★	★★	★★

4891
太平天国　背聖寶
徑 42.4 毫米
重 19.5 克
南京市太平天國歷史
博物館藏
★★

4892
太平天国　背聖寶
徑 41.82 毫米
重 19.01 克
上海博物館藏
★★

4893
太平天国　背聖寶
徑 42.29 毫米
重 18.2 克
金立夫藏
★★

4894
太平天国　背聖寶
徑 41.08 毫米
重 17.2 克
上海博物館藏
★★

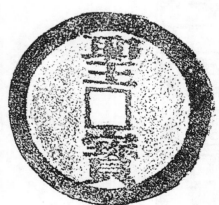  

4895
太平天国　背聖寶
徑 53.47 毫米
重 43.2 克
枕石齋藏
★★

4896
太平天国　背聖寶
徑 53.37 毫米
重 42 克
南京市太平天國歷史博物館藏
★★

4897
太平天国　背聖寶
徑 54.06 毫米
重 37.4 克
上海博物館藏
★★

4898
太平天国　背聖寶
徑 54.33 毫米
重 33.7 克
上海博物館藏
★★

4899
太平天国　背聖寶
徑 53.68 毫米
重 32.1 克
上海博物館藏
★★

4900
太平天国　背聖寶
徑 53.93 毫米
重 31.2 克
上海博物館藏
★★

4901
太平天国　背聖寶
徑 53.41 毫米
郭若愚藏
★★

● 楷書字體

4902
太平天国　背聖寶
選自《貨幣》
★

4903
太平天国　背聖寶
重 5.95 克
郭若愚提供
★

4904
太平天国　背聖寶
徑 24.95 毫米
重 5.5 克
南京市太平天國歷史
博物館藏
★

4905
太平天国　背聖寶
徑 24.82 毫米
重 5.3 克
上海博物館藏
★

4906
太平天国　背聖寶
徑 25.21 毫米
重 5.1 克
金立夫藏
★

4907
太平天国　背聖寶
徑 24.58 毫米
重 4.21 克
上海博物館藏
★

4908
太平天国　背聖寶
徑 24.81 毫米
重 4.6 克
金立夫藏
★

4909
太平天国　背聖寶
徑 23.9 毫米
重 4.5 克
南京市太平天國歷史
博物館藏
★

4910
太平天国　背聖寶
徑 22.27 毫米
重 4.4 克
南京市太平天國歷史
博物館藏
★

4911
太平天国　背聖寶
徑 25.1 毫米
重 4.3 克
鎮江博物館藏
★

4912
太平天国　背聖寶
徑 24.49 毫米
重 4.22 克
上海博物館藏
★

4913
太平天国　背聖寶
徑 22.24 毫米
重 4.2 克
金立夫藏
★

4914
太平天国　背聖寶
徑 23.34 毫米
重 4.2 克
上海博物館藏
★

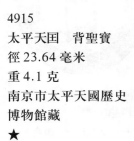

4915
太平天国　背聖寶
徑 23.64 毫米
重 4.1 克
南京市太平天國歷史
博物館藏
★

4916
太平天国　背聖寶
徑 23.37 毫米
重 4 克
金立夫藏
★

4917
太平天国　背聖寶
徑 23.42 毫米
重 3.94 克
上海博物館藏
★

4918
太平天国　背聖寶
徑 23.57 毫米
重 3.9 克
南京市太平天國歷史
博物館藏
★

4919
太平天国　背聖寶
徑 25.27 毫米
重 3.9 克
南京市太平天國歷史
博物館藏
★

4920
太平天国　背聖寶
徑 21.82 毫米
重 3.83 克
上海博物館藏
★

4921
太平天国　背聖寶
徑 22.69 毫米
重 3.3 克
上海博物館藏
★

4922
太平天国　背聖寶
徑 22.57 毫米
重 3.1 克
南京市太平天國歷史
博物館藏
★

4923
太平天国　背聖寶
徑 22.68 毫米
重 3.1 克
上海博物館藏
★

4924
太平天国　背聖寶
徑 21.51 毫米
重 3.02 克
上海博物館藏
★

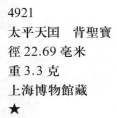

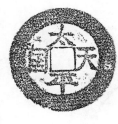

4925
太平天国　背聖寶
徑 20.85 毫米
重 2.5 克
上海博物館藏
★

4926
太平天国　背聖寶
徑 27.14 毫米
重 8.62 克
上海博物館藏
★

4927
太平天国　背聖寶
徑 28.07 毫米
重 8.6 克
上海博物館藏
★

4928
太平天国　背聖寶
徑 28.31 毫米
重 8.43 克
上海博物館藏
★

4929
太平天国　背聖寶
徑 29.16 毫米
重 7.7 克
上海博物館藏
★

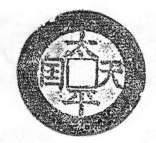

4930
太平天国　背聖寶
徑 26.09 毫米
重 4.3 克
上海博物館藏
★

4931
太平天国　背聖寶
徑 33.88 毫米
重 17.93 克
上海博物館藏
★★

4932
太平天国　背聖寶
徑 33.88 毫米
重 17 克
枕石齋藏
★★

4933
太平天国　背聖寶
徑 35.39 毫米
重 16.4 克
南京市太平天國歷史
博物館藏
★★

4934
太平天国　背聖寶
徑 48.37 毫米
重 27.5 克
南京市太平天國歷史博物館藏
★★

4935
太平天国　背聖寶
徑 47.3 毫米
重 32.4 克
枕石齋藏
★★

4936
太平天国　背聖寶
徑 47.71 毫米
重 28.61 克
上海博物館藏
★★

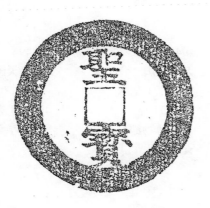

4937
太平天国　背聖寶
徑49毫米
重27.5克
邹誌諒藏
★★

4938
太平天国　背聖寶
徑23.99毫米
重8克
南京市太平天國歷史
博物館藏
★

4939
太平天国　背聖寶
徑23.68毫米
重4.8克
南京市太平天國歷史
博物館藏
★

4940
太平天国　背聖寶
徑24.64毫米
重4.1克
上海博物館藏
★

4941
太平天国　背聖寶
徑21.09毫米
重4克
上海博物館藏
★

4942
太平天国　背聖寶
徑21.47毫米
重4克
上海博物館藏
★

4943
太平天国　背聖寶
徑23.59毫米
重3.82克
上海博物館藏
★

4944
太平天国　背聖寶
徑21.69毫米
重3.8克
金立夫藏
★

4945
太平天国 背聖寶
徑 23.85 毫米
重 3.6 克
金立夫藏
★

4946
太平天国 背聖寶
徑 21.09 毫米
重 3.53 克
上海博物館藏
★

4947
太平天国 背聖寶
徑 21.77 毫米
重 3.5 克
上海博物館藏
★

4948
太平天国 背聖寶
徑 22.71 毫米
重 3.31 克
上海博物館藏
★

4949
太平天国 背聖寶
徑 22.7 毫米
重 3.3 克
存雲亭藏
★

4950
太平天国 背聖寶
徑 22.46 毫米
重 3.2 克
金立夫藏
★

4951
太平天国 背聖寶
徑 24.43 毫米
重 3.12 克
上海博物館藏
★

4952
太平天国 背聖寶
徑 22 毫米
重 3.12 克
上海博物館藏
★

4953
太平天国 背聖寶
徑 19.91 毫米
重 3.1 克
南京市太平天國歷史
博物館藏
★

4954
太平天国 背聖寶
徑 20.54 毫米
重 3.04 克
上海博物館藏
★

4955
太平天国 背聖寶
徑 21.14 毫米
重 3 克
鎮江博物館藏
★

4956
太平天国 背聖寶
徑 21.26 毫米
重 3 克
上海博物館藏
★

4957
太平天国 背聖寶
徑 21.28 毫米
重 3.84 克
上海博物館藏
★

4958
太平天国 背聖寶
徑 21.3 毫米
重 2.8 克
上海博物館藏
★

4959
太平天国 背聖寶
徑 22.98 毫米
重 2.8 克
存雲亭藏
★

4960
太平天国　背聖寶
徑 22.04 毫米
重 2.7 克
南京市太平天國歷史
博物館藏
★

4961
太平天国　背聖寶
徑 19.87 毫米
重 2.6 克
鎮江博物館藏
★

4962
太平天国　背聖寶
徑 19.53 毫米
重 2.6 克
南京市太平天國歷史
博物館藏
★

4963
太平天国　背聖寶
徑 21.27 毫米
重 2.44 克
上海博物館藏
★

●行書字體

4964
太平天国　背聖寶
徑 25 毫米
重 7.34 克
上海博物館藏
★

4965
太平天国　背聖寶
徑 24.87 毫米
重 6 克
金立夫藏
★

4966
太平天国　背聖寶
徑 25 毫米
重 4.81 克
上海博物館藏
★

4967
太平天国　背聖寶
徑 24.78 毫米
重 4.8 克
上海博物館藏
★

4968
太平天国　背聖寶
徑 25.4 毫米
重 4.51 克
上海博物館藏
★

4969
太平天国　背聖寶
徑 24.64 毫米
重 4.51 克
上海博物館藏
★

4970
太平天国　背聖寶
徑 24.46 毫米
重 4.5 克
上海博物館藏
★

4971
太平天国　背聖寶
徑 25.26 毫米
重 4.4 克
南京市太平天國歷史
博物館藏
★

4972
太平天国　背聖寶
徑 24.35 毫米
重 4.4 克
金立夫藏
★

4973
太平天国　背聖寶
徑 25.55 毫米
重 4.3 克
金立夫藏
★

4974
太平天国　背聖寶
徑 24.48 毫米
重 4.1 克
上海博物館藏
★

4975
太平天国　背聖寶
徑 24.07 毫米
重 3.53 克
上海博物館藏
★

4976
太平天国　背聖寶
徑 24.91 毫米
重 3.51 克
上海博物館藏
★

4977
太平天国　背聖寶
徑 24.6 毫米
重 5.24 克
上海博物館藏
★

4978
太平天国　背聖寶
徑 25 毫米
重 5.11 克
上海博物館藏
★

4979
太平天国　背聖寶
徑 24.59 毫米
重 3.9 克
上海博物館藏
★

4980
太平天国　背聖寶
徑 24.48 毫米
重 3.7 克
上海博物館藏
★

4981
太平天国　背聖寶
重 6.5 克
選自《太平天国錢幣》
★

4982
太平天国　背聖寶
重 5 克
選自《太平天国錢幣》
★

4983
太平天国　背聖寶
鉛錢
重 5.9 克
選自《舟山錢幣》
★★

4984
太平天国
背聖寶　鉛錢
重 8 克
南京市太平天國歷史
博物館藏
★★

4985
太平天国　背聖寶
徑 21.61 毫米
重 2.8 克
鎮江博物館藏
★

4986
太平天国　背聖寶
徑 22.32 毫米
重 3.34 克
上海博物館藏
★

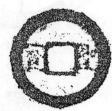

4987
太平天国　背聖寶
徑 22.97 毫米
重 4.4 克
上海博物館藏
★

4988
太平天国　背聖寶
徑 23.06 毫米
重 4 克
上海博物館藏
★

4989
太平天国　背聖寶
徑 26.96 毫米
重 8.2 克
上海博物館藏
★

4990
太平天国　背聖寶
徑 26.49 毫米
重 7.9 克
上海博物館藏
★

4991
太平天国　背聖寶
徑 28.29 毫米
重 7.9 克
金立夫藏
★

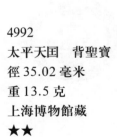

4992
太平天国　背聖寶
徑 35.02 毫米
重 13.5 克
上海博物館藏
★★

4993
太平天国　背聖寶
徑 34.38 毫米
重 14.9 克
上海博物館藏
★★

4994
太平天国　背聖寶
徑 42.81 毫米
重 28.0 克
上海博物館藏
★★

4995
太平天国　背聖寶
徑 43.03 毫米
重 29.9 克
上海博物館藏
★★

4996
太平天国　背聖寶
徑 43.56 毫米
重 37.8 克
南京市太平天國歷史
博物館藏
★★

3. 天国太平背聖寶

4997	4998	4999
天国太平　背聖寶	天国太平　背聖寶	天国太平　背聖寶
重 7.2 克	張叔馴舊藏	選自《古錢幣圖解》
郭若愚藏	★★	★★
★★		

5000
天国太平　背聖寶
選自《古錢幣圖解》
★

5001
天国太平　背聖寶
徑 26.05 毫米
重 5.5 克
上海博物館藏
★

5002
天国太平　背聖寶
徑 24.22 毫米
重 5.4 克
上海博物館藏
★

5003
天国太平　背聖寶
徑 26.14 毫米
重 5.3 克
上海博物館藏
★

5004
天国太平　背聖寶
徑 26.28 毫米
重 5.2 克
上海博物館藏
★

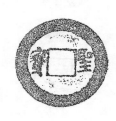

5005
天国太平　背聖寶
徑 25.67 毫米
重 5.2 克
南京市太平天國歷史
博物館藏
★

5006
天国太平　背聖寶
徑 25.15 毫米
重 5.1 克
上海博物館藏
★

5007
天国太平　背聖寶
徑 24.89 毫米
重 5.1 克
金立夫藏
★

5008
天国太平　背聖寶
重 5 克
選自《太平天国錢幣》
★

5009
天国太平　背聖寶
徑 26.29 毫米
重 5.1 克
金立夫藏
★

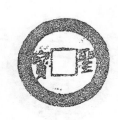

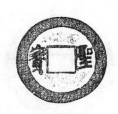

5010
天国太平　背聖寶
徑 25.95 毫米
重 5 克
上海博物館藏
★

5011
天国太平　背聖寶
徑 25.13 毫米
重 5 克
金立夫藏
★

5012
天国太平　背聖寶
徑 24.57 毫米
重 4.9 克
上海博物館藏
★

5013
天国太平　背聖寶
徑 23.91 毫米
重 4.5 克
上海博物館藏
★

5014
天国太平　背聖寶
徑 24.49 毫米
重 4.2 克
鎮江博物館藏
★

5015
天国太平　背聖寶
徑 25 毫米
重 3.8 克
上海博物館藏
★

5016
天国太平　背聖寶
徑 24.68 毫米
重 4.5 克
南京市太平天國歷史
博物館藏
★

5017
天国太平　背聖寶
鉛錢
徑 24.68 毫米
重 8.4 克
南京市太平天國歷史
博物館藏
★★

4. 天国聖寶背太平

5018
天国聖寶　背太平
徑 21.54 毫米
重 3.7 克
上海博物館藏
★

5019
天国聖寶　背太平
徑 19.59 毫米
重 3.6 克
南京市太平天國歷史
博物館藏
★

5020
天国聖寶　背太平
徑 19.97 毫米
重 3.4 克
南京市太平天國歷史
博物館藏
★

5021
天国聖寶　背太平
徑 22.03 毫米
重 2.9 克
枕石齋藏
★

5022
天国聖寶　背太平
徑 29.50 毫米
選自《戴葆庭集拓中
外錢幣珍品》
★★★

5023
天国聖寶　背太平
徑 28.4 毫米
王蔭嘉舊藏
★★★

5024
天国聖寶　背太平
重 7.7 克
顧錦芳提供
★★★

5.太平聖寶背天国

5025
太平聖寶　背天国
徑 21.45 毫米
重 10 克
上海博物館藏
★

5026
太平聖寶　背天国
徑 26.78 毫米
重 8.5 克
金立夫藏
★

5027
太平聖寶　背天国
徑 26.49 毫米
重 7.5 克
南京市太平天國歷史
博物館藏
★

5028
太平聖寶　背天国
徑 25.65 毫米
重 7.3 克
上海博物館藏
★

5029
太平聖寶　背天国
徑 25.61 毫米
重 6.2 克
枕石齋藏
★

5030
太平聖寶　背天国
徑 22.88 毫米
重 5.7 克
上海博物館藏
★

5031
太平聖寶　背天国
徑 22.35 毫米
重 5.65 克
上海博物館藏
★

5032
太平聖寶　背天国
徑 23.42 毫米
重 5.2 克
南京市太平天國歷史
博物館藏
★

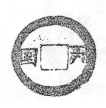

5033
太平聖寶　背天国
徑 21.55 毫米
重 5.1 克
上海博物館藏
★

5034
太平聖寶　背天国
徑 22.97 毫米
重 5.7 克
枕石齋藏
★

5035
太平聖寶　背天国
徑 26.75 毫米
重 8.3 克
上海博物館藏
★

5036
太平聖寶　背天国
徑 26.39 毫米
重 8.2 克
南京市太平天國歷史
博物館藏
★

5037
太平聖寶　背天国
徑 26.24 毫米
重 7.5 克
枕石齋藏
★

6.天国背通寶

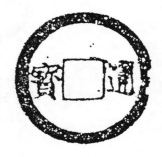

5038
天国 背通寶
徑 37.93 毫米
重 27.5 克
南京市太平天國歷史
博物館藏
★★★

5039
天国 背通寶
徑 36.6 毫米
重 27 克
顧錦芳藏
★★★

5040
天国 背通寶
重 25 克
南京市太平天國歷史
博物館藏
★★★

5041
天国 背通寶
徑 35.29 毫米
重 23.1 克
南京市太平天國歷史
博物館藏
★★★

5042
天国 背通寶
徑 36.5 毫米
選自《戴葆庭集拓中外
錢幣珍品》
★★★

5043
天国 背通寶
徑 36.5 毫米
選自《戴葆庭集拓中外
錢幣珍品》
★★★

   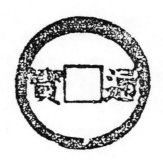

5044
天国　背通寶
南京市太平天國歷史
博物館藏
★★★

5045
天国　背通寶
選自《太平天国錢幣考》
★★★

5046
天国　背通寶
徑 34.96 毫米
重 18.6 克
選自《泉壇》
★★★

5047
天国　背通寶
徑 36.91 毫米
重 18.1 克
南京市太平天國歷史
博物館藏
★★★

5048
天国　背通寶
徑 37 毫米
重 19.7 克
上海博物館藏
★★★

5049
天国　背通寶
選自《子槎果園兩翁古稀
祝壽泉拓》
★★★

7.太平天国金钱

5050
天国太平　背聖寶
金錢
徑 27 毫米
重 12.8 克
曾澤禄藏
★★★★

5051
天国太平　背聖寶
金錢
徑 27.11 毫米
重 12.42 克
大英博物館藏
★★★★

8.太平天国銀钱

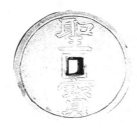

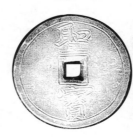

5052
天国　背聖寶　銀錢
徑 30.93 毫米
重 18.29 克
大英博物館藏
★★★

5053
天国　背聖寶　銀錢
徑 30.45 毫米
重 17.79 克
大英博物館藏
★★★

5054
天国　背聖寶　銀錢
徑 31.9 毫米
重 15.62 克
選自《香港國際錢幣
拍賣目録》
★★

5055
天国　背聖寶　銀錢
徑 31.5 毫米
重 17.6 克
美國錢幣博物館藏
★★

5056
天国　背聖寶　銀錢
徑 21 毫米
重 18.5 克
美國錢幣博物館藏
★★

5057
天国　背聖寶　銀錢
徑 32 毫米
重 17.1 克
美國錢幣博物館藏
★★

5058
天国　背聖寶　銀錢
徑 34.1 毫米
重 18 克
Bruce Smith 藏
★★

9.太平天国大錢

5059
太平天国大錢殘片
徑 58.38 毫米
南京市太平天國歷史博物館藏
★★

5060
太平天国　背聖寶
徑 77.66 毫米
重 140 克
湖南省博物館藏
★★★

5061
太平天国　背聖寶
徑 78.34 毫米
重 190 克
上海博物館藏
★★★

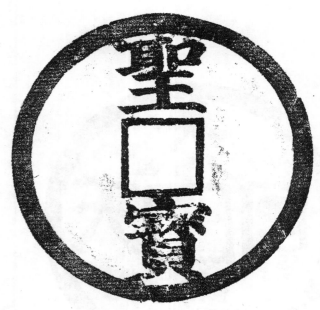

5062
太平天国　背聖寶
徑 77.72 毫米
重 155 克
上海博物館藏
★★★

5063
太平天国　背聖寶
徑 97.87 毫米
重 230 克
上海博物館藏
★★★

5064
太平天国　背聖寶
徑 103 毫米
選自《太平天国錢幣》
★★★★

5065
太平天国　背聖寶
徑 104.91 毫米
重 438 克
浙江省博物館提供
★★★★

5066
太平天国　背聖寶
徑 105.12 毫米
選自《戴葆庭集拓中外錢幣珍品》
★★★★

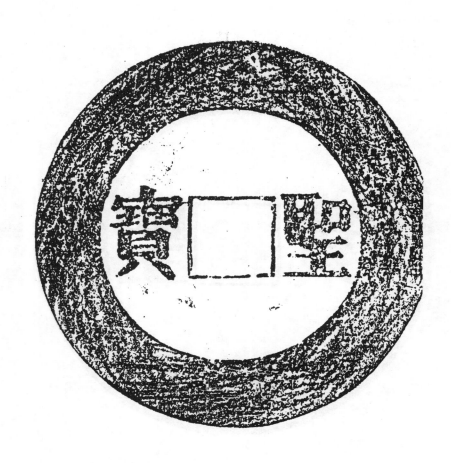

5067
太平天国　背聖寶
徑 105.64 毫米
選自《戴葆庭集拓中外錢幣珍品》
★★★★

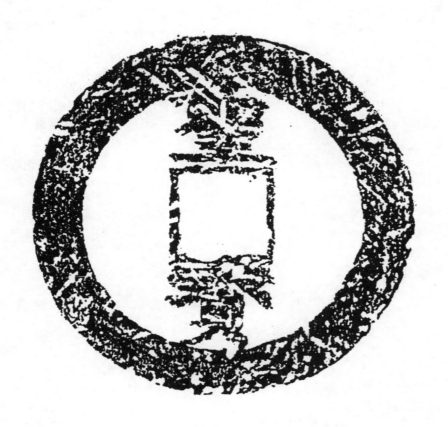

5068
太平天国　背聖寶
徑 101 毫米
重 815 克
南京市太平天國歷史博物館藏
★★★★

10. 太平天国大花錢

5069
太平天国　背聖寶
徑 74 毫米
重 106 克
選自《太平天国錢幣》
★★★★

5070
太平天国　背聖寶
徑 105.8 毫米
選自《戴葆庭集拓中外錢幣珍品》
★★★★

5071
太平天国　背聖寶
徑110毫米
選自《太平天国錢幣》
★★★★

5072
太平天国　背聖寶
徑 110.37 毫米
選自《戴葆庭集拓中外錢幣珍品》
★★★★

5073
太平天国　背聖寶
徑 110.3 毫米
重 610.5 克
湖南省博物館藏
★★★★

5074
太平天国　背聖寶
徑 114.16 毫米
重 680 克
上海博物館藏
★★★★

5075
太平天国　背聖寶
徑 140.1 毫米
重 860 克
選自《太平天国錢幣》
★★★★

5076
太平天国　背聖寶
徑 142.95 毫米
重 971.5 克
湖南省博物館藏
★★★★

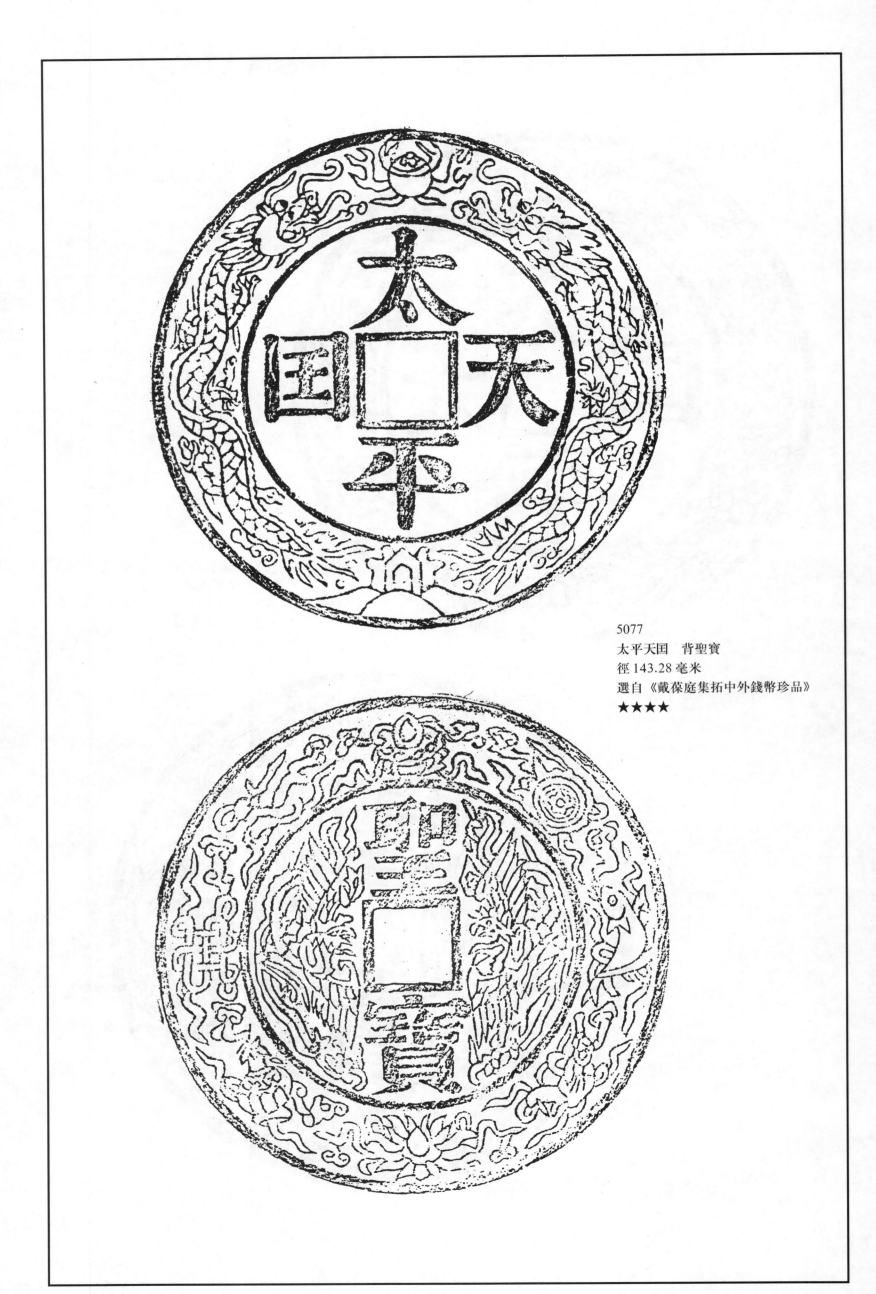

5077
太平天国　背聖寶
徑 143.28 毫米
選自《戴葆庭集拓中外錢幣珍品》
★★★★

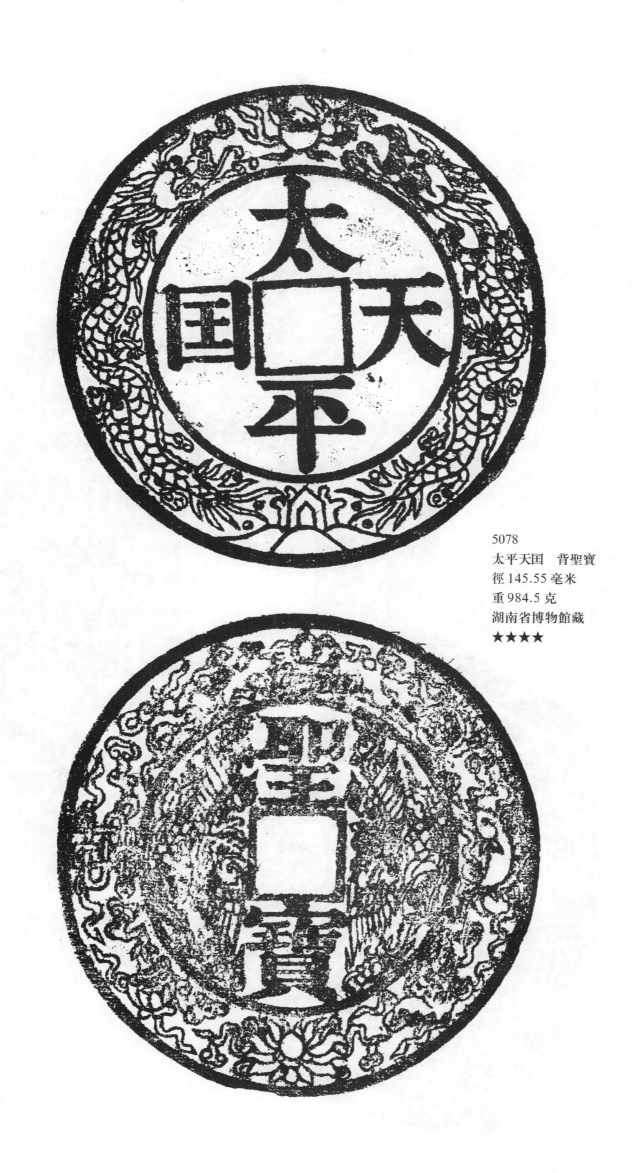

5078
太平天国　背聖寶
徑 145.55 毫米
重 984.5 克
湖南省博物館藏
★★★★

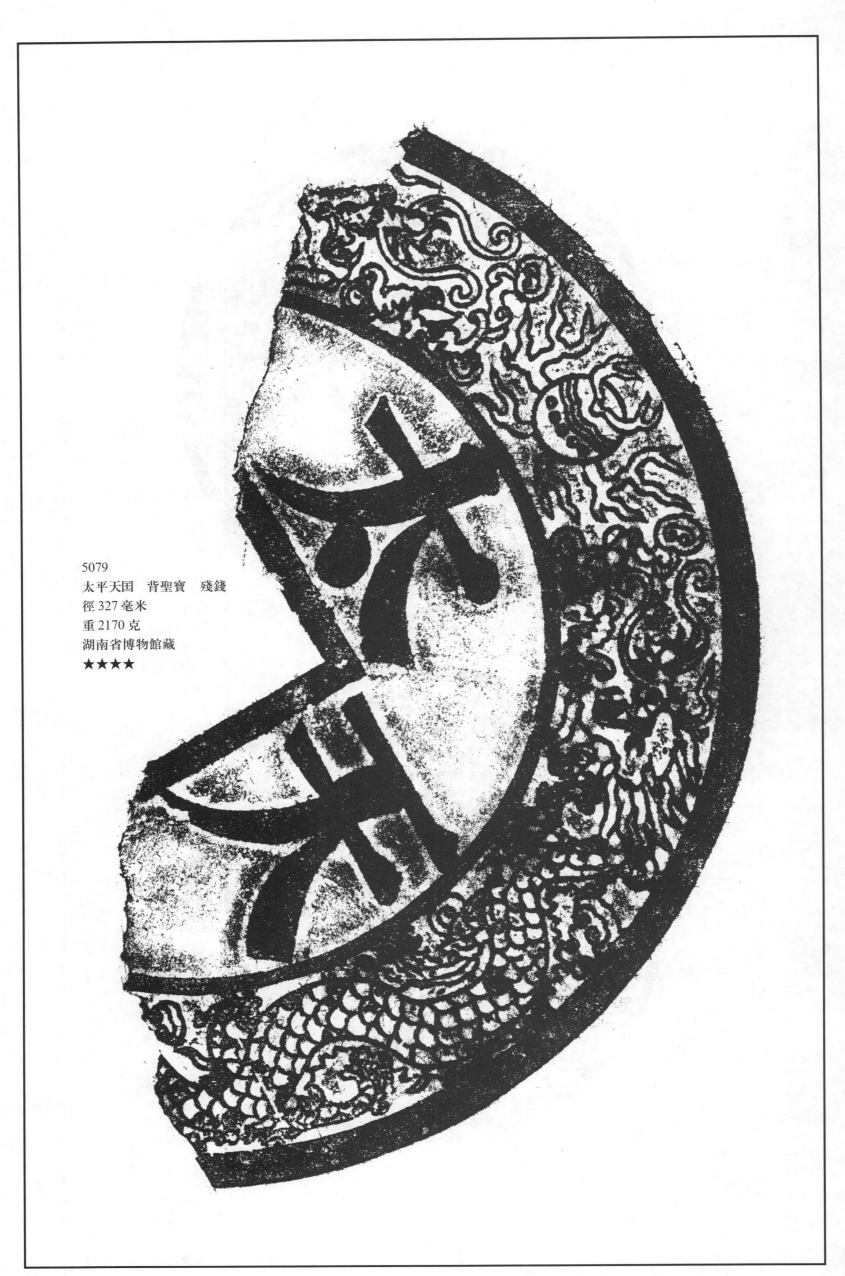

5079
太平天国　背聖寶　殘錢
徑 327 毫米
重 2170 克
湖南省博物館藏
★★★★

（二）太平天国時期會黨錢

1. 上海小刀會錢

5080
太平通寶　背⌣明
徑 23.63 毫米
重 3.2 克
南京市太平天國歷史
博物館藏
★

5081
太平通寶　背⌣明
徑 23.63 毫米
重 2.7 克
上海博物館藏
★

5082
太平通寶　背⌣明
徑 23.49 毫米
重 2.5 克
上海博物館藏
★

5083
太平通寶　背⌣明
徑 23.64 毫米
重 2.5 克
枕石齋藏
★

5084
太平通寶　背●⌒
徑 23.62 毫米
重 4.9 克
上海博物館藏
★

5085
太平通寶　背●⌒
徑 23.62 毫米
重 3.5 克
上海博物館藏
★

5086
太平通寶　背●⌒
徑 24.32 毫米
重 2.8 克
枕石齋藏
★

5087
太平通寶
背滿文寶雲
徑 24.9 毫米
重 4.2 克
上海博物館藏
★

5088
太平通寶
背滿文寶雲
徑 24.68 毫米
重 3.6 克
上海博物館藏
★

2.大成國錢

5089
平靖通寶　背中
徑 23.22 毫米
重 5 克
南京市太平天國歷史
博物館藏
★★

5090
平靖通寶　背中
徑 21.49 毫米
重 4.7 克
上海博物館藏
★★

5091
平靖通寶　背中
徑 21.97 毫米
重 4.2 克
上海博物館藏
★★

5092
平靖通寶　背中
徑 21.96 毫米
重 3.2 克
上海博物館藏
★★

5093
平靖勝寶　背中營
徑 28.53 毫米
重 11.4 克
南京市太平天國歷史
博物館藏
★

5094
平靖勝寶　背中營
徑 27.07 毫米
重 8.7 克
上海博物館藏
★

5095
平靖勝寶　背中營
徑 28.45 毫米
重 8.4 克
枕石齋藏
★

5096
平靖勝寶　背中營
徑 27.07 毫米
重 7.11 克
上海博物館藏
★

5097
平靖勝寶　背中營
徑 25.58 毫米
重 6.3 克
上海博物館藏
★

5098
平靖勝寶　背中營
徑 27.08 毫米
重 3.7 克
上海博物館藏
★

5099
平靖勝寶　背中營
徑 27.54 毫米
選自《戴葆庭集拓中
外錢幣珍品》
★

5100
平靖勝寶　背前營
徑 26.46 毫米
重 9 克
南京市太平天國歷史
博物館藏
★

5101
平靖勝寶　背前營
徑 27.53 毫米
重 7.2 克
枕石齋藏
★

5102
平靖勝寶　背前營
徑 26.01 毫米
重 6.7 克
上海博物館藏
★

5103
平靖勝寶　背前營
徑 26.82 毫米
重 6.4 克
上海博物館藏
★

5104
平靖勝寶　背前營
徑 27.21 毫米
重 6.2 克
上海博物館藏
★

5105
平靖勝寶　背前營
徑 25.08 毫米
重 6.1 克
上海博物館藏
★

5106
平靖勝寶　背前營
徑 26.66 毫米
選自《戴葆庭集拓中
外錢幣珍品》
★

5107
平靖勝寶　背後營
徑 26.52 毫米
重 9.5 克
上海博物館藏
★

5108
平靖勝寶　背後營
徑 26.18 毫米
重 8.4 克
南京市太平天國歷史
博物館藏
★

5109
平靖勝寶　背後營
徑 28.17 毫米
重 7.4 克
枕石齋藏
★

5110
平靖勝寶　背後營
徑 26.52 毫米
重 7.3 克
上海博物館藏
★

5111
平靖勝寶　背後營
徑 26.16 毫米
重 6.6 克
南京市太平天國歷史
博物館藏
★

5112
平靖勝寶　背後營
徑 25.46 毫米
重 6.6 克
上海博物館藏
★

5113
平靖勝寶　背後營
徑 25.83 毫米
重 6 克
上海博物館藏
★

5114
平靖勝寶　背後營
徑 26.78 毫米
重 6.5 克
上海博物館藏
★

5115
平靖勝寶　背後營
徑 25.75 毫米
選自《戴葆庭集拓中
外錢幣珍品》
★

5116
平靖勝寶　背左營
徑 26.00 毫米
重 8.1 克
上海博物館藏
★

5117
平靖勝寶　背左營
徑 26.06 毫米
重 7.8 克
南京市太平天國歷史
博物館藏
★

5118
平靖勝寶　背左營
徑 27.26 毫米
重 7.1 克
枕石齋藏
★

5119
平靖勝寶　背左營
徑 26.58 毫米
重 7.3 克
上海博物館藏
★

5120
平靖勝寶　背左營
徑 27.36 毫米
選自《戴葆庭集拓中
外錢幣珍品》
★

5121
平靖勝寶　背右營
徑 25.88 毫米
重 8 克
南京市太平天國歷史
博物館藏
★

5122
平靖勝寶　背右營
徑 26.39 毫米
重 7.6 克
上海博物館藏
★

5123
平靖勝寶　背右營
徑 26.22 毫米
重 7.3 克
南京市太平天國歷史
博物館藏
★

5124
平靖勝寶　背右營
徑 27.22 毫米
重 7.1 克
枕石齋藏
★

5125
平靖勝寶　背右營
徑 26.92 毫米
重 6.7 克
上海博物館藏
★

5126
平靖勝寶　背右營
徑 25.2 毫米
重 5 克
上海博物館藏
★

5127
平靖勝寶　背右營
徑 23.86 毫米
重 5 克
上海博物館藏
★

5128
平靖勝寶　背右營
徑 26.11 毫米
選自《戴葆庭集拓中
外錢幣珍品》
★

5129
平靖勝寶　背御林軍
徑 26.33 毫米
重 8.3 克
上海博物館藏
★★

5130
平靖勝寶　背御林軍
徑 28.32 毫米
重 7.8 克
南京市太平天國歷史
博物館藏
★★

5131
平靖勝寶　背御林軍
徑 27.11 毫米
重 6.6 克
枕石齋藏
★★

5132
平靖勝寶　背御林軍
徑 26.33 毫米
重 6.5 克
上海博物館藏
★★

5133
平靖勝寶　背長勝軍
徑 27.46 毫米
重 7.2 克
上海博物館藏
★★

5134
平靖勝寶　背長勝軍
徑 23.95 毫米
重 6.1 克
上海博物館藏
★★

5135
平靖勝寶　背長勝軍
徑 25.93 毫米
選自《戴葆庭集拓中外
錢幣珍品》
★★

5136
平靖勝寶　背長勝軍
徑 26.14 毫米
選自《戴葆庭集拓中外
錢幣珍品》
★★

5137
平靖勝寶　背長勝軍
徑 25.79 毫米
選自《戴葆庭集拓中
外錢幣珍品》
★★

3. 金錢會錢

5138
義記金錢　背震忠團練
徑 36.9 毫米
重 29.2 克
上海博物館藏
★★★★

5139
義記金錢　背雙方勝天
徑 36.96 毫米
重 19.1 克
南京市太平天國歷史博物
館藏
★★

5140
義記金錢　背雙方勝天
徑 37.38 毫米
重 14.4 克
上海博物館藏
★★

5141
義記金錢　背雙方勝天
徑 36.32 毫米
選自《戴葆庭集拓中外錢
幣珍品》
★★

5142
義記金錢　背雙方勝地
徑 37.9 毫米
重 14.5 克
上海博物館藏
★★

5143
義記金錢　背雙方勝地
徑 36.88 毫米
選自《戴葆庭集拓中外錢
幣珍品》
★★

5144
義記金錢　背雙方勝離
徑 46 毫米
重 40.3 克
上海博物館藏
★★

5145
義記金錢　背雙方勝離
徑 46.67 毫米
重 38.9 克
上海博物館藏
★★

5146
義記金錢　背雙方勝離
徑 46.08 毫米
重 36.3 克
上海博物館藏
★★

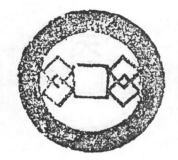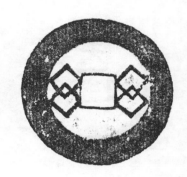

5147	5148	5149	5150
義記金錢　背雙方勝離	義記金錢　背雙方勝	義記金錢　背雙方勝	義記金錢　背雙方勝
徑 38.55 毫米	徑 39.38 毫米	徑 37.55 毫米	徑 39.86 毫米
重 13.7 克	重 20.9 克	重 20.9 克	重 20 克
上海博物館藏	南京市太平天國歷史博物	上海博物館藏	上海博物館藏
★★	館藏	★	★
	★		

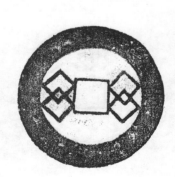

5151	5152	5153	5154
義記金錢　背雙方勝	義記金錢　背雙方勝	義記金錢　背雙方勝	義記金錢　背雙方勝
徑 37.25 毫米	徑 38.19 毫米	徑 39.24 毫米	徑 38.98 毫米
重 19.2 克	重 18.3 克	重 17 克	重 16.5 克
上海博物館藏	上海博物館藏	上海博物館藏	上海博物館藏
★	★	★	★

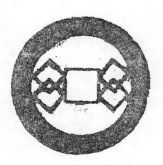   

5155
義記金錢　背雙方勝
徑 38.75 毫米
重 16.3 克
金立夫藏
★

5156
義記金錢　背雙方勝
徑 37.86 毫米
重 14.5 克
上海博物館藏
★

5157
義記金錢　背雙方勝
徑 36.43 毫米
重 14.4 克
上海博物館藏
★

5158
義記金錢　背雙方勝
徑 36.43 毫米
重 10.7 克
上海博物館藏
★

4. 號軍錢

5159
嗣統通寶
徑 26.04 毫米
重 7.0 克
南京市太平天國歷史
博物館藏
★

5160
嗣統通寶
徑 24.82 毫米
重 6.7 克
南京市太平天國歷史
博物館藏
★

5161
嗣統通寶
徑 25.4 毫米
重 6.7 克
南京市太平天國歷史
博物館藏
★

5162
嗣統通寶
徑 26.72 毫米
重 5.9 克
南京市太平天國歷史
博物館藏
★

5163
嗣統通寶
徑 26.52 毫米
重 5.2 克
南京市太平天國歷史
博物館藏
★

5164
嗣統通寶
徑 24.27 毫米
重 4.5 克
南京市太平天國歷史
博物館藏
★

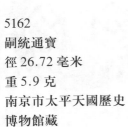

5. 其他會黨錢

5165
開元通寶　背武
徑 25.13 毫米
重 6.9 克
上海博物館藏
★★★

5166
開元通寶　背武
徑 24.65 毫米
重 4.4 克
金立夫藏
★★

5167
開元通寶　背武
徑 23.49 毫米
重 3.9 克
上海博物館藏
★★

5168
太平通寶　背文
選自《太平天国錢幣》
★★

5169
太平通寶　背文
徑 24.23 毫米
重 3.8 克
南京市太平天國歷史
博物館藏
★

5170
太平通寶　背文
徑 23.89 毫米
重 3.8 克
上海博物館藏
★

5171
太平通寶　背文
徑 23.89 毫米
重 3.4 克
上海博物館藏
★

5172
天朝通寶　背永
徑 24.64 毫米
選自《戴葆庭集拓中
外錢幣珍品》
★★★

5173
天朝通寶　背永
徑 23.38 毫米
選自《戴葆庭集拓中
外錢幣珍品》
★★★

5174
天朝通寶　背永
徑 24.21 毫米
重 5.7 克
南京市太平天國歷史
博物館藏
★★

5175
天朝通寶　背永
徑 23.83 毫米
重 3.8 克
金立夫藏
★★

5176
天朝通寶　背永
徑 23.38 毫米
重 3.8 克
上海博物館藏
★★

5177
天朝通寶　背永
徑 24.23 毫米
重 3.2 克
金立夫藏
★★

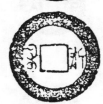

5178
皇帝通寶　背聖
徑 24.52 毫米
重 7.9 克
上海博物館藏
★★

5179
皇帝通寶　背聖
徑 23.51 毫米
重 3.6 克
上海博物館藏
★

5180
皇帝通寶
背滿文寶漢文浙
徑 22.52 毫米
重 5 克
南京市太平天國歷史
博物館藏

5181
皇帝通寶
背滿文寶漢文浙
徑 25.24 毫米
重 5 克
南京市太平天國歷史
博物館藏

5182
皇帝通寶
背滿文寶漢文浙
徑 24.72 毫米
重 4.3 克
上海博物館藏

5183
皇帝通寶
背滿文寶漢文浙
徑 22.56 毫米
重 3.9 克
金立夫藏

5184
皇帝通寶
背滿文寶漢文浙
徑 21.87 毫米
重 3.4 克
上海博物館藏

5185
皇帝通寶
背滿文寶漢文浙
徑 20.28 毫米
重 2.8 克
上海博物館藏

5186
皇帝通寶
背滿文寶漢文浙
徑 24.52 毫米
選自《戴葆庭集拓
中外錢幣珍品》

5187
皇帝重寶
背滿文寶浙·當十
徑 35.18 毫米
重 24.5 克
南京市太平天國歷史
博物館藏

★

（三）太平天国時期民
間私鑄錢

5188
天国太平　背□□
徑 21.62 毫米
重 1.6 克
上海博物館藏
★

5189
天国太平　背□□
徑 20.32 毫米
重 1.6 克
南京市太平天國歷史
博物館藏
★

5190
天国太平
背□□□□
徑 19.98 毫米
重 3 克
南京市太平天國歷史
博物館藏
★

5191
太平天国　背滿文寶雲
選自《太平天国錢幣》

5192
太平天国　背滿文寶雲
選自《太平天国錢幣》

5193
太平通寶　背太五
徑 19.5 毫米
重 1.1 克
上海博物館藏

十七、民國初期錢幣

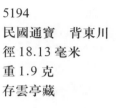

5194
民國通寶　背東川
徑18.13毫米
重1.9克
存雲亭藏

5195
民國通寶　背當十
徑28.7毫米
重5.1克
存雲亭藏
★★

5196
民國通寶　背當十
徑28.04毫米
選自《上海錢幣通訊》
★★

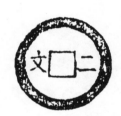

5197
民國重寶　背當十
徑35.27毫米
選自《上海錢幣通訊》
★★★★

5198
民國通寶　背一文
徑23.75毫米
張絅伯舊藏
★★★

5199
民國通寶　背一文
徑23.75毫米
張絅伯舊藏
★★★

5200
閩省通用　背二文
徑25.49毫米
選自《戴葆庭集拓中
外錢幣珍品》
★★★

5201
福建省造　背二文
徑25.5毫米
選自《戴葆庭集拓中
外錢幣珍品》
★★★

5202
福建通寶
背省造二文
徑25.88毫米
重5克
上海博物館藏
★★★

5203
福建通寶　背一文
徑19.78毫米
重2.3克
選自《古錢幣圖解》
★★★

5204
福建通寶
背二文　母錢
徑24.34毫米
選自《古錢幣圖解》

5205
福建通寶
背二文　樣錢
徑24.22毫米
重4克
陳紀東藏
★★

5206
福建通寶　背二文
徑23.6毫米
選自《古錢幣圖解》

5207
福建通寶　背二文
徑 24.49 毫米
重 2.9 克
存雲亭藏

5208
福建通寶　背二文
徑 23.09 毫米
選自《古錢幣圖解》

5209
福建通寶　背二文
徑 23.73 毫米
重 3.8 克
存雲亭藏

5210
福建通寶　背二文
徑 24.63 毫米
重 3.3 克
存雲亭藏

5211
福建通寶　背二文
徑 24.68 毫米
重 3.3 克
存雲亭藏

十八、附録

5212
天命通寶
徑 45.41 毫米
選自《戴葆庭集拓中外錢幣珍品》

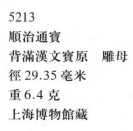

5213
順治通寶
背滿漢文寶原　雕母
徑 29.35 毫米
重 6.4 克
上海博物館藏

5214
順治通寶
背滿文寶泉
徑 30.91 毫米
中國歷史博物館藏

5215
順治通寶
背滿文寶泉
徑 38.65 毫米
中國歷史博物館藏

5216
順治重寶
背滿文寶泉·當十
徑 35.75 毫米
重 15.4 克
上海博物館藏

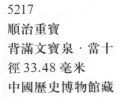

5217
順治重寶
背滿文寶泉·當十
徑 33.48 毫米
中國歷史博物館藏

5218
順治通寶　背滿漢文西
徑 27.73 毫米
選自《古錢幣圖解》

5219
康熙通寶
背滿漢文臺　雕母
徑 30.23 毫米
中國歷史博物館藏

5220
康熙通寶
背滿漢文寶福　母錢
徑 28.35 毫米
重 15.4 克
選自《戴葆庭集拓外錢
幣珍品》

5221
康熙通寶　背滿文寶源
徑 48.18 毫米
重 23.6 克
上海博物館藏

5222
康熙通寶　背滿文寶源
徑 47.52 毫米
中國歷史博物館藏

5223
康熙通寶　背滿漢文福南
徑 25.48 毫米
中國歷史博物館藏

5224
康熙通寶
背滿漢文東福
徑 25.19 毫米
重 4.5 克
上海博物館藏

5225
康熙通寶
背滿漢文西
徑 26.78 毫米
重 4.75 克
上海博物館藏

5226
康熙通寶
背滿漢文西
徑 26.78 毫米
中國歷史博物館藏

5227
康熙通寶
背滿漢文寶漳
徑 27 毫米
重 3.8 克
謝志雄藏

5228
康熙通寶
背滿文寶□
徑 22.66 毫米
重 1.3 克
存雲亭藏

5229
康熙通寶　背大清
徑 26.44 毫米
重 6.1 克
上海博物館藏

5230
康熙通寶　背大清
徑 26.44 毫米
中國歷史博物館藏

5231
康熙通寶　背大清
重 4.7 克
姜力華藏

5232
康熙通寶
背六·少軒
徑 21.4 毫米
中國歷史博物館藏

5233
康熙通寶
背滿文寶□
徑 27.29 毫米
中國歷史博物館藏

5234
康熙通寶
背滿文寶泉·銀錢
徑 27.58 毫米
重 4 克
選自《清錢珍稀四
百種》

5235
雍正通寶
背滿文寶泉　牙雕
徑 27.61 毫米
張絅伯舊藏

5236
雍正通寶
徑 45.28 毫米
中國歷史博物館藏

5240
乾隆通寶　背滿文寶泉
徑 41.71 毫米
選自《戴葆庭集拓中外錢幣珍品》

5237
雍正通寶
背滿漢文寧
徑 27.8 毫米
選自《子槎果園兩翁古稀祝壽泉拓》

5238
試鑄大吉
背滿漢文寧
徑 27.78 毫米
重 5 克
金立夫藏

5239
乾隆通寶
背滿文寶泉　牙雕
徑 28.66 毫米
張絧伯舊藏

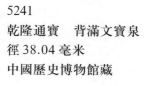

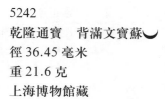

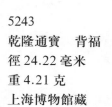

5241
乾隆通寶　背滿文寶泉
徑 38.04 毫米
中國歷史博物館藏

5242
乾隆通寶　背滿文寶蘇
徑 36.45 毫米
重 21.6 克
上海博物館藏

5243
乾隆通寶　背福
徑 24.22 毫米
重 4.21 克
上海博物館藏

5244
乾隆通寶　背福
徑 24.22 毫米
重 4.64 克
上海博物館藏

5245
乾隆通寶
背滿漢文寶福
徑 24.46 毫米
中國歷史博物館藏

5246
乾隆通寶
背滿漢文寶福
徑 27.03 毫米
重 4.8 克
上海博物館藏

5247
乾隆通寶
背滿漢文福
徑 27.03 毫米
重 5.84 克
上海博物館藏

5248
乾隆通寶
背滿漢文泉南
徑 26.08 毫米
上海博物館藏

5249
乾隆通寶
背滿文寶□
徑 18.15 毫米
中國歷史博物館藏

5250
嘉慶通寶
背滿漢文桂　雕母
徑 28.58 毫米
重 7.1 克
上海博物館藏

5251
嘉慶通寶　合背
重 14 克
姜力華提供

5252
嘉慶通寶　背滿文寶川
徑 47.19 毫米
中國歷史博物館藏

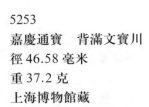

5253
嘉慶通寶　背滿文寶川
徑 46.58 毫米
重 37.2 克
上海博物館藏

5254
嘉慶通寶
背滿漢文寶福
徑 25.92 毫米
上海博物館藏

5255
嘉慶通寶
背滿漢文桂
徑 27.65 毫米
重 7.3 克
選自《清錢珍稀四
百種》

5256
嘉慶通寶　背滿文寶□
徑 20.6 毫米
中國歷史博物館藏

5257
嘉慶通寶　背一□
徑 24.33 毫米
中國歷史博物館藏

5258
道光通寶　背滿文寶黔
徑 40.44 毫米
中國歷史博物館藏

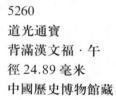
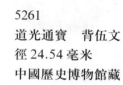

5259
道光通寶　背維文阿克蘇
徑 33.1 毫米
重 9.8 克
孫鼎舊藏

5260
道光通寶
背滿漢文福·午
徑 24.89 毫米
中國歷史博物館藏

5261
道光通寶　背伍文
徑 24.54 毫米
中國歷史博物館藏

5262
道光通寶　背壹分
徑 22.95 毫米
選自《清錢珍稀四
百種》

5263
道光通寶　背壹錢
徑 21.68 毫米
重 3.4 克
鎮江博物館藏

5264
道光通寶　背壹兩
徑 21.53 毫米
中國歷史博物館藏

5265
道光通寶　背喜
徑 24.51 毫米
中國歷史博物館藏

5266
道光通寶
背滿漢文昌
徑 25.06 毫米
中國歷史博物館藏

5267
道光通寶
背滿漢文南
徑 25.06 毫米
中國歷史博物館藏

5268
道光通寶
背滿漢文寶漳
徑 25.58 毫米
中國歷史博物館藏

5269
道光通寶
背滿漢文寶臨
徑 25.58 毫米
中國歷史博物館藏

5270
道光通寶
背滿漢文寶浙
徑 25.58 毫米
中國歷史博物館藏

5271
道光通寶
背滿漢文寶陝
徑 25.58 毫米
中國歷史博物館藏

5272
道光通寶
背滿漢文寶南
徑 25.58 毫米
中國歷史博物館藏

5273
道光通寶
背滿漢文寶福
徑 25.58 毫米
中國歷史博物館藏

5274
道光通寶
背滿漢文寶臺
徑 25.58 毫米
中國歷史博物館藏

5275
道光通寶
背滿漢文寶寧
徑 25.58 毫米
中國歷史博物館藏

5276
道光通寶
背滿漢文寶廣
徑 25.58 毫米
中國歷史博物館藏

5277
道光通寶
背滿漢文寶桂
徑 25.58 毫米
中國歷史博物館藏

5278
道光通寶
背滿漢文寶桂
徑 26.12 毫米
中國歷史博物館藏

5279
道光通寶
背滿漢文寶桂　鉛錢
徑 25.54 毫米
重 5.9 克
中國歷史博物館藏

5280
道光通寶
背滿漢文寶薊
徑 25.68 毫米
中國歷史博物館藏

5281
道光通寶
背滿漢文寶江
徑 25.68 毫米
中國歷史博物館藏

5282
道光通寶
背滿漢文寶宣
徑 25.68 毫米
中國歷史博物館藏

5283
道光通寶
背滿漢文寶原
徑 25.68 毫米
中國歷史博物館藏

5284
道光通寶
背滿漢文寶蘇
徑 25.82 毫米
中國歷史博物館藏

5285
道光通寶
背滿漢文寶東
徑 25.82 毫米
中國歷史博物館藏

5286
道光通寶
背滿漢文寶東　鉛錢
徑 23.55 毫米
重 5.8 克
中國歷史博物館藏

5287
道光通寶
背滿漢文寶同
徑 25.94 毫米
中國歷史博物館藏

5288
道光通寶
背滿漢文寶河
徑 25.57 毫米
中國歷史博物館藏

5289
道光通寶
背滿漢文寶雲
徑 25.61 毫米
中國歷史博物館藏

5290
道光通寶
背滿漢文寶昌
徑 25.61 毫米
中國歷史博物館藏

5291
道光通寶
背滿漢文寶戌
徑 26 毫米
重 4.2 克
周鯤藏

5292
咸豐通寶　背滿漢文盛京·當制錢壹吊　樣錢
徑 42.48 毫米
選自《咸豐泉匯》

5293
咸豐元寶　背滿漢文寶泉·當百●☾　牙雕
徑 46.8 毫米
張絅伯舊藏

5294
咸豐通寶　背滿文寶泉　牙雕
徑 23.08 毫米
張絅伯舊藏

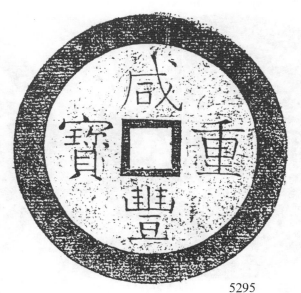

5295
咸豐重寶　背滿文寶泉·當百　雕母
徑 72.87 毫米
選自《戴葆庭集拓中外錢幣珍品》

5296
咸豐元寶　背滿文寶泉·當五百　鉛錢
徑 55.5 毫米
重 70.2 克
朱宗佑藏

5297
咸豐元寶　背滿文寶福·當一十文七錢五分
雕母
徑 48.89 毫米
選自《咸豐泉匯》

5298
咸豐元寶　背滿文寶福·當百
徑 72.73 毫米
中國歷史博物館藏

5299
太平重寶　背寶陝錢局
徑 53.95 毫米
重 41.63 克
上海博物館藏

5300
咸豐重寶　背滿文寶武
徑 47.14 毫米
中國歷史博物館藏

5301
咸豐元寶　背滿文寶蘇·當五百
徑 60.97 毫米
《中國歷代貨幣大系》編輯委員會提供

5302
咸豐通　滿文浙背滿漢文寶
徑 26.09 毫米
重 4.7 克
鎮江博物館藏

5303
咸豐重寶　背滿文寶源·當五十
徑 42.5 毫米
選自《戴葆庭集拓中外錢幣珍品》

5304
咸豐通寶　背滿文寶□
徑 25.92 毫米
重 6.3 克
鎮江博物館藏

5305
咸豐通寶
背滿漢文廣
徑 25.32 毫米
中國歷史博物館藏

5306
咸豐通寶
背滿漢文廣
徑 25.32 毫米
中國歷史博物館藏

5307
咸豐通寶
背滿漢文桂
徑 25.04 毫米
中國歷史博物館藏

5308
咸豐通寶
背滿漢文薊
徑 25.02 毫米
中國歷史博物館藏

5309
咸豐通寶　背滿漢文同
徑 26.6 毫米
中國歷史博物館藏

5310
咸豐通寶
背滿漢文福
徑 25.47 毫米
中國歷史博物館藏

5311
咸豐通寶
背滿漢文江
徑 25.48 毫米
中國歷史博物館藏

5312
咸豐通寶
背滿漢文宣
徑 25.47 毫米
中國歷史博物館藏

5313
咸豐通寶
背滿漢文原
徑 25.95 毫米
重 8.8 克
鎮江博物館藏

5314
咸豐通寶
背滿漢文原
徑 25.29 毫米
中國歷史博物館藏

5315
咸豐通寶
背滿漢文浙
徑 25.94 毫米
中國歷史博物館藏

5316
咸豐通寶
背滿漢文雲
徑 25.94 毫米
中國歷史博物館藏

5317
咸豐通寶
背滿漢文漳
徑 25.62 毫米
中國歷史博物館藏

5318
咸豐通寶
背滿漢文臺
徑 25.57 毫米
中國歷史博物館藏

5319
咸豐通寶
背滿漢文寧
徑 25.57 毫米
中國歷史博物館藏

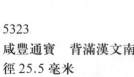

5320
咸豐通寶　背滿漢文東
徑 26.11 毫米
中國歷史博物館藏

5321
咸豐通寶　背滿漢文陝
徑 26.11 毫米
中國歷史博物館藏

5322
咸豐通寶　背滿漢文桂
徑 25.84 毫米
中國歷史博物館藏

5323
咸豐通寶　背滿漢文南
徑 25.5 毫米
中國歷史博物館藏

5324
咸豐通寶　背滿漢文蘇
徑 25.97 毫米
中國歷史博物館藏

5325
咸豐通寶
背滿漢文寶貴
徑 25.71 毫米
中國歷史博物館藏

5326
咸豐通寶
背滿漢文寶西
徑 22.54 毫米
中國歷史博物館藏

5327
太平天国　背聖寶
沈子槎舊藏

5328
太平聖寶　背天国
選自《歷代古錢圖説》

5329
太平天国　背聖寶　鐵錢
選自《太平期錢幣拓影集》

5330
太平天国　背聖寶　鐵錢
選自《太平期錢幣拓影集》

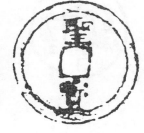
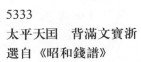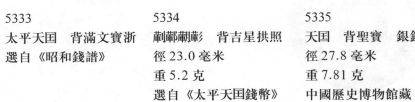

5331
太平天国　背聖寶
選自《太平天国錢幣》

5332
天国　背聖寶
選自《太平天国錢幣》

5333
太平天国　背滿文寶浙
選自《昭和錢譜》

5334
蘄蘄蘄蘄　背吉星拱照
徑 23.0 毫米
重 5.2 克
選自《太平天国錢幣》

5335
天国　背聖寶　銀錢
徑 27.8 毫米
重 7.81 克
中國歷史博物館藏

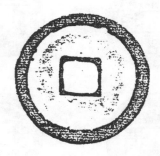

5336
天国　背聖寶　銀錢
徑 27.0 毫米
重 7.81 克
Daniel Ching 藏

5337
太平通寶
徑 23 毫米
重 3.4 克
選自《太平天国錢幣》

5338
天聖通寶
徑 35.78 毫米
選自《戴葆庭集拓中外錢幣珍品》

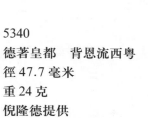

5339
怡怡和合　背戎
徑 23.5 毫米
重 6.3 克
選自《太平天国錢幣》

5340
德著皇都　背恩流西粵
徑 47.7 毫米
重 24 克
倪隆德提供

5341
太平□□
背二十四文
徑 28.01 毫米
選自《戴葆庭集拓
中外錢幣珍品》

5342
太平天国　背下□
徑 38 毫米
選自《戴葆庭集拓中外
錢幣珍品》

5343
明道通寶　背天
徑 26.1 毫米
選自《太平天国錢幣》

5344
洪武天下太平
背聖旨午人日月明
徑 27 毫米
重 9.2 克
屠燕治提供

5345
洪武天下太平
背盤古分
天地日月明
選自《太平天国錢幣》

5346
盤古通寶
徑 24 毫米
重 6 克
徐淵藏

5347
盤古通寶
徑 38 毫米
重 22 克
選自《太平天国錢幣》

5348
祺祥重寶　合背
徑 33.94 毫米
重 14.8 克
選自《清錢珍稀四百種》

5349
祺祥重寶　合背
徑 35.14 毫米
選自《古錢大辭典》

5350
祺祥重寶、同治重寶　合背
徑 34.23 毫米
中國歷史博物館藏

5351
同治重寶
背滿文寶□·當十　母錢
徑 30.7 毫米
重 11.2 克
上海博物館藏

5352
同治通寶　背滿文寶□
徑 21.8 毫米
重 2 克
《錢幣博覽》編輯部提供

5353
同治通寶　背滿文寶□
徑 20.6 毫米
重 1.6 克
《錢幣博覽》編輯部提供

5354
同治通寶
背滿文寶泉　牙雕
徑 30.02 毫米
張絧伯舊藏

5355
同治通寶
背滿漢文雲
徑 25.89 毫米
重 6.3 克
上海博物館藏

5356
同治通寶
背滿漢文臨
徑 25.71 毫米
重 5.1 克
上海博物館藏

5357
同治通寶　背滿文寶泉反文
徑 42.08 毫米
重 60.5 克
鎮江博物館藏

5358
同治通寶　背滿文寶泉反文
徑 38.94 毫米
中國歷史博物館藏

5359
同治通寶　背滿文寶河伍年
徑 37.69 毫米
重 48.2 克
上海博物館藏

5360
光緒通寶　背滿文寶泉　牙雕
徑 20.48 毫米
張季量舊藏

5361
光緒通寶　背滿文寶泉
徑 77.8 毫米
重 125 克
上海博物館藏

5362
光緒通寶　背滿文寶源
徑 62.47 毫米
重 213.8 克
鎮江博物館藏

5363
光緒通寶　背滿文寶源
徑 60.63 毫米
選自《戴葆庭集拓中外錢幣珍品》

 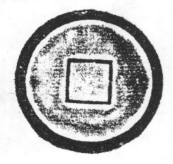 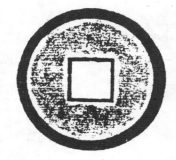 

5364
光緒通寶
背滿文寶晉　樣錢
徑 46.33 毫米
選自《戴葆庭集拓中外
錢幣珍品》

5365
光緒通寶
徑 48.3 毫米
重 8.8 克
上海博物館藏

5366
光緒通寶
徑 39.32 毫米
選自《戴葆庭集拓中
外錢幣珍品》

5367
光緒通寶
徑 38.65 毫米
重 20.65 克
朱卓鵬藏

5368
光緒重寶
背滿文寶泉·當十　雕母
徑 37.1 毫米
選自《戴葆庭集拓中外錢幣
珍品》

5369
光緒板子　背雙卷雲紋
徑 33.08 毫米
中國歷史博物館藏

5370
光緒元寶
背滿漢文寶湖·五錢
徑 36.52 毫米
重 12.2 克
鎮江博物館藏

5371
光緒重寶
背滿文寶源·五文
徑 30.71 毫米
重 8.8 克
鎮江博物館藏

5372
光緒重寶
背滿文寶源·五文
徑 30.59 毫米
重 6.2 克
鎮江博物館藏

5373
光緒通寶　背壹釧
徑 25.27 毫米
中國歷史博物館藏

5374
光緒通寶　背壹釧
徑 25.56 毫米
中國歷史博物館藏

5375
光緒通寶　背壹釧
徑 26.04 毫米
重 4.9 克
鎮江博物館藏

5376
光緒通寶　背拾釧
徑 26.67 毫米
重 5.6 克
鎮江博物館藏

5377
光緒通寶　背壹拾
徑 23.44 毫米
中國歷史博物館藏

5378
光緒通寶　背壹百
徑 24.66 毫米
中國歷史博物館藏

5379
光緒通寶　背壹百
徑 22.57 毫米
中國歷史博物館藏

5380
光緒通寶　背壹百
徑 22.11 毫米
中國歷史博物館藏

5381
光緒通寶
背滿漢文東
徑 24.25 毫米
中國歷史博物館藏

5382
光緒通寶
背滿漢文寶江
徑 21.38 毫米
中國歷史博物館藏

5383
光緒通寶
背滿漢文寶江
徑 22.16 毫米
重 3.4 克
上海博物館藏

5384
光緒通寶　背戊子河
徑 27.42 毫米
中國歷史博物館藏

5385
光緒通寶　背戊子雲
徑 27.63 毫米
中國歷史博物館藏

5386
光緒通寶　背戊子臺
徑 26.78 毫米
中國歷史博物館藏

5387
光緒通寶　背戊子蘇
徑 27.21 毫米
中國歷史博物館藏

5388
光緒通寶　背戊子宣
徑 27.88 毫米
中國歷史博物館藏

5389
光緒通寶
背滿漢文東・臨
徑 25.75 毫米
中國歷史博物館藏

5390
光緒通寶
背滿漢文東・陝
徑 25.25 毫米
中國歷史博物館藏

5391
光緒通寶
背滿漢文東・漳
徑 24.87 毫米
中國歷史博物館藏

5392
光緒通寶
背滿漢文寶同　母錢
徑 23.69 毫米
重 4.5 克
上海博物館藏

5393
光緒通寶
背滿漢文福　雕母
徑 25.3 毫米
重 4.41 克
上海博物館藏

5394
光緒通寶
背左滿文□右漢文南
徑 24.31 毫米
重 3.6 克
上海博物館藏

5395
光緒通寶
背滿漢文寶正
徑 20.06 毫米
中國歷史博物館藏

5396
光緒通寶　背拾年
徑 21.09 毫米
中國歷史博物館藏

5397
光緒通寶
背左漢文章右滿文□
中國歷史博物館藏

5398
光緒通寶
背左漢文章右滿文□
徑 18.69 毫米
重 1.2 克
鎮江博物館藏

5399
光緒通寶
背左漢文章右滿文□
徑 19.82 毫米
重 1.7 克
上海博物館藏

5400
一統萬年
背滿文寶源
徑 21.76 毫米
選自《古錢幣圖解》

5401
一統萬年
背滿文寶源
徑 23.44 毫米
選自《古錢幣圖解》

5402
一統萬年
背滿文寶庫
徑 22.17 毫米
重 3.73 克
朱聖弢藏

5403
永正通寶
背滿文寶□
鄒誌諒提供

5404
乾隆通寶　背龍紋
徑 26.44 毫米
重 3.9 克
鎮江博物館藏

5405
大清銅幣
背滿文寶泉
徑 25.4 毫米
重 2.3 克
鎮江博物館藏

5406
集換局票　背當用一十
徑 35.45 毫米
選自《戴葆庭集拓中外
錢幣珍品》

  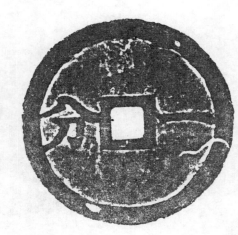

5407
集換局票　背當用一十
徑 34.21 毫米
選自《咸豐泉匯》

5408
利用通寶　背一分
徑 56.29 毫米
中國歷史博物館藏

5409
民國元寶　銀質鍍金
徑 30.0 毫米
重 4.2 克
選自《上海錢幣通訊》

专 論 叁

清代鑄幣局考

王廷洽

　　清王朝户工兩部和各省鑄幣局是鑄造方孔圓形錢幣的機構，既擔負着貫徹朝廷錢法與有關政策，又擔負着發放兵餉、穩定民間錢幣流通的雙重職責。清一代先後設置的鑄局如下：

　　一、　在錢幕上鑄有局名的有50個局：1.户部寶泉局，2.工部寶源局，3.直隸薊州鎮局，4.直隸宣府鎮局，5.直隸密雲鎮局，6.山西大同鎮局，7.山西陽和鎮局，8.山西省局、寶晉局，9.陝西省局、寶陝局，10.陝西延綏鎮局，11.河南省局、寶河局，12.江西省局、寶昌局，13.甘肅寧夏府局，14.山東臨清鎮局，15.山東省局、寶濟局，16.湖北荆州府局，17.湖北襄陽府局，18.湖廣局、寶武局，19.廣東省局、寶廣局，20.江南江寧府局，21.浙江省局、寶浙局，22.福建省局、寶福局，23.雲南省局、寶雲局，24.雲南寶東局，25.江蘇省局、寶蘇局，26.湖南省局、寶南局，27.甘肅省局、寶鞏局，28.安徽省局、寶安局，29.四川省局、寶川局，30.廣西省局、寶桂局，31.貴州省局、寶黔局，32.福建漳州府局、寶漳局，33.臺灣府局、寶臺局，34.直隸寶直局，35.直隸寶薊局，36.熱河寶德局，37.新疆葉爾羌局，38.阿克蘇局，39.烏什局，40.寶伊局，41.喀什噶爾局，42.寶迪局，43.庫車局，44.寶新局，45.山東寶東局，46.天津寶津局，47.天津寶沽局，48.吉林寶吉局，49.江南造幣廠寶寧局，50.盛京寶奉局等。

　　二、　錢幕不鑄鑄局所在地名的分局有15個局：屬于雲南省局、寶雲局，均鑄雲字或滿文寶雲局名字的，1.蒙自縣局，2.禄豐縣局，3.大理府局，4.臨安府局，5.霑益州局，6.廣西府局，7.順寧府局，8.曲靖府局，9.保山府局，10.東川府局；屬于貴州寶黔局均鑄滿文寶黔局名字的，1.畢節縣局，2.大定府局；屬于河南寶河局鑄滿文寶河局名字的懷慶府局；屬于廣東省局鑄廣字的肇慶府局；屬于寶泉局專鑄鐵錢的鑄户字的山西平定州局等。

　　三、　見有文獻記載而未見鑄造實物，或有實物而鑄局待考的有6個局：1.湖北鄖陽府局，2.湖廣常德府局，3.盛京局，4.新疆和回局，5.鑄彐字樣的所謂寶州局，6.鑄西字的所謂滎河局等。

　　以上合計共71個局。現將與清代鑄幣局有關的共同情況、各局獨具的情況，以及晚清機製制錢的情況，分別加以論證。

一、概　　論

　　順治帝于1644年10月定鼎燕京，而南方一些地區尚在明王朝的殘餘勢力或農民起義軍的控制之下，清朝的勢力并未遍及全國。對于新生的清王朝來說，屬于初步建立各種制度，庶事草創的時期。就制錢而言，順治朝的18年間，竟出現了5種版式，鑄幣局的設置和鼓鑄也較混亂。康熙進一步擴展統治勢力、穩定政治、確立各種制度，鑄幣局的設置基本規定爲一省一局。到了雍正帝即位時，清朝廷也最後確定制錢以寶字爲首加各省一字、均爲滿文的版式。此外，各鑄幣局的管理、錢法禁令、銅鉛的配比和鑄造技術，以及制錢的用途和計數單位等基本情況是相同的。

　　1.鑄幣局管理措施

　　加强對各鑄幣局的管理，是清朝中央統一幣制的保證。各代皇帝都親自決策和顧問有關錢幣的事務。大到幣制的確定，小到地方上銅鉛礦的開採、銅斤鉛斤的運輸和催趨，往往由皇帝親下聖諭詔書來辦理。朝廷管理錢幣的機構是户部和工部，户部爲主，工部爲副。兩部的長官爲侍郎，由滿漢人同時擔任，漢右侍郎督理京局事務。右侍郎下設滿漢司官各一人，監督寶泉、寶源局局務；又設滿漢監督官三人，專管錢幣的出納。康熙時在户、工兩部下設錢法堂，并命滿右侍郎同漢右侍郎一起督理錢法。[①]雍正、乾隆時督理寶泉、寶源局事務的官員雖有大使、司官等不同名稱，但其滿漢人互相監督的性質是相同的。更有甚者，康熙二十三年（1684）選差專員管理錢法，由吏部侍郎陳廷敬、兵部侍郎阿蘭泰、刑部侍郎佛倫、都察院左副都御史馬世濟等共同管理錢法。[②]户工兩部不僅管理京局的鼓鑄，而且也統管全國各鑄幣局。各地方鑄幣局的事務奏請朝廷，往往由皇帝同户工部長官共同議處。

　　地方鑄幣局都設在省城，一省數局的設置則視地區的重要性和產銅鉛情況而定。由同知爲主司地方錢局的官員，相當于知府的副職。錢局下設筆帖式、書吏、爐頭、工匠等。各省的主要行政長官布政司使、巡撫大臣、總督等都要參與管理和監督。這是由于錢幣對國計民生至關重要，因此建立了由中央部、院至直省州府等環環相扣的多層次監控和管理的一整套制度。例如在一些錢法禁令中規定：私鑄之案"如被户部、都察院差官及在外督撫查出，或旁人首告，五城坊官及直省州縣官，不知情者，一起降職三級調用，二起革職。"③兩廣總督吳興祚因奏請兩廣設爐鼓鑄，被給事中錢晉錫、御史王君詔彈劾浮冒，處以降三級調用，由總督成了副都統。④甘肅布政使石文焯奏請收舊小制錢回爐改鑄，被陝西布政使署甘肅巡撫張廷棟劾爲"擾民已甚"而受到處罰。⑤

另外，各鑄幣局有將鑄幣的本息造册稽查，按季報告户部，以憑核查，年終時彙册奏銷的制度。這一制度于順治九年（1652）由户部奏請製定的，歷朝不改。

2.錢法禁令

製定有關錢幣的法律、法令，也是清王朝統一幣制的基本保證。清代錢法禁令的内容很豐富，大體可分爲4類：有關銅、鉛、錫的律令；有關鑄造錢幣的律令；有關私銷私鑄的律令；有關對外貿易中銀、錢流通的律令。最後一類屬流通領域，故不在此介紹。

銅、鉛、錫是鑄造銅錢的主要材料。在有關這些幣材的律令中，大體包含礦藏的開採和冶煉、銅斤鉛斤的運輸、官員民衆禁用銅器之令。各種礦産係國家專有之利，何地發現礦藏，若需開採，都必須報請朝廷批准；同時也嚴禁民間買賣銅斤鉛兩。清代在雲南開採大量的銅礦，兩京局的鼓鑄主要在滇省採買銅斤。其他省份也到滇省採辦銅鉛。清王朝十分具體地規定了運往各地和京城的期限、費用等。製定嚴禁運輸途中抛投、沉没銅鉛，若有短缺，責令押運官員照數賠補。還規定運銅鉛車船經過各州縣時，各地官員應該催促、督理。爲了保證制錢的鑄造，朝廷頒布禁用銅器的禁令，除銅鍋、現成銅器、軍器、樂器、鏡子、天平砝碼、鎖鑰等五斤以下者外，其他一概禁止。三品以下官員禁用銅質器具，後來又規定正一品以下官員禁用銅器，違者依律處罰。這些律令顯爲確保錢幣的鑄造而製定的。

所謂制錢，其實就是朝廷准予在民間流通的法定貨幣，有錢法規定的輕重、錢質和錢式，由官爐鑄造。爲確保制錢的信譽，制錢的質量是關鍵。清王朝握有在各地設置錢局的權力，鑄幣局設置多少爐座，何時開爐，何時停鑄，怎樣採辦幣材，如何調整銅、鉛、錫的配比，鑄幣的費用，鑄錢的數額，收繳舊錢的期限，銀錢的比值，怎樣搭放兵餉，包括對于鑄不合式者的處罰條理，等等，規定了一系列制度。制度本身就是法規。這一系列制度又往往通過皇帝頒發詔書聖諭的形式施行的。在封建社會裏，皇帝的詔令就是法律。

私鑄私銷制錢是破壞清王朝貨幣制度的大敵。清王朝建立伊始就製定了私鑄制錢的處罰條例。順治十四年（1657）規定："私鑄爲首及匠人皆處斬；爲從及知情買使者，擬絞監候；經紀、鋪户、興販攪和者，杖一百，流徙尚陽堡；在京總甲、在外十家長知情不舉首者，照爲首例治罪；不知情者杖一百、徒一年；告捕者官給賞銀五十兩；該管地方官知情任其私鑄者，照爲首例治罪；不知情及聽其販買攪和者，五城坊官、州縣，每起降一級；掌印兵馬司、知府、直隸州知州，二起降一級；司道三起降一級；同知、通判、吏目、典史有捕盗之責者，各照印官例；鹽運使照司道例；分司照知府例；大使照典史例；副參、游擊照司道例；都司、守備、千總照州縣例；如五城御史、各撫按不參究者，一併議處。"⑥其後各朝皇帝或此基礎上損益之，或重申嚴飭執行之，在清一代，史不絕書。

清王朝的錢法禁令，除了光緒二十五年修定的《清會典事例》第214—220卷有户部《錢法》專篇以外，清朝"三通"、《清續通考》、《清朝政典類纂》、《清史稿》等重要文獻都列有專章，記載頗詳，甚便參閱。

3.銅、鉛、錫的配比和鑄造技術

如上所云，清王朝爲保證制錢質量的劃一，規定各鑄幣局統一使用銅、鉛、錫的配比。順治間規定以紅銅七成、白鉛三成搭配鼓鑄。康熙十八年（1679）規定"將紅銅六十斤、鉛四十斤折作銅一百斤，不得攙和板塊之銅"，⑦實際上是銅六鉛四的配比。雍正五年（1727）規定銅鉛各半配搭鼓鑄。乾隆時有兩種法定配比：一爲銅六鉛四，所鑄錢稱爲黃錢；一種是乾隆五年（1740）規定的紅銅五十斤、白鉛四十一斤八兩、黑鉛六斤八兩、點銅錫二斤配比，所鑄錢稱爲青錢。嘉道間基本遵行青錢的三色配比。咸豐四年（1854）鑄行大錢，當五百、千"咸豐元寶"用十成净銅鑄成紫色；將當百、五十、十大錢用滇銅七成、錫一成半、鉛一成半鑄成黃色。但事實上各鑄幣局銅的來源不一，各時期銅的純度不一，各地銅鉛比價不一，會因事制宜地調整配比，如康熙二十三年（1684）因滇黔銅賤鉛昂，遂准以銅八鉛二搭配鼓鑄。乾隆時新疆各錢局也以銅多鉛少而鑄成紅銅質的。所謂紅銅係指純銅，白鉛是鋅。不管怎樣，縱觀清王朝規定的各種配比中，以銅七鉛三、銅六鉛四、銅五成強再加鉛錫各半的比率爲其主要的配伍定式，前二者鑄成的結果爲黃銅，後者爲青銅。

各地錢局都使用我國傳統的模鑄技術，其基本方法是先按配比冶煉合金銅液，由于銅鉛的熔點不同，故應先熔銅後摻鉛、錫。合金銅液煉就後進行翻沙澆鑄。《清朝文獻通考·錢幣考四》云："每爐額設爐頭一人，所需工價有八行匠役：曰看火匠；曰翻砂匠；曰刷灰匠；曰雜作匠；曰銼邊匠；曰滚邊匠；曰磨錢匠；曰洗眼匠。例給錢文。所需料價曰煤、曰罐子、曰黃砂、曰禾灰、曰鹽、曰串繩……凡鑄錢之法，先將净銅鏨鏨成重二錢三分者，曰祖錢。隨鑄造重一錢六七分不等者，曰母錢。然後印鑄制錢。每遇更定錢制，例先將錢式進呈。其直省開局之始，亦例由戶局先鑄祖錢、母錢及制錢各一文，頒發各省，令照式鼓鑄云。"在咸豐年間擔任戶部左侍郎的王慶雲也説："凡鑄錢先鏨鏨塊銅曰祖錢，乃鑄無文而圓者曰母錢。然後印鑄函方而成制錢。凡鑄治之工八，曰看火、翻砂、刷灰、雜作、銼邊、滾邊、磨錢、洗眼，治之各以其序。"⑧八種工匠分別掌管鑄錢過程中的八道工序。所謂鏨鏨祖錢，是在精銅板塊上按照設計稿樣鏨製成一枚錢，然後用它製範，澆鑄出母錢，再用母錢製範，鑄成標准樣錢。而模具係用4塊均長38.4cm和寬3.8cm的木板構成模框，在模框中緊密地裝填經優選優篩的泥土和煤屑，再撒上木炭灰，也可用松香或純油來煙熏模框，以便木模板的拆除。然後逐一地鋪好100個母錢，再把事先准備好的另一個模框合在一起，快速翻轉模框，母錢就落到了第二個模框上，取出母錢，一副印有正反面錢樣的模具就製成了。爲了能讓熔液順利流到每個錢範中去，在錢範與錢範之間劃好通道。然後再把兩個模框合在一起，對准契合，用繩子扎緊，把銅鋅熔液灌入澆鑄口，冷却後打開模框，100個銅錢就像花朵或水果一樣長在樹杆上，俗稱"錢樹"。把銅錢取下後穿在竹條上，一次能穿數百枚，進行銼邊和滾邊、磨亮錢面、整修錢眼，數定成串，核定後入庫，作爲官俸、兵餉發放或經其他方式投放流通。以上便是鑄造銅錢的基本技術，即使在光緒十二年（1886）始在福建船廠用機器製造制錢，仍有不少鑄錢局使用模鑄的傳統工藝，甚至一直沿用到清王朝的覆亡。

4.鑄額與用途

各省錢局鑄造錢幣的數額由朝廷規定。朝廷規定的數額稱正額、正卯，按額鼓鑄即稱額鑄、舊卯。正額按月計算，如遇閏月，則需加卯。有時急需，則由皇帝命令加鑄，或由地方奏准加鑄，則稱帶額、附鑄，這主要發生在寶泉、寶源、寶雲、寶川、寶武等局，因爲那裏爐座多，鑄造能力强，幣材豐富或運輸方便。清錢計數的最小單位是個（枚），每1000枚爲串，12880串爲卯。但有的省局卯的串數不一致，乾隆二十二年（1757）准山西省"每卯鑄錢一千八百二十串"。⑨按劉坤一修《江西通志》卷93《錢法》的記載："歲鑄二十四卯，實解司庫錢三萬五千七百九十六千（串）四百八十文。"核算的結果，每卯也僅含1500串左右。又乾隆二十四年（1759）貴州巡撫周人驥的奏摺中稱"加鑄二十六卯，歲可添錢五萬七千三百五十五串"；復奏稱"定每年六十九卯，除去工價等項，實存錢十七萬二千餘串"。據這兩處提到的數字計算則每卯在2500串左右。《清史稿·食貨誌·錢法》的一則記錄云："錢千爲萬，二千串爲一卯"。"錢千爲萬"顯誤。究竟是"爲"與"萬"之間脱漏了"串"字，而"萬"當屬下句呢，還是"萬"爲"串"之誤？若從前説，則當讀如"錢千爲串，萬二千串爲一卯"；若從後説，則當讀作"錢千爲串，二千串爲一卯"。而《清會典戶部事例》卷214之《京局鼓鑄》"以萬二千八百八十串爲一卯"的記載不誤。兩者懸殊，尚待考證。要之，不能輕易地以爲"卯"所含的串數是一律的。而錢千爲串是毫無問題的。串亦稱貫。咸豐時鑄行的大錢則以個數計。這些便是各鑄幣局鑄造額數的基本情況。

官錢局鑄出制錢，主要有5種用途。其一爲搭放兵餉。順治、康熙朝規定銀、錢各半搭放。雍正時改銀八錢二搭放。乾隆時曾出現全數給銀、銀九錢一、銀八錢二、銀七錢三等不同的搭放比率，甚至一年中不同的月份有不同的搭放比例。嘉道以後基本准乾隆的做法，視銀、錢的庫存情況而定。各地搭放兵餉的銀錢之比率也多不同。其二爲搭放官員的俸祿、養廉銀。其搭放比率亦無一定，隨銀錢比價的變動而定，一般説來，朝廷不會輕易損害官員的利益。其三爲各級官衙門的辦公、紙筆費用，以錢爲主。當然，銀錢比價再波動，不會侵害官衙門辦公費用的。其四爲發給各種匠役的工錢，全部給錢。其五爲民衆商人以銀易錢。官錢局設有錢鋪，准商民以銀易錢。當然，制錢除了5種用途外，還可以用作獎賞。制錢屬于朝廷所有，老百姓是不會輕易得到的，惟有出賣勞動，或以物換取。

5.大規模停鑄及其原因

清王朝200餘年間曾經出現過6次全國性的、或大規模的停鑄錢幣事件。究其原因，不外乎幣制改革、鑄錢過多或糜費過甚等方面的因素。

第一次發生在順治十四年（1657）。《清文獻通考·錢幣考一》説：上諭"今各省開爐太多，鑄造不精，以致奸民乘機盜鑄。錢愈多而愈賤，私錢公行，官錢壅滯，官民兩受其病。欲使錢法無弊，莫若鼓鑄歸一。其各省鑄爐一概停止，獨令京局鼓鑄，務比舊錢體質更加闊厚，每文重一錢四分，磨鑢精工，且兼用滿漢字，俾私錢難于僞作，一面鑄'順治通寶'四漢字，一面鑄'寶泉'二滿字。其見行之錢姑准暫用，俟三年後，止用新鑄制錢，舊錢盡行銷毁。"十七年復開各省鼓鑄。

第二次發生在康熙元年（1662），六年復開各省鼓鑄，停鑄原因不詳。

第三次發生在康熙九年（1670）以後至十七年的8年時間内。先後停鑄的省、鎮各局有江寧、蘇州、江西、福建、湖北、湖南、河南、山東、山西、陝西、甘肅、廣東、廣西、雲南、貴州、四川、密雲鎮、薊州、宣府、大同、浙江、臨清。雖非一次性命令停鑄，而事實上除了京局外的各省鎮局都已停鑄了，而且密雲、薊州、宣府、大同、臨清等鎮局遂被裁撤了。據《清文獻通考·錢幣考二》所載，"其江寧等十五布政使司均恐有需錢非急之處。開鑄以來，官錢既多，或致壅滯，應行查議停。"這次大規模的停鑄是由于鑄錢過多。康熙十八年後又陸續批准一些省局開爐鼓鑄，并先後增設了福建漳州府局、臺灣府局、廣東肇慶府局。二十三年鑄行一錢重小制錢時，令各省復開爐鼓鑄。

第四次發生在康熙四十一年（1702）。因制錢減重爲一錢，民間私鑄盛行，有些省局更減重爲七八分者，以兩湖爲甚。《清文獻通考·錢幣考二》云：康熙三十六年"以湖北、湖南局錢輕小，禁止行使。湖北局昌字錢、湖南局南字錢，以式樣輕小，已于二十六年得旨，嚴加申飭。至是，户部議定，昌字、南字錢色紅，不堪行使，應行禁止，照小錢例，依限繳收。"三十九年命兩湖停鑄，四十一年遂下令全國各局停鑄小錢，改鑄一錢四分重大制錢。

第五次爲乾隆五十九年（1794）下全國停鑄之令。各種文獻均未說明其原因，估計是鑄錢過多。嘉慶元年復開各省鼓鑄。

第六次發生在道光年間，并非朝廷有令，而是一些地方錢局自行停鑄的。王慶雲《石渠餘記》卷五《鑄大錢說帖》云："今之制錢蓋工本二而鑄錢一"，由于工本靡費過甚，地方政府貼現不足，故紛紛停鑄，至道光二十一年（1841）自行停鑄的省局有直隸、山西、陝西、江蘇、江西、浙江、福建、湖南、湖北、廣西、貴州等11省。此次查得11省自行停鑄的事件，實爲清代制錢衰亡的前兆。

以上6次大規模的停鑄均爲史有明載者。及至如道光間的直省自行停鑄事件，在同光間時有發生，如《湖北通誌·經政誌十·錢法》所記："同治元年十一月開鑄起，至十二月止，照式鑄同治通寶制錢，得新錢一千串文，解繳司庫兑收，年終停鑄。二年正月開鑄起，至三月止，又得新錢一千串文，解繳司庫兑收，旋即停鑄。"至光緒十二年復開。寶武局在20餘年間僅鑄了兩次，每次1000串（約1卯）。其他省局的情況也大致如此。自行停鑄，自行減少鑄額，已成爲同光間鑄幣局的普遍現象。

二、考　證

考證是科學的實證方法。王國維提出的文獻資料與錢幣實物資料相互參證的"二重證據"的方法，若文獻與實物能完美結合，自然確信無疑。若缺其一，則儘量搜集其他旁證材料，加以符合歷史的分析，作符合邏輯的推論。不爲孤證之說，不作空言之論，或無確證，則以疑存疑，有待來者。此爲異于乾嘉考據學之所在。現主要將各錢局設置之時間、地點、爐座、停廢，以及鑄幣之種類、數額等情況，作初步考證。

1. 户部寶泉局

户部寶泉局建于順治元年（1644），直至清王朝覆亡而停鼓鑄，歷時267年。清廷所推行的各種制錢首先由寶泉局、寶源局鼓鑄。清廷所頒行的各式樣錢也都由京城兩局製定，由户部頒行。寶泉局雖因在京城而稱爲京局，但實際上就是清朝中央的制錢鑄造局，直接體現皇帝和清中央政府有關錢幣的各種意圖。寶泉局歷時最久，鑄造制錢的種類最全、鑄額最多。所鑄錢幣主要供朝廷各級官員的俸祿、内宫人員的工錢、搭放八旗兵餉、朝廷和京城衙門的辦公費用、奉天、吉林、黑龍江、直隸、山東、河南等省之所需。

寶泉局初建時在北京東四牌樓街之北，設爐50座。順、康間未嘗有改動。雍正四年（1726）對寶泉局廠房爐座作了調整。"今鼓鑄加增，請分爲四廠。其舊廠作爲公署，但以收貯銅鉛，不復置爐。設東廠于東四牌樓之四條衚衕，置爐十二座。設南廠于東四牌樓之錢糧衚衕，置爐十二座。設西廠于北鑼鼓巷之千佛寺後，置爐十四座。設北廠于新橋北之三條衚衕，置爐十二座。共爲正爐五十座。復于東、南、西三廠各置勤爐三座，北廠置勤爐一座，共爲十座，以備銅鉛多餘時加卯鼓鑄。至舊局向設大使一員，今既添四廠，應增設大使四員，各分廠辦理。"⑩這是户部奏摺中的一節，得到雍正皇帝的批准。其時共有爐座50，勤爐10座。所謂勤爐，實即備用爐，當銅鉛幣材富裕時開鑄。乾隆七年（1742）復添勤爐10座，共勤爐20座。乾隆五十九年（1794）定勤爐10座。嘉慶四年（1799）曾經增設俸爐13座，所鑄錢文專供搭放京官員的俸祿，嘉慶九年裁撤。根據這些可信材料考得，寶泉局所設錢爐最多時爲70座，僅在嘉慶帝增設俸爐時，曾有正爐50座、勤爐10座、俸爐13座，共73座。清唐與昆《制錢通考》說順治時寶泉局設爐100座，寶源局設爐50座，⑪實誤。

咸豐時，寶泉局曾設置過鐵錢局。據咸豐四年（1854）對惠親王所奏《飭山西採辦鐵斤解繳京局鼓鑄摺》的批示說："見在鐵錢局四廠開爐鼓鑄，歲需生鐵一千二百萬斤，僅就附京地方採買，不敷應用。着山西巡撫即飭藩司迅派廉能可靠之員，如式採辦，務于咸豐五年二月以前先將一半生鐵六百萬斤解繳京局。"咸豐五年，惠親王又有《鐵錢局四廠爐座開設齊全將收支錢文採辦鐵炭及卯錢數目開單呈覽并請購買房間設立總庫摺》。⑫又經户部奏准，"山西平定州地方設立寶泉分局，鼓鑄鐵錢。"⑬可知寶泉局所設鐵錢局有兩處：一在京城，共4廠；一在山西平定州地方，具體地點不詳，所設爐有29座，旋減14座，存15座。鐵錢局確實鑄造過鐵制錢，當五、當十鐵質大錢。于咸豐九年裁撤。

另外，克勤郡王慶惠和文瑞在咸豐四年三月十四日奏准：以滿清貴族所捐銅器鑄造大錢，"其鼓鑄之法即仿寶泉、寶源二局辦理，專造當千、當五百、當百、當五十四項。"⑭開始時希望得到寶通、寶恒、寶盛、寶泰的局名，但咸豐帝不予批准，于是借用寶泉局名鑄于錢背，惟在"當"字兩側加星、月記號。同年八月即停鑄。所鑄大錢品種不止四項，所見實物有"咸豐重寶"當五十、"咸豐元寶"當百、當二百、當五百、當千等5種。寶泉局于是年曾鑄行過當三百、當四百"咸豐元寶"，旋即停鑄。咸豐帝還降旨"飭慶惠等自八月起，仿照戶工兩局章程，按成配造，以十成計算，鑄當百大錢二成，當五十大錢二成，其餘六成鑄當十、當五并制錢。"⑮但慶惠等奏稱銅斤短缺，沒有遵旨而行，于是停鑄各項錢幣。

寶泉局自順治元年起，每年額鑄30卯，每卯爲1288串，每串1000文。遇閏加3卯。康熙二十三年（1684）因減重爲一錢，鑄額遂增爲每年40卯。雍正四年（1726）增加1卯，爲41卯。乾隆六年（1741）加鑄20卯，爲61卯。十六年始再加10卯，爲71卯。二十五年再加5卯，爲76卯。三十八年減1卯，爲75卯。五十九年減45卯，每年額鑄30卯。嘉慶元年（1796）加10卯爲40卯。五年加鑄16卯，爲56卯。九年減鑄16卯，仍爲40卯。咸豐三年（1853）按每月額鑄6卯中減去1卯用以鑄當十大錢，鑄制錢5卯；旋又定鑄制錢每月3卯。四年每月額鑄2卯制錢、2卯鉛制錢和部分鐵制錢。五年月鑄2.5卯銅制錢，七年月1.5卯制錢，旋停鑄制錢。光緒十三年（1887）恢復鑄制錢，數額無紀。光緒通寶以銅六鉛四配鑄，制輕小。亦見少量宣統通寶小制錢。

寶泉局所鑄錢幣見有如下品種：順治通寶光背錢，重一錢；順治通寶戶字錢，漢文戶，或在穿右，或在穿上，重一錢二分，一錢二分五厘；順治通寶一厘錢，錢背穿右爲漢字戶，穿左"厘"，重一錢二分五厘；順治通寶滿文局名錢，背面穿左右鑄滿文ᠪᠣᠣ（寶泉）字，重一錢四分；康熙通寶滿文局名錢，⑯康熙二十三年至四十一年間（1684—1702）重一錢，其餘時間所鑄重一錢四分；傳爲康熙60壽辰鑄造一種銅色黃亮、較精工、熙字左側少一竪的制錢，俗稱羅漢錢；⑰雍正通寶是元年至十一年（1723—1733）所鑄重一錢四分，其後所鑄重一錢二分；乾隆通寶黃銅、青銅制錢；乾隆通寶小黃錢；⑱乾隆通寶青錢，背面穿上偏左、穿下偏左有星點各式；專供于內廷使用的重一錢六分錢；嘉慶通寶有大小，小者恐非法定圜徑、份量；⑲背有星點者，有五式：背上正中一星、背穿左下角一星、背上偏右一星、背下偏左一星、背上下各一星；嘉慶通寶，重一錢六分者；道光通寶有大小兩式，有重一錢六分錢（十一年〈1831〉停）；咸豐通寶制錢，減重爲一錢；鐵制錢，重一錢二分；鉛制錢，重一錢二分；咸豐重寶當五銅錢，有背鑄當五、伍文兩式；有當五鐵錢，重二錢四分；當十銅錢，有鑄重六錢、四錢四分兩式；當五十銅錢，有重一兩八錢、一兩二錢兩式；咸豐元寶當百大錢，重一兩四錢；當五百大錢，重一兩六錢；當千大錢，重二兩；當二百、當三百大錢；祺祥通寶制錢；祺祥重寶當十錢；同治通寶制錢；重寶當十銅錢；光緒通寶制錢；重寶當十銅錢；宣統通寶制錢。總之，自順治元年至清亡，凡清朝皇帝批准鑄行的各式銅錢，寶泉局都鑄造過。

2.工部寶源局

寶源局亦建于順治元年，廢于光緒年末。寶泉局所鑄造的各朝錢幣，除宣統錢外，寶源局也都鑄造過。寶源局所鑄錢運繳節慎庫，"以備給發各工之用"，⑳如修橋梁、備軍器軍火等。有餘則用以搭放兵餉，供京官俸祿等。

寶源局所設爐在嘉慶時曾達37座。《清朝文獻通考·錢幣考三》云："寶源局向在朝陽門內之西南。今鼓鑄加增，請照戶部分廠之例，添設一廠于崇文門內東之泡子河。舊廠置爐十二座，新廠置爐十三座，共爲正爐二十五座。仍于舊廠置勤爐六座，以備銅鉛多餘加卯鼓鑄。"此係雍正六年（1728）的情況。嘉慶四年（1799）增俸爐6座，故共得37座。寶源局爐座少于寶泉局，但鑄額最多時也達70卯，鑄錢效率高于寶泉局。咸豐時鑄行鐵錢，即在兩廠內添置冶鐵爐。據《清會典事例》卷890《鼓鑄局錢》載："試辦鐵制錢，每爐以二卯二厘爲率，各爐得錢除殘破外，自一卯六厘至二卯不等，三十一爐共得錢二萬九千餘串。"鐵爐竟有31座之多，故亦稱"鐵錢局"。所謂一卯六厘、二卯二厘，實即1.6卯、2.2卯。

寶源局鑄錢正額爲41卯，係雍正四年（1726）所定。起初時每月2卯，康熙時曾一度不定正額，于五十四年（1715）規定每年額鑄36卯，雍正元年加4卯。至乾隆六年（1742）加鑄20卯，得61卯，二十一年再加10卯，得71卯。五十九年減去41卯，留30卯。嘉慶時恢復至40卯。以後便漸次減卯，同治時幾乎不鑄。光緒十二年（1886）在慈禧太后的嚴命下，寶源局恢復31爐，每年額鑄57卯。但當時想增加制錢，恢復過去鑄錢的盛況已不可能。

3.直隸薊州鎮局

順治二年開爐鼓鑄。薊在明代屬九邊之列，爲軍事重鎮。順治初在薊設有總兵等官，并命令薊不得再稱鎮，而恢復古名稱薊州。由于兵餉所需，故在薊州設錢局，開爐鼓鑄。順治八年（1651）決定在每個布政司所在之府各開一局，薊州錢局遂停。順治十年改鑄一厘錢時復開。順治十四年又重申，定各省祇開一局，薊州錢局又停。順治十七年復開各省、鎮鼓鑄。康熙十年（1671）便裁撤了。

薊州錢局鑄行過的鑄幣有：順治通寶背單漢字薊字錢，薊在穿右者作"薊"，在穿上者作"薊"；

順治通寶一厘錢，漢文"一厘"在穿左，"薊"在穿右；順治通寶滿漢文局名錢，"ᡤ"在穿左，"薊"在穿右；康熙通寶滿漢文局名錢，薊作薊。

4.直隸宣府鎮局

其設置與停廢情況同薊州局。順治二年在宣府設有總督、巡撫、學道、總兵等官，地位似較薊州重要。所鑄錢幣種類同薊州局，惟局名爲"宣ᡤ"。

5.直隸密雲鎮局

密雲爲順天府巡撫所在地，設總兵等官，亦爲重鎮。開設停廢情同以上兩局。

鑄行過的錢幣見有： 順治通寶單漢字錢，背漢文"雲"在穿右，順治通寶一厘錢，背漢文"雲"在穿右。

按《清朝文獻通考·錢幣考一》載： 順治十七年復開各省鼓鑄，增置雲南省局。定錢幕兼鑄地名滿漢文。其中"密雲鎮局鑄密字"，"雲南之雲南府鑄雲字"。㉑這條記載亦見《清實録》。可見密雲鎮局所鑄密字，緣增置雲南省局而考定。密字錢史有記載，但實物未見。或由于清朝的規矩，新皇帝即位後，遂令收繳舊錢，改鑄新紀元錢，舊錢遂禁止流通。密字錢如在順治十七年鑄造，而密雲鎮局在康熙十年撤，所鑄本來就少，流傳至今的實物更難得一見。

6.山西大同鎮局

順治二年始設。大同亦爲明代九邊之列，軍事重鎮。順治初在大同設總督、巡撫、學道、總兵等官，故設錢局。六年移大同錢局于陽和城。所謂移，并非把爐座拆毀移置于陽和鎮，實即停大同鎮局鼓鑄，而在陽和城添設爐座、增加鑄額，把大同錢局的官員遷到陽和。十三年又移陽和鎮局于大同。十四年停，十七年復開，康熙十年（1671）裁撤。

所鑄行過的錢幣有： 順治通寶同字錢，同字在穿上，或在穿右；順治通寶一厘錢；順治通寶滿漢文局名錢；康熙通寶滿漢文局名錢。

7.山西陽和鎮局

設置情況見上。順治十三年移至大同，陽和鎮局實即裁撤。

所鑄行過的錢幣有： 順治通寶單漢字陽字錢；順治通寶一厘錢。

8.山西省局、寶晉局

順治二年始在山西省城太原設置錢局，有爐10座，後增至20爐。康熙九年（1670）停鑄，二十三年復開，嗣收買舊銅器不足鼓鑄，遂停。雍正七年（1729）復開，并確定局名爲"寶晉"兩清文。雍正九年停，十三年又開，旋因所收現存銅鉛用完而停。乾隆十二年（1747）准予採買銅斤，復開。十七年因採買銅斤用完，巡撫阿思哈奏請暫停鼓鑄。翌年朝廷規定山西省招商辦銅70萬斤，分五年繳局，并發給價銀1/3。同時減爐4座，止存6爐。㉒可見此前已由20爐減爲10座，亦可能在雍正七年復開時祇開10座。嗣後的文獻記載說寶晉局原爲5爐，增5爐，爲10爐，㉓恐乾隆十八年允許減4爐，而實開5爐。乾隆三十六年時仍定爲5爐，五十九年停各省鼓鑄。嘉慶元年（1796）復開。事實上嘉道間寶晉局因鑄造費用過昂，已自行時開時停，道光二十一年（1841）查得已停省局有11局之多，寶晉局即爲其中之一。㉔而且期間所鑄錢幣有輕小不合式者。咸豐四年鑄行當十大錢，曾議鑄鐵錢。㉕光緒間寶晉局已名存實亡。

山西省局與寶晉局所鑄行的錢幣有如下品種： 順治通寶單漢字原字錢，"原"字或在穿上，或在穿右，重一錢二分、一錢二分五厘 順治通寶一厘錢；順治通寶滿漢文局名錢，左ᡤ右原；康熙通寶滿漢文原字局名錢，有重一錢四分、一錢兩式；雍正通寶寶晉ᡤ局名錢；乾隆通寶；嘉慶通寶；道光通寶；咸豐通寶銅制錢、鐵制錢與重寶當十大錢；同治通寶制錢與重寶當十大錢；光緒通寶與重寶當十大錢。

附記： 或云山西省有榮河局鑄過背滿漢文西字順治、康熙通寶錢，待考。

9.陝西省局、寶陝局

陝西省局于順治二年在西安開鑄。康熙九年（1670）停，二十三年復開。陝西省原有銅礦，但不旺，向用滇銅。至康熙二十二年停採本省銅，遂致鑄費昂貴，㉖恐一度停鑄或減卯鼓鑄。雍正十一年（1733）決定由雲南鑄錢運陝，遂在雲南"東川府設爐二十八座，每年用銅鉛一百一十九萬九千五百斤有奇……錢幕亦鑄'寶雲'二字。定于十二年開鑄，所鑄錢發運陝西，分頭運、二運、三運，令陝西省委員接解。每串合工本腳費銀一兩一錢一分六厘有奇。"㉗雍正十三年停雲南東川鑄錢運陝。不久改由四川省鑄錢運陝協濟。乾隆十三年（1748）改四川爲陝鑄錢，運川銅至陝。并定局名寶陝，開爐鼓鑄。四川貯銅二十五萬斤，待陝員赴領。同年增爐10座，新舊爐座共20座，每年鑄錢93618串餘。㉘乾隆五十九年停，嘉慶元年復開。以後時有停鑄或減額鼓鑄。

陝西是清王朝最早設置鑄幣局的省份之一，也是最早鑄行咸豐大錢的錢幣局之一。時陝西巡撫王慶雲是一位極力推行大錢的官員，有影響甚廣的《鑄大錢説帖》，其中一節云："今之制錢，蓋工本二而鑄錢一。局中鑄一串之錢，即廉二串之帑，歲常以數十萬金置之無用之地，此何爲者？ 誠使以制錢五文工本，鑄當五大錢；以十文工本，鑄當十大錢，是一而鑄一也。雖制錢民間行用固不可廢，要不妨與大錢配鑄配行，局中減鑄制錢一串，明省一串之虧折，此人所共知，至配鑄大錢一串，隱留一串之盈餘，人或未必知。"㉙王慶雲對于鑄行大錢有比較系統的論説，并在陜省大力推行，得到咸豐帝的嘉奬。寶陜局廢于光緒末年。

陜西省局和寶陜局在錢幕俱鑄"陜"字，共鑄行過如下品種：順治通寶單漢字陜字錢，"陜"字或在穿右，或在穿上（《制錢通考》有著録，但有人疑爲唐氏憑空作圖）；順治通寶一厘陜字錢；順治通寶滿漢文局名錢，多左而陜右；康熙通寶滿漢文局名錢，有一錢四分、一錢重兩式；雍正通寶滿漢文㕚局名錢；乾隆通寶青錢；嘉慶通寶；道光通寶；咸豐通寶（銅制錢、鐵制錢）；咸豐重寶陜十；咸豐重寶當十、當五十；咸豐元寶當百、當五百、當千，有錢郭帶"官"戳和不鑄"官"戳兩種，不鑄"官"戳者較早。同治通寶制錢；同治重寶當十大錢；光緒重寶當十大錢；光緒通寶制錢。

10.陜西延綏鎮局

順治三年在陜西延綏鎮（今榆林縣）設爐鼓鑄，因延綏爲明九邊之一，順治在延綏設有巡撫、總兵等官，故設置錢局。順治五年裁撤。惟鑄過順治通寶單漢字局名錢，延字在穿左或在穿上、穿右，順治初其他錢局所鑄單漢字無在穿左者。

11.河南省局、寶河局

河南省錢局是最早收到朝廷所頒的順治通寶樣錢的省局之一，但于順治四年始在開封開爐鼓鑄。康熙元年（1662）停，六年復開，九年停，直至雍正七年（1729）因河南省收置舊銅器較多而復開，兩年後用完，雍正九年停，其後直到咸豐四年才復開。

《清朝文獻通考·錢幣考三》："雍正年間各省鼓鑄，惟寶雲局及八年所開之寶黔局、十年所開之寶川局，皆因礦開鑄，配用銅鉛。餘若寶鞏局，則取小錢改鑄，旋即議罷。是年（指雍正七年）所開之寶昌、寶浙、寶武、寶南、寶河、寶濟、寶晉局，及嗣後所開寶蘇、寶安局，并收買舊銅器，分別生熟銅，對搭鼓鑄。熟銅器每斤價銀一錢一分九厘有奇，生銅器每斤價銀九分五厘有奇，亦有每銅八斤內仍加用鉛七八斤者，皆隨各省斟酌題定。後以廢銅鑄完，各局于雍正十三年以前次第停止，寶濟局于乾隆三年停止。自乾隆五年以後江蘇、江西、浙江、湖北、湖南、山西諸省，各隨水陸之便，分買東洋、滇南等處之銅，復行開局。"文中所提到的9局在乾隆五年（1740）以後因採買洋銅、滇銅而復開者有6局，寶河、寶安、寶濟3局未能復開，主要是缺乏幣材，所需錢幣依靠寶泉、寶源等局供給。寶河局自雍正九年停，直到咸豐四年復開，其實是重建。《清會典事例》卷219《直省鼓鑄》："河南省建設寶河局，委糧鹽道督辦監鑄，遵照部章，鑄當十、當五十、當百各種大錢，當十重四錢四分，當五十重一兩二錢，鑄'咸豐重寶'字樣；當百重一兩四錢，鑄'咸豐元寶'字樣。新建爐房十座，每座安設一爐，計共十爐，以七日爲一卯，除修理爐座，扣除小建，每月定爲四卯，通年可得四十八卯，遇閏月加四卯。"寶河局至是完全屬重建，故文中説"建設"，曰"新建"。除了有鑄銅錢的爐座外，還設立鐵爐四座，鑄鐵制錢。寶河局廢于光緒末。

附記：懷慶府局：咸豐五年曾在河南懷慶府河內縣設鐵爐20座，專鑄鐵制錢，每文重一錢二分。時稱懷局，亦鑄寶河清字。咸豐九年裁撤。㉚

河南省局、寶河局所鑄行的錢幣有如下品種：順治通寶單漢字河字錢，或在穿上，或在穿右；順治通寶一厘河字錢；順治通寶滿漢文局名錢，多左河右；康熙通寶滿漢文局名錢；有一錢四分、一錢大小兩式；雍正通寶滿文㕚（寶河）局名錢；咸豐重寶當十、當五十大錢；咸豐元寶當百、當五百、當千大錢；咸豐通寶銅制錢；咸豐通寶鐵制錢；光緒重寶當十大錢；光緒通寶制錢。有錢譜載有大似當十的同治通寶背左右"寶河"，上下"伍年"錢，似非正式鑄用品。

12.甘肅寧夏府局

清初是否在甘肅寧夏府設過鑄幣局，清代幾部重要文獻記載不一。清"三通"、《清實録》和《清史稿》都缺記，而《清會典》和《清會典事例》則明確記載順治四年題准各省開鑄錢幣中有甘肅省。道光年間唐與崑《錢幣通考》據《清會典》和所見實物，肯定寧夏局的存在并鑄過錢，其中提到順治二年至九年鑄單漢字局名錢時説：背右昌字、上昌字爲順治四年題准，江西南昌局鑄；背右寧字、上寧字，爲順治四年題准，甘肅寧夏鎮局鑄；背右江字、上江字，順治五年題准，江寧局鑄，順治七年題准，武昌開爐鼓鑄武昌錢未見。對此未見其他文獻有異説。《清朝文獻通考》云："謹按順治十年所鑄一厘錢幕漢字地名，惟江南江寧作江字，江西南昌作昌字，湖廣武昌作武字。王慶雲《石渠餘記》談到順治十七年鑄滿漢文錢時，加注："江寧曰寧，一厘錢曰江；江西曰江，一厘錢曰昌；湖廣曰昌，一厘錢曰武"等。《清會典》、《清朝文獻通考》和《石渠餘記》都提到順治單漢字錢和一厘錢，江寧局作江字，但實物中却另有"寧"字錢，當指寧夏鎮局所鑄之寧字錢。而據一厘錢和單漢字寧字錢的形制和文字極爲相似，且同有順治通寶極爲罕見的"雙點通"版式，可以推斷同是寧夏鎮局所鑄。所以甘肅寧夏鎮局曾設立過，并鑄過錢是可以肯定的。寧夏局僅鑄行過順治通寶單漢字局名寧字錢和一厘錢寧字錢。

13.江西省局、寶昌局

江西是清王朝在江南最早設置錢局的省份，順治四年即已在省府南昌開爐鼓鑄。康熙元年（1662）停，六年復，九年停，二十三年復，其後有一次停。雍正七年（1729）復，十一年停。乾隆二年（1737）開，十年增爐4座，爲10座，十五年減4爐爲6座，十七年增4爐爲10座，三十六年又減4爐爲6座，五十九年停。嘉慶元年（1796）復開，道光十七年（1837）停，二十三年減3爐爲3爐。咸豐四年積極參予鑄大錢。光緒末廢。

寶昌局設在南昌德勝門偬家塘右，通常設6爐，歲鑄24卯，實解司庫錢35796串又480文，遇閏加卯，增解錢2983串又40文。㉛寶昌局每卯有1491餘串。順治、康熙時，寶昌局的漢字局名有昌和江的變化。

江西省局、寶昌局所鑄行的錢幣有如下品種： 順治通寶單漢字局名昌字錢；順治通寶一厘局名昌字錢；順治通寶滿漢文局名江字錢；康熙通寶滿漢文局名江字錢，有一錢四分、一錢大小兩種；雍正通寶局名錢；乾隆通寶有黃銅、青銅兩種；嘉慶通寶；道光通寶；咸豐通寶制錢；咸豐重寶當十、當五十大錢；同治重寶當十大錢；同治通寶制錢；光緒重寶當十大錢；光緒通寶制錢。

14.山東臨清鎮局

臨清鎮也是明代九邊之一，順治初在臨清設立總兵等官，故于順治二年開設錢局，八年因議各省只開一局，遂停，十年又開各鎮鼓鑄，康熙十四年裁撤。共鑄行過順治通寶臨字錢（臨在穿上或穿右）、順治通寶一厘錢、順治通寶滿漢文局名錢、康熙通寶滿漢文局名錢，共4種。康熙二十三年鑄行一錢重制錢時，臨清鎮局仍參與鑄造，有小型康熙通寶滿漢文局名錢流傳于世，而清官方文獻失載。

15.山東省局、寶濟局

山東省錢局于順治六年始開鼓鑄，錢局設在省城濟南府。康熙元年停，六年開，九年停，二十三年開，其後又停，局名爲東字。雍正七年復開，改定名爲寶濟局（局名），乾隆三年停開，實際上已相當于裁撤。咸豐時鑄造過大錢和制錢，同治時鑄過制錢，爲數不多。山東省鑄造錢幣之材料主要依靠收買舊銅器，情況與河南省相類。

山東省錢局、寶濟局曾鑄行過的錢幣有如下幾種品種： 順治通寶東字錢；順治通寶一厘東字錢；順治通寶滿漢文東字錢；康熙通寶滿漢文東字錢，有一錢四分、一錢大小兩種；雍正通寶、乾隆通寶、咸豐寶濟局當十、五十、百大錢、同治通寶滿文局名錢。

16.湖北荊州府局

順治三年始開鼓鑄，七年停，九年開，十年停。惟鑄過順治通寶背單漢字荊字錢，"荊"字在背穿上，或在穿右。

17.湖北襄陽府局

順治七年開，九年停。惟鑄行過順治通寶單漢字襄字錢，"襄"字在背穿上。

18.湖北鄖陽府局

順治九年設，十年鑄行一厘錢時，各種文獻即未提及鄖陽府局，可見旋設旋停，恐未鑄過錢。

19.湖廣省局、寶武局

順治三年題准湖廣省城武昌府開鼓鑄，十四年停，十七年開。康熙元年停，六年開，九年停，二十六年開，三十九年停。雍正七年開，定名寶武局（局名），十一年停。乾隆六年復開，直至光緒二十二年改爲機器鑄造局爲止。

寶武局設爐15座，每年額鑄36卯。原先武昌府局主要靠收買舊銅器供鼓鑄。雍正四年時甚至命雲南鑄錢發運湖北。乾隆八年至十九年准湖北在漢口採買商銅、鉛，其中有洋銅，主要是北運經漢口之滇銅、黔鉛。乾隆二十年以後基本採買湖南郴州、桂陽銅，配以黔鉛鼓鑄。乾隆十八年因鄂省13府州縣修城，准加鑄24卯。乾隆二十四年因回疆平定，清軍駐甘肅，需大量錢幣，寶武局和寶川局鑄錢發往甘省，二十六年改代運銅鉛，旋停。嘉慶、道光時往往鑄不足額，甚至數年不鑄。同治年間祇開鑄兩年，得2000餘串制錢。㉜

湖廣省局和寶武局所鑄行過的錢幣，據文獻記載有如下品種 順治通寶單漢字和一厘錢武字錢，文獻記載，但實物未見；順治通寶滿漢文局名昌字錢；康熙通寶滿漢文局名昌字錢，有重一錢四分、一錢大小兩式；康熙通寶滿漢文局名錢，重約八分，紅色（未見）；㉝雍正通寶滿文寶武局名錢（局名）；乾隆通寶；嘉慶通寶；道光通寶；咸豐通寶；咸豐重寶當十、當五十、當百大錢；同治通寶制錢；同治重寶當十大錢；光緒重寶當十大錢；光緒通寶制錢（有鑄造、機製兩種）。

20.湖廣常德府局

順治四年題准湖廣常德府開局鼓鑄，九年停。應該鑄造過順治通寶單漢字局名錢，因文獻失載，也未見實物，不能肯定。

21.盛京局、寶奉局

順治四年題准在盛京（今瀋陽）開局鼓鑄，五年停。實際上恐未鑄過錢。到光緒年間開鑄寶奉局光緒通寶錢，在此前見有咸豐通寶"當制錢壹吊"錢，背滿漢文盛京字樣。或係未予採用的試鑄品。

22.廣東省局、寶廣局

廣東省局是否在順治年間設置過，鑄行過哪幾種錢，各種文獻的記錄不一。《清實錄》于順治四年五月初一日記曰："開廣東鼓鑄。"《清會典事例》卷219《直省鼓鑄》記曰："（順治）四年題准盛京、河南、江西、甘肅、廣東、湖南之常德府各開鼓鑄。"《制錢通考》卷1著錄一枚順治通寶廣字錢（在穿右），認爲係廣東省局所鑄。而"清三通"則一律把甘肅、廣東抹去，在常德前加"湖廣之"三字。都認爲廣東省時未開鼓鑄。《清會典》在記錄各省局所鑄一厘錢局名字時，未提及廣字，《清會典事例》亦然。《清文獻通考·錢幣考一》在順治十七年記錄了15個省鎮局鑄滿漢文錢，亦未提及廣東局名。于是，《制錢通考》中著錄的順治通寶穿右廣字錢，戴葆庭認爲係唐與昆憑空作圖。

另外，素以爲廣東省局所鑄局名爲"廣"字，而阮元所修《廣東通誌》卷179《鼓鑄》却作"東"字，一併誌異。

順治年間，廣東省確曾受命鼓鑄，而事實上很小可能鼓鑄。順治三年十一月，南明桂王朱由榔在肇慶稱帝；唐王弟朱聿鐈在廣州稱帝，建元紹武。十二月清將李成棟（原爲明將）攻破廣州，紹武帝聿鐈自殺。順治四年，清廷接到廣州已入清朝的消息，遂命開爐鑄錢。如《制錢通考》所列順治單漢字廣字錢，如確有其錢，則當鑄于此時。而事實上南明大臣陳子壯、陳邦彥、張家玉等在廣東起兵，雖失敗身死，但畢竟其時的廣東并不太平。順治五年李成棟以廣東歸于桂王。順治七年十一月，清將尚可喜再次攻破廣州。其後的一段時期內，廣東全省不少州縣仍屬南明所有；明末農民軍也不斷在攻打清軍，甚至進圍廣州；鄭成功的勢力也在海上威脅廣東。總之，順治年間的廣東存在着各種反清力量，同清軍進行拉鋸戰。在廣東的清官員和將領的主要精力在于剿滅各種反清勢力。在此情況下，順治年間的廣東省是否設有錢局，如設有，是否開鑄過，很難肯定。

康熙七年後，廣東省錢局纔正式開爐鼓鑄，有的文獻寫作"增設"廣東錢局，并記有"廣東廣州府局鑄'廣'字"。㉞康熙九年停，二十五年開，三十一年停，三十四年開，三十七年停。雍正年間寶廣局是否鑄過雍正通寶，文獻又失載，不過有兩項全國性的命令當亦適用于寶廣局，其一爲將雍正通寶錢式頒行天下；其二是定局名爲首字滿文寶字，次鑄各本省一字。彭信威相信雍正錢中有寶廣局所鑄者。㉟《清文獻通考·錢幣考三》曾追記曰："粤東至雍正十二年奏開銅礦，方議鼓鑄。旋以辦理未協，即行停止。"雍正間確實少量鑄過制錢。乾隆十年題准廣東省鼓鑄青錢，背鑄"寶廣"兩清字。光緒十三年以後改機器製造。

廣東省錢局和寶廣局所用銅鉛部分採自本省礦藏，但不旺；部分以收買舊銅器；部分採購洋銅；大量的則採買滇銅和黔鉛。

寶廣局設在廣州觀風使衙門內，共6爐，每年額鑄36卯，遇閏加3卯。共得34560串，每卯僅960串左右。

廣東省局和寶廣局鑄行過的錢幣有如下品種：順治通寶單漢字廣字錢（文獻有記，未見實物）；康熙通寶滿漢文局名錢，有一錢四分、一錢大小兩種；雍正通寶滿漢文局名錢（𝔅𝔷）；乾隆通寶青錢；嘉慶通寶；道光通寶；咸豐通寶；咸豐重寶當十大錢（部頒樣錢）；同治重寶當十大錢；同治通寶制錢；光緒重寶當十大錢；光緒通寶制錢；光緒通寶機製制錢，有庫平一錢；八分五厘、八分、七分、五分和三分三厘小平錢；宣統通寶機製三分二厘小平錢。

附記：肇慶府局。康熙二十五年題准在廣東肇慶府設錢局，開爐鼓鑄。具體地點在高要縣縣學舊址。亦鑄廣字錢。二十六年停。

23.江南江寧府局

順治五年因江南江寧府（今南京）爲前代建都之地，又商買雲集，清兵駐扎，亟需用錢，故設錢局開爐鼓鑄。初在錢幕鑄"江"字，十七年鑄滿漢文式錢，用"寧"字。康熙六年（1667）分江南省爲安徽、江蘇兩省，安徽省鑄局仍設在江寧。九年停，二十五年開，四十一年停。雍正九年始改爲寶安局。

江寧府局鼓鑄所用幣材靠收買銅器。設爐4座，每年額鑄24卯。

江寧府局所鑄行的錢幣有：順治通寶江字錢（未見實物）；順治通寶一厘江字錢；順治通寶滿漢文寧字錢；康熙通寶滿漢文寧字錢有一錢四分、一錢大小兩式。

24.浙江省局、寶浙局

順治六年始在浙江省杭州府設局鼓鑄，十四年停，十七年（1660）復。康熙元年（1662）停，六年復，十三年停，三十五年復，三十八年停。雍正七年（1729）開，并定名寶浙局，十一年停。乾隆五年（1740）復開鼓鑄，首創青錢鑄造，以杜私銷。光緒末廢止。

浙江省局在杭州府治大倉橋附近，最多時設爐20座，康熙三十八年停止鼓鑄後，爐房、庫房等房屋都改爲永濟倉。雍正七年批准改爲寶浙局，第二年遂在仁和縣（今杭縣）義同二圖地方原祖山寺基址，并置地10畝餘，建設錢局。共有局門前牌坊1座、頭門1座、爐神廟1座、庫丁班房8間、堆沙泥房3間、二門1座、大堂3間、青選堂3間（左右2間作貯錢庫）、官員住房3間、東首平披各5間（收貯銅鉛等項）、厨房3間，大堂東西側各建爐房5座。錢局之外，周圍建造營房6處，住巡查兵丁。㊱咸豐間寶浙局屋宇毀于太平天国戰爭。同治四年左宗棠攻克杭州，移址省城并試鑄小平錢。

浙江省并不産銅，鼓鑄所需，初爲收買舊銅器，後從日本購買銅鉛。雲南省産銅富裕時，至漢口買回銅鉛等幣材，設爐10座，每年額鑄36卯，實得128613串餘，㊲每卯約3572串餘。

浙江省局和寶浙局所鑄行過的錢幣有如下品種： 順治通寶單漢字浙字錢（或在穿右或在穿上）；順治通寶一厘錢；順治通寶滿漢文局名錢，左浙右；康熙通寶滿漢文局名錢，有一錢四分、一錢大小兩式；雍正通寶滿文局名錢；乾隆通寶青錢；嘉慶通寶；道光通寶；咸豐通寶；咸豐重寶當五、當十大錢，有背穿上僅鑄"十"者，有鑄上下"當十"而左右"浙"者，有上下"當十"而左右""者；咸豐重寶當二十大錢，有鑄""者（形小）、鑄"浙"者（形大）兩種；咸豐重寶當三十大錢，鑄""者小、"浙"者大；咸豐重寶當四十大錢，鑄""者小、"浙"者大；咸豐重寶當五十大錢，鑄""者小、中、"浙"者大；咸豐重寶當百大錢，穿上"百"字、者小，"當百"、"浙"者大；同治重寶當十大錢；同治通寶制錢；光緒通寶鉛制錢；光緒通寶黃銅機製小平錢，重八分五厘、重七分；光緒重寶當十大錢。

25.福建省局、寶福局

順治六年題准在福建省福州府設局鼓鑄。十四年停，十七年開，康熙元年停，六年開，九年停，十九年開，二十一年停，二十四年開，三十四年停，乾隆五年復開。雍正年間寶福局是否鑄過錢，各種文獻失載，而《制錢通考》、《中國貨幣史》都相信有寶福局鑄行的錢幣。否則，自康熙三十四年停，至乾隆五年復開，歷時45年間，既未鑄錢，又未見京局錢或他省錢運閩的記錄，福建一省的兵餉如何搭放呢？其實在康熙五十五年曾有旨意，一些遠僻省份收買舊銅撮用，可以不必"知照"，雍正帝也遵行這一精神。㊳所謂知照，就是報奏皇帝知道。可見像福建、廣東這樣遠僻的省份可以不必經朝廷批准，自行收買舊銅器撮和使用，鑄造錢幣。福建時爲京局辦運銅鉛，主要購買洋銅，也有鼓鑄之便利。所以寶福局在雍正年間實際上是鑄過錢的。文獻失載是沒有造冊奏報的緣故。當乾隆五年（1740）寶福局奉命鑄青錢時，還提到此前寶福局鑄錢供臺灣府搭放兵餉的事。㊴直至道光四年（1824）因錢賤銀昂而停。咸豐三年（1853），寶福局率先鑄造大錢，錢的版式繁多。光緒十三年（1887），又率先試用機器製錢，背鑄""（寶漳）。寶福局遂廢止。

福建省鼓鑄所用幣材初收買舊銅器，購買洋銅，後來雲南産銅日旺，便採辦滇銅黔鉛以資鼓鑄。寶福局設在福建省城內，有爐8座，每年額鑄24卯，鑄錢48533串餘，每卯約2022串餘。

福建省局和寶福局所鑄行過的錢幣有如下品種： 順治通寶單漢字福字錢，福在穿上或穿右；順治通寶一厘錢；順治通寶滿漢文局名錢（此錢僅見史述）。康熙通寶滿漢文局名錢，有一錢四分、一錢大小兩式。雍正通寶滿文寶福局局名錢，滿文作。乾隆通寶，有局名錢，有福局名錢。嘉慶通寶。道光通寶。咸豐通寶當一小平錢，有黃銅、青銅、鐵質三種制錢。咸豐重寶當五大錢，有背穿上鑄"五文"、穿下鑄"三錢八分"；背穿鑄"當五"、背外郭上鑄"二錢五分"兩種版式。大清咸豐通寶當十錢，面加鑄"大清"兩字。咸豐通寶當十錢、咸豐重寶當十錢，背穿上鑄"當一十文"、穿下"七錢五分"；背鑄"計重五錢"；背外郭上鑄"計重五錢"；背橫鑄滿漢文"福"；背上下鑄"一十"。咸豐通寶當二十錢，有背上下鑄"二十"，橫鑄"壹兩五錢"。咸豐重寶當二十錢，背鑄滿文寶福局名，穿上"當二十文"、穿下"一兩五錢"；背鑄"計重一兩"；背外郭上鑄"計重一兩"；背滿文寶福局名，上下鑄"二十"；背鑄"二十"，無滿文局名。咸豐通寶當五十錢、咸豐重寶當五十錢，背滿文寶福局名，上下鑄"五十"、"二兩五錢"；外郭上鑄"二兩五錢"；背鑄"當五十"，橫鑄"五十"，無滿文局名。咸豐通寶當百錢、咸豐重寶當百錢，背鑄滿文寶福局名，"一百"；又有背郭內鑄"計重五兩"、背外郭上鑄"計重五兩"兩式。咸豐通寶，背鑄滿文寶福局名，無折當、計重字樣。咸豐重寶，背滿文寶福局名，無折當、計重字樣，有大小兩式。同治通寶制錢、同治重寶當十大錢。光緒通寶制錢、光緒重寶當十大錢。光緒通寶機製制錢、宣統通寶機製制錢。

26.雲南省局、寶雲局

順治十七年（1660）題准在雲南省設局鼓鑄，時省城稱雲南府，即今之昆明市。錢幕鑄滿漢文雲字。雲南省在清代大量開採銅礦，不僅供本省鼓鑄錢幣，而且北京寶泉、寶源兩局和全國許多省份的鑄錢也都用滇銅。雲南省所設立的錢局也特別多，不似其他省份一省一局的基本格局，而是多達10餘分局，所見記載的爐座的總數相當于全國各省鑄錢局所設爐座的總和。所鑄錢幣曾專供兩湖、兩廣、貴州、四川等省之用，也代陝西省鑄造制錢，爲京局鑄錢。總之，雲南省鑄幣局在清代錢幣鑄造中扮演了重要角色。

雲南省自順治十七年題准設局鼓鑄後，康熙元年（1662）停，六年開，九年停，二十年開，二十八年停，雍正元年（1723）開，其後未見有停鑄的記錄，而惟有增減爐座、增減鑄額的記載。至光緒末年廢。

雲南省局和寶雲局設在雲南府（今昆明市）西門錢局街，如其他官署一樣，前有頭門、儀門，然後是錢法堂，堂左爲錢庫，右爲銅鉛庫，堂下左右爲科房，堂之後爲局員辦公室，其後進則爲爐房。一切人員的出入均需檢查，以防偷漏。⑩寶雲局初有21爐，雍正四年增加5爐，乾隆五年又增加5爐，十四年減10爐，而留25爐。25爐大概是省局的正常規模。按雲南大理府等局每爐所定年鑄額估算，省局每年額鑄總數約爲六十卯左右。

《清會典事例》卷219《直省鼓鑄》記康熙六十一年世宗繼位（1722），十二月頒發雍正通寶錢樣時，定雲南省局鑄"寶南"兩字。《清文獻通考·錢幣考三》記述： 先曾經部議，"其錢幕應俱用滿文，擬令鑄'雲泉'字樣。《清史稿·食貨志》也有是説。十二月，雍正帝認爲，"錢乃國家之寶，雲南應鑄寶雲"，并作出"以後他省鑄錢俱將'寶'字爲首，次鑄各本省一字"的規定，于是雲南省局定名爲寶雲局，其他分局也都背鑄滿文"寶雲"。

雲南省局和寶雲局鑄行過的錢幣有如下品種： 順治通寶滿漢文局名錢，左乥而雲右（按記載是應該鑄過的，但未見實物）；康熙通寶滿漢文雲字錢，有一錢四分、一錢大小兩式；雍正通寶宝局名錢；乾隆通寶，有黃錢、青錢兩種；嘉慶通寶；道光通寶；咸豐通寶，有銅、鐵、鉛三種制錢，咸豐錢的背面往往出現草書雲字，正書工、上、合、五、大等字，以及○、星點、月紋、×等符號。這種格式，在咸豐以後的寶雲局制錢上也常見；咸豐重寶當十、當五十大錢；祺祥通寶制錢；同治通寶制錢；同治重寶當十大錢；光緒通寶制錢；光緒重寶當十大錢；宣統通寶制錢。

附記：

（1）蒙自縣局。康熙二十一年設，二十八年廢，錢幕亦鑄雲字。

（2）禄豐縣局。康熙二十一年設，二十八年廢，錢幕亦鑄雲字。

（3）大理府局。康熙二十年設，二十八年停。雍正元年（1723）復設，有爐5座，五年停。乾隆八年（1743）復開，設爐15座，每年額鑄36卯，共得青錢67330串餘，每卯約1870串。乾隆三十五年減爐，只留4座，乾隆四十四年確定爲8爐，乾隆四十五年裁撤。鑄幣局在城南東隅，至民國修縣誌時早已傾圮。

大理產銅，按理人民可以富裕，而事實上滿清政府設鑄幣局却是一種搜刮和掠奪。周宗麟嘆曰："蒼石非玉，洱水無金。金錢之有輸出，而無輸入，加以滿清間接苛斂，搜括無厭，生計安有不蹙?!"⑪鑄錢的結果是肥了清王朝官員，窮困了百姓。

（4）臨安府局。康熙二十四年（1685）始設錢局，有爐6座。雍正四年（1726）增加5爐。乾隆五年（1740）又增加5爐，共16爐，十四年減8爐，留8爐，以後基本以8爐爲准，至乾隆四十五年裁撤。臨安府錢局所鑄錢主要供兩廣及其他缺少銅鉛不能鼓鑄的省份。錢幕爲雲字，其後爲滿文寶雲局名。

（5）霑益州局。康熙六十一年題准設局，有爐15座，雍正四年裁撤。

（6）廣西府局。雍正十二年（1734）題准在雲南廣西府（今瀘西）設錢局，建94爐。其時全國許多省份因銅鉛不足而不鑄錢或少鑄錢，康、雍間規定江蘇、浙江、福建、廣東、兩湖、江西、安徽八省辦運銅鉛進京，再由空船帶回制錢到各省行使。這樣做顯然是一件勞民傷財的事。雍正帝試圖在雲南設錢局大量鑄錢，改運銅鉛爲運現錢，可以節省運輸費用。廣西府離廣西省之百色較近，運輸便利，再由百色轉運至漢口，由漢口發往各省。因此在廣西府大規模地設置爐座，每年可鑄421936串餘，扣除工料、養廉、官役、工食等費用，可净得344632串餘。乾隆帝即位後，就下令停止代京局鼓鑄，改由各省自己籌辦銅鉛，以充鼓鑄。乾隆四年（1739）停廣西府局鼓鑄。十五年復開，僅設15爐，每年額鑄36卯，67330串，每卯1870餘串，專供廣西州屬開化、廣羅、廣南等鎮兵餉。後來減至8爐，乾隆四十五年裁撤。

（7）順寧府局。乾隆二十八年（1763）題准在雲南順寧府（今鳳慶）設錢局鼓鑄，建8爐，翌年開鑄，每年額鑄36卯，加鑄18卯，共得53864串餘，每卯約1500串。主要供當地兵餉及各級官衙門辦公費用、官員養廉銀等。乾隆三十一年減去加鑄之數，定36卯之額。三十五年又裁減爐座和鑄額，四十五年裁撤。

（8）曲靖府局。乾隆四十一年設，因其地現存銅斤較富，遂置15爐而開鼓鑄。四十五年裁撤。

（9）保山局。乾隆四十一年設，因其地現存銅斤較多，遂置4爐以開鼓鑄。四十五年裁撤。錢幕亦鑄滿文寶雲字。

（10）東川府局。雍正十一年（1733）因陝西省錢價昂貴，經户部議奏開設雲南省東川府錢局，設爐28座，其銅用東川府屬之湯丹廠所採煉之銅斤，鉛用曲靖府屬之卑淅、塊澤廠所煉之鉛。年鑄10萬串，錢幕鑄滿文寶雲兩字，運至漢口，由陝西省委員接解。其中規定陝西省支付白銀，每串一兩一錢九分一厘有奇（或作一兩一錢一分六厘有奇）。大概陝西省支付不了那麼巨額的白銀，第二年即奏稱錢價已平，不需要雲南代行鑄錢了。當然，10萬串錢一下投放陝西，也差不多可使錢價減平，于是在雍正十三年即停東川局鼓鑄。

乾隆六年（1741）因開通金沙江至四川省的河道，需大量工匠勞役費用，復開20爐，鑄錢36卯、89773串，每卯約1500串。經兩年，河道建成。但昭通、鎮雄、東川一帶係新開闢地區，駐軍較多，地方上流通制錢不足，故繼續鼓鑄。乾隆十七年又因當地產銅鉛充裕，滇省官兵需餉銀量大，在原有20爐的基礎上再增50爐，共70爐，并且再增額36卯，并有帶鑄，每年鑄錢224434串。乾隆二十一年，再加18卯（112217串餘）。二十七年于正鑄額卯中減去一半，三十年恢復原額。三十五年裁50爐，三十八年加5爐，實有25爐，四十四年減9爐，得16爐，四十五年裁撤其他各分局，祇留省城和東川局鼓鑄，減東川局6爐，留10爐。五十九年命各省停鑄，東川局亦停。

27.雲南寶東局

嘉慶時期起，雲南東川局改名寶東局繼續鼓鑄，錢背鑄"寶東"（ᡩᠣ）兩滿文。

現能見到的寶東局所鑄行的錢幣有如下幾種：嘉慶通寶滿文局名錢；道光通寶；咸豐通寶制錢，有銅質、鐵質兩種；咸豐重寶當十大錢；光緒通寶制錢。傳世尚見有祺祥通寶背滿文"寶東"平錢。

28.江蘇省局、寶蘇局

江南省于順治十八年（1661）分左右布政使司，左布政使司設在江寧，右布政使司設在蘇州府。康熙六年（1667）改江南右布政使司爲江蘇布政使司（亦稱江蘇省），設蘇州府局爲江蘇省局，鑄蘇字錢，九年停蘇州局鼓鑄。雍正時改蘇州府局爲寶蘇局，錢幕鑄ᠰᡠ字樣，至光緒末廢。本卷有寶蘇局專論，此處不詳考。

29.湖南省局、寶南局

元明時把湖北部分、湖南、貴州部分、廣西、廣東部分的廣大地區稱爲湖廣，清初也是如此。康熙三年（1664）移湖廣右布政使司于長沙，并改爲湖南布政使司（亦稱湖南省）。湖廣左右布政使司原駐武昌，湖南設立布政使司後，確立武昌爲湖北布政使司治所。雖然兩湖分省，但習慣上仍稱湖廣。康熙六年始在湖南長沙府置鑄幣局，九年停，二十年開，三十九年停。雍正七年（1729）復開，定局名爲寶南（ᠨᠠᠨ），十一年停。乾隆六年（1741）復開，十九年增爐5座，原5爐，共10爐。二十四年加卯鼓鑄運甘省錢。四十四年減5爐，存5爐，五十九年停。嘉慶元年（1796）復開，光緒末年廢。

寶南局在乾隆年間鑄錢較多，曾經起過較大作用。原先湖南地方較長一段時期處在戰爭狀態，清錢鑄造無多。康熙年間鑄造的一錢四分制錢，至康熙五十一年尚未在湖南流通，故巡撫潘宗洛奏摺中稱其地多用小錢，于是將京局所鑄錢運發湖南。[42]而乾隆三十六年布政使吳虎炳奏稱："湖南錢法，向不禁古錢"，于是造成民間的私毀私鑄。清廷採用將古錢、小錢收買，一體禁止行用的政策。[43]乾隆二十四年清軍平定回疆，駐軍甘省，甘肅錢幣不敷流通，由湖南運發10萬串錢給甘省。湖南省之所以能在乾隆年間禁止古錢、小錢，能支援甘省大量錢幣，是因爲在桂陽、郴州先後開採了鉛礦和銅礦，用本省銅鉛代替了購買滇銅。幣材充裕了，自然鑄錢就多，以致後來還向他省供應銅鉛。

湖南省局和寶南局鑄行過的錢幣有如下品種：康熙通寶滿漢字局名錢，有一錢四分、一錢大小兩式；康熙年間還鑄過一種重僅七八分的小平紅錢，因不合式而禁用；雍正通寶滿文寶南局名錢；乾隆通寶；嘉慶通寶；道光通寶；咸豐通寶制錢，有銅、鐵兩種；咸豐重寶當十、當五十大錢；同治制錢和當十大錢；光緒制錢和當十大錢。

30.甘肅省局、寶鞏局

甘肅省治初在寧夏府，錢局亦設于寧夏。順治五年（1648）移省治于蘭州，錢局仍在寧夏。陝西左右布政使司原設于西安，康熙二年（1663）移右布政使司于鞏昌，五年劃歸甘肅省，并爲布政使司治所。六年復開各省鎮錢局時，定甘肅省錢局在鞏昌府，而裁撤寧夏府錢局；并規定錢幕鑄滿漢文鞏字。九年停，二十三年開，四十一年停。雍正四年（1726）定名寶鞏局時，《清實錄》有一段重要記載："（舊）于省城設爐二十一座，開爐鼓鑄大錢，錢幕鑄'寶鞏'兩清字。即將大錢收買小錢，源源鼓鑄，收盡停止。先是甘肅布政使司駐鞏昌，康熙六年于錢幕鑄滿漢文'鞏'字。嗣于九年停止錢局，移布政使司于蘭州。至是年（指雍正四年，——引者）于蘭州設局，其錢幕仍鑄'鞏'字"。[44]這是雍正四年八月二十日甘肅巡撫石文焯奏摺中的一段話。在奏准"收買小錢改鑄大錢，收盡停止"後，遂使用政府的權力強行收買小錢（指康熙二十三年行使的一錢重制錢），當然也收買舊錢。兩年後，西安布政使署甘肅巡撫張廷棟奏稱，這樣做法，"擾民已甚"，于是停止寶鞏局鼓鑄。[45]鞏局自雍正六年停鑄後，未見復開的記載。

此後甘省流通制錢，另有補充渠道。乾隆二十四年（1759），清軍平定回疆後，大批軍隊駐扎在甘省，以致甘肅無錢發放兵餉。乾隆帝下令四川、湖北、湖南三省先將庫存餘錢運發甘省，然後增爐加卯鼓鑄。四川每年撥運12萬串，兩湖各撥8萬串。而且規定所需工本、物料價值，以及水陸運費都由各省作正項報銷，毋庸甘省歸還。[46]乾隆二十六年即停止撥運，其時甘省實際得錢40餘萬串。

咸豐時寶鞏局鑄造大錢。陝西是當時率先鑄造大錢的省份，兩位陝甘總督易棠、樂斌對寶鞏局鑄造大錢起了較大作用。咸豐四年（1854）六月十六日易棠奏摺云："（甘省）現已鑄就各種大錢，計抵制錢四千餘串，內當十、當五十、當百黃銅大錢，市肆已通行無阻。惟當五百、當千紫銅大錢，行用尚多窒礙。"兩天後他又上奏説："當十鐵錢可以緩鑄，現已鑄就當五鐵錢和鐵制錢。"[47]咸豐五年易棠還奏請將銅制錢改成八分重。[48]樂斌在咸豐七年三月初三日奏請停鑄當百、當五十兩種大錢，而加爐鼓鑄當五、當十兩項大錢。八年五月二十九日奏摺中提到寶鞏局的鑄錢情況："寶鞏局專鑄當五、當十大錢，添鑄八分制錢與大錢搭用。自上年六月起陸續添爐八座，約計一年可鑄當十、當五兩項大錢，足抵制錢二十二萬四千餘串。""當五重一錢七分，當十重三錢四分，滇銅六成、白鉛三成、黑鉛一成。"[49]這樣，寶鞏局在咸豐年間鑄造的錢幣有：咸豐通寶制錢，有銅質（重八分）、鐵質（重一錢二分）兩種；咸豐重寶當五大錢，有銅、鐵兩種；咸豐重寶當十、當五十大錢；咸豐元寶當百、當五百、當千大錢。還見少量當二記值錢，當爲官局私鑄之錢。

寶鞏局除了各項咸豐錢以外，還鑄行過：康熙通寶滿漢文鞏字錢，左而鞏右，有一錢四分、一錢大小兩式；雍正通寶滿文局名錢（ᠪᠣᠣ ᡤᡠᠩ）；祺祥通寶制錢；祺祥重寶當十錢；同治通寶制錢；同治重寶當五、當十錢。

31.安徽省局、寶安局

清初繼承明制，設江南布政使司，轄境相當于今安徽、江蘇、上海等地。順治十八年（1661）分右布政使司駐于蘇州，左布政使司仍駐江寧。康熙六年（1667）把江南省分爲江蘇省、安徽省。後來安徽省治移安慶，但鑄幣局仍在江寧，這是惟一一個鑄幣局不在本省的省份。雍正九年（1732）准安徽省鼓鑄，定名爲寶安局，鑄雍正通寶錢，錢幕鑄ᠪᠣᠣ ᡳᠸᠠᠨ。而實際開鑄是在雍正十年。《江南通誌·食貨誌·錢法》云："安徽設寶安局于江寧城内，以鹽驛道總理、池州府同知協理。雍正十年三月十九日開局鼓鑄，設爐四座，一月兩卯，每卯爐一座，用時搭生熟銅二千四百斤，四爐共用對搭生熟銅九千六百斤，給工料錢一百四十五串四百四十文，加串繩五百四十文，計銅本銀一千三十五兩九錢八分四厘，實得制錢八百五十四串四百文。每串作銀一兩，值銀八百五十四兩二錢，仍不敷銅本銀一百八十一兩五錢八分四厘。凡在局官員、書役薪水、工食、心紅、紙張，一年需銀三百一十六兩八錢；局内應用天平、戥子等器，需銀一十兩七錢，均于司庫公項下動給，彙報核銷。"寶安局鑄錢材料全靠收買舊銅器。雍正十一年即因所收銅器用完而停止，以後便未見任何文獻的記録，該局所鑄錢有雍正通寶背寶安者存世。至于乾隆、嘉慶、道光年號等背寶安錢極少見，是否真品或官鑄待考；咸豐寶安局錢僅是部頒樣錢，未鑄造。

32.四川省局、寶川局

清初，四川省戰争頻仍，故在康熙六年（1667）縂准開鼓鑄，九年停，二十三年開，四十一年停。雍正元年（1723）復開，旋停，雍正十年開，直至光緒末年。

寶川局設在成都府貢院内西邊空地處，前後建大小房屋113間。後于乾隆二十一年（1756）添建爐、宿、庫、擦磨各類房屋44間，合原有房屋得157間。四川省局原有15爐，雍正定爲寶川局時，因滇省產銅不旺，減至8爐。乾隆年間有多次增減爐座，通常是15爐、30爐，最多時爲乾隆二十年因四川省修繕各州縣城池，需大量錢幣，增爲60座，最少時爲8爐。8爐時額鑄24卯，15爐時額鑄62200串，30爐124400串，60爐可鑄244800串。按24卯吞吐銅鉛32萬斤，62200串吞吐銅鉛60萬斤，可知62200串實爲45卯，每卯約1382串有奇。寶川局在乾隆年間鑄錢較多，有兩次鑄幣高潮：一爲十一年至十七年，鑄錢運發陝西；二爲二十年至二十五年，本省修城，以及撥運甘省錢。

寶川局所用銅鉛，康雍間係採買滇銅黔鉛，乾隆時開採四川省建昌地方之會理州、冕寧縣、樂山等處銅礦，銅苗漸旺，也可將多餘之銅運往漢口，供他省辦買。乾隆四十六年後，各礦銅轉衰，于是減爐減卯。嘉慶十一年（1806）又在西昌之拖角山、白果山開採銅礦，得以維持鼓鑄。

四川省局和寶川局鑄行過的錢幣有如下品種：康熙通寶滿漢文局名錢，左ᠪᠣᠣ右川，有一錢四分、一錢大小兩式（此錢僅見史録，實物均未見）；雍正通寶滿文局名錢（ᠪᠣᠣ ᠴᡠᠸᠠᠨ）；乾隆通寶；嘉慶通寶；道光通寶；咸豐通寶銅制錢；咸豐重寶當十、當五十大錢；咸豐元寶當百大錢；光緒通寶制錢；光緒重寶當十大錢。

33.廣西省局、寶桂局

康熙七年（1668）始于廣西桂林府設錢局鼓鑄，九年停，十八年開，二十年停，二十三年開，四十一年停。雍正七年（1729）曾經在桂林附近採銅礦試鑄，旋因得不償失而停。[50]乾隆七年（1742）復開，直至光緒末年。

廣西省局所設爐座史不明載，寶桂局設爐鼓鑄情況始見于乾隆七年。《清文獻通考·錢幣考四》云："粤西久未開鑄，惟賴滇省運錢以濟兵民之需。查本省恭城縣之回頭山廠，及懷集縣之響水廠、河池州之將軍山廠，歲約共產銅十餘萬斤，向係變價充餉。請即配買鉛錫以供鼓鑄，開局于省城桂林府，設爐十座，錢幕滿文鑄'寶桂'二字。每年開鑄三十六卯，用銅鉛錫二十一萬六千斤，再加耗二萬一千三百餘斤，鑄青錢二萬八千八百串。"其後，乾隆十一年增2爐，得12爐，十四年增8爐，得20爐，每月3卯，每年36卯，得96000串，卯數未增，每卯的串數增加到2667串。三十四年減爐，四十四年再減，存12爐，嘉慶三年（1798）再減7爐，祇留5爐。一再減爐的原因是廣西銅礦不旺，購買滇銅不易。

廣西省局和寶桂局鑄行過的錢幣有如下品種：康熙通寶滿漢文局名錢，左ᠪᠣ右桂，有一錢四分、一錢大小兩式；雍正通寶滿文局名錢（ᠪᠣᡤ）；乾隆通寶；嘉慶通寶；道光通寶；咸豐通寶銅制錢，咸豐重寶當十、當五十大錢；同治通寶銅制錢；同治重寶當十大錢；光緒重寶當十大錢；光緒通寶制錢。

34.貴州省局、寶黔局

康熙七年（1668）始于貴州省貴陽府設錢局，錢幕鑄滿漢文貴字。九年停，二十三年復，四十一年停。雍正元年（1723）貴州省局改爲寶黔局，雍正八年在畢節縣設爐鼓鑄。乾隆二十四年（1759）移畢節縣局于省城貴陽府。五十二年設大定府分局。寶黔局至光緒末廢。"貴州于雍正元年議開銅礦鼓鑄。督撫以黔省漢苗雜處，用銀沿襲已久。若以錢文搭餉，領運既難，流通無時，請停止開採。至是，復以威寧州採銅有效，而大定府境內又產有鉛礦，巡撫張廣泗奏請開局于畢節縣城，設爐十座，錢幕滿文鑄'寶黔'兩字，每年開鑄三十六卯，每爐每卯照雲南之例，鑄正額銅鉛一千斤，帶鑄銅鉛一百斤，外耗銅鉛九十斤。以所鑄錢配給官兵俸餉。"[51]雍正八年以前的貴州省局處于名存實亡的境況。雍正八年至乾隆二十四年的30年時間內的貴州畢節縣局，實際上充當了寶黔局的角色。"畢節縣設局之始，原因就近可運銅鉛，但每歲所鑄錢文解至省城、安順二處，仍須開銷腳價；而知縣有地方之責，委命管局，亦有顧此失彼之虞。應移局于省城貴陽府，專委大員管理。至銅鉛各廠雖距省城稍遠，若將安順以下河道開通，改爲一半水程，可以節省運費。并將加鑄二十六卯，歲可添鑄五萬七千三百五十五串有奇。"[52]時畢節縣局正鑄達46卯，加26卯，則爲72卯。經戶部商議，定額鑄69卯，除去工價等項，實得172000餘串。發放兵餉、俸祿、工役等費，用去10萬串，其餘則由官錢鋪發賣商賈民衆等。由以上數字可知，寶黔局每卯約在2206～2494串之間。

貴州省局和寶黔局鑄行過的錢幣有如下品種：康熙通寶滿漢文貴字錢（僅見史錄，未見實物）；雍正通寶滿文局名錢（ᠪᠣᡤ）；乾隆通寶，有黃銅、青錢兩種；嘉慶通寶；道光通寶；咸豐通寶制錢，重寶當十、當五十大錢；同治通寶制錢，重寶當十大錢；光緒通寶制錢，重寶當十大錢。

附記：

（1）畢節縣局。雍正八年設，乾隆二十四年撤，存在約30年，係實際上的貴州省寶黔局。初設爐10座，額鑄36卯。乾隆四年（1739）增爐10座，共20爐，額鑄89773串餘，爲36卯。九年增鑄10卯（24937串），共鑄46卯。錢幕鑄滿文寶黔局名。

（2）大定府局。乾隆五十二年設，有爐5座。道光五年（1825）七月初四日御史袁文祥《請禁官局鑄造小錢摺》云："臣近聞貴州之貴陽、大定兩府錢局，于鑄餉錢之餘，皆另鑄有小錢，號底火錢，每千約重四五斤不等。"[53]道光間尚存，可能至光緒末自行廢亡。大定府局亦鑄滿文寶黔局名。

35.福建漳州府局、寶漳局

康熙十九年始設，二十一年停，六十年裁。惟鑄行過康熙通寶滿漢文局名錢，重一錢四分者。

36.臺灣府局、寶臺局

康熙二十七年（1688）福建巡撫張仲舉奏言："臺灣孤懸海外，自建設郡縣以來，民間猶用僞錢。應請頒發制錢式樣，就本地開爐鼓鑄。其銅本就兵餉銀內動用購買，鑄獲制錢，歸還原項。"[54]第二年批准在臺灣府設錢局，錢幕鑄滿漢文局名，左ᠪᠣ右臺。康熙三十一年停。其後的各種文獻中未見有復開或暫停的記錄。《制錢通考》說："臺灣寶臺局于康熙二十七年開鑄，至乾隆年間停爐，所鑄錢文，惟康熙間小制錢傳留至今尚多，若雍正、乾隆二號錢，今已不可多見。"《清文獻通考·錢幣考四》說："先是福建于乾隆四年，以臺灣一郡錢貴殊常，該處向用小錢，每錢三文抵內地大制錢二文之用，從前每番銀一兩易小錢一千五百文，近止易八百餘文，兵民交困。議將收存黃銅器皿八萬餘斤，先于省城開鑄錢萬餘串，盡數運往臺地，搭放兵丁月餉。"可見乾隆年間臺地用錢曾由閩省代鑄運發。

寶臺局鑄過康熙滿漢文式錢，雍正滿文錢，乾隆滿文錢。還鑄行過咸豐通寶銅、鐵兩種制錢。福建巡撫徐宗幹咸豐四年（1854）三月二十五日的奏摺中說："臺灣素不產銅，錢局既已設立，請兼鑄當一鐵錢參用，已出示開爐試鑄。"[55]這裏提及鑄鐵制錢，并未提及鑄銅制錢，該地雖不產銅，但可收買舊銅器鼓鑄，此爲寶臺局慣例。至今見到銅質錢反而未見鐵質錢。這條資料同時說明，寶臺局雖時停時開，但至少在咸豐間尚存在，日本《昭和泉譜》和《遼東泉拓集》還著錄兩枚咸豐通寶當五紀值錢，穿背左右爲"ᠪᠣ""臺"。上下爲"五文"。有譜錄還載有同治通寶背"寶臺"制錢拓圖。若是，則寶臺局存在的時間當不止于咸豐。

37.直隸寶直局

乾隆十年（1745）始在直隸省保定府設局鼓鑄，有爐6座，每年額鑄48卯，72800串，每卯約1517串，錢幕鑄"寶直"兩滿字（ᠪᠣᡷ）。十五年減2爐，三十年定爲5爐。道光十年（1830）停，咸豐元年（1851）復開，九年將銅爐改成鐵爐，并在西關外靈雨寺增設鐵爐20座，鑄鐵制錢和當十鐵錢，旋停。同治六年（1867）復銅爐5座，光緒末年廢。

寶直局鑄錢所用銅鉛等材料，主要購買洋銅、黔鉛，也利用淘汰銅渣、銅屑來維持鼓鑄，節省開支。

寶直局鑄行過的錢幣有: 乾隆通寶青錢; 嘉慶通寶; 道光通寶; 咸豐通寶制錢, 有銅、鐵兩種; 咸豐重寶當五大錢, 有銅、鐵兩種; 咸豐重寶當十大錢, 有銅、鐵兩種; 咸豐重寶當五十大錢; 咸豐元寶當百大錢; 同治重寶當十大錢; 同治通寶制錢; 光緒通寶制錢, 有鑄造、機製兩種; 光緒重寶當十大錢。

　　38.新疆地區各鑄幣局

　　自乾隆二十四年(1759)平定西域准噶爾部, 回疆歸入清版圖後, 陸續設立了8個鑄幣局。計有: 葉爾羌局、阿克蘇局、烏什局、伊犁寶伊局、迪化寶迪局、喀什噶爾局、庫車局、寶新局。詳見本卷專論: 穆淵、蔣其祥《清代新疆銅錢論稿》。

　　39.直隸寶薊局

　　咸豐四年閏七月, 在直隸省薊州馬蘭鎮設寶薊局鼓鑄大錢, 旋因銅、鐵不敷而停廢。共鑄行過咸豐通寶制錢, 有銅質、鐵質兩種; 咸豐重寶當五大錢, 有銅、鐵兩種; 咸豐重寶當十大錢, 有銅、鐵二種; 咸豐重寶當五十銅大錢; 咸豐元寶當百大錢。錢幕鑄滿文寶薊局名(ᠪᠣᠣ ᠵᡳ)。

　　40.熱河寶德局

　　太平軍興不久, 咸豐帝退避至熱河(今承德)避暑山莊。四年八月設爐, 九月開鑄。《清會典事例》卷219《直省鼓鑄》云: "熱河設立寶德局, 設大銅爐二座, 小銅爐一座。用七成正銅, 二成白鉛, 一成黑鉛, 照部頒式樣配鑄當百、當五十、當十大錢, 每月五卯。大爐每月每座鑄當百大錢一卯、當五十大錢二卯、當十大錢二卯, 小爐每月鑄當五十大錢二卯、當十大錢三卯。五年又設鐵爐四座, 鑄造咸豐制錢和當五、當十、當五十、當百大錢。寶德局滿文作ᠪᠣᠣ ᡩᡝ。還鑄有鐵小平錢。八年裁撤。"

　　41.山東寶東局

　　光緒十三年正月, 朝廷下旨, 要山東鑄造制錢10萬串, 山東巡撫張曜奏稱: "伏查東省原有寶濟錢局, 自乾隆三年裁撤, 迄今百數十年, 復行鼓鑄, 集事爲難。省城距海口較遠, 採買銅鉛轉運非易, 因思烟臺爲通商口岸, 當飭登萊東海關道盛宣懷妥籌辦理。"即于烟臺設立總局和分局, 設爐16座, 從十三年五月初一日起, 鑄造10萬串制錢, 每枚重一錢, 一年內完成。制定的《鑄錢章程》5條, 規定局名爲寶東局, 曾鑄過光緒通寶機製錢。

　　以上考證了正式得到清王朝批准設置的鑄幣局的鼓鑄情況。其中盛京、湖廣鄖陽雖見文獻記載, 但實際却可能未鑄過錢; 常德局存在數年, 應該鑄過錢的, 終因文獻失載又不見實物而情況不明。雖然附記了十餘個分局, 也對寶泉局于咸豐間在山西所設鐵錢分局、寶河局在懷慶所設的鐵爐作了説明, 但仍難免掛一漏萬。清中期以後, 尤其是晚清時期, 直省錢局自行停鑄、減鑄之事時有發生, 加以政局動蕩, 有些年號錢各省局并未依令一體開鑄。如同治通寶、同治重寶錢的存世品中, 有的錢局僅有母錢或樣錢, 可能是依式實鑄極少而罕有存世; 或可能并未正式鑄造過。目前尚缺確鑿的依據。對此, 本文祇能暫取前説, 作該局曾鑄錢列入。又如有的錢背所鑄局名未見史述。有些錢譜著録了背鑄"寶州"的咸豐、同治小平錢, 并説寶州局係雲南某地的錢局。筆者認爲在目前缺乏資料的前提下, 祇能説可能是一種局私錢, 依其面背文字及輪廓製作看, 甚近似寶雲錢, 而錢背格局, 又頗近似雲南寶東局錢, 故出于雲南是有可能的。此外, 時晚清, 光緒通寶品種較繁, 有在原來的鑄局鑄造的, 也有在一些機器局、輪船局、槍炮局製造的, 有澆鑄的, 也有機器壓製。在光緒年立而未廢的吉林寶吉局、天津寶津局、天津寶沽局、盛京寶奉局和江南造幣廠寶寧局機製光緒錢, 它們顯然不同于原來鑄幣局名義的錢局, 存在的時間也短, 但仍屬于清王朝造幣機構和制錢。

三、餘　記

　　清代銅錢遭到厄運, 有多方面的原因。政治上, 封建專制主義中央集權的帝制已經岌岌可危。軍事上, 反侵略屢屢失敗, 又經農民起義軍的沉重打擊, 清軍實力大爲削弱。經濟上, 因賠款、鴉片貿易、軍費開支, 大量白銀外流, 清王朝的財政已經到了捉襟見肘的窮困境地。就貨幣本身而言, 遭到以銀元、銅元、紙幣構成的新貨幣體制的衝擊, 而制錢本身也已在流通領域中失却信用。舊的白銀、銅錢平行的制度正在衰亡。

　　早在我國自行製造銀幣前, 多種外國銀幣已在廣東、福建、浙江、廣西、兩湖等地區流通, 而且逐漸向江蘇、安徽、河南、四川等省蔓延。同光間, 洋務運動的興起, 以求強求富爲目的, 在一些省市建立了機器製造局、船政局、槍炮局、鐵路局、電報局等以軍事工業爲主的近代工業。它們本來都有翻砂鑄造工藝, 鑄造錢幣極爲便利, 但採用機器製造制錢更爲方便, 再由于機製銀元、銅元獲利更大得多, 也就不願鑄造錢幣, 因而制錢制度的衰落已不可避免。

　　清代制錢的衰落是在乾隆後期出現的。嘉道間, 就多有自行停産的。另外, 銅鉛在運輸過程中也往往出現抛擲、沉船、拖延時日等弊端。嘉慶和道光經常親下"聖諭"催趲運銅。有些省局自行停鑄, 或大量減少鑄額, 錢幣減重, 質量拙劣, 私鑄私銷也愈演愈烈, 官方鑄局和官員也參與私鑄, 屢禁不止。再加上咸豐時期大錢、鐵錢、鉛錢濫鑄, 官錢票濫發, 清朝貨幣已經沒有信用。而各地鑄幣局罷工者有之，毆打錢局官員者有之，偷盜庫存銅鉛、現錢者有之，遭受火災者有之，偷工減料以私鑄者更有之。就是京局內也有過之而無不及者，以致同治帝對于劣錢不得不下令"當堂捶碎"、"押令回爐"。當朝廷像以往各朝一樣，下令各省鑄幣局鑄造"同治通寶"、"光緒通寶"時，有的錢局已焚于兵火，有的錢局象徵性地少量鑄上一二年，有的錢局則干脆不予理會。但作爲尚在苟延殘喘的清王朝，爲了體現朝廷的存在，皇帝的存在，希望恢復制錢。慈禧太后下嚴令，命各省鑄幣局鑄造制錢。其時尚存的一些省局則用舊法鑄造，而福建、廣東、湖北、浙江、江蘇、直隸、吉林、奉天、山東、江南、工部等則用機器製造不合舊式的小平錢。在新幣制取代舊幣制時，流通領域雖尚有使用制錢的可能和習慣，但那些機器局及其鑄造或製造的小平錢，在錢幕上仍鑄滿文局名，也不能挽救清代鑄幣局和制錢的消亡命運。事實上，那些擁有機械製造能力的省份，清政府原先所設置的舊式錢局，有的毀于兵災，有的徒存空房廢爐，有的則原來就沒有設置過。

　　清代在始用機器製錢到王朝覆亡的二十餘年時間裏，小平錢的品種五花八門。那些原來的鑄幣局用舊法鼓鑄的制錢，情況也是如此。以往都由戶、工部製作樣錢，經皇帝審閱後頒發各省照式鑄造，同光時雖也時見樣錢，但實際鑄造的錢幣與樣錢差距甚大。而各地機器造錢，都是由地方呈進錢樣。錢的重量也由地方決定，越製越輕，愈造愈小，及至有輕如榆莢的三分二厘的小平錢問世，這是清王朝衰敗而至不可避免走上滅亡的先兆。

　　現將有史可查的光緒末年各地機器製造錢的情況列表如下：

省份	機構	錢重	鑄字	始鑄年份	備注
福建	船政局	八分五厘	滿文	光緒 12 年	寶漳局（用寶漳局名，該局早已裁撤）
	機器局	三分二厘	廣滿文	光緒 33 年	宣統時亦鑄
廣東	機器製造局	庫平一錢	滿文	光緒 13 年	
		八分五厘	滿文	光緒 13 年	
		七分	滿文	光緒 14 年	
		八分	滿文	光緒 16 年	
		五分	滿文	光緒 24 年	
		三分二厘	滿文	光緒 33 年	宣統時亦鑄
		當十	滿文	不詳	光緒重寶
浙江	軍火機器局	一錢	滿文	光緒 13 年	後移軍械製造局
		七分	滿文	光緒 22 年	
吉林	銀圓局	八分	滿文	光緒 13 年	寶吉局
工部	寶源局	一錢	滿文	光緒 13 年	用土機器造
		八分	滿文	光緒 16 年	
山東	寶東局	一錢	滿文	光緒 13 年	
直隸	天津機器局	八分	滿文	光緒 13 年	寶津局
		七分	滿文	光緒 24 年	天津寶沽局
		八分	滿文	光緒 25 年	
湖北	廣東機器局	六分	滿文	光緒 22 年	代寶武局製
兩江	廣東機器局	一錢	滿文	光緒 22 年	代寶寧局製
奉天	奉天機器局	五分	滿文	光緒 25 年	寶奉局

注：
① 《清會典事例》卷 214 《督理錢法》。
② 《清文獻通考·錢幣考二》。
③ 《清文獻通考·錢幣考二》。
④ 《清史稿·吳興祚傳》。
⑤ 《清實錄·世宗實錄》第 7 冊第 1128 頁，中華書局 1986 年版，下引《清實錄》文均出此種版本。
⑥ 《清會典事例》卷 220 《錢法禁令》。
⑦ 《清文獻通考·錢幣考二》。
⑧ 《石渠餘記》第 205 頁，北京古籍出版社，1985 年。
⑨ 《清會典事例》卷 219 《直省鼓鑄》。

⑩ 《清文獻通考·錢幣考三》。

⑪ 見《制錢通考》第 8 頁，中央民族大學出版社，1994 年。

⑫ 《清朝續文獻通考·錢幣二》。

⑬ 《清會典事例》卷 214《直省鼓鑄》。

⑭ 《清實錄·文宗實錄》第 42 册第 171 頁。

⑮ 《清朝續文獻通考·錢幣二》。

⑯ 以下户、工部錢局鑄皇帝紀元錢，均爲背面鑄兩滿文局名，不再在文中説明。

⑰ 《制錢通考》第 47 頁；彭信威《中國貨幣史》第 756 頁，上海人民出版社，1965 年。

⑱ 見《制錢通考》第 106 頁。

⑲ 《制錢通考》第 134 頁云：　（嘉慶九年九月旨）"從前各省局鑄錢文，局員等任聽舞弊，偷減斤兩，多攙鉛錫，以致質地脆薄、減小、模糊。今開爐鼓鑄新錢，自應按照部頒式樣，銅六鉛四配鑄，方可肅清圖法。"説明乾隆後期，各地錢局已多不遵朝廷錢制了，朝廷的威信在降低。

⑳ 《清會典事例》卷 891《出錢》。

㉑ 《清文獻通考·錢幣考一》。

㉒ 《清文獻通考·錢幣考五》。

㉓ 《清會典事例》卷 219《直省鼓鑄》。

㉔ 《清朝續文獻通考·錢幣一》。

㉕ 詳見《中國近代貨幣史資料》第 250 頁，中華書局，1964 年。

㉖ 清舒其紳等撰《西安府誌》卷 16《食貨志中》。

㉗ 《清文獻通考·錢幣考三》。

㉘ 《清實錄·高宗實錄》第十五册第 388 頁；亦見《四川通誌·食貨志·錢法》。

㉙ 《石渠餘記》第 208 頁。

㉚ 《清會典事例》卷 219《直省鼓鑄》；《中國近代貨幣史資料》第 249 頁。

㉛ 劉坤一修《江西通誌》卷 93《錢法》。

㉜ 《湖北通誌》卷 52《錢法》，上海商務印書館鉛印本，1934 年。

㉝ 見《清文獻通考·錢幣考二》，鑄于康熙二十六年後，爲不合部頒錢樣者，三十六年勒令收買銷毁。

㉞ 《清文獻通考·錢幣考二》。

㉟ 《中國貨幣史》第 756 頁。

㊱ 清龔嘉雋撰《杭州府誌》卷 45《圖法》。

㊲ 《清文獻通考·錢幣考四》。

㊳ 《清文獻通考·錢幣考三》。

㊴ 《清文獻通考·錢幣考四》，亦見《福建通誌》卷 18《錢法志》。

㊵ 龍雲、盧漢等撰《雲南通誌》卷 158《錢法志》。

㊶ 周宗麟修《大理縣誌稿》卷 4《食貨部》。

㊷ 《清文獻通考·錢幣考二》。

㊸ 《清實錄·高宗實錄》第 19 册第 991 頁。

㊹ 《清實錄·世宗實錄》第 7 册第 293 頁。

㊺ 《清實錄·世宗實錄》第 7 册第 788 頁。

㊻ 《清文獻通考·錢幣考五》。

㊼ 《中國近代貨幣史資料》第 244、251 頁。

㊽ 《清朝續文獻通考·錢幣二》。

㊾ 《中國近代貨幣史資料》第 244 頁。

㊿ 《清史稿·金鉷傳》云：　雍正六年"又奏請招商開桂林屬諸礦，及梧州金沙，供鼓鑄。"亦見《清實錄·世宗實錄》第 7 册第 1131 頁。

51 《清文獻通考·錢幣考三》。

52 《清文獻通考·錢幣考五》。

53 《中國近代貨幣史資料》第 64 頁。

54 《清文獻通考·錢幣考二》。

55 《中國近代貨幣史資料》第 251 頁。

關于太平天国錢幣的幾個問題

郭豫明

一、錢幣的鑄造概况

1851年1月11日（清朝道光三十年十二月初十日），爲了推翻清朝的黑暗統治，奪取天下，洪秀全率領農民及其他勞苦群衆，在廣西桂平縣金田村舉行起義，建號太平天国，他稱天王，起義軍稱太平軍。接着，他們佔領大湟江口，轉戰武宣、象州、桂平、平南等地，進佔永安州（今蒙山縣）。洪秀全分封諸王，頒發天曆，强化軍紀，除暴安良，刊行書籍，立國規模初具。次年4月，太平軍從永安突圍北上，進攻省城桂林未下，隨後攻克興安、全州，轉入湖南南部，佔據道州（今道縣）等地。在連下嘉禾、藍山、桂陽州（今桂陽縣）和郴州，猛攻省城長沙不克的情况下，經寧鄉趨益陽、岳州（今岳陽），挺進湖北，直取漢陽、漢口。1853年1月12日，佔領省城武昌。不久，太平軍沿長江東下，浩浩蕩蕩，鋭不可當，相繼取得江西門户九江、安徽省城安慶與重鎮蕪湖，所向披靡，勢如破竹。3月19日，太平軍攻克江蘇南京，旋決定定都于此，改稱天京，建立了政權。在這種情况下，太平天国出于"開創新朝"的需要，在派兵北伐、西征與製訂綱領、政策的同時，仿照以往的制度，籌劃鑄造作爲社會流通之用的錢幣。

太平天国錢幣的鑄造，并非一蹴而就，而是經歷了一個過程的。張德堅《賊情彙纂》載："癸丑六月（指1853年7月），賊（指太平軍）在江寧于所虜銅匠中覓能鑄錢者得十二人，封四人爲鑄錢匠，職同指揮。設廠開爐鼓鑄……其大小如番錢，正面天国聖寶四字，幕無字。銅匠迫于威脅，既不諳又不願，鉛銅不勻，鑄不如法，屢鑄皆不成輪廓，字亦模糊莫辨，遂停止。楊逆（指主持軍政大計的東王楊秀清）詭稱天父指示云，尚須遲三四年方可開鑄。"①

滌浮道人《金陵雜記》說："賊之僞鑄錢職同僞總制，有正副，賊之鑄錢，正面直書天国二字，背面直書聖寶二字，鑄有十餘萬……此僞錢廠在評事街江西會館，僞錢式約如現行之當十錢大也。"②

張汝南《金陵省難紀略》稱："賊……在朝天宮開爐鑄錢，輪廓大如洋錢，一面天国字，一面聖寶字，發與領本人持出城交易不能行。"③

佚名《粤逆紀略》謂："僞鑄錢衙，賊鑄錢之所也。其文陽面曰天国，陰面曰聖寶"，"自四月至八月（指1853年5月至9月），鑄成若干，交僞聖庫掌之。然所鑄天字皆作大字，亦可異也。"④

謝介鶴《金陵癸甲摭談》曰："太平軍初造錢，經迭次鑄範，顧不易得名匠，逾年始成。"⑤其《金陵癸甲紀事略》又說："黄文安，僞殿前丞相，廣西人，總理鑄僞錢。"⑥

馬壽齡《金陵癸甲新樂府》中有一首《鑄大錢》詩云："賊人虜得銅無數，大開洪爐資鼓鑄，誰爲老成垂典型，古來款識都變更，一面直行書'聖寶'，一面直行書'太平'。"⑦

李圭《金陵兵事彙略》："咸豐五年乙卯正月（指1855年2月）……賊……又遍搜廢銅鑄錢，其文一面爲'太平天国'，一面爲'聖寶'或'重寶'字樣……而輪廓肉好，亦頗整齊。"⑧

從上述清方的記述中可以看出，太平天国于定都天京後即1853年夏成立鑄錢衙，組織工匠12人從事鑄造錢幣的工作，封其中4人爲鑄錢匠，按太平天国體制分正、又正、副、又副，職同指揮（一作職同總制），由殿前丞相廣西人黄文安負責此事，在朝天宮（一作評事街江西會館）設廠開爐鼓鑄。起初工匠的鑄造技術并不熟練，鉛銅不勻，鑄不得法，屢鑄不成，所造錢幣都不成輪廓，字也模糊不清，如天字成大字，鑄了一些錢，存于聖庫，到了第二年即1854年，鑄錢工作纔獲成功。這不僅有上述謝介鶴《金陵癸甲摭談》與馬壽齡《金陵癸甲新樂府》等的記載，而且可以從太平天国方面的文件得到證實。1854年6月18日（太平天国甲寅四年五月二十三日），《東王楊秀清答覆英人三十一條并質問英人五十條誥諭》中在回復英國人所問"是否採用一種新貨幣，何時妖錢不再通用"時回答道："天国聖寶即將頒行，妖號之錢，定將絕禁。"⑨這就清楚地表明，太平天国鑄錢工作此時已經取得突破性的進展，其錢幣即將頒行，就是在1854年秋冬可以使用，以取代禁絕使用的清朝錢幣。李圭《金陵兵事彙略》所說1855年2月太平天国纔鑄成銅錢之事似較晚了。

1856年秋，太平天国發生"天京事變"，楊秀清被北王韋昌輝殺害，洪秀全誅死濫殺無辜的韋昌輝，次年翼王石達開因受洪秀全"疑忌"而離開天京，且統率大軍出走。經過這次事變，太平天国由前期的戰略進攻轉爲後期的戰略防禦，後期政務也不能像前期那樣嚴整統一。鑄錢工作同樣如此。因此，除天京外，其他地方也各自鼓鑄錢幣。

錫山拙翁賣鎮《師竹廬隨筆》載，清同治元年四月（指1862年5月），忠王李秀成在蘇州開爐鑄錢，派各屬市上使用。⑩章型《烟塵紀略》也說，太平天国在江陰鑄錢。⑪馮氏《花溪日記》（卷上）記咸豐十一年浙江嘉興的情況時寫道："又本年八月（指1861年9月），嘉賊鑄錢無文理，不成。"⑫其時駐守嘉興的太平軍將領爲朗天義陳炳文，初次試鑄，未能成功，但他并沒有因此停鑄。當年12月，他調往杭州，繼續鼓鑄，終於造成。錢塘丁葆和《歸里雜詩》第12首有"太平天国鑄錢文"的詩句，第14首的原注中又說："賊以郡庠（在杭州）爲硝館（指熬硝造火藥的場所），兼鑄僞錢，其文曰'太平天国聖寶'。"⑬這可作爲上述之證。不難看出，太平天国後期在江蘇蘇州、江陰與浙江杭州等地，也開爐鼓鑄錢幣。至于其他轄區，可能同樣有鑄錢之事，但因資料缺乏，無從作出判斷。⑭

由于太平天国後期地方政權存在各自爲政的現象，鑄錢工作也任意自定，沒有統一的原則和標准，諸如鑄錢的原料、分量、式樣、文字、圖形、類別等等，各不相同，以致現存的太平天国錢幣種類繁雜、花樣衆多。同時，因爲大量鑄造，工粗質劣的產品與量輕值高的大錢也難免隨之出現，使得太平天国的鑄錢工作留下美中不足的缺陷。

二、錢幣的流通與換當價格

太平天国錢幣的鑄造固然困難，而其流通也非易事。

錢幣流通同商品貿易密不可分。1853年春太平天国定都天京後，隨即頒布《待百姓條例》，其中規定："鋪店照常買賣，但本利皆歸天王，不許百姓使用。"⑮這顯然是要廢除私營工商業。不久，太平天国于1853年6月7日（天曆癸好三年五月初一日）以東王、西王的名義又頒發了安撫四民誥諭，提出"士農工商各力其業。自諭之後，爾等務宜安居桑梓，樂守常業，聖兵不犯秋毫，群黎毋容震懾"，⑯對上述規定作了修正，對私營工商業實行保護和發展的政策。

從天京的實際狀況考察，由于定都初期太平天国對這個城市採用太平軍的方式進行改組，解散往昔家庭，居民也分別男行女行，設立營館，生活所需由聖庫供給，原有店鋪和手工工場改爲"百工衙"或收歸聖庫，沒有商品的生產與交易；加之政治上與軍事上的因素，即太平天国認爲"天京乃定鼎之地，安能妄作生理，潛通商賈"，⑰以及爲了維護天京安全，防止奸細混入，禁止商賈進出，私營工商業被取消了。可是，天京全城數十萬人日常需要全都依賴聖庫供應的情況是極難長期保持下去的，而私營商業又不允許存在，因此，約在1853年冬，天京開始出現公營商業，設有各種店鋪。《金陵省難紀略》道：因物資缺乏，"乃令老賊（指參加鬥争時間較長的太平軍將士）出城買物，設肆于北門橋，轉賣之各館，人有願爲某業者稟佐天侯給照赴聖庫領本，貨利悉有限制……有雜貨、玉玩、綢緞、布疋、米油、茶點、海味各店，其店有賊文憑，稱天朝某店，不准私賣。"⑱據《金陵癸甲紀事略》與《金陵癸甲新樂府》載，這種設于北門橋負責出城買物後轉賣給各館的貿易機構分爲"五市"或稱"五大行"，除此之外，"不准人出城買物，并不准在各街賣物"，明顯帶有壟斷性質。當然，"五市"也無法長期包辦天京全城的供應問題，不免供不應求。所以，"五市價踴貴，老長毛（指參加鬥争時間較長的太平軍將士）不便"，⑲開辦了兩個多月而不得不歇業。隨後，各店各衙自行往城外進貨購物。這樣城內的商業貿易依然存在，不過是由太平天国人員集體或個人經營，沒有城外商人進城開店。1855年初恢復家庭生活以後，城中的交易更是不可缺少。與此相關的是太平天国在天京城外不遠之處設立"買賣街"，作爲專供同城內貿易的地區。這種買賣街見之記載的有太平門外、南門外、馴象門外、水西門外、柵欄門外、神策門外等六處，以保護和發展私營商業。太平天国在其他各大城市也是實行城內公營商業和城外私營商業兩者并立的政策，至于縣以下的集鎮，則無限制，允許開店經商，讓其發展。因爲太平天国實行積極扶植與支持商業的政策，對商民的貨物資財在行動上也切實保護，又有良好的稅收制度，加之農村經濟不斷恢復和發展，所以其商業逐步得到復興且相當繁榮。

太平天国這種商業景況，使得作爲交易手段的錢幣的流通不是一帆風順。如上所述，天京城內一度取消商業，隨後有五市的公營貿易，不久停歇。城內既然無交易可言，錢幣自然沒有使用的價值，且人不得私有財物而收藏起來。至于赴城外進行貿易，因爲受到清軍江南大營的騷擾，群衆不敢接受。《金陵癸甲新樂府》載道："商旅不許妄藏市，城裏無用人不争。出城與人互交易，依舊咸豐通寶行。"⑳《金陵雜記》也說："無人敢用；緣賊有僞例，私藏至十文者即有罪，如持赴城外買物，人亦不要，故悉收于僞聖庫也。"㉑因此，太平天国所鑄錢幣初時在流通領域遇到障礙，不能使用。

隨着太平天国在西征中同清軍反復較量而獲得勝利，轄區不斷拓展，在後期又進佔江浙地區，并且隨着太平天国轄區內經濟的恢復和發展以及商業的復興與繁榮，太平天国錢幣才逐漸爲群衆所接受，在市面上衝破障礙，通行起來，其流通區域越來越大，時間也較長久。湖南安化人李汝昭《鏡山野史》

記述同治二年（1863年）事時説道："將六月，我地貿貨漢陽者，歸帶太平天国錢號，想粵王坐江南，同治守幽燕，儼然一國兩主，通寶交用，目見心驚。"㉒可見太平天国錢幣不但在自己轄區内廣泛使用，而且遠遠流通到清朝統治下的湖北、湖南地區。佚名《庚申避難日記》述及同治二年三月常熟事寫道："長毛于去年夏有太平天国錢行用。"所載同年七月常熟事時又説："自夏至秋，太平天国錢甚多。"㉓這也可以看出，儘管此時常熟落入清軍之手已有8個月了，然而太平天国錢幣仍在大量流行。總之，太平天国錢幣流通的範圍頗廣，包括江蘇、安徽、江西、浙江、湖北、湖南等省，其他太平軍經過的地區（如廣東、福建、廣西、雲南、貴州、四川、河南、陝西）及其鄰近的清朝統治區域可能也曾經使用。

太平天国錢幣在流通中的換當價格，是一個尚待探討的問題。因爲太平天国的文獻資料中還未見到有關換當價格的記載；在太平天国的各種大小錢幣上，也沒有具體地標明其幣值，應該説這是太平天国錢幣的一個重要特徵。不過從太平天国的各種大小錢幣來看，自然有其當時的換當價格，根據大小錢幣的價格規律，也是可以作出判斷的。學術界對此已經提出下列一些見解：

（1）魏建猷《中國近代貨幣史》説：太平天国的幣制"基本上摹仿當時清朝的制度"，"就其種類而言，有一文、當五、當十、當五十等各種，其所以于小錢之外亦兼鑄大錢，或是爲了抵制咸豐大錢。""因爲當千、當五百等面值太高的大錢，清政府在開鑄後不久即因受阻而停鑄，所以，太平天国似乎也沒有必要鑄造此類大錢來加以抵制。"㉔馬定祥、馬傳德《太平天国錢幣》更明確提出，"太平天国的錢幣，應爲折一、折五、折十、折五十的四等錢型，而并無當百錢型。"㉕

（2）錢無咎《古錢考略》云：太平天国錢幣"有小平、折二、折五、折十、當百五品"。㉖有的學者對其中"折二"錢提出異議道："咸豐錢中確有記值爲'當二'的'通寶'錢，係甘肅省寶鞏局所鑄，其他各地錢局均未鑄過'當二'錢，惟此是一絶無僅有之品，世人鮮知。太平天国更不可能加以沿襲。故可推定太平天国無'折二'錢。"㉗有的學者在論述歷史上折二錢的流通情況後指出，"經驗證明：折二錢沒有必要，鑄得小了同小平錢差不多，鑄大了成本貴，得不到減重的好處。所以當時人民沒有使用折二錢的習慣。太平天国政府爲什麽要鑄造折二錢呢？"㉘

（3）彭信威《中國貨幣史》認爲太平天国第一套錢幣（指"太平天国聖寶"楷書套子錢）"共分五等，料想爲小平、當五、當十、當五十、當百"，"有人説太平天国的錢幣祇有四等，沒有五等，祇是小平錢有大小之分。這是爲了強求制度的統一而想出來的話。這一套的五等制是相當明顯的，爲什麽僅僅小平錢有大小，而其他幾等沒有大小呢？"㉙在此以前，周書曾在日本《貨幣》雜誌上發表《洪秀全錢略説》謂："太平天国得依其換當價格區別爲小平、當五、當十、當五十、當百數種。此換當價格乃與咸豐大錢比較而推究之，是否與事實相符，當未敢確實也。"㉚

（4）簡又文《太平天国典制通考》認爲，太平天国錢幣"其專爲市面流通用者，則平錢（小錢當一）之上，有'當十'、'當五十'、'當百'三級，而無當百以上之當五百或一千文者。至'當百'、'當五'（這裏漏印一個十字）、'當十'等字樣有刻在錢背，亦有不刻者。"㉛簡氏提到的錢背刻有"當百"、"當五十"、"當十"的三種錢幣被認爲是"臆造品"，似可肯定。郭毅生《太平天国經濟史》也説，太平天国錢幣一類是特別大錢，非通用的，"另一類是作爲通貨錢，分平錢（當一小錢）、'當十'、'當五十'、'當百'四級。"㉜

（5）羅爾綱《太平天国史》寫道：太平天国"錢分大錢、小錢兩種。大錢種類頗多，有的輪廓大如外國銀圓，有的大如清朝咸豐當十錢……小錢即當一文的錢，是最主要的一種貨幣。"㉝

這些見解沒有太大的分歧。太平天国錢幣在流通中的換當價格，沒有"當五百"、"當千"等很大的換當價格應該説是正確的，因爲太平天国財政比較富裕，而且太平天国"凡行使錢文均用足錢，不准扣串"，曾經屢出告示禁止，如其告示中有"天朝萬事滿足，不准絲毫欠缺"等語。㉞同時，清朝咸豐大錢流通遇阻，如當五百、當千的大錢以"折當過多，私鑄益衆"，"甫經行使，即形窳闊"，㉟連當五十、當百的大錢也"瑳積不行"，㊱這樣，太平天国不大可能發行折當過大的大錢，亦確無必要鑄出如此大錢與清朝錢幣抗衡。至于當百大錢，鑒於上述同樣原因，太平天国大概也不會廣泛行使的。據此看來，太平天国錢幣的折當價格一般是分當一、當五、當十、當五十等四等，如有當百這一等，也屬個別現象。若以太平天国文件中提到的"元"爲單位，似可分爲一角、五角、一元、五元四等。

三、錢幣的鑄材、重量、文字和款式

太平天国錢幣的鑄造材料主要是銅，"質分黄銅、青銅、紅銅。其中以黄銅鑄者爲最常見，青銅次之，紅銅少見"。㊲

太平天国區域不是産銅區，銅的來源初時是得之戰利品，即《金陵癸甲新樂府》中所説的"虜得銅無數"，而後是隨地搜集廢銅，尤其是清朝舊錢，以及搗毀的銅質偶像。因爲太平軍到處破壞廟宇偶像，其鐵質銅質偶像可造大炮，銅質偶像還可鑄錢幣。外國人康内比《太平兒》中曾説："你明白嗎？這是聖經啊！這是教人不要造偶像又不要拜偶像的。所以我們把一切銅的偶像都鎔了來鑄大炮和銅錢。"㊳簡又文認爲，"以江南佛教之盛，佛像之多，則其所鎔之銅爲量當不少矣。"㊴

除銅之外，太平天國錢幣的鑄材有銀、鐵、鉛等，㊵而且很可能還有金。外國人耿愛德（Edward Kann）在其《中國貨幣論》中説過：太平天國"定都金陵時，曾發行金幣一種，形似中國之古錢，幣面不標明價額，估計似爲銀二十五兩也。"㊶他又于《中國貨幣圖説彙考》（英文版）中載有太平天國金幣兩種，并加以説明與考證，一種即上述值銀二十五兩的金幣，中有方孔，沒有穿透而衹有邊痕輪廓者，面有"太平天國"四字，背有"金寶"兩字（原書記載面背相反），"聞英國博物館亦藏有"。而據其中所引的詹美信（Jamieson）原文（否定金幣存在）及簡又文先生親眼見到與此種相同的"太平天国金幣"的考證，如當時并無所説的英國人到達天京，太平天國從未使用該金幣所鑄篆文等，㊷似是贋品。馬定祥、馬傳德兩位先生從沒有太平天國文獻或其他重要史料來源及不鑄"聖寶"而鑄"金寶"等方面，認爲這類"金幣"是有疑問的；㊸另一種金幣，中有方孔穿透，面有"太平天國"四字，背有"聖寶"兩字，在其考證中引用當時在華的威廉·彌士尼（William Mesny）于1866年所撰一書的有關記述，説是這係1860年後太平天國在南京鑄造的，每枚值銀5兩或西班牙銀幣5圓，太平天國領導人多有這種金幣，以賞賜給有功勞的人。他曾經見到許多外國人得此金幣，有一位得到200餘枚，是一王爺贈送的，自己于1863年因別人出讓也得到了。這種金幣形狀與大小同一般太平天國流通錢幣相似，而份量較重和裝飾較優，云云。㊹關于這種金幣，目前學術界的見解并不一致。有的認爲，"此種金幣大概可信爲真的"，㊺并據此列爲太平天國的金幣。有的則覺得外國人"所述論據是否可信，所見金幣是真是贋，都有問題。"㊻從威廉·彌士尼是當時經歷者來説，其言理應值得重視，基本上可予肯定，當然，從圖片中可以看出的這種金幣的文字製作確實水平不高，不及銅錢的規整，尤其是迄今尚未發現太平天國文獻或其他史料的記載，這個問題最好能有進一步的證實。

關于太平天國錢幣的重量，記載寥寥。佚名《粵逆紀略》對試鑄時的錢幣説過："約重一兩至五錢不等。"㊼其他有關史料則未留下説明。根據現存文物的稱重，相差懸殊。在大花錢中，最重的約有4500克，其餘的有985克至106克不等；在一般通用錢幣中，較大的有42.1克至38.6克，較小的有2.7克至2.2克。即使在同一品種、款式中，也有差別。有的學者説，"通過稱重，得出一個結論：太平天國的大小錢幣中，有不少同一品種、同一款式，或同一大小的，在重量上參差很大。這多半是由于厚薄懸殊，或銅質不同等原因造成的。"㊽

太平天國錢幣所鑄的文字，都鑄爲"太平天国聖寶"。

"太平天国"既係國號，也是年號，合而爲一。其"太平"兩字，源出于中國古代經史，也是當時社會的習慣用語，從各種史料看來，很早就是太平天國領袖洪秀全所要求實現的理想與所提出建立的名號。在金田起義之前，他便主張"天下一家，共享太平"㊾，并自稱爲"太平天王"。㊿而"天国"兩字，則來自基督教新教的聖經，洪秀全自基督教佈道書《勸世良言》中才得知"天國降臨"一語，後來創立拜上帝會，將于凡間實現"天国"理想作爲奮鬥的目標。他在《欽定前遺詔聖書批解》中曾經指出：天國"是總天上地下而言，天上有天國，地上有天國，天上地下同是神父天國，勿誤認單指天上天國，故太兄（耶穌）預詔云天國邇來，蓋天国來在凡間，今日天父天兄下凡創開天國是也。"又説："神國在天是上帝大天堂，天上三十三天是也；神國在地是上帝小天堂，天朝是也。"51所以，他將中國理想的"太平"和西方基督教最高境界"天国"結合而成"太平天国"的國號與年號。

關于太平天國的"国字"，都從口從王，洪秀全談過，"上帝乃是帝也。雖世間之主稱王足矣，豈容一毫僭越于其間哉？"52就是説，惟有天上的上帝才是帝，別人都不得以此妄稱，因而凡間最大的人物也只能稱王；而且認爲，国是王者之国，"書太平天国之国爲国，謂王居于中也。"53所以，国字必定如此。這是太平天國錢幣的重要特徵之一。

至于"聖"字，其意係指上帝。太平天國崇拜獨一真神上帝，説是上帝具有無限權能，創造天地萬物，主宰一切。因此，天地萬物理應歸于上帝，非個人所得而私有。于是，太平天國的庫藏稱"聖庫"，糧食稱"聖糧"，錢幣稱"聖錢"，54其錢文也就鑄爲"聖寶"，這也是太平天國錢幣的又一重要特徵。

太平天國這些錢文的字體，一般的是宋體字，此外是楷書和隱起文（係指文字的筆畫不深，而且有隱顯不平的起伏，又稱"陰起文"）。

太平天國錢幣的款式，最爲常見的是正面"太平天国"直讀或依右左上下，背面"聖寶"直讀或橫讀。直讀亦稱"對讀"或"順讀"，是依上下或上下右左而讀的；橫讀是自右至左讀的。除此之外，還有最初的正面"天国"直讀，背面"通寶"橫讀，初期的正面"天国"直讀，背面"聖寶"亦直讀，以及正面"天国聖寶"直讀，背面"太平"橫讀，正面"太平聖寶"直讀，背面"天国"橫讀等款式。後兩種款式將"太平天国"這一國號與年號分割開來，不大符合太平天國體制，可能是後期浙江地區鑄造的。

四、錢幣的種類

太平天国錢幣的種類繁多，洋洋大觀。兹將至今發現的錢幣分別略作介紹如下：

（1）"天国聖寶"大小錢。太平天国先行鑄作"天国聖寶"當十大錢，正面"天国"直讀，背面"聖寶"直讀。這種"天国聖寶"錢的"聖"字初時是從"壬"的，不過時間較爲短暫，隨後便把"聖"字一律改爲從王，使之與"国"字從"王"相適應。從壬的"天国聖寶"錢較少，從王的"天国聖寶"錢較多，可知後者流通之廣。由于這種錢幣的錢文只有四個，所以有稱之爲"四文錢"；又因爲它出自南京，稱爲"南京錢"。在這種錢幣中，出現没有開孔的"天国聖寶"滿穿錢。這因未成正品，不能行使，就地廢弃，所以現存的三種滿穿錢均在南京發現。與以上款式完全相同顯係同一時期鑄造彼此相連的還有小錢，即正面"天国"直讀，背面"聖寶"直讀的小平四文錢。這是太平天国最先創鑄的小平錢，用以取代舊的制錢，多在南京發現。不久，這類小平錢由于改鑄全稱的"太平天国聖寶"小平錢而中止鑄造，因而流傳很少。在這類大、小錢中，又出現面文"天国"兩字或背文"聖寶"兩字重鑄，或"聖寶"兩字分鑄兩面的重文錢，這些錢大概是因翻鑄時母錢發生移位而錯鑄的，所以稱爲錯範錢。

（2）"太平天国聖寶"宋體套子錢。這是太平天国創鑄的第一套錢式，正面"太平天国"直讀，背面"聖寶"亦直讀，分小平、當五、當十、當五十（一作小平、當十、當五十、當百）共四等，爲天京鑄造。有一傳説，"衡陽于開爐后亦採用宋體字鑄太平天国大小錢"，[55]值得置疑，因爲太平軍似未攻占過湖南衡陽（下文再議）。其錢文所用的宋體字，是當時很流行的，在太平天国的重要文件上更爲常見，因而較多被採用。

（3）"太平天国聖寶"楷書套子錢。這類套子錢錢文所用的當時流行的楷書，是從前者宋體套子錢的字體演化而來，正面"太平天国"直讀，背面"聖寶"亦直讀，同樣分小平、折五、折十、折五十共四等（一作小平、當五、當十、當五十、當百共五等），其中小平錢版別較多，表面看來似與其他三等不甚配套，而仔細觀察，還是一致的，反映出它是先行鑄造的，然後才配鑄其他三等，形成一套。這類套子錢在蘇州發現最多，當爲該地所造；天京可能也是一個鑄造地。

（4）"太平天国聖寶"隱起文套子錢。雖然太平天国錢幣中是經常採用隱起文的，但這類隱起文錢幣在套子錢中却是較少的一套，版別變化也最少，正面"太平天国"直讀，背面"聖寶"橫讀，也分小平、折五、折十、折五十共四等。有的學者認爲這套隱起文錢幣是太平天国中期（指太平天国六年至十年，即1856年至1860年）在湖南鑄造的，[56]似有疑問。查閱歷史，1856年後太平天国并没有在湖南建立轄區。

這套錢幣可能鑄于天京，詳情待考。

（5）"太平天国聖寶"小平錢。這類小平錢正面"太平天国"直讀，背面"聖寶"有直讀與橫讀兩種。有的學者提出，大體上隱起文的背面"聖寶"直讀的小平錢與一種背面"聖寶"橫讀的小平錢是太平天国中期在湖南鑄造，[57]同樣是有疑問的，而可能出于天京。此外，楷書而背面"聖寶"橫讀的小平錢是太平天国後期在蘇州鑄造，其他的一些背面"聖寶"直讀或橫讀的小平錢，大都是後期鑄于杭州。而在鑄期上，"聖寶"直讀者一般先于"聖寶"橫讀者。在這類錢幣中還出現正背兩面均爲"太平天国"的雙面同文錢，大概也是翻鑄時重復使用母錢正面所致的錯範錢。

（6）"天国太平聖寶"小平、折五錢。這類錢幣有宋體、楷書和隱起文三種，正面"天国太平"直讀，實際上應先從右、左讀起，再讀上、下，"太平天国"四字就不會出現易位；背面"聖寶"直讀只有宋體小平錢，其餘均爲橫讀。這類錢幣分小平、折五兩等，大致是太平天国後期在浙江杭州鑄造的。如上所述，太平天国後期政令不一，因此，在杭州所造的這類錢幣在款式上與以上的錢幣不同，將錢文"太平"兩字放在右左，"天国"兩字置于上下，互易其位，以致出現直讀成"天国太平"的狀況。

（7）"天国聖寶太平"小平、折五錢。這類錢幣分小平、折五兩等，正面"天国聖寶"直讀，背面"太平"小平錢爲橫讀，折五錢爲直讀，在杭州發現獨多，想必鑄于該地。一位藏有這類錢幣的物主也説是"殆屬浙産"，[58]而從錢文款式與太平天国前期鑄造的錢幣不同來看，也確是太平天国後期的鑄品。

（8）"太平聖寶天国"小平、折五錢。這類錢幣也分小平、折五兩等，正面"太平聖寶"直讀，背面"天国"橫讀，此款式顯然是從以上"天国聖寶太平"錢轉變而來的。有的學者認爲這類錢幣可能是太平天国後期在浙江紹興鑄造的，[59]但史料對此并無明確記載，所以可能仍爲杭州所鑄。

（9）"太平天国聖寶"大錢。這類錢幣正面"太平天国"直讀，背面"聖寶"直讀或橫讀，字體有宋體、楷書等，重量也不同，有100餘克、231克、438克、815克等共六種，製作較精，銅質亦佳，遠勝常品，當非一般通用之物。學術界對此提出一些見解：有的認爲究竟是賞功錢或鎮庫錢，尚待考證。有的疑此是當時的開爐錢或鎮庫錢，有的則明確斷定爲鎮庫錢。[60]這些見解有一點是共同的，即鎮庫錢，應是没有問題的。不過，這些大錢均無標明"鎮庫"兩字，大概爲太平天國後期蘇州、杭州等地所造。

（10）"太平天国聖寶"大花錢。這類錢幣按其大小可分爲特大號、大號、中號、小號四種，其中特大號大花錢直徑 33.5 厘米、厚 0.8 厘米，重約 4500 克，通體鎏金，爲歷史上前所未有的最大錢幣，可惜發現時已經殘缺不全，僅餘約一半。有的學者說："以這大錢的殘損情況和原物之邊道上留有利刃所斫痕迹來看，有可能是太平軍在退出湖南前夕，株洲或衡陽的鑄錢局出于奉命而特意擊碎，以免落入敵手。"⑥這裏有些情況需加說明，一是從上述有關記載來看，太平天國鑄錢機構的名稱謂之"鑄錢衙"，太平天國一些手工業的生產機構也稱衙，應屬可信，似不宜叫做鑄錢局；二是從太平天國歷史考查，株洲或衡陽等湖南地區似無太平天國鑄錢衙的設置。株洲縣原名淥口，史實顯示，太平軍僅于 1854 年 5 月 1 日（咸豐四年四月初五日）因戰敗而退出湘潭後，有一支數百人的隊伍路過這裏。曾國藩的奏摺寫道："又一股由淥口竄至醴陵縣界，約人數百，將竄入江西萍鄉。"⑥顯然，他們人數不多，并未在此駐守，根本談不上招人鑄錢，更不會鑄出大花錢來，史料也無記述。衡陽原爲衡州府，太平軍于 1852 年自廣西北上湖南時未對此地發動進攻，而後在 1853 年至 1854 年舉行西征時也没有到過此地，怎麽會在此地鑄造錢幣？既然如此，這些大花錢是在何地鑄造的呢？根據各種情況推斷，最有可能是天京。首先，從大花錢製作之精良來看，應是天京。鑄此錢幣機構必須具有豐富經驗和熟練技術，否則是不可想象的，而第一個具備這些條件的鑄錢衙當然是在天京，因爲天京鑄錢衙是最早建立也是最重要的鑄錢衙，經驗比較豐富，技術比較熟練。其次，從大花錢留有利刃所斫的痕迹來看，也應是天京。這些痕迹表明，確有可能是鑄錢衙爲避免錢幣完整無損爲敵佔有而加以擊碎的，因爲大號、中號、小號的各種花錢（甚至大錢）均不少留有曾爲利刃所斫等類似的人爲毀壞情況。倘若如此，那麽在設有鑄錢衙的地區中抗擊敵人最爲激烈的地區也應是天京。自湘軍圍攻天京後，太平天國軍民便展開艱苦卓絕的戰鬥，不僅集中兵力圖謀解圍，而且在最後艱危時刻仍然堅持鬥爭，殺得湘軍"死傷精銳不可勝數"，三名總兵"數日之内次第陣亡"，使敵人感到"深爲可懼"。⑥1864 年 7 月 19 日天京陷落時，將士們更高呼"城中弗留半片爛布與妖享用"⑥的口號，壯懷激烈，同敵人進行短兵相接的肉搏戰，寧願戰死、燒死，決不屈服，"無一降者"，連曾國藩也驚嘆其"實爲古今罕見"。⑥也許正是在這種不願留爲敵人享用的思想指導下，他們使用刃斫等手段擊毀大花錢。最後，從大花錢是在株洲或衡陽等湖南地區發現來看，可以按其來源追溯其鑄造地點直至天京。這些大花錢不是株洲或衡陽等湖南地區鑄造，而據湖南博物館撰文說，有很多大花錢在湖南被發現，這是怎麽一回事呢？盡管上述有關史料記載太平天國錢幣曾經通過貿易渠道流至湖南，可是這些大花錢并不是作爲一般流通之用，決不會由市場流通的途徑而祇能是由别的途徑流至湖南。以當時情況推斷，很有可能是被湘軍搶去的。維新志士譚嗣同說過，湘軍攻陷天京後，"見人即殺，見屋即燒，子女玉帛，掃數悉入于湘軍，而金陵遂永窮矣。至今父老言之，猶深憤恨。"⑥一批大花錢大概就是這樣被湘軍搶劫回湘的，衆所周知，衡陽正是當年湘軍組建和訓練的地方。湖南發現很多太平天國大花錢之事，確實可從一個側面反映湘軍洗劫天京的罪行。此外，蘇州也可能鑄造大花錢。1955 年，江蘇省博物館籌備處在蘇州從被商人當作破銅鏡出賣的廢銅中，同樣發現太平天國大花錢的殘片，正面存一"国"字，邊緣有龍身一段花紋，背面有鳳、魚等花紋。估計此錢直徑約 14.5 厘米，重約 900 克。參照上述有關史料，可知蘇州大概也是太平天國鑄造大花錢的一個地方。大花錢正面"太平天国"直讀，背面"聖寶"多爲直讀，小號大花錢作橫讀，字均爲宋體，"寶"字都從"缶"，其圖紋正面邊緣上都鑄有凸紋的二龍搶珠，龍有五爪，尾間圖紋稱"壽山福海"，或稱"海水朝天圭"，寓意均爲祥瑞；背面有雙鳳，但有一種小號的大花錢無此紋（故不宜統稱爲龍鳳大花錢），四周是"八寶"，或稱"八吉祥"，即寶蓋、法輪、金魚、寶傘、妙蓮、寶瓶、盤腸、法螺等八件寶物。這類大花錢具有開爐錢或在慶典時特命鑄造以供賜贈等之用的紀念錢的性質。例如，太平天國官員就曾將大花錢送給外國人。酬天義李明成于 1861 年 8 月 21 日（天曆辛酉十一年七月十一日）在致英國翻譯官福禮賜的文書中寫道："敝國聖錢，今已辦上大花錢壹元，敬呈麾下取玩，以表友情。"⑥可以清楚說明這一點。

（11）"太平天国寶浙"錢。這類錢幣正面"太平天国"直讀，背面却是滿文"ᠪᠣᠣ ᠵᡳ"，即"寶浙"（自左至右）兩字。大家知道，太平天國是反對清朝統治的，在錢文中自然不應出現滿文，但這類錢幣背面却有滿文出現，可能係鑄錢匠開鑄時尚不完全了解太平天國制度，便按照往昔舊俗在背面鑄上滿文，當發覺錯誤後，即行停鑄。從背面"寶浙"兩字和此錢最早得自浙江杭州來看，這類錯鑄錢完全有可能是杭州鑄造的，其鑄錢匠中可能就有人曾在昔日寶浙局工作過。

（12）"天国聖寶"銀錢。太平天國曾以銀鑄幣，正面"天国"直讀，背面"聖寶"亦直讀，用刀刻製，文爲"雙鈎文"，在書法上稱"飛白體"，中有方孔，形製如銅錢，稱爲"銀錢"。據當時外國人所記述，太平天國銀錢大小及價值甚爲利便，普通銀錢大小如同一文銅錢，價值比英幣一先令爲高，大銀錢價值等于英幣一鎊。⑥可見太平天國銀錢有大小兩種。⑥這類銀錢看來似乎不是作爲一般市場流通之用，而是供賞賜或饋贈之用。1861 年 6 月 19 日（天曆辛酉十一年五月初九日）李明成在致福禮賜的文書中説："兹將我国聖錢如托付呈銀錢貳拾元、青錢拾元，祈麾下哂納，留爲粗玩"。⑦這裏談到的銀錢是作爲禮物贈送的，"聞英國博物院今仍藏有是項銀錢，惜未之見"。⑦

（13）"天国聖寶"鐵錢。這類錢幣是以鐵鑄造的，正面"天国"直讀，背面"聖寶"亦直讀，當十錢，版模是比較常見的一類，其發現地點係南京，有兩枚，版別略爲不同。

（14）天国聖寶"與"太平天国聖寶"鉛錢。這類錢幣是以鉛爲鑄造材料的，因爲鑄期短暫，數量甚少，而且鉛質軟嫩，易于磨損，所以遺留下來較難，很少看到。目前只見五種：正面"天国"直讀，背面"聖寶"亦直讀的當十錢有三種；正面"太平天国"直讀，背面"聖寶"橫讀與正面"天国太平"直讀，背面"聖寶"橫讀的小平錢各一種。後兩種小平錢係太平天国後期浙江杭州所鑄。

（15）民間錢幣。這類錢幣共有五種：一是吉語錢。該錢正面"天国太平"直讀，背面"天下"橫讀，而且正面"太平"兩字與背面"天下"兩字，不像通常那樣右左排列，而是左右排列，沒有"聖寶"兩字，可知不是一般的流通錢幣。從"天下太平"四字來看，應爲吉語錢。以文字製作并不規範而言，當是民間所鑄。該錢係在浙江杭州發現，又是仿照正面"天国太平"直讀，背面"聖寶"橫讀一類杭州所鑄錢幣的模式，因而似爲杭州民間鑄造。二是刻花錢。該錢目前發現有正面"太平天国"直讀，背面"聖寶"橫讀的小平錢與正面"太平天国"直讀，背面"聖寶"橫讀的當五錢兩種，邊緣上都用刀刻花，作爲佩戴之用，這在太平天国後期的江浙地區民間似曾流行。三是私鑄錢。太平天国後期，政令不嚴，在浙江杭州地區開始出現少數私鑄錢。"據傳私造錢幣如與官版一模一樣者，要罪加一等。"⑦所以，私鑄的錢幣大都設法稍變官版模式，避免與之相同。這些錢幣均是小平錢，正面"天国太平"或"太平天国"直讀，背面左右爲滿文或滿漢文并用。上面已經説過，太平天国是不准使用滿文的，鑄有滿文當然不合太平天国制度，顯得不倫不類，而且錢小輕薄，還偶有鉛質，字劣工粗，質量很差。四是民鑄鉛錢。該錢鉛質，係民間所造，或供殉葬之用，有大、小兩種。大型鉛錢出于杭州，正面"天国太平"直讀，背面"聖寶"亦直讀，這種款式在太平天国通用大錢中沒有見過。小型鉛錢正面"太平天国"作隱起文，直讀，且有四出紋，背面無文，中間不是方孔是圓孔，與一般錢幣不同。

此外，有些錢幣是否爲太平天国錢幣，尚待證實。例一，"天国通寶"大錢。該錢正面"天国"直讀，背面"通寶"橫讀，版別多種。有的學者説是太平天国早期最先鑄造的錢幣，當十大錢，"來作爲逐漸回收大宗舊制錢的手段"。⑦有的學者則認爲若是太平天国最初的鑄品，不可能有版別多達十餘種，若是與鑄聖寶錢同時或以後，又不符合太平天国將錢幣稱爲"聖寶"的定制，是否爲發展商業鑄過此錢，也未可知。例二，"天聖通寶"折十大錢。該錢正面"天聖通寶"直讀，背面無文。有的學者從色澤看足有一百多年以及洪秀全慣用"天"、"聖"兩字等方面觀察，認爲"可能是太平天国最早期所鑄的原始錢型"，不是北宋仁宗（年號天聖）時的天聖錢。⑦例三，"太平通寶一兩十"大錢。該錢正面"太平通寶"直讀，背面"十（上）一兩（右）"。有的學者説是太平天国借用明朝"天啟"大錢模而將"天啟"兩字改爲"太平"兩字鑄成的。有的學者認爲有可能是太平天国一度試鑄的改範錢（或借範錢）。⑦例四，"怡怡和合戎"小錢。該錢正面"怡怡和合"直讀，背面"戎"（上）。有的學者説，可能是太平天国翼王石達開在進軍四川前發給士兵的信號錢，也可能是天地會的信號錢。⑦例五，"德著皇都"錢。該錢正面"德著皇都"直讀，背面"恩流西粵"直讀，形似大錢。有的學者認爲是太平天国東王楊秀清所鑄。有的學者猜測爲天京變亂后翼王石達開所造。⑦這些錢幣還需要作進一步的考證。

有些錢幣曾經被認爲是太平天国錢幣，看來并非如此。例一，"太平通寶龍虎會風雲"錢。該錢正面"太平通寶"直讀，背面左上畫雲龍下畫風虎，右上有"會"字，下有"風雲"兩字。簡又文先生説是"歷史上第一枚太平天国錢"，⑦羅爾綱先生認爲"是一枚很使我們懷疑的古物"，⑦馬定祥、馬傳德先生説這類錢幣大小版別不一，種類甚多，銅質、鉛質均有，且大多文字拙劣，不是太平天国金田起義時所鑄的錢，而是清末民間所鑄的壓勝錢，也未必是天地會的會錢。⑧例二，"太平聖寶"錢。該錢正面"太平聖寶"直讀，背面無文，錢形薄小，文字纖弱。有的學者認爲是安南（今越南）國的錢，不是太平天国錢幣。⑧例三，"天国四年壹串文正"錢。該錢正面"天国四年"直讀，背面"壹串文正"也直讀，出自蘇州。有的學者説是太平天国時期地方代用幣。⑧有的學者認爲這是民國初期蘇州地區銀錢號商所鑄的代用幣，因爲"天"字是從一個平夷的"民"字改刻的。⑧例四，"裕国通商"錢。該錢有大小兩種，正面均作"裕国通商"直讀，背面有"壹千文正"或"一百文正"直讀。有的學者認爲與上述錢幣同是民國初期蘇州地區銀錢號商所鑄的代用幣。⑧例五，"聖武元寶"錢。該錢正面"聖武元寶"直讀，背面無文。有的學者以爲這可能是安南國鑄造的錢。⑧例六，"太平通寶安"錢、"太平通寶"錢等。前者"太平通寶"直讀，背面"安"字，是清代吉語錢。後者是清末民初的壓勝錢。還有正面"太平"直讀，背面"二十八文"之類的錢幣，多是清末民初民間的代用幣，都不能作爲太平天国的錢幣。

有些錢幣是後人僞造的贗品，并非是真正的太平天国錢幣。例一，錢幣上刻有王府的名稱，如正面"太平天国"，背面"東王府"錢；正面"太平天国"，背面"西王府"錢；正面"太平天国"，背面"桂王府"錢；正面"太平天国"，背面"忠王府"錢；正面"太平天国"，背面"天王府（上）聖寶（下）"錢等。上述錢幣所刻的一些王府名稱，將錢幣當作該王府的私産，顯然不合太平天国體制。例二，錢幣刻上一些政治口號，如正面"太平天国"，背面"聖寶（直刻）復漢（右刻）滅滿（左刻）"錢；正面"太平天国"（直讀），背面"興漢"（横讀）錢；正面"天国鎮庫"，背面"聖寶（直刻）與漢（右刻）滅滿（左刻）"錢；正面"太平天国"，背面"一統萬年"錢；正面"太平天国"，背面"萬代江山"錢。上述錢幣所刻的一些政治口號，明顯帶有後人臆造的痕迹，與一般太平天国的錢幣不同，不能視爲正品。例三，錢幣上刻有一些換當價格，如正面"天国通寶"，背面"當十"錢；正面"天国太平"，背面"當五十"錢；正面"太平天国"，背面"當百"錢等。從太平天国錢幣没有鑄值的情況觀察，這類刻有換當價格的錢幣也屬僞造。例四，還有一些式樣奇異的錢幣，正面"太平天国"，背面"御（上）聖寶（右左）"錢，如正面"太平天国"，背面"京（上）聖寶（右左）"錢；正面"太平天国"，背面"禱（上）天軍（右左）"錢；正面"天国太平"，背面"長（上）生軍（右左）"錢；正面"天国聖寶"，背面"太平皇帝"（均直讀）錢；正面"天国太平"，背面"聖寶"（直刻）人像（右刻）"兵"（左刻）錢等，五花八門，或不合太平天国制度，或與太平天国錢幣相異，均係贋品。1936年衛聚賢《中國考古學史》就曾經談到："古物既然僞造，而不古之物也有僞造者，太平天国起于廣西，廣西省政府于前年搜集太平天国史料，杭州古玩商人乘此，僞造大批太平天国銅錢以售。"○86 這些僞造的錢幣在廣西、廣東、南京、杭州等地發現很多，舉不勝舉。

五、與此有關的其他錢幣

（1）上海小刀會錢幣"太平通寶"錢。在太平天国運動和閩南小刀會起義的影響下，活躍在滬上的民間秘密團體如天地會、小刀會、百龍黨、羅漢黨、寧波幫等等組成統一團體上海小刀會。參加者主要有航運水手、農民，此外還有手工業者，以及其他城市勞苦群衆、商人、華僑與游民等。1853年9月，周立春率衆先在嘉定揭竿而起，接着劉麗川也率領起義軍佔領上海縣城。他們很快就攻取寶山、南匯、川沙和青浦等廳縣。由于清軍竭力反撲，他們祇得退守上海一地，堅持鬥争一年半。起義軍建立的政權，初稱"大明国"，此係他們"反清復明"宗旨的反映，年號爲"天運"；後將國號與年號改爲"太平天国"，以表示擁護太平天国，但還有用"大明太平天国"的國號與"大明"的年號。鑒于上海城中銀多錢少，妨礙進行正常貿易，而且爲了表示反對清朝政府，起義軍決定廢除鑄有"咸豐"等年號的清朝銅錢，另鑄新錢。黃本銓《梟林小史》云：咸豐四年六月（1854年7月）"時城中富有金銀而獨缺錢，庫寶銀五十兩易錢二十餘萬，至是收廢銅悉鑄之"。○87 這類錢幣，一是正面"太平通寶"直讀，背面上下有日月紋形，所以人稱爲日月錢，日月隱明字；二是正面同上述，背面上是月形，下爲"明"字，反映其宗旨，都是小平錢。後來入城貿易的人帶出這類錢幣，被清軍查獲，即遭殺害，遇難者有數人。起義軍爲保護入城貿易者的安全起見，便不再鑄造"太平通寶"錢，銅錢上仍鑄"咸豐"字樣。與此錢幣頗爲相似的"太平通寶星月"錢（正面"太平通寶"直讀，背面上是星下是月的圖形），有的學者認爲這不是上海小刀會的錢幣，而是清末民初民間的一種壓勝錢。○88

（2）大成国錢幣"洪德通寶"錢和"平靖通寶"、"平靖勝寶"錢。太平天国運動期間，廣東天地會衆也紛紛行動起來。1854年6月，東莞縣天地會首領何六（一作何禄）等帶領會衆在該縣石龍鎮起義，佔據縣城，成爲鬥争的開端。7月，佛山天地會首領陳開在佛山石灣附近的大霧岡率衆樹起義旗，進佔南海縣佛山鎮（今佛山市）。接着，李文茂等在番禺縣江村發動起義，進軍佛嶺市。鄰近一些天地會首領也聚衆奮起鬥争。他們頭裏紅巾，或腰纏紅帶，自稱"洪兵"，又稱"紅兵"，包圍廣州，未能取勝，次年春，轉攻肇慶未下，5月，溯西江而上，進入廣西。9月，佔領潯州府城（今桂平縣城），隨後宣布建立"大成国"，改元"洪德"，改潯州府城爲"秀京"，派兵攻佔武宣、平南等地。1856年秋，陳開稱"鎮南王"（別稱"洪德王"，後改稱"平潯王"），封李文茂爲"平靖王"等，後奪取柳州、梧州、南寧，但没有實現攻打桂林的計劃，形勢逆轉，梧州、柳州等地失守，1861年8月秀京陷落，餘部仍繼續戰鬥。大成国曾經開爐鑄錢。《陳開自述》說："我在潯城，設官封職，鑄造錢文。"○89《股匪總録》也載，他們"鑄錢，文曰：'洪德通寶'"。○90 這些錢文均在正面，直讀，背面無文，質雜鉛錫，字畫拙劣，製工粗糙。○91 有的學者提出，陳開絶不會依照安南"洪德通寶"錢的模式鑄錢，說該錢係大成国錢幣是錯誤的。○92 這值得推敲。大成国的年號恰是"洪德"，錢的質量、規格、文字、製作又均與安南"洪德通寶"錢有明顯的差異，而且有史料可資證實，因而應該説是大成国的錢幣。如果陳開知道安南有洪德朝與洪德錢，仍定自己的年號爲"洪德"，正好説明他對重大的年號問題有相同之事并不忌諱，若是這樣，他爲何又一定不會鑄出同樣的"洪德通寶"錢呢？！提出上述論點的學者卻談到大成国錢幣之一是"明道通寶'天'字"錢，即正面"明道通寶"直讀，背面"天"（上刻）錢，認爲該錢中有一種的背面右上邊緣與另一種大成国錢幣"平靖右營"錢的邊緣完全一樣，其銅質、色澤、大小、筆意也多相似，尤其是"寶"字如出一手，而且"明道通寶"的涵義與天地會"替天行道"、"復明"一類的主張是相符的，所以該錢是大成國起義時所鑄的錢幣。[93]這需作探討。因爲關于"明道"兩字涵義的説法尚缺直接的佐證資料，同時大成國既有自己的國號年號，又何必提出另外的名號呢？！必須指出，在歷史上，一個政權對于自己的國號年號是十分重視的，因爲這是一個政權的表徵，所以，一個政權在鑄錢時不用自己的國號年號，却另用別的名號之事，似不曾有過。至于説"明道通寶'天'字"錢中有一種背面右上邊緣與大成國另一種錢幣"平靖右營"錢的邊緣完全一樣，也很難説是有力的證據。衆所周知，以往鑄錢由于範模和澆鑄工藝的精度不够，走形變樣難以避免，因而僅僅是錢的邊緣有一段相同怎能爲憑，况且這種相同不是直接的，而是同另一種錢幣相同，就更缺乏依據了。此外，這是在江西發現的，也許是其他天地會的錢幣，待考。

平靖王李文茂率部于1857年3月攻佔廣西柳州後，改柳州爲龍城府，建立平靖王府，設置官職，重編軍隊，恢復生産，發展貿易，鼓鑄錢幣，儼然自成一統。《陳開自述》説："李文茂攻得柳州後聲勢浩大……他在柳州得到幾多城池，造錢唱戲慶功，自爲一王，各立其勢。"[94]覃元蘇《象州亂略記》云："七年（指咸豐七年，即1857年），李文茂據柳州府，僭稱平靖王，易州縣名，設僞官，鑄僞錢。"[95]張幼程《見聞録》也道："文茂據城自稱平靖王，鑄平靖通寶錢。"[96]可見李文茂在柳州確實鑄造了錢幣。這類錢幣，一曰"平靖通寶"錢，已有以上記載，正面"平靖通寶"直讀，背面"中"字（右刻），小平錢。二曰"平靖勝寶"錢，因爲歷史上僅有李文茂以"平靖"爲王號，"勝"字又是天地會山堂名稱所慣用的字（如洪勝堂、連勝堂、得勝堂、義勝堂等），而且他的確鑄過類似錢幣，所以這類錢幣也應是李文茂等所鑄。該錢略大，係軍中所用的當五型錢，正面"平靖勝寶"直讀，背面有"中營"、"前營"、"後營"、"左營"、"右營"横讀，還有"御（上）林（右）軍（左）"、"長（上）勝（右）軍（左）"等多種。

（3）貴州號軍的錢幣"嗣統通寶"錢。號軍是白蓮教支派燈花教的起義隊伍，由于用不同顏色的頭巾裹頭，有紅號、白號與黃號等名稱。太平天國運動爆發後，貴州白蓮教徒積極籌備起義。1855年11月，號軍進佔銅仁府城，隨後又克石阡、思南、松桃等府廳，并控制貴州北部大片地區。各部號軍推出老教主劉義順爲首領。爲了加强對各部號軍的領導，劉義順等擁戴冒充明朝皇帝後裔的張保山（冒名朱明月，一作朱民悦）爲秦王（又稱朱王），採用"江漢"年號，旋又立張保山爲嗣統皇帝，鑄造錢幣，劉義順自封爲大丞相。他們堅持鬥争，至1868年才失敗。黎庶昌《拙尊園叢稿》與《貴州省續遵義府志》均謂：咸豐十年（1860年）"新舟場人張保山，本江西賈人子，充團不法，爲遵義縣令鄧公爾異所斥，乃往投白號，詭稱明代後裔，衆惑之，尊立以爲僞秦王。總其衆，號朱民悦，或稱朱王，鑄嗣統錢散行之，使民堅其信。"[97]嗣統通寶錢正面"嗣統通寶"直讀，背面無文，係小平錢。

有的錢幣是天地會或太平天國時期浙江地區會黨所造的會錢，不是一般作爲市場流通所用的貨幣，如"洪武天下太平"錢（正面"洪武天下太平"直讀，背面"磐古分天地日月明"或"聖旨午人存日月明"直讀，"午"暗指"五"）、"磐古通寶"錢（有大小兩種，正面"磐古通寶"直讀，背面無文）、"唯吾知足"錢（正面楷書"唯吾知足"横讀，這四字均借用方穿"口"字，背面無文），有的學者以爲是天地會的會錢，[98]另有一種篆書"唯吾知足"錢（正面"唯吾知足"横讀，背面"紉佩"也横讀）尚難判斷。又如"金錢義記"錢，正面"金（右）錢（左）義（上）記（下）"，背面"天"（上），或"地"（上），或"震忠團練"（直讀），或"離"（上）等多種，以及"連環義記"錢，形爲雙錢連環狀，頂端有環扣，正面上下"連環"，背面上下"義記"，是浙南金錢會的會錢。再如"開元通寶武"字錢（正面"開元通寶"直讀，背面"武"上或右）、"太平通寶文"字錢（正面"太平通寶"直讀，背面"文"上或下）、"天朝通寶永"字錢（正面"天朝通寶"直讀，背面"永"上或下）、"皇帝通寶聖"字錢（正面"皇帝通寶"直讀，背面"聖"上或右）、"皇帝重寶寶浙當十"錢（正面"皇帝重寶"直讀，背面"寶浙"左右滿文，或"當十"上下漢字）等，大概也是浙江會黨的會錢。另外，"太平天國聖寶"八卦大花錢（正面"太平天國"直讀，外圈上端與右左側有"青龍、白虎、朱雀、玄武"等圖形，下端有壽山福海；背面"聖寶"刻在右左，上是陰陽太極圖，下是似卧鳳形狀，外圈是八卦文），有的學者認爲可能是浙南金錢會所鑄的開爐錢；"太平天下王有道"錢（正面"太平天下王有道"直横讀，背面"馬道官程"即"馬到功成"直讀和"王"字），有的學者判斷當屬太平天國時期浙江某天地會會錢；[99]"皇帝通寶寶浙"小平錢[正面"皇帝通寶"直讀，背面"寶（滿文）浙（漢文）"左右刻]，有的學者說是浙江地區天地會鑄造的地方行用錢，[100]這些都有待于今後的證實。

又有些錢幣一時也難分辨，如"莿蔛萷莉吉星拱照"錢（正面"莿蔛萷莉"直讀，背面"吉星拱照"也直讀），可能是天地會的會錢，詳情不得而知；"羅漢金錢天臺名山"錢（正面"羅漢金錢"直讀，背面"天臺名山"也直讀），有的學者說是清朝同治、光緒年間浙江天臺金錢會所鑄的"信錢"，有的學者則以爲是天臺山某寺羅漢堂裏的佛臟錢，[101]這些錢幣當然也需再作考證。

再有一些錢幣曾被視作天地會錢幣，實係誤認。如"青錢萬選"錢（正面"青錢萬選"直讀，背面乾坤卦文和日月圖形），有的學者認爲是清末民初民間鑄造的壓勝錢。[102]

還有一些錢幣是天地會錢幣的贋品。這些錢幣有的是仿造"平靖通寶"錢或"平靖勝寶"錢，甚至僞作"平靖勝寶"當千大錢（正面"平靖勝寶"，背面上有"興漢滅滿"，右有"禱天福"，左有"武正軍"，下有"當千"等字）等，種類不少，這是必須注意的。

六、簡短的評論

　　太平天國運動是中國單純農民戰爭的最高峰，在世界歷史上也是僅見的。它建立自己的政權，鑄造自己的錢幣，影響所及，同期的各地一些起義軍也製作自己的錢幣。太平天國的錢幣除後期一些錢幣鑄作較爲雜亂與粗劣外，一般都較優良，尤其是大花錢，更爲精美。學術界對此都給予高度評價。簡又文先生在研究了他所搜集的許多錢幣後寫道"嘗以太平泉幣與吾國前代歷朝所鑄者細細比較，一般言之，其質之良，工之精，實未遑多讓。若以其最精優者與前代之最精優者相比，且有過之無不及，至少亦足與并駕齊驅。""金幣銀幣之鑄造也，此不特爲清代所無，亦是中國史無前例之創舉，雖非通行之貨幣，固大有爲太平天國文化生色者"。⑩羅爾綱先生也說："太平天國的鑄錢，在經濟戰線上壓倒清朝的錢幣。清朝封建統治處處剝削人民，要用本少量輕質粗的鑄錢政策來維持它瀕臨絕境的財政。太平天國卻要滿足人民，鑄錢不計工本，惟求量重質佳工良。太平天國錢幣，是遠比清朝鑄的咸豐通寶精良得多的，現存實物可以爲證。"⑪魏建猷先生在談到太平天國錢幣時還提到："總的來說，其銅質及鑄工都比清朝所鑄的咸豐錢精美……可以窺見太平天國的財政實遠較清朝富裕。"⑯

　　正因爲太平天國錢幣質量優良，在市場交易上，比起清朝濫制的錢幣，更加受到人民的歡迎，流通的區域廣闊，對于商業的發展，起了積極的促進作用；而且也給我們留下了一份珍貴的文化遺產。1993年，中國錢幣博物館決定重鑄太平天国特大花錢兩枚和大型花錢300件等，以表示對太平天国鑄錢140周年的紀念。

注：
① 張德堅《賊情彙纂》，《太平天国》資料叢刊第3冊第279、287頁。凌善清《太平天国野史》所載與此類同，不再贅述。
②㉑ 滌浮道人《金陵雜記》、《太平天国》資料叢刊第4冊第636頁。
③⑱㊾ 張汝南《金陵省難紀略》，《太平天国》資料叢刊第4冊第716、718頁。
④㊼ 佚名《粵逆紀略》，《太平天国史料叢編簡輯》第2冊第36頁。
⑤ 謝介鶴《金陵癸甲摭談》，轉引自簡又文《太平天国典制通考》上冊第569頁。
⑥ 謝介鶴《金陵癸甲紀事略》，《太平天国》資料叢刊第4冊第675頁。
⑦⑰⑳ 馬壽齡《金陵癸甲新樂府》，《太平天国》資料叢刊第4冊第737、738頁。
⑧ 李圭《金陵兵事彙略》第2卷第1—2頁。
⑨ 北京太平天國歷史研究會《太平天国史譯叢》第1輯第11頁；太平天國歷史博物館《太平天国文書彙編》第301頁。
⑩ 見羅爾綱《太平天国文物圖釋》第282頁。
⑪ 見羅爾綱《太平天国史》第2冊第952頁。
⑫ 浙江海寧馮氏《花溪日記》，《太平天国》資料叢刊第6冊第693頁。
⑬ 丁葆和《歸里雜詩》，《太平天国史料叢編簡輯》第6冊第461頁。
⑭ 簡又文《太平天国典制通考》認爲太平天国安徽轄區有可能鑄錢。其中說，太平天国錢幣，"自領土擴充，需要大增，微特中央鑄錢匠趕鑄不及，且原料亦不敷用。其趨勢自不得不由各地方主持軍政之王爺就地自鑄。上游安徽久歸版圖，大概鑄錢多種。迄今雖仍未得有文件證明，但據余前在上海與專門買賣古錢之老商人交易採訪所得，有幾種黄銅堅厚者，製工甚精，文面'太平'背'天国'均直行隸書，係安徽所鑄者。此老行家之傳說，固非絕對可靠，仍待證實，但言之鑿鑿，當有所本，安徽鑄錢之事似有可能也"（上冊第574—575頁）。馬定祥、馬傳德《太平天国錢幣》（增訂本）謂：太平天国在"徽州、株洲、衡陽、紹興"等地也先後鑄造錢幣（該書第3頁）。其據爲何，未見說明。徽州屬前面所提的安徽省，有此可能。紹興一地，若從古越隱名氏《越州紀略》所載"自號天朝，鑄太平天国錢"（《太平天国》資料叢刊第6冊第768頁）一語觀之，則很難認爲是紹興自鑄錢幣，因爲自這一語及後文所講的一段話均爲太平天国的一般情況，并非專指紹興一地而言。簡又文《太平天国典制通考》也說上述一語"涵義模糊，未明在何處鑄錢"（上冊第576頁）。至于株洲、衡陽，更成問題，本文下面作了探討。
⑮ 佚名《金陵被難記》，《太平天国》資料叢刊第4冊第750頁；向榮《向榮奏稿》，《太平天国》資料叢刊第7冊第152頁。

⑯ 《東王楊秀清西王蕭朝貴安撫四民誥諭》，太平天國歷史博物館《太平天国文書彙編》第111頁。

⑲ 謝介鶴《金陵癸甲紀事略》，《太平天国》資料叢刊第4冊第663頁；馬壽齡《金陵癸甲新樂府》第4冊第740頁。

㉒ 李汝昭《鏡山野史》，《太平天国》資料叢刊第3冊第14頁。

㉓ 佚名《庚申避難日記》，《太平天国史料叢編簡輯》第4冊第557、563頁。

㉔⑯ 魏建猷《中國近代貨幣史》第69、70頁，黃山書社1986年版。

㉕㉗㊲㊸㊽ 馬定祥、馬傳德《太平天国錢幣》（增訂本）第8、7、11、143—146頁。

㉖ 錢無咎《古錢考略》第44頁。

㉘㉙ 彭信威《中國貨幣史》第766、764頁，上海人民出版社1988年版。

㉚ 轉引自馬定祥、馬傳德《太平天国錢幣》（增訂本）第6頁。

㉛㊴㊷㊺㊽⑥⑦⑧⑩ 簡又文《太平天国典制通考》上冊第584、573、580—582、613—614、583、580、577、559、614、621頁。

㉜ 郭毅生《太平天国經濟史》第410頁。

㉝㊻⑩ 羅爾綱《太平天国史》第2冊第947、953—954、952頁。

㉞ 張德堅《賊情彙纂》，《太平天国》資料叢刊第3冊第327頁。

㉟ 劉錦藻《清朝續文獻通考》卷20錢幣2。

㊱ 周長森《六合紀事》，《太平天国》資料叢刊第5冊第157頁。

㊳ 簡又文《太平天国雜記》第167頁。

㊵ 鑄材有鐵、鉛，見馬定祥、馬傳德《太平天国錢幣》（增訂本）第11—12頁。

㊶ 耿愛德《中國貨幣論》（中譯本）第268頁。

㊹ 轉引自簡又文《太平天国典制通考》上冊第582—583頁。

㊾ 洪秀全《原道醒世訓》，《太平天国》資料叢刊第1冊第92頁。

㊿ 洪秀全《太平天日》，《太平天国》資料叢刊第2冊第638頁。

51 洪秀全《欽定前遺詔聖書批解》，《太平天国史料》第81、87頁，中華書局1959年版。

52 洪秀全《原道覺世訓》，《太平天国》資料叢刊第1冊第97頁。

54⑥⑦⑩ 太平天國歷史博物館《太平天国文書彙編》第316、319、320、319、316頁。

55 馬定祥、馬傳德《太平天国錢幣》（增訂本）第47頁。彭信威《中國貨幣史》（第764頁）也道：“就其出現地區來説，大概是鑄于衡陽，傳説當時衡陽設有鑄局。”

56⑤⑤⑥①⑦⑦⑦⑦⑦⑦⑦ 馬定祥、馬傳德《太平天国錢幣》（增訂本）第62、64、64、77、118、137—139、19—20、146、147、148、149頁。

58 1949年5月23日《金融日報》，轉引自馬定祥、馬傳德《太平天国錢幣》（增訂本）第75頁。

60 錢無咎《古錢考略》第44頁；簡又文《太平天国典制通考》上冊第589頁；馬定祥、馬傳德《太平天国錢幣》（增訂本）第108頁。

62 曾國藩《會奏湘潭靖港水陸勝負情形摺》，《曾文正公全集》奏稿第2卷第68頁，上海東方書局版。

63⑥ 曾國藩《金陵克復全股悍賊盡數殲滅摺》，《曾文正公全集》奏稿第20卷第163、165頁。

64 趙烈文《能静居士日記》，《太平天国史料叢編簡輯》第3冊第371頁。

66 譚嗣同《上歐陽瓣薑師書》，《譚嗣同全集》第3卷第326頁，三聯書局1954年版。

68 白倫《中國太平叛黨志》（英文版）第279頁，轉引自簡又文《太平天国典制通考》上冊第580頁。

79 羅爾綱《太平天国史料辨偽集》第107頁。

⑧⑧⑧⑧⑧⑧⑨⑨⑨⑨⑩⑩⑩ 馬定祥、馬傳德《太平天国錢幣》（增訂本）第152—153、238、151、150—151、150—151、151、243、241、199—200、223—227、221、219、236—237、242—243、240頁。

82 鄭家相《太平天国時期地方代用幣》，《文物》1959年第5期第32—33頁。

86 衛聚賢《中國考古學史》第121頁。

87 黃本銓《梟林小史》，《太平天国》資料叢刊第6冊第549頁。

89⑨ 《陳開自述》，1962年3月28日《光明日報》。

⑨⑨ 《太平天国革命時期廣西農民起義資料》下冊第506、543頁。

91 另有一種“洪德通寶”錢，質為紫銅，字畫秀勁，製作極工，圓徑略小一點，不是大成國陳開等鑄的錢幣，而是安南國王聖宗黎灝所鑄的錢幣（見簡又文《太平天国典制通考》上冊第600、601頁）。

96 張幼程（延禧）《見聞錄》，轉引自簡又文《太平天国典制通考》上冊第605頁。

97 黎庶昌《拙尊園叢稿》第2卷第57頁；周恭壽、趙塏《貴州省續遵義府誌》第2卷第26頁。

咸豐朝的大錢鑄造及其後果

周育民

有清一代之鑄造大錢凡兩次，一次是在入關之前的天聰年間，一次在咸豐年間。天聰通寶的大錢鑄數不多，史載不詳，看來影響不大。①而咸豐朝之鑄大錢，無論對于中國幣制，還是對于中國近代的經濟，均産生了巨大的震動，很值得深入探討。

一、財政危機與幣制危機交織的産物

自鴉片戰爭以後，清朝財政支出明顯突破乾隆舊制，呈收支不敷的狀態。《清史稿·食貨誌》雖然認爲道光季年"例定之歲入歲出仍守乾隆之舊"，但也不得不承認，"軍需、河工、賑務、賠款之用及歷次事例之開，鹽商等報效，修河工料之攤征，凡爲不時之入供不時之出者，爲數均巨。"②據筆者考訂，1840－1849年，清朝財政收入總數共三億九千多萬兩，而財政支出却達四億六千四百多萬兩，虧空高達七千余萬兩，只能通過捐輸、報效等方式來彌補。③這種入不敷出、捉襟見肘的財政在太平天國運動的打擊下，很快地演變成爲嚴重的財政危機。

1851年1月，太平軍在金田起義，經過兩年多的浴血奮戰，發展成爲擁有數十萬人的大軍，橫掃廣西、湖南、湖北、江西、安徽、江蘇六省，定都南京。起義軍所過之處，民衆紛紛響應，反抗烈火遍燃各省。清政府調動大軍拼命鎮壓、圍堵，但無濟于事。在清王朝統治陷入危機的同時，其財政也呈崩潰之勢。咸豐三年（1853年）六月户部奏報："自廣西用兵以來，奏撥軍餉及各省截留籌解，已至二千九百六十三萬余兩，各省地丁、鹽課以及關稅、捐輸，無不日形支絀。現在銀庫正項待支銀，僅存二十二萬七千余兩"，④連下個月的兵餉也發不出了。很顯然，清王朝要維持其統治，必須解決鎮壓太平軍的軍費問題。鑄造大錢，通過通貨膨脹以籌措軍餉，就成爲咸豐朝的惡政之一。

咸豐朝之鑄造大錢，同時也是鴉片戰爭以後制錢制度發生危機的産物。進入19世紀以後，長期低于制錢一千文的銀價逐漸趨昂，到鴉片戰爭前夕，各省銀價已達一千五六百文。鴉片戰爭後，銀價更是扶搖直上。彭澤益先生根據寧津大柳鎮統泰升記各項帳册整理出來的資料計算，白銀一兩兑換制錢數，1843年爲1656.23文，1845年爲2024.74文，1847年爲2167.44文，1849年達到2354.98文。⑤銀貴錢賤的惡性發展，直接打擊了制錢制度，造成了鑄錢的嚴重虧本。

清朝幣制從理論上説，是銀錢并行本位制。一般説來，政府財政收支、大宗商貨貿易，均以白銀爲價值尺度；而民間日常交易乃至完納賦税，均以制錢爲價值尺度。一旦銀錢比價發生較大波動，對于財政、商業及人民生計，影響很大。就鑄造制錢而言，因政府方面係以白銀計算成本，因此，鑄錢成本與銀價波動成正比例，而與錢價波動成反比例。清代前期鑄錢的長期穩定，是以銀價低落爲條件的，但即使那樣，也無法改變虧本鑄錢的局面。不過那時財政充裕，尚可補貼。如雍正年間，寶泉、寶源兩局每年約虧折銀三十萬兩，自雍正十二年（1734年）將鑄錢減爲一錢二分，每年仍虧本達十七萬兩。⑥各省鑄局虧本自然也爲數不少。因此，到嘉慶朝以後，各省鑄局相繼停鑄。道光二十一年（1841年）八月，户部查明"停鑄省份至十一省之多，且停鑄多年"，"恐錢法漸至廢弛，不足以資民用"，乃下令直隸、山西、陝西、江蘇、江西、浙江、福建、湖南、湖北、廣西、貴州各督撫迅速開鑄。⑦各省督撫應命者寥寥，實際開鑄的省份僅寶晉、寶昌、寶蘇、寶陝、寶黔五局，其中寶昌局至道光二十五年（1845年）停鑄，其余四局大多減卯開鑄。其他户部未説明開鑄與否的省份，實際上也是停鑄的。如山東、河南、安徽、甘肅四省就"久已停鑄"。⑧長期的停鑄與減鑄，造成了制錢"流通日少"的局面。

其次，銅價的上漲，也使制錢制度難以維持下去。康熙九年（1670年），京局收購銅價每斤銀六分五厘，至雍正六年（1728年）已達一錢四分五厘。這個價格水平雖然到道光、咸豐仍基本維持，⑨但考慮到銀錢比價已翻了一番以上，銅的制錢價格的上漲是很明顯的。制錢内含銅量的價格與制錢面值的背離幅度，是私銷發生的晴雨表。當制錢内含銅量價格＞制錢面值＋熔銷費用時，私銷便發生了。而當制錢面值＜制錢内含材料價格＋熔鑄費用時，私鑄便發生了。因此，當銅價大幅度上漲時，往往會伴隨大規模的私銷。梁章鉅寫道："由今追溯四五十年以前，銅器之爲用尚少，比年則銅器充斥，而東南數省爲尤甚……于是省會之銅器店以百計，郡城以數十計，縣亦不下數家……其銅何自而得乎？

則皆銷毀制錢而爲之也。"⑩一方面政府因銅價上漲、鑄錢虧本而難以爲繼，另方面已鑄制錢又大量被私銷，迅速退出流通領域，這本身就孕育着"錢荒"的危機。

由上述分析，我們不難得出結論，咸豐朝大錢的出籠，既是清政府爲籌措鎮壓太平天国運動而採取的通貨膨脹措施，同時也是制錢制度遭到銀貴錢賤衝擊而陷入危機的産物。

二、鑄造大錢的醞釀和出臺

早在嘉慶年間，清王朝財政因五省白蓮教大起義而左支右絀，就有人獻策鑄造大錢。其法爲鑄當千、當五百、當三百、當二百、當百四種。以鑄好之大錢收購銅斤，"此所謂藏富于民者也"，而以鑄大錢之贏利歸諸朝廷，"是又所謂藏富于君者也"。⑪道光十七年（1837年）王瑬也提出"更鑄當百、當十大錢以便民用"。⑫

鴉片戰爭前後，鑄大錢之議公然見諸奏章。道光十八年（1838年）八月，廣西巡撫梁章鉅認爲，"今日銀價之貴……由于私鑄之錢充斥"，建議鑄造當十、當五十及當百、當五百、當千五等大錢，錢質精好，以杜私鑄。戶部以爲"私鑄之難禁，由于各直省奉行不善，并非錢法本有不善也。"⑬道光二十二年（1842年）十一月，御史雷以諴又上奏請鑄一兩重當百錢："庶幾輕重適中，大小相輔，鑄造無繁難之苦，行用有簡便之宜，核算無難，即防弊亦易矣。"戶部認爲："增鑄重錢適以開私鑄之弊，而無裨財用"。⑭次年十二月，御史張修育又建議仿做回疆普爾錢鑄造當十大錢，首先在陝西、甘肅試行，同時定以制錢一千五百文作銀一兩，并禁用銅器以杜私銷制錢之弊。對于這項建議，清廷態度頗有松動，命令陝甘總督富尼揚阿和陝西巡撫李星沅考慮推行，"毋以事屬創始，稍存畏難之見。率以格礙難行，一奏了事。"⑮但陝甘督撫擔心此舉于財政、幣制牽動太大，便奏復仿鑄不易，如果必須推行，也應在新疆首先普及，然后"由外而內，漸次推行"，把皮球踢給了新疆，自然沒有結果。道光二十六年（1846年）八月安徽巡撫王植奏請鑄當三至當五十五等大錢，道光二十八年十一月給事中江鴻升又奏請鑄當五十、當百大錢，都未能說動清廷。

綜觀道光朝鑄大錢的議論，其重點在幣制本身，即如何通過鑄發大錢以擺脫因銀價高漲、錢本過重而産生的制錢制度的危機。這種方案與當時其他的改革方案如鑄發銀幣、行用黃金和發行紙幣等相比較，還是十分保守的。清政府之所以未予採納，固然與道光皇帝的因循守舊、恪守祖制的行政風格有關，但更重要的是，鑄發大錢的弊害有史可鑒，在財政尚未陷入絕境的情況下，清政府是不願飲鴆止渴的。

太平軍起義之後，清政府軍費支出浩繁，鑄造大錢之議復起，并終于付諸實施。咸豐二年（1852年）十月四川學政何紹基"顧救時之法，仍不外乎復古"，奏請鑄當百、當五百、當千大錢。咸豐皇帝雖未批准，但將該摺"着戶部存記，若有可行時，不妨採擇入奏。"⑯至"咸豐三年，軍旅數起，餉需支絀。東南道路梗阻，滇銅不至。刑部尚書周祖培、大理寺卿恒春、御史蔡紹洛先後請改鑄大錢，以充度支，下其議于戶部。"⑰蔡紹洛奏于咸豐三年正月十七日，原因是左都御史花沙納、御史王茂蔭、福建巡撫王懿榮奏請推行鈔法，戶部以民間恐鈔本不敷、不便推行奏駁。蔡認爲鑄造大錢正可以解決鈔本問題。將鑄造大錢與發行鈔票結合起來，這深深打動了亟圖擺脫財政困境的咸豐皇帝，他明確批示"戶部議奏"。⑱但戶部拖延不辦。二月初六日，刑部尚書周祖培上奏請拆銅房銅器以鑄造大錢。他地位雖高，但于幣政一竅不通，戶部也未予理睬。二月十二日，恒春又上奏，建議制錢減重、鑄造大錢和嚴禁銅器，硃批"戶部議奏"。⑲這時，南京陷落的消息傳到京師，戶部不敢再拖延下去，請旨派員會同議商。二十二日，上諭派恒春會同戶部妥議章程。至三月十八日，由戶部尚書孫瑞珍奏准開鑄當十大錢。統治階級內部醞釀長達十餘年的鑄造大錢由此出臺。

鑄造大錢的決策人并非上奏的戶部尚書孫瑞珍。此人庸愚不堪，在大學士、軍機大臣、九卿會同商議籌款會議上，竟"述其家貲若干，出語粗俗，形同市井無賴"。⑳故一般記載均認爲是管理戶部的大學士祁寯藻定策。如震鈞《天咫偶聞》記載："時祁文端公爲權尚書，力贊成之。"㉑鮑康《大錢圖錄》記載："咸豐三年，軍務日滋，滇銅不能繼。壽陽相國權戶部，議請鑄當十大錢，兼增鐵冶，以供度支。"祁是山西壽陽人，"壽陽相國"即祁寯藻。但實際上祁是反對鑄造大錢的。秦緗業撰《祁文端公神道碑銘》記載："定邸主議鑄大錢，公謂無裨國用，徒擾閭閻，疏争甚力。"㉒"定邸"即定郡王載銓，"素結主知，顧樞密事，雖諸王弗與聞之。"日本學者加藤繁據此認爲，"主張發行大錢的人，是當時掌握樞機的定郡王等諸王。"㉓從當年載銓即加親王銜，次年死后又追封爲定敏親王來看，咸豐皇帝對他的確恩寵有加。而奉旨直接參與戶部討論大錢章程的恒春，與載銓私交密切，㉔道光九年至十四年（1829—1834）曾任寶泉局監督。由他出面奏請開鑄大錢到最後參與決策定議，幕后主持人爲載銓，這個結論看來是可信的。

但咸豐三年三月會議只同意開鑄當十、當五十兩種大錢。至九月間給事中吳若准請鑄當百、當千大錢，戶部仍持反對意見。至十一月，又由惠親王綿愉等出面奏請鑄當百以上大錢，祁寯藻等人纔不得不同意推廣大錢。㉕

綜觀咸豐朝定議決策鑄發大錢的全過程，有兩點值得注意：一是重點由解決幣制本身的問題轉向了彌補財政的虧空；一是滿族親貴在決策上負有主要的責任。

當户部議准推廣大錢之後，户部侍郎王茂蔭上奏堅決反對。他廣征歷代鑄發大錢失敗的歷史教訓，指出：“種類過繁市肆必擾，折當過重廢罷尤速”。但咸豐皇帝認爲：“現今大錢初行，即過慮後時，雖爲謀國久裕之計，獨不計及朝堂聚議，小民更增疑也。”㊱户部推廣大錢的奏摺與王茂蔭的反對奏摺是于十一月二十一日同時遞上的，當天咸豐皇帝即批准了户部的奏摺，明發上諭，推廣大錢。王茂蔭可以説是中國當時最精通貨幣知識的官員，他在關于鑄造大錢和發行鈔票上的許多意見都被剛愎自用的咸豐皇帝給否定了。懷才不遇，這對于王茂蔭個人是場悲劇，對于遭罹大錢之禍的中華民族也是一場悲劇。

三、大錢的鑄造及推行

1.大錢的種類

咸豐朝之鑄造大錢，意在擺脱財政危機，因此并無嚴密的計劃。首先鑄造的是當十大錢和當五十大錢，分别于咸豐三年五月和八月開鑄。對當百以上大錢之鑄造，户部仍持慎重態度。但到十一月間，太平軍北伐軍已逼近京師，清政府“籌餉情形萬分支絀”，便不計成敗，決然推廣，并下令添鑄當五大錢。㉗

除銅大錢外，清政府還鑄發了鐵大錢、鐵制錢和鉛制錢。鐵錢系由山西巡撫哈芬先于咸豐三年七月在山西鑄造，四年三月京師亦行開鑄，并在山西設分局鑄造，分當一、當五、當十三種。㉘鑄造鐵錢的原因主要是銅斤缺乏，山西鐵産豐富，地近京師，取材較易。咸豐四年六月，京局又因銅斤不敷，開鑄了鉛制錢。

克勤郡王慶惠于咸豐四年三月曾設立捐銅局，所鑄大錢最爲雜亂。六月初七日奏准鼓鑄當二百、三百、四百大錢，同月二十四日即奉旨停鑄。此外還鑄有當五十、當百、當五百、當千銅大錢，當五、當五十、當百、當五百、當千鐵大錢和當五十、當百、當五百、當千鉛大錢。所鑄大錢用寶泉局字樣，幕有星月標記，以示區别。八月十六日該局停鑄，移交户部。

除上述大錢之外，各地還鑄有其他種類的大錢，情況如下：

大錢種類	鑄造情況和地點
當四	紅銅，寶伊局鑄。（《咸豐泉匯》列有寶源局鑄當四大錢，僅爲試鑄樣錢。）
當八	銅色不一，寶迪局鑄。
當二十	（1）紫銅，重一兩，面文有“重寶”、“通寶”兩種，寶昌局鑄，未見實物。 （2）青銅，寶浙局試鑄。（3）寶福局鑄，面文、銅色不一。（4）黄銅，寶蘇局鑄。
當三十	青銅、黄銅，僅寶浙、寶蘇兩局鑄造。
當四十	黄銅，僅寶浙局有試鑄。
當八十	黄銅，寶迪局鑄造。

由上綜計，咸豐朝所鑄之大錢，就面值而言，有當四、當五、當八、當十、當二十、當三十、當四十、當五十、當八十、當百、當二百、當三百、當四百、當五百、當千共十五種。按幣材分，銅大錢共十五種，鐵大錢（包括鐵制錢）共七種，鉛大錢（包括鉛制錢）共五種，總數達二十七種。如果加上各地重量、成色的差别，大錢的種數將更多。

2.大錢的重量、成色

大錢于咸豐三年五月始鑄時，重量定爲當十大錢每枚重六錢，成色爲銅七鉛三。八月增鑄的當五十大錢重一兩八錢，成色爲銅七錫鉛三。這兩種大錢均鑴“咸豐重寶”四字。

至同年十一月，巡防王大臣綿愉等奏請添鑄當百、當五百、當千各大錢之後，清政府重定大錢名稱，統一規定重量、成色如下：㉙

名　稱	種　類	重　量	成　色
咸豐 重寶	當　五	二錢二分	銅六鉛四
	當　十	四錢四分	滇銅七成錫鉛三成
	當五十	一兩二錢	滇銅七成錫鉛三成
咸豐 元寶	當　百	一兩四錢	滇銅七成錫鉛三成，黄色
	當五百	一兩六錢	十成净銅，紫色
	當　千	二　兩	十成净銅，紫色

當二百、當三百、當四百大錢後雖經奏准鑄造，但從"咸豐元寶"的重量體系來看，這三種大錢實際上無法鑄造，故而"旋即奏准停鑄"。"咸豐元寶"祖錢與母錢式樣于咸豐四年正月十二日呈進，咸豐皇帝要求"各項樣錢字畫仍須深直，錢地仍須深平"，改進後的樣錢于二月十五日呈准。因此，"咸豐元寶"實際開鑄不會早于二月末。

鐵錢重量，制錢每文重一錢二分，當五鐵錢重二錢四分，餘如制。鉛制錢重一錢二分，成色爲白鉛八成黑鉛二成。

上述重量、成色，均係部定，但各地所鑄多有不同。以銅大錢爲例，當十大錢重量，寶福、寶薊兩局均重五錢，當五十大錢寶福局重一兩五錢，寶薊局則重一兩；當百大錢寶福局重二兩，寶薊局則重一兩五錢。以成色論，寶昌所鑄的當十、當五十大錢均爲銅九鉛一。寶直局所鑄的當十鐵錢每枚重達六錢。這些零星的記載遠遠不足以反映當時各地鑄造大錢在重量、成色方面的混亂情況。

3.鑄造成本

鑄大錢的成本，《中國近代手工業史資料》根據《光緒大清會典》的材料，製表如下：⑳

大錢	重量（兩）	工本（文）		
		工銀	料銀	共計
當千	2.00	76	38	114
當五百	1.60	60	30	90
當百	1.40	30	20	50
當五十	1.20	16	16	32
當十	0.44	7	7	14

按照這個表格，銅大錢的最高成本爲114文，最低爲14文，鑄造當十大錢，以面值計，每枚虧4文。

但這個計算表格是錯誤的。據戶部咸豐四年奏准："應領工料銀，當千大錢，每文按鑄制錢七十六文工銀核給，料錢減半；當五百大錢，每文按鑄制錢六十文核給，料錢減半；當百大錢，每文按鑄制錢三十文工銀、二十文料錢之數核給；當五十大錢，每文按鑄制錢十六文工料之數核給；當十大錢，每文按鑄制錢七文工料之數核給。"㉛這段原文的基本意思是，參照原來鑄造制錢核給工料辦法，核給鑄造各種大錢的工料。當十、當五十大錢的鑄造工料不須分析，按鑄造制錢七、十六文標準核給，也就是說，每枚當十大錢核給的工料相當于原來鑄造七文制錢所給工料，每枚當五十大錢相當于原來鑄造十六文制錢所給工料。當百以上大錢工費料省，故須分析核給。當百、當五百、當千大錢工銀分別按鑄造制錢三十文、六十文和七十六文核給，料銀則減折按鑄造制錢二十文、三十文和三十八文核給。因此，決不能用工銀和料銀簡單相加的辦法計算銅大錢的成本。實際上，"工"是給"價"的，可以用貨幣核給，但鑄七十六文制錢，不會支付七十六文工銀，這是很簡單的道理。"料"是核給實物，料價多少，受市場影響，戶部也無法預定。所以，目前尚無系統的大錢鑄造成本資料。

上述材料所反映的大錢與鑄造制錢法定工料之間的比例關繫，以及鑄錢成本在當時高于制錢面值的事實，却爲我們推測大錢的鑄造成本提供了某些依據。咸豐四年十一月初七日慶錫奏片稱，鑄當百大錢"一本二利"，當五十大錢"十本一利"，而鑄當十文者"得不償失"。㉜據此，當五十大錢的成本約爲25文，當百大錢的成本約爲33文。

4.各省的推行

咸豐三年三月清政府決定試鑄大錢后，即奏明一旦"實有明效，再令各省一體鼓鑄"。當年六月十六日，咸豐皇帝頒發上諭，認爲鑄造大錢，"京師試行，頗有實際，已飭戶部妥議章程，迅速通行各省辦理。"㉝但福建因會黨起事，財政支絀，未待部章頒行，已于當月鑄造大錢，以救燃眉。以後各省相繼推行，情況如下：

省份	鑄局	鑄材	開鑄日期	所鑄大錢種類
福建	寶福	銅鐵鉛	咸豐三年六月	當五、當十、當二十、當五十、當百
	寶臺	銅	咸豐四年三月	當五
江西	寶昌	銅鉛	咸豐三年七月	當十、當五十
山西	寶晉	銅鐵	咸豐三年七月	當十
雲南	寶雲	銅鐵鉛	咸豐三年九月	當十、當五十
	寶東	銅鐵	咸豐三年九月	當十

省份	鑄局	鑄材	開鑄日期	所鑄大錢種類
新疆	寶伊	銅鐵	咸豐三年十一月	當四、當十、當五十、當百、當五百
	阿克蘇	銅	咸豐三年十一月	當五、當十、當五十、當百
廣西	寶桂	銅	咸豐三年十一月	當十、當五十
貴州	寶黔	銅	咸豐三年十一月	當十、當五十
甘肅	寶鞏	銅鐵	咸豐四年二月	當二、當五、當十、當五十、當百、當五百、當千
江蘇	寶蘇	銅銀鐵鉛	咸豐四年二月	當五、當十、當二十、當三十、當五十、當百、當五百。當千
陝西	寶陝	銅鐵鉛	咸豐四年五月	當十、當五十、當百、當五百、當千
湖北	寶武	銅鐵	咸豐四年五月	當五、當十、當五十、當百
直隸	寶直	銅鐵鉛	咸豐四年六月	當五、當十、當五十、當百
湖南	寶南	銅鐵	咸豐四年七月	當十、當五十、當百
直隸	寶薊	銅鐵	咸豐四年七月	當五、當十、當五十、當百
河南	寶河	銅鐵鉛	咸豐四年七月	當十、當五十、當百、當五百、當千
熱河	寶德	銅鐵	咸豐四年八月	當五、當十、當五十、當百
四川	寶川	銅鐵鉛	咸豐四年十一月	當十、當五十、當百
山東	寶濟	銅	咸豐四年十一月	當十、當五十、當百
新疆	葉爾羌	銅	咸豐四年十一月	當十、當五十、當百
	寶迪	銅鉛	咸豐四年十二月	當八、當十、當八十
	喀什噶爾	銅	咸豐五年十一月	當十、當五十、當百
	庫車	銅	咸豐六年	當五、當十、當五十、當百
浙江	寶浙	銅鐵	咸豐四年十二月	當五、當十、當二十、當三十、當四十、當五十、當百

由上表可知，除西藏、蒙古外，從咸豐三年到四年，有十八個省區開鑄了大錢。截止咸豐六年，各省區鑄造大錢的鑄局多達二十六個。惟安徽、廣東兩省現僅發現部頒樣錢，未見鑄發，此外，盛京還曾試鑄過當千大錢。㉞

四、大錢的急劇貶值及破產

按照清政府法令規定，銅大錢、鐵錢、鉛錢一律照制錢計算，并與官票寶鈔相輔而行，凡民間完納地丁錢糧、關稅、鹽課及捐輸等交官款項，均准按成數搭交大錢。文武官俸、官匠工薪及兵餉、旗餉等官放之款均按成數搭放大錢。此外，發行官票寶鈔的官銀錢號也領取大錢作爲鈔本。因此，大錢幾乎完全是通過財政支出的渠道進入流通領域的。

在咸豐三年鑄造當十、當五十大錢之初，"爲質尚重，爲數無多，數月以來，民間通行。"㉟但到咸豐四年初，當百至當千大錢鑄造之後，"折當太重"，導致大錢急劇貶值，迅速走向崩潰。京城內，"當千者折算七八百文，當五百者折算三四百文"，㊱并且牽動當百以下大錢。到當年七月間，"當百大錢又有奸商折算等弊"，㊲經清政府嚴令禁止，仍無實效，"城鄉交易，或任意折算，或徑行不用"。㊳接着，當五十大錢也形壅滯，"不能流通"。㊴至咸豐五年春天，商販對當十大錢也"百端挑剔，不肯一律行使"了。㊵經清政府强制流通，當十銅大錢勉强維持下來。但到咸豐七年，當五、當十鐵大錢又遭到了商民的抵制。九年，鐵制錢也成了無用之物。在大錢急劇貶值的過程中，清政府不得不于咸豐四年六月首先停鑄當千至當二百大錢，到次年六月，又停鑄當百、當五十大錢。咸豐九年，鐵錢也停止鑄造了。到咸豐九年以後，祇有當十銅錢一種仍在行使，但市價"僅抵銅制錢二文"。㊶

外省情況也大同小异。河南"當千、當五百大錢，難以行用"，㊷到咸豐六年即首先停鑄各種大錢。雲南至咸豐七年當十大錢"每文猶可當三四文用，繼不過當一二文用"，到咸豐八年竟"不值一文用"，㊸不得不停鑄大錢。江浙大錢價值情況，據李慈銘記載："乙卯（咸豐五年）、丙辰（咸豐六年）間，江浙間有用當十錢者，未幾復停。次年吾越以一當五用，旋至當三而罷。”㊹而清江一帶，“當十只值一二。”㊺新疆伊犁在咸豐五年不得不將當十大錢改爲當四行使，當五十大錢改爲當八行使，當百大錢改爲當十六錢行使。㊻福建情形更糟，咸豐八年，“鐵制錢賤，每百文祇當十文”，㊼幾乎激起民變。咸豐九年，熱河地方“欲將鼓鑄大錢行使，則民皆罷市”。㊽江西到咸豐十年也停鑄了當十大錢。㊾

　　咸豐朝鑄發大錢的失敗，原因很多。日本學者加藤繁概括爲六點：（1）中國人民素來重視貨幣的實在價值，不歡迎大錢和紙幣。（2）造幣技術幼稚，容易僞造。（3）發行計劃粗雜輕率，急功好利，不計後果。（4）官民之間的金融聯繫，缺乏完備的金融機構作爲媒介。（5）官吏的腐敗和差役的橫暴。（6）監督防範不夠。㊿湯象龍先生進而指出三點：（1）幣制過于複雜。（2）造幣過于節省工本。（3）法令屢更，制度常改。㊿我們在此着重談一下與此相關的私鑄和大錢的搭收、搭放問題。

　　大錢鑄發之後，“未及一年，盜鑄蜂起，雖以弃市之律不能止。”㊿引起大錢私鑄風行的主要原因是技術落后，成本太低而獲利豐厚。促使盜鑄之風熾烈的首先是由于咸豐元寶的鑄造。“自當千、當五百大錢一出，漁利之徒，用數百制錢購買舊銅一二斤，便可鑄造當千大錢十餘個，其利不止十倍，此所以易于犯上也。”私鑄大錢往往減折行使，“此端一開，到處紛紛效尤，而官鑄與私鑄混淆莫辨，不免同受虧折。”㊿自咸豐四年六月當千、當五百等大錢停鑄，由實鈔收回後，私鑄又轉向當百、當五十大錢。正如左都御史周祖培所奏，“當百大錢既經暢行于前，何以壅塞於後，推其原故，固由私鑄之未能禁絕。私販之隨處充斥。”㊿清政府也承認，“現在大錢壅滯，皆由私鑄日多。”㊿咸豐四年七月初十日清政府下令：“私鑄當百以下大錢案內，爲首及匠人，如數在十千以上，及雖不及十千而私鑄不止一次者，應于斬候罪上從重，請旨即行正法。其私鑄僅止一次，而爲數又在十千以下者，即係由輕加重，仍遵前旨問擬斬候，入于秋審情實。”㊿令頒之後，“乃旬月以來，立法愈嚴，犯者愈多，奏報拿獲之案，當已不下數百人。”㊿“利之所在，人盡趨之”，㊿加以“衙門差役難保必無徇私營私之弊”，㊿清政府的嚴刑峻法，無濟于事。“通州河西務一帶，奸民聚衆私鑄，竟敢于白晝鬧市之中，公然設爐製造。地方官畏其人衆，不敢查問。”㊿甚至京局爐匠也夾帶私鑄。這種肆無忌憚的大量私鑄，必然導致大錢信用的崩潰。

　　大錢幣值的信用，還要靠清政府自身來維持。對于大錢的搭收搭放，雖有明文規定，但在實施過程中形同具文。地方官吏在征收賦稅時，往往故意貶低大錢價值，拒絕收受，自壞信用。如長蘆鹽課，“所有鐵制錢及銅鐵大錢，一概不收，以致京外大錢，不能通行。”㊿“順天、直隸、山東、山西等省征收地丁錢糧，俱准呈交銅鐵當十大錢并鉛鐵制錢”，“但官吏書差，勒索挑剔，不肯收納。”㊿就大錢的搭放而言，主要由發放官俸兵餉進入流通。大錢的貶值和壅滯，使官兵的抗議不斷增強，“兵役不願承領”，“兵餉紛紛退回”。㊿揚州江北大營自咸豐五年五月搭放大錢後，便因兵民抵制，“概行存留”。清政府害怕“激而生變”，便于當年八月奏准，嗣後兵餉，“毋庸搭放大錢；其練勇口糧，即照兵丁口糧一體辦理。”㊿官府自身對大錢的搭放與搭收都不能按規定執行，如何能在民間行使呢！

五、嚴重的社會經濟後果

　　咸豐朝大錢的鑄造，總數多達二十餘種，如再加上官票寶鈔，可以說，這是我國在統一時代封建王朝鑄發錢幣種類最多的一個時期，其規模、數量也遠遠超過了新莽時期。數量種類繁多的大錢充斥流通領域，迅速貶值，給社會經濟帶來了災難性後果。

　　就清代幣制而言，由于大錢的鑄發，到處都出現了劣幣驅逐良幣的現象。“大錢出而舊錢稀，鐵錢出而銅錢隱”。㊿咸豐一朝，對于舊制錢的銷毀是驚人的。黃鈞宰于咸豐五年秋路過清江，只見裝載制錢之車轔轔而來，都是“毀制錢而爲當十大錢”的。㊿官鑄銅大錢出來後，質量更次的私鑄大錢又大量擁入市場。大錢壅滯，“而私造小錢，俗名‘水上漂’者，今反通行。”㊿官鑄制錢的重量也不得不隨之減輕。咸豐二年制錢重量改爲一錢，到大錢鑄發後便不能維持，咸豐五年陝甘總督便奏請“每錢一文減爲八分，每千以重五斤爲率”。㊿但這時寶泉局所鑄制錢實際每文僅重六七分。㊿制錢制度經此打擊之後，加速了其滅亡的進程。

　　雜亂的大錢充斥市面，還造成了銀錢比價的空前混亂。道光朝銀錢比價呈不斷上升趨勢，到道光末年每兩白銀兌換制錢已高達2300文以上。至19世紀50年代中期，由于中國對外貿易出超、白銀回流，加以國內貿易因戰爭而萎縮，銀錢比價逐漸跌落。但在鑄發大錢嚴重的地區，銀錢比價卻呈相反趨勢。根據彭澤益先生的研究，在京城內，1853年前，白銀每兩換京錢4000文（京錢2文合制錢1文），1855年至1857年間已高達京錢7000－7700文，1858年秋至1859年初，漲至京錢11000－12000文，1859年春夏間乃至15000－17000文，到1861年夏間竟達京錢30000文。到1862年，京城每銀一兩換京錢20串至30串之多！㊿而當時其他各省銀價普遍都在每兩換制錢2000文以下。

　　在財政總匯之地的京師出現銀價奇昂的現象，與大錢鑄發究竟存在什麼關繫呢？

　　誠然，京師持久不衰的銀價上漲，由多種因素促成。戶部銀庫的白銀收入大大減少，從咸豐二年到同治二年（1852－1863年），户部銀庫每年的平均收入只及道光朝的60%。第二次鴉片戰爭的戰火燒到京畿地區以後，京城内官宦人家、富商巨賈紛紛遷出避禍，也急需白銀等貴金屬。但在同一時期，福州的銀價也是扶搖直上，1858年每銀一兩换錢9千餘文，到1860年2月間竟達28千文，比京城還嚴重。這説明，造成這種情况的根本原因還在于大錢本身日益喪失其作爲貨幣的職能。大錢"止行于京城内外，出京城數十里或百餘里，民間即不行使。"⑦作爲一個消費性大城市，京師的糧食、蔬果及百貨均靠城外供應，"各莊户持麥入城换歸大錢不便使用，因即裹足不前"，"大錢折耗太甚，故運貨入京者愈希（稀）"，⑦致使商賈販物，不得不"以銀出入"。⑦于是，白銀成爲京師取得城外供給的惟一硬通貨。清政府于咸豐四年即規定，"錢市經紀牙行人等，于大錢交易之時，照錢面數目字樣行使，不准折減。"⑦銀價奇昂便成爲市場排斥大錢作爲貨幣的一種表現形式。

作爲一般等價物，大錢價格的暴跌，也導致了物價的普遍上漲。正如王茂蔭所指出的，"官能定錢之值，而不能限物之值。錢當千，民不敢以爲百；物值百，民不難以爲千。"⑦大錢鑄發之後，京城内"百物騰貴"。⑦"市中買賣，價值百文之物，因行使大錢二成，即索價百二十文，行使大錢三成，即索價加三成，暗中折算，除去大錢三成不計。"⑦當制錢等被擠出流通后，物價便狂漲不可收拾了。1857年春到1858年春，京師米價上漲了一倍。此後"雜糧、雜貨、零星食物以及一切日用之類，無一不騰貴異常。"⑦

通貨膨脹，物價飛漲，是下層人民的災難。在京師，"小民備趁所得，每日僅京錢三五百文不等，當此糧價增昂……竟不能供一日之飽"，⑦"竟有情急自盡者"。⑧咸豐四年，長沙大錢壅滯，"雇工之人支得一半大錢回家，亦不能用。"⑧咸豐八年，福州鐵制錢價格暴跌，"窮人所得工食每日即進三四百文，只當三四十文之用，一口不能飽，欲養全家乎？此境已歷時過久，百姓真熬不過矣。"⑧八旗兵丁也困苦不堪。咸豐八年，兵丁每月領取錢糧中，鐵制錢佔二成，其餘領錢票换取銅大錢，而"街市物價，銅大錢較制錢多至三倍"，因此，"八旗地面因饑寒而不能遂其生者，不可勝數。"⑧不斷有旗人到紫禁城請願，要求"把大錢停止了"。當時就有人公開譴責："自行使大錢，而貧民之流爲乞丐者不少，乞丐之至于倒斃者益多。"⑧"街市上鳩形鵠面之人沿門求乞，每鋪止給水上漂一文，而乞者積至十文，始能易一當十大錢，而當十大錢又止值一制錢。似此艱難，何以爲生？……至于强者，公然白晝搶奪，肆行無忌。""宗室亦有散而爲盜者，糾衆横行，劫奪倉米，犯案累累，藉非饑寒所迫，斷不至此。"⑧

通貨膨脹也使小販和一般商人受到嚴重打擊。京師"城中行使當百、當五十大錢，畿輔州縣尚未通行。各莊户持麥入城，换歸大錢不能使用，因即裹足不前，城中鋪户遂多歇業。"⑧"至于肩挑背負之徒，情尤可憫。不受，則貨滯無以爲生；受之，則錢入而不能復出。"⑧"大錢置貨于近地，不能匯銀于遠方；今日之收，慮有他日之阻，此商賈實受其累也。"⑧商業貿易遭到了嚴重破壞。

當商、錢商和征税官吏則利用通貨膨脹，上下其手，牟取暴利。典當商人以貶值的大錢、鈔票接受當物，而對"當物者以大錢贖當時不收大錢"。⑧由于大錢不行于京外，"百貨之肩挑背負來京者，所得之錢必須向錢鋪錢攤抵换制錢，方可攜帶出京，于是奸商得以居奇。"⑨錢商還利用民間對大錢和官票寶鈔的疑懼心理，大量發行私錢票，"錢鋪遂得以數寸之紙易百千萬之銀，顯已專行票之利，隱以佔寶鈔之權"。⑨一時在京城内出現了投機銀錢業的狂潮，"錢鋪添設日多"。等到出票既多，便以倒帳爲名，紛紛關閉，將現銀席卷而去，這些在市面上流通的私票遂成爲廢票。故而"自鈔票大錢之興，京城商賈其獲利不啻加倍也，而錢店爲甚。"⑨征税官吏的貪污手段更是層出不窮，最突出的是所謂"拒收買抵"。"拒收"，即拒絶收取税課允許搭交的大錢和官票，全部收取實銀或制錢。"買抵"，就是用征收税課所得的一部分實銀和制錢，到市場上收購貶值的大錢和官票，搭解上繳藩庫和部庫。這樣，實銀、制錢與官票、大錢的懸殊價差完全落入了官吏的私囊。

佳冢　賈鋁四戲街魄　鄒奄哂詥狠降男問疲　儷閦酥魄　殺倍　稀⑮贍隙　佳詰牧鞠　魘啤6　億謚魄　鄒寙厴　，"彼夷人乃從容而以錢易銀，賤入而貴出，即此一端，利權已全爲所操。"⑨

六、大錢的尾聲

到咸豐九年，市面上流通的大錢僅當十一種，且局限于京師，實際市價只值制錢二文。但它却被清政府繼續推行了四十餘年。

咸豐朝當十大錢初重六錢一枚，嗣減爲四錢四分。同治重寶，先減爲三錢二分，如同治五年（1866年）工部侍郎毓祿奏稱："寶源局鑄當十錢，向係滇省解銅，以銅七鉛三配鑄。近因滇銅久未解局，市銅低雜，致錢文輕小。例定每錢應重三錢二分，請每屆收銅以三錢爲率，不及者即飭改鑄。"⑨至次年定爲三錢六分重。⑨光緒元年（1875年）又改名"光緒重寶"，次年改成色爲銅六鉛四，到光緒九年（1883年）再減爲二錢六分重。⑨此後又減爲二錢重一枚。

停鑄當十大錢之議，早在咸豐九年其他大錢相繼停鑄時就已經出現了。該年內閣學士袁希祖上奏認爲，"向日制錢重一錢二分，大錢重四錢八分，以之當十，贏五錢四分。今以十當一，是反以四錢八分銅作一分二錢用也，民間私熔改鑄，百弊叢生。今天下皆用制錢，獨京師一隅用大錢，事不劃一，請悉復舊規，俾小民易于得食，盜源亦以消弭。"[97]

但是，京城內制錢已經絕迹，惟藉大錢流通，因此欲罷不能。如何在京師規復制錢流通，成爲清政府頭痛的一大難題。

直到光緒十二年（1886年），醇親王奕譞等纔拋出了一個三年爲期在京師規復制錢的計劃，即至十四年錢局停鑄當十大錢，所有繳官之項，以制錢出以大錢入，限三年收盡。"及此令下，市肆大擾，貧人買物錢稍小商賈輒不收，以錢局不收私鑄也。因遂有自戕于市者。"[98]這個計劃完全落了空。到光緒十五年（1889年），"街市交易，仍行使當十大錢，并不見制錢一文。"[99]此後，當十大錢時鑄時停，結果又使京師市面當十銅錢也感到缺乏。其中原因，正如翰林院編修彭述之所說，"當十錢之日見稀少，其弊在于私毀，制錢之不通行，則由制錢之價較昂于當十錢。"[100]

光緒二十六年（1900年）廣東鑄造銅元，各省推廣鼓鑄，戶部開始搭收銅元，但在京師，大錢之禍反有愈演愈烈之勢。"京城市面，行用私錢，匪伊朝夕。從前不過于官鑄大錢之中，攙用十之三四，今則幾不見官版，銀價潮涌，人情岌岌。"[101]投放流通的大量銅元又因天津等處價格高于京城而大量流出。光緒三十一年（1905年）二月，清政府乃採取斷然措施，下令五個月之內禁絕此類私鑄大錢。同年八月二十五日（9月23日），戶部奏准"永遠停鑄當十大錢"。[102]

大錢停鑄之後，"舊有當十錢文民間均不樂行用"，"不過以爲找零之用"。至光緒三十三年六月，清政府決定收回全部官版當十大錢。據度支部銀行監督張允言估計，京師城鄉大錢積數約值價銀三百餘萬兩。度支部乃撥銀一百萬兩，在六個月內收回官版大錢，改鑄成制錢，限期滿后，當十大錢"即不准通用"。[103]這樣，到光緒三十三年底，大錢纔告壽終正寢。

注：

① 魏建猷《中國近代貨幣史》，黃山書社1986年版第71頁。

② 《清史稿》卷126《食貨六》。

③ 周育民《1840－1849年的清朝財政》，載《山西財經學院學報》1982年2－3期。

④ 《文宗實錄》卷97頁33。

⑤ 彭澤益《鴉片戰後十年間銀貴錢賤波動下的中國經濟與階級關繫》，載《歷史研究》1961年第6期。

⑥ 《清朝文獻通考》卷15，考4990。

⑦ 《宣宗實錄》卷355，第33頁。

⑧ 王慶雲《石渠餘記》卷5，《紀戶部局鑄》。

⑨ 光緒朝《大清會典事例》卷218，第22頁載："咸豐三年奏准，江西省採買料銅，每百斤脚耗，需銀十三兩五錢九分。"

⑩ 梁章鉅《歸田瑣記》卷2，中華書局1981年版，第30頁。

⑪ 許畫山《青陽堂文集》，轉引自梁章鉅《歸田瑣記》卷2，第24－29頁。

⑫ 王塈《鈔幣芻言》，轉引自《中國近代幣制問題匯編》紙幣篇第11頁。

⑬ 中國人民銀行總行參事室史料組編《中國近代貨幣史資料》（以下簡稱《資料》）第一輯上冊，中華書局1964年版，第143－144頁。

⑭ 《資料》第一輯上冊第147－150頁。

⑮ 《資料》第一輯上冊第153頁。

⑯ 《資料》第一輯上冊第197－198頁。

⑰ 震鈞《天咫偶聞》卷3，第67頁，北京古籍出版社1982年版。

⑱ 《資料》第一輯上冊第200頁。

⑲ 《資料》第一輯上冊第203頁。

⑳ 《文宗實錄》卷85，第15頁；《清史稿》卷422，《文瑞傳》。

㉑ 震鈞《天咫偶聞》卷3，第67頁。

㉒ 《續碑傳集》卷4。

㉓ 加藤繁《咸豐朝的貨幣》，《中國經濟史考證》第三卷，吳杰譯，商務印書館1973年版，第7頁。

㉔ 參見《清史列傳》卷42，《恒春傳》。

㉕ 《資料》第一輯上冊第206頁。

㉖ 《資料》第一輯上冊第210頁。

㉗ 《文宗實錄》卷113，第1－2頁。

㉘ 光緒朝《大清會典事例》卷214，第8－9頁。當五鐵錢于咸豐七年停鑄。

㉙《資料》第一輯上册第206－207頁。

㉚ 彭澤益編《中國近代手工業史資料》第一卷，中華書局1962年版，第570頁。該算法係湯象龍在《咸豐朝的貨幣》一文中首先提出。

㉛ 光緒朝《大清會典事例》卷214，第8頁。

㉜ 轉引自彭澤益《一八五三年——一八六六年的中國通貨膨脹》，載《十九世紀後半期的中國財政與經濟》，人民出版社1983年版。

㉝《文宗實録》卷97，第33頁。

㉞ 參見馬傳德、徐淵編《咸豐泉匯》，上海人民出版社1994年版。

㉟《資料》第一輯上册第213頁。

㊱《資料》第一輯上册第263頁。

㊲《文宗實録》卷135第11頁。

㊳《資料》第一輯上册第267頁。

㊴《文宗實録》卷139第26頁。

㊵《資料》第一輯上册第275頁。

㊶ 光緒《順天府誌》卷59第4頁。

㊷《資料》第一輯上册第239頁。

㊸ 軍機處録副奏摺（以下簡稱"軍録"）： 雲貴總督吳振棫等咸豐八年十月初六日奏。

㊹ 李慈銘《越縵堂日記》，咸豐十一年六月初八日。

㊺ 黄鈞宰《金壺脞墨》卷2，《大錢》。

㊻《資料》第一輯上册第246－247頁。

㊼《何桂清等書札》，江蘇人民出版社1981年版，第152頁。

㊽《文宗實録》卷173，第17頁。

㊾ 光緒朝《大清會典事例》卷219第26頁。

㊿ 加藤繁《咸豐朝的貨幣》。

51 湯象龍《咸豐朝的貨幣》，載《中國近代經濟史研究集刊》第1卷第1期（1932）。

52 震鈞《天咫偶聞》卷3第67頁。

53《資料》第一輯上册第265頁。

54《資料》第一輯上册第269－270頁。

55《文宗實録》卷134第13頁。

56 光緒朝《大清會典事例》卷220第41頁。

57 軍録： 御史薛鳴皋咸豐四年閏七月初七日奏。

58《清朝續文獻通考》卷20，考7699。

59《資料》第一輯上册第315頁。

60《文宗實録》卷136第5頁。

61 軍録： 御史蕭浚蘭咸豐七年正月二十六日奏。

62《文宗實録》卷163第1－2頁。

63《資料》第一輯上册第242－243頁。

64《文宗實録》卷175第7頁。

65 軍録： 御史宗稷辰咸豐五年十一月十八日奏。

66 黄鈞宰《金壺脞墨》卷2，《大錢》。

67《資料》第一輯上册第271頁。

68《東華録》咸豐44，第25頁。

69 楊端六《清代貨幣金融史稿》，三聯書店1962年版第13－14頁。

70 彭澤益《十九世紀后半期的中國財政與經濟》第107頁。需要指出的是，這種銀價與物價的翔貴，只是以大錢作價格標准的結果。"如以銅制錢交易，與未行使大錢時物價無殊。"（《資料》第一輯上册第283頁。）

71 軍録： 御史陳鶴年咸豐八年正月二十五日奏。

72《資料》第一輯上册第265、295頁。

73《皇朝政典類纂》錢幣二，第11－12頁。

74 光緒朝《大清會典事例》卷220第14頁。

75 王茂蔭《論行大錢摺》，《王侍郎奏議》卷6。

76 軍録： 御史承繼咸豐十一年六月十九日奏。

⑦ 《皇朝政典類纂》錢幣二，第9頁。

⑦ 《資料》第一輯上冊第298頁。

⑦ 《資料》第一輯上冊第282頁。

⑧ 《資料》第一輯上冊第280頁。

⑧ 《駱文忠公年譜》，咸豐四年，卷上，第8頁。

⑧ 《何桂清等書札》第152頁。

⑧ 《資料》第一輯上冊第294－295頁。

⑧ 《資料》第一輯上冊第296頁。

⑧ 《資料》第一輯上冊第301－302頁。

⑧ 軍錄：御史唐壬森咸豐四年七月二十二日奏。

⑧ 軍錄：御史沈葆楨咸豐四年閏七月十八日奏。

⑧ 宮中檔：劉長佑奏（同治三年六月初九日奉批）。

⑧ 軍錄：御史英喜咸豐六年十月二十五日奏片。

⑨ 光緒《順天府志》卷59第5－6頁。

⑨ 《資料》第一輯上冊第291頁。

⑨ 軍錄：御史陳慶松咸豐八年正月二十七日奏片。

⑨ 王茂蔭《請酌量變通錢法片》，《王侍郎奏議》卷9。

⑨ 《清史稿》卷422《裕祿傳》。

⑨ 光緒朝《大清會典事例》卷214第10頁。

⑨ 光緒朝《大清會典事例》卷214第11頁。

⑨ 《清史稿》卷422，《袁希祖傳》。

⑨ 震鈞《天咫偶聞》卷3第67頁。

⑨ 《資料》第一輯上冊第540頁。

⑩ 《資料》第一輯上冊第556頁。

⑩ 《資料》第一輯上冊第864頁。

⑩ 《光緒朝東華錄》，中華書局1958年版，總5399頁。

⑩ 《資料》第一輯上冊第869頁。

清代新疆銅錢論稿

穆 淵 蔣其祥

　　清代新疆銅錢，是清代新疆貨幣體系中一個重要的組成部份，而且以其濃鬱的民族風格與地方特色引起了中外錢幣學界與收藏家們的極大興趣。過去，由于種種原因，收藏者雖大有人在，但尋求不易，而對它的整理與研究更十分薄弱。這種狀況，自20世紀80年代以來，有了很大的改變，出現了一批資料豐富、考證翔實、有一定學術價值的圖譜、圖錄、圖説和論著。①新疆清錢的版式已比較完備，考訂也有顯著成績，本文擬在清朝時期新疆曾有的"制錢"、"紅錢"制度的變遷及設局、鑄錢等史實情況方面作進一步的試探與考證。

一、清代新疆銅錢的兩大類別——紅錢與制錢

1.新疆紅錢

　　新疆紅錢，是乾隆二十四年（1759年）清政府統一新疆地區後，用紅銅鑄造適用于南疆地區的一種制錢的俗稱，有別于通行于北疆地區，而與内地完全一致的制錢，并于光緒年間新疆建省後，適用于全省，直至清滅亡，并延續到民國二十二三年。

　　現在一談新疆紅錢，就是指上述定義的清代銅錢，這是一個約定俗成的稱謂。古代西域，很早就使用過紅銅鑄幣。大約鑄于南北朝時期的龜兹五銖，就是一種以紅銅爲質的外圓方孔錢。所以從嚴格意義來説，將清代用紅銅鑄造之錢稱爲"新疆紅錢"，并不十分確切。但由于有清一代，人們都習慣這樣叫它，而且自新疆建省後，又成爲官方文件中的正式用語，它就具有自己特定的含義。

　　新疆紅錢的前身，是南疆地區原有的准噶爾普爾。清朝尚未統一新疆時，新疆的北部正處于准噶爾汗國（由四衛拉特中的准噶爾部發展起來）的統治下；南疆則爲葉爾羌汗國所統治。1678年（康熙十七年）准噶爾汗國破滅了葉爾羌汗國。大致從1700年（康熙三十九年）開始，准噶爾汗策妄阿拉布坦與噶爾丹策零父子先後令葉爾羌地區爲其鑄幣，這就是"准噶爾普爾"。

　　准噶爾普爾的特點是：以純銅鑄成，故呈紅色；橢圓無孔，一端帶尖，形似桃仁（故黄文弼先生曾名之爲"桃仁形錢"），小而厚；一面用"帕爾西字"（即察合臺文，它是當時通行于南疆的一種用阿拉伯文字拼寫的又受波斯語影響的維吾爾文）鑄"葉爾啓木"（葉爾羌的另一種譯音）地名；另一面用托式文（即厄魯特蒙古文）鑄"策妄阿拉布坦汗"或"噶爾丹策零汗"之名；每50枚普爾值一騰格。

　　從1700年開始，直至1759年（乾隆二十四年）清政府統一新疆，准噶爾普爾一直是南疆地區的通用貨幣。

　　清政府統一新疆後，爲了征税、發放官兵薪餉、貿易和其他財政方面的需要，同時也爲了標志主權的確立，開始在新疆實行新的貨幣制度，鑄造與使用新的銅幣。在北疆地區，規定使用全國統一的制錢；在南疆地區，則對原有的錢幣（准噶爾普爾）採取了改造政策，鑄造了圓形方孔的新普爾錢——新疆紅錢。

　　改鑄舊普爾的建議最早是由當時的定邊將軍兆惠提出來的。他在乾隆二十四年（1759年）七月的一份奏摺中説："回部錢文，應行改鑄。查回錢俱紅銅鼓鑄，計重二錢，一面鑄准噶爾臺吉之名，一面鑄回字。因所産銅少，每以新錢一文，易舊錢二文，銷毀更鑄。今雖未便全收改鑄，現有鑄炮銅七千餘斤，請先鑄錢五十餘萬文，換回舊錢另鑄。或照内地制錢，每一文重一錢二分；或即照回錢體質，一面鑄乾隆通寶漢字，一面鑄葉爾羌清文及回字。并呈樣請旨酌定。"②這裏，兆惠提出了兩種方案：一是"照内地制錢"鑄造與内地完全相同的銅幣；一是對准噶爾普爾進行改造，鑄造一種有地區特色的新普爾。顯然，兆惠本人傾向于後者，因此已經製定了改鑄的式樣呈報清廷。

　　兆惠的第二種方案很快得到乾隆皇帝的批准。乾隆還將所呈錢文式樣"交錢局鑄造二百文，發往爲式。"新普爾錢的式樣規定爲："輪廓方孔，如制錢式"，面鑄"乾隆通寶"四字，爲漢文，幕面（背面）鑄地名，爲滿文及維文，每枚重二錢。聞名遐爾的"新疆紅錢"由此誕生。

　　紅錢與舊普爾（准噶爾普爾）相比較，有幾點相同：

　　第一，均用純銅鑄造，不摻鉛錫，故呈紅色。

第二，重量相同，每枚均重二錢（指紅錢初鑄時）。

第三，幣值相同，舊普爾“每五十文爲一騰格”，即 50 文合銀一兩，紅錢初鑄時亦以 50 文合銀一兩。

但紅錢與舊普爾又有許多不同之處：

其一，舊普爾圓形無孔，用打壓法鑄成，源于西方貨幣體系；紅錢爲圓形方孔，用澆鑄法製成，屬于東方（中國）貨幣體系。

其二，舊普爾正面用托忒字鑄准噶爾汗名，而紅錢則用漢文鑄“乾隆通寶”四字。

其三，舊普爾幕（背）面用“帕爾西字”鑄葉爾羌地名，而紅錢則分別用滿文和維吾爾文鑄錢局地名。

其四，舊普爾爲橢圓形，一端帶尖，小而厚重，自尖端起直徑約爲 17—18 毫米，厚 4—5 毫米，而紅錢爲正圓形，直徑約爲 24 毫米，厚 2 毫米，即略大于舊普爾，却比它薄。

由此可見，紅錢與舊普爾有明顯的差异，它已經屬于中國統一的制錢體系。故清政府有時也直接稱它爲“制錢”。

紅錢與內地制錢相比，雖在制式（圓形方孔）、銘文（正面爲清帝年號加“通寶”兩字；背面爲鑄局地名）、鑄法（澆鑄法）等方面相同，但也有不少差異之處：

首先，是銅質不同。紅錢“悉係提净紅銅而成”，并未配鑄他項錫鉛。所謂“提净紅銅”，就是將生銅原料經過土法提煉，即成熟銅。不加鉛錫，澆鑄錢模，即得紅錢。由于土法提煉，熟銅中并未盡去雜質，故紅錢的含純銅量一般在 90% 左右；③其他所含的雜質如鉛、鋅等，係自然存在，并非人爲摻入。至于內地制錢，在鑄造時還要摻進鉛、錫、鋅等配料，所含金屬成份，一般是“銅六鉛四”，即原銅佔 60%，鉛錫等佔 40%，呈黃色（故俗稱“黃錢”）。

其次，幣值不同。在清代前期，紅錢與制錢的比價，最初爲 1：10，不久，變爲 1：5，即一文紅錢值五文制錢，而且這種比值一直延續到後期。

第三，流通範圍不同。清政府嚴格規定，紅錢僅限于新疆南八城通行，“若過托克遜，則與制錢一例也。”④也就是説，一文紅錢只能當一文制錢用了。而制錢則行使于北疆地區以及吐魯番、哈密地區。

第四，錢幕文字不同。紅錢錢幕鑄地的銘文，都用滿維兩種文字，而制錢則祇用滿文。

第五，重量不同。紅錢初鑄時，每枚重量與准噶爾普爾相同，均爲二錢，而制錢一文的重量爲一錢二分。由于兩者大小相同，故紅錢比制錢厚實。

紅錢雖然已經基本上納入了清朝的制錢體系，但與制錢的差異仍然是很突出的。它在統一的中國貨幣體系範圍內，仍然保持了濃鬱的民族性、地區性。

爲什麽清政府不在南疆直接鑄造同內地一式的制錢，推行完全劃一的貨幣制度，而要採用這種十分特殊的紅錢制度呢？這主要有兩個原因：

首先，最主要的原因是爲了照顧南疆人民原有的用錢習慣。康、雍、乾時期，清政府在統一少數民族地區時，一般都比較注意當地人民的用錢習慣。對過去沿用已久的本地貨幣，不是採用徹底廢除的方法，而是加以創造性的改造，以適應新的需要。西藏在乾隆時所鑄造的“乾隆寶藏”銀幣，即是一例。南疆人民既然過去長期習用舊普爾錢，那麽，改鑄銅質、幣值、重量均同于舊錢的新普爾——紅錢，是有利于舊錢的回收、新錢的流通與社會安定的。用乾隆自己的詩句來説，就是“形狀騰格（指舊普爾）因其俗，寶鑄乾隆奉我同”。⑤由于清朝統治者本身就是少數民族，因此在貨幣制度的改革上採取了更慎重、更穩妥的方法，“順俗從宜，各因其便”，這是不難理解的。可以説，紅錢的鑄行是清政府把“奉我同”的原則與“因其俗”的靈活性巧妙結合起來的一種措施。

其次，是爲了適應清政府對新疆在政治統治上所實行的分區管理政策。乾隆統一新疆後，針對不同地區的情況，採用了不同的行政管理制度。在漢族人口較多、與內地聯繫緊密的烏魯木齊以東的地區實行州縣制，設鎮迪道，下分鎮西府和迪化自治州。鎮西府設于巴里坤，轄宜禾（巴里坤）、奇臺兩縣；迪化直隸州設于烏魯木齊，轄昌吉、綏來（瑪納斯）、阜康三縣。鎮迪道屬于甘肅行省，其民政管理，與內地州縣基本相同；在天山以北的游牧民族蒙古族和哈薩克族，以及天山（博格達山）以南的哈密、吐魯番的維吾爾族，實行“扎薩克制”。“扎薩克”是蒙古語的音譯“部落首領”或“執政官”之意。扎薩克受清政府的任免和監督，但清政府官員通常不與扎薩克管轄下的部衆發生直接關繫，不向其人民征收賦税和征發徭役。扎薩克“封王錫爵”，并“世襲罔替”，這是清政府給予少數民族貴族的一種政治特權。如哈密、吐魯番兩地的維吾爾上層人士早在清政府統一新疆之前，即歸附于清朝，成爲後來統一新疆的有力支持者，統一後，又成爲清朝統轄新疆南部的支柱，因此，這兩地儘管地處天山以南，却實行扎薩克制度；在天山以南的其他地區，即“南八城”地區，清政府沿用維吾爾舊制，保留了伯克制的行政制度。清朝規定，每個城區的長官叫阿奇木伯克，下有分管糧賦、司法、水利、治安、宗教、果園、商業各項業務的伯克多人。各級伯克的待遇，由政府發給一定的“養廉錢”，授予不等的“養廉地”，分給不同數量的農奴（即“燕齊”）。但是，不准伯克世襲，不准濫設，并實行任職的"回避制度"。

清政府對新疆采取的貨幣政策,也與政治上的這種分區管理的狀況相適應,在實行伯克制的南疆(祇限于"南八城")採用紅錢制度。紅錢不僅在北疆地區不能通行,而且在東疆的吐魯番、哈密地區也不能使用;而隸屬于甘肅行省的烏魯木齊地區,與内地聯繫更爲緊密的吐魯番地區,以及清政府在新疆的最高代表——伊犁將軍的所在地,則一律實行與内地完全一致的制錢制度。

日本學者羽田明與臺灣學者林恩顯均强調,清政府發行祇限于在南疆使用的紅錢,是清朝統治者實行漢回隔離政策的一種表現。⑥當然,重新統一新疆後,清政府在政治上、經濟上都採用了比較嚴格的漢回隔離政策,這是無可諱言的事實。但是,在貨幣問題上,則又應作具體分析。南疆紅錢始鑄于乾隆二十五年(1760年),而在乾隆三十九年(1774年)時,乾隆帝就要求北疆也"照回部(指南疆)之例",建局"鑄造乾隆通寶,永遠遵行"。⑦所謂"照回部之例",就是要鑄造與南疆相同的紅錢。只是由于伊犁將軍伊勒圖復奏稱:伊犁、烏魯木齊等處"直通内地,此一帶地方市用皆係制錢,必須色樣相同",纔便于"攙搭使用,以垂久遠",⑧乾隆的設想方纔作罷。但寶伊錢初鑄後,即發現由于色澤偏紅(含銅量高于内地制錢),有人就把它帶往南疆冒充紅錢使用。乾隆四十一年(1776年),乾隆帝知道這一情況後,又一次提出"不如將伊犁錢文與回地普爾劃一辦理,使奸商無所獲利,自然不復滋弊。"⑨雖然這次仍未能依照乾隆的意見辦,但在短短的幾年中,最高統治者本人兩次發出這樣的諭旨,可見并不存在憑藉紅錢推行漢回隔離政策的意圖。到了道光二十四年(1844年)正月,道光帝諭軍機大臣等:"回疆所用當五當十普爾錢文,行使多年,頗稱便利,因思陝西、甘肅二省,相距非遠,地方情形大略相同,當可仿照鑄行,疏通圜法。"⑩這裏,道光皇帝甚至想把普爾(紅錢)制一直推廣到關内的陝甘地區。至于新疆建省後,紅錢的適用範圍擴大到北疆,成爲全疆統一的貨幣,更是衆所周知的事實。如果認定紅錢制度的實施是漢回隔離政策的產物,那末,像乾隆、道光這樣的最高統治者就不會一再否定自己所製定的政策。我們認爲紅錢制度的採用與漢回隔離政策并無關繫。

2.新疆制錢——寶伊錢

關于制錢的定義,可分廣義、狹義兩種。從廣義來説,"歷代行用之圜錢,爲官局所鑄者",都稱爲制錢。⑪從狹義來説,清代制錢是專指"按其本朝定制由官爐所鑄的銅錢,稱'制錢',以别于前朝的舊錢和本朝的私爐錢。"⑫

清政府重新統一新疆後,規定在北疆地區實行與内地完全統一的制錢制度。其具體原因有以下兩個

第一,北疆地區,不像南疆維吾爾人民那樣,曾經長期使用自己鑄造的貨幣。准噶爾部作爲一個游牧民族,貨幣經濟并不發達,基本上處于"實物貨幣"階段,習慣上"并不用錢"。雖然南疆需要定期地向准噶爾部交納大量的賦稅,但主要是以實物折納,即使交納少量的准噶爾普爾,也不過是一種統治權力的象徵而已,并無多大的實際意義。此外,北疆的厄魯特、哈薩克、布魯特等部,也是游牧民族,基本上不使用金屬貨幣。清政府與他們的貿易交換,是採用實物貨幣,即"絹馬貿易"的形式。因此,北疆地區,基本上没有用錢的歷史,不需要像對南疆地區那樣,考慮當地人民的用錢習慣。

第二,入疆的大批軍民帶來了内地用錢的習慣。乾隆用兵新疆之時,"饋糧千里,轉穀百萬,師行所至,則有隨營商人,奔走其後……一切取供于商"。⑬這些商人就帶來了不少制錢,成爲制錢入疆的一個重要媒介。平定新疆後,爲了鞏固國防,開發邊疆,清政府決定在新疆實行軍府制,以伊犁將軍"總統天山南北新疆事務",并在北疆伊犁一帶,派出了從關内調來的滿、蒙、錫伯、索倫和漢族組成的軍隊,携帶眷屬在那裏定居,實行"軍屯"。"軍屯"之外,又有"民屯",即鼓勵内地人民到北疆墾荒。内地人民,特別是陝甘一帶人民,"往往邀朋携侣,成群結伴地到新疆謀生"。⑭因此,北疆軍民中,從内地來的人很多,他們慣用制錢,使北疆地區無形中成爲"制錢地帶"。

由于以上原因,加以分區管理的行政制度不同,清政府決定,在北疆一律使用制錢。制錢流通的範圍,西至伊犁,東至哈密,中間包括烏魯木齊地區與古城(奇臺)、鎮西(巴里坤),而且也包括天山南路的吐魯番。

北疆初期使用制錢,全部依靠内地流入。但是後來,偌大的北疆地區,在"生齒日繁"、經濟逐漸發展的情況下,僅僅依賴内地制錢顯然是不能適應的。因此,在新疆本地設局鑄錢的問題便被提上議事日程。

乾隆三十九年(1774年)七月十七日,乾隆帝在諭旨中問道:"平定回部(指南疆)後,葉爾羌等處曾設爐鼓鑄錢文,至伊犁地方向來未經鑄錢,其所用錢文係何處流通……據稱伊犁行使即係内地所鑄青錢……果否足敷行使?公私有無不便之處?"他傳諭曾任伊犁將軍的軍機大臣舒赫德迅速摸清以下情況:

(1)伊犁一帶能否尋覓銅礦,以供鼓鑄之用。

(2)是否有准噶爾舊錢可以銷毀改鑄。

(3)是否能照"回部(南疆)之例",建局鑄造紅錢。⑮

七月二十一日舒赫德復奏稱:他在擔任伊犁將軍(乾隆三十六年至三十八年)時,即設想過在

伊犁設局鑄幣，但當時他雖曾在伊犁地區"遍加採訪"，實無銅礦"出産之處"，而准噶爾部又"向不用錢"，也無可供銷毀改鑄的舊普爾。如由內地運銅入疆，則道路漫長，費用浩繁，得不償失。建局之事就被擱置下來。接到諭旨後，他反復思考，提出了解決銅源的具體辦法。他説："查臣前在烏什時，因葉爾羌錢文未爲充裕，曾奏請于烏什局内每年支援三千斤銅之數運往搭放。今又屆五年，葉爾羌錢文大略已屆敷用，此項銅斤無須轉運，即可將原銅三千斤按年運往伊犁。其阿克蘇、庫車、喀喇沙爾、賽里木等城向係繳納銅斤之處，如有錢糧可以折納者，亦令折繳銅斤，一并解繳伊犁將軍存貯，俟所積之數足資鼓鑄，再由陝甘調取工匠前往開局鑄錢發用。"⑯乾隆命將舒赫德的復奏轉給現任伊犁將軍伊勒圖研究。

伊勒圖接到批旨後，對鑄錢的形制、銅源等問題提出了自己的意見：

關于形制問題，他認爲伊犁不宜鑄造紅錢，而應按内地的式樣，鑄造制錢。其理由是：第一，烏什等南疆所用錢文，"概用紅銅"，用料太多，而現在伊犁所用内地的制錢，"原係鉛錫搭配鑄成"，可以節省銅斤；第二，"伊犁、烏魯木齊、巴里坤、哈密等處，皆用内地制錢，故以鑄行制錢爲宜。

關于如何解決銅源問題，伊勒圖同意舒赫德提出的兩個辦法，即：甲，由烏什局每年運解三千斤銅至伊犁；乙，以"錢糧折銅斤"的方式，從南疆産銅處調運銅斤"。并具體提出："烏什等處，歷年存有錢糧五千石，易銅七千二百四十五斤，分五年繳納，每年可得銅一千四百四十九斤零；庫車、沙雅爾回子六十户赴廠開挖，每年飭繳銅一千八十八斤零；喀什噶爾、哈喇沙爾兩處將餘糧折銅九百斤"，加上烏什的三千斤，約計"每年可得銅六千四百三十七斤零"。按照西安寶陝局搭配鑄造的比例，"六千四百餘斤純銅，應搭黑鉛八百三十餘斤、白鉛五千三百四十餘斤，點錫二百五十七斤。銅、鉛、錫三項共計一萬二千八百七十餘斤。以一錢二分鑄錢一文計算，除去折耗，可鑄制錢一千五百六十二串"。這樣，"較烏什純用紅銅鑄造，即有節省，而鑄出錢文與内地制錢色樣相同，市用流通，可垂永久"。但是伊犁當時祇産黑鉛，而白鉛與點錫"從無貨賣"，因此他要求派人"從内地採買轉運"。⑰

乾隆四十年（1775年）三月，軍機大臣、工户部按照乾隆"公同核議"的批旨，認可了伊勒圖關于鑄造制錢形制的建議，對于解決銅源問題的具體設想，也認爲基本可行，但取消了"回子四十六户赴廠開挖"銅斤一項，以節省成本。

對于伊勒圖要求派人至内地採辦白鉛、點錫之事，舒赫德等認爲："白鉛一項，必須由西安委員遠赴湖北漢口搭買遞運陝省，轉運哈密，又由驛站遞解，需用白鉛既多，運費又大，所費太重"。因而，他們建議不用白鉛，而以"體質堅硬之紅銅，配以柔軟之黑鉛鑄造，微加點錫，輪廓肉好即可適用"。這樣，按照紅銅5300斤搭配，每年祇需點錫80斤。點錫可由"西安遇便搭解"，不需開銷運費以大大節省鑄幣成本。他們計算，以新疆本處出産之紅銅、黑鉛供鼓鑄之用，每年可鑄錢920餘串。⑱

在提出建議的同時，舒赫德還"飭令承辦司員及寶泉局監督等，照内地常行制錢每文一錢二分重，用紅銅八分四厘、黑鉛三分四厘八毫、點錫一厘二毫，督匠試鑄"，結果，鑄出的色樣與内地制錢"大略相同"。他們將這種不摻白鉛、"銅七鉛（指黑鉛）三"的樣錢呈給乾隆"御覽"，乾隆表示同意。

至于伊犁鑄錢局用什麽局名，伊勒圖等擬了"寶惠"、"寶伊"兩個名字，請乾隆賜名。四月初一日，乾隆批旨："錢文清字着用'寶伊'。"⑲寶伊局從此得名。

軍機處立即飭令寶泉局另鑄母錢，一面用"清字佳名（指'寶伊'之名）"，一面用"乾隆通寶"漢字，"即將鑄成錢模，敕繳該將軍（指伊勒圖）照式鼓鑄。"⑳乾隆四十年（1775年）十月八日，新疆自鑄的制錢——"寶伊錢"正式鑄行。

由此可知，新疆紅錢與新疆制錢（寶伊錢）雖然同屬于中國貨幣體系，但紅錢比較典型地反映了新疆地區的民族性和地區性，形成了一個獨特的種類；而寶伊錢則完全屬于内地制錢的種類，僅僅因爲具體困難未摻白鉛，其含銅量略高于内地而已。

清代新疆銅錢，從貨幣制度來看，經歷了兩個發展階段。

第一階段，是紅錢與制錢并行的"雙軌制"階段。時間從乾隆二十五年（1760年）至新疆建省的光緒十年（1884年）。㉑在長達百餘年中（除去阿古柏、沙俄入侵時期），南疆行使紅錢，北疆行使制錢，這種"雙軌制"一直沿用，歷經乾隆、嘉慶、道光、咸豐、同治諸朝和光緒初年。

第二階段，是以紅錢統一全疆幣制的階段。時間從新疆建省，以後直至清朝覆亡。

這一階段的形成主要有兩個原因：

第一，自從同治三年（1864年）"回疆大亂"後，特別是外國侵略者阿古柏竊據南疆與北疆的廣大地區、沙俄侵佔伊犁後，紅錢與制錢并行的"雙軌制"已破壞無遺。

第二，更重要的是，新疆建省以後，取消了伯克制、扎薩克制，實行了全省的統一，以新疆巡撫爲首的地方政府具有統一領導天山南北的廣泛權力。行政權力的集中、南北疆商品交流的發展、人民的自由往來，均要求有統一的貨幣制度。在新的歷史條件下，同治以前那種比值不同、流通範圍不同的"雙軌制"，不利于行政的統一與商品的交流。

因此，新疆省第一任巡撫劉錦棠根據新疆銅料來源有限的實際困難，于建省之初即提出廣鑄紅錢以統一錢法的請求，得到了清廷的批准。此後，新疆廣大地區，除伊犁一隅因特殊情況仍用制錢外，其他地方，無論天山南北，均一律使用紅錢。于是，過去僅限于南疆八城使用的紅錢一躍爲天山南北統一的錢幣，"雙軌制"變爲單一的紅錢制。

基于上述種種情況，我們不同意把新疆制錢（寶伊錢）也歸入新疆紅錢"體系"的提法。即使從錢幣收藏、整理的角度，把寶伊錢納入紅錢的行列，也是很勉強的，從貨幣史的角度來看，更是很不妥當的。否則，清代新疆銅幣制度的發展變化就很難得到清楚的説明。我們建議仍用"清代新疆銅錢"的名稱來涵蓋新疆紅錢與新疆制錢（寶伊錢）這兩大類別。

二、清代新疆的鑄錢局與鑄幣情況

清代新疆總共設立了多少鑄錢局，有不同的説法。如有人從錢幣幕面所鑄地名判斷，認爲應有十個以上。但實際上，有清一代新疆的鑄錢局爲七個。其中南疆五個：葉爾羌局、阿克蘇局、烏什局、庫車局、喀什噶爾局；北疆二個：伊犁寶伊局、烏魯木齊寶迪局。

1. 葉爾羌局

葉爾羌局是清代新疆最早建立的鑄錢局。葉爾羌，古代爲莎車國，後爲葉爾羌汗國都城。准噶爾統治時期，是舊普爾（准噶爾普爾）的鑄地。葉爾羌本不產銅，但由于它是舊普爾的鑄造地，清政府首先在此設局，一方面，可以利用其原有設備鑄造新錢；一方面，又可以比較集中地回收舊普爾，普及新普爾（紅錢）。

乾隆二十四年（1759年），兆惠在奏請改鑄舊普爾時，即建議"于葉爾羌設局，銷毀原錢，改鑄制錢形式（按：此處所指的'制錢形式'爲圓形方孔的紅錢）……每制錢（指紅錢）一文，換舊普爾二文，給葉爾羌、喀什噶爾、和田三城通用"。[22]清政府批准後，葉爾羌鑄錢局于乾隆二十五年（1760年）正式成立，九月開爐鼓鑄。

葉局有爐兩座，工匠99人，其中維、漢匠人均有。由于葉爾羌地區過去鑄幣均用打壓法鑄造，而新疆古代由内地傳入的澆鑄法又久已失傳，因而兆惠請求清政府由内地調來熟練的漢族匠人主持新幣鑄造的生產技術。清政府轉命陝西巡撫照辦。陝西巡撫關達善豐即派漢中府同知坤豫在西安鑄幣局（"寶陝局"）選拔8名匠人，于乾隆二十五年（1760年）三月中旬出關，八月輾轉抵達葉爾羌。清政府除給匠人安家費、盤費、工食費等較優厚的待遇外，還命他們携帶鑄錢所需的成套器具兩副，用車輛載送同抵葉爾羌。[23]這批工匠和器具就成爲葉局開創時的技術骨干和基本設備。内地所來的工匠率領全體維漢工匠進行紅錢的鑄造，使在新疆地區失傳已久的澆鑄法又重新廣泛使用。

葉局在乾隆二十五年初鑄時，由户部頒發樣錢：圓形方孔；面鑄漢文"乾隆通寶"；背以滿、維兩種文字鑄地名。但是穿右的老維文（察合臺文）"Yar kand"，漢文音譯爲"葉爾羌"，穿左滿文錯譯成"YerKim"，漢文音譯爲"葉爾奇木"。乾隆二十六年（1761年）八月，户部另頒樣錢，改背面滿文"葉爾奇木"爲"葉爾羌"。自此以後，葉爾羌局再未鑄造過背面滿文爲"葉爾奇木"的紅錢。

葉爾羌局所鑄之錢，錢體厚實，銅質特別純净，色澤特別滋潤，屬于今天所稱的"厚版銅錢"。其幣材來源，一是動用了清軍軍營准備用來鑄炮之銅七千餘斤；一是銷熔所回收的舊普爾，以舊錢鑄新錢。

回收舊普爾，是葉局另一大任務。舊普爾是准噶爾統治時期的貨幣，當清政府統一新疆後，已喪失其合法性，必須收回改換新錢，纔能真正在南疆確立新的貨幣制度。

葉爾羌局對舊普爾的回收，大體可分兩個階段：

第一階段是從設局開始（乾隆二十五年）至乾隆二十七年（1762年初）。這期間，共鑄新錢103000餘騰格，其中用63000騰格的新錢，以1：2的比率，換回了大約126，000騰格的舊普爾。[24]

這種以1：2的比率回收舊普爾的做法，是沿襲了准噶爾汗國時的傳統（噶爾丹策零初立時，即以一枚新錢換回兩枚策妄阿拉布坦時的舊錢），它不僅使新錢的鑄行成爲剥削南疆人民的一種經濟手段，而且也體現了清政府爲在南疆地區穩定統治，鞏固主權的政治意圖。

第二階段是自乾隆二十七年至乾隆三十三年（1768年）。當回收舊普爾進行了一年多時，乾隆二十七年二月，"上諭軍機大臣曰：換易普爾，不過使回人通用新錢……以兩普爾易一新錢，行之已二三年（按：實際爲一年半），諒所收普爾亦足供鼓鑄，若仍照前例，恐有妨回人生計。若加恩以一普爾換一新錢，則回人無所虧損而舊普爾亦必盡收"。[25]自此以後，即以1：1的比率回收舊普爾。

其實，乾隆的上諭是帶有一定虛僞性的。因爲在此前的一年半中，實際上已以1：2的比率收回了舊普爾的大部分，現在再以1：1的比率兑換，對"回人生計"已無多大補益，其真正作用不過是使舊普爾的回收更爲徹底罷了。

當回收與改鑄舊普爾的任務完成之後，葉爾羌局祗是在乾隆三十四年（1769年）用烏什局所撥的3000斤銅再鑄過一次紅錢後，即長期停鑄。

此后，葉爾羌局即聲息全無，一直到八十餘年後的咸豐時期，方有該局重新開鑄的記載。其時，正值太平天国革命，清政府爲挽救危局，濫鑄大錢以解決財政困難。新疆受此影響，也掀起鑄大錢的浪潮。葉爾羌局重新恢復，于咸豐四年（1854年）開鑄當百、當五十、當十三種大錢。咸豐九年（1859年）停鑄當百、當五十大錢，只鼓鑄當十錢。

葉爾羌局鑄的最後一種錢，是同治通寶當十錢。同治三年（1864年），葉爾羌、喀什等地區的一些封建領主，乘全疆農民大起義之機，進行篡權活動，形成了地方封建割據政權，葉爾羌局在混亂中關閉，此後再未恢復。

2.阿克蘇局

葉爾羌最大的缺陷是不産銅，這一先天性的弱點大大限制了它作用的發揮。因此，清政府在葉爾羌局建立不久，即積極准備在東四城的産銅區擇地設局。

在南疆的東四城中，以阿克蘇爲最佳。它不僅是東四城的中心，而且是全疆最大的産銅區。它本身以及所轄的庫車、拜城、沙雅等地，都有豐富的銅礦，"礦脉自北而南，延長百數十里，銅色蒼萃，柔潤如脂"，"爲全疆銅礦之冠"。㉖這就爲阿克蘇局的建立提供了優良的物質條件。

乾隆二十五年（1760年），參贊大臣舒赫德奏稱："阿克蘇等城出産紅銅。現據該伯克等懇請設爐鑄錢，流通行使，并乞照葉爾羌之例，範爲阿克蘇字樣。"㉗在清政府批准後，阿克蘇鑄錢局于乾隆二十六年（1761年），即遲于葉爾羌局一年，正式成立。

阿克蘇局的規模頗大，有爐六座，設管理錢局把總2員，錢局兵丁60人。同時另建温巴什銅廠（温巴什在阿克蘇城東），設管理銅廠游擊1員，把總1員，經制外委2員，兵丁278人。銅廠採銅，錢局鑄錢，分工明確。

由于東四城向無鑄幣歷史，故阿克蘇局初建時的技術骨干仍來自內地。乾隆二十五年十月，陝甘總督楊應琚即"飭行西安藩司挑選匠役，置辦器具"，"刻速起程"。陝西布政使根據上年派往葉爾羌鑄匠的前例，"派工匠王紹等八名，俱係熟諳鼓鑄之人"，由西安理事同知蘇齡阿率領前往阿克蘇（後又加派"王士俊等四名，共匠役十二名"㉘）。這12名工匠抵達阿克蘇後，主持了阿克蘇局開鑄的全部技術工作。

阿克蘇局造幣原料的來源有三：

一是"各城回民繳納額銅"；二是"本城伯克繳納貢銅"；三是"官採銅斤"，即温巴什銅廠所採之銅。

温巴什銅廠每年採銅16000斤左右，加上前兩項來源，每年總共可得原銅21000斤左右，用這些銅斤每年鑄造紅錢2700餘串。

阿克蘇局所鑄之紅錢，也是每枚重二錢，甚厚重，正面爲漢文"乾隆通寶"，背面爲阿克蘇地名，滿文在左，維文在右。銅質十分純净，其風格與葉爾羌局初鑄厚版乾隆錢相同。阿克蘇局所鑄紅錢供阿克蘇、烏什、庫車、喀喇沙爾（爲者）及賽里木、拜城等南疆東部城市使用，與葉爾羌鑄幣在西四城使用，形成了"雙峰并峙"的局面。它的建立，使紅錢的流通從南疆西部擴展到東部，有力地促進了紅錢制度的發展。

乾隆三十一年（1766年），阿克蘇局移至烏什鑄幣（即烏什局）。嘉慶四年（1799年），又從烏什移回阿克蘇。

嘉慶五年（1800年），户部給阿克蘇局發來"乾隆通寶"和"嘉慶通寶"的祖錢各一枚，并規定："自嘉慶五年爲始，每年鑄乾隆通寶錢二成，嘉慶通寶錢八成，分運南路各城"。㉙過去，乾隆帝爲紀念自己統一新疆的功績，曾于乾隆三十九年（1774年）下令："乾隆通寶"應"永遠恪遵，不必改毀另鑄"。㉚從乾隆的原意看，他主張此後的新疆紅錢將永遠銘文爲"乾隆通寶"，不隨新皇的即位而改變。因此，嘉慶帝初立之時，由于乾隆仍然在世，故無改變銘文的舉動，所有紅錢，仍然面文爲"乾隆通寶"。迨至嘉慶四年，乾隆逝世，嘉慶帝總變更舊制，采用每年鑄二成"乾隆通寶"，八成"嘉慶通寶"的辦法，既從錢幣的銘文上體現了自己至高無上的地位，又兼顧了先皇遺制。故自嘉慶以降，歷代新皇都鑄造一定比例的"乾隆通寶"和本朝通寶，成爲定例。但由此也增加了紅錢版式的複雜性。

阿克蘇錢局在道光年間實行了一項改革，即鑄行了"當十錢"。道光八年（1828年），欽差大臣那彥成奏道："……現查阿克蘇銅廠開挖年久，銅斤未能豐旺，與其多方採辦，苦累兵回，徒滋靡費，不若將現鑄錢文，作爲當五、當十兩樣，分別行使，可期泉布充盈。應請將錢局額銅，試鑄十分之三當十錢，先爲行用，如果能平減市價，流通無弊，隨時酌量，再爲加增，改鑄當五、當十錢各十分之五，永遠通行。"㉛在清廷批准後，阿克蘇局即于同年（1828年）試鑄"當五"、"當十"兩種紅錢。這種"以一當五"的道光通寶紅錢背面穿左滿文、穿右維文"阿克蘇"；穿上是漢文"八年"，穿下是漢文"五"字。"八年五"的意思是"道光八年鑄，以一當五"。另一種"以一當十"的道光通寶紅錢，背文祇是將穿下的漢字"五"改成十字，意思是"道光八年鑄，以一當十"。也就是說，這種紅錢一枚可抵"當五"紅錢兩枚，亦即抵制錢十枚。它的鑄造，開了此後濫鑄大錢的先聲。

咸豐年間，阿克蘇局作爲當時全疆最大的鑄錢局，當然也捲入了濫鑄大錢的狂潮。咸豐三年（1853年）阿克蘇局"八成鑄當十錢，二成鑄當五十錢"。第二年則六成鑄當十錢，二成鑄當五十錢，二成鑄當百錢。咸豐九年（1859年）又決定將當百、當五十大錢改鑄當十錢。同治年間，阿克蘇祇鑄當五、當十兩種面值的紅錢，并于同治三年（1864年）基于與它局同樣原因被迫關閉。

光緒初年，清政府任命左宗棠爲欽差大臣督辦新疆軍務。左宗棠率領西征軍以摧枯拉朽之勢一舉消滅了阿古柏侵略勢力，收復了新疆，這就爲新疆各錢局的恢復創造了最根本的條件。

光緒四年（1878年）九月，被迫停閉了14年之久的阿克蘇局正式恢復，開始鼓鑄紅錢。此時共有爐八座，鑄匠20名，伕役69名，泥木鐵匠12名，共102名。所鑄爲紅錢一文小平錢（即"當五"錢），正面鑄"乾隆通寶"，背面左滿文、右維文"阿克蘇"地名（未加"當五"字樣），每枚重一錢二分五厘。每紅錢500文兌銀一兩。光緒九年（1883年），鑄局歸阿克蘇道署專辦，規定"其鼓鑄錢文以四成鑄'乾隆通寶'，六成鑄'光緒通寶'，背面加'當十'二字"。㉜不久停鑄，光緒十二年（1886年）又重開。

爲什么一文小平錢（只能當五）需要加上"當十"兩字呢？《新疆圖誌》解釋道："鑄錢無當十者，纏民疑非官制，不肯行用，故西四城用錢，以無十字之新錢，只作半文使用"。㉝原來，在道光時期，那彥成進行幣制改革，鑄造了"當五"與"當十"兩種紅錢。初鑄的"當十"紅錢比"當五"的紅錢要重一點、大一點，但不久又逐漸減重、變小，與"當五"錢差不多了。因此，南疆地區的維吾爾人民後來把這種"當十"錢祇當作一文紅錢（即"當五錢"）使用。光緒初年，市面上仍然如此。因此，收復新疆後所鑄的新錢如無"當十"兩字，特別是如無"十"字，維族人民一律認爲不是"官鑄"，拒絕按原值使用，而祇當作半文紅錢。阿克蘇局在光緒四年開鑄時，沒有意識到這個問題，所鑄之錢均無"十"字，但在使用中纔發現新錢無"當十"兩字不行，于是不得不在光緒九年明文規定鑄錢時必須在"陰面加'當十'二字，以順輿情"。此後的"阿十"、"庫十"、"喀十"、"新十"等即是由此而來。

從光緒四年至光緒十三年（1887年），阿克蘇局"得净銅325465斤，成錢40057232文（按：即40057串232文）"。平均每年成錢4000串左右。

光緒十四年（1888年），"採拜城銅三萬一千五百斤，成錢3528000文（按：即3528串）。"光緒十五年（1889年），"採拜城銅42980斤，成錢4813669文（按：即4813串669文）"。同時將鑄局移至新城西門外。光緒十六年（1890年），藩司饒應祺決定增加鑄數，"每月作爲一卯，每年擬鑄十卯，每卯鑄錢九百串文，以十卯計之，每年鑄錢九千串文"，㉞比過去增加了一倍。

光緒十八年（1892年），阿克蘇局停爐，移至庫車鼓鑄。停鑄的原因是巡撫陶模"以鼓鑄紅錢，炭爲大宗，阿克蘇木炭向較庫車昂貴，且設爐多年，砍燒殆盡"，而"庫車樹木休養多年"，故決定將阿克蘇局移至庫車鼓鑄。㉟于是，阿克蘇局的歷史宣告結束。

有清一代，在新疆各鑄局中，阿克蘇局是時間最長的鑄局。它先后開鑄達115年之久。在前期，曾是南疆惟一的鑄幣基地，所鑄的大量紅錢，供整個南疆地區使用。光緒四年，左宗棠收復新疆後，它又是最早恢復的鑄局之一，對恢復發展新疆的經濟起了積極作用。對此，我們應給予足夠的重視。

3. 烏什局

乾隆三十年（1765年），烏什地區發生了當地維吾爾族人民反對封建壓迫和民族壓迫的鬥爭。清政府在鎮壓了這次起義後，根據乾隆皇帝"當以烏什爲（南疆）匯總之地"的諭令，將參贊大臣由喀什噶爾遷至烏什，并在烏什實行屯田。㊱爲了適應烏什一時成爲南疆政治軍事重心的需要，阿克蘇錢局也于次年（1766年）移至烏什，由此出現了烏什鑄錢局。

從乾隆三十一年（1766年）至嘉慶四年（1799年）的三十三年中，烏什局實際上一直代替了阿克蘇局，成爲東四城惟一的鑄幣所在地。而且，當葉爾羌局于乾隆三十四年（1769年）停鑄以後，西四城所用的紅錢，也由烏什局鼓鑄。葉爾羌每年給烏什局撥解3000斤銅（西四城所繳），由烏什局代鑄後，"解送葉爾羌局備用"。因此，從乾隆三十四年（1769年）至嘉慶四年（1799年）的30年中，烏什局又成爲南疆惟一的鑄幣局。所鑄錢文，供整個南疆流通使用。

在烏什局鑄錢期間，紅錢的重量發生了兩次值得注意的變化。

第一次是在乾隆三十六年（1770年）。㊲由于鑄錢的原料受到限制，而南疆人口不斷增加，民間需要量增大，以及政府、軍隊開支繁多，形成了"錢少不能流通"的狀況。于是在鑄錢時將原來一枚重二錢減爲一枚重一錢五分。

第二次是在乾隆三十九年（1774年），即第一次減重後的三年，又將每枚（文）紅錢的重量由一錢五分減至一錢二分。

因此，紅錢每文的重量爲二錢者，實際上祇有11年（乾隆二十五年至乾隆三十六年）；重量爲一錢五分者，實際上祇有3年（乾隆三十六年至三十九年）。而自乾隆三十九年（1774年）後，紅錢的重量則全部祇有一錢二分，即祇有初鑄時的60%左右。故烏什局鑄幣的厚薄輕重差異懸殊。早期的厚版錢有的重達7克以上，后期輕者祇有3.2克，兩枚還頂不上一枚重。

減重錢的大量鑄造，造成了兩種后果：其積極的後果是，在相當程度上緩和了"錢少不能流通"的矛盾。如烏什局在乾隆四十六年（1781年）時，由于積存的紅錢太多，曾經停鑄2700串，節省原銅二萬餘斤。但與此同時，紅錢的不斷減重，却又引起了嚴重的消極後果，即紅錢的不斷貶值。當乾隆二十五年（1760年）初鑄二錢重的紅錢時，紅錢與銀兩的比值"定以百普爾（指紅錢）爲一騰格，直（值）銀一兩"。此後，曾出現過"銀賤錢貴"的現象。但自大量鑄造減重錢以後，紅錢開始貶值，到乾隆五十二年（1787年）時，喀喇沙爾（焉耆）和喀什噶爾七城兵丁的鹽菜銀，"每銀一兩，折給普爾錢（紅錢）160文"；到了嘉慶年間，竟需要220文纔能折銀一兩，[38]貶值率達到120%。錢幣的貶值，必然造成物價的上漲，這對勞動人民的生活，當然産生了不利的影響。

嘉慶四年（1799年）三月初六日，參贊大臣覺羅長齡奏請將烏什局仍移回阿克蘇。奏文爲："奏爲請移設錢局以免擾累仰祈聖鑒事。竊查南路錢局舊設于阿克蘇，自乾隆三十一年參贊大臣移駐烏什，亦將錢局移于烏什安設。是不惟錢局所用銅斤係在阿克蘇購買，即逐日所需之沙土罐泥亦係在阿克蘇刨挖往來運送，徒事迂迴，臺站幾無暇日。且局內所需之各行匠役均係阿克蘇回民，每年按春秋兩季派赴烏什工作。又局內各爐所需之燒柴木炭亦係由庫車、庫爾勒、布古爾、沙雅爾、賽里木、拜城等六城回民內輪年派赴烏什常川砍柴燒炭，以供鼓鑄。奴才等推原舊制，緣烏什均係三十二、三十三年等陸續移駐，窮苦回民無力當差應役，不能不派及各城，而各城回民奉派遠涉，動輒經年，實屬不無苦累。奴才等悉心酌議，應請將錢局仍移回阿克蘇，不惟銅斤、鐵器、沙土、罐泥不致徒勞臺站，即各行匠役亦均得于本城供應，其砍柴燒炭等事尤應于就近籌辦，均不得遠派各城。如此一轉移間，臺站回民胥無滋擾，愈得霑被聖恩于無旣矣……。"[39]

事情非常清楚，原來從阿克蘇移往烏什，確係勞民傷財、得不償失之舉。因此，在烏什逐漸失去政治軍事重心的地位後，將錢局移回阿克蘇乃是必然之事。

此後，從史籍和實物資料來看，烏什不復再鑄錢幣。至于"宣統通寶"背有滿、維文烏什字樣的流通性紅錢，其實不是烏什所鑄，而是庫車局代鑄。

4.庫車局

庫車在阿克蘇東北，爲南疆東四城中的重要城市，古代爲龜茲國所在地。庫車附近産銅，但原來都是解送阿克蘇局鑄錢用的。至于庫車鑄錢局何時成立，無史料記載。彭信威先生認爲："道光六年（1826年）新疆的張格爾反抗清軍，攻陷回疆的喀什噶爾、英吉沙爾、葉爾羌、和田四城，清軍雲集阿克蘇，對軍餉需要大增，錢價昂貴，當局乃添爐趕鑄。大概庫車局就是在這時設立的。"但張絅伯則認爲是在咸豐三年造大錢時成立的。[40]何者正確，尚待進一步考證。

在史籍中，庫車局最早出現于咸豐六年（1856年）。這年，在南疆各局濫鑄大錢的狂潮中，庫車局也鑄造了當百大錢四成、當五十二成、當十二成、當五二成。當百大錢重六錢五分、當五十大錢重四錢二分、當十大錢重一錢五分、當五錢（小平錢）重一錢二分。次年（咸豐七年），由于當百、當五十大錢流通困難，停鑄，儘量加鑄當十、當五紅錢（各五成）。同治初年，庫車局仍按咸豐年間的模式鑄過當五、當十錢。同治四年（1865年），庫車農民起義，庫車局被迫停鑄。

光緒初年，左宗棠率領西征大軍。剛剛收復了南疆地區之時，就令駐兵庫車的張曜立即着手恢復紅錢的鼓鑄。他親自頒發了"乾隆式錢之一錢二分重者"作爲鑄幣的模式，幷派"辦理庫車等處善後事宜"的委員龍魁、潘時策具體負責籌備工作。光緒四年（1878年）三月，庫車局首先恢復鼓鑄。所鑄之紅錢每枚實際重一錢三分，正面仍爲"乾隆通寶"四字，陰面以滿、漢文分鑄地名，"均以半邊月圈爲記"。[41]

光緒十二年（1886年），藩司魏光燾要求一度停鑄的阿克蘇局重新開局鼓鑄，"專收拜城銅斤"。庫車局于是年停鑄。光緒十八年（1892年）八月，阿克蘇局移至庫車，于是庫車局再次恢復鼓鑄，由阿克蘇調匠工52名，庫車雇工72名，共用匠工124名。每日鑄紅錢一百一十挂（每挂紅錢500文，重〈湘平〉四斤三兩五錢）。光緒二十四年（1898年）改訂新章，每紅錢一挂爲四百文，每挂重三斤四兩。光緒二十五年（1899年），每紅錢一枚改爲重一錢二分。光緒二十九年（1903年），開爐六座，每天鑄紅錢137挂，每挂紅錢四百文，重三斤。

庫車局在光緒三十三年、三十四年鑄造的紅錢，打破了銅錢自唐代"開元通寶"以來的傳統格式：正面文字不是"光緒通寶"而是"光緒丁未"（1907年）和"光緒戊申"（1908年），成了"紀年錢"。彭信威在《中國貨幣史》中指出："這在中國的錢制上是一種創制。"但可惜制作十分粗陋。

直到宣統元年，庫車局還鑄造了"宣統通寶"背"庫十"錢。

庫車局在"阿古柏之亂"以前的道、咸年間，所起的作用幷不顯著。但在後期，其地位迅速提高，成爲南疆與阿克蘇局幷駕齊驅的兩大鑄錢局之一。迨至光緒十八年（1892年），阿克蘇局停鑄以後，庫車局更成爲南疆最大的鑄錢局，一直維持到宣統元年。因此，南疆紅錢中現存數量最多的就是"光緒通寶"的"庫十"錢和"寶庫新十錢"。

5.喀什噶爾局

喀什噶爾爲新疆南部重鎮，喀什道署所在地。轄英吉沙爾、葉爾羌、和田，連同喀什本身合稱爲西四城。喀什噶爾地區的錢幣向來由葉爾羌局、烏什局或阿克蘇局供應，其鑄錢局何時正式成立也無史料記載，可能也是在咸豐初年爲趕鑄大錢而設立的。

喀什噶爾局在咸豐五年（1855年）正月開鑄當百、當五十、當十大錢。當百者重六錢五分，當五十者重四錢二分，當十者重一錢五分。咸豐九年（1859年）該局停鑄大錢，并隨之停辦。該局在同治年間未鑄過錢幣，所用之錢可能仍由阿克蘇局供應。

喀什局停辦後較長時期没有重開。光緒十三年（1887年），喀什地區嚴禁僞造天罡（銀幣），因而紅錢奇缺。次年春，喀什道袁堯齡決定開爐鼓鑄，由董丙焜負責試辦礦務。由于礦銅不够，就熔鑄廢炮五尊，計重二千斤。共鑄紅錢二百二十千文，每文重一錢三分，有記載說其錢文正面是"光緒通寶"四字，背鑄漢文"喀什"兩字和維文"喀什噶爾"。每紅錢五百文作銀一兩④（但《新疆紅錢》一書提出：至今并未發現過鑄有漢字"喀什"兩字的光緒通寶錢，如不是已全部被毀或尚未被發現，則可能是記載的筆誤和不够翔實）。

光緒十五年（1889年）收集喀什所屬各地所採之銅，每年鑄二千二百九十餘串，每錢四百文作銀一兩。每鑄錢一千文（一串）用銅八斤二兩。

光緒十九年（1903年）于回城修建礦務鑄錢局一所。光緒二十一年（1905年）藩司丁振鐸決定將礦、鑄兩務劃開，并定爲"歲鑄九卯，共一萬二千八百挂（每日50挂）。每紅錢一挂重四斤一兩"。

由于以喀什爲中心的西四城商品經濟發達，對貨幣的需要量較大，而喀什局因原料缺乏，所鑄錢數不能全部滿足流通的需要，故仍請求阿克蘇、庫車兩局代鑄一部分。

喀什局的鑄幣直到光緒末年方結束。

6.伊犁寶伊局

寶伊局何時正式建局，這是錢幣學界長期議論、懸而未決的問題。

最近發現的乾隆四十年十一月初三日《伊勒圖鼓鑄制錢奏》爲我們提供了有力的論據。該奏云："臣伊勒圖謹奏……飭委理事同知豐新監督鑄務，建蓋（寶伊）局房。隨據擇得惠遠城西門内街南空隙處，即調選派入局兵丁遣犯採取材料，建蓋局房……二十一間……當即飭……仿照部頒制錢，擇于十月初八日開爐試鑄。據呈造出錢文輪廓完好，顏色稍紅……已得制錢六十餘千……謹將現在鑄出行使制錢另匣隨摺恭呈御覽"。③

由此可知，寶伊局正式開鑄時間爲乾隆四十年（1775年）十月初八日。

寶伊局所鑄爲小平制錢。正面文字爲漢文"乾隆通寶"，背滿文穿左爲"Boo"（寶），穿右爲"I"（伊），重一錢二分（合4.5克），與内地各省局的制錢完全一致。開始時年鑄量爲927串。

寶伊局在鑄錢的同時，仍積極在本地附近尋找銅礦，次年（乾隆四十一年）即在伊犁哈爾海圖發現礦源（這是在北疆地區的首次發現）。伊勒圖派人開採，每年獲銅二三千斤。這樣，自乾隆四十四年起，每年鑄幣增至一千一百餘串。

乾隆五十六年（1791年），又在哈什地方發現了新礦，每年開採量達七千餘斤。次年（乾隆五十七年），伊犁將軍保寧奏准"餘歲鑄額外加鑄六百串"。故自乾隆五十七年起，每年鑄幣增至1722串。這一定額此後一直沿用，"歷嘉道以至咸同"。④

咸豐年間鑄造大錢，以寶伊局爲最早。咸豐三年（1853年）十一月初六日，寶伊局將所鑄制錢全數按户部規定的份量改鑄當十大錢，每枚重四錢四分，按八十枚作銀一兩搭放官兵餉額。咸豐四年又加鑄了當五十（每枚重八錢）、當百（每枚重一兩四錢）大錢。⑤咸豐五年四月，寶伊局決定收回當百、當五十兩種大錢改鑄，祇留當十大錢一種與制錢（一文小平錢）一律通行。同年五月，又決定將當十大錢改爲當四行使，當五十大錢改作當八行使，當百大錢改爲當十六行使，"無庸改鑄"。迨至同治朝，寶伊局亦曾鑄過同治通寶當四錢。

同治五年（1866年），寶伊局由于伊犁蘇丹起事而被迫停鑄。左宗棠收復新疆、沙俄被迫繳還伊犁之後，寶伊局本應與其他錢局一樣恢復鼓鑄。但由于過去的"寶伊錢"含銅量較高（銅七鉛三），被沙俄大量搜括回國改鑄錢幣或其他器皿，新任伊犁將軍色楞額、伊犁府守潘效蘇等害怕重蹈覆轍，故決定不再鑄"寶伊錢"，也不像新疆其他地方廣鑄紅錢，而是從甘肅等地運來黄銅摻和泥沙製成的制錢應用。因而寶伊局再未恢復。

7.迪化（烏魯木齊）寶迪局

咸豐四年(1854年)，迪化(烏魯木齊)南山發現銅鉛礦，當局即用捐資辦法籌組寶迪局。當時，正值鑄大錢浪潮掀起，寶迪局即邊組建邊鑄大錢。咸豐五年(1855年)，鑄當八及當十兩種大錢。當八錢是一種很特殊的體制，其原因爲當地以錢八百爲銀一兩，錢八文爲銀一分，故因地制宜，鑄當八大錢，⑥質地紫銅。咸豐七年（1857年），停鑄當八大錢，加鑄大型當十錢。這種錢面文漢字字體遒勁，工藝精美。

寶迪局還鑄造了一種當八十的大錢。黄銅質。但鑄額很少，極爲稀有。

咸豐十一年（1861年）三月，寶迪局停鑄大錢。同治三年（1864年），迪化妥得璘起事，寶迪局被迫停鑄。

8.寶新局

新疆建省後，迪化成爲新疆省會，寶迪局便于光緒十二年（1886年）七月改爲寶新局，重新開爐，鼓鑄紅錢。所鑄之錢改鑄爲"寶新"兩字。開始時設爐2座，次年添爐1座，光緒十六年（1890

年）又添爐2座，共5座。銅料來源有二：　一是開採南山之銅；一是運來庫車之銅。工匠有爐頭1人，幫手2名，一般工匠90名（其中省會20名、庫車調20名、吐魯番調20名，均維吾爾族）。日鑄紅錢100挂，每挂500文（400文合銀一兩），重四斤一兩。

光緒十六年起，藩司饒應祺決定歲鑄紅錢八卯，每卯鑄紅錢1650串（每串1000文），八卯共鑄13200串。每文重一錢三分。㊼

光緒十八年（1890年），巡撫陶模以寶新局鑄錢文字模糊不清，令每紅錢一文加重五厘，但光緒二十一年（1895年）又恢復爲一文重一錢三分。光緒三十四年（1908年）八月，原料用罄，寶新局即行停鑄。㊽

三、清代新疆銅錢的特點與作用

清代新疆的銅錢，大體有以下幾個特點：

第一，顯著的民族特色。新疆是多民族聚居的地區，在少數民族中，又以維吾爾族爲主體。在清代發行的錢幣上，對帝國的多民族地區特點常有鮮明的反映，其中以新疆紅錢最爲突出。如前所述，紅錢與内地制錢相比，銅質不同、幣值不同、銘文不同、流通範圍不同。它在統一的中國貨幣體系中，仍然保持了濃鬱的民族性與地區性。

特別值得注意的是，新疆建省之後，鑒于實行統一錢法的需要，首任新疆巡撫劉錦棠決定廣鑄紅錢，使“天山南北兩路錢法統歸一律”。于是，過去僅限南疆八城使用的這種具有濃鬱民族特色的紅錢，一躍而成爲在全疆都能使用的統一貨幣，這種獨特的紅錢制度對于新疆的貨幣經濟産生了長遠的影響。直到1933年左右，新疆仍以紅錢作爲統一的計算單位，這是新疆貨幣制度的一大特點。

第二，紛繁複雜的版式。其原因有三：

其一，新疆地區的鑄錢局最多。内地的鑄局，北京有“寶泉”（户部）、“寶源”（工部）兩局，各省的鑄局大多祇有一個，新疆則先後出現了七個鑄錢局。各局所鑄的錢幣均以本地地名銘文，各不相同。

其二，新疆所鑄錢幣有“前鑄錢”與“後鑄錢”之分。在“乾隆通寶”創制以後，由乾隆帝親自規定：“乾隆通寶歷朝通用”，以紀念他重新統一新疆的功績。故而自嘉慶以後，每代新皇均要鑄造二成或三成以上的“乾隆通寶”，與八成（或六成、七成）的本朝通寶并用，這就造成了“乾隆通寶”有前鑄錢（乾隆時期所鑄）與“後鑄錢”（嘉慶以降所鑄）之分，增加了版式的複雜性。

其三，新疆當時鑄幣的工藝水平落後于内地。雖然初期主持技術的主要工匠多來自内地，但是就鑄幣人員的整體素質、水平來説，是不如内地的。因此，往往錢模容易損壞，經常需要更换，以致每次改版的字體大小、筆劃位置常有差別，漏筆、錯版的情況也時有發生，這就加重了版式的複雜與混亂。

第三，鑄額的稀少。清代新疆銅錢雖然鑄局甚多，但相對于内地而言，鑄數却甚少。如寶伊局的每年鑄錢數，從全國範圍來看，所佔比例是極小的。張家驤著《中華幣制史》中有嘉慶五年（1800年）户部規定各省每年鑄造額：

省別	鑄造額（串）	比例%
北京	899 856	43.848
直隸	60 666	2.956
江蘇	111 804	5.448
浙江	129 600	6.315
江西	41 928	2.043
貴州	94 860	4.622
湖南	47 880	2.333
伊犁	1 122	0.0547
湖北	84 000	4.093
陝西	130 564	6.362
四川	194 127	9.459
廣西	24 000	1.169
雲南	179 784	8.76
山西	17 472	0.851
廣東	34 560	1.684

可見，寶伊錢鑄造的數量，還不及內地其他鑄局的一個零頭。紅錢情況也是如此，如嘉、道時期，南疆阿克蘇局每年僅鑄錢2700串左右，所佔比例也不過祗及全國年鑄額的0.1而已。建省後，紅錢鑄量雖有較大的發展，但在全國所佔比例也很小。究其原因，主要是新疆人口相對稀少。據統計，新疆人口總數1766年（乾隆三十一年）爲32.2萬，1820年（嘉慶二十五年）爲50萬，1902年（光緒十七年）爲206.99萬。[49]而全國人口，在同期約爲1.4億、4億、4.5億，即新疆祗佔同期全國總人口的0.0022、0.0012、0.0046。因此，其錢幣需要量當然大大少于內地其他各省。從商品經濟的發展程度看，新疆與內地各省差距較大，也是一個重要原因。

第四，鮮明的藝術個性。論者多認爲，新疆的清代銅錢，在粗獷的基本形態中流露一種質樸稚拙和剛勁有力的美感。其書法健悍豪放、熱辣蒼勁，一枚枚錢幣，就像一首首邊塞詩篇。

關于清代新疆銅錢所起的作用，我們認爲，應全面分析。一方面，作爲一種封建主義的貨幣制度，是直接爲鞏固清朝在新疆的政治統治服務的。例如，清政府在新疆地區發行錢幣的重要目的之一，就是爲了稅收和發餉，以此來維持它在南北疆駐紮的軍隊和龐大的行政官僚機構。此外，在發行紅錢時，以2∶1的不平等折換，使本來就在長期戰亂中十分凄苦的南疆人民受到不小的損失；在實施過程中，有不斷貶值的趨勢，特別是咸豐濫鑄大錢時期，更引起銅幣貶值與物價高漲，使勞動人民受害極大；參與鑄幣、採銅、採炭的工匠勞動條件很差，受到殘酷的剝削；等等，均體現了這一貨幣制度負面的、消極的影響。但另一方面（也是主要方面），清代新疆銅錢的鑄行，還是有不少積極作用的。

首先，它具有重要的政治意義。乾隆時期，清政府平定准噶爾貴族的反動勢力，平息了維吾爾農牧奴主、反動宗教頭目大、小和卓木等所發動的分裂祖國的叛亂，統一了新疆，使我們多民族的祖國得到進一步的鞏固和發展，這是具有重大進步意義的歷史事件。而清政府決定廢除過去准噶爾貴族在南疆鑄造的以"橢圓無孔"爲特徵的、源于希臘打壓法制造的舊普爾，改鑄與內地制錢大體一致、以"圓形方孔"爲特徵的"通寶"紅錢（新普爾），使之納入中國貨幣體系之中，并鑄造了與內地制錢一式的"寶伊錢"，這是符合與祖國內地統一的歷史趨勢的。

在19世紀60年代後，浩罕汗國阿古柏入侵新疆，沙俄侵略者又乘機侵佔了伊犁。這一時期，隨着新疆大片領土淪入外國侵略者之手，作爲中國主權象徵之一的清朝貨幣（包括新疆銅幣）在當地幾乎被排擠殆盡。在中國的神聖領土上，却大量行使着侵略者發行的阿古柏鐵剌金幣、天罡銀幣、阿古柏普爾銅幣和"俄普"、"俄帖"、"俄元"。侵略者不僅藉此殘酷地壓榨中國各族人民的血汗，而且還企圖把新疆從祖國懷抱中分裂出去。因此，當左宗棠在西征大軍剛剛收復南疆之時，就下令立即着手恢復紅錢的鼓鑄，并親自頒發乾隆式錢作爲鑄幣的模式。不久，清政府的錢幣就重新在新疆廣闊的領土上流通，它不僅標志着清朝主權的恢復，而且有力地抵制了帝國主義的經濟侵略，保護了新疆的貨幣與金融。

第二，新疆銅錢由"雙軌制"到統一的紅錢制的發展過程，基本上適應了客觀形勢的要求。在前期，北疆制錢、南疆紅錢的"雙軌制"適應了不同地區人民的用錢習慣和行政管理制度，因而貨幣的購買力在較長的時期內保持了相對穩定的局面。以糧價（小麥）爲例，北疆烏魯木齊地區從18世紀70年代到19世紀30年代每石小麥的平均價格爲：

18世紀70年代	1835文
18世紀80年代	1283文
18世紀90年代	812文
19世紀初十年	725文
19世紀第二個十年	812文
19世紀20年代	1013文
19世紀30年代	1133文

可見，在這七十餘年中，北疆制錢的購買力大體穩定。正如嘉慶二年（1797年）上諭所説："烏魯木齊地方向來糧價最爲平減。即稍貴之時，尚比內地爲賤。"[50]

至于南疆的紅錢，由于不斷減重等原因，銀錢比價波動較大，但以銅錢（紅錢）來計算的糧價（小麥），也大體有50年左右每石在110—140文之間。

迨至新疆建省后，新疆的銅錢由不統一走向統一，紅錢成爲天山南北統一的貨幣。紅錢的購買力在一個較長時期內呈現了穩定的、或者穩中有降的趨勢。

上述情況，對于新疆保持社會相對安定的局面也是有積極意義的。

第三，它對清代新疆商品經濟的發展起了促進作用。從18世紀後期至19世紀初期，南北疆的商業出現了繁榮景象。如南疆的阿克蘇：內地商民、外番貿易，鱗集星萃，街市紛紜，每逢八柵會期，摩肩接踵，物貨充盈；葉爾羌：中國商賈，山、陝、江、浙之人，不辭險遠，貨販其地……八柵八街長十里。每當會期，貨如雲屯，人如蜂聚。北疆的烏魯木齊，也是字號店鋪，鱗次櫛比，街道交錯，人民幅輳，繁華富庶，甲于關外。[51]清代新疆前期商品經濟的發展，雖然主要是建立在農業經濟發展的基礎之上的，但如果没有適合新疆特點的銅錢制度與之相適應，使"貨能暢其流"，那也是不能想象的。

新疆正式建省之後，取消了各省人民前來開發邊疆的人爲壁壘，"關内漢回携眷來新就食、承墾、傭工、經商者、絡繹不絶"。巡撫劉錦棠又"首治郵驛亭鄣以通商道"，于是，"廢著鬻財之客連袂接軫，四方之物并至而會。"⑫河北、山東、湖南、湖北、河南、四川、陝西、甘肅等地的商人紛至沓來，形成了各大商幫和津幫"八大家"。他們把大量的"關内綢緞、茶紙、磁漆、竹木之器"運入新疆，與邊疆各族人民進行貿易，使新疆的商務出現了空前繁榮的景象。生産的恢復、經濟的發展，必然對貨幣的需求量呈現不斷增長的趨勢。爲了適應這種情况，左宗棠、劉錦棠與建省後的歷任巡撫都十分重視錢幣的鑄造，增加鑄幣數量。據不完全統計，自1878年（光緒四年）至1909年（宣統元年），新疆各錢局共鑄紅錢約55萬餘串。以紅錢與制錢1∶5的比例計算，可值制錢275萬串。這個數字，以當時新疆的人口（200萬左右）來説，是不算少了。因此，新疆建省後紅錢的鑄行，基本上適應了經濟發展的要求。

總之，對于清代新疆銅幣鑄行的歷史作用，宜以歷史唯物主義的觀點，進行全面的分析，從而作出比較符合客觀實際的結論。

（附記：　按文中所提"東四城"是阿克蘇、烏什、庫車、喀喇沙爾〔焉耆〕；而"西四城"是指喀什噶爾、英吉沙爾、葉爾羌、和闐。這是清代道光年間的説法。其實東、西方位并不准確，從地理位置上講，是南北之别。本文爲了行文方便，仍從常例慣説，未予更正，特此説明。）

注：
① 據初步統計，近年來出版的有關清代新疆銅幣的專著有：　《新疆清錢譜》（臺）蘭吉聰、陳鴻禧（1982年）；《新疆紅錢價格目録》陳鴻禧；《新疆紅錢泉譜》（日）谷巧二（1984年）；《新疆貨幣史話目録》（臺）張惠信（1982年）；《新疆近二百年錢幣圖説》董慶煊（1986年）；《新疆錢幣圖册》新疆錢幣學會主編（1991年）；《新疆紅錢》朱聖弢、朱卓鵬（1991年）。
② 《清實録·高宗朝》卷593，第11下—16下頁。
③ 董慶煊《新疆近二百年錢幣圖説》（銅幣部分），《新疆金融》1986年8月增刊二。
④⑫㉜㉝㉞㉟㊶　王樹楠《新疆圖誌》食貨三，銅幣二，阿克蘇局。
⑤㉔㉕　《西域圖誌》卷35，"錢法"。
⑥ 林恩顯《清朝在新疆的漢回隔離政策》第227—237頁，臺灣商務印書館1988年初版。羽田明的觀點引自《中島敏先生古稀紀念文集》中《清代回疆的貨幣制度》一文。
⑦⑧⑮⑯⑰⑱⑲⑳　中國第一歷史檔案館·軍機處檔·貨幣金融類。
⑨ 《清實録·高宗朝》卷1009，第1上—2上頁。
⑩ 《清實録·宣宗朝》卷401，道光二十四年正月丙子。
⑪ 《辭源》第78頁，商務印書館1950年縮印本。
⑫ 《辭海》第185頁"制錢"條。
⑬ 曾問吾《經營西域史》第443頁。
⑭㊱　新疆社科院民族研究所《新疆簡史》第一册第291頁、314頁。
㉑ 新疆建省工作從光緒九年（1883年）開始，廢除伯克制度，委任了巡撫和布政使以下的各級官吏，至翌年（光緒十年，1884年）宣布新疆巡撫和布政使人選爲止，建省的過程始告完成。當時阿克蘇和庫車兩大鑄局特鑄了帶"九年"或"九"字的紅錢作爲建省紀念。以後史學界討論決定以光緒十年（1884年）作爲正式建省時間。
㉓㉘㊴㊸　中國第一歷史檔案館·軍機處附録·財政（32）。
㉖ 《新疆圖誌》卷29，實業二"礦"。
㉗ 《清實録·高宗朝》卷624，乾隆二十五年十一月癸卯。
㉙ 《西域圖誌》卷35，"錢法"。
㉚ 《清實録·高宗朝》卷962，乾隆三十九年七月丙寅。
㉛ 《那文毅公奏議》卷76。
㊲ 關于烏什局鑄錢第一次減重的時間有乾隆三十五年（1769年）與乾隆三十六年（1770年）兩説。我們認爲後一説較妥。
㊳ 《清實録·高宗朝》卷1282，乾隆五十三年六月甲辰。
㊵ 轉引自董慶煊《新疆近二百年錢幣圖説》。
㊷ 《新疆圖誌》食貨三·銅幣三·喀什噶爾局。
㊹ 《新疆圖誌》食貨三·紙幣二·伊犁局。
㊺ 《中國近代貨幣史資料》上册（中華書局1964年出版）第246頁，有寶伊局于咸豐四年加鑄

"當千大錢"與咸豐五年"當千、當五百大錢不能行使，奏明改鑄當百以下大錢"的記載。但至今未見當千、當五百的錢幣實物（僅有部頒"當五百"様錢）。

㊻ 本文關于各局大錢開鑄的情况均根據《中國近代貨幣史資料》上册的各省開鑄及停鑄大錢簡明情况表新疆部分（246—248頁）。

㊼㊽ 《新疆圖誌》食貨三·迪化局。

㊾ 紀大椿《近世新疆人口問題的歷史考察》(《新疆經濟史開發研究》第374—375頁，新疆人民出版社，1992年)。

㊿ 中國第一歷史檔案館，清代糧價檔案卷。

(51) 椿園《西域聞見録》卷1。

(52) 《新疆圖誌》卷二十九，實業二"商"。

清代寶蘇局錢幣研究

邹誌諒

　　寶蘇局是清代長江下游地區的重要鑄錢機構，雍正時期由户部議定，作爲江蘇省屬的惟一錢局，開局于蘇州府，至光緒末年閉歇，前後凡一百八十餘年。寶蘇局鑄造的錢幣通常稱寶蘇局錢幣，錢背左右均置有滿文"ᠪᠣᠣ ᠰᡠ"（寶蘇）兩字，與局名對應。寶蘇局錢幣流通範圍廣，鑄造數量多，延續時間長，對清代社會經濟和人民生活有較大的影響與作用。

　　江蘇地處中國東部沿海，腹貫長江，縱交大運河，歷來是商品交易得天獨厚的集散要地。清康熙以後，江寧、蘇州、揚州等地已發展爲相當規模的全國重要工商業城市。省城蘇州尤爲突出，乾隆二十七年立于蘇州的《陝西會館碑記》銘："蘇州爲東南一大都會，商賈輻輳，百貨駢闐，上自帝京，遠連交廣，以及海外諸洋，梯航畢至，我鄉之往來于斯者，或數年，或數十年"。①大批商品集中于這裏交易，對錢幣的需求量浩大，寶蘇局錢幣充任了主角。

　　江蘇支付發放的兵餉軍需、河工役食、勞務雜用三項之總額浩大，可爲全國之首；江蘇派往全國各地購辦原料、稭料常年不斷；還有對蘇北、安徽等地屢次發生災害的賑恤等等，諸如此類各種各樣的支付過程中，除部分用銀外，大量使用錢幣，寶蘇局錢幣隨之一批批投入社會經濟周轉。

　　江蘇是清代重要稅賦之地。雍正十三年（1735 年）上諭："然江南賦重之區，如蘇松常鎮四府，額賦較之他省，幾及數倍。"②道光十二年（1831 年）孫蘭枝摺云："竊江、浙爲東南財賦之區，一切地丁、漕糧、鹽課、關稅，及民間買賣，在在甲于他省"。③稅賦雖以銀兩折算，但早在順治中期即"有錢糧納錢之議，有銀七錢三之令"。④嘉道以後，"州縣經征地丁銀兩，民間大半以錢折銀"。⑤寶蘇局錢幣除了在本省周轉外，常有外調提用。如同治六年（1867 年）上諭着兩江總督曾國藩等："各鹽卡、厘卡收款内，每年酌提制錢三十萬串，由輪船裝運天津，交崇厚擇地嚴密收存，聽候提用。酌提錢文，准照銀價劃抵應解京餉"。⑥通過種種渠道，寶蘇局錢幣得以回籠并再投放，周而復始，更廣泛地在全國各地流通。

　　寶蘇局錢幣的鑄造量因大量的需求而增加，作爲一個省局，與處于中央鑄錢局地位的寶泉局作一比較，其鑄造量之多可見大概。以雍正通寶錢的鑄量觀之，寶泉局在雍正元年至四年，年鑄僅幾百串，雍正五年後增加，平均年鑄七十萬串左右；⑦寶蘇局開局後平均年鑄十一萬一千八百餘串，⑧爲寶泉局的六分之一。咸豐當百及以下各種大錢的鑄量，寶泉局咸豐四年年鑄額折制錢十八萬余串，平均月鑄一萬五千串；⑨寶蘇局清江浦分局咸豐四年七至十一月間的鑄量折制錢八萬餘串，⑩這四個月的平均月鑄量爲二萬串，比寶泉局平均月鑄量還高出五千串。可見寶蘇局雖爲省局，其鑄錢量却相當可觀。

　　寶蘇局錢幣繁多的品種、獨具個性的形制，及其在全國的影響與作用，久已引起史學家、錢幣界的注意。至遲在清咸豐年間已有人重視寶蘇局錢幣的收藏與研究。清代錢幣學家鮑康在《大錢圖録》中，録寶蘇局咸豐大錢十七種，當值等次基本齊全，其中包括當時沒有大量流通的當五、當十鐵錢，還作版別記録和鑄地探索。清末民初，史學家柳詒徵主江蘇國學圖書館數十年，兼任兩江高等師範學校等大學史地教授，對江蘇貨幣發展曾作系統研究。他十分重視寶蘇局錢幣的收集，"可購則購之，不可購則兼拓片攝影以存之"。⑪在他的《江蘇錢幣誌初稿》中，寶蘇局錢幣佔有大量篇幅，匯集了豐富的史料，并作了系統的疏理。

　　20 世紀三四十年代，又相繼出現一批潛心專研寶蘇局錢幣的學者和收藏者，如張季量、王蔭嘉、戴葆庭等，搶救保留下來一批寶蘇局錢幣珍品，并撰寫出一批很有價值的研究文章。此後，舊藏不斷公開，新品又陸續發現，如今寶蘇局錢幣研究正在進一步向縱深發展。

　　本文就寶蘇局錢幣以下幾個問題進行考析和研究。

一、關于寶蘇局錢幣鑄造的幾個問題

（一）順治、康熙兩朝尚未設寶蘇局

　　長期以來，在對寶蘇局始設于清代何朝的考證上，存在一些錯誤觀點。

　　20 世紀 40 年代曾有人提出：在寶蘇局乾隆闊緣大型錢式出現之前，"有順治無背一品，亦蘇制而

蘇産"。⑫殊不知清順治朝江蘇省還没有建立，在蘇州尚未設置錢局，所説僅是憑錢型而臆斷。

近年又有文章説："康熙初年，清政府在新設立江蘇省增設了蘇州錢局——寶蘇局"，康熙九年"開爐三年的寶蘇局，首次停鑄"。⑬寶蘇局是在雍正年間由户部議定局名、局址後開設的，在此之前何以能有寶蘇局之"增設"和"首次停鑄"，所説顯然是錯誤的。

清代錢局的定名與設置，視爲國家財政經濟之大事，均需由户部議定。清初，隨着控制地域的擴展和行政區劃的變革，户部題准設置的錢局迅速增加。由于未經統一規劃，形成順治、康熙兩朝全國錢局設置上的不平衡，有的一省數局，有的省無一局；隸屬關繫亦比較混亂，有省屬、鎮屬、府屬、州屬，各異 局名無統一規則，有以省名爲稱的，有以鎮、府、州稱的或再冠以省名的。江南地區的行政區劃和錢局設置同樣經歷了較大的變更和發展。

順治二年（1645年）五月十五日清軍取南京，繼後控制了江南。初襲明代南京轄區範圍置省級政權，"南京着改爲江南省，應天府着改爲江寧府"。⑭順治五年（1648年）户部題准在南京設"江南江寧府局"，鑄順治通寶背"寧"單漢字錢，七年被裁；十年復開，鑄順治背"江·一厘"錢，十四年停鑄；十七年又復開，鑄順治背滿漢文"寧"字錢。⑮此爲清代江南省最早設置的錢局，至康熙六十一年冬停廢。

時江南省含今日江蘇、上海、安徽、江西（部分）等地域，有"今直隸外，爲省者十有五，而江南爲大"⑯之譽。隨戰事的平息，清廷覺察到要統治好江南，歸爲一省而治有許多困難，于順治十八年（1661年）決定江南左右布政使司分駐江寧、蘇州兩府，⑰爲以後江蘇、安徽分設打下了基礎，但未立即分省，亦未增設錢局。

康熙六年（1667年）七月，玄燁"躬親大政"僅五天時，即下令精簡和改革省級機構，"至江南、陝西、湖廣三省，俱有布政使各二員駐扎各處分理，亦應停其左、右布政使之名，照駐扎地名稱布政使"，⑱由此"安徽與江蘇分闈而治"。⑲行政區劃變更使省城蘇州的政治經濟地位相應上升，"康熙六年，户部題准復開各省爐座，并添蘇州、鞏昌等處鑄局，照式鑄字"。⑳當時設于南京的江寧府局仍在鑄錢，江蘇在蘇州、江寧并設兩個省屬錢局。《清文獻通考》記："康熙六年，增置江蘇省局；江蘇蘇州府局，鑄蘇字"，"九年停蘇州鼓鑄"。康熙錢背文"寧"爲江寧府之簡稱，"蘇"爲蘇州府簡稱。

康熙六十一年（1722年）十一月，康熙帝駕崩，胤禛（雍正帝）繼位，鑒于各省錢局設置雜亂狀態，立即着手整頓。一是只准每省設立一個錢局；二是統一規定了各省錢局名稱以及各局錢幣之背文格式。"康熙六十一年冬，户部議准各省鑄造錢文，面鑄年號，用漢文，背面改用各省局名，照寶泉寶源二局之式，用清文，皆用寶字爲首，次用各本省一字"，"江蘇爲寶蘇"。㉑很清楚：只有雍正以後江蘇省所開的錢局，才正式定名爲"寶蘇局"；寶蘇局錢幣上的滿文"蘇"字爲江蘇省簡稱，與康熙錢上"蘇"作爲蘇州府簡稱有根本的不同；順治、康熙兩朝還不存在寶蘇局。

乾隆《蘇州府誌》記："寶蘇局。舊名錢局，在吳縣北利三圖，即永豐倉舊址，國朝康熙七年布政使佟彭年創建，十年停鑄，後改爲火藥局。雍正八年復開鑄，以錢文名寶蘇局"。所記曾被人用作寶蘇局設于康熙年間的依據，㉒實是曲解了原意。這段文字列于"公署"篇，本是對寶蘇局駐地前後各機構變更的概述，表述并不含糊。康熙七年在此址創建的"舊名錢局"即"江蘇蘇州府局"，早在康熙"十年停鑄，後改爲火藥局"了；雍正年間在此址鑄錢的，則是與錢幣名稱一致的寶蘇局。所記"蘇州府局"開停年份比前引《清文獻通考》均遲一年，當爲户部議定年份和實際開停年份之差，無多大矛盾。所記寶蘇局首鑄于雍正年間，與其他史料一致，但首鑄具體年份出入較大。

（二）寶蘇局錢幣首鑄年份考

清代的鑄錢政策，"雍正年間更是實行緊縮"。㉓雍正初幾年，一方面大大壓縮了京城寶泉局等的鑄錢量，另一方面户部暫不題准寶蘇局等某些省局開設。當時江蘇省原設的江寧府局與蘇州府局均已停廢，一度無錢局鑄錢。關于寶蘇局是經户部議定在雍正年間開局于蘇州府，各種史料記載完全一致，但是關于其最早鑄造錢幣年份，却有多種説法。對此，1937年黃鵬霄先生在《故宮清錢譜》中已提出過質疑："雍正九年，户部議定江蘇開局于蘇州府，詳載通考、通誌，但會典則載十三年題准，而江南通誌載，係八年七月十二日開局鼓鑄，互有出入……三説并存之，以待研究。"

黃氏所引三説原文抄録于下：

《清文獻通考》："雍正九年又開江蘇鼓鑄局，户部議定江蘇開局于蘇州府，設爐十二座，錢幕滿文鑄寶蘇二字"。

《江南通誌》："雍正八年七月十二日（寶蘇局）開局鼓鑄"。

《光緒會典》："雍正十三年題准，江蘇省收買銅器設局鼓鑄，背鑄寶蘇二清字"。

關于寶蘇局錢幣首鑄年份有雍正八年、雍正九年、雍正十三年三説，存在六年之差。通過對寶蘇局鑄的第一種制錢雍正通寶的研究，有助于確定首鑄年份。

清廷對雍正制錢重量前後有過兩次規定，雍正十一年（1733年）前，沿用康熙四十一年（1702年）"復重錢"之制，規定制錢每文重一錢四分，雍正十一年帝諭："令將鼓鑄制錢，照順治二年例，改鑄一錢二分"。㉔清衡庫平一錢約合今公制3.73125克，一錢四分合5.2克，一錢二分合4.47克。業已收集到部頒寶蘇局雍正通寶樣錢（圖1），實測重爲5.4。同治《蘇州府誌》"鼓鑄舊則"記："（寶蘇）局奉部頒（雍正）樣錢，每錢重一錢四分"。實物與記載完全吻合。所記雖然失載局奉部頒樣錢的具體年份，但由錢重可知在規定制錢重一錢四分年間，"局奉部頒樣錢"當在雍正十一年前。筆者隨機抽測了一批寶蘇局雍正制錢重量，約有五分之三超過一錢二分（4.47克），説明它們在改制錢重一錢二分之前，即雍正十一年前已經大量鑄造。

　　雍正帝于雍正十三年八月崩，由乾隆帝弘曆即位，若寶蘇局遲至雍正十三年纔開局鼓鑄，則今日寶蘇局雍正制錢將成爲難以尋覓之物，實際并非如此。事實説明《光緒會典》所記寶蘇局雍正十三年題准設局鼓鑄失實，應予以糾正。

　　關于《清文獻通考》與《江南通誌》所記存有的一年之差，不一定有矛盾。前者記述以正式官方奏本爲依據，後者爲地方誌性質，通常以實際經歷爲依據。考雍正八年間，江蘇鄰省大多已得准開爐鑄錢。《故宮清錢譜》記："雍正七年，復准河南、山西、江西、山東、湖北、湖南、浙江等省開局鼓鑄"，此際江蘇亦會奏請鑄錢。《江南通誌》記寶蘇局于雍正八年七月十二日開局鼓鑄，正説明寶蘇局在奏請開局待准之時，實際已經開始鑄錢。《清文獻通考》記"雍正九年"當爲户部正式議定寶蘇局開局的時間。

　　至此，寶蘇局錢幣首鑄年份之疑得以解開。寶蘇局名稱是在康熙六十一年冬整頓各省錢局時由户部統一定名的，鑒于雍正初年鑄錢緊縮政策，沒有立即開設，雍正八年前，江蘇無錢局鑄雍正制錢。雍正八年七月十二日，在江蘇鄰省均得准鑄錢的情況下，寶蘇局在奏請開局尚待議准時，已先行開爐，首鑄雍正制錢，雍正九年得到了户部的正式議定。

　　寶蘇局開局後，隨社會對錢幣需求之變化、政局之起伏、鑄錢成本之漲落、銅鋅原料之暢滯，時而趕鑄、添爐，時而減鑄、停爐。咸豐四年爲推行大錢，在清江浦設分局鑄錢，未幾即停。太平天国佔領蘇州時，寶蘇局當然閉歇，同治三年復開鑄，至光緒末年正式閉歇。光緒年間交廣東代製，又于南京開製過寶蘇機制錢。爲壓縮篇幅，免去冗長的史料引證，僅將寶蘇局錢幣鑄造歷史列爲"寶蘇局錢幣鑄造沿革簡表"（見本卷資料部份），供研究者參考。

（三）江蘇省設局最多辯

　　鮑康《大錢圖録》記："時江蘇省設局最多"，并録有七個鑄寶蘇局咸豐大錢的局名：寶蘇局、省局、寶蘇分局、江蘇籌防局、籌濟局、淮安局、敦信局。所記屢被後人引用，誤將所録各局都視作寶蘇局錢幣的鑄造機構。

　　這七個局名中，"寶蘇局"，即雍正時户部議定的江蘇惟一錢局稱謂，所謂"省局"，即"寶蘇局"簡稱而已。"寶蘇分局"咸豐時設于清江浦，時清江浦屬淮安府，淮安别無它局鑄錢，故"淮安局"即"寶蘇分局"。四個局名實際祇是指寶蘇局及其設在清江浦之分局。

　　"江蘇籌防局"實際稱"江南籌防局"，咸豐初年江南提督福珠洪阿·蘇完爾佳氏組建，初是爲防禦太平軍推向江南而建的地區性武裝佈防機構，㉕太平軍攻打南京時曾組織抵抗，㉖光緒年間依然存在。籌防局經辦兵餉軍需，擁有巨資，與鑄錢局有借支鑄本和搭放新錢的關繫。《南京造幣分廠報告書》記：光緒二十三年（1897年）江南鑄造銀圓制錢，總局造銀圓的"鑄本皆借諸江南籌防局"，"鑄成銀圓後，由籌防局支應各局，以銀二成、龍圓八成搭放安（徽）（江）西兩省，次第通行"。㉗

　　鮑康記："咸豐重寶當五鐵錢，幕文曰寶蘇，江蘇籌防局鑄"，"當十鐵錢，江蘇籌防局鑄"。清代檔案資料明確顯示，江蘇僅在清江浦寶蘇分局試鑄過咸豐當五、當十鐵錢，歷時只有四個多月。咸豐五年三月十九日江南河道總督楊以增奏："多鑄當十大錢，成本不敷，擬仿京師式樣鼓鑄鐵制錢，或添鑄當十、當五大鐵錢。已委員採鐵，雇匠到清江浦趕緊試鑄。"㉘當年八月十五日江寧布政使文煜奏："寶蘇分局停鑄"。㉙鮑康對有據可查真正鑄造當五、當十鐵錢的寶蘇分局只字未提，而記爲籌防局鑄，足見他對江蘇趕鑄鐵錢的實情并不暸解。籌防局搭放新錢確屬事實，鮑氏這兩種鐵錢得于此局可信，但不等于爲籌防局鑄，須予辯正。

　　鮑康記："咸豐重寶當二十錢，寶蘇局鑄"，"當三十錢，寶蘇局鑄"。清檔案資料顯示，江蘇于咸豐五年六月在清江浦寶蘇分局"加鑄當三十、當二十兩項大錢"，㉚距該分局停鑄僅兩個月。鮑氏沒有將此確切鑄地録入，籠統記作寶蘇局鑄。可見鮑康所録某錢爲某局鑄，并非出于原始文件資料，亦非出于對寶蘇局實情之調查，只是沿着收藏來源而追踪的記録，他對某些大錢真正的鑄造地點并不十分清楚。

　　《南京造幣分廠報告書》記的新錢由"籌防局支應各局"，再"搭放安（徽）（江）西兩省，次第通行"，爲鮑康説的"時江蘇省設局最多"作了一個比較明確的注解；實際是江蘇發放大錢"設局最多"，除了籌防局自身搭放外，還由其"支應各局"搭放。江蘇爲迅速推行大錢，除了籌防局與"各局"搭放外，當時還通過糧臺、錢業機構和官俸、兵餉、賑災等各種渠道搭放。鮑康所録"籌濟局"和"敦信局”是否是寶蘇局錢幣鑄造機構，至今無史料可作佐證，記錄只能表明這兩個局曾經發放過大錢。

咸豐年間江蘇開鑄大錢的機構，至今有據可考的僅爲兩處 設在蘇州的寶蘇局和設在清江浦的寶蘇分局。

（四）寶蘇局鑄就祺祥通寶剖析

寶蘇局祺祥通寶的發現，③引出了一個很值得研究的問題：祺祥年號僅存六十九天，除了户、工兩局鑄就少量祺祥樣錢外，省局很少鑄成。當時江蘇處于戰火之中，寶蘇局因咸豐十年六月蘇州被太平軍佔領已被迫閉歇，清江浦寶蘇分局早已停廢，鑄錢尚處于停頓狀態，怎麽會如此及時地鑄就了祺祥錢？

衆所周知，祺祥年號的確立與廢除，是清廷内部劇烈權力鬥爭的體現。咸豐十一年（1861年）七月咸豐帝駕崩熱河後，受咸豐臨終托孤之命的輔政王大臣集團急于開鑄祺祥新年號錢，以顯示他們權力的正統。當時在江蘇執掌軍政大權的是湘軍頭目曾國藩，他與輔政王大臣集團間的關繫，非同一般。

曾國藩在咸豐十年（1860年）前，一直被清廷冷待，長期以“侍郎”空銜領兵。由于對太平天國作戰的需要，咸豐十年後，他在官場的地位開始上升。咸豐十年上半年，江南大營被太平軍全殲，原兩江總督何桂清因此革職查辦，後被處死。曾國藩在鄭親王端華之弟協辦大學士肅順的保薦下，咸豐十年四月署理兩江總督，六月實授兩江總督，還加封爲欽差大臣督辦江南軍務，組成了以曾國藩爲首的江南軍政合一的統率體系。

咸豐十一年（1861年）七月三十日，即祺祥年號確立的第四天，開鑄祺祥新年號錢的奏摺已送達在京的大學士桂良手中。八月五日桂良即復信輔政王大臣云：“飭下户工二部鼓鑄錢文應用祺祥一摺，現即查照成式辦理可也。”㉜足見開鑄祺祥錢確是一反常態，承辦迅速。此刻的曾國藩正是初授實銜準備大幹一番之時，他要作出積極忠于端華、肅順的姿態，以求進一步取得輔政王大臣集團的信任。寶蘇局祺祥通寶的及時鑄就，從一個側面反映了曾國藩秉承旨意的作爲，體現出他與輔政王大臣間的特殊關繫。就當時江南戰况看，曾國藩要恢復寶蘇局開爐鑄錢尚無可能，但在其控制範圍，諸如南京外圍駐地等，臨時募工小規模鑄造一批祺祥通寶樣錢，當是容易辦到的事。

“辛酉政變”後，清廷權力鬥爭形勢急轉，曾國藩爲保持官場中地位，必然竭力抹去趕鑄祺祥錢一事，史書中不載江蘇鑄祺祥錢已不足爲奇，但是偶而留存于世的寶蘇祺祥通寶錢却證實了這段歷史。

二、寶蘇局錢幣形制特徵研究

（一）寶蘇局錢幣的主要特徵

清尊漢俗，清錢是在繼承明錢風格的基礎上逐步發展定型的。總的説來，清錢外形是錢體扁平，錢緣寬闊，穿口狹小；材質以銅鋅或銅鋅鉛合成的黄銅爲多，乾隆五年（1740年）後又有加入點錫的，錢色偏青；制錢都稱通寶，錢面文字大多採用宋體，同光以後部份轉爲楷體，初期錢背有光背、單漢字、滿漢字等變化，雍正以後，錢背一律置滿文局名。咸豐大錢形制比較複雜，各局所鑄差異較大。

寶蘇局錢幣除了具有清錢的一般特徵外，還表現出非常明顯的地方特徵。

寶蘇局錢幣最引人注意的一大特色，是系統地出現了錢緣特別寬闊的錢式，通常稱之爲特闊緣錢式。雖然其他清錢亦有特闊緣，寶蘇局錢亦有狹緣，但是相比寶蘇局特闊緣錢品種特別多，前後年號相接，成爲系列，不僅出現在數量較少的厚重型樣錢中，而且在面廣量大的通用錢幣中也時有所見，甚至後來的“局私”和“沙殼子”等劣質錢中亦有採用此式，成了寶蘇局錢幣的一種風格。

寶蘇局錢幣之材質以黄銅爲主，不同時期的成分配比有所變化，故色澤差異較大。青黄色者爲多，偶見紅銅色和金黄色的。同治錢的含鉛量較高，常見有偏白色的。寶蘇局試鑄過鐵質的咸豐大錢但没有大量流通。有一種銀質咸豐通寶（圖19），背置“丁巳”紀年和滿文寶蘇局名，非通用錢。

寶蘇局錢幣面文書體變化較多。道光以前的，總體而言爲宋體。道光錢有的在某些字劃上始見略帶楷意的面文（圖12）。咸豐錢除用宋體外，有用楷體的，大錢中還出現宋體變體的（圖41、47）和正楷體的（圖40、49）。同治錢宋體、楷體均多見。光緒錢以楷體爲多，少數採用宋體。錢背滿文寫法變化亦很豐富，雍正錢上滿文“寶蘇”兩字多見“尖頭寶”、“頓頭蘇”，兩字均偏于錢體上方；乾隆錢以後，除“尖頭寶”、“頓頭蘇”外，又有“圓頭寶”、“直筆蘇”等寫法，還有的以等寬綫條勾劃，顯得梗直，有的似隨手寫出，粗細有韻，兩字大多居于錢體中部。

寶蘇局樣錢大多是不惜工本鑄造，體大厚重，銅質細膩，有的迄今温潤如玉，光可鑒人，與一般制錢相比，有鶴立鷄群之感。寶蘇局通用錢幣只有雍正錢的重量、質量和形態比較一致，乾隆錢已多見減重錢，重量差別較大，質量參差不齊，以後精整足重錢幣所佔比例越來越小。由于不斷地減重、減小，寶蘇局錢幣改版特別頻繁，加上錢文書體的多變，版別複雜成爲其又一個特點。

（二）寶蘇局特闊緣錢排比分析

20世紀40年代張季量先生對寶蘇局特闊緣錢有過這樣評述："乾隆以前有無此式，尚未可知。而乾隆以迄同治，寒齋所藏已成系統"。[33]後人一般均從其說，認爲寶蘇局特闊緣錢式僅出于乾隆至同治五個年號之中。[34]其實不然，寶蘇局特闊緣錢式并不限于樣錢，而且出現在所鑄的各種年號錢中，通過排比還可發現不同年號特闊緣錢的緣闊程度是有變化的。

採用傳統的狹、闊、較闊、特闊等詞語，很難進一步討論錢緣闊狹程度之差別與變化，需要有定量化的評價標準。翁樹培在評價"咸平元寶"緣闊程度時記爲："倪迂存一種，徑九分，輪極闊，計輪之徑凡二分"。[35]說明僅記緣寬絕對值還不足以評價緣闊程度，必需把錢緣在該錢幣上所佔範圍的相對大小説清楚，纔能確切評價緣闊程度。實際上這個"相對大小"是可以測算的，是個相對值，可命其爲錢幣的"緣闊值"。以錢幣穿口對角綫爲基准，測量出錢緣寬數與錢肉寬數相比，這個比值即爲錢幣的"緣闊值"，可用數式表示：

$$緣闊值 = \frac{錢緣寬數（cm）}{錢肉寬數（cm）}$$

緣闊值大，則顯示錢緣闊。緣闊值達到多少能稱之爲特闊緣，可通過測算通常評稱爲特闊緣和闊緣式錢的緣闊值，在排比中歸納出兩者的分界點。這裏選擇十五種比較典型的錢幣，測算緣闊值，列表作排比：

十五種典型錢幣緣闊值排比表

編號	錢幣名稱	錢緣傳統評價	朝代	直徑（cm）	重量（g）	錢面			錢背			説明
						緣寬（cm）	肉寬（cm）	緣闊值	緣寬（cm）	肉寬（cm）	緣闊值	
1	開元通寶	面闊緣、背特闊緣	五代十國	2.54	3.03	0.34	0.39	0.87	0.41	0.21	1.95	1.五種錢幣爲常見品，圖拓略。
2	開元通寶(篆)	闊緣	南唐	2.58	4.05	0.41	0.43	0.95	0.38	0.37	1.02	2.本表數據，長度用游表卡尺測量，重量用普通天平測量。
3	咸平元寶	特闊緣	北宋	2.66	4.73	0.56	0.27	2.07	0.50	0.20	2.50	3.咸平元寶一說爲北宋後鑄。
4	天啓通寶	闊緣	明	2.50	3.48	0.35	0.45	0.78	0.37	0.35	1.06	
5	崇禎通寶	面闊緣、背特闊緣	明	2.38	2.44	0.31	0.46	0.67	0.40	0.32	1.25	
6	崇禎通寶	特闊緣	明	2.45	2.85	0.41	0.34	1.21	0.54	0.16	3.38	
7	大順通寶	面闊緣、背特闊緣	明末清初	2.68	4.50	0.32	0.42	0.76	0.47	0.27	1.74	
8	興朝通寶	面闊緣、背特闊緣	明末清初	2.80	5.42	0.37	0.44	0.84	0.55	0.16	3.44	
9	順治通寶	闊緣（光背）	清初	2.65	4.02	0.35	0.56	0.63	0.41	0.39	1.05	
10	康熙通寶	特闊緣（寶泉）	清	2.64	4.15	0.46	0.37	1.24	0.49	0.26	1.88	
11	康熙通寶	闊緣（寶泉）	清	2.80	4.85	0.40	0.46	0.87	0.45	0.37	1.22	
12	康熙通寶	特闊緣（寶源）	清	2.64	4.60	0.46	0.34	1.35	0.48	0.25	1.92	
13	康熙通寶	闊緣（寶源）	清	2.80	4.32	0.38	0.46	0.82	0.42	0.37	1.14	
14	雍正通寶	特闊緣（寶泉）	清	2.61	4.36	0.43	0.36	1.19	0.55	0.18	3.06	
15	雍正通寶	闊緣（寶泉）	清	2.74	4.72	0.36	0.48	0.75	0.35	0.37	0.95	

由表可歸納出以下幾點：

1.就單枚錢幣的緣闊值看，大多數錢面要比錢背大些；通常定作特闊緣錢的，錢背緣闊值比錢面更大一點。

2.通常評稱爲特闊緣或闊緣錢之緣闊值的大致範圍分別是：

（1）特闊緣式錢，緣闊值面都超過1，背都超過1.25。如表編號3咸平元寶、5崇禎通寶（背）、6崇禎通寶、7大順通寶（背）、8興朝通寶（背），以及10、12、14的康熙、雍正錢等。

（2）闊緣式錢，面在0.5至1間，背在0.75至1.25間。如表編號2南唐開元、4天啓通寶、7大順通寶（面）、8興朝通寶（面），以及9、11、13、15的順治、康熙、雍正錢等。

（3）區分特闊緣與闊緣錢之緣闊值之分界點可確定爲：面以1爲界，背以1.25爲界。

用"緣闊值"作定量評價和界限標準，研究寶蘇局錢緣闊程度的差別與變化，就比較便利了。這裏自雍正通寶起，選取寶蘇局各種年號之樣錢、通用錢二十二品，分別測算其緣闊值，列于下表：

錢幣名稱	編號	圖號	性質	直徑(cm)	重量(g)	錢面			錢背		
						緣寬(cm)	肉寬(cm)	緣闊值	緣寬(cm)	肉寬(cm)	緣闊值
雍正通寶	1	1	部頒樣錢	2.95	5.40	0.45	0.48	0.94	0.51	0.40	1.28
	2	2	通用錢	2.80	4.55	0.44	0.43	1.02	0.45	0.36	1.25
	3	3	通用錢	2.76	4.37	0.40	0.44	0.91	0.43	0.35	1.23
乾隆通寶	4	4	呈樣錢	2.83	5.56	0.50	0.39	1.28	0.53	0.33	1.61
	5	5	通用錢	2.66	5.16	0.40	0.41	0.98	0.41	0.34	1.21
	6	6	通用錢	2.46	3.70	0.37	0.33	1.12	0.42	0.21	2.00
嘉慶通寶	7	8	呈樣錢	2.90	7.70	0.55	0.36	1.53	0.64	0.25	2.56
	8	9	通用錢	2.49	4.54	0.40	0.28	1.43	0.52	0.19	2.74
道光通寶	9	11	呈樣錢	2.85	6.22	0.52	0.38	1.37	0.60	0.24	2.50
	10	13	通用錢（局私）	1.89	2.03	0.32	0.16	2.00	0.38	0.08	4.75
咸豐通寶	11	15	呈樣錢	2.92	6.18	0.53	0.35	1.51	0.67	0.15	4.47
	12	17	通用錢	2.47	4.63	0.40	0.30	1.33	0.48	0.15	3.20
	13	18	通用錢（局私）	1.92	1.47	0.35	0.14	2.50	0.38	0.06	6.33
祺祥通寶	14	20	呈樣錢	2.74	5.15	0.47	0.40	1.18	0.50	0.30	1.67
同治通寶	15	22	呈樣錢	2.54	4.90	0.47	0.18	2.61	0.55	0.06	9.17
	16	23	通用錢	2.16	2.54	0.34	0.17	2.00	0.38	0.12	3.17
光緒通寶	17	24	部頒樣錢	2.55	4.50	0.35	0.42	0.83	0.35	0.39	0.90
	18	25	呈樣錢	2.80		0.53	0.34	1.56	0.61	0.23	2.65
	19	27	通用錢	2.38	3.76	0.38	0.37	1.03	0.47	0.21	2.24
咸豐重寶當十	20	35	呈樣錢	3.84	22.3	0.72	0.48	1.50	0.73	0.46	1.59
	21	41	通用錢	3.58	16.3	0.62	0.47	1.32	0.62	0.47	1.32
咸豐重寶當五十	22	49	呈樣錢	5.42	38.6	0.94	0.80	1.18	0.94	0.74	1.27

說明：1."緣闊值"是錢幣緣寬與肉寬的比值，是表示錢幣外緣闊狹程度的相對值。

2.本表數據，長度用游標卡尺測出，重量用普通天平測出。

通過排比，較清楚地説明了以下幾點：

1.表編號1部頒寶蘇局雍正通寶樣錢的緣闊值，面爲0.94，背爲1.28，分別接近和達到特闊緣與闊緣分界點。寶蘇局奉得部頒第一種樣錢，介于特闊緣與闊緣之間。

2.寶蘇局的第一種制錢雍正通寶，已出現緣闊值面爲1.02，背爲1.25的特闊緣錢，如表編號2，但與部頒樣錢仍然很接近，可謂是"照式鼓鑄"。

3.自乾隆起，部分寶蘇局制錢的緣闊值升高，面有達1.28的，如表編號4呈樣錢；背有達2的，如編號6通用錢。嘉慶、道光、咸豐制錢有所發展，面有的超過1.5，最高達2.5；背有的超過2.5，如編號13，雖屬減重嚴重的局私錢，背值高達6.33。爲數極少的祺祥通寶樣錢，亦爲特闊緣式。同治錢的緣闊值出現了高峰，如編號15呈樣錢（圖22），錢緣大片推向穿孔，幾乎與穿角相接，面達2.61，背達9.17。光緒制錢緣闊值有所回落。

4.咸豐大錢中，如表編號20、22呈樣錢，21通用錢，均爲特闊緣錢式。

排比顯示寶蘇局特闊緣錢式是自始至終循序發展的，發展軌迹比較清楚。此式并非僅存于乾隆、嘉慶、道光、咸豐、同治五種年號樣錢中，它萌生于雍正制錢，貫穿于歷朝年號樣錢和通用錢，包括制錢、大錢和局私錢。同治錢發展進入高峰，光緒錢逐步衰退。

（三）寶蘇局特闊緣錢式溯源

寶蘇局特闊緣錢式俗有"常平式"之稱。通過研究可知，寶蘇局這種錢式與朝鮮的常平錢式并不存在相承關繫，不宜稱作"常平式"。

朝鮮常平錢最早鑄于仁祖十一年（1633年，崇禎六年），當時鑄的是徑2.4厘米光背錢，錢式類似明天啓平錢，未有特闊緣錢式出現，且很快"因廷議多歧而罷之"。肅宗四年至英祖十八年（1678—1742年，康熙十七年至乾隆七年），又鑄常平錢，遂逐漸出現特闊緣錢式，19世紀中葉，即同治之際，鑄常平當百錢，特闊緣錢盛行，㊱足見寶蘇局錢和常平錢之特闊緣錢式產生時間非常接近。中國最早收集和研究常平錢的是初尚齡和倪模。初尚齡在嘉慶二十四年（1819年）開雕的《吉金所見錄》中云："近日海舶自高麗來者，多携此種（常平錢），或即彼國所鑄歟。"倪模《古今錢略》云："余初在都中鼓樓大街得一常平通寶錢"，"江秋史謂高麗現在行用之品"。此書成于道光初年。可見中國錢界注意常平錢時，寶蘇局之特闊緣錢式自雍正起錢已盛行了八十餘年，并非仿效常平錢。

中國方孔圓錢自漢五銖起就統一爲置有緣廓的形制。緣郭大大提高了錢幣抗折、抗裂的能力，防止磨損，增加強度，更利于流通。錢幣統一置緣廓，對民間"盜摩錢質而取鎔"，㊲有較強的遏止作用，更利于錢幣的規範化。就世界各國錢幣形制發展看，大多亦是由原始的無外緣形態向有外緣演進的，許多國家在錢幣緣廓設計上花過不少功夫，以增強耐磨、防僞性能。至于緣廓的式樣，則因時代變遷、地區的差異、錢監或錢局的不同、錢幣文字的變化，各有千秋，既反映出不同政治、經濟、歷史造就的時代風格，又體現了各異的地方文化和習俗。

中國歷代錢幣中特闊緣錢式偶有所見，洪遵《泉誌》引五代張臺《錢錄》記："永通萬國錢亦有輪廓闊厚者"，說明至遲在五代十國已出現了這種錢式。特闊緣錢給人以莊重、穩固之感，它的流行一定程度上反映了當時社會的政治經濟面貌。

明代錢幣自萬曆起逐步普遍地向闊緣發展，至崇禎時出現了較多的特闊緣式錢，這與當時的治國之策有着微妙的聯繫。崇禎帝即位時（1628年），明朝統治內外交困、岌岌可危，他曾抱着勵精圖治之志，欲整頓朝綱，挽救局勢。鑄造莊重而穩固的特闊緣式錢幣，既表示朝廷重視有關國計民生的錢幣鑄造，亦體現了統治者祈求扭轉危機、重振朝政的心態。崇禎錢形制對明末農民起義政權錢幣亦有所影響，如張獻忠的興朝通寶，孫可望的大順通寶等，特闊緣錢爲數不少，同樣寄寓了農民起義者穩定貨幣、鞏固政權、擴展勢力的意願。

清軍入關以後，對漢人採取了一系列安撫政策，"初，戶部以新錢足用，前代惟崇禎錢仍暫行，餘准廢輪官"，㊳即爲其一。由此可知，清錢普遍採用闊緣狹穿形制，其源是仿效崇禎錢。此後特闊緣錢式隨之發展，除寶蘇局外，有一些錢局亦鑄有此式，如康熙錢有寶泉、寶源等，雍正錢有寶泉、寶鞏、寶昌、寶雲等，乾隆錢有寶泉、寶浙等，嘉慶錢有寶直等。祇是其他各局的特闊緣式錢僅見于某某年號，不如寶蘇局錢那樣普遍和連成系列。

寶蘇局特闊緣錢式之所以會自始至終循序發展，除了上述各種因素外，還有其特殊性。

首先是與江蘇當時在全國政治、經濟中所佔的重要地位有關。江蘇地區錢幣流通量大、周轉迅速，客觀上要求寶蘇局錢幣有更高的抗折、抗裂性能，增加錢緣寬度以增加錢幣強度，降低破損率，更利于周而復始地流通。寬闊的錢緣提高了寶蘇局錢幣的威望，體現了江蘇商業貿易的發達。

其二是與寶蘇局爲應付查驗而特製樣錢有關。由于寶蘇局錢幣對全國有較大影響，朝廷相當注意寶蘇局鑄錢的情況，查驗特別頻繁。乾隆以後，由于種種原因（不詳），寶蘇局投向社會的錢幣不斷減重，爲應付查驗，掩人耳目，寶蘇局採取了特殊加工樣錢的手段。凡備查的樣錢，"不惜工，不省銅，特創新格而力求精緻"，㊴均體大厚重，錢緣特闊。乾隆五十五年江蘇巡撫福崧奏："寶蘇局鼓鑄錢文，係爲搭放兵餉之用，尤其嚴密稽察，以絕弊端。但向來提驗樣錢，不過虛應故事，且每月搭放之時，亦係即在錢局就近散給，并不遵例解貯藩庫，由司驗發，更恐其中偷減攙雜私相弊混（注：原文如此），于錢法大有關繫"。㊵當時寶蘇局供驗之樣錢已屬"虛應故事"，與投放于市的制錢在直徑、重量上發生了嚴重分離，不過樣錢那種特闊緣錢式卻在許多寶蘇局通用錢上被保持了下來。

其三是可能與鑄地蘇州傳統的社會審美觀有關，當地歷來有以特闊緣裝幀各種用品之習俗。一千七百多年前入葬的東吳右軍左大司馬朱然墓出土的圓漆盤，蓋部中心爲圓形"季扎掛劍"圖，邊周飾以盤心半徑兩倍的闊緣花邊；㊶明清蘇式家俱，總喜歡鑲上特闊緣的邊框；人們凡獲珍貴字畫，常要配置特闊的邊幅，裝裱觀賞；吳門畫派始祖沈周自用的"石田"銅印，㊷選用了特闊緣款式，如此現象舉不勝舉。縱觀這一系列歷史遺存的特闊緣裝幀之工藝品，對寶蘇局特闊緣錢式或可得到一種理解。

（四）對太平天國蘇福省錢幣的影響

1860年6月2日太平軍攻克蘇州，8月建立蘇福省。當時蘇城已被清朝潰兵燒掠一空，忠王李秀成爲鞏固對蘇福省的統治，採取了一系列恢復經濟的措施，其中重要的一項即及時在蘇州開鑄錢幣。錫山拙翁《師竹廬隨筆》記：同治元年四月"忠王李秀成在蘇州開爐鑄錢，派各屬市上使用。"甯村遁客《虎窟紀略》記述錢式：同治元年"賊鑄僞錢，錢面太平天国，背聖寶字"。1862年太平天國蘇福省開始鑄錢。

蘇州一帶常發現一種楷書太平天國錢，錢體規整，錢緣寬闊，背聖寶兩字直讀，自小到大四檔成套，錢界推定其爲蘇州鑄造，可謂太平天国蘇福省錢幣。將其大型一種（圖50）與寶蘇局咸豐當五十特闊緣錢（圖49）作比較，兩者"寶"字結構和筆勢相同，王、口、十等和點、劃、竪、撇等寫法，如同出一人之手，錢體材質、風格似有"血緣"關繋。可見蘇福省錢幣在形制上除了俱備太平天国錢幣的一般共性外，在鑄造工藝、文字書體、錢緣形式等方面，尚留有寶蘇局錢幣形制的痕迹。

李秀成是否直接採用了寶蘇局的鑄錢設備，是否招募了因寶蘇局停閉而流散的鑄錢工匠，暫未見確切史料。由錢幣實物對比可説明一個事實 錢幣的地區性形制特徵并不會因政權的更替而輕易消失，它在新建政權鑄行的錢幣上，依然能頑强地表現出來。

三、寶蘇局錢幣減重內外因考析

寶蘇局錢幣減重在全國非常突出，乾隆時已十分明顯，後來越加嚴重，多次引起朝廷注意，頻頻指責，不斷責成官員前往查驗，但是減重没有因之緩慢，反而越演越烈，最後成爲嚴重的社會問題。減重既有社會上銀兩與銅錢流通結構失調，銅源不足、銅錢外運、鑄本提高，以及私銷私鑄等外因外，又有利用鑄錢營私舞弊、中飽私囊等內因。

（一）白銀外流，流通中銀錢結構失調

清代實行銀錢并用制度。兩種不同的金屬貨幣同時并用，其單位價值除了受各自流通規律支配外，相互間又會產生相當大的制約。

清初，朝廷一方面硬性規定銀錢比價，順治四年起規定千文制錢准銀一兩，并企圖長期維持這一比價；另一方面又一再調整制錢的規定重量，以求穩定銀錢比價。實際流通中，銀錢比價受各種因素影響不停地變化，并没有因種種規定而真正得到穩定。

乾隆時期，白銀流通量已見不足。乾隆以後，尤其是道光年間，由于鴉片非法輸入和數量逐年激增，中國白銀大量外流，造成流通中銀錢結構急劇變化，江蘇尤其突出。《錫金小録》記："邑中（無錫）市易，銀錢并用，而昔則用銀多于用錢，今則有錢而無銀矣。康熙中，自兩以上率不用錢"，"自乾隆五、六年後，銀漸少錢漸多，至今日率皆用錢，雖交易至十、百兩以上，率有錢無銀"。[43]銀少價格必然上漲，乾隆四十年（1775）起，江蘇銀價大漲，至嘉慶二年（1797）銀錢比價由錢貴銀賤轉向銀貴錢賤。[44]《一斑録》記："乾隆四十年以前，我邑（常熟）……一兩兑錢七百文，數十年無所變更"，"乾隆四十年後，銀價少昂，五十年後銀一兩兑九百，嘉慶二年銀價忽昂，兑至一千三百"，"近十年來（道光十年後）銀價大昂，紋銀一兩至一千六百，且至二千矣"。[45]

流通中白銀急減，勢必對制錢的需求迅速增大，但是銀貴錢賤又制約了制錢的鑄造量。採運銅鋅原料均以紋銀計價，錢局無銀兩則以錢折給，銀貴錢賤照銀價劃抵應付錢數增加，即使銅鋅價格不漲，已使鑄本提高。據楊端六推定，在銀一兩合制錢一千文之比價下，"每百斤銅鋅購價爲10.174兩，則鑄錢無利亦無損"。[46]銀貴錢賤情況下，銅鋅購價又必然上漲。乾隆二十六年（1761年）江蘇布政使安寧因鑄錢虧損太大奏請："臣愚昧之見，以爲寶蘇局制錢宜再減輕二分，每文止重一錢"，[47]但未得允准。乾隆三十四年（1769年）"計銅鉛（鋅）錫一百斤，該成本十兩九錢七分"，高于保本購價，兩江總督高晉請求停辦滇銅、洋銅，亦未得奏准。[48]

寶蘇局因銀錢結構失調，造成鑄本高昂，鑄錢越多，虧損越大。奏請制錢減輕不准，停辦又無可能，錢局即從擅自偷減錢幣重量來尋找出路。

（二）銅源缺乏，銅價急升

寶蘇局銅源主要購自日本洋銅，次是采買雲南滇銅，不足再收買民間銅器。江蘇自康熙五十四年起負責京局需用洋銅的採辦，寶蘇局用銅自當列在京局之後。日本產銅在康熙五十年後已逐年減少，"日本累次限制清舶入港，就是因爲藏銅日少"。[49]雍正九年江蘇巡撫尹繼善奏："東洋所產可供內商採買不及三百萬斤"，"悉賴洋銅每年共需二百七十餘萬斤，是外洋一年所產儘供內商一年採買，間有餘剩，爲數無多"。[50]乾隆年間日本每年輸出銅爲二百萬斤，後遞減至一百五十萬斤，嘉道年間減至六七十萬斤，[51]難以滿足中國採買之需要。

供需差距增大，日本銅價急升。乾隆二年江蘇布政使張渠奏："採辦洋銅每百斤部價一十四兩五錢，而倭人市價實需二十四五兩"，"本年正月先奉部文招商至今，并無一人願往"。[52]乾隆六年户部不得不允准提高洋銅收價，但是"雖增給銀十七兩五錢，較之時價尚屬不敷，商人辦銅益復寥寥"。[53]

採辦洋銅供京局已難確保，寶蘇局只得"自雍正十年停鑄之後，于乾隆元年以續收存黄銅器皿復請開局"。[54]民間可供銅器畢竟有限，無法滿足鑄錢之需。乾隆二年江蘇布政使張渠奏："揆厥所由，皆因洋銅出產不敷，僅供解京鼓鑄，而黄銅器皿悉已收買歸官"，[55]寶蘇局因銅源告急而停鑄。停鑄又導致市上制錢奇缺、錢價大漲。乾隆四年張渠奏請于解京洋銅中"暫借四十萬斤，留蘇局開鑄"，未准。[56]乾隆五年兩江總督郝玉麟奏："請先動帑銀十萬兩，委員採買滇銅，復開寶蘇局"。[57]銅源緊缺，

銅價急升，寶蘇局只得時常減卯、減爐，又以錢幣減重來湊并鑄量。今見低于4克的寶蘇局乾隆錢有相當數量，比規定一錢二分（約4.47克）至少減重百分之十幾，正是當年錢局偷減錢重的產物。

銅源缺乏使寶蘇局難以應付社會對錢幣的需求，接着又發生了洋商大量套購制錢熔毀的事件，更使制錢短絀，對于虧損而供不應求的寶蘇局正是雪上加霜。

咸豐七年（1857年），王茂蔭奏："江浙銀價向來每兩換至制錢二千有零，自英夷在上海收買制錢，錢即湧貴，以銀易錢之數漸減至半"，"兵民交困，而夷人竟據爲利藪，因請飭于江浙兩省加爐加卯，廣鑄制錢，以濟目前之急"。⑧光緒二十五年（1899年），鹿傳霖又奏："聞上海有洋商專購取中國制錢，熔毀提出金銀，所餘净銅，仍以重價售之内地，而營私牟利之徒，處處私運制錢出口，售與上海洋商，已歷有年所（注：原文如此）矣"。⑨外商大量熔毀中國制錢，搞亂了中國金融秩序，加劇了錢幣供需矛盾，爲"濟目前之急"，寶蘇局又得加鑄錢幣，減重因之越加嚴重。

寶蘇局咸豐大錢之減重，除了上述原因外，與大錢在流通中的貶值有着更大聯繫。其中鐵大錢和當五錢因未及流通即停鑄，無謂減重；當二十、當三十和當五十、當百錢，流通時間很短、減重尚不十分嚴重；減重最屬害的是流通時間較長的當十錢。

咸豐四年正月，寶蘇局當十錢始流通于市，初行時足重足值，民間稱便。⑩咸豐五年減重已發生，"名爲當十，實多受六折八折之虧損，江南淮上比比如此，民間患苦而吞聲者多矣"。⑪咸豐五年後減重更兇，據《越縵堂日記》載："乙卯、丙辰間（咸豐五、六年），江浙間有用當十錢者，未幾復停，次年吾越以一當五用，于至當三而罷，今（咸豐十一年）都城則以一當銅制錢二"。⑫所見寶蘇咸豐當十錢，重二十克以上者當爲初行足重錢，重十多克的爲咸豐五六年間鑄，重十克以下的是貶值嚴重時期所鑄的減重錢。

（三）鑄錢中的營私舞弊

寶蘇局和地方上一批官員利用鑄錢大搞營私舞弊，攙雜扣銅，肆意減重，百姓對此叫苦不絕，斥之爲"局私"。朝廷屢次責令追查，終因官場腐敗，未能挽回。

嘉慶十七年（1812年）帝諭："朕聞江蘇寶蘇局近日所鑄錢文，多攙和沙子，錢質薄脆，擲地即碎"，"該省錢質如此薄脆，自係經手官吏匠役等剋扣銅斤攙和沙子所致，事關錢法，不可不加以整頓，著百齡朱理留心查察提驗，究出弊端，據實嚴參"。⑬嘉慶二十五年（1820年）帝諭："着陳桂生親赴該局（寶蘇）搜查有無，據實嚴參，以除積弊"。⑭道光十六年（1836年）帝諭：着兩江各督撫"通飭所屬，于開爐時，嚴密查察，認真究辦"。⑮道光時林則徐任江蘇巡撫，後又署兩江總督，曾數次派員前往寶蘇局查驗，"開卯之時，俱經該局監督率同協理委員常川駐局稽查，每屆收卯，由藩桌兩司親往查驗"。⑯查驗，往往是一無證據可獲，但流通于市的輕小劣錢却有增無減。究其原因，一是寶蘇局持有一系列應付查驗的手段，更重要的是執行查驗的監督、協理等官員定期接受了巨額賄賂。據御史王家相揭露：寶蘇局"私鑄藏匿之地，則于局内深挖地窖，上蓋煤炭，掩人耳目；其搬運之時，則于每日兩次放水，買囑水夫隨身帶出；其私售之人，則附近寶蘇局之錢店"，"若藩司到局，則藏匿新鑄小錢，而以舊存備解兵餉之官錢磨新蒙混。寶蘇局監督、協理各委員得受陋規，每開一卯，監督得陋規三百兩，協理得陋規二百兩，以致爐頭益無忌憚，歷任藩司未必全無見聞"。⑰給事中鮑文淳奏報："江省之寶蘇局，爐頭工匠向以私積制錢五萬餘串分存附近質庫，每屆開爐，運局點驗，驗後仍分藏質庫。所有官銅，盡鑄私錢"。⑱寶蘇局監督、協理均由地方官同知、通判等兼任，查驗總又少不了他們參與。他們既得陋規，每逢查驗，或通風報信，或作官樣文章，風吹而過，于是這等公開作弊行迳，照樣瞞天過海。可見清廷官場腐敗，監守自盜、上下勾結、執法犯法已到如此地步，即使有林則徐那樣想認真究辦的官員，也是無可奈何。

（四）私銷私鑄

清代法令嚴禁錢幣私銷私鑄，嘉慶以後寶蘇局的局私錢大量流通于市，却爲私銷私鑄開了方便之門。道光十二年（1834年）給事中孫蘭枝奏："近年江蘇所鑄錢文，磨鑢不清，輕重不等，更于正卯之外，另鑄小錢，較民間私鑄略大"，"今欲禁私鑄之弊，宜自官局始，官局不正，則民間私鑄得以藉端影射"。⑲局私與私銷私鑄互相推波助瀾，于是劣錢充斥于市。

私銷制錢改鑄器皿有利可圖。"一錢二分制錢一千計銅七斤八兩，市需銀一兩二錢，而黄銅器皿每斤賣至三錢五六分以及四錢不等，雖除去食用，猶可獲利"。⑳銷熔一錢四分的康熙、雍正錢，每千錢得銅八斤十二兩，攙入雜質可私鑄1.5克劣錢三四千枚，獲利更厚。大利激勵着私銷私鑄的盛行。咸豐年間趁軍興之機，江蘇私銷私鑄更是膽大妄爲。初行大錢時，銷制錢私鑄大錢，大錢貶值時，又銷大錢私鑄小錢。《金壺遜墨》記："咸豐五年秋，道過清江，聞車聲轔轔然來，視之錢也。問何爲？曰鑄錢。曰曷爲以錢鑄錢？曰帑金不足，官府費用無所出，今毀制錢爲當十大錢，計除工費十可贏四五，則何爲而不鑄。是年冬，再過清江……曰大錢不行，報損者賣之，當十只值一二，今毀大錢爲制錢而又小之，和以鉛砂，除工費一可化三四，則何爲而不鑄。”⑦當年私銷私鑄規模之大，由此可見一斑。

私銷私鑄很少破獲，其原因除了他們行踪秘密外，更重要的是他們大多與地方官吏有勾結。孫蘭枝有奏：“奸民私鑄多在荒村僻壤，雖踪迹詭秘，然地保胥役無有不知。但以利藪所在，坐地分肥，代爲耳目”，“稽查不過同地保向各鋪户需索陋規，含混禀覆”。⑦故與其説查私，不如説地保胥役多了一條生財之道，更慫恿了私銷私鑄的泛濫。

同光年間，江蘇的局私和私鑄錢已發展到不可收拾的地步，市上所見大多是邊周不齊、字劃不清、充滿砂眼的劣質小錢，百姓斥之爲砂殼子、廣片錢。雖然官府一再立碑、布告，⑦禁止攙用沙廣小錢，但是積重難返。光緒三年（1877年）蘇州重鎮滸墅關蓆行，首先發起自製竹籌代替制錢收購蓆草，得到全鎮支持，聯合起來以錢籌抵制劣錢的通行。⑦隨後錢籌在江蘇許多市鎮仿效流通，客觀上對局私和私銷私鑄給予了打擊。

綜上所述，寶蘇局錢幣減重之原因是多方面的。流通中銀錢結構失調，制錢被外商和私鑄者銷熔，打亂了貨幣流通的正常秩序；銅源不足，鑄本提高，鑄錢嚴重虧損，錢幣減重情況必然發生。清廷官場腐敗，行賄、受賄、陋規成風，因循姑息，促使流弊加深，導致錢幣減重不斷惡化，終究成了江蘇社會民衆的一大災難。

四、寶蘇局錢幣綱目舉要

寶蘇局錢幣種類繁多、版別複雜，就不同使用職能分爲通用錢幣、樣錢與母錢、特殊錢幣，舉其主要述之。

（一）通用錢幣

通用錢幣是直接參與商品交換流通的，數量巨大、流通面廣。寶蘇局通用錢幣包括制錢和大錢兩大部份。

1.制錢。清代，將本朝定制由各鑄局鑄造的單位通用錢幣稱之爲制錢。此制始于明代中後期。清代制錢有別于以前歷代舊錢，有別于咸豐後鑄行的當值大錢。寶蘇局制錢，自雍正至光緒七個年號均有鑄行。

雍正通寶總體上比較整齊劃一，直徑2.75厘米左右，重4.75至5克，緣闊值互相接近，臨界于特闊緣和闊緣錢式，錢文爲宋體，“マ”頭雙點“通”，字形有闊狹粗細等小版別變化（圖2、3）。另有極少數直徑2.3厘米的小樣錢。

乾隆通寶漸趨複雜，直徑大者2.6厘米，小者1.9厘米，重3.5至4克爲多，規定重一錢二分合4.47克。有5.16克的超重錢（圖5），有1.12克的劇度減重錢，錢緣狹、闊、特闊均見，錢文宋體，始見有“⊐”頭“通”（圖6）。

嘉慶通寶、道光通寶、咸豐通寶三種制錢，更加複雜多變，直徑2厘米許、重3克左右的減重錢最普遍，部分輕薄僅2克以下，屬局私錢（圖13、18）；闊緣、特闊緣式（圖9、13、17、18）多見，有狹緣式的；錢文以宋體爲主，有的筆劃楷意甚濃，咸豐錢有楷體的。版別變化多，如“通”字有“マ”頭、“⊐”頭，“道”字有闊、狹變化，“咸”字有直撇、斜撇，“豐”字有從“方山”、“斜山”，等等。

同治通寶、光緒通寶大多質量低劣，直徑超過2.3厘米的已屬大樣，重1.5至3克不等。1克左右且文字漫漶不清的即砂殼子、廣片錢，存世亦多。錢緣狹、闊、特闊式均見，錢文有宋體、楷體兩類，書寫變化多。光緒錢背，滿文有類漢字草書的（圖28），有穿上空星、仰月（圖29）等式。光緒機製制錢（圖30）直徑2.2至2.3厘米，重3克左右，有大中小字等版別。

2.大錢。咸豐推行的當值大錢，常簡稱大錢。寶蘇局通用大錢主要是咸豐大錢，有當十、當二十、當三十、當五十、當百五種，當十至當五十稱“重寶”，當百稱“元寶”。咸豐當五錢未及大量流通，并無當五百、當千等高額通用大錢。此外，還有光緒重寶當五錢。

咸豐當十錢品種最多、最複雜，直徑3至4厘米不等，輕者10克以下，重者超過25克，闊緣式爲常見，狹緣、特闊緣式較少，錢文可歸爲宋體變體（圖41、42）和楷體（圖39、40），楷體者較少，有“尔”寶、“缶”寶之別，“缶”寶更少，版別十分豐富。

咸豐當二十、當三十錢，在整個咸豐錢中較爲突出，全國僅少數錢局有鑄行，流通時間短，數量較少。當二十（圖44）直徑約4厘米，重20餘克，當三十（圖46）直徑約4.5厘米，重30克左右。兩種錢均爲闊緣式，錢文楷體，各有多種版別。兩種錢可分別配成大字套、小字套等等。

咸豐當五十錢品種較多，直徑5至5.5厘米不等，重40至55克均見，大多是闊緣式，錢文楷體者常見，還有類宋體和行楷體的，“尔”寶者常見，“缶”寶者較少。當百錢品種亦多，但不及當五十，直徑5.5至6厘米有餘，重50至65克均見，多爲闊緣式，緣闊值有差別，錢文多楷體、行楷體，絕大多爲“缶”寶。當五十、當百錢文書法變化較多，如“咸”字有直撇、斜撇、勾撇，“豐”字有從方山、斜山，"寶"字有直點、斜點、鍵點頭，有人足、八足、爪足等。背滿文有直筆、頓筆、連筆等。當十、當五十、當百錢亦可配選成套，如"勾咸套"、"撇咸套"、斷"厂"咸套（圖53、54、56）等等。

光緒重寶當五錢（圖59），雖然通行不足兩年，却比較多見，直徑2.8至3厘米爲多，重6至7.5克，大多是闊緣式，製作粗糙，文字拙劣，品種雜亂繁多，爲寶蘇局最後一種大錢。

（二）樣錢與母錢

樣錢與母錢爲錢幣主管機構和錢局留存或鑄錢時使用的，很少流入社會。那些試鑄或新錢鑄後未及投入流通即停止鑄行的，爲試樣錢範疇，亦不多見。

1.部頒樣錢。清代"其直省開局之始，一例由户局先鑄祖錢、母錢及制錢各一文，頒發各省，令照式鼓鑄"。⑮已發現的部頒寶蘇局樣錢有雍正通寶（圖1）、同治重寶當十（圖57）、光緒通寶（圖24）、光緒重寶當十（圖58）等。同期部頒各局的樣錢，在銅質、直徑、重量、書體和風格上必然一致。雖然有部頒寶蘇局同治、光緒當十樣錢，但是寶蘇局並沒有"照式鼓鑄"，却另外鑄了光緒當五錢，足見當時鑄錢管理之混亂。

2.雕母錢與鑄母錢。母錢是鑄錢時使用的模型，人工雕刻而成的稱雕母錢，舊稱祖錢；鑄造而成的稱鑄母錢，常簡稱母錢。發現的寶蘇局雕母錢有乾隆通寶、嘉慶通寶、道光通寶、咸豐通寶（圖14）、同治通寶（圖21）等等。發現的鑄母錢有咸豐當十（圖34）、咸豐當百（圖54）和同治通寶、光緒通寶等數種。

3.呈樣錢與試樣錢。錢局呈上之新錢樣品稱呈樣錢，常簡稱樣錢。寶蘇局樣錢發現稍多，有的是該局留存備查的。制錢樣錢見有乾隆通寶、嘉慶通寶、道光通寶、咸豐通寶、同治通寶、光緒通寶等，大多是體大厚重、特闊緣式，直徑2.8厘米以上，重超過6克。其中嘉慶、道光、咸豐三種較多，版式亦多，餘三種較少。光緒樣錢直徑超過2.6厘米的（圖25）很少發現，一種正楷"缶"寶的（圖26）直徑僅2.28厘米，亦不多見；機製樣錢僅見一二枚。寶蘇祺祥通寶（圖20）出于非常事件，僅知兩枚樣錢存世。咸豐大錢樣錢見有特闊緣和行楷體"樸刀撇咸"當十（圖37）、大型當十（圖36，徑4.38厘米）、重型當五十（圖47，92.5克）、特闊緣尔寶當五十（圖49）、闊緣缶寶當五十和當二十、當三十、當百（圖43、45、55）等等，版別各有多種。

寶蘇局試鑄的咸豐當五錢，有通寶、重寶兩種（圖31、32），未及投入流通即停鑄，發現不多；試鑄的鐵錢有制錢、當五（圖33）、當十（圖38）、當五十等，均少見，版別與常見銅錢類似。鐵當五稱重寶，有人將銅當五重寶者都視爲鐵母，實際除極少數確用作鑄錢模型外，大多字劃渾圓、字口不清，無鐵母特徵，當屬試樣錢。寶蘇局是否試鑄過當五百、當千等高額大錢，未見史料證實，僅知有收藏孤例，但方家存疑。

（三）特殊錢幣

部分寶蘇局錢幣的形制或製作加工非常特殊，關于它們的性質和用途很值得研究。

1.乾隆通寶開爐錢（圖7）。此錢大小與咸豐當十錢接近，面文仿宋體，背有仰月、穿上三星穿下仰月和無紋等版式，不是通用錢幣，與咸豐大錢有區別。乾隆元年是寶蘇局第一次于新紀元首年開鑄新錢，此錢當爲開鑄乾隆新年號制錢時的開爐錢。

2.咸豐丁巳銀錢（圖19）。此錢銀質，衝壓成型，背穿上下置"丁巳"紀年。丁巳爲咸豐七年（1857年），正值太平天国"天京内訌"後清軍居勝勢之際，此錢當爲賞賜用而特製。另有同式銅錢，性質和銀者相同。

3.花邊錢。有一種咸豐當五十錢，面緣環鑄二龍戲珠圖案，生鏽白銅（圖48），餘與當五十樣錢（圖47）版式類同，當爲寶蘇局開鑄當五十大錢的開爐錢。

寶蘇局咸豐錢緣上常有被雕刻花邊的，有的仿花邊開爐錢圖案，有的錢肉上亦刻花（圖42）。蘇州民間有在通用錢錢緣刻花的習俗，或因寶蘇局錢緣寬闊，被刻花的較其他更爲多些，它們被民間用作厭勝或飾件。

4.咸豐重寶巨錢（圖60）。1984年10月江陰出土一枚巨型寶蘇局咸豐重寶錢，直徑22厘米，厚1.2厘米，重2.9公斤，爲世間完整大錢之最。多數學者認爲這是寶蘇局的鎮庫錢。由此錢稱"重寶"推知，當鑄于咸豐三年（1853年）末寶蘇局始鑄咸豐重寶大錢之後，咸豐四年（1854年）二月開鑄咸豐元寶大錢之前的兩個月間。否則，若鑄此巨錢時已開鑄稱元寶的當百錢，那麼此錢當採用最高當值所稱的"元寶"爲錢文縫合情理。

5.關于雍正後的背滿漢文蘇字錢。偶見有雍正年號以後的背滿漢文蘇字錢，如道光、同治、光緒等，常被誤認爲寶蘇局呈樣錢或開爐錢。此類錢與雍正以後清廷頒佈的錢幣制式違背，錢局不可能用來作呈樣。某些同類的其他滿漢字錢，有的字代表的錢局雍正後早已裁撤，不可能再鑄開爐錢。這些不同滿漢字錢的面文，有的與蘇字錢如同出一模，知它們是鑄于同一地點。因此雍正後的背滿漢蘇字錢既不是呈様錢，也不是開爐錢，實是爲滿足收藏之需要，以康熙滿漢局名錢爲本的仿鑄玩賞錢。

註：

①《明清蘇州工商業碑刻集》第331頁。

②(54)(57)(75) 《清文獻通考》卷41、卷16、卷16、卷17。

③⑤⑥⑩㉘㉙㉚㊸㊺(58)(59)(65)(66)(68)(69)(71)(72) 《中國近代貨幣史資料》第一輯，中華書局。第9頁、9頁、514頁、242頁、250頁、242頁、242頁、8頁、9頁，699頁、706頁、65頁、17頁、65頁、11頁、315頁、12頁。

④㊽ 《皇朝經世文編》53卷，第34頁、62頁。

⑦㉓ 彭信威《中國貨幣史》第三版，第829頁、822頁。

⑧ 同治《蘇州府誌》卷19，"田賦"八。

⑨《大清會典事例》卷214，《錢法》。

⑪㉟ 丁福保《古錢大辭典》下册，第2274頁、1713頁。

⑫㉝㊴ 《泉幣》雜誌，第十期（1942年），第33頁。

⑬㉒ 《中國錢幣》1989年第4期，第49頁。

⑭《清世祖實録》卷19，順治二年七月壬子。

⑮ 一説江寧府局順治通寶背均置"江"字，實誤。王慶雲《石渠餘記》："江寧日寧，一厘錢日江"；《清文獻通考》：順治十年鑄一厘錢"江寧鑄江字"，順治十七年復開，"江寧鑄寧字"。

⑯⑲ 乾隆《江南通誌》卷首"序"；卷1，《輿地志·序》。

⑰《清史稿》卷116，《職官志》。

⑱《清聖祖實録》卷23，康熙六年七月甲寅。

⑳㉑㉔ 唐與昆《制錢通考》。

㉕《清史稿》卷398，《列傳》第185。

㉖《太平天国革命》，上海人民出版社，第47頁。

㉗ 柳詒徵《江蘇錢幣志初稿》，"光緒二十三年"條。

㉛ 王健輿、鄒誌諒《王蔭嘉品泉録》，上海古籍出版社，第160頁。

㉜《近代史資料》1978年第1期，古歷"祺祥錢幣問題"。

㉞ 孫仲匯《古錢》，第160頁。

㊱ 平尾聚泉《常平泉譜》；衛月望《古錢索引》第240頁。

㊲《漢書·食貨志》。

㊳《清史稿》卷124，《食貨志》"錢法"。

㊵ 中國第一歷史檔案館"宮中朱批"，江蘇巡撫福崧摺。

㊶《國寶大觀》，上海文化出版社，第410頁。

㊷ 齋藤謙《中國畫家落款印譜》，第105頁。

㊹ 以紋銀一兩折合制錢一千爲准，超過一千爲銀貴錢賤，不足一千爲錢貴銀賤。

㊻ 楊端六《清代貨幣金融史稿》，第51頁。

㊼(70) 倪模《古今錢略》卷首，"國朝錢法"。

㊾(51) 嚴中平《清代雲南銅政考》，第3頁、4頁。

㊿ 中國第一歷史檔案館"宮中硃批"，江蘇巡撫尹繼善摺。

(52)(55)(56) 中國第一歷史檔案館"宮中硃批"，江蘇布政使張渠摺。

(53) 中國第一歷史檔案館"宮中硃批"，兩江總督那蘇圖摺。

(60)《太平天国史料專輯》，上海古籍出版社，"癸丑紀聞録"記：咸豐四年正月十八日，始見當十錢，由蘇州寄來；十九日無錫亦寄出當十錢，"此錢市面通行"。

(61)(64)(67) 《皇朝政典類纂》錢幣1，第7頁；錢幣7，第15頁。

(62) 李慈銘《越縵堂日記》，咸豐十一年六月初八條。

(63)《清朝續文獻通考》卷19。

(73)《江蘇明清以來碑刻資料選》，"不准攙用小錢碑"。

(74) 蘇州市政協編《蘇州文史資料》，第220頁。

圖 1
雍正通寶　頒樣錢
徑 2.95 厘米
重 5.4 克

圖 2
雍正通寶
徑 2.8 厘米
重 4.55 克

圖 3
雍正通寶
徑 2.76 厘米
重 4.37 克

圖 4
乾隆通寶　樣錢
徑 2.83 厘米
重 5.56 克

圖 5
乾隆通寶
徑 2.66 厘米
重 5.16 克

圖 6
乾隆通寶
徑 2.46 厘米
重 3.7 克
粗字

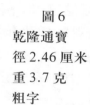

圖 7
乾隆通寶
徑 4.1 厘米
重 17.9 克

圖 8
嘉慶通寶
徑 2.9 厘米
重 7.7 克

圖 9
嘉慶通寶
徑 2.49 厘米
重 4.54 克

圖 10
道光通寶　樣錢
徑 2.9 厘米
重 7.8 克

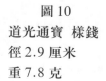

圖 11
道光通寶　樣錢
徑 2.85 厘米
重 6.22 克

圖 12
道光通寶
徑 2.44 厘米
重 3.64 克

圖 13
道光通寶
徑 1.89 厘米
重 2.03 克

圖 14
咸豐通寶　母錢
徑 2.14 厘米
重 2.6 克
王蔭嘉舊藏

圖 15
咸豐通寶　樣錢
徑 2.92 厘米
重 6.18 克
斜山豐

圖 16
咸豐通寶　樣錢
徑 2.94 厘米
重 8.1 克
方山豐

圖 17
咸豐通寶
徑 2.47 厘米
重 4.63 克

圖 18
咸豐通寶　局私錢
徑 1.92 厘米
重 1.47 克

圖 19
咸豐通寶　銀質壓製
徑 2.6 厘米
重 7.5 克
背“丁巳”紀年

圖 20
祺祥通寶　樣錢
徑 2.74 厘米
重 5.15 克
王蔭嘉舊藏

圖 21　　　　　　　　　　　　圖 22
同治通寶　雕母　　　　　　　同治通寶　樣錢
張季量舊藏　　　　　　　　　徑 2.54 厘米
　　　　　　　　　　　　　　重 4.9 克

圖 23　　　　　　　　　　　　圖 24
同治通寶　　　　　　　　　　光緒通寶　樣錢
徑 2.16 厘米　　　　　　　　徑 2.55 厘米
重 2.54 克　　　　　　　　　重 4.5 克
　　　　　　　　　　　　　　錢卓藏

圖 25　　　　　　　　　　　　圖 26
光緒通寶　樣錢　　　　　　　光緒通寶　樣錢
徑 2.8 厘米　　　　　　　　　徑 2.28 厘米
沈子槎舊藏　　　　　　　　　重 3.51 克

圖 27　　　　　　　　　　　　圖 28
光緒通寶　　　　　　　　　　光緒通寶
徑 2.38 厘米　　　　　　　　徑 2.21 厘米
重 3.76 克　　　　　　　　　重 1.51 克

圖 29　　　　　　　　　　　　圖 30
光緒通寶　　　　　　　　　　光緒通寶　機製錢
徑 1.9 厘米　　　　　　　　　徑 2.3 厘米
重 1.64 克　　　　　　　　　重 3.21 克
背穿上仰月

圖 31
咸豐通寶　當五　樣錢
徑 3.1 厘米
重 7.7 克

圖 32
咸豐重寶　當五　樣錢
徑 2.98 厘米
重 12.48 克

圖 33
咸豐重寶　當五　鐵錢樣錢
上海博物館藏

圖 34
咸豐重寶　當十　母錢
徑 3.4 厘米
重 23 克

圖 35
咸豐重寶　當十　樣錢
徑 3.84 厘米
重 22.3 克

圖 36
咸豐重寶　當十　樣錢
徑 4.38 厘米
重 27.2 克

圖 37
咸豐重寶　當十　樣錢
徑 3.84 厘米
重 21 克
樸刀撇咸

圖 38
咸豐重寶　當十　鐵錢
徑 3.85 厘米
重 22.2 克

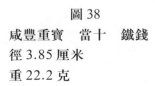

圖 39
咸豐重寶　當十
徑 3.75 厘米
重 12.8 克

圖 40
咸豐重寶　當十
徑 3.52 厘米
重 11.77 克

圖 41
咸豐重寶　當十
徑 3.58 厘米
重 16.3 克

圖 42
咸豐重寶　當十
徑 3.85 厘米
重 21.2 克

圖 43
咸豐重寶　當二十　樣錢

圖 44
咸豐重寶　當二十
徑 4.08 厘米
重 22.65 克
小字

圖 45
咸豐重寶　當三十　樣錢
徑 4.80 厘米
重 31.7 克
王蔭嘉舊藏

咸豐重寶　當三十
徑 4.5 厘米
重 30.05 克

圖 46

咸豐重寶　當五十　樣錢
徑 6 厘米
重 92.2 克
陳達農藏

圖 47

咸豐重寶　當五十
徑 5.6 厘米
重 71.5 克
鑄花邊
戴葆庭舊藏

圖 48

咸豐重寶　當五十　樣錢
徑 5.42 厘米
重 38.6 克

圖 49

太平天国·聖寶
徑 4.9 厘米
重 27.5 克

圖 50

咸豐重寶　當五十
徑 5.32 厘米
重 40.1 克

圖 51

咸豐重寶　當五十
徑 5.29 厘米
重 38.2 克

圖 52

咸豐重寶　當五十
徑 5.39 厘米
重 41.37 克

圖 53

咸豐元寶　當百母錢
許廷憲藏

圖 54

咸豐元寶　當百樣錢
戴葆庭舊藏

圖 55

咸豐元寶　當百
徑 6.18 厘米
重 64.6 克
斷厂咸

圖 56

圖 57　　　　　　　　　　　　　　圖 58
同治重寶　當十　樣錢　　　　　光緒重寶　當十　樣錢

圖 59
光緒重寶　當五
徑 2.82 厘米
重 6 克

圖 60

咸豐重寶　寶蘇局鎮庫錢

徑 22 厘米

重 2900 克

1984 年 10 月江蘇省江陰北國鄉出土

江陰博物館藏

肆 資料

清代錢幣大事記

俞如雲

説明:

(一)清代咸豐以前的兩百多年,錢幣流通比較穩定,是錢幣管理、錢幣制度最爲完善的時期。全國鑄幣局的設、停、復、廢,鑄量、爐座、卯數的增減、鑄錢的調配、銅鉛等礦的開採,以及產量、供應、運輸等都受清廷管理。對私銷私鑄和各種小錢、劣錢以及私自輸出制錢、輸入國外銅錢都嚴格禁止。特別注意市場上制錢供求的餘缺、銀錢比價的變動,隨時調整制錢的鑄量和供應。涉及各方面的政策,也作相應的規定,做到錢幣流通和社會的穩定。大量有關清錢的大事要事,包括上奏或諭批等的歷史記錄,是我們研究清錢制度各方面極爲豐富和寶貴的文獻資料。我們爲此特彙編成《清代錢幣大事記》,并儘可能多地保留有價值的資料,以供後人研究參考。

(二)《清代錢幣大事記》主要根據清代檔案和各種文件(見後引用書目)摘編而成。文獻缺記的,一般不補入。大事記按年代先後排列,採用中國歷史紀年。文字、詞句基本仍沿用原文,以免脱離原意。

(三)本大事記中凡用阿拉伯數字表明的年月日,是指公曆;而在括號内用中文數字表明的年月日,是夏曆。大事記中引用或摘錄歷史文獻的原文,爲保持原文的叙述,其中年月日仍照原文用夏曆,不予更改,也不加注公曆。

	1616年　丙辰　（後金天命元年,明萬曆四十四年）
2月（一月）17日（初一日）	努爾哈赤自萬曆十一年五月起兵,至是建國,號"金"。史稱"後金"。建元天命。以紅銅鑄滿文"天命汗錢"及漢文"天命通寶"錢。
	1627年　丁未　（後金天聰元年,明天啓七年）
是歲	鑄滿文"天聰通寶"當十錢。背仿天啓錢式,鑄有"十·一兩"三字。
	1644年　甲申　（清順治元年,明崇禎十七年）
2月（一月）8日（初一日）	李自成稱王于西安。國號"大順",改元"永昌"。鑄"永昌通寶"。
4月（三月）25日（十九日）	李自成陷燕京。明亡。
8月（七月）26日（廿六日）	清新鑄制錢,每七枚作銀一分,民未稱便。工部左侍郎葉初春請頒内庫舊鑄"當五"制錢,并鑄"當二"錢以濟民用。不允。
10月（十月）30日（初一日）	清世祖由盛京至北京,改元"順治"。命户部置寶泉局、工部置寶源局鼓鑄"順治通寶"錢。凡供内廷用者曰樣錢,附卯搭鑄。行于天下者曰制錢。制錢以紅銅七成、白鉛三成搭配鼓鑄。錢文爲陽文漢字。每文重一錢。錢千爲串,以一萬二千八百八十串爲一卯,白銀一兩易制錢七百文。
	南明福王即位于南京,定次年建元"弘光",鑄"弘光通寶"錢。
12月（十一月）14日（十六日）	張獻忠稱帝于成都,國號"大西",建元"大順",鑄"大順通寶"。
是歲	頒發"順治通寶"樣錢于河南、陝西兩省,直隸宣府、

蓟州、山東臨清等鎮，開爐鼓鑄。

1645年　乙酉　（順治二年）

3月（二月）26日（廿九日）	開大同、密雲兩鎮鼓鑄。
6月（五月）11日（十八日）	開陝西錢局鼓鑄。
8月（閏六月）18日（廿七日）	南明唐王朱聿鍵即位于福州，年號"隆武"，鑄"隆武通寶"。
是歲	定改鑄新制錢，每文重一錢二分。每七錢准銀一分；舊制錢，每十四錢准銀一分。

1646年　丙戌　（順治三年）

1、2月間（乙酉年十二月）	南明魯王于紹興鑄"大明通寶"。
3月（一月）9日（廿二日）	開湖廣省城鼓鑄。
4月（二月）13日（廿八日）	開陝西延綏鎮鼓鑄。
4月（三月）19日（初四日）	開湖廣荊州鼓鑄。
6月（四月）12日（廿九日）	准户部定制錢七十文作銀一錢。
6月（五月）17日（初五日）	准户部廢革舊錢。惟崇禎錢暫許行使。

1647年　丁亥　（順治四年）

6月（五月）3日（初一日）	開廣東鼓鑄。初五日，開河南鼓鑄。
8月（七月）11日（十一日）	禁民間制錢以一作二行使，違者治罪。
9月（八月）20日（廿二日）	開湖廣常德府鼓鑄。
11月（十月）6日（十日）	更定錢值銀，每分十文。
20日（廿四日）	開江西鼓鑄。
是歲	四年題准盛京及江西、河南、廣東、常德、甘肅各開局鼓鑄。南明桂王于肇慶稱帝，改元"永曆"，鑄"永曆通寶"。定私鑄偽錢禁令及禁用前代舊錢。開盛京、甘肅鼓鑄。

1648年　戊子　（順治五年）

	准户部開江南江寧府鼓鑄。停陝西延綏鎮及盛京局。孫可望鑄"興朝通寶"于雲南。

1649年　己丑　（順治六年）

3月（一月）5日（廿三日）	開福建鼓鑄。
5月（四月）24日（十四日）	開浙江、山東鼓鑄。
是歲	移大同鎮局于陽和城。

1650年　庚寅　（順治七年）

	開襄陽、鄖陽兩府鼓鑄局。

1651年　辛卯　（順治八年）

2月（二月）21日（初二日）	准寶泉局改鑄每文重一錢二分五厘制錢。更定錢值，錢百文准銀一錢，違者論罪。
12月（十月）1日（十九日）	令各省止留鼓鑄爐局一座，餘悉裁去。
是歲	陽和局還故治。准明季廢錢送部者，量給價值。

1652年　壬辰　（順治九年）

	停湖廣之常德、襄陽兩局，令荊州設局開鑄。定各省錢局本息，按季報部，歲終彙冊注銷。

1653年　癸巳　（順治十年）

7月（六月）19日（二十五日）	復設江南、宣府、臨清、蓟、密鼓鑄爐，共三百零四座。
9月（七月）13日（二十二日）	准户部更定錢值。每千文准銀一兩。鑄"一厘"字錢。每錢均鑄"一厘"漢文兩字于錢背之左，其右户部鑄"户"字，工部鑄"工"字，各直省均鑄地方名一字。務極精工，不如式者罪。

1655年　乙未　（順治十二年）

11月（十月）3日（初六日）	設山東萊州鼓鑄爐座。

	1656年　丙申　（順治十三年）
3月（二月）17日（二十二日）	停福建省鼓鑄。
是歲	裁宣大總督，移陽和局于大同，改鑄錢幕爲“同”字。

1657年　丁酉　（順治十四年）

11月（九月）5日（三十日）　　諭：　各省鑄爐一概停止，獨令京局鼓鑄，更定錢制，每文重一錢四分。比舊錢精工、闊厚，兼用滿漢字，一面鑄“順治通寶”四漢字，一面鑄“寶泉”兩滿字。是爲錢背鑄滿文之始。其現行之錢，暫准行使。俟三年後，舊錢盡行收毀，止用新錢。尋工部鑄局亦照户部式樣鑄“寶源”兩滿文。

1658年　戊戌　（順治十五年）

因制錢改重，各省停鑄，致鑄額中減。

1660年　庚子　（順治十七年）

復開各省、鎮鼓鑄，每枚錢重仍爲一錢四分。增置雲南省局。至是鑄額後加增。定各省鑄局錢幕兼鑄滿漢文局名。惟寶泉、寶源俱用滿文。

1661年　辛丑　（順治十八年）

4月（三月）23日（二十五日）　　因各省滿漢字新錢鑄造無多，准“厘”字制錢展限兩年後收毀。今先收買十年前無“厘”字制錢，每斤給直七分，交局銷毀改鑄。

10月（八月）1日（初九日）　　准平西王吳三桂停鑄雲南“厘”字錢。

　　　　　　　14日（二十二日）　　從户部請，鑄“康熙制錢”，輕重如舊制。

11月（十月）22日（初一日）　　户部進呈寶泉局鑄成“康熙”錢式，頒發省局，依式鑄造。

是歲　　後申私鑄銅錢禁例，比前例加嚴。定爲首及匠人，斬決，家產入官；爲從及知情買使者，絞決；該管地方官知情任其私鑄者，斬監候；不知失察者，降三級調用。五城御史，該撫不參究者，以疏忽治罪等律。

1662年　壬寅　（康熙元年）

鑄行“康熙通寶”錢。後凡嗣位改元，皆鑄如例。緣鑄局過多，錢價太賤，令各省停鑄，止留寶泉、寶源、江寧府局。

1663年　癸卯　（康熙二年）

3月（二月）26日（十七日）　　准户部嚴禁“厘”字錢，每斤給銀六分收買，發寶泉局改鑄新錢。

6月（五月）23日（十八日）　　從吳三桂請，頒“康熙”錢式給雲南省開鑄。

1664年　甲辰　（康熙三年）

申定各官失察私鑄處分之例。

1665年　乙巳　（康熙四年）

定各官失察攙和舊錢、廢錢處分。

1666年　丙午　（康熙五年）

改陝西右布政使治鞏昌府爲甘肅布政使司。

1667年　丁未　（康熙六年）

特增設湖南長沙府、江蘇蘇州府、甘肅鞏昌府三處分省鑄局。錢幕依式分鑄滿漢文局名南、蘇、鞏字。京師錢價，每銀一兩易制錢一千二百五十文。

1668年　戊申　（康熙七年）

1月丁未（十二月）26日（十三日）　　命各省復開鼓鑄。照式鑄滿漢文地名各一字。

10月（九月）31日（二十六日）　　命江南蘇州府開爐鼓鑄。

是歲 命四川、廣東、廣西、貴州省各開鼓鑄局，錢幕依式分鑄川、廣、桂、貴字。

1669年　己酉　（康熙八年）
為免錢法壅滯，定各省存留驛站俸工等項，均搭放制錢。

1670年　庚戌　（康熙九年）
5月（四月）19日（初一日）　停四川鼓鑄。
是歲　暫停江寧、蘇州、江西、福建、湖北、湖南、河南、山東、山西、陝西、甘肅、廣東、廣西、雲南、貴州省鼓鑄。京城錢值每千文值銀八錢。

1671年　辛亥　（康熙十年）
停密雲、薊、宣府、大同鎮鼓鑄。令各省民間所有從前小制錢，交官以抵正貢。

1673年　癸丑　（康熙十二年）
定私鑄制錢禁例。私銷者與失察官同私鑄例論罪。行鑄造銅器之禁。除紅銅鍋及已成銅器不禁外，嗣後一應黃銅器止許五斤以下。違禁者，不論旗籍官民，均有處罰則例，銅器入官。

1674年　甲寅　（康熙十三年）
4月（三月）21日（十六日）　耿精忠反，國號"裕民"，鑄"裕民通寶"錢。
7月（六月）　吳三桂于康熙十二年十一月二十一日叛清，本年正月稱"周王"。至是，鑄"利用通寶"。
是歲　停浙江鼓鑄。

1675年　乙卯　（康熙十四年）
定開採銅鉛之例。定辦銅官虛報起解處分例。停臨清鎮鼓鑄。

1678年　戊午　（康熙十七年）
4月（三月）21日（初一日）　吳三桂稱帝于衡州，建元"昭武"，國號"大周"，鑄"昭武通寶"。
10月（八月）2日（十七日）　吳三桂卒，其孫吳世璠繼位，改元"洪化"，鑄"洪化通寶"。

1679年　己未　（康熙十八年）
11月（十月）7日（初五日）　緣錢法漸弛，從戶部等衙門議定錢法十二條　一、重申錢重一錢四分；二、各運司官照部價買銅解送；三、定各關差官員辦買銅斤事宜；四、慎選關差官員；五、定京局爐頭匠役包攬買交例；六、立限各關官員交欠銅斤；七、令滿漢錢法待郎親督錢務；八、選員監管商民採銅鉛礦；九、嚴禁造買銅器例；十、定拿獲私鑄制錢鼓勵之例；十一、命各省按頒發錢式鼓鑄；十二、命京局淘取局內灰砂中銅斤。
是歲　復開廣西鼓鑄局。復令湖廣開鑄。

1681年　辛酉　（康熙二十年）
2月（庚申十二月）8日（二十日）　于漳州府開局鼓鑄，錢背照例鑄"漳"字。
是歲　設雲南省鑄局。停廣西鼓鑄。

1682年　壬戌　（康熙二十一年）
增置雲南大理府祿豐縣、蒙自局，錢幕俱鑄"雲"字。停福建漳州府鼓鑄。

1683年　癸亥　（康熙二十二年）
復開湖南鼓鑄局。

1684年　甲子　（康熙二十三年）

10月（九月）11日（初三日）　　　錢價昂貴，每銀一兩，易錢八九百文不等。減錢重爲每文一錢。各省錢局俱令照新定錢式鑄造，以平錢價。

是歲　　　　　　　　　　　　定制錢以銅六鉛四配鑄。因雲貴未開鉛礦且貴，准雲南鑄局以銅八鉛二配鑄。申定寶泉、寶源兩局爐役夾鑄私錢之禁。

1685年　乙丑　（康熙二十四年）

10月（十月）28日（初一日）　　命廣東肇慶府開爐鼓鑄。

是歲　　　　　　　　　　　　定旗人私銷私鑄禁例。開雲南臨安府鼓鑄局。錢幕亦鑄"雲"字。罷前代舊錢之禁。

1687年　丁卯　（康熙二十六年）

復開湖北省鑄局，停廣東肇慶府鑄局。因湖北局"昌"字錢、湖南局"南"字錢式樣輕小，着嚴加申飭。

1689年　己巳　（康熙二十八年）

6月（四月）13日（二十六日）　　命臺灣府開爐鼓鑄，錢幕鑄滿漢文"臺"字。

6月（五月）17日（初一日）　　　停雲南省鼓鑄。

1690年　庚午　（康熙二十九年）

定錢值不一禁例。自今每銀一兩，毋得不足千文之數。違者，旗人鞭一百，民人杖一百，各枷一月。

1692年　壬申　（康熙三十一年）

停廣東及福建臺灣府鼓鑄。

1694年　甲戌　（康熙三十三年）

11月（九月）5日（十七日）　　　停雲南省鼓鑄。

1695年　乙亥　（康熙三十四年）

復開廣東鼓鑄，停福建鑄局。

1696年　丙子　（康熙三十五年）

復開浙江省鑄局。

1697年　丁丑　（康熙三十六年）

嚴失察私錢處分。

1698年　戊寅　（康熙三十七年）

7月（五月）3日（二十六日）　　爲平錢價，康熙三十四年開粵東鑄局。今錢價日輕，至是，准廣東停鑄。

1699年　己卯　（康熙三十八年）

5月（四月）6日（初七日）　　　浙省鼓鑄已逾兩載，錢價漸平，准停浙江省鼓鑄。

是歲　　　　　　　　　　　　命蕪湖、滸墅、湖口、淮安、北新、揚州六關應辦寶泉、寶源兩局額銅，改交內務府商人承辦。

1700年　庚辰　（康熙三十九年）

3月（正月）14日（二十四日）　　緣錢多價低壅滯，命湖北、湖南暫停鼓鑄。

是歲　　　　　　　　　　　　准工部命商人承辦太平橋、荊關、鳳陽等關銅。

1702年　壬午　（康熙四十一年）

11、12月間（十月）　　　　因多私鑄，准停鑄舊式小錢，改鑄重一錢四分大錢，每千作銀一兩。舊式小制錢，每千文准銀七錢。自下月起，三年內許大小錢互用，俟大錢足用，則小制錢漸次收毀。

1703年　癸未　（康熙四十二年）

因廣東錢價日賤，命其暫停鼓鑄。

1705年　乙酉　（康熙四十四年）

6月（五月）30日（初十日）　　命直隸、山東兩省嚴禁鑄私錢。

1706年　丙戌　（康熙四十五年）

5月（四月）23日（十二日）　　令京城動用户部庫銀十萬兩，天津、臨清，各支餉銀一萬兩，收買舊小制錢。又聞山西、陝西兩省販去大制錢甚多，命山、陝、直隸總督，嚴令擒拿。

11 月（十月）11 日（初七日）　　　命侍郎恩丕等往山東長山縣緝捕私鑄之人。

是歲　　　　　　　　　　　　　諭：嗣後寶泉局鑄錢，若輕薄磨鑢不精，將該監督題參治罪。緣新鑄錢尚少，准舊制錢展限五年，再行銷毀。

1708 年　戊子　（康熙四十七年）

5 月（閏三月）2 日（十二日）　　嚴禁查拿湖廣襄陽私鑄制錢用糧船裝運京城售賣者。

9 月（七月）1 日（十七日）　　　命湖北嚴禁奸徒收買私錢運京售賣，并收銷毀之。

　　　　　　　　　　　　　　　定私鑄之鄉佑與總甲十家長知情不報者，俱擬斬決。

1712 年　壬辰　（康熙五十一年）

8 月（七月）11 日（初十日）　　因湖南現用制錢，錢小而輕，易于私鑄攙和，准每年由京局撥新大制錢四萬貫，于回空糧船載回湖南。以三年為限，將舊小制錢收毀。命寶泉局撥三萬串、寶源局撥一萬串，每年運交湖南。

是歲　　　　　　　　　　　　　命商人承辦龍江、西新、南新、贛關所辦寶源局額銅。

1713 年　癸巳　（康熙五十二年）

4 月（三月）12 日（十八日）　　帝六十壽誕，鑄賀錢，包金黃，俗稱"羅漢錢"。

1714 年　甲午　（康熙五十三年）

3 月（正月）6 日（二十一日）　　因大錢不敷用度，從户部請，小錢再展限二年使用。

9 月（八月）26 日（十八日）　　定商人辦銅鉛違限處分。永為定例。各商辦銅視未完數分別治罪。

1717 年　丁酉　（康熙五十六年）

3 月（正月）7 日（二十五日）　　為購買東洋銅斤，以充鼓鑄，禁商人往南洋貿易，只准往東洋貿易。

7、8 月間（六月）　　　　　　嚴禁民間私毀制錢作銅變賣。

1719 年　己亥　（康熙五十八年）

5 月（三月）8 日（十九日）　　緣户工兩部均採買舊銅器，致奸徒毀錢，錢價日增。罷收買舊銅器皿之令。命江寧等八處應解銅斤，嚴催作速送至，免誤鼓鑄。

1721 年　辛丑　（康熙六十年）

京局惟需東洋條銅鼓鑄，而洋銅進口俱聚集江浙二海關。從九卿等議定，將八省承辦京局額銅，歸併江浙二省辦解。定每省一鑄局，裁臨清、宣府、大同、寧夏、江寧、漳州等鑄局。

1722 年　壬寅　（康熙六十一年）

12 月（十一月）29 日（二十二日）　頒雍正年號錢文式樣，令雲南、四川兩省設爐鼓鑄，頒行天下。

是歲　　　　　　　　　　　　　京師錢價日昂，每兩銀易錢七百八十文。穗商民得赴安南國採購銅斤，務使照常貿易，毋得禁止。准京城現鑄"雍正通寶"制錢，同康熙大小制錢攙和使用。于大興、宛平兩縣設立官牙，將錢價議平買賣。

1723 年　癸卯　（雍正元年）

2 月（壬寅十二月）2 日（二十七日）　諭：其雲南錢背鑄"雲泉"清字，應鑄清字"寶雲"，四川鑄"寶川"，此外別省，俱照式將寶字為首，次加本省字樣鼓鑄。浙江為"寶浙"、湖北為"寶武"、福建為"寶福"、河南為"寶河"、江西為"寶昌"、江蘇為"寶蘇"、湖南為"寶南"、廣東為"寶廣"、陝西為"寶陝"、臺灣為"寶臺"、貴州為"寶黔"、山東為"寶濟"、山西為"寶晉"、廣西為"寶桂"、甘肅為"寶鞏"。京局亦同（此制，除道光"寶桂"、咸豐"寶浙"大小錢及"寶陝"當十錢用滿漢文鑄局名外，均爲歷朝所繼用）。

頒行"雍正通寶"錢。緣滇省採銅日旺，命雲南省城、臨安、大理、霑益州四局俱行開鑄，以銅六鉛四配鑄。

1725年　乙巳　（雍正三年）

4月（二月）9日（二十七日）　　諭戶部：雲南、四川鼓鑄錢文，准其流通各省，以便民用。

6月（五月）26日（十六日）　　諭：各省制錢未得流布，民用不敷，是必有毀錢私鑄者。且聞湖廣、河南等省私鑄之風日盛。命直隸及各省督撫飭屬密訪查拿，嚴行禁止。并嚴申私錢之禁。

1726年　丙午　（雍正四年）

2月（正月）27日（二十六日）　　民間私毀制錢屢禁不止。嚴立黃銅之禁。除軍、樂器、天平砝碼、戥子及五斤以下圓鏡不禁外，其餘不論大小器物，俱不得用黃銅鑄造。已成器者，均作廢銅交官給值。若有違禁，照違例治罪。失察官及買用之人，亦照例議處。

10月（九月）2日（初七日）　　定三品以上官員准用銅器。其餘人等，不得用黃銅器皿。并限定三年，令將所有黃銅器皿，悉行出官收買。日（二十四日），命地方官收買小錢，限三年。

12月（十一月）11日（十八日）　　停止大理、霑益兩局鼓鑄。雲南府舊設爐二十一座，今加四座；臨安府舊設爐六座，今加五座，共加九爐鼓鑄。以四萬串發運湖廣、四川、江西、兩廣等處應用。16日（二十三日），准甘肅巡撫石文焯動支庫銀收買各屬戶工"一厘"字小錢及古舊錢、廢錢，于省城設爐，開爐鼓鑄大錢，錢幕鑄"寶鞏"兩清字。再以大錢收買小錢，源源鼓鑄，收盡停止。先是，甘肅布政司駐鞏昌，康熙六年于錢幕鑄滿漢文"鞏"字。嗣于九年停止錢局，移布政司于蘭州，至是年于蘭州設局，其錢幕仍鑄"鞏"字。

是歲　　每銀一兩易制錢八百四十五文。

1727年　丁未（雍正五年）

10月（九月）16日（初二日）　　再申嚴黃銅之禁。惟一品官員之家器皿許用黃銅。

是歲　　命寶泉、寶源二局以所收銅器，于定額外加卯鼓鑄。并以銅鉛各半配鑄制錢。

1728年　戊申　（雍正六年）

是歲　　因寶源局鼓鑄加增，添設一廠于崇文門內東之泡子河。

1729年　己酉　（雍正七年）

1月（戊申十二月）14日（十五日）　　緣甘省收買小錢改鑄大錢，擾民已甚。暫停甘省鼓鑄。

2月（正月）26日（二十九日）　　因京局新鑄制錢從未到粵，民間向係用私錢，其弊難除。命雲貴、廣西總督鄂爾泰將滇省餘銅若干交臨安局添爐鼓鑄，解赴廣西資用。照例每銀一兩易錢一串。

3月（二月）19日（二十日）　　緣馬蘭峪、奉天、直隸數府錢價過賤，免滋奸弊，着戶部行文各省督撫，嗣後錢價，每銀一兩止許換大制錢一千文，以爲經久平准之定例。

4月（三月）5日（初八日）　　江西南昌府開局鼓鑄，錢幕鑄"寶昌"兩清字。

7月（七月）28日（初三日）　　山東濟南府開局鼓鑄，錢幕鑄"寶濟"兩清字。

9月（八月）27日（初五日）　　湖南長沙府開局鼓鑄，錢幕鑄"寶南"兩清字。10月9日（八月十八日）浙江杭州府開局鼓鑄，錢幕鑄"寶浙"兩清字。

是歲　　湖北武昌府、河南開封府、山西太原府開局鼓鑄，錢幕分鑄"寶武"、"寶河"、"寶晉"兩清字。

1730年　庚戌　（雍正八年）

黔省採銅有效，大定又產鉛礦，開貴州畢節縣鼓鑄局，錢幕鑄"寶黔"兩清字。

1731年　辛亥　（雍正九年）

6月（五月）11日（初七日）　　諭：　八旗所設錢局，務須劃一辦理。錢價應減至每兩銀易大制錢一千文而止。

8月（七月）9日（初七日）　　京師錢價高昂，准戶部酌定應行應禁事宜。查拿販運及囤積者。五城十廠發糶，所得錢文，發錢鋪照定價九百五十文兌換，所換銀兩照價收錢，循環流轉。

10月（九月）24日（廿四日）　　准貴州者開局鼓鑄。

是歲　　開江蘇蘇州府鑄局。安徽開局于江寧府，以是時安徽布政使司駐紮江寧府之故。錢幕分鑄以"寶蘇"、"寶安"兩清字。停寶河局、寶昚局鼓鑄。

1732年　壬子　（雍正十年）

8月（七月）30日（十一日）　　命四川成都府開局鼓鑄。錢幕鑄"寶川"兩清字。

是歲　　停寶蘇局鼓鑄。

1733年　癸丑　（雍正十一年）

12月（十一月）10日（十六日）　　諭　滇省就近鑄錢解京，可省京鑄之半。着酌定規條，妥協辦理。

是歲　　緣陝西錢價高昂，准開雲南省東川府鑄局，錢幕亦鑄"寶雲"兩清字。定十二年爲始，鑄錢十萬串，運往陝西，以平錢價。停寶昌局、寶浙局、寶武局、寶南局、寶安局鼓鑄。命四川所鑄制錢，以一半運陝西搭放兵餉，餘一半供本省搭放二成兵餉。

1734年　甲寅　（雍正十二年）

10月（九月）19日（二十三日）　　准雲南廣西府開爐鼓鑄。錢幕亦鑄"寶雲"兩清字。

是歲　　頒行制錢一錢二分錢式，命各省照式鼓鑄。與現行一錢四分之錢一體行使。停安徽寶安局鼓鑄。命大興、宛平兩縣額設錢牙，均令分五城地方，酌量錢價貴賤，以平時值。每十日，令牙戶親赴部報價一次。務令錢價平減，以便民用。

1735年　乙卯　（雍正十三年）

5月（四月）9日（十七日）　　令廣東省停止鼓鑄。

10月（九月）21日（初六日）　　命戶、工兩部開鑄"乾隆通寶"錢文。

　　　　　　　29日（十四日）　　命寶蘇局開爐鑄錢，錢幕鑄"寶蘇"清文。

12月（十一月）31日（十八日）　　京城錢少價昂。諭　嚴禁銷毀制錢。倘犯者決不寬貸。

是歲　　因湖南鉛礦漸微，命以黔鉛供京局鼓鑄。緣陝西省錢價平減，禁民間行使剪邊錢及毀錢製器貨賣，議定剪邊錢禁例及各官失察處分。改定鏇磨制錢獲利例。命山西省開局鼓鑄。

1736年　丙辰　（乾隆元年）

7月（六月）31日（二十三日）　　從雲南巡撫張允隨奏，運京錢文，統于廣西府建局鼓鑄，東川錢局截至乾隆元年春季停止。

11月（十月）30日（二十八日）　　每銀一兩，折制錢一千一百五十文。命直隸歲征，銀錢并納。

是歲　　頒行"乾隆通寶"錢。准鑄錢以銅質高低，分爲五等配鑄。十成，銅鉛各半；九五成，銅五五、鉛四五；九成，銅六鉛四；八五成，銅六五、鉛三五；八成，銅七鉛三搭配鼓鑄。准寶蘇局開爐鼓鑄。歲出錢九萬五千三百餘串。

1737年　丁巳　（乾隆二年）

7月（六月）9日（十二日）　　江西省貯局銅斤，足資鑄用。准江西照江浙等省之例，頒發錢樣，每錢重一錢二分，開爐鑄錢。

10月（九月）19日（二十六日）　　京師奸民富戶，囤積錢文，勒價昂貴。每銀一兩，易大制錢八百文。命步軍統領等多方曉諭，速令悛改，如蹈故轍，定治重罪。

是歲　　　　　　　　　　准雲南省以錢一千二百文作銀一兩，搭放兵餉。工部節慎庫現存餘錢八萬串。從户部等奏，于京城內外設官錢局十處，餘錢出易，以平錢值。因黔省鑄錢不黃亮，准寶黔局以銅六鉛四配鑄。工部侍郎鍾保奏請改鑄一錢重錢文。翌年遂鑄行一錢重錢。

1738年　戊午　（乾隆三年）

9月（八月）18日（初五日）　　諭：御史穭魯奏請鑄當十錢，每錢一文重四錢，當小錢之十。若此，私毀、盜鑄益熾，其持論悖謬，妄欲變亂成法。着將其交部嚴重議處。

是歲　　　　　　　　　　停寶濟局鼓鑄。因部存銅斤僅敷本年鼓鑄之用，從户部奏，命雲南每年添辦銅一百七十萬四千斤解京。定雲南運解京銅以九月爲限。如有逾限，領解官照例議處。雲南省歲獲銅一千零四十五萬七千斤。

1739年　己未　（乾隆四年）

10月（九月）7日（初五日）　　臺灣民間使用小錢日貴。從前番銀一兩，換錢一千五六百文，本年六月間，僅換八百一十二文，兵民苦累。因內地錢價亦昂，勢不能運往接濟。今福州省城現積存從前收買黃銅器皿八萬一千餘斤。准福建動用此項銅斤，配以黑白鉛，照定例每文錢重一錢二分，鑄錢萬有餘串，以濟臺灣兵民之用。

是歲　　　　　　　　　　准雲南省停鑄解京之錢，以所辦額銅解京，加卯鼓鑄。京師錢價每銀一兩，易制錢八百三十文。

1740年　庚申　（乾隆五年）

2月（正月）9日（十二日）　　因浙省錢價高昂。准浙江動用庫銀十萬兩，採買滇銅，鼓鑄青錢，以利民用。

3、4月間（三月）　　　諭各省遵照京局改鑄之例，一體改鑄青錢。以紅銅十五斤、白鉛十二斤七兩二錢、點銅九兩六錢、黑鉛一斤十五兩二錢配鑄。得青錢四串，重三十斤。

12月（十一月）22日（初四日）　　准雲南鼓鑄青錢，用箇舊廠板錫配鑄。

是歲　　　　　　　　　　福建省錢價日昂。准按鼓鑄青錢之例，于省城福州府開局鼓鑄。錢幕鑄"寶福"兩清字。復開寶蘇局，鑄青錢以平錢價。各省錢價爲每銀一兩易錢八百文。

1741年　辛酉　（乾隆六年）

1月（庚申十二月）18日（初二日）　　緣楚省錢價昂貴，私錢難禁。准湖北採買滇銅，開爐鼓鑄。

3、4月間（二月）　　　楚省錢少，民間所用，不特沙板、漏風、鵝眼、榆莢等錢，公然將前代廢錢并指頂大之小銅片作爲錢形，以及鐵錫等造作埋藏舊錢，攙雜使用。又屢禁不止。每千換銀一兩二三錢，苦纍軍民。爲杜奸徒私鑄，即開局鼓鑄。雲南省、臨兩局鼓鑄，額銀不敷歲需匠米。准添爐并開東川鑄局。

10月（九月）26日（十七日）　　陝省錢貴，允開爐鑄錢，以減錢價。

11月4日（二十六日）　　寶蘇局鼓鑄青錢，核算成本，錢八百九十六文，值銀一兩。准從今秋始，以青錢八十文，作銀一錢搭放兵餉，扣還成本。

12月（十一月）14日（初七日）　　准湖北設爐鑄錢。并行文錢法衙門，鑄造青錢樣，一面鑄"乾隆通寶"漢字，一面鑄"寶武"清字，頒發該省，依式鼓鑄。

是歲　　　　　　　　　　寶泉局所鑄青錢，以紅銅百分之五十、白鉛百分之四十一點五、黑鉛百分之六點五、點錫百分之二配鑄。

1月（辛酉十二月）8日（初二日）

1742年　壬戌（乾隆七年）

湖南錢少價貴。准湖南開局鼓鑄。鑄造青錢，一面鑄"乾隆通寶"漢字，一面鑄"寶南"清字。

26日（二十日）

前因外省鉛價日賤，停開卑淅、塊澤兩鉛廠。今應用之鉛不敷所需。准仍舊開採卑淅、塊澤兩廠。

8月（七月）19日（十九日）

緣江西錢價昂貴，爲權宜計，破例准截留滇銅以供鼓鑄。并嚴禁私鑄之剪邊、鵝眼、砂板等錢。

11月（十月）11日（十五日）

准廣西錢局設于桂林，取名廣源局。

1743年　癸亥　（乾隆八年）

5月（四月）5日（十二日）

定私造鉛錢例。爲首及匠人，擬絞監候；爲從及知情買使者，各減一等；里長知而不首者，杖一百，房主、鄰佑知而不首者，杖八十，徒二年；不知者不坐。

7月（五月）15日（二十四日）

准湖北寶武局復開爐鼓鑄。

12月（十一月）21日（初六日）

爲體恤兵丁，自乾隆九年始，江南省搭放餉銀，仍照定例。每銀一兩，給錢一千文。其錢局公費及運水腳，准動用公項報銷。并允鼓鑄各省，亦照江南之例給放。

是歲

准江西寶昌局增爐四座。

1744年　甲子（乾隆九年）

2月（癸亥十二月）5日（二十二日）

從雲南總督張允隨奏，滇省大理局設爐十五座鼓鑄。

8月（六月）5日（二十七日）

浙省錢貴，准浙省購滇銅六十萬斤，以裕鼓鑄。

8月（七月）14日（初九日）

緣粵省錢少價貴，每庫紋銀一兩，易錢七百餘文至八百一二十文不等，且薄小破爛，并雜以前代古錢。准廣東開爐鼓鑄。

11月（十月）12日（初九日）

爲平減京師錢價，查禁私銷私販制錢，從大學士鄂爾泰等酌議八條章程。

是歲

湖北改鑄重一錢制錢。自甲子年始，各省搭放兵餉，每錢一千文作銀一兩。并准江西省自乙丑年爲始，搭放一成制錢。

1745年　乙丑（乾隆十年）

1月（甲子十二月）4日（初二日）

改定乾隆八年私鑄鉛錢例。

3月（二月）27日（二十五日）

嚴禁剪邊錢，俟制錢充裕，再禁砂板、捶扁古錢及鉛制錢。

7月（六月）8日（初九日）

准開廣東鑄局鼓鑄青錢。

是歲

京師錢價昂貴，命寶泉、寶源兩局加鑄，流通民間，以平錢價。更定攙和行使舊錢廢錢禁例。開直隸保定府鑄局，錢幕滿文鑄"寶直"兩字。陝西省錢價爲每銀一兩易制錢七百二十文至七百四十文。

1746年　丙寅　（乾隆十一年）

增寶川局爐座，添鑄錢，一半搭放本省兵餉，另半運往陝西搭放兵餉。

1747年　丁卯　（乾隆十二年）

4月（三月）30日（二十一日）

因銅斤不敷，暫准湖北上年改鑄重八分小錢搭放兵餉。令大錢與小錢同價，私鑄私銷相應而起。准湖廣仍復鑄一錢二分重之大錢。并添爐五座，共爲十二座鑄錢。其市用京黈小錢，定爲每銀一兩易錢千文，八分小錢，每銀一兩易錢一千二百四十六文。

11、12月間（十月）

准四川增爐十五座，鑄錢分半協陝。

是歲

准四川照雲南之例，配用板錫鼓鑄。

1748年　戊辰　（乾隆十三年）

准陝西于西安府設爐十座開鑄。錢幕滿文鑄"寶陝"兩字。

定剪錢邊律罪爲絞監候。山東錢價爲每銀一兩易制錢七百五十文。

1749年　己巳　（乾隆十四年）

3月（正月）3日（十五日）
　　福建拿獲與販剪邊錢奸商，飭發司府審定。并令各督撫，飭所屬留心稽察，若有弊端，立即拿究處。

4月（三月）26日（初十日）
　　乾隆稱，私銷應重于私鑄。嗣後，私銷應照私鑄之例，一體查禁。

5月（四月）29日（十四日）
　　嚴禁銅器、銅斤出洋。不許携售。并將各海口通禁。定首從及各官處分例。

9月（七月）5日（二十四日）
　　允浙民攙雜行使東洋錢。

是歲
　　命廣東寶廣局增額開鑄。准雲南停運廣西制錢，改爲運銅以資鼓鑄。直隸錢價爲每銀一兩易制錢八百文。

1750年　庚午　（乾隆十五年）

7月（六月）29日（二十六日）
　　雲南雖設省城、臨安、東川、大理四局鼓鑄，但遠距曲靖、開化、廣南，三鎮營兵餉不能搭放。准于廣西府設爐鑄錢，照銀七錢三之例，以資發放。

11、12月間（十一月）
　　江西省錢價漸平，從巡撫阿恩哈奏，仍後四爐鼓鑄。

1751年　辛未　（乾隆十六年）

1、2月間（正月）
　　晉省會錢價漸減，每銀一兩易錢七百八十一文。

7月（五月）18日（二十六日）
　　陝省銅稀錢貴，向例領運川錢搭充兵餉。准自乾隆壬申年正月始，川省停鑄陝錢。改撥陝銅，供陝鼓鑄。

1752年　壬申　（乾隆十七年）

11月（辛未十一月）2日（十六日）
　　准陝西添爐十座，新舊爐共二十座，每年鑄錢九萬三千六百十八串三百零。所鑄錢通融搭放兵餉。

8月（七月）25日（十七日）
　　因民間向有藏積錢文之習，有礙流通，以致直省錢昂。命曉諭勸導，按市價以官帑易換，務使錢文流通，并傳諭各省督撫知之。

9月（七月）4日（二十六日）
　　因江浙等海口，多有行使日本之寬永通寶錢。准嚴飭沿海禁商船私帶入口，零星散布者，官爲收買，解局充鑄。

是歲
　　命寶泉局歲底鑄供內廷錢文，以紅銅六、白鉛四配鑄，每文鑄重一成六分。

1753年　癸酉　（乾隆十八年）

5月（三月）2日（二十九日）
　　因查辦囤積錢文有效，直省錢價平減，每銀一兩易錢八百三十至七十文不等。

1754年　甲戌　（乾隆十九年）

5月（四月）21日（三十日）
　　江西官錢不充裕，諭准私錢毋禁使用。

1756年　丙子　（乾隆二十一年）

11月（閏九月）17日（二十五日）
　　諭：朕明春巡幸江浙，命將運京鉛銅，兩省各截留十萬斤，添爐鼓鑄，減價發賣。

1757年　丁丑　（乾隆二十二年）

12月（十月）2日（二十一日）
　　因廣東攙使古錢及"利用"、"昭武"、"洪化"等僞號錢，從李侍堯奏，古錢仍聽民使，嚴禁僞號錢文。曉諭民間檢出僞錢，官爲收換。如係小錢，則以兩文換制錢一文。所換僞錢，即供鼓鑄。并傳諭他省知之。

1759年　己卯　（乾隆二十四年）

3月（二月）5日（初七日）
　　甘省連年承辦軍費，西安鼓鑄爐座無多，前雖屢次協撥，現存錢無幾。令川省添爐鼓鑄。儘其所得，撥出數萬串，委員運甘。視錢文多寡，酌定成數，搭放兵餉。以每銀一兩，折成八百文爲率。

9月（七月）13日（二十二日）
　　回錢俱紅銅鼓鑄，計重二錢。一面鑄准噶爾臺吉之名，一面鑄回字。一騰格准制錢五十文，值銀一兩。因所産銅少，每以新錢一文易舊錢二文，銷毀更鑄。乾隆統一新疆後，命現有鑄炮銅七千餘斤，先于葉爾羌城開鑄局，鑄錢五十餘萬文，換回舊錢另鑄。或照内地制錢，每文重一錢二分，或照回錢體質，一面鑄"乾隆通寶"漢字，一面鑄葉爾羌清文及回字。

是歲 　　移畢節縣局于貴州省城，加鑄二十六卯，歲添錢五萬七千三百五十五串，增搭兵餉。甘肅錢價爲每銀一兩易制錢八百八十五文。

1760年　庚辰　（乾隆二十五年）

1月（己卯十二月）22日（初五日）　　緣和闐難得銅鉛，向俱藉葉爾羌等處錢文行使。從參贊大臣舒赫德等奏，咨取内地匠役，在葉爾羌鼓鑄，俟鑄出錢時，酌量撥解。

6月（五月）21日（初九日）　　因葉爾羌錢價日平，每銀一兩抵錢百文及一百十文不等，發餉不敷。不允陝甘總督楊應琚奏，"改鑄薄錢，以錢百作銀一兩，錢面添鑄回文一分二字。"

12月（十一月）9日（初三日）　　阿克蘇出産紅銅，准其設爐鼓鑄。按葉爾羌之例，範爲阿克蘇字樣。日（二十三日）葉爾羌錢價，每銀一兩易錢一百二十文。而回人納交錢糧、兵餉均爲七十文，殊未畫一。諭定回人交納錢糧，以錢百文爲銀一兩，納交銀、錢，聽民自便。

1761年　辛巳　（乾隆二十六年）

11月（十月）20日（二十四日）　　湖南因加卯鼓鑄，錢文充裕，每錢一串，易銀一兩一錢六分。

12月（十一月）24日（二十九日）　　從新柱等奏，葉爾羌鑄錢，歲獲八萬餘騰格。阿克蘇又開局鼓鑄，與舊普爾參雜行使，自可流通。無庸亟爲收買舊錢。俟新錢鑄至十萬騰格時，舊錢收盡，自當停鑄。以盡收爲度，每月不限定數。烏什、庫車、喀什噶爾、賽里木、拜城等地所用之錢均就近由阿克蘇鼓鑄。

是歲　　定以百普爾爲一騰格。命湖南收禁蒯邊、砂板、鵝眼小錢。

1762年　壬午　（乾隆二十七年）

3月（二月）6日（十一日）　　諭：回人以普爾易換新錢，不必限以成數。況以兩普爾易一新錢，行之已二三年。爲回人生計，命以一普爾易一新錢，則回人無虧，而舊普爾亦必收盡。

是歲　　因寶浙局、寶昌局鑄銅不敷，命用滇省金釵銅鼓鑄。

1764年　甲申　（乾隆二十九年）

4月（三月）　　江西多有蒯邊、砂板及私鑄小錢行使，每銀一兩可多換數十文。作奸者衆，從江西巡撫輔德奏，務令錢行，當舖并米糧鹽布等舖户，絶交易私錢。并限一月，令各舖户自行交官，買歸省局配鑄。限外查出治罪。

是歲　　令回部鑄錢，永用乾隆年號。

1766年　丙戌　（乾隆三十一年）

4月（三月）24日（十六日）　　緣奸商竊換制錢，致葉爾羌錢價上揚。每兩銀僅換普爾錢七八十文。現動用庫錢文，每兩合普爾錢九十文，祇換給官兵，以平市 價。諭，嚴密查拿牟利匪徒，從重治罪。

是歲　　將阿克蘇鑄局移至烏什鼓鑄，每文重一錢五分。雲南錢價每銀一兩易制錢一千一百文。

1767年　丁亥　（乾隆三十二年）

因舊普爾收換無存，暫停葉爾羌局鼓鑄。

	1768年　戊子　（乾隆三十三年）
12月（十一月）24日（十六日）	江南、江西等省，民間多有攙使翦邊小錢。爲正本清源計，命該省督撫等嚴查追究。
	1769年　己丑　（乾隆三十四年）
11月（十月）11日（十四日）	緣滇銅未至，准陝西暫配黑鉛鼓鑄。
	1770年　庚寅　（乾隆三十五年）
4月（三月）4日（初九日）	收禁私錢，民間純用制錢。以致錢價日漲。准江西將鑄局官錢易銀，以平市價。
9月（八月）26日（初八日）	雲南錢價過賤，每銀一兩易錢一千二百文。將東川、大理、廣西、臨安、順寧爐座暫爲裁減。
是歲	舊例制錢每文重二錢，今改重一錢五分，鑄烏什字樣，各回城通用。
	1771年　辛卯　（乾隆三十六年）
11月（九月）3日（二十七日）	湖南錢法，向不禁古錢，致奸徒借古錢名目，私鑄私販，故小錢久未净除。准將古錢照小錢收買，每斤給制錢百文，一體勒限嚴禁。
12月（十一月）18日（十三日）	緣各省採辦滇銅費時，户部議准停爐鼓鑄。
	1772年　壬辰　（乾隆三十七年）
3、4月間（二月）	黔省鼓鑄合式，無質輕砂眼。緣界連楚粵，恐往來人等便帶小錢入境，令飭屬嚴查。除康熙年間小制錢仍聽民便外，餘小錢俱令官收買，一斤易制錢一百。令地方官墊給，俟所收小錢解局，另鑄歸款。
8月（七月）11日（十三日）	緣高低銅配鑄，恐鑄錢色黯。准雲南仿福建、廣西等省，用白鉛配鑄，錢文一律光潤。
9月（八月）4日（初八日）	安徽民間所留古錢，收買不成斤兩，照江蘇例，聽從民便。又江西古錢亦甚有限，亦准停止收買。并小錢援江蘇例，每歲三季收買。已收古錢，解局鎔鑄。
	1773年　癸巳　（乾隆三十八年）
8、9月間（七月）	江西省兩年收買小錢三百三十七萬餘斤，恐未能盡净，准再寬限二年，仍按三季給價收買。
	1774年　甲午　（乾隆三十九年）
8月（七月）21日（十五日）	諭：内地鼓鑄錢文，自順治年間以來，俱隨年號字樣鑄造。至葉爾羌等處，向使准噶爾騰格錢文。自乾隆二十四年平定回部後，將所有准噶爾錢銷毁，另頒錢式，鑄造"乾隆通寶"錢文，極爲便利。國寶流行，該回人等，所當萬年敬守，及我子子孫孫亦當萬年遵行。不便照内地錢文隨時改鑄。將此諭令各回部辦事大臣記檔，永遠恪遵不必改毁另鑄之旨。并諭户工兩部一體存載，垂爲所憲。
是歲	准伊犁設寶伊錢局，置爐兩座，制錢一面鑄"乾隆通寶"漢字，一面鑄"寶伊"兩清字。每文重一錢二分，用紅銅七成、黑鉛三成配搭鼓鑄。
	1775年　乙未　（乾隆四十年）
5月（四月）4日（初五日）	寶泉局錢充裕，市價亦平減，每銀一兩易制錢九百五十文。
12月（閏十月）11日（十九日）	緣兩江收買小錢實有成效，僞號錢已無一見，行使交易，均係制錢。惟恐江寧、揚州商賈雲集之地，小錢剔除未盡，仍舊三季收買。
12月至1776年1月（十一月）	定各省運京銅鉛錫限期及逾限各官獎懲例。
是歲	緣貴州省産鉛不足，命湖南省代辦黑鉛，供寶泉局鼓鑄。命廣東省添辦點錫，歲八萬斤，解寶源局鼓鑄。准雲南省復設大理、臨安、保山三局鼓鑄。伊犁寶伊局鼓鑄制

錢，每文重一錢二分，摻用鉛錫。

1776年　丙申　（乾隆四十一年）

7月（五月）11日（二十六日）　　京師錢價日增，每銀一兩止易大制錢八百八十五文，較上月少換七十文。命派員于京內外嚴密訪查，嚴拿重罪倡言擡價之人。

7月（六月）26日（十二日）　　定解運銅鉛開行遲延處分。

1777年　丁酉　（乾隆四十二年）

7月（六月）16日（十二日）　　雲南保山局增爐四座，每歲鑄存錢一萬四千餘串，以銀一兩易錢一串二百文，對半搭放兵餉等項。

1778年　戊戌　（乾隆四十三年）

3月（二月）7日（初九日）　　緣葉爾羌庫貯普爾錢充裕，每百抵銀一兩。停止內地調撥。

3、4月間（三月）　　因寶武局黑白鉛對半配鑄，故錢不如式。命全用白鉛配鑄。

5、6月間（五月）　　陝省錢價增昂，每銀一兩易錢八百九十文。動用局庫貯錢三萬串，局內設廠出易，以平市價。

是歲　　准江蘇省鼓鑄，改用洋銅七分、滇銅三分。所用黑鉛，全改用白鉛配鑄。江西省改用洋銅六分、滇之金釵廠銅四分配鑄。浙江、湖北兩省，所用黑鉛，均改用白鉛配鑄。雲南錢價爲每銀一兩易制錢一千二百文。

1779年　己亥　（乾隆四十四年）

1月（十一月）11日（二十四日）　　爲撙節銅斤，滇省裁減爐座。

1月（十二月）29日（十二日）　　滇省銅乏，廣西寶桂局十六爐座暫減三爐鼓鑄。

4月（二月）4日（十八日）　　伊犁鑄錢，每年由南路各回城辦銅配鑄。

8月（七月）31日（二十日）　　京局存銅，加之四十二年三運及加運三起，僅敷鑄至六月。命雲貴總督李侍堯即設法上緊趲運，免致誤鑄。諭經行各督撫一并實力催趲，若致誤鑄務，惟爾等是問。

是歲　　因滇銅不敷各省採買，命大理局減爐一座，省城減爐五座，移設大理局，共八座；廣西局裁去四座，將東川局減去四座移設廣西，各加鑄半卯。臨安、保山、曲靖三局復設爐十三座，盡數裁去。以節銅斤，供各省鼓鑄。京師錢價爲每銀一兩易錢八百八十文。

1780年　庚子　（乾隆四十五年）

2月（正月）23日（十九日）　　江西省錢價，每銀一兩易錢九百九十之數。

5月（四月）4日（初一日）　　直隸省錢價，每銀一兩易錢九百十文。

7月（六月）22日（二十一日）　　滇省錢文薄小，緣由奸民開爐私鑄，私銅易售，官銅益難如額所致。命務實查拿，從重治罪。滇省照各省之例，鼓鑄爐座均設省城。

1781年　辛丑　（乾隆四十六年）

2月（正月）19日（二十七日）　　因烏什普爾壅積，命停減鼓鑄。并將年獲銅斤，解赴伊犁鼓鑄制錢。

7月（閏五月）9日（十八日）　　命烏什照舊開爐鑄造普爾錢文，毋庸將銅斤運往伊犁改鑄。

1784年　甲辰　（乾隆四十九年）

　　蘇州民商自備資本採辦洋銅，每年應交蘇州、浙江、江西三省銅四十八萬斤，每百斤例領價銀十七兩五錢。今商力稍裕，每百斤給領價銀十五兩三錢承辦。

1785年　乙巳　（乾隆五十年）

10月（九月）10日（初八日）　　諭：嗣後各省錢局，無論藩泉及道員經營者，于新舊交替時，俱着前任造冊移交新任，并具結造報巡撫。若有款項不清，即將前任經管之員參處。

1786年　丙午　（乾隆五十一年）

命各省將市換錢價長落，按月查明，按季報部，以憑查核。

1787年　丁未　（乾隆五十二年）

7月（六月）20日（初六日）
　　將伊犁私行銷毀制錢、鑄造普爾錢之回人定擬具奏。命烏什、葉爾羌、阿克蘇等錢局，一體悉心訪查，嚴緝官辦。

12月（十月）7日（二十八日）
　　緣臺灣用兵，以致錢貴。命江浙兩省撫臣，各藉錢十萬解閩備用。

是歲
　　准貴州省城局原設爐二十座，分五爐移設大定府鼓鑄，搭施南籠等兵餉。復各省爐局鼓鑄。

1790年　庚戌　（乾隆五十五年）

5月（三月）3日（二十日）
　　爲禁絕私鑄，防四川鄰省奸民等私鑄小錢運往川中獲利，命甘肅、陝西、湖北、湖南、雲南、貴州督撫，一體嚴行查禁，毋壞錢法。

5月（四月）27日（十四日）
　　江浙、四川、湖廣、陝甘、雲貴等省多有私鑄小錢，前已通飭各省嚴禁查拿。現官版制錢邊幅不整，顏色微黯，則是官鑄亦有小錢。命所有鼓鑄局錢，務須實力稽查，毋任局員稍有弊混。民間私鑄，尤須嚴辦。

1791年　辛亥　（乾隆五十六年）

2月（正月）27日（二十五日）
　　拿獲收藏小錢者，錢背皆清字，多係寶雲、寶源、寶黔字樣，命各該省確查嚴辦。

8月（七月）1日（初二日）
　　時有鑄局招募額外匠後改鑄小錢。爲杜此弊，命各省督撫，毋庸另募人夫鼓鑄。

10月（九月）25日（二十八日）
　　廓爾喀所鑄錢文，向于衛藏行使，後爲圖利，舊錢停止，專用新錢。每銀一兩衹易錢六個。況彼將易回銀兩，復攙銅鑄錢，向藏內交易，源源換回銀兩，以致滋生事端。是以特于藏內鼓鑄官錢，用唐古忒字橫鑄"寶藏"字樣，將舊存廓爾喀錢文，概行銷作銀兩，一律使用官錢，并停止廓爾喀人等來藏貿易。

11月（十月）14日（十九日）
　　江蘇省銀少錢多，命暫停鼓鑄。

是歲
　　四川錢價爲每銀一兩易制錢一千五百五十文。

1792年　壬子　（乾隆五十七年）

10月（九月）20日（初五日）
　　命將沙瑪爾巴所毀鍍金銅像，即按現今新鑄"寶藏"字樣鼓鑄錢文，給兵丁通行使用。

1793年　癸丑　（乾隆五十八年）

1月（壬子十二月）18日（初七日）
　　緣藏內不産銅斤，仍向滇省採買，購運維艱。不若仍鑄銀錢較爲省便，但進錢模并無漢字。命正面用漢字鑄乾隆寶藏四字，背面用唐古忒字鑄乾隆寶藏四字，以昭同文體例。另行模繪錢式，發去遵辦。成色純用紋銀，每圓照舊重一錢五分。紋銀一兩，易錢六圓。另鑄一錢重銀圓。每兩易換九圓；五分重銀錢，每兩易換十八圓。由商賈所鑄銀錢，一律通用。其巴勒布及商賈原鑄舊錢低潮，定爲每兩易換八圓，所有鼓鑄工料，令商賈經理，仍交駐藏大臣派員督監造。若有攙雜，將該管喀布倫及孜綳孜仲等，與監造之員一併治罪。并定藏內設爐改鑄寶藏字樣銅錢。所用廓爾喀銀錢，嗣後作爲銀兩用完銷除。

7月（五月）6日（二十九日）
　　湖廣小錢非本省私鑄，即係川、雲、貴、江西、江南等省商賈携帶到彼，攙雜行用，實爲私販小錢總匯之所，尤應設法禁止，以清其源。今再限兩年，一面盡數收買，一面于各關隘處實力巡察。并令下游各省督撫于各關隘一并詳查。

11月（十月）14日（十一日）
　　前藏自改鑄乾隆寶藏十足銀錢後，于廓爾喀貿易人便甚。惟民不論銀色高低，衹較換錢多寡，以致新錢停積。命停鑄一錢五分重銀錢，而巴勒布舊錢，亦一例准換九圓，新舊通用。

1794年　甲寅　（乾隆五十九年）

3月（二月）22日（二十一日）　　川省收買小錢三年，多至一千一百餘萬斤，此必非盡由民間私鑄，自係該省前官吏于鼓鑄時偷減改小，以致小錢日積月纍。命管局官員，務須如式鑄造，毋得絲毫輕短。

7月（六月）9日（十二日）　　寶武局卯錢積存過多，暫停鼓鑄一二年。并命雲南省、東川兩局及貴州錢局，俱行停鑄。

16日（二十日）　　爲杜私鑄私販小錢，命四川寶川局停鑄。

9月（八月）3日（初十日）　　命寶直局停鑄，停止採辦洋銅鉛錫。

9月（九月）30日（初七日）　　江西省暫停鼓鑄。爲防匠役出局滋弊，將出局匠役發交地方官衙門充役。命各省督撫一體仿照辦理。

11月（十月）19日（二十七日）　　户工兩局所鑄錢文，輪廓字劃模糊不清，不但不及康雍年間錢式，亦不如乾隆初年，爲整頓錢法，令各省錢局俱停鼓鑄。

12月（十二月）27日（初六日）　　定小錢無論鑄數多寡，均赴官呈繳，每斤換大錢六十文，勒限一年收買净盡，且將收繳小錢改鑄大錢。令各省遵照辦理。

是歲　　雲南錢價爲每銀一兩易錢二千四百五十文，閩浙錢價爲每銀一兩易錢一千四百文。

1795年　乙卯　（乾隆六十年）

2、3月間（二月）　　寶晉局存錢多至一萬數千串，減存四爐一併停止。

12月（十月）26日（二十六日）　　准皇太子率户工兩部請，自丙辰年始，寶泉、寶源兩局錢文，乾隆、嘉慶年號各半分鑄。各省俟開鑄之期，亦准此例。除新疆等處仍照舊遵行外，其衛藏錢文均令從此辦理。

是歲　　准寶伊局鼓鑄，每文錢重一錢二分。現按京局每百斤改用紅銅六分，白鉛四分，緣白鉛買用維艱，仍以本處開挖之黑鉛配鑄。

1796年　丙辰　（嘉慶元年）

5月（四月）19日（十三日）　　各省銀少錢多，錢賤銀貴。命在平糶時，百姓自當揀交大錢，不得稍有攙雜。若有即查究。收繳亦不必易銀交司庫，免滋弊端。

6月3日（二十八日）　　緣滇銅又復旺盛，上年准各省開鑄。户工兩局各加鑄十卯。今乾隆錢文各省流行較多，命將嘉慶年號錢文按例全行開鑄。并照户工兩局頒發錢式，銅六鉛四配鑄。將乾隆錢文改爲二成，嘉慶錢文改爲八成鼓鑄，使新式錢文廣爲流通。今當開鑄伊始，務須輪廓分明，質地堅實，毋有偷減、改小之弊。若嘉慶錢文内有不如式者，錢上有各省局名，必將該督撫及地方官等分別從重治罪。至雲貴楚蜀，向爲小錢淵藪，尤應實力稽查嚴懲。

8月（七月）　　命寶蘇局開鑄。

10月（九月）　　命各省除進呈樣錢外，于每年十二月，仍將所鑄新錢封十文，于封印前送交軍機處查核。

11月（十月）2日（初三日）　　前令各省督撫實力查繳小錢，至今仍未盡絶，且有不肖胥吏等，往往藉查繳小錢爲名，任意訛索，甚至收賄賣放。今開爐伊始，正當肅清圜法之時，該督撫等務須實力查察，如式鼓鑄。并飭屬查拿私鑄私販者。

1797年　丁巳　（嘉慶二年）

命長蘆官商承辦直隸、江蘇、浙江、江西、湖北、陝西六省洋銅。

1798年　戊午　（嘉慶三年）

將烏什錢局仍移至阿克蘇鑄造。旋經部頒乾隆、嘉慶通寶祖錢各一箇，錢幕鑄清字回文"阿克蘇"。

1799年　己未　（嘉慶四年）

8月（七月）23日（二十三日）
　　因京師錢價較昂，着戶、工兩局全復舊卯數鼓鑄，以平錢價。
　　江蘇錢價爲每銀一兩易錢一千四百五十文。

1800年　庚申　（嘉慶五年）

3月（二月）5日（初十日）
　　命新疆地方鼓鑄乾隆錢二成，嘉慶錢八成，一體使用，萬世子孫敬謹遵循勿替。

9、10月間（八月）
是歲
　　命四川省開爐鼓鑄。
　　阿克蘇局由烏什遷回原地，鼓鑄嘉慶錢，烏什局終止。
以錢價昂貴，諭令停鑄省份概行復卯。

1801年　辛酉　（嘉慶六年）

11月（九月）4日（二十八日）
是歲
　　喀什噶爾普爾錢，二百六十文准折銀一兩。
　　命戶工兩局鑄"嘉慶通寶"錢文，頒行天下。准回疆各城普爾錢文支放官兵俸餉等項，每銀一兩折給錢二百十文。

1802年　壬戌　（嘉慶七年）

　　山東錢價爲每銀一兩易錢一千四百五十文至一千六百五十文。

1804年　甲子　（嘉慶九年）

8月（七月）22日（十八日）
　　對寶泉局虧短銅斤七十餘萬一案審擬中，輕縱之各堂官均交部議處。自嘉慶四年至九年間，歷任管理錢法堂之戶部侍郎以失察及受賄短銅，均有應得之咎，王靈泰、退齡、董成謙等六人均着照枉法贓問，擬絞監候。

12月（十一月）24日（二十四日）
　　錢價昂貴，總緣局中短鑄及奸商私毀兩端所致。命步軍統領衙門、各省督撫等一體嚴密訪拿，以清弊源。

1805年　乙丑　（嘉慶十年）

5月（五月）29日（初一日）
　　自嘉慶五年令停鑄省份復卯，并令戶工兩局按卯鼓鑄。毋有短鑄缺額、偷減虛報之弊。

1808年　戊辰　（嘉慶十三年）

1月（丁卯十二月）4日（初七日）
　　諭：江浙閩廣等省行使洋錢相沿已久，民間稱便，毋庸議禁。白鉛爲鼓鑄之需，向例未禁出洋，但應定以限制。

1809年　己巳　（嘉慶十四年）

5月（四月）18日（初五日）
　　京局鼓鑄錢文，字劃俱不分明。鉛多銅少，緩薄不堪。外省則有缺邊、漏縫等錢，已發出者，復潛歸局中，故逐年鼓鑄，錢不加多，而小錢充斥。江、黔、湖廣等省，莫不皆然。鼓鑄自應宜昭劃一，命戶工兩部及各省督撫力除諸弊，鑄局銅鉛照例配鑄，毋任偷減，務期大小輕重適均。其市間小錢設法收銷，庶圖國寶流通，私鑄自息。

1810年　庚午　（嘉慶十五年）

3月（二月）12日（初八日）
　　京城錢舖與錢市通同一氣，兌換錢文，每千多有短少。并有狡猾舖戶，多出錢票，陡然關舖逃匿，致民人多受欺騙。爲禁治奸商計，命步軍統領衙門及順天府、五城實力查禁，嚴立章程。

1811年　辛未　（嘉慶十六年）

3月（二月）10日（十六日）
　　私銷制錢例禁綦嚴，乃奸民冒法趨利，巧將官鑄錢文鎔化改製器皿。命直省各督撫留心察訪，將爲首奸民從重治罪。

1812年　壬申　（嘉慶十七年）

9月（八月）27日（二十二日）
　　阿克蘇錢局司員舞弊，經鐵保等訊明，鑲白旗護軍統領那彥寶、喀什噶爾參贊大臣范建豐均交部嚴加議處，游擊達祥明知官成等有弊，匿不揭稟，即革職。其餘各犯，由刑部審明，分別定擬。

1813年　癸酉　（嘉慶十八年）

1月（壬申十二月）26日（二十四日）　　外省設立錢局鼓鑄，應遵定式斤重，以期久遠流通。寶蘇局近日所鑄錢文，多攙和沙子，錢質薄脆，擲地即碎。事關錢法，命留心查察。

1814年　甲戌　（嘉慶十九年）

2月（正月）14日（二十五日）　　夷商藉護回夷兵盤費爲名，每年將内地足色銀兩私運出洋，已至百數十萬之多，而將其低潮洋錢運進，以致内地銀兩漸形短絀。從而影響錢價。命嚴禁海洋私運。

1815年　乙亥　（嘉慶二十年）

5月（四月）12日（初四日）　　諭　開採都蘭哈拉鉛廠實屬無益，該處又與土爾扈特等接壤，易滋事端，新疆總以鎮靜爲本，命該廠永遠封閉，嗣後不准再請開採。

1816年　丙子　（嘉慶二十一年）

7月（六月）6日（十二日）　　寶泉局東廠匠役訛索爐頭喧鬧滋事，原主管等均辦理不善，軟弱不稱職，獲咎交部議處。

7月21日（二十七日）　　工部局匠役停爐誤鑄，挾制官長。命將寶源局滋事爲首之匠役賈喜子等拿交刑部，嚴訊治罪。主管及司員皆交部議處。

是歲　　命各錢局開爐鼓鑄。

1817年　丁丑　（嘉慶二十二年）

1月（丙子十一月）11日（二十四日）　　貴州、湖廣私鑄、私販、官役舞弊尤多，命該督撫實力訪拿。并于各關隘認真稽查。

1818年　戊寅　（嘉慶二十三年）

11月（十月）1日（初三日）　　查得廣西庫貯局錢有偷減攙雜情弊，并密封進呈樣錢十文。命阮元暫署巡撫，熙昌等點查局錢，務秉公辦理。

是歲　　閩浙錢價爲每銀一兩易錢一千三百餘文。

1819年　己卯　（嘉慶二十四年）

3月（二月）19日（二十四日）　　諭：各省錢價消長不齊，勢不能官爲定制。至私鑄私銷，當查明私鑄之所，禁絶根源，方足以除奸宄而杜擾累。

1820年　庚辰　（嘉慶二十五年）

3月（正月）4日（二十日）　　寶蘇局所鑄官錢，銅少鉛多，而以官銅偷鑄小樣錢。每錢一千不及四斤。民間號爲“局私”。自蘇松至浙江、江西，流通浸廣，以致銀價日貴，官民受害。命陳桂生即日親赴寶蘇局嚴密查驗，務秉公查辦。

6月（五月）19日（初九日）　　禁民間私用小錢。江浙、湖廣等省尤甚。其弊蓋因私鑄、盜賣銅鉛銅斤所致。命該省各督撫實力稽查。并于隱僻之處，嚴查私鑄局場。一經拿獲，按律重懲。

是歲　　准鑄道光通寶制錢，頒行天下。

1821年　辛巳　（道光元年）

1月（庚辰十二月）16日（十三日）　　定禁私銷私鑄例及地方官查察獎懲例。
6、7月間（六月）　　浙江嘉興私鑄小錢販運來京，每串賣官鑄製錢二百五十文。

11、12月間（十一月）　　阿克蘇歲鑄一文普爾錢二千八百七十三串四百九十四文，每串七斤八兩。

是歲　　定伊犁寶伊局、阿克蘇局，均鑄造乾隆錢二成、道光錢八成，一體使用。

1822年　壬午　（道光二年）

7月（六月）31日（十四日）	浙省蠶絲甚旺，賣販以銀易錢交易，致以錢價增昂。命于省城設廠收換銀兩，以平市價。
11月（九月）2日（十九日）	命山西寶晉局暫停鼓鑄。
11日（二十八日）	京都向年大錢一千，小錢約有二三文，今每千竟有鵝眼、鉛錢、剪邊一二十文，民甚苦累。命隨時查拿嚴懲。
是歲	直隸錢價爲每銀一兩易京錢二千文至三千文以上。

1824年　甲申　（道光四年）

3月（二月）27日（二十七日）	福建寶福局定自本年夏季起暫停鼓鑄。

1825年　乙酉　（道光五年）

6月（四月）10日（二十四日）	准貴州寶黔局復鑄。
12月（十一月）13日（初四日）	京師及各直省，尚有拿獲私鑄者，而從未緝獲私銷奸徒。彼等暗毀制錢，打造銅器，如炭爐一件，自數十斤至百斤不等；有以制錢裝入烟煤鍋內，煎熬成水，而化綠色顏料者；有以制錢藏入地窖，鹽醋浸爛，而成顏料者。是一錢不得一錢之用，徒爲奸民射利之資。命步軍統領、順天府、王城及直省督撫等，務將私銷之犯，設法查拿究辦。嗣後製造黃銅器皿，務照成例，概行嚴禁。

1826年　丙戌　（道光六年）

4、5月間（三月）	阿克蘇每銀一兩合錢二百文。
10月（九月）11日（十一日）	新疆各城設立錢局，鼓鑄制錢，搭放兵餉及官員養廉、公費等項公用。伊犁錢局每年額鑄制錢一千七百二十串。南路設局于阿克蘇，每年額鑄普爾錢二千六百餘串。又回疆所鑄普爾錢以一當五。伊犁現有錢爐兩座，以一座照舊鼓鑄制錢，一座仿照阿克蘇模式鑄當五錢，以期泉布充盈。命將阿克蘇、喀喇沙爾本年例解伊犁銅三千二百斤截留阿克蘇，俾資鼓鑄。一俟軍務完竣，仍按舊章辦理。
12月（十一月）20日（二十二日）	命烏魯木齊籌劃鼓鑄事宜。
是歲	寶蘇局餘錢尚多，致使錢賤，每銀一兩合制錢一千一百五十文至一千二百六十文。准減鑄五卯。

1827年　丁亥　（道光七年）

2、3月間（二月）	阿克蘇錢貴，軍興前，每兩庫平銀兌普爾錢二百五六十文，今僅易紅錢百餘文及八九十文不等。爲此長齡奏請，嗣後准換紅錢一百五十文。

1828年　戊子　（道光八年）

3、4月間（三月）	阿克蘇鑄當五錢，每文重一錢二分，每銀一兩兌換九十至百文餘。向例，普爾錢每文值制錢五文，每銀一兩易普爾錢二百四十五十文。七成鑄當五錢，三成鑄當十錢。命喀、葉兩城亦均試行之。
12月（十一月）23日（初六日）	廣東省行使錢文內，有"光中通寶"、"景盛通寶"兩種最多，間有"景興通寶"、"景興鉅寶"、"景興大寶"、"嘉隆通寶"，謂之夷錢，攙雜行使，十居六七，潮州尤甚。并有數處專使夷錢。其錢質澆薄，易依樣仿鑄。命確切查明，嚴拿究辦。
	阿克蘇額鑄當十錢文，每文重一錢五分。
是歲	緣鑄本昂貴，餘錢尚多，准寶蘇局減鑄。時每兩銀易江蘇制錢一千二百八十文，易京錢二千五百五十文，易山東京錢二千六百文。

1829年　己丑　（道光九年）

2月（正月）28日（二十五日）	近日夷商炫惑漁利，賣物則必索官銀制錢，買物則概用番銀夷錢，錢薄銀低，僅當內地銀錢之什七，或仍以番

銀給還，則斷不收納，是以番銀之行日廣，官銀耗之日多。命該省通市，務當恪遵定例，祗准易貨，毋許易銀。其番銀行用已久，自難驟加遏絕。內地官銀，則分毫不准私出。其違禁貨物（鴉片），尤應隨時稽察，不准私入。

3月（二月）29日（二十五日）　　定廣東省攙雜行使夷錢禁令，以及夷商不得夾帶夷錢入境禁令。

是歲　　江蘇省局貯制錢足敷放餉。准寶蘇局減鑄。

1830年　庚寅　（道光十年）

1月（己丑十二月）10日（十六日）　　因直隸制錢一千三百文抵銀一兩，營兵生活拮据，准命寶直局暫停鼓鑄卯錢五萬七百五十六串。

　　　　　　　　11日（十七日）　　河南本年銀價，值大錢一千四百有奇。如新鄭、禹州、許州、靈寶等州縣，每兩銀竟折大錢兩千及兩千二三百文。較之去年，各加二百文之多。

2月（正月）18日（二十五日）　　山東每兩銀約京錢二千七百餘文。

12月（十月）11日（二十七日）　　黔省離州縣稍遠處所，往往有設爐私鑄，其錢成色甚低。又銷毀官錢，攙入鉛砂，并有二黃、三毛等名目，每文重不過四分，每千值銀三錢六七分不等。始攙入官錢，繼則公然行使。私錢既多，官錢價值亦不能獨昂，致兵民苦累。命貴州及各省督撫一體查禁，毋得稍有懈弛。并于年終出具境內并無私爐及行使小錢印結，詳報督撫，于年終具奏。

是歲　　京城每兩銀值制錢一千一百文。山東京錢二千七百文值銀一兩。緣閩省錢賤，每一千三百五十文抵銀一兩。又因鑄本過鉅，准停寶福局額鑄四萬三千二百串。

1831年　辛卯　（道光十一年）

7月（五月）2日（二十三日）　　爲直隸錢價未平，命寶直局停止額鑄五萬七百五十六串。

9月（八月）12日（初七日）　　山西銀貴，每銀一兩易制錢一千三百文。命寶晉局暫停四爐額鑄一萬七千四百七十二串。

是歲　　陝西省每銀一兩易制錢一千三百七十文至一千四百文。因鑄錢工本虧折，陝西奏請寶陝局停鑄原定鑄額。

1832年　壬辰　（道光十二年）

1月（辛卯十二月）　　先是，京師拿獲私鑄、販賣銅鉛小錢者，現今陝西、浙江亦拿獲私鑄、收買、行使小錢三起（終清一代，私鑄私銷者時有拿獲，屢禁而不能平息）。

9月（八月）21日（二十七日）　　廣西南寧府屬之宣化縣，所有道光制錢較之乾隆、嘉慶錢文價值減至一半，竟有不肯行使者。緣地方官征收錢糧時不收道光錢所致。命宣化縣征收錢糧均按市價，聽從民便。新舊制錢，一概使用。

是歲　　湖州錢價，每銀一兩易制錢一千二百五十文。

1833年　癸巳　（道光十三年）

2月（壬辰十二月）6日（十七日）　　復開雲南東川錢局鼓鑄。

5月（四月）24日（初六日）　　命刑部將紋銀出洋禁例，纂入則例，頒發通行。

6月（五月）29日（十二日）　　定白銀出洋治罪例。紋銀出洋一百兩以上，照偷運米穀一百石以上例，發近邊充軍；一百兩以下，杖一百，徒三年；不及十兩者，杖一百，枷號一箇月；爲從知情不首之船戶，各減一等問擬。纂入則例，永遠遵行。

8月（七月）23日（初九日）　　近年運京銅斤，不能源源接濟，總緣運員雇船裝運，剋扣船戶運費，延宕航程，縱容、指使家丁勒索沿途相遇商船，訛詐地方，乘機逞利肥己，致有“銅天王”名號。似此諸弊，不獨擾害商民，以致鼓鑄逾限。重申，各督撫遇有銅船經過該省地方，嚴飭藩臬兩司認真稽查。如有前弊，立即從嚴懲辦，毋稍徇縱。該藩臬兩司儻不能破除積習，任意姑容，除將該運員等嚴行究辦外，并將該藩臬一併懲處不貸。

命寶源局自本年四月爲始，停鑄勤爐一年。

是歲

1834年　甲（道光十四年）

4月（三月）28日（二十日）

緣滇銅不旺，命寶武局援照成例，于附近各口岸採買銅斤，以濟鼓鑄。

1835年　乙未　（道光十五年）

1月（甲午十二月）5日（初七日）

湖北爲各省水陸通衢，商販雲集，私錢最易攙用。定每屆年終，各州縣查明境内有無私錢，照例出結後，由該管道府核查，確實加結，詳核具奏。若有不實，即將該管道府一并參處，以示懲儆。

7月（六月）17日（二十二日）

緣湖北市錢價賤，每千文制錢，僅抵銀七錢。命暫定寶武局鑄額八萬六千串。

8月（七月）28日（初五日）

各直省設局鼓鑄錢文，并嚴禁匪徒私鑄。并命各省局爐頭工匠人等，嚴禁于鑄餉錢之餘，另鑄底火小錢。

10月（八月）14日（二十三日）

緣江蘇市錢價賤，命寶蘇局暫停鼓鑄。

1836年　丙申　（道光十六年）

5、6月間（四月）

向來紋銀每兩易制錢千文上下，此歲每兩易錢至千二三百文。銀價有增無減。

9月（八月）30日（二十日）

江浙等省錢法敝壞，私錢之源，一爲局私，一爲民私。寶蘇局爐頭工匠，向以私積制錢五萬餘串，分存附近質庫，每屆開爐，運局點驗，驗後仍分藏質庫，所有官銅，盡鑄私錢，其價較民私稍昂。浙省局私，攙和沙土，墮地即碎，不若民私之便用。民間私鑄，處處有之。有司衙門得規包庇，其大夥鼓鑄，藏于附近海口島嶼之中，由商船夾帶進口，船底有夾板，由飾嚴密，查之無迹。抵岸卸貨，抉板出錢，一船所帶八百千之多。命兩江、閩浙于開爐時嚴密查察，認真究辦。并責成巡洋水師各將備實力緝捕。

10月（九月）18日（初九日）

禁私鑄之令，立法本極周密。近來各省奸民私行牟利，竟有銷毀制錢、攙和沙土、私鑄小錢，肆行無忌。命各省督撫嚴飭各道府、州縣，實力稽查，照例治罪。并將該地方官照例參處，以禁私鑄弊端。

25日（十六日）

廣東潮州府一帶洋面，海船到日，携帶外國“景興”、“光中”兩樣錢文，錢質薄小，廣東省紋銀一兩，市價換制錢一千四百餘文，在外國換“景興”、“光中”錢，每兩可換二千餘文。鄉人今則止用“景興”、“光中”暨私鑄小錢，并有將制錢銷毀，攙和沙泥，私鑄“景興”、“光中”小錢。命嚴飭所屬，明定章程，計值收買，將外國錢文盡行銷毀。如有偷帶“景興”、“光中”錢文，立即緝捕究辦。

1837年　丁酉　（道光十七年）

5月（四月）27日（二十三日）

以四川制錢壅滯，每銀一兩易制錢一千五百至一千六百文，准寶川局暫停丙申年後六卯正鑄錢文。

10月（十月）31日（初三日）

以錢價過賤，制錢一千四百文抵銀一兩，命寶昌局暫停鑄額鑄制錢四萬二千三十四串。

1838年　戊戌　（道光十八年）

6月（閏四月）2日（初十日）

近年銀價遞增，每銀一兩易制錢一千六百有奇。非耗銀于内地，實漏銀于外夷。蓋自鴉片流入中國，粵省奸商勾通巡海兵弁，運銀出洋。查道光三年以前，每歲漏銀數百萬兩，三年至十一年，歲漏銀一千七八百萬兩。十一年至十四年，歲漏銀二千餘萬兩。十四年至今，浙漏至三千萬兩。此外，福建、浙江、山東、天津各海口，合之亦數千萬兩。命直省各督撫妥議章程。

8月（七月）20日（初一日）
　　民間貿易，江浙閩廣等省行用洋錢，直隸、河南、山東、山西等省則用錢票。若一旦禁絕錢票，勢必概用洋錢，更受外洋折耗。現晉省行用錢票，有憑帖、兌帖、上帖名目，均係票到付錢，與現錢無異，毋庸禁止。此外有上帖、壺帖、瓶帖、期帖，均非現錢交易，應請禁止。

9月（八月）26日（初八日）
　　准陝西巡撫富呢揚阿奏，錢票不必全禁，亦不必驟禁，應定于某月某日起，凡以銀換錢者，某字號受銀，即出示某字號之票，不准以他字號之票作抵，違者照誆騙財物律治罪。如此，銀價不至昂貴，商民兩得其便。

12月（十月）6日（二十日）
　　緣銀價日昂，每銀七錢兌換制錢一千文，從貴州巡撫賀長齡奏，命暫停貴陽、大定兩局鼓鑄。

12月（十一月）24日（初八日）
　　近來雖私鑄充斥，且當十、當百之錢需銅較少，獲利轉多。故不允廣西巡撫梁章鉅奏請改鑄大錢。

是歲
　　阿克蘇鑄局，改鑄當十樣錢，每文重一錢至一錢二三分不等。命寶桂、寶南兩局暫停額鑄。

1839年　己亥　（道光十九年）

9月（八月）12日（初五日）
　　緣江蘇錢價日賤，命寶蘇局暫停額鑄。
10月（九月）22日（十六日）
　　命京外錢局，嚴禁偷漏銅鉛。

1840年　庚子　（道光二十年）

1月（己亥十二月）25日（二十一日）
　　戶工兩局鼓鑄制錢大小不一。命寶泉、寶源兩局每月鑄錢，務令分兩悉遵定例，并着堂官徹底查驗。

4月（三月）23日（二十二日）
　　烏什錢局用銅，向由阿克蘇採煉。嘉慶四年，准烏什錢局移回阿克蘇。

5月（四月）16日（十五日）
　　漳泉兩府行使"光中"、"景興"、"景盛"多種夷錢，或由外夷流入，或奸民私鑄。命福建嚴飭沿海各州縣，一面杜絕來源，一面設局收繳，并出示曉諭，立限一年赴官繳呈夷錢，送局鎔鑄，逾限不繳者，照例治罪。

12月（十一月）20日（二十七日）
　　伊犂銅斤不敷，存錢充裕，命寶伊局暫停鼓鑄。時制錢一千二百文抵銀一兩。

是歲
　　浙江錢賤銀貴，存錢甚多，每銀一兩易制錢一千五百七十文，仍暫停鼓鑄。

1841年　辛丑　（道光二十一年）

9月（八月）29日（十五日）
　　命直隸、山西、陝西、江蘇、江西、浙江、福建、湖南、湖北、廣西、貴州等十一省開爐鼓鑄錢文，搭放兵餉，以資民用。

是歲
　　京城內每銀一兩合制錢一千三百文。

1842年　壬寅　（道光二十二年）

1月（辛丑十二月）11日（初一日）
　　山西省銀價昂貴，命寶晉局暫停鼓鑄卯錢。
2月（辛丑十二月）1日（二十二日）
　　江西錢價日減，每錢千文抵銀五錢八九分至六錢不等，准奏，命寶昌局暫停鼓鑄卯錢。

2月（正月）14日（初五日）
　　直隸銀價增昂，每兩銀兌換制錢一千四百七十文。命寶直局暫停鼓鑄。

3月（二月）19日（初八日）
　　江蘇錢價未平，准暫停寶蘇局鼓鑄。

4月（三月）17日（初七日）
　　湖北銀價未減，每錢千文抵銀六錢二分，命寶武局暫緩鼓鑄卯錢。

　　　　　　21日（十一日）
　　湖南銀價未落，命寶南局暫緩鼓鑄卯錢。
5月6日（二十六日）
　　陝西銀價未跌，每兩銀易制錢一千四百八十文，准暫停寶陝局鼓鑄。

5月（四月）12日（初三日）　　　閩省銀價未低，每兩銀合制錢一千五百九十文，准停寶福局額鑄。

6月（五月）29日（二十一日）　　　黔省銀價仍昂，每六錢三分銀合制錢一千文，命寶黔局暫停額鑄。

1843年　癸卯　（道光二十三年）

3月（二月）24日（二十四日）　　　時山西每兩銀易錢一千五百四十文，爲資民用，從巡撫梁萼涵奏，命寶晉局減爐開鑄。

5月（四月）11日（十二日）　　　江西錢價過賤，命寶昌局減爐鼓鑄。
　　　　　　22日（二十三日）　　　陝西銀價未平，每兩銀合制錢一千六百文，命寶陝局鼓鑄減卯。

6月（六月）29日（初二日）　　　江蘇錢價太賤，每兩銀換制錢一千六百二十文。命寶蘇局酌減卯額開鑄。

8月（閏七月）29日（初五日）　　　福建銀價未平，每兩銀合制錢一千六百文，鑄本過鉅，命寶福局停鑄。

12月（十月）7日（十六日）　　　湖北省錢賤銀貴，每錢千文，抵庫平銀六錢，命寶武局暫緩開鑄。

1844年　甲辰　（道光二十四年）

1、2月間（癸卯十二月）　　　戶部議奏，浙、桂、黔三省已先後開鑄，晉、陝、江西、江蘇四省奏請減卯鼓鑄，湖南以開鑄須預籌銀兩易錢，福建、湖北開爐虧折甚鉅，直省尚未覆。至搭餉成例，雲南以制錢一千二百文折銀一兩，各省係制錢一千折銀一兩。

3月（正月）26日（初九日）　　　回疆所用當五、當十普爾錢文行使多年，頗稱便利。命陝甘兩省仿鑄行使。

5月（三月）13日（二十六日）　　　直隸錢價低落，命寶直局暫緩鼓鑄。
10、11月間（九月）　　　伊犁錢文，部價銀一兩合錢二百二十文，市價合四百餘文。

1845年　乙巳　（道光二十五年）

6月（五月）17日（十三日）　　　工部現存銅斤僅敷本年九月之用，命沿途督撫嚴催趲運解京，免誤鼓鑄。

是歲　　　吳作賓作"錢法議"，用錢當以斤兩權之，鑄錢輕重亦當于銅價推之。錢賤于銅，則有私毀之患，錢貴于銅，則有私鑄之患。命寶昌局暫停鼓鑄。京中紋銀每兩易制錢幾及二千文，外省則每兩易制錢二千二三百文不等。

1846年　丙午　（道光二十六年）

4月（三月）20日（二十五日）　　　寶泉局南廠爐頭等私鑄，偷工減料，攪和小錢，命送刑部嚴訊究辦。

12月（十月）10日（二十二日）　　　江南、河東錢價，每銀一兩易制錢一千五百文。

1847年　丁未　（道光二十七年）

9月（七月）2日（二十三日）　　　廣西銀價日昂，以致錢市壅滯。命寶桂局暫停鼓鑄。

1848年　戊申　（道光二十八年）

3月（二月）　　　福建省每銀一兩兌換制錢一千九百文。
4月（三月）10日（初七日）　　　銅運攸關鼓鑄，從戶工兩部錢法堂奏，命沿途督撫嚴攤，務于限內解京，以資鼓鑄。

1850年　庚戌　（道光三十年）

6月（五月）21日（十二日）　　　八旗餉錢有薄小易碎、字樣模糊，每千攙雜數十文。命寶泉局、寶源局滿漢侍郎、督率該監督、廠大使等實力整頓，悉遵定式，毋任草率偷減。如違式，將爐頭人等嚴行懲辦。并將監督等官參處。

是歲　　　命鑄"咸豐通寶"制錢，頒行天下。

1851年　辛亥　（咸豐元年·太平天国辛開元年）

7月（六月）1日（初三日）	寶源局現存銅斤不敷鼓鑄，准工部錢法堂奏，命户部錢法堂于已提到湖北銅六十萬斤内，撥二十萬斤交工局，以資接濟。俟解到江蘇、湖南存銅共四十四萬三千斤，亦着滇省額銅，分撥工局三分之一。嗣後若再提他省銅斤，亦着照此劃分辦理。
27日（二十九日）	今獲販運小錢馬大供稱，其于東光縣熟人侯大處買得。命訥爾經額迅委幹員赴東光縣查處。如有私鑄售買之弊，立即嚴辦。
是歲	命寶直局、寶福局、寶伊局、葉爾羌局、阿克蘇局開鑄咸豐紀元通寶新錢。

1852年 壬子 （咸豐二年·太平天国壬子二年）

1月（辛亥十一月）16日（二十六日）	緣廣西用兵，所費浩繁，致銀賤錢貴。命速解鄰省錢至粵。
2月（辛亥十二月）9日（二十日）	因工部發錢中攙雜小錢，命該侍郎詳驗錢文。如不合式，即回爐重鑄。并命陝西道御史認真抽查每月解交部庫錢文，若有攙雜小錢，將該侍郎一併參處。
12月（十一月）16日（初六日）	四川學政何紹基請鑄大錢，以復救時。帝批："大小錢制雖異，用實同。現鑄小錢，銅尚不足，何況大錢乎！汝知一，未知二也！"
是歲	制錢改鑄，每文重一錢。

1853年 癸丑 （咸豐三年·太平天国癸好三年）

1月（壬子十二月）17日（初九日）	命内外各衙門用項，崇儉節用。内務府辦買雜物，以銀錢各半發放。每銀一兩折制錢一串五百文。
6月（五月）19日（十三日）	兵餉支絀，命寶泉局雖經復卯，兼鑄大錢。
7月3日（二十七日）	始鑄當十大錢。旋推及當五十、當百、當五百、當千錢。
7月（六月）21日（十六日）	諭 太平軍起已三載。朝廷財力不支，京師試行官票，招商分設官錢鋪，户部添爐鼓鑄制錢，并加鑄大錢，以爲票本，頗有實際。户部已妥議章程，迅速通行各省辦理。
7月（六月）	太平天国天王命于江寧鑄錢。令銅匠選擇能鑄錢者得十二人，封四人爲鑄錢匠，設廠開爐鼓鑄。緣銅匠不諳鑄法，錢質銅鉛分配不均，鑄皆不成輪廓，字亦模糊莫辦，民間多不信用，遂停止。次年秋冬，在天京朝天宫開鑄錢成功。此後，各地王皆有鼓鑄。其錢按錢文、書體、輪廓分多種。
8月（七月）29日（二十五日）	京師户工兩局添鑄當十大錢，與制錢搭放，行用甚便。户部亦通行各直省照式試辦增鑄大錢。并准寶福局添設兩爐，試鑄當十重五錢、當二十重一兩、當五十重二兩、當百大錢。面文鑄"咸豐重寶"，背鑄滿文地名、漢文錢值。其原設爐座，仍按卯鼓鑄制錢及重二錢五分之當五錢，與大錢相輔而行。
31日（二十七日）	緣雲南銀價增至每兩銀兑換制錢一千八百文至二千數十文不等。准寶雲局（省城局）、寶東局（東川局）加卯鼓鑄當十重五錢、當二十、當五十重二兩五錢、當百各項大錢。
8月（七月）	江西寶昌局用紫銅鼓鑄"咸豐重寶、通寶"當二十大錢。
9月（七月）1日（二十八日）	京局始鑄當五十大錢，每文重一兩八錢，用"咸豐重寶"字樣。
秋	小刀會劉麗川在上海起義，鑄"大明通寶"光背錢，旋又鑄同面文之背"日月錢"。
12月（十一月）6日（初六日）	奕山奏，寶伊局全數改鑄大錢，當十錢每文重四錢四分，按八十文折銀一兩放餉。
12月（十一月）7日（初七日）	貴州寶黔局改鑄大錢試行使用。
14日（十四日）	准倭什琿布命阿克蘇錢局于每卯收購銅斤内，以八成

鑄當十大錢，每文重一錢五分；兩成鑄當五十大錢，每文重二錢五分。

16日（十六日）	定私鑄大錢例。首犯發新疆，給官兵爲奴。
21日（二十一日）	命鑄當千、當五百大錢，均用净銅鑄造。務使磨爐精工，色澤光潤。當百、當五十、當十、當五大錢，亦須配鑄精良，與制錢相輔而行。并通令各直省督撫，均照此次所定分兩一體鑄造。
24日（二十四日）	准民間完納課稅等款，均以官票、寶鈔五成爲率。官票銀一兩，抵制錢二千；寶鈔二千，抵銀一兩。與現行大錢相輔而行。其餘仍交納實銀，以資周轉。
是月	寶泉局將當五十大錢改重爲每文一兩二錢。
是歲	命寶泉局每月鼓鑄制錢六卯内減鑄一卯，改鑄當十大錢。每文重六錢，按銅七鉛三配鑄。又命寶泉局額鑄六卯内，留三卯鑄一錢重制錢，以兩卯鑄六錢重當十大錢，以一卯鑄一兩八錢重當五十大錢，添鑄重二兩當千大錢，重一兩六錢當五百大錢。重一兩四錢當百大錢。錢面用"咸豐元寶"字樣。錢背仍用清文鑄局及漢文錢值。用一成净銅，將當千、當五百大錢鑄成紫色；用滇銅七成鉛錫三成，將當百大錢鑄成黃色。三項皆命鏇邊、銼磨之後，加以水磨，紋痕俱净，光潤如鏡。至當五十大錢，每文減爲一兩二錢；當十大錢，每文減爲四錢四分。仍用滇銅七成、鉛錫三成配鑄。又命鑄當十鐵錢。
	命户部鑄阿克蘇"咸豐重寶"當五十大型樣錢。

1854年　甲寅（咸豐四年·太平天国甲寅四年）

2月（正月）7日（初十日）	寶伊局加鑄重八錢當五十、重一兩四錢當百、重二兩當千大錢。
9日（十二日）	准户部錢法堂呈進當十、當五十、當百、當五百、當千大錢式樣，如式鼓鑄。
是月	慶惠所鑄當五鐵錢，用寶泉局名，幕鑄星月標誌，以示區別。寶泉局、寶源局開鑄重二錢二分"咸豐重寶"大錢，并鑄"咸豐通寶"重二錢四分當五錢。新疆喀什噶爾城開爐鼓鑄重一錢五分當十、重四錢二分當五十、重六錢五分當百三項大錢。
3月（二月）23日（二十五日）	京局始鑄當百錢，面鑄"咸豐元寶"重一兩四錢；當五百重一兩六錢，當千重二兩大錢。慶惠試鑄當二百、三百、四百大錢。
3月（三月）29日（初一日）	錢票官票，赴局取錢，均以大錢、制錢各半開發。
4月（三月）7日（初十日）	署閩浙總督王懿德奏，福建之當十、當五十大錢行之已久，未便照部議減重。
4月（三月）11日（十四日）	克勤郡王慶惠及文瑞等捐銅鑄大錢，專造當千、當五百、當百、當五十等四種大錢。
4月（四月）29日（初三日）	上諭："此次准慶惠等捐銅鑄錢，原以協濟兵餉之不足。所請頒給印信、欽定局名，是欲于寶泉、寶源兩局之外另立一局，係屬非是，着不准行。"慶惠等乃沿用寶泉局名，錢背特加星月標誌。
是月	户部寶泉局始鑄鐵錢。
6月（五月）1日（初六日）	緣采買銅斤無多，運解延誤，不能不權宜試鑄鐵錢，以濟兵餉。至鉛錢，京局并未鑄造。至福建巡撫王懿德奏請鈔法不宜紛更，停鑄鐵錢、鉛錢，以防私鑄，物價驟漲諸弊，亦屬有見。命該撫免爲其難，該省毋庸鼓鑄鐵錢。
12日（十七日）	寶武局鼓鑄大錢、鐵錢，每月鑄二百餘串。
19日（二十四日）	陝西省鼓鑄當十重五錢、當五十重一兩五錢、當百重

二兩至當千各種大錢，已漸次流通。

6月（六月）30日（初六日）	管理戶部事務祁寯藻奏"鐵既可以抵銅，鉛似可以佐鐵"。寶泉局于當年鑄造鐵錢和鉛錢。
7月（六月）10日（十六日）	陝甘總督易棠奏，寶鞏局已鑄行當十、當五十、當百、當五百、當千各種大錢，除當百以下各種黃銅大錢，市肆均通行無阻外，惟當五百、當千紫銅大錢尚多窒礙。
12日（十八日）	易棠又奏，今已鑄成當五鐵錢及鐵制錢行使，請緩鑄當十鐵錢。
18日（二十四日）	慶惠等請停鑄各種大錢。是日申定私鑄大錢例。
21日（二十七日）	寶泉局始鑄鉛錢。
是月	寶直局設爐四座，鑄當十錢重四錢四分，當五十錢重一兩二錢，當百錢重一兩四錢。
7月（七月）26日（初二日）	先是，命河南建設寶河局，委糧鹽道督辦監鑄。至是，寶河局遵照部章，開爐試鑄當十錢重四錢四分、當五十錢重一兩二錢、當百、當五百、當千各種大錢。面鑄"咸豐重寶"字樣。時河南錢價，每銀一兩兌換制錢一千六百文。
7月（七月）30日（初六日）	命停鑄當千、當五百、當四百、當三百、當二百大錢。
8月（七月）3日（初十日）	河道總督楊以增奏，清江浦寶蘇分局，自本年二月二十六日起，現已趕鑄成六卯，當五、當十、當百等大錢共抵制錢二萬餘串。今已分成放餉，市肆暢行。
7日（十四日）	命馬蘭鎮先行鼓鑄當百錢，每枚重一兩五錢；當五十錢，每枚重一兩；當十錢，每枚重五錢等大錢。又試鑄重三錢五分者，其錢背鑄清文"寶薊"兩字。五字、百字，毋庸添人傍，以歸劃一。
12日（十九日）	緣當千、當百大錢壅滯，私鑄益眾，命戶部發寶鈔于錢行經紀，驗明局鑄大錢，如數收回。
21日（二十八日）	直隸總督桂良奏，寶直局于六月二十四日開爐鼓鑄當百、當十、當五十大錢，以銅七鉛三配鑄，以五爐卯核計，每年盈餘制錢十四萬四千餘串。
22日（二十九日）	新疆寶伊局增鑄當十、當五十、當百三項鐵錢。
8月（閏七月）24日（初一日）	命熱河設寶德局，照部頒樣式，鑄當百、當五十、當十大錢。嗣又添爐試鑄當十、當一鐵錢。
30日（初七）	諭：熱河鐵錢背面，着用"寶德"清文。
9月（閏七月）2日（初十日）	准湖南寶南局先行試鑄當百、當五十、當十三項大錢。嗣有官爐私鑄，大錢窒礙難行，命停鑄當五十、當千大錢。後當十錢亦不行使。
9月（八月）28日（初七日）	命慶惠等所設錢局即行停止。所有存餘銅斤、錢文，一併移交戶部。令戶工兩局加鑄鉛質制錢，與各項大錢相輔而行。
11月（九月）12日（二十二日）	寶薊局于七月十四日開鑄，擬自十月起，以當百、當五十銅錢五成，當十、當一銅鐵錢為五成放餉。
11月（九月）19日（二十九日）	熱河寶德局于上月二十六日先行開爐試鑄當十、當五十、當百三項大錢。于九月初六始按卯試鑄，按五卯共交制錢四千三百八十四串。
是月	山西寶晉局奏請改鑄鐵錢。
12月（十一月）23日（初四日）	寶薊局當百大錢中，私鑄之錢占有六七成之多，以致商民罷市，兵丁不用，不能放餉。准馬蘭鎮總兵慶錫減輕錢重。當十錢重三錢五分，當五鐵大錢重三錢。
是歲	命寶源局將當十大錢改鑄重四錢四分，當五十大錢改鑄重一兩二錢；添鑄當百大錢重一兩四錢。俱以銅七鉛三配鑄。當五百大錢重一兩六錢，當千大錢重二兩，俱用淨銅鼓鑄。其當百、當五百、當千者，俱著為"咸豐元寶"。命寶源局暫行停鑄當十錢，裁撤當千、當五百。加鑄一錢

二分重鉛制錢。命巡防糧臺開設百爐，所需母錢按四季更換，每季由寶源局代製造母錢。太平天国在天京大規模地開鑄錢文。

1855年　乙卯（咸豐五年·太平天国乙榮五年）

1月（甲寅十一月）8日（二十日）		新疆葉爾羌錢局已開鑄當十錢，每文重一錢九分；當五十錢，每文重五錢；當百錢，每文重一兩。

13日（二十五日）
　　倭什琿布奏，新疆阿克蘇鑄局于本年春秋開鑄兩卯當五十咸豐重寶錢兩成，每文重四錢二分；當百咸豐元寶錢兩成，每文重六錢五分；當十咸豐通寶錢六成。

16日（二十八日）
　　准福建鼓鑄鐵錢，每枚重一錢六分。

17日（二十九日）
　　山東巡撫崇恩奏，寶濟局已于本月初九開鑄，當十錢重五錢，當五十錢重一兩二錢。

1月（甲寅十二月）26日（初九日）
　　河南報寶河局鼓鑄當百錢重一兩四錢、當五十錢重一兩二錢、當十錢重四錢四分。緣當五百、當千大錢行使未便，且易啓私鑄之弊，請停鑄。遵部文當百、當五十錢減鑄，專鑄當十錢。

2月（甲寅十二月）1日（十五日）
　　烏魯木齊每銀一兩易錢八百文，准因地制宜，命寶迪局鼓鑄當八大錢。

3日（十七日）
　　准寶河局于懷慶府之河内縣先行試鑄鐵錢。

7日（二十一日）
　　緣寶薊局所鑄當五、當十鐵錢減重，磨爐未工，以致商民不肯行使，今又無銅鐵，准停鑄。

2月（正月）24日（初八日）
　　緣寶福局鼓鑄乏銅，命改鑄鐵錢，以充民用。

28日（十二日）
　　命烏魯木齊開爐鼓鑄一錢六分重之“咸豐重寶”當八大錢，重二錢之“咸豐重寶”當十大錢，以錢八百文值銀一兩。定局名爲“寶迪”。錢面鑄清文“寶迪”字樣。

3月（正月）16日（二十八日）
　　甘肅省銅價昂貴，命寶鞏局鼓鑄制錢。從每文原重一錢二分，酌減爲每文重八分，每千以五斤爲率。

3月（二月）23日（初六日）
　　命葉爾羌所屬，烏什、喀什噶爾廣行開採銅礦，加爐鼓鑄各項大錢。鑄一錢五分重之“咸豐通寶”當十錢，四錢二分重之“咸豐重寶”當五十錢，六錢五分重之“咸豐元寶”當百錢，分成放餉，以濟銀之不足。

5月（三月）6日（二十一日）
　　准整頓錢法章程五條：一、順天、直隸、山東、山西等省征收地丁錢糧時，准呈交銅鐵當十大錢，并鉛鐵制錢。若官役挑剔拒收，准民人控告究辦。二、民間交易，奸商任意阻撓，初犯者枷號示衆，再犯者發極邊烟瘴充軍，遇赦不赦。三、有故意刁難，致大錢買物之價昂于制錢者，亦即照阻撓治罪。四、私鑄錢文者，按新定律例訊置重典外，并將該犯家産入官。五、准軍民人等首告，誣告者仍反坐。

5月（四月）29日（十四日）
　　准新疆伊犁寶伊局，收回并改鑄當五十、當百二種大錢，仍留當十大錢與制錢一律通行。

7月（五月）1日（十八日）
　　札拉芬泰、圖伽布奏，伊犁寶伊局改當十大錢作當四錢行使，當五十大錢作當八錢行使，當百大錢改作當十大錢行使，無庸改鑄。嗣後盡鑄當四錢，每文重四錢，當四鐵錢，每文重六錢。與各項大錢、制錢一體行使。

是月
　　玉通奏，喀喇沙爾于道光二十五年時，每銀一兩合制錢三百至四百餘文，現今值一千一百至一千二百餘文。

7、8月間（六月）
　　楊以增奏，江蘇清江浦寶蘇分局加鑄當十二、當三十兩種大錢。當二十錢每文重六錢　當三十錢，每文重八錢。

是歲
　　命寶泉局停鑄當百、當五十大錢。
　　命寶河局設立四爐、懷局設立二十爐，鼓鑄鐵錢，分成搭用。
　　命熱河設立鐵爐，鼓鑄當五、當一鐵錢。又另設鐵爐，專鑄鐵錢。

命江西停鑄當五十大錢，河南停鑄各種大錢。

1856年　丙辰　（咸豐六年·太平天国丙辰六年）

6月（五月）5日（初三日）　　因大錢日漸流通，而各錢鋪開發錢票時并不搭用制錢，以致民間諸多窒礙。嗣後京城各官號開放兵餉、開發寶鈔，凡兵民到鋪取錢，每京錢一吊，均着搭用制錢十分之一，其民間錢鋪，亦一體遵照，不得專用大錢。

是歲　　設庫車錢局，鼓鑄一錢二分重之當五錢兩成，一錢五分重之當十錢兩成，四錢二分重之當五十錢兩成，六錢五分重之當百錢四成，并補鑄"乾隆通寶"，背鑄清回文庫車小平式錢、當十庫車錢。阿克蘇局以紅銅鼓鑄當十"咸豐通寶"錢。

1857年　丁巳　（咸豐七年·太平天国丁巳七年）

2月（正月）5日（十一日）　　緣市間不行鐵錢，致物價日昂。命京內外各地方，凡官收民用，均一律行使，若敢于阻撓，即照新定章程辦理。

3月（三月）27日（初二日）　　因通州張家灣多有似制錢之私鑄當五銅錢，以致京師當五錢壅滯，命嚴查懲辦。

4、5月間（四月）　　李文茂佔柳州城，鑄"平靖通寶"、"平靖勝寶"錢。

7月（閏五月）18日（二十七日）　　緣當十鐵錢漸形壅滯，命戶工兩局添鑄鐵制錢，以便民用。

10月（九月）19日（初二日）　　英國人于上海收買制錢，致錢價上昂，原銀每兩易制錢二千有零，至今易制錢一千一二百文，從而兵民交困。命設法阻止英人收買制錢。

10、11月間（十月）　　因當五十、當百錢行使困難，庫車局停鑄，儘量加鑄當五、當十普爾錢。市肆當五錢作一文，當十作二文使用。

江蘇清江制錢日少，錢價日昂，將積存大錢改鑄制錢，每銀一兩折錢一千二百文。

是歲　　命直隸採買山西平鐵鼓鑄鐵錢，每斤需制錢二千四百文。命寶直局鼓鑄當十鐵錢，每枚重六錢，當一鐵錢，每枚重一錢二分。

新疆烏魯木齊寶迪局鼓鑄小型"咸豐重寶"當十錢。

1858年　戊午　（咸豐八年·太平天国戊午八年）

7月（五月）9日（二十九日）　　寶鞏局自上年六月起，陸續添爐專鑄當十、當五兩種大錢。當十錢每文重三錢四分，當五錢每文重一錢七分。并添鑄八分制錢與大錢搭用。

9月（七月）1日（二十四日）　　定私銷大錢例。爲首者發邊遠充軍，爲從者杖一百，流三千里。

10、11月間（九月）　　北京鐵錢局又添設中廠鼓鑄。

11月（十月）28日（二十三日）　　命雲南停鑄當十大錢，改鑄制錢。

12月（十一月）10日（初六日）　　命山銅鐵制錢一律行使。毋令奸商販運鐵錢易銀。

是歲　　命工部錢法堂，所鑄錢文，一律鏇邊，以便民用。所交卯錢不堪使用者，亦仿鐵錢局例，立即捶碎。

1859年　己未　（咸豐九年·太平天国己未九年）

3月（二月）29日（二十五日）　　河南寶河局，省城及懷慶局鼓鑄日增，致使錢文壅滯。命省、懷兩局自正月起，鼓鑄暫停。

5月（四月）23日（二十一日）　　阿克蘇錢局將當五十、當百大錢改鑄當十大錢，擬于五月內一律改鑄完成。

6月（五月）27日（二十七日）　　葉爾羌局因大錢難行，已命停鑄，一律鼓鑄當十大錢。當五錢，七百文抵銀一兩。

7月（六月）20日（二十一日）　　直隸總督恒福奏，保定、正定共設爐三十五座，開鑄至今，已逾百萬串，擬酌裁三十座。

28 日（二十九日）	山西巡撫英桂奏，惟寶泉分局存錢十五萬數千串，無法流通，擬減十四爐。
8 月（七月）1 日（初三日）	因天津不使鐵錢，命寶福局不必運解天津。是日，因部庫支絀，節省鑄本以濟餉。命鐵錢局停鑄鐵錢。尋准將鐵錢局及戶工兩局鐵錢爐座一併裁撤。
9 月（九月）29 日（初四日）	京師銅當十錢一文，僅抵制錢二文，若改鑄制錢，可得三四文，以致"奸民"私鑄，官錢日少，命嚴禁私鑄私銷，以通錢法。
是歲	命河南、直隸停鑄鐵錢及當十大錢。工部錢局自本六月起，毋庸鼓鑄鐵制錢。因大錢停用，命喀什噶爾錢局停鑄。命新疆各鑄錢局均停鑄當五十、當百大錢。

1860 年　庚申　（咸豐十年・太平天国庚申十年）

12 月（十月）6 日（二十四日）	葉爾羌設局開爐添鑄當五大錢。
是歲	命江西省停鑄當十大錢，改鑄制錢。

1861 年　辛酉　（咸豐十一年・太平天国辛酉十一年）

4 月（三月）24 日（十五日）	烏魯木齊寶迪局停鑄大錢。
9 月（七月）3 日（二十九日）	定年號"祺祥"，戶工兩局曾鑄"祺祥通寶"平錢和重寶當十錢。未正式發行流通。
12 月（十一月）17 日（十六日）	京堂聯捷奏，緣每文制錢重一錢，當十大錢重四錢，銖兩過于懸殊，今強以當十行之，無怪乎百貨日見昂貴也。請停鑄當十大錢。又稱　查京中行使錢文，向來以一當二，謂之京錢。二百年來安常習故，一律流通。而外省紳商來京者，亦行之甚便。今擬請專以銅制錢照京錢行使。其咸豐以上各制錢，統按京錢使用。至所鑄當十大錢，本應概行銷毀，但既已散布民間，應另籌調停之法。查大錢既有當十字樣，可按京錢十文使用，名實既不相背，銖兩亦得其平。
是歲	命鑄"同治通寶"重寶樣錢，頒發各省一體鼓鑄。

1862 年　壬戌　（同治元年・太平天国壬戌十二年）

3 月（二月）	太平天国忠王李秀成在蘇州開爐鑄錢。
是歲	寶伊局鑄"同治重寶"當四錢。行"同治錢"。

1864 年　甲子　（同治三年・太平天国甲子十四年）

	貴州燈花教立宋明月爲帝，建元"嗣統"，鑄"嗣統通寶"錢。停庫車、葉爾羌局鼓鑄。拉錫丁鑄雙面回文錢。

1865 年　乙丑　（同治四年）

10 月（九月）26 日（初七日）	滇省廠地久廢，藩庫又無銅本，命將東川銅廠暫行招商墊辦。

1867 年　丁卯　（同治六年）

1 月（丙寅十二月）9 日（初四日）	京師街市，任意挑剔官錢，大礙貧民生計。命現行錢文，不准任意挑剔。
11 月（十一月）30 日（初五日）	前因乏銅，權宜鼓鑄當十大錢，行使久之，致錢有所折減之弊。并將京師之制錢大都運往外省。命江蘇、江西、浙江、廣東四省，各于鹽卡、厘卡收款內，每年酌提制錢三十萬串運津，交崇厚擇地嚴密收存，聽候調用。酌提錢文，照銀價劃抵應解京餉。此項錢文，即名爲"天津練餉"，不可渲露，致礙錢法。
是歲	准寶泉局鼓鑄當十大錢，每文改爲三錢二分，用"同治重寶"字樣。現今各直省銀價每兩值錢一千五六百文。

1868 年　戊辰　（同治七年）

	京城錢價，每銀一兩合制錢一千二百文。

1871 年　辛未　（同治十年）

因歐洲國家先後採用金本位，加之白銀産量增加，故使銀價下跌，銅價上漲，以致銀賤錢貴，每銀一兩易制錢一千八百多文。

1873年　癸酉（同治十二年）

每銀一兩易制錢一千七百八十二文。

1874年　甲戌（同治十三年）

4月（二月）9日（二十三日）　京城現行當十大錢，式樣漸小，并攪和雜銅鉛片，緻奸商私鑄圖利，有沙板、鵝眼名目。命拿獲私鑄人犯，交刑部按律懲辦。并命户工兩局認真整頓，不准偷工減本。

是歲　命各省鼓鑄光緒紀元新錢。

1875年　乙亥（光緒元年）

命户工兩局鼓鑄當十大錢，用"光緒重寶"字樣，以銅六鉛四配鑄。行光緒紀元錢。

1876年　丙子（光緒二年）

11月（十月）21日（初六日）　因當十大錢價賤，通政使于凌辰奏請復制錢。

1878年　戊寅（光緒四年）

3月（二月）15日（十二日）　左宗棠等奏，回疆一律肅清。自同治三年布魯特朔酋肇亂，至今十有餘年。其間阿古柏、拉錫丁均曾鑄造錢幣。阿古柏所鑄造的是浩罕汗國式的金銀幣鐵喇和天罡。錢背用土耳其蘇丹的名義。拉錫丁在庫車所鑄中國式的紅錢，兩面回文，是記其名稱、頭銜及年份和鑄地。與同時的"同治通寶"普爾錢在大小厚薄上完全一樣。

4月（三月）20日（十八日）　以乾隆式錢之一錢二分重一枚爲模，在庫車開爐鼓鑄。每錢重一錢二分，五百文合銀一兩。錢之陰均以半邊月圓爲記。

6月（五月）23日（二十三日）　因私鑄倡盛，致以小錢充斥京師，錢價長落不定。命嚴密查拿，毋令私鑄肆行。

9、10月間（九月）　張曜呈稱，阿克蘇鑄錢重合湘平一錢三分，每千文重八斤二兩，值銀二兩。

10月（九月）10日（十五日）　阿克蘇用本地、拜城、塞哩木之銅開鑄。鑄一錢二分五厘重"乾隆通寶"，背鑄滿回文阿克蘇地名錢。

1881年　辛巳（光緒七年）

12月（十月）7日（十六日）　緣順天府通州之燕郊及直隸三河縣，向有匪徒設爐私鑄，潜運京城，以致民間挑剔，貽害非淺。命李鴻章等將此私鑄匪徒，嚴拿究辦。

是歲　京城錢價，每庫平銀一兩合制錢一千七百文。

1883年　癸未（光緒九年）

8月（七月）　御史丁振鐸奏，京師近地，多有奸民私鑄私銷，官錢一文，可改鑄私錢二三文，從中漁利，致以私錢充斥，亟應拿辦。

是歲　當十大錢自光緒二年改爲銅六鉛四配鑄，鉛用白鉛、黑鉛。惟黑鉛性黏，白鉛性脆，加以銅質鋼勁，最易破碎。自本年二月爲始，每百斤用銅五十五斤，白鉛四十斤，黑鉛五斤。惟黑鉛刻已將罄，仍由户部撥解。准將庫車、阿克蘇鑄局改歸道署專辦，鑄"乾隆通寶"，背鑄滿回文阿克蘇當十錢。行未久，停鑄。

1885年　乙酉（光緒十一年）

8月（七月）26日（二十六日）　庫車鑄"乾隆通寶"每文重一錢三分，錢背鑄滿回文"庫"字，以誌庫局。庫下鑄"十"字。緣回民不肯使用無"十"字錢，疑非官制。故無"十"字錢，祇作半文使用。

是歲	新疆北路改設行省，于省城設立官錢局。并委員赴喀喇沙爾、庫車、吐魯蕃等處，換運紅錢使用。

1886年　丙戌　（光緒十二年）

恢復阿克蘇局鼓鑄。

5月（四月）　　　　　迪化始開廠鑄錢。

7月（六月）14日（十三日）　爲將來規復制錢，定現行章程六條。

8月（七月）7日（初八日）　福建已試辦機鑄八分五厘制錢。庫車局爲迪化寶新局代鑄"道光"、"同治"、"光緒"等年號滿文"寶庫新十錢"。

11日（十二日）　庫車局裁撤。命寶泉局停鑄當十大錢。

冬

1887年　丁亥　（光緒十三年）

2月（正月）19日（二十七日）　福建機器局所鑄新錢，較尋常局錢爲精，惟八分五厘分兩稍輕。命嗣後每錢一文，均以一錢爲率，京局及各省一律照辦。并命李鴻章先行購置機器，就天津機器局趕緊鼓鑄，運京應用。至京局鑄錢，尤須銅質光潔，錢質堅好。命戶部詳察妥辦。

3月（三月）29日（初五日）　張之洞奏，廣東購辦機器試鑄制錢，制錢重庫平一錢。一面鑄漢文"光緒通寶"，一面鑄滿文"寶廣"字；漢文廣字分例穿左右，穿上鑄庫字，穿下鑄一錢四漢字。

4月12日（十九日）　福建省仿康熙年間舊制試鑄制錢，酌定每文八分五厘，尚無虧耗。

4月（四月）29日（初七日）　山西省擬購洋銅，開爐鼓鑄。

5月（四月）8日（十六日）　命戶工兩局所鑄制錢，全行存儲備用。寶泉局開鑄制錢，例耗不敷，命暫行加耗，以利鼓鑄。

14日（二十二日）　給事中貴賢奏，請收購大錢，改鑄制錢。

8月（六月）2日（十三日）　山東巡撫張曜附陳登、萊、東海關道盛宣懷鑄錢章程。寶東局暫設烟臺，先設爐十六座，每年二十八卯，鑄錢十萬串，每文錢重一錢，一千文各六斤四兩，按天津例，以銅五成四，鉛四成六配鑄等五條。

10月（八月）2日（十六日）　緣各省厘局將積純銅制錢，加價售于錢商，錢商售于洋人。洋商于通商口岸購運制錢，鎔化提銀。每串可提銀一兩上下。此大礙圜法。命沿海各督撫查禁，以杜弊端。

喀什噶爾禁止僞造天罡，每銀一兩易換紅錢三百餘文。

冬
是歲　命寶泉局就現有爐座，先行改鑄制錢，用"光緒通寶"字樣。准購定德商高銅一千噸。命京局及例應鼓鑄制錢之各省，以每文一錢爲准，其他各省則照閩省每文重八分五厘。但寶津局每文重八分、寶浙局每文重七分、奉天每文重四分。李鴻章于天津創設寶津局，試鑄每文重一錢新錢，不久因鑄本過鉅，改鑄重八分新錢。吉林寶吉局鼓鑄重八分制錢。蘇寧兩地遵旨同時開鑄。惟寧向不鑄錢，此次于寧藩置局設爐，均係蘇局鼓鑄一錢重制錢。定局名爲江寧分局。因寶昌局遵鑄一錢重制錢，其成本過費，允停鑄。爲鑄錢虧折過甚，允寶福局停鑄。新疆銅産不旺，鼓鑄制錢費銅多至兩倍，暫難恢復制錢。准鑄紅錢重一錢二分，以一文當制錢四文。緣京師制錢過缺，命各省于厘金內提解，採辦、代鑄制錢解京。

是年，始鑄"光緒通寶"小制錢，鑄局有寶泉、寶源、寶雲、寶東、寶昌、寶直、寶川、寶黔、寶福、寶蘇、寶河、寶陝、寶南、寶浙、寶晉、寶武等局外，尚有新鑄局如寶津、寶沽、寶吉（與寶薊滿文同）等。白銀每兩合制錢一千五百三十文。

1888年　戊子　（光緒十四年）

3月（正月）12日（三十日）	由于奸商把持，致當十大錢未能照常行使。命步軍統領衙門等再行一體出示曉諭，凡官鑄當十大錢，每文重至二錢以上者，均飭令一律行使，毋有挑剔。
9月（八月）28日（二十三日）	直隸總督李鴻章奏，新購西洋機器試造制錢，每鑄錢一千文，應合工本制錢二千二百三十七文七毫，虧折太鉅，擬請停造。
是歲	喀什噶爾恢復鼓鑄"光緒通寶"紅錢。每文重一錢三分，每歲五百文作銀一兩。錢背鑄回文"喀什"兩字。陝西寶鞏局所用鎮安銅質過低，洋銅缺少，不敷鼓鑄，准自本年起暫行停鑄。時每兩白銀折制錢一千五百六十四文。

1889年　己丑　（光緒十五年）

10月（十月）25日（初二日）	命查禁奸商收買制錢私運出京，以保京師制錢應用充裕。
12月（十一月）20日（二十八日）	以私鑄小錢，革陝西在籍守備阮大德職，并拿辦。

1890年　庚寅　（光緒十六年）

2、3月間（二月）	每紅錢一文重一錢三分，每錢四百文，作銀一兩。并准南北兩路使用紅錢。
5月（三月）1日（十三日）	命廣東機製錢文，改鑄清文"寶廣"兩字，原定每文重一錢，酌改爲八分，以便周轉。

1891年　辛卯　（光緒十七年）

1月（庚寅十一月）7日（二十七日）	緣鑄銅缺乏，暫停寶雲局鼓鑄。

1892年　壬辰　（光緒十八年）

5、6月間（五月）	以鑄錢字法模糊不清，更定迪化寶新局每文紅錢加重五厘。
9、10月（八月）	阿克蘇局移設庫車廠鼓鑄。歸庫車同知管理。
是歲	寶鞏局恢復鼓鑄，改用洋銅一成，鎮安銅五成，白鉛四成配鑄。

1893年　癸巳　（光緒十九年）

諸大臣紛陳錢法。有以鼓鑄銀錢以省經費；有以京局廣鑄新制錢以維圜法；有以禁用當十錢票；嚴拿私鑄私銷等等。除嚴查拿辦私鑄私銷外，其餘均無定論。喀什噶爾擴建礦務鑄錢局一所。

1894年　甲午　（光緒二十年）

長庚命綏定局裁撤，歸惠局辦理。四川總督劉秉璋奏，因川省情況特殊，仍按錢重一錢二分鼓鑄。因機鑄錢文虧折太鉅，兩廣總督李鴻章奏請廣東停鑄。

1895年　乙未　（光緒二十一年）

4月（三月）4日（初十日）	迪化寶新局開鑄。
是歲	准兩江總督劉坤一奏請鑄錢每文重七分。張之洞奏"近日大江南北各州縣，旬日之間銀價驟跌，每兩易制錢一千二百數十文。上游楚皖等省情況亦復相等"，請撥款趕鑄制錢。

1896年　丙申　（光緒二十二年）

1月（乙未十二月）29日（十五日）	緣制錢日少，產銅日稀，命禁止輪船運錢出口。
2月（正月）24日（十二日）	命沿海沿江各州縣，嚴禁制錢偷漏運往外洋。
5月（三月）6日（二十四日）	因湖南省制錢停鑄多年，民用缺乏，准變通鼓鑄，每文以八分八厘爲准。
6、7月間（五月）	擬就天津機器局開爐十二座，土法與機器參酌試鑄重八分制錢。
8月（六月）2日（二十三日）	因鑄本虧折，命浙江用機器于軍裝製造局改鑄重七分

制錢。

是歲　　　　　　　　　　准湖廣總督張之洞鑄錢，每文重六分。委廣東錢局機器製造。寶南局停鑄日久，開爐試鑄八分八厘重制錢。

1897年　丁酉　（光緒二十三年）

3月（二月）5日（初三日）　　湖北制錢短絀，命籌款購機，製造錢幣。

1898年　戊戌　（光緒二十四年）

2月（正月）8日（十八日）　　津局制錢，因銅鉛價昂于昔，擬每文改鑄七分錢，以資持久。

11月（十月）15日（初二日）　　就廣東原有鑄錢機器，試鑄重五分黃銅錢文。著有成效，再行推廣。

　　　　　　　30日（十七日）　　江西省遵鑄八分制錢，請頒樣錢，以爲成式。
12月（十一月）28日（十六日）　　川省遵鑄八分制錢。

1899年　己亥　（光緒二十五年）

1月（戊戌十二月）17日（初六日）　　緣火車通行，京師制錢日少，不敷周轉。嚴飭車站司事人員，凡往來火車價值，概用銀兩銀圓，不准如前搭放制錢，并不准裝運制錢出境，以利圜法。

　　　　　　　26日（十五日）　　命各省督撫，一律查照辦理，每文錢以八分爲准，務令錢質純好。

2月（正月）26日（十七日）　　定各省應解庫款，應搭制錢一成，以維錢法流通。
3月（二月）21日（初十日）　　改鑄制錢，難籌鉅款。准兩廣俟銅價稍平，即行設法開鑄。

　　　　　　　25日（十四日）　　命滇省解京銅鉛，改鑄成制錢解京。
4月（三月）10日（初一日）　　蘇省鼓鑄制錢，向仿浙式，每文重七分，免改造八分，并酌免提解。

11月（十月）19日（十七日）　　户工兩局改鑄當十大錢，銅斤不敷甚鉅，命滇省督飭屬員，實力採辦，每年分三批辦解，毋誤京局鼓鑄。并命滇省認真鼓鑄，毋稍停待。

12月（十一月）　　山西寶晉局，遵旨先開一爐鼓鑄重七分四厘制錢。
是歲　　　　　　　　江西寶昌局遵旨開鑄八分重制錢。
　　　　　　　　　甘肅、廣西、安徽、湖南、陝西等省因款項支絀，緩辦制錢鼓鑄。
　　　　　　　　　庫車局改鑄紅錢每枚重一錢二分。

1900年　庚子　（光緒二十六年）

4月（三月）21日（二十二日）　　滇省鑄錢運京甚不合算，應即停止。所有銅斤盡數運京，庶濟要需。

6月（五月）19日（二十三日）　　因京師錢店紛紛關閉，商民交困。命户工兩局趕緊加卯鼓鑄，分別搭放。

11月（十月）26日（初五日）　　准閩省寶福局兼鑄大錢。

1901年　辛丑　（光緒二十七年）

7月（五月）3日（十八日）　　命寶泉局亟應開爐鑄造錢文，以濟使用。

1902年　壬寅　（光緒二十八年）

2月（辛丑十二月）2日（二十四日）　　因各省制錢短乏，命各省仿閩廣鑄銅元。
是歲　　　　　　　　　　天津和北洋機器局改爲北洋鑄造銀圓總局。

1903年　癸卯　（光緒二十九年）

7月（閏五月）17日（二十三日）　　命設立鑄造銀錢總廠。
8月（七月）25日（初三日）　　命各省仿鑄銅圓，與制錢相輔而行。并飭定章程，以杜奸商諸弊。

1904年　甲辰　（光緒三十年）

5月（四月）23日（初九日）　　各省制錢不敷周轉，粵閩所鑄銅圓，民間行使稱便。

京師兩局減鑄制錢，將其銅斤備鑄銅圓。

9月（八月）30日（二十一日）　　停河南省寶河鑄錢局。

是歲　　江蘇候補道劉世珩條陳圜法芻議。先行限期將舊制通寶制錢概以新幣收兌；至限期以後，則將通寶制錢概行停廢。無論官私出入奇零小數，皆以新幣使用等議。停鑄當十大錢。

1905年　乙巳　（光緒三十一年）

3月（正月）5日（三十日）　　官鑄大錢不敷周轉，私鑄充斥，命順天府查照辦理。

4月（三月）21日（十七日）　　江蘇省鑄造制錢工本虧耗，現擬變通增鑄當五銅錢，與銅圓制錢交相流通。

9月（八月）17日（十九日）　　准戶部尚書鹿傳霖等奏，裁寶泉、寶源兩局，留寶泉局西、北兩廠，專供改鑄六分制錢，仍按舊鑄當十大錢成色，以銅五成五、鉛四成五配鑄。

11月（十月）19日（二十三日）　　今明定國幣，擬鑄造庫一兩銀幣，定爲本位。更鑄五錢、二錢、一錢三種銀幣，與現鑄之銅圓，舊有之制錢相輔而行。命戶部造幣總廠，按所擬章程，行知直隸、江蘇、湖北、廣東各分廠，趕緊製造。嗣後，公私收發款項，均應行用銀幣，以垂定制。

是歲　　命永遠停鑄當十大錢。

1906年　丙午　（光緒三十二年）

8月（六月）8日（十九日）　　粵省改機造一文銅錢，重三分二厘，中鑿圓孔，以便貫穿。工精不易私造，體質輕則可免銷毀。

8、9月間（七月）　　命各省一律仿造粵省機鑄銅錢。

1907年　丁未　（光緒三十三年）

1月（丙午十二月）25日（十二日）　　近日銅圓充斥，價跌至每元一百十枚。命將官板大錢一律行用。

7月（六月）25日（十六日）　　緣京城當十大錢，因僅值二文，時宜收回。但其雜質較多，不便鼓鑄銅圓，只可鼓鑄制錢。准度支部奏，撥庫銀一百萬兩，盡數收回當十大錢，隨時運交寶泉局加卯改鑄，并由地方官通行曉諭，新鑄六分重制錢務與銅元一律行用，不准商民任意低昂。

是歲　　直督楊士驤奏："近時銀價漲至十六七吊（即銀一兩合制錢一千六七百文）。"

兩江總督周馥等奏，蘇省銀價騰貴，目下銀價每兩一千六百九十文。

1908年　戊申　（光緒三十四年）

2月（正月）14日（十三日）　　緣銅圓益多，奸商舞弊，致以錢貴圓賤，一枚銅圓不足抵制錢十文，大礙民生。命度支部通行各省廠，凡鑄當十銅圓，必須于定額之外，加鑄三成一文新錢，用黃銅或紫銅，有孔或無孔，該部詳核。一枚銅圓，必當新鑄制錢十文，以資推行使用。

3月（二月）29日（二十七日）　　因銅圓益賤，命京外各廠暫行停鑄銅圓數月。

11月（十一月）30日（初七日）　　宣統建元，命鼓鑄銀銅幣。

是歲　　定制錢每文重三分二厘。時成輔幣。

1909年　己酉　（宣統元年）

呈進"宣統通寶"新錢。

安徽巡撫朱家寶奏："現在銀價奇昂，每銀一兩需錢一千九百及二千文不等。"

1910年　庚戌　（宣統二年）

5月（四月）23日（十五日）　　命漢口、廣州、成都、雲南四處分廠，改鑄"宣統元寶"，專歸天津總廠管理。奉廠暫改分廠，其餘各省所設銀銅各廠，一律裁撤，以示統一鑄造國幣。

24日（十六日） 定國幣單位名圓，暫以銀爲本位。以一圓爲主幣，重庫平七錢二分。

9月（八月）20日（十七日） 命幣制調查局改爲幣制局。

11月（十一月）3日（初二日） 杭州將軍志銳奏，日本大收中國制錢，毀成銅塊，到華銷售；并有錢模，任意開鑄各省銅圓。欲圖補救，惟將銅圓一枚，准折制錢四文或五文，奸商無利，日鑄亦虧也。

19日（十八日） 度支部尚書載澤等奏，因銅圓盛行，制錢多毀，擬請截止年底，即行停止寶泉局制錢鑄造。

1911年 辛亥 （宣統三年）

是歲 鑄大清銀幣。

1912年 壬子 （中華民國元年）

3月（二月）30日（十二日） 清帝退位，清朝亡。

引 用 書 目

《清實録》 撰人不詳《錢幣考》
《清史稿》 楊榮陸《三藩紀事本末》
《清史列傳》 徐鼒《小腆紀傳》
《清朝通典》 徐鼒《小腆紀年附考》
《清朝通志》 江日昇《臺灣外紀》
《清朝文獻通考》 彭遵泗《蜀碧》
《清朝續文獻通考》 李天根《爝火録》
《清會典》 吳偉業《綏寇紀略》
《欽定大清會典事例》 梁章鉅《浪迹叢談》
《中國近代貨幣史資料》 唐與崑《制錢通考》
《清稗類鈔》 丁福保《古錢大辭典》
《明史》 彭信威《中國貨幣史》
《大清一統志》 楊端六《清代貨幣金融史稿》
《衛藏通誌》 齊思和等《中外歷史年表》
《新疆圖誌》 陶菊隱《北洋軍閥統治時期史話》
《四川通誌》 郭影秋《李定國紀傳》
《陝西通誌》 呂思勉《中國制度史》
《福建通誌》 羅爾綱《太平天囯史料辨僞集》
《廣東通誌》 千家駒、郭彥崗《中國貨幣發展簡史和表解》
《浙江通誌》 魏建猷《中國近代貨幣史》
《湖南通誌》 石毓符《中國貨幣金融史略》
《回疆通誌》 簡又文《太平天囯典制通考》
《光緒順天府誌》 黃鵬霄《故宮清錢譜》

清代歷朝鑄幣局與鑄幣簡表

馬隆

局名	地區	簡稱 漢文	簡稱 滿文	簡稱 維文	順治 光背式	順治 單漢字式	順治 一厘錢式	順治 滿文式	順治 滿漢文式	康熙 滿文式	康熙 滿漢文式	雍正 滿文式	乾隆 滿文式	嘉慶 滿文式	道光 滿文式	咸豐 滿文式	祺祥 滿文式	同治 滿文式	光緒 滿文式	宣統 滿文式	說明
寶泉局	京師戶部	泉	（滿文）		✓	✓	✓	✓		✓		✓	✓	✓	✓	✓	✓	✓	✓○	✓	順治元年立，宣統末廢。
寶源局	京師工部	源	（滿文）		✓	✓	✓	✓		✓		✓	✓	✓	✓	✓	✓	✓	✓○		順治元年立，光緒末廢。
宣府鎮局	直隸	宣	（滿文）			✓	✓		✓		✓										順治二年立，康熙十年廢。
臨清鎮局	山東	臨	（滿文）			✓			✓		✓										順治二年立，康熙十四年撤。
陝西省局 寶陝局	西安	陝	（滿文）		✓（未見實物）	✓	✓		✓		✓	✓	✓	✓	✓	✓		✓	✓		順治二年立，光緒末廢。
薊州鎮局	直隸	薊	（滿文）			✓	✓		✓		✓										順治二年立，康熙十年廢。
大同鎮局	山西	同	（滿文）			✓	✓		✓		✓										順治二年立，六年移陽和，十三年移回，康熙十年撤。

局名	地區	簡稱 漢文	簡稱 滿文	簡稱 維文	順治 光背式	順治 單漢字式	順治 一厘錢式	順治 滿文式	順治 滿漢文式	康熙 滿文式	康熙 滿漢文式	雍正 滿文式	乾隆 滿文式	嘉慶 滿文式	道光 滿文式	咸豐 滿文式	祺祥 滿文式	同治 滿文式	光緒 滿文式	宣統 滿文式	說明
山西省局寶晉局	太原	原	（滿文）			✓	✓	✓		✓											順治二年立，用"原"字，雍正七年改爲寶晉局，用滿文"寶晉"，光緒末廢。
		晉	（滿文）									✓	✓	✓	✓	✓		✓	✓		
密雲鎮局	直隸	云	（滿文）		✓																順治二年立，康熙十年撤。文獻記載有"密"字錢，未見。
		雲	（滿文）				✓														
延綏鎮局	陝西	延	（滿文）		✓																順治三年立，五年撤。
湖廣省局寶武局	武昌	昌	（滿文）						✓		✓										順治三年題准，設于武昌，雍正七年定名爲寶武局，光緒二十二年改爲機製局。
		武	（滿文）		✓（未見實物）	✓（未見實物）							✓	✓	✓	✓	✓		✓	✓	○

局名	地區	簡稱 漢文	簡稱 滿文	簡稱 維文	順治 光背式	順治 單漢字式	順治 一厘錢式	順治 滿文式	順治 滿漢文式	康熙 滿文式	康熙 滿漢文式	雍正 滿漢文式	乾隆 滿文式	嘉慶 滿文式	道光 滿文式	咸豐 滿文式	祺祥 滿文式	同治 滿文式	光緒 滿文式	宣統 滿文式	說明
荊州府局	湖北	荊																			順治三年立,十年停。
盛京局寶奉局	奉天府（今瀋陽）	奉	（滿文字）																✓○		順治四年立,五年停。光緒年開鑄寶奉局錢,試鑄過咸豐制錢壹吊大錢。末廢。
河南省局 寶河局	開封	河	（滿文字）		✓	✓		✓		✓	✓	✓				✓		✓	✓		順治四年立,雍正七年復,九年停,咸豐四年重建,光緒末廢。
寧夏鎮局	甘肅	寧	（滿文字）		✓	✓															順治四年准立,康熙六年撤。
廣東省局寶廣局	廣州	廣	（滿文字）				✓（未見實物）				✓	✓	✓	✓	✓	✓		✓	✓○	○	順治四年准立,康熙七年開鑄,雍正七年定名爲寶廣局。咸豐大錢是部頒樣錢。光緒十三年改爲機製局。

局名	地區	漢文	滿文	維文	順治 光背式	順治 單漢字式	順治 一厘錢式	順治 滿文式	順治 滿漢文式	康熙 滿文式	康熙 滿漢文式	雍正 滿文式	乾隆 滿文式	嘉慶 滿文式	道光 滿文式	咸豐 滿文式	祺祥 滿文式	同治 滿文式	光緒 滿文式	宣統 滿文式	說明
江西省局寶昌局	南昌	昌				✓	✓					✓	✓	✓	✓	✓		✓	✓		順治四年立，光緒末廢。先後簡稱爲昌和江。雍正七年改爲寶昌局。
		江						✓		✓											
江南江寧府局	江寧	江			✓（未見實物）		✓															順治五年立，雍正九年撤。先後簡稱爲江和寧。
		寧						✓		✓											
福建省局寶福局	福州	福				✓	✓						✓	✓	✓	✓	✓		✓	✓○	○	順治六年准立，光緒末廢。
陽和鎮局	山西	陽				✓	✓															順治六年移大同鎮局于此，十三年移回。
浙江省局寶浙局	杭州	浙				✓	✓			✓			✓	✓	✓	✓	✓		✓	✓○		順治六年立，光緒末廢。

局名	地區	簡稱漢文	簡稱滿文	簡稱維文	順治光背式	順治單漢字式	順治一厘錢式	順治滿文式	順治滿漢文式	康熙滿文式	康熙滿漢文式	雍正滿文式	乾隆滿文式	嘉慶滿文式	道光滿文式	咸豐滿文式	祺祥滿文式	同治滿文式	光緒滿文式	宣統滿文式	說明
山東局寶濟局	濟南	東	(滿文)			✓	✓	✓		✓											順治六年立，用東字。雍正七年定名爲寶濟局，乾隆三年撤。咸豐四年開鑄大錢，同治停。
		濟	(滿文)									✓	✓			✓		✓			
襄陽府局	湖北	襄			✓																順治七年立，九年廢。
雲南省局寶雲局	昆明	雲	(滿文)								✓	✓	✓	✓	✓	✓		✓	✓	✓	順治十七年立，光緒末廢。
四川省局寶川局	成都	川	(滿文)									✓	✓	✓	✓	✓		✓	✓		康熙六年立，光緒末廢。
甘肅省局寶鞏局	鞏昌	鞏	(滿文)								✓	✓				✓	✓	✓			康熙六年立，雍正四年定名寶鞏局，乾隆時停，咸豐五年重開，光緒末廢。

續表

局名	簡稱	地區	版式·漢文	版式·滿文	版式·維文	順治·光背式	順治·單漢字式	順治·一厘錢式	順治·滿文式	順治·滿漢文式	康熙·滿文式	康熙·滿漢文式	雍正·滿文式	乾隆·滿文式	嘉慶·滿文式	道光·滿文式	咸豐·滿文式	祺祥·滿文式	同治·滿文式	光緒·滿文式	宣統·滿文式	說明
江蘇省蘇州府局	寶蘇局	蘇州	蘇	[滿文]								✓	✓	✓	✓	✓	✓		✓	✓○		康熙六年立，六十一年冬定名寶蘇局，雍正八年始鑄寶蘇局錢，光緒末廢。
湖南省局	寶南局	長沙	南	[滿文]								✓	✓	✓	✓	✓	✓		✓	✓		康熙六年立，雍正七年定名寶南局，光緒末廢。
廣西省局	寶桂局	桂林	桂	[滿文]								✓	✓	✓	✓	✓	✓		✓	✓		康熙七年立，光緒末廢。
貴州省局	寶黔局	貴陽	黔	[滿文]									✓	✓	✓	✓	✓		✓	✓		康熙七年立，雍正元年定名爲寶黔局，光緒末廢。未見"貴"字錢。
漳州府局	寶漳局	福建	漳	[滿文]								✓										康熙十九年立，二十一年停。
臺灣府局	寶臺局	臺灣	臺	[滿文]								✓		✓（未見實物）			✓		✓			康熙二十八年立，乾隆年停，咸豐年復。同治錢薄小，是否官鑄待考。廢年不詳。

局名	地區	漢文	滿文	維文	順治 光背式	順治 單漢字式	順治 一厘錢式	順治 滿漢文式	順治 滿文式	康熙 滿文式	康熙 滿漢文式	雍正 滿文式	乾隆 滿文式	嘉慶 滿文式	道光 滿文式	咸豐 滿文式	祺祥 滿文式	同治 滿文式	光緒 滿文式	宣統 滿文式	說明
寶安局	安徽安慶	安										✓									雍正九年立，廢年不詳。乾、嘉、道錢極少見，待考，咸豐大錢是部頒樣錢。
寶東局	雲南東川	東											✓	✓	✓			✓	✓		嘉慶年間改雲南省東川府局爲寶東局，光緒末廢。
寶直局	直隸保定	直											✓	✓	✓	✓		✓	✓	○	乾隆十年立，光緒末廢。
葉爾羌局	新疆葉爾羌	葉爾羌											✓			✓		✓			乾隆二十四年立，原滿文錯譯爲葉爾奇木局，二十六年改爲葉爾羌局，同治三年關閉。
阿克蘇局	新疆阿克蘇	阿克蘇											✓	✓	✓	✓		✓	✓		乾隆二十六年立，光緒十八年移于庫車，撤。

局名	地區	簡稱 漢文	滿文	維文	順治 光背式	單漢字式	一厘錢式	滿文式	滿漢文式	康熙 滿文式	滿漢文式	雍正 滿文式	乾隆 滿文式	嘉慶 滿文式	道光 滿文式	咸豐 滿文式	祺祥 滿文式	同治 滿文式	光緒 滿文式	宣統 滿文式	說明
烏什局	新疆烏什	烏什											✓							✓	乾隆三十一年阿克蘇局移烏什爲烏什局，嘉慶五年又遷回。宣統紅錢是庫車局代鑄。
寶伊局	新疆伊犁	伊											✓	✓	✓	✓		✓			乾隆四十年立，同治五年停。見有光緒錢，均部頒樣錢，未鑄造流通。
寶薊局	直隸馬蘭鎮	薊														✓					咸豐四年立，專鑄大錢。
寶德局	熱河承德	德														✓					咸豐四年立，八年撤。
喀什噶爾局	新疆喀什噶爾	喀														✓			✓		咸豐五年立，開鑄大錢，光緒末廢。
寶迪局	新疆迪化	迪														✓					咸豐五年立，同治三年停。

局名	地區	簡稱 漢文	簡稱 滿文	簡稱 維文	順治 光背式	順治 單漢字式	順治 一厘錢式	順治 滿文式	順治 滿漢文式	康熙 滿文式	康熙 滿漢文式	雍正 滿文式	乾隆 滿文式	嘉慶 滿文式	道光 滿文式	咸豐 滿文式	祺祥 滿文式	同治 滿文式	光緒 滿文式	宣統 滿文式	說明
寶庫局 庫車局	新疆庫車	庫		（維文）												✓		✓	✓		咸豐六年立，光緒年間鑄或代鑄的有用寶庫局名，光緒末廢。
寶新局	新疆迪化		新（滿文）																✓		光緒十二年改寶迪局爲寶新局，三十四年廢。
寶東局	山東		（滿文）																○		光緒十三年立，末廢。
寶津局	天津		津（滿文）																✓ ○		光緒年間立，末停。
寶吉局	吉林		吉（滿文）																✓ ○		光緒年間立，末廢。
寶沽局	天津		沽（滿文）																✓ ○		光緒年間立，末廢。
寶寧局	江南製幣廠		寧（滿文）																✓ ○		光緒年間立，末廢。

局名	地區	簡稱(漢文)	簡稱(滿文)	簡稱(維文)	順治 光背式	順治 單漢字式	順治 一厘錢式	順治 滿文式	順治 滿漢文式	康熙 滿文式	康熙 滿漢文式	雍正 滿漢文式	乾隆 滿漢文式	嘉慶 滿文式	道光 滿文式	咸豐 滿文式	祺祥 滿文式	同治 滿文式	光緒 滿文式	宣統 滿文式	説明
水磨溝銀圓局	新疆迪化	源																	○		光緒卅三到卅四年，迪化水磨溝銀圓局帶鑄機製小平光緒通寶寶源局新十錢。
總計					2	22	18	2	12	2	21	20	22	19	19	29	5	25	29	5	

注："√"符號爲模鑄錢。"○"符號爲機製錢。

説明:

1.本表所刊鑄幣局以史有記載,係官局、鑄造過錢幣(未見實物的注明),并在錢背鑄有局名或屬定制的光背錢者爲限。有部頒樣錢而未鑄造過的、或屬試鑄品都未列入。雲南省的東川(改爲寶東局以前)、大理、曲靖、保山、臨安、霑益、廣西、順寧、蒙自、祿豐等局,是雲南省局、寶雲局的分局,其鑄幣均在背上鑄"雲"字或滿文寶雲局名字; 貴州畢節縣局、大定府局均背鑄滿文寶黔局名字; 廣東肇慶府局背鑄"廣"字; 河南懷慶府局背鑄滿文寶河局名字; 咸豐四年寶泉局在山西平定州設分局鑄鐵錢,背滿文"寶泉"局名字; 還有一些省的機器局也參加鑄錢,都未列入。待考局和待考品,如所謂寶州局,鑄有咸豐、同治小平錢和所謂山西榮河局鑄有"西"字滿漢文順治、康熙通寶錢的也未列入。

2.康熙六十年規定一省一局。六十一年雍正繼位後,爲統一鑄幣上的局名,規定在各省簡稱前,冠以"寶"字。其後新立鑄局,如新疆一省多局,有冠以"寶"字,如寶伊、寶迪、寶新,其他則以地名爲局名,如阿克蘇、烏什、喀什噶爾、庫車局等。後兩局也有用滿文寶喀什噶爾局、寶庫車局名。

3.新疆各鑄局名字除用漢滿文外,還用維吾爾文。幣上各鑄局簡稱,左爲滿文,右爲維吾爾文。簡稱的滿、維文有多個的,是曾用過的不同寫法。

4.本表按鑄幣局設立的時間先後次序排列。

清代銀錢比價簡表

馬隆

年份	白銀一兩合制錢數（文）	附錄 （歷朝寶泉寶源局 年鑄錢數）
順治元年（1644）	令京局鑄制錢，"每文鑄重一錢"，"每七文准銀一分"，即： 銀一兩合制錢700文。	寶泉局 71663900文有奇。
二年（1645）	"更舊制每文重一錢爲一錢二分，凡七文准銀一分；舊錢以十四文准銀一分。"即 一兩銀合新錢700文，舊錢1400文。	443751760文有奇。
四年（1647）	"户部議定，制錢行使，原係每七文准銀一分，錢價既重，小民交易不便，應改爲每十文准銀一分"。即：銀一兩合新錢1000文，定銀一兩值制錢1000文，并于錢背鑄"一厘"字樣。	1333384794文。
八年（1651）	"更定制錢重量每文爲一錢二分五厘，仍以百文准銀一錢"。即： 銀一兩合制錢1000文。	2430509050文有奇（另舊鑄錢213370文）。
十年（1653）	"鑄錢務照定式，每文重一錢二分五厘，錢背之左增鑄漢文'一厘'二字"。即： 銀一兩合制錢1000文。	2521663740文（厘錢，舊鑄錢213370文）。
十四年（1657）	"更定錢制，每文重一錢四分"，未定比價。但完納錢糧"每銀一分收錢十文"。即： 銀一兩合重一錢四分制錢1000文。	2340870816文（厘錢，舊鑄錢201210文）。
康熙九年（1670）	1250文（京城）。	290543250文。
十八年（1679）	更定錢制，每文重一錢，銀一兩換錢1000文。	
二十三年（1684）	改鑄重一錢制錢。800—900文（京城）。	294851480文。
二十九年（1690）	令銀一兩不得不足1000文（京城）。	289930600文。
三十一年（1692）		命寶泉局歲鑄三十六卯。
三十六年（1697）	小錢3030—3125文。	238063060文。
四十一年（1702）	停鑄舊式小錢，改鑄重一錢四分大錢，銀一兩合大錢1000文，合舊小錢1429文。	238065800文。
四十五年（1706）十一月	完納錢糧，銀一兩折小錢2000文（山東）。	238075800文。
五十六年（1717）	1400文（指小錢或京錢，2文作制錢1文）。	399167300文。
六十一年（1722）	780文（京城）。	461700文。

年份	白銀一兩合制錢數（文）	附録 （歷朝寶泉寶源局 年鑄錢數）
雍正二年（1724）	845文。	409200文。上年，定寶泉、寶源每年各鑄四十卯。
四年（1726）	845文。	675160文。是年，定寶泉、寶源各鑄四十一卯。
七年（1729）	1020文（馬蘭峪，奉天、直隸），諭衹許換大制錢1000文。	748480000文。
九年（1731）	從户部奏，五城十廠發糶所得錢文，發錢舖，照定價950文兑换。俟市價漸增，以銀一兩合大制錢1000文爲率，不得因市價而遞减。	1048759660文。寶源局年鑄正額减爲三十七卯，寶泉局歲鑄額仍爲四十一卯。
雍正中	700—800文（江蘇）。	
十二年（1734）	頒行制錢一錢二分錢式，與一錢四分一體行用。即：銀一兩合1000文制錢。	685390000文。
乾隆二年（1737）	900文。 800文（京城）。 1200文（雲南搭放兵餉）。	六月開爐鑄錢，出錢32160串。
四年（1739）	880文（京城）。	
五年（1740）	800文（各省）。 700文（江蘇）。	正月鼓鑄青錢128613串300文。
六年（1741）	769—833文（湖雲）。 800文（惡錢）。 800文（江蘇青錢）。	是歲，准寶泉局加鑄錢二十卯，每卯鑄錢12498串。
七年（1742）		令寶泉、寶源局每年各開鑄六十一卯，遇閏加鑄四卯。
八年（1743）	700—815文（廣東）。	
九年（1744）	700—810文餘（廣東）。	
十年（1745）	720—740文（陝西）。	是歲，京師錢價昂貴，命寶泉、寶源兩局于本年額鑄61卯之外，各帶鑄5卯，加鑄22卯，共可得錢458630文有奇。

年份	白銀一兩合制錢數（文）	附錄（歷朝寶泉寶源局年鑄錢數）
十二年（1747）	1246文（湖廣）。	
十三年（1748）	750文（山東）。	是歲，鑄青錢72800串。
十四年（1749）	800文（直隸）。	
十六年（1751）	781文（山西）。 820文（京城）。	是歲，命寶泉、寶源兩局，每年各開鑄71卯。
十八年（1753）	830—870文（直省）。	
二十一年（1756）	寶源局于正額七十一卯外，加鑄十卯。	
二十四年（1759）	800文（甘肅搭放兵餉）。 885文（甘肅）。	是歲，加鑄二十六卯，歲添錢57355串，增搭兵餉。
二十五年（1760）		是歲，令寶泉局每年開鑄七十六卯。
五月	100–110普爾（葉爾羌）。	
十一月	120普爾（葉爾羌）。 100普爾（四人交納錢糧）。	
二十六年（1761）	862文（湖南）。	是歲，准工部奏，仍以原額七十一卯，暫停添鑄十卯。
二十七年（1762）	820文，銀一兩二錢易錢1000文（江南）。	
二十八年（1763）	1200文（雲貴）。	
乾隆中	800—900文。	
三十一年（1766）	1100文（雲南）。 70—80普爾（葉爾羌）。 90普爾。	
三十二年（1767）	830文（直隸）。	
三十五年（1770）	1150文（雲南）。	
三十八年（1773）	830文。	
四十年（1775）	950—960文（京城）。	寶泉局是年暫撤閏月加四卯之定額。

年份	白銀一兩合制錢數（文）	附錄 （歷朝寶泉寶源局 年鑄錢數）
四十一年四月	955 文（京城）。	
五月	855 文（京城）。	
四十二年（1777）	1200 文（雲南）。	
四十三年（1778）	100 普爾（葉爾羌）。 890 文（陝西）。 1200 文（雲南）。	
四十四年（1779）	880 文（京城）。	
四十五年（1780）	910 文（直隸及近省）。 990 文（江西）。	
五十六年（1791）	1550 文（四川）。	
五十七年（1792）	1000 文以上。	
五十八年（1793）	1000 文以上。	
五十九年（1794）	2450 文（雲南）。 1000 文（京城）。 1400 文（閩浙）。	准寶泉、寶源局各暫減二十卯。寶泉局裁勤爐十座，又減鑄錢二十五卯。寶源局照戶部議定，再減二十卯，兩局每年各鑄三十卯。
六十年（1795）	1000 文（山西）。	
嘉慶元年（1796）	780 文。 919.9 文（寧津縣）。	准寶泉局加鑄十卯。 命戶、工兩局各加鑄十卯。
二年（1797）	1300 文（常熟）。	
三年（1798）	1090 文（直隸寧津縣）。	
四年（1799）	1033.4 文（寧津縣）。	正月，戶部將前停三十五卯，先復十七卯。工部停鑄之三十六卯，先復十五卯。七月命戶工局全復舊卯數鼓鑄。

年份	白銀一兩合制錢數（文）	附録 （歷朝寶泉寶源局 年鑄錢數）
	1450 文（江蘇）。	户、工兩局按卯鼓鑄，藉便民用，毋有短鑄缺額。
五年（1800）	1070.4 文（寧津縣）。	又准京局各添鑄十六卯。
六年（1801）	1040.7 文（寧津縣）。 260 普爾（喀什噶爾）。 210 普爾（新疆各城當時交付官兵俸餉等）。	
七年（1802）	1450—1650 文（山東）。 997.3 文（寧津縣）。	
八年（1803）	800—900 文。 996.9 文（寧津縣）。	
九年（1804）	800—900 文。	
嘉慶十年（1805）	935.6 文（寧津縣）。	
十一年（1806）	936.2 文（寧津縣）。	准寶泉局自當年七月至明年十一月加鑄十八卯。
十二年（1807）	969.9 文（寧津縣）。	
十三年（1808）	1040.4 文（寧津縣）。 1200—1300 文。	
十四年（1809）	1065.4 文（寧津縣）。	
十五年（1810）	1132.8 文（寧津縣）。	
十六年（1811）	1085.3 文（寧津縣）。	
十七年（1812）	1093.5 文（寧津縣）。	
十八年（1813）	1090.2 文（寧津縣）。	
十九年（1814）	1101.9 文（寧津縣）。	
二十年（1815）	1177.3 文（寧津縣）。	
二十一年（1816）	1216.6 文（寧津縣）。	
二十二年（1817）	1245.4 文（寧津縣）。	

年份	白銀一兩合制錢數（文）	附錄 （歷朝寶泉寶源局 年鑄錢數）
二十三年（1818）	1226.4 文（寧津縣）。 1300 餘文（閩浙）。	
道光元年（1821）	1266.5 文（寧津縣）。 1300 文（京城）。	
二年（1822）	1252 文（寧津縣）。 京錢 2600 文（山東）。 京錢 2000 文（直隸）。	
三年（1823）	1249.2 文（寧津縣）。	
四年（1824）	1111 文（湖南）。 1240 文（福建）。 1269.0 文（寧津縣）。	户、工兩部錢局，每月 按卯數鑄大錢。
五年（1825）	1253.4 文（寧津縣）。 1429—1667 文。	
六年（1826）	1150—1260 文（江蘇）。 1271.3 文（寧津縣）。	
七年（1827）	1340.8 文（寧津縣）。 220 普爾（喀喇沙爾抵放兵餉）。	
八年（1828）	1280 文（江蘇）。 1300 文（蘇松）。 1393.3 文（寧津縣）。 京錢 2550 文（京城）。 京錢 2600 文（山東）。	
九年（1829）	1300 文（直隸、江蘇）。 1379.9 文（寧津縣）。 1400 文（河南）。 1364.6 文（寧津縣）。 2000—2300 文（河南新鄭、禹州、許州、靈寶等）。	寶泉局每月按六卯鼓鑄。
十年（1830）	1100 文（京城）。 1300 文（直隸）。 1350 文（福建）。 京錢 2700 文（山東）。 1388.9 文（寧津縣）。	

年份	白銀一兩合制錢數（文）	附錄 （歷朝寶泉寶源局 年鑄錢數）
十一年（1831）	1300文（山西）。 1370—1400文（陝西）。	命寶源局勤爐自下年四月始，停鑄一年，計少鑄錢七萬三千餘串。
十二年（1832）	1350文（江蘇、浙江）。 1387.2文（寧津縣）。 1250文（湖州）。	
十三年（1833）	1362.8文（寧津縣）。	自本年四月爲始，停勤爐一年。本年冬季，工部正爐加鑄五卯，計得二萬八千串。
十四年（1834）	1356.4文（寧津縣）。	
十五年（1835）	1429文（湖北）。 1420文（寧津縣）。	命自本年三月爲始，寶泉局每月仍按六卯鼓鑄。
十六年（1836）	1200—1400文。 1487.3文（寧津縣）。	
十七年（1837）	1400文（江西）。 1559.2文（寧津縣）。 1500—1600文（四川）。	
十八年（1838）	1300餘—1400餘文（江蘇）。 1429文（湖南、貴州、廣西）。 1600—1700文（湖廣）。 1600—1650文。 1637.8文（寧津縣）。	
十九年（1839）	1678.9文（寧津縣）。	
二十年（1840）	1200文（伊犁）。 1570文（浙江）。 1643.8文（寧津縣）。	

年份	白銀一兩合制錢數（文）	附錄 （歷朝寶泉寶源局 年鑄錢數）
二十一年（1841）	1546.6文（寧津縣）。 1667—1724文（江西）。	是歲，寶泉局歲鑄錢840571992串，寶源局歲鑄錢390000000串。（按　疑"串"字有誤。如是歲，寶源局鑄錢達八億四千餘萬串，約合七萬卯。據史述核之，清代户、工兩局年鑄額最高不超過百卯，實鑄錢數不可能達若干億串之巨。以下各處年鑄額之類同數額多存此疑。記録如此，照録待考）
二十二年（1842）	1400—1500文（山東）。 1470文（直隸）。 1480文（陝西西安）。 1572.2文（寧津縣）。 1587文（貴州）。 1590文（福建）。 1626文（湖北）。 1650文（浙江）。	是歲，寶泉局鑄錢762933454串。寶源局鑄錢360000000串。
二十三年（1843）	1200文（雲南）。 1540文（山西）。 1600文（陝西、福建）。 1620文（江蘇）。 1656.2文（寧津縣）。 1667文（湖北）。 洋銀一枚易錢1300文，銀六錢易錢1000文。	是歲，寶泉局鑄錢830568753串，寶源局鑄錢360000000串。
二十四年（1844）	1500—1600文（直隸）。 1724.1文（寧津縣）。 2000—2300文（各省）。	是歲，寶泉局鑄錢996230572串，寶源局鑄錢360000000串。
二十五年（1845）	近2000文（京城）。 2024.7文（寧津縣）。 2200—2300文（各省）。 1200—1800文（陝西）。	是歲，寶泉局鑄錢811692376串，寶源局鑄錢360000000串。

年份	白銀一兩合制錢數（文）	附録 （歷朝寶泉寶源局 年鑄錢數）
	1500 文（江南、浙江、廣東、福建、閩海關）。 1580—1640 文（雲南）。 1600 文（廣西、貴州）。 王慶雲謂：　銀兩值錢 2000 文。 1700 文以上（山西）。 1800—1900 文（湖北）。 1800—2000 文（江蘇）。 1900 餘文（江西、許墅關）。 1912 文（湖南）。 2000 文（安徽、甘肅）。 2200—2300 文（河南）。 京師銀每兩易錢近 2000 文。吳嘉賓謂　半年之間，銀價自 1500 文驟長至 2000 文有零。	
二十六年（1846） 五月	1700—2000 文（山西）。 1800—1900 文（江蘇）。	是歲，寶泉局鑄錢920645914串，寶源局鑄錢 364485327 串。
六月	1900 餘文（江西）。 1912 文（湖南）。 1600 文（廣西）。	
七月	2000 餘文（江蘇）。	
八月	1800—1900 文（湖北）。 2100—2200 文（山東）。	
九月	1600 餘文（貴州）。 2200－2300 文（河南）。 2208.4 文（寧津縣）。 京師銀每兩易錢近 2000 文，外省易錢至 2300 文。	
二十七年（1847）	1900—2100 文（廣西）。 2000 文（湖廣）。 2167.4 文（寧津縣）。	
二十八年（1848）	1900 文（福建）。 2299.3 文（寧津縣）。	是歲，寶泉局鑄錢804752227串，寶源局鑄錢 360000000 串。
二十九年（1849）	2355 文（寧津縣）。	是歲，寶泉局鑄錢848131941串，寶源局鑄錢 390000000 串。

年份	白銀一兩合制錢數（文）	附錄 （歷朝寶泉寶源局 年鑄錢數）
三十年（1850）	2230.3 文（寧津縣）。 2700—2800 文（山東）。	是歲，寶泉局鑄錢746021408串，寶源局鑄錢330000000串。
咸豐元年（1851）	2000 文。	是歲，寶泉局鑄錢857809139串，寶源局鑄錢390000000串。
二年（1852）	1500 文（京城）。 2000 文。	是歲，寶泉局鑄錢581833306串，寶源局鑄錢152000000串。
三年（1853） 九月 四年（1854）	1600 文。 1850 文。 1800—2000 文以上（雲南）。 下忙 1800—1900 文（鳳陽）。 2000 文（京城）。 4000 餘文（福州）。 1600 文（河南）。 2000 文（各省發放兵餉）。	寶泉局復卯，兼鑄大錢。命寶泉局每月鼓鑄制錢六卯內，減鑄一卯，改鑄當十大錢。又命寶泉局額鑄六卯內留三卯鑄制錢，兩卯鑄當十大錢，一卯鑄當五十大錢，添鑄當千大錢。 是歲，户、工兩局共鑄錢3045823584串。 命寶泉局月鑄六卯，留兩卯鑄制錢，兩卯鑄當十大錢，一卯三分鑄當五十大錢，半卯二分鑄當百大錢。又試鑄當千大錢29114枚，當五百大錢54588枚。鑄當五鐵錢、鐵制錢。鼓鑄兩卯鉛制錢，計 241990餘串。

年份	白銀一兩合制錢數（文）	附録 （歷朝寶泉寶源局 年鑄錢數）
	800 文（烏魯木齊）。 上忙 2000 文（安徽）。	三月起，月鑄當千大錢一卯半，當五百大錢一卯半，當百大錢兩卯，當五十大錢兩卯半，當十大錢三卯半，當五大錢四卯。後命寶源局照户部變通卯額章程，暫行停鑄當十錢，裁撤當千、當五百，歸入當百、當五十兩項，月鑄十二卯，留鑄兩卯當五，加鑄鉛制錢兩卯。
二月、潤七月	2700—3000 文（河南）。 2400—2500 文（山西）。	
五月	2700—2800 文（河東河通，即山東濟寧州一帶）。	
五年（1855）	1600 文。	是歲，寶泉局鑄錢 1374835630 串，寶源局鑄錢 436525032 串。
二月	1600—1700 文（四川）。	命寶泉局停鑄當百、當五十大錢，每月改鑄兩卯半當十大錢，兩卯半制錢。 命寶源局自三月起，鉛鐵制錢、當五、當十大錢各鑄三卯外，當百、當五十各鑄半卯，停鑄當百、當五十大錢。
六年（1856）	2700—3000 文（京城）。	

年份	白銀一兩合制錢數（文）	附錄 （歷朝寶泉寶源局 年鑄錢數）
七年（1857）	1120文（上海）。 京錢7000—7500文（京城）。	命寶泉局現鑄一卯半制錢，均改鑄當十大錢，寶源局添爐增鑄鐵錢。是年，准寶泉局減卯，每月鑄當十大錢兩卯，制錢一卯半。命將一卯半制錢全部改鑄當十大錢。命寶源局自九月起，每爐上半月鑄銅錢，下半月鑄鐵錢，每月添鑄鐵錢制錢五卯。
八年（1858）八月	京錢11000—12000文（京城）。	
二月	9000餘文（福州）。	
九月	1700—1800文（雲南大錢發行時）。 3000文以上（大錢放餉後）。	
九年（1859）春夏	京錢15000—17000文（京城）。	寶泉局歲鑄錢500000000串，寶源局歲鑄錢400000000串。
七月	650普爾（喀什噶爾）。	
八月	京錢1300文（京城）。	
十年（1860）二月	28000文（福州）。	寶泉局歲鑄錢87483250串，寶源局歲鑄錢21363150串。
十一年（1861）	1650文。	
六月十一日	京錢30000文以外（京城）。	
七月二十三日	京錢26000文（京城）。	
同治元年（1862）	1550—1650文。 京錢20000—30000文（京城）。	
三年（1864）		寶泉局歲鑄錢123841399串，寶源局歲鑄錢2200000串。
四年（1865）	京錢12000文（都中）。	寶泉局歲鑄錢139067460串。

年份	白銀一兩合制錢數（文）	附錄 （歷朝寶泉寶源局 年鑄錢數）
五年（1866）		寶泉局歲鑄錢102897575串，定寶源新老兩局每月鑄當十錢4000串，嗣後改鑄卯錢。
六年（1867）	1500—1600文（各省）。 鍾大焜云：銀每兩值錢1500—1600文。	寶泉局歲鑄錢100235229串。
七年（1868）	1200文（京城）。	
九年（1870）	1856文。	
十年（1871）	1800餘文。	
十一年（1872）	1856文。	
十二年（1873）	1782文。	
十三年（1874）	1787、1816文。	
光緒元年（1875）	1760文。	
二年（1876）	1705文。	
三年（1877）	1660文。	
四年（1878）	1582文。	
五年（1879）	1604文。	
六年（1880）	1636文。	
七年（1881）	1673文。	
八、九年	1668文。	光緒九年，寶泉、寶源局歲鑄制錢共228307082串。

年份	白銀一兩合制錢數（文）	附錄 （歷朝寶泉寶源局 年鑄錢數）
十年（1884）	1634文，京師行當十大錢，每銀一兩率換現錢7000文上下，時而增至8000文上下，時而減至6000文上下。城外市鎮一兩換制錢1500文內外。	
十一年（1885）	1633文。	
十二年（1886）	1631文。	寶源局共鑄制錢437440餘串。寶源局自設老爐25座，年鑄額制錢五十七大卯，另設勤爐6座，加鑄十三大卯，共鑄制錢437440餘串，本年三月起勤爐恢復鑄造（同治八年停鑄）。
十三年（1887）	1530文。	
十四年（1888）	1500文（廣東、天津）。 1564文。	張之洞、李鴻章奏，粵省、天津等處銀一兩換制錢1500文。
十五年（1889）	1569文。	
十六年（1890）	1473文。	戶工兩局鑄當十大錢178410058串，銅制錢1150905192串。
十七年（1891）	1481文。	寶泉、寶源兩局共鑄銅制錢1390436144串。
十八年	1536文。	寶泉、寶源兩局共鑄銅制錢1578138390串。
十九年		戶、工兩局共鑄銅制錢1364145540串。
二十年（1894）	1493文。 1536文。	寶泉、寶源兩局共鑄當十大錢217148000串，銅制錢682101060串。

年份	白銀一兩合制錢數（文）	附錄 （歷朝寶泉寶源局 年鑄錢數）
二十一年（1895）	1200文（東南各省）。 1200餘文（大江南北各州縣）。	御史王鵬運奏，東南洋銀一元僅易制錢800文。
二十二年（1896）	1364文。	寶泉、寶源兩局共鑄銅制錢436386851串。
二十三年（1897）	1200文（江西）。 1364文。	户、工兩局共鑄當十大錢94061000串，銅制錢246963240串。
二十四年（1898）	1100餘文（上海）。 1292文（天津）。	京師兩錢局共鑄當十大錢97365600串，銅制錢332342842串。
二十五年（1899）	1312文。	户、工兩錢局共鑄當十大錢327332920串，銅制錢265111170串。
二十六年（1900）	1315文。	
二十七年（1901）	1336文。	命寶泉局亟應開爐鑄造錢文，以濟使用。
二十八年（1902）	1331文。 1300餘文（京城）。	
二十九年（1903）	1265文。	
三十年（1904）	1213文。 1000餘—1100文（江淮）。	漕運總督陸元鼎奏，江淮洋銀一元易錢730—760文。
三十一年（1905）	1089文。 1100文（京城）。 1400餘文（江西）。	裁寶泉、寶源兩局，留寶泉局西北兩廠，設21爐，供改鑄六分制錢，每月所出不足三卯。
三十二年（1906）	1386文。 1400文（廣東）。	

年份	白銀一兩合制錢數（文）	附錄 （歷朝寶泉寶源局 年鑄錢數）
三十三年(1907)	1485—1683 文。 1600—1700 文（京城）。 1680—1690 文（江蘇）。	
宣統元年(1909)	1900—2000 文（安徽）。	
三年（1911）	2100 文（直隸）。 洋銀一元正合制錢 1000 文。	

資料來源：

　　1.《清實錄》、《清通考》、《續清通考》、《皇朝政典類纂》、《大清會典》和其他清代文獻檔案、資料等。

　　2.嚴中平等編《中國近代經濟統計資料選輯》。

　　3.《中國近代貨幣史資料》第一輯上册，第一章第二節，第 78、118、140 頁《簡表》。

　　4.彭信威著《中國貨幣史》，上海人民出版社 1965 年版，第 823、831、843 頁《清代制錢市價表》。

　　5.楊端六著《清代貨幣金融史稿》中有關銀錢比價部份資料。

　　6.鼓澤益著《1853—1868 年的中國通貨膨脹》（見《十九世紀后半期的中國紡織和經濟》，人民出版社，1983 年版）。

　　7.黃冕堂《清史治要》，齊魯書社 1990 年版。

清代寶蘇局錢幣鑄造沿革簡表

邹誌諒

錢幣名稱	年份		鑄地	開鑄、停鑄情況	爐座與卯數	説明	資料來源
	公元	紀年					
雍正通寶	1722	康熙六十一年冬		定名，未開局	／	戶部議定各省祇設一局，江蘇省錢局定名寶蘇局	《制錢通考》
	1730	雍正八年七月		開爐鼓鑄	未定卯	尚待奏准，先于蘇州開鑄	《江南通誌》、《蘇州府誌》
	1731	雍正九年		定爐座、卯數	12—16座每月2卯	戶部議定江蘇開局于蘇州府，錢幕滿文"ᡵᡭ"	《清文獻通考》
	1732	雍正十年		停鑄	／	銅源主要購自日本，日本產銅量漸少	《清文獻通考》
乾隆通寶	1736	乾隆元年	寶蘇局·蘇州	復開鑄	無定卯	續收存黃銅器皿爲原料	《清文獻通考》
	1737	乾隆二年		停鑄	／	洋銅僅供解京，銅器已收買歸官，銅源緊缺	《清文獻通考》、《江蘇巡撫張渠摺》
	1740	乾隆五年		復開鑄	16座，年28卯	先動帑銀十萬兩，採買滇銅	《清文獻通考》
	1771	乾隆三十六年		減爐、減卯	8座，年10卯	銅價上漲，四十三年奏准改用洋銅七分，滇銅三分	《光緒會典》
	1774	乾隆五十九年		停鑄	／	戶部議定，停各省鼓鑄	《清文獻通考》
嘉慶通寶	1796	嘉慶元年		復開鑄	同前	戶部議定，恢復各省鼓鑄	《清文獻通考》
道光通寶	1821	道光元年		開鑄新制錢	同前	嘉慶二十五年戶部議定，各省鑄道光新制錢	《清文獻通考》
	1826	道光六年		停鑄	／	因銀貴錢賤，奏准停鑄	《陶澍、林則徐摺》
	1830	道光十年		復開鑄	年7卯	因流通需要	《陶澍、林則徐摺》
	1839	道光十九年		暫停鑄		因市肆錢價日賤	《江蘇布政使裕謙摺》
	1843	道光二十三年		減卯開鑄	年4卯	因流通需要	《江蘇布政使孫寶善摺》
咸豐通寶 咸豐重寶 咸豐元寶	1851	咸豐元年		開鑄新制錢	同前	戶部題准，直省開鑄新錢，用咸豐通寶字樣	《清文獻通考》
	1853	咸豐三年末		始鑄當十大錢	不詳	咸豐四年正月，蘇州、無錫已流通當十大錢	《太平天国史料專輯》錄《癸丑紀聞録》

錢幣名稱	年份		鑄地	開鑄、停鑄情況	爐座與卯數	説明	資料來源
	公元	紀年					
	1854	咸豐四年閏7月		繼鑄各種大錢	不詳	蘇州設官錢店，撥大錢爲票本	《兩江總督怡良奏》
	1854	咸豐四年二月	寶蘇分局·青江浦	鑄當十、五十、百錢	2—6月6卯2—10月十萬餘串	在清江浦設分局，趕鑄大錢，搭放兵餉	《河道總督楊以增摺》
	1855	咸豐五年三月		試鑄鐵錢	僅試鑄	多鑄當十錢，成本不敷，仿京師鑄鐵錢	《河道楊以增摺》
	1855	咸豐五年六月		加鑄當二十、三十錢	不詳	僅鑄二個月	《河道總督楊以增摺》
	1857	咸豐五年八月		停 鑄	／	兵民交易不便，屢欲罷市，決定停收、停放、停鑄	《江寧布政使文煜摺》
	1857	咸豐七年十月		改鑄大錢爲制錢	／	清江制錢日少，錢價日昂，臨時募工改鑄	《河道總督楊以增摺》
	1860	咸豐十年六月	蘇州	被迫閉歇	／	蘇州當年被太平天国占領	《蘇州府誌》
祺祥通寶	1861	咸豐十一年	不詳	移異地趕鑄	僅樣錢	非常時期,爲政治上需要而趕鑄	詳見正文
同治通寶	1864	同治三年	寶蘇蘇州局	復開鑄	無定卯	同治二年清軍克復蘇州，復鑄後時開、時停	《蘇州府誌》
光緒通寶光緒重寶	1875	光緒元年		開鑄新制錢	無定卯	同治十三年，户部題准，各省鼓錢光緒新制錢	《光緒會典》
	1887	光緒十三年	蘇州·南京	兩地同鑄	不詳	遵旨在寧、蘇兩處同時鼓鑄	《曾國荃、崧駿摺》
	1890	光緒十六年		停 鑄	／	銅鋅價較前更高,成本虧耗益多	《曾國荃、崧駿摺》
	1895	光緒二十一年	廣東	代蘇機製	20萬串	機製寶蘇制錢，枚重八分	《張之洞摺》
	1897	光緒二十三年	南京	機製	不詳	江寧造幣分廠，機製寶蘇制錢，枚重七分	《劉坤一摺》
	1898	光緒二十四年		停機製	／	機製制錢虧本	《南京造幣分廠報告書》
	1899	光緒二十五年		復開鑄	不詳	繼續土法鼓鑄	《江蘇巡撫德壽摺》

錢幣名稱	年份		鑄地	開鑄、停鑄情況	爐座與卯數	説明	資料來源
	公元	紀年					
	1904	光緒三十年	寶蘇局・蘇州	增鑄當五錢	18座3.6萬串	鑄制錢虧耗大，增鑄大錢，因私鑄充斥，不足二年即停	《效曾摺》、《陸元鼎摺》
	1905	光緒三十一年		停鑄當五錢	／	分兩參差，擾亂市廛，陸元鼎到任停鑄	《御史陳曾佑摺》
	1908	光緒三十四年		閉歇	／	制錢淘汰。民國七年駐吳官產清理所登報招賣屋產	《申報》1918年7月16日

*據《皇朝通典》："開鑄以一期爲一卯，計數以千爲一串，以一萬二千串爲一卯"。凡大錢均折合制錢計串。

索　引

王煒

筆劃	名稱	圖錄編號	頁碼
五	平靖勝寶·中、左、右、前、后營、御林軍、長勝軍	5093 — 5137	619 — 622
五	永正通寶	5403	651
五	民國通寶	5194 — 5196、5198 — 5199	629、629
五	民國重寶	5197	629
五	民國元寶	5409	651
六	同治通寶（反文、大型）	5357 — 5358	646
六	同治通寶·寶泉（小平）	3646 — 3653、5354	462、646
六	同治重寶·寶泉（當十）	3654 — 3692	462 — 465
六	同治通寶·寶源（小平）	3693 — 3696	465
六	同治重寶·寶源（當十）	3697 — 3708	465 — 466
六	同治通寶·寶川（小平）	3784 — 3790	474
六	同治重寶·寶川（當十）	3791	474
六	同治通寶·寶州（小平）	3851 — 3871	480 — 482
六	同治重寶·寶伊（當四、當十）	3886 — 3891	483 — 484
六	同治通寶·阿克蘇（當五、當十）	3878 — 3883	483
六	同治重寶·阿克蘇（當十）	3884 — 3885	483
六	同治通寶·寶昌（小平）	3716 — 3721	468
六	同治重寶·寶昌（當十）	3722	468
六	同治通寶·寶直（小平）	3848	480
六	同治重寶·寶直（小平、當十）	3849 — 3850	480
六	同治通寶·寶武（小平）	3713	467
六	同治重寶·寶武（當十）	3714	467
六	同治通寶·寶東（小平）	3843 — 3847	479 — 480
六	同治通寶·寶南（小平）	3828 — 3830	477
六	同治重寶·寶南（當十）	3831	478
六	同治通寶·寶陝（小平）	3709	466
六	同治重寶·寶陝（當十）	3710	466
六	同治通寶·寶桂（小平）	3832 — 3836	478
六	同治重寶·寶桂（當十）	3837 — 3838	478
六	同治通寶·寶浙（小平）	3727 — 3745	469 — 470
六	同治重寶·寶浙（當十）	3746	470

筆劃	名稱	圖録編號	頁碼
六	同治通寶·寶晉（小平）	3711	467
六	同治重寶·寶晉（當十）	3712	467
六	同治通寶·庫車（當五、當十）	3892—3907	484—485
六	同治通寶·寶雲（小平）	3748—3780、5355	471—473、646
六	同治重寶·寶雲（當十）	3781—3783	473
六	同治通寶·葉爾羌（當十）	3872—3877	482
六	同治通寶·寶福（小平）	3723—3725	468
六	同治重寶·寶福（當十）	3726	469
六	同治通寶·寶黔（小平）	3839	479
六	同治重寶·寶黔（當十）	3840	479
六	同治通寶·臨	5356	646
六	同治通寶·寶濟（小平）	3747	471
六	同治通寶·寶蘇（小平）	3808—3826	476—477
六	同治重寶·寶蘇（當十）	3827	477
六	同治通寶·寶臺（小平）	3841—3842	479
六	同治通寶·寶廣（小平）	3715	467
六	同治通寶·寶鞏（小平）	3792—3793	474
六	同治重寶·寶鞏（當五、當十）	3794—3807	474—475
六	同治通寶·光緒年間補鑄·庫車（當十）	4743—4753	563—564
六	同治通寶·光緒年間補鑄·寶庫（庫十、新十）	4754—4761	564—565
六	同治通寶·光緒年間補鑄·仿寶泉（小平）	4762—4771	565—566
六	同治通寶·背□	5352—5353	645
六	同治重寶·背□	5351	645
六	囯·殘錢	5059	599
六	明道通寶·背天	5343	644
六	光緒丁未·寶庫（小平）	4462—4463	533
六	光緒戊申·寶庫（小平）	4464—4465	533
六	光緒通寶	4533—4534、4559—4560、5365—5367	540、542、648
六	光緒通寶·寶泉（小平）	3925—4013	488—494

筆劃	名稱	圖錄編號	頁碼
六	光緒重寶·寶泉（當十、當拾）	4014 — 4077、5368	495 — 499、648
六	光緒通寶·寶源（小平）	4078 — 4119、4535 — 4538、5362 — 5363	500 — 502、540、647
六	光緒重寶·寶源（五文、當十、當拾）	4120 — 4146、5371 — 5372	502 — 506、648 — 649
六	光緒通寶·寶川（小平）	4256 — 4263	517
六	光緒重寶·寶川（當十）	4264	517
六	光緒通寶·寶伊（小平）	4385 — 4386	527
六	光緒重寶·寶伊（當十）	4387	527
六	光緒通寶·寶吉（小平）	4515 – 4521、4591 – 4593	537 — 538、546
六	光緒通寶·寶同（小平）	5392	650
六	光緒通寶·阿克蘇（小平、當十）	4352 — 4354、4360 — 4384	525、525 — 527
六	光緒重寶·阿克蘇（當十）	4355 — 4359	525
六	光緒通寶·寶江（小平）	5382 — 5383	649
六	光緒通寶·寶沽（小平）	4522 — 4528、4594	538、547
六	光緒通寶·寶河（小平）	4162 — 4185	509 — 510
六	光緒通寶·寶直（小平）	4335 — 4349、4584	523 — 524
六	光緒重寶·寶直（當十）	4350 — 4351	524
六	光緒通寶·寶奉（小平、當十）	4161、4541 — 4542、4606 — 4610	508、541、548 — 549
六	光緒通寶·寶武（小平）	4156 — 4159、4539 — 4540	508、541
六	光緒重寶·寶武（當十）	4160	508
六	光緒通寶·寶東（小平）	4318 — 4334、4585、5381、5389 — 5391	522 — 523、545、649、650
六	光緒通寶·寶昌（小平）	4189	511
六	光緒重寶·寶昌（當十）	4190	511
六	光緒通寶·寶津（小平）	4475 — 4514、4586 — 4590	534 — 537、546
六	光緒通寶·寶陝（小平）	4147 — 4151	507
六	光緒重寶·寶陝（當十）	4152	507
六	光緒通寶·寶南（小平）	4303 — 4307	520 — 521
六	光緒重寶·寶南（當十）	4308	521
六	光緒通寶·寶晉（小平）	4153 — 4154、5364	507、648

筆劃	名稱	圖錄編號	頁碼
六	光緒重寶·寶晉（當十）	4155	507
六	光緒通寶·寶浙（小平）	4232 — 4245、4563 — 4574	514 — 515、543 — 544
六	光緒重寶·寶浙（當十）	4246	515
六	光緒通寶·庫車（小平、當十）	4395 — 4461	528 — 533
六	光緒通寶·寶庫（當十）	4603 — 4605	548
六	光緒通寶·寶桂（小平）	4309 — 4310	521
六	光緒重寶·寶桂（當十）	4311	521
六	光緒通寶·寶雲（小平）	4247 — 4254	516
六	光緒重寶·寶雲（當十）	4255	516
六	光緒通寶·湖五錢	5370	648
六	光緒通寶·喀什噶爾（當十）	4388 — 4394	528
六	光緒通寶·寶福（小平）	4191 — 4227、4229 — 4231、4561 — 4562、5393	511 — 514、514、543、650
六	光緒重寶·寶福（當十）	4228	514
六	光緒通寶·寶新（當十）	4466 — 4474	533 — 534
六	光緒通寶·寶寧（小平）	4595 — 4601	547
六	光緒通寶·寶廣（小平）	4186、4543 — 4555	511
六	光緒重寶·寶廣（當五、當十）	4187 — 4188、4556 — 4558	541 — 542
六	光緒通寶·寶黔（小平）	4312 — 4316	521 — 522
六	光緒重寶·寶黔（當十）	4317	522
六	光緒通寶·寶蘇（小平）	4265 — 4296、4575 — 4583	518 — 520、544 — 545
六	光緒重寶·寶蘇（當五、當十）	4297 — 4302	520
六	光緒通寶·合背（小平）	4530 — 4532	539
六	光緒通寶·公平（小平）	4611 — 4615	549
六	光緒通寶·寶□（小平）	5394 — 5499	650
六	光緒通寶·背壹訓、拾訓、壹拾、壹百	5373 — 5380	649
六	光緒通寶·背戊子河、雲、臺、蘇、宣	5384 — 5388	650
六	光緒板子（小平）	5369	648
七	利用通寶（小平、二厘、五厘、一分）	0736 — 0773、5408	94 — 97、651
八	怡怡和合·戎（小平）	5339	644

筆劃	名稱	圖錄編號	頁碼
九	咸豐通寶·寶泉（小平、當五）	1908 — 1971	201 — 205
九	咸豐重寶·寶泉（當五、當十、當五十）	1972 — 2140、5303	205 — 227、641
九	咸豐元寶·寶泉（當百、當二百、當三百、當五百、當千、鎮庫）	2141 — 2232、5293、5296	228 — 248、638、639
九	咸豐通寶·寶源（小平）	2233 — 2260	249 — 250
九	咸豐重寶·寶源（當四、當五、當十、當五十）	2261 — 2350	251 — 262
九	咸豐元寶·寶源（當百、當五百、當千）	2351 — 2385	262 — 269
九	咸豐通寶·西	5326	643
九	咸豐通寶·同	5309	641
九	咸豐通寶·江	5311	642
九	咸豐通寶·寶川（小平）	2942 — 2958	362 — 363
九	咸豐重寶·寶川（當十、當五十）	2959 — 2971	363 — 365
九	咸豐元寶·寶川（當百）	2972 — 2983	365 — 367
九	咸豐通寶·寶伊（小平）	3442 — 3448	430 — 431
九	咸豐重寶·寶伊（當四、當十、當五十）	3449 — 3469	431 — 434
九	咸豐元寶·寶伊（當百、當五百）	3470 — 3484	434 — 436
九	咸豐重寶·寶安（當十、當五十）	3315 — 3318	413 — 414
九	咸豐通寶·貴	5325	643
九	咸豐通寶·阿克蘇（小平、當五、當十）	3393 — 3415	424 — 426
九	咸豐重寶·阿克蘇（當五十）	3416 — 3430	426 — 428
九	咸豐元寶·阿克蘇（當百）	3431 — 3441	428 — 430
九	咸豐通寶·寶直（小平）	3328 — 3342	416 — 417
九	咸豐重寶·寶直（當五、當十、當五十）	3343 — 3372	417 — 421
九	咸豐元寶·寶直（當百）	3373 — 3376	421
九	咸豐通寶·寶武（小平）	2472 — 2477	285 — 286
九	咸豐重寶·寶武（當五、當十、當五十）	2478 — 2502、5300	286 — 290、640

筆劃	名稱	圖錄編號	頁碼
九	咸豐元寶·寶武（當百）	2503 — 2512	290 — 291
九	咸豐通寶·寶東（小平）	3319 — 3322、5320	414 — 415、642
九	咸豐重寶·寶東（當十）	3323 — 3327	415
九	咸豐通寶·寶昌（小平）	2578 — 2585	301
九	咸豐重寶·寶昌（當十、當五十）	2586 — 2614	302 — 306
九	咸豐重寶·寶迪（當八、當十）	3550 — 3574	444 — 446
九	咸豐元寶·寶迪（當八十）	3575 — 3578	446 — 447
九	咸豐通寶·寶河（小平）	2513 — 2527	292 — 293
九	咸豐重寶·寶河（當十、當五十）	2528 — 2546	293 — 295
九	咸豐元寶·寶河（當百、當五百、當千）	2547 — 2572	296 — 300
九	咸豐通寶·寶南（小平）	3273 — 3274、5323	407、642
九	咸豐重寶·寶南（當五十）	3275 — 3277	407
九	咸豐通寶·寶陝（小平）	2387 — 2399、5321	271、642
九	咸豐重寶·寶陝（當十、當五十）	2400 — 2417	272 — 274
九	咸豐元寶·寶陝（當百、當五百、當千）	2418 — 2454	274 — 283
九	咸豐通寶·原	5313 — 5314	642
九	咸豐通寶·寶晉（小平）	2455 — 2456	283
九	咸豐重寶·寶晉（當十）	2457 — 2471	283 — 285
九	咸豐通寶·寶桂（小平）	3278 — 3283、5307、5322	408、641、642
九	咸豐重寶·寶桂（當十、當五十）	3284 — 3293	408 — 410
九	咸豐通寶·寶州（小平）	3600 — 3601	450
九	咸豐通寶·寶浙（小平）	2802 — 2813、5302、5315	341 — 342、641、642
九	咸豐重寶·寶浙（當十、當二十、當三十、當四十、當五十）	2814 — 2867	342 — 352
九	咸豐通寶·宣	5312	642
九	咸豐通寶·庫車（當五、當十）	3579 — 3593	447 — 448
九	咸豐重寶·庫車（當五十）	3594	448
九	咸豐元寶·庫車（當百）	3595 — 3599	449
九	咸豐通寶·盛京（壹吊）	5292	638
九	咸豐通寶·寶雲（小平）	2889 — 2927、5316	356 — 359、642

筆劃	名稱	圖錄編號	頁碼
九	咸豐重寶‧寶雲（當十、當五十）	2928 — 2941	359 — 361
九	咸豐通寶‧葉爾羌（小平）	3377 — 3380	422
九	咸豐重寶‧葉爾羌（當五十）	3381 — 3386	422 — 423
九	咸豐元寶‧葉爾羌（當百）	3387 — 3392	423 — 424
九	咸豐通寶‧喀什噶爾（當五、當十）	3537 — 3542	443
九	咸豐重寶‧喀什噶爾（當五十）	3543 — 3544	443
九	咸豐元寶‧喀什噶爾（當百）	3545 — 3549	443 — 444
九	咸豐通寶‧寶薊（小平）	3485、5308	437、641
九	咸豐重寶‧寶薊（當十、當五十）	3486 — 3497	437、438
九	咸豐元寶‧寶薊（當五百）	3498 — 3500	438
九	咸豐通寶‧寶福（小平、當十、當二十、當五十、當百）	2615 — 2647、2653 — 2669、2693 — 2710、2739 — 2749、2764 — 2781、2799 — 2801、5310	306 — 309、309 — 311、314 — 317、322 — 325、329 — 335、341、642
九	咸豐重寶‧寶福（當五、當十、當二十、當五十、當百）	2648 — 2652、2670 — 2692、2711 — 2738、2750 — 2763、2782 — 2798	309、311 — 314、317 — 322、326 — 329、335 — 341
九	咸豐元寶‧寶福（當百）	5298	640
九	咸豐通寶‧寶臺（小平、五文）	3311 — 3314、5318	412 — 413、642
九	咸豐通寶‧寧	5319	642
九	咸豐通寶‧漳	5317	642
九	咸豐通寶‧寶廣（小平）	2573 — 2576、5305 — 5306	300 — 301、641
九	咸豐重寶‧寶廣（當十）	2577	301
九	咸豐通寶‧寶鞏（小平、當二）	2984 — 2987	367 — 368
九	咸豐重寶‧寶鞏（當五、當十、當五十）	2988 — 3052	368 — 375
九	咸豐元寶‧寶鞏（當百、當五百、當千）	3053 — 3072	375 — 380
九	咸豐通寶‧寶德（小平）	3501 — 3508	439
九	咸豐重寶‧寶德（當五、當十、當五十）	3509 — 3530	439 — 441
九	咸豐元寶‧寶德（當百）	3531 — 3536	442

筆劃	名稱	圖錄編號	頁碼
九	咸豐通寶·寶黔（小平）	3294 — 3305	410 — 411
九	咸豐重寶·寶黔（當十、當五十）	3306 — 3310	411 — 412
九	咸豐通寶·寶濟（小平）	2868 — 2870	352
九	咸豐重寶·寶濟（當十、當五十）	2871 — 2883	353 — 354
九	咸豐元寶·寶濟（當百）	2884 — 2888	355 — 356
九	咸豐通寶·寶蘇（小平、當五）	3073 — 3111、5324	380 — 383、642
九	咸豐重寶·寶蘇（當五、當十、當二十、當三十、當五十）	3112 — 3227	383 — 399
九	咸豐元寶·寶蘇（當百、當五百）	3228 — 3272、5301	399 — 406、641
九	咸豐通寶·寶□	5304	641
九	昭武通寶·工、壹分	0774 — 0781	97 — 98
九	皇帝通寶·聖、滿漢文浙（小平、當十）	5178 — 5187	627
九	洪化通寶·户、工、壹□	0782 — 0791	98 — 99
九	洪武天下太平	5344 — 5345	644
九	宣統通寶·寶泉（小平）	4772 — 4798	567 — 569
九	宣統通寶·寶雲（小平）	4799 — 4804	570
九	宣統通寶·烏什（當十）	4805 — 4809	570 — 571
九	宣統通寶·寶廣（小平）	4810	572
十一	乾隆通寶	5404	651
十一	乾隆通寶·寶泉（小平）	0944 — 1029、5239 — 5241	115 — 120、634
十一	乾隆通寶·寶源（小平）	1030 — 1061	121 — 123
十一	乾隆通寶·寶川（小平）	1152 — 1169	132 — 133
十一	乾隆通寶·寶伊（小平）	1272 — 1284	143
十一	乾隆通寶·阿克蘇（小平、當十）	1245 — 1261	140 — 141
十一	乾隆通寶·寶直（小平）	1221 — 1234	138 — 139
十一	乾隆通寶·寶武（小平）	1077 — 1087	125
十一	乾隆通寶·寶昌（小平）	1095 — 1104	126 — 127
十一	乾隆通寶·和闐（小平）	1286	144
十一	乾隆通寶·寶南（小平）	1194 — 1199、5248	135、635
十一	乾隆通寶·寶陝（小平）	1062 — 1072	123 — 124
十一	乾隆通寶·寶晉（小平）	1073 — 1076	124

筆劃	名稱	圖録編號	頁碼
十一	乾隆通寶·寶桂（小平）	1200—1210	136
十一	乾隆通寶·寶浙（小平）	1114—1133	128—130
十一	乾隆通寶·烏什（小平）	1262—1271	142
十一	乾隆通寶·寶雲（小平）	1135—1151	130—131
十一	乾隆通寶·葉爾羌（小平）	1235—1244	139—140
十一	乾隆通寶·喀什噶爾（小平）	1285	144
十一	乾隆通寶·寶福（小平）	1105—1113、5243—5247	127—128、634—635
十一	乾隆通寶·寶臺（小平）	1217—1220	137—138
十一	乾隆通寶·寶廣（小平）	1088—1094	126
十一	乾隆通寶·寶黔（小平）	1211—1216	137
十一	乾隆通寶·寶濟（小平）	1134	130
十一	乾隆通寶·寶蘇（小平）	1170—1193、5242	133—135、634
十一	乾隆通寶·合背（小平）	1287—1293	144—145
十一	乾隆通寶·背□	1294、5249	145、635
十一	乾隆通寶·嘉慶年間補鑄·阿克蘇（小平）	4622—4623	551
十一	乾隆通寶·嘉慶年間補鑄·寶伊（小平）	4624	551
十一	乾隆通寶·道光年間補鑄·寶伊（小平）	4625—4631	551—552
十一	乾隆通寶·咸豐年間補鑄·寶庫（小平）	4632—4635	552
十一	乾隆通寶·光緒年間補鑄·寶庫（小平、當十）	4636—4644、4649—4653、4709—4712	553、554、559
十一	乾隆通寶·光緒年間補鑄·阿克蘇（小平、當十）	4654—4708	555—558
十一	乾隆通寶·光緒年間補鑄·寶庫（庫十）	4645—4648	554
十一	乾隆通寶·光緒年間補鑄·阿克蘇（喀十）	4713—4717	559—560
十一	乾隆通寶·光緒年間補鑄·庫車（烏十）	4718	560

筆劃	名稱	圖録編號	頁碼
十一	乾隆通寶·光緒年間補鑄·仿寶泉（小平）	4719—4724	560—561
十一	乾隆通寶·光緒年間補鑄·仿寶源（小平）	4725—4730	561
十一	乾隆通寶·光緒年間補鑄·仿寶浙（小平）	4731—4732	562
十一	康熙通寶·寶泉（小平、當十）	0356—0430、0735、5234	61—66、93、633
十一	康熙通寶·寶源（小平）	0431—0468、0734、5221—5222	66—68、93、632
十一	康熙通寶·大清	5229—5231	633
十一	康熙通寶·六·少軒	5232	633
十一	康熙通寶·西（小平）	5225—5226	633
十一	康熙通寶·寶同（小平）	0499—0504	72
十一	康熙通寶·寶江（小平）	0562—0567	78
十一	康熙通寶·寶東（小平）	0636—0644、5224	84、633
十一	康熙通寶·寶昌（小平）	0518—0532	74—75
十一	康熙通寶·寶河（小平）	0533—0546	75—76
十一	康熙通寶·寶南（小平）	0687—0705	88—90
十一	康熙通寶·寶陝（小平）	0484—0489	70—71
十一	康熙通寶·寶原（小平）	0505—0517	73
十一	康熙通寶·寶桂（小平）	0706—0711	90
十一	康熙通寶·寶宣（小平）	0469—0472	69
十一	康熙通寶·寶浙（小平）	0614—0635	82—83
十一	康熙通寶·寶雲（小平）	0645—0673	85—87
十一	康熙通寶·寶薊（小平）	0490—0498	71—72
十一	康熙通寶·寶福（小平）	0582—0613、5220、5223	80—82、632、632
十一	康熙通寶·寶臺（小平）	0726—0732、5219	92、632
十一	康熙通寶·寶寧（小平）	0568—0581	78—79
十一	康熙通寶·寶廣（小平）	0548—0561	76—77
十一	康熙通寶·寶漳（小平）	0712—0725、5227	91—92、633
十一	康熙通寶·寶鞏（小平）	0674—0678	87
十一	康熙通寶·寶臨（小平）	0473—0483	69—70

筆劃	名稱	圖録編號	頁碼
十一	康熙通寶·寶蘇（小平）	0679—0686	88
十一	康熙通寶·合背（小平）	733	93
十一	康熙通寶·□	5228、5233	633、633
十一	察合臺文·熱西丁汗·庫車（小平）	3908—3922	485—486
十一	察合臺文·熱西丁汗·阿克蘇（小平）	3923—3924	487
十二	開元通寶·武（小平）	5165—5167	626
十二	順治通寶（小平）	0062—0090	39—41
十二	順治通寶·●	0099—0101	42
十二	順治通寶·○	0102—0106	42
十二	順治通寶·一	0091—0094	41
十二	順治通寶·二	0095—0098	41
十二	順治通寶·十一兩	0107—0109	42
十二	順治通寶·户、户一厘（小平）	0110—0124、0219—0223	43—44、50—51
十二	順治通寶·寶泉（小平）	0279—0289、5214—5215	55、631
十二	順治重寶·寶泉（當十）	5216—5217	631—632
十二	順治通寶·寶源（小平）	0290—0298	55—56
十二	順治通寶·寶東、東、東一厘（小平）	0205—0213、0271—0278、0345—0351	49—50、54、59—60
十二	順治通寶·工、工一厘（小平）	0125—0128、0224—0227	44、51
十二	順治通寶·西	5218	632
十二	順治通寶·同、同一厘（小平）	0140—0148、0238、0320—0323	45、52、58
十二	順治通寶·江、江一厘（小平）	0262—0263、0334—0335	53、59
十二	順治通寶·延（小平）	0156—0164	46
十二	順治通寶·昌、昌一厘（小平）	0183—0185、0260—0261、0327—0329	48、53、58
十二	順治通寶·河、河一厘（小平）	0169—0175、0254—0256、0330—0333	47、53、58
十二	順治通寶·新（小平）	218	50
十二	順治通寶·荆（小平）	0165—0168	46—47
十二	順治通寶·陝、陝一厘（小平）	0232—0236、0310—0315	51、57
十二	順治通寶·原、原一厘（小平）	0149—0153、0239—0242、0324—0326、5213	45—46、52、58、631

筆劃	名稱	圖錄編號	頁碼
十二	順治通寶・浙、浙一厘（小平）	0194—0204、0267—0270、0341—0344	48—49、54、59
十二	順治通寶・宣、宣一厘（小平）	0129—0132、0228、0301—0303	44、51、56
十二	順治通寶・南（小平）	217	50
十二	順治通寶・陽、陽一厘（小平）	0191—0193、0265—0266	48、53
十二	順治通寶・福、福一厘（小平）	0186—0190、0264、0352	48、53、60
十二	順治通寶・寧、寧一厘（小平）	0176—0182、0257—0259、0336—0340	47、53、59
十二	順治通寶・臨、臨一厘（小平）	0133—0137、0229—0231、0304—0309	44、51、57
十二	順治通寶・云、雲一厘（小平）	0154—0155、0243—0253	46、52—53
十二	順治通寶・薊、薊一厘（小平）	0138—0139、0237、0316—0319	45、52、57—58
十二	順治通寶・襄（小平）	0214—0216	50
十二	順治通寶・合背	0353—0355	60
十二	順治通寶・□	0299—0300	56
十二	集換局票・當用一十	5406—5407	651
十二	裕民通寶・一分、壹錢、浙一錢	0792—0804	99—100
十二	道光通寶	5261—5265	636
十二	道光通寶・寶泉（小平）	1583—1656	173—178
十二	道光通寶・寶源（小平）	1657—1710	178—182
十二	道光通寶・寶川（小平）	1758—1766	187—188
十二	道光通寶・寶伊（小平）	1884—1905	198—199
十二	道光通寶・阿克蘇（小平）	1858—1883、5259	196—198、636
十二	道光通寶・寶直（小平）	1854—1857	195—196
十二	道光通寶・寶武（小平）	1716	183
十二	道光通寶・寶同（小平）	5287	638
十二	道光通寶・寶江（小平）	5281	637
十二	道光通寶・寶東（小平）	1842—1853、5285—5286	194—195、638
十二	道光通寶・寶昌（小平）	1724—1729、5266、5290	184、636、638
十二	道光通寶・寶河（小平）	5288	638

筆劃	名稱	圖錄編號	頁碼
十二	道光通寶·寶南（小平）	1814—1815、5267、5272	192、636、637
十二	道光通寶·寶陝（小平）	1711—1714、5271	182、637
十二	道光通寶·寶原（小平）	5283	638
十二	道光通寶·寶晉（小平）	1715	183
十二	道光通寶·寶桂（小平）	1816—1820、5277—5279	192、637
十二	道光通寶·寶浙（小平）	1732—1751、5270	185—186、637
十二	道光通寶·寶宣（小平）	5282	637
十二	道光通寶·寶雲（小平）	1752—1757、5289	187、638
十二	道光通寶·寶福（小平）	1730—1731、5260、5273	185、636、637
十二	道光通寶·寶臺（小平）	5274	637
十二	道光通寶·寶漳（小平）	5268	637
十二	道光通寶·寶臨（小平）	5269	637
十二	道光通寶·寶薊（小平）	5280	637
十二	道光通寶·寶廣（小平）	1717—1723、5276	183—184、637
十二	道光通寶·寶黔（小平）	1821—1841、5258	193—194、636
十二	道光通寶·寶蘇（小平）	1767－1813、5284	188—191、638
十二	道光通寶·寶戌（小平）	5291	638
十二	道光通寶·合背	1906—1907	200
十二	道光通寶·光緒年間補鑄·阿克蘇（當十）	4733—4734	562
十二	道光通寶·光緒年間補鑄·庫車（當十）	4735—4740	562—563
十二	道光通寶·光緒年間補鑄·寶新（當十）	4741—4742	563
十二	祺祥通寶·寶泉（小平）	3602—3610	451
十二	祺祥重寶·寶泉（當十）	3611	451
十二	祺祥通寶·寶源（小平）	3612—3620	452—454
十二	祺祥重寶·寶源（當十）	3621—3629	455—457
十二	祺祥通寶·寶雲（小平）	3633—3638	458—459
十二	祺祥通寶·寶鞏（小平）	3631	458
十二	祺祥重寶·寶鞏（當十）	3632	458
十二	祺祥通寶·寶蘇（小平）	3630	458

筆劃	名稱	圖錄編號	頁碼
十二	祺祥通寶·寶東（小平）	3639—3640	459
十二	祺祥通寶·和闐（小平）	3641	459
十二	祺祥通寶·烏什（小平）	3642	460
十二	祺祥通寶·喀什噶爾（小平）	3643	460
十二	祺祥通寶·葉爾羌（小平）	3644	460
十二	祺祥通寶·阿克蘇（小平）	3645	461
十二	祺祥重寶·合背	5348—5350	645
十三	雍正通寶（小平）	943、5236	114、633
十三	雍正通寶·寶泉（小平）	0805—0845、5235	101—103、633
十三	雍正通寶·寶源（小平）	0846—0870	104—105
十三	雍正通寶·寶川（小平）	911	110
十三	雍正通寶·寶安（小平）	0936—0940	113—114
十三	雍正通寶·寶武（小平）	0873—0875	106
十三	雍正通寶·寶昌（小平）	0880—0882	107
十三	雍正通寶·寶南（小平）	925	112
十三	雍正通寶·寶晉（小平）	0871—0872	106
十三	雍正通寶·寶桂（小平）	0926—0927	112
十三	雍正通寶·寶河（小平）	0876—0879	106—107
十三	雍正通寶·寶浙（小平）	0883—0892	107—108
十三	雍正通寶·寶雲（小平）	0897—0910	109—110
十三	雍正通寶·寶鞏（小平）	0912—0918	111
十三	雍正通寶·寶黔（小平）	0928—0935	113
十三	雍正通寶·寶濟（小平）	0893—0896	108—109
十三	雍正通寶·寧（小平）	5237	634
十三	雍正通寶·寶蘇（小平）	0919—0924	111—112
十三	雍正通寶·合背	0941—0942	114
十三	義記金錢·震忠團練、天、地、離、雙菱	5138—5158	622—625
十三	嗣統通寶（小平）	5159—5164	625—626
十三	福建通寶·省造二文、一文、二文	5202—5211	629—630
十三	福建省造·二文	5201	629
十三	試鑄大吉	5238	634

筆劃	名稱	圖録編號	頁碼
十四	閩省通寶·二文	5200	629
十四	嘉慶通寶·寶泉（小平）	1295—1372	146—151
十四	嘉慶通寶·寶源（小平）	1373—1416	151—155
十四	嘉慶通寶·寶川（小平）	1490—1495、5252—5253	163、635
十四	嘉慶通寶·寶伊（小平）	1570—1580	171—172
十四	嘉慶通寶·寶直（小平）	1543—1559	169—170
十四	嘉慶通寶·寶武（小平）	1426—1439	157—158
十四	嘉慶通寶·寶東（小平）	1541—1542	169
十四	嘉慶通寶·寶昌（小平）	1443—1448	159
十四	嘉慶通寶·寶南（小平）	1522—1524	167
十四	嘉慶通寶·寶陝（小平）	1417—1420	156
十四	嘉慶通寶·寶晉（小平）	1421—1425	156—157
十四	嘉慶通寶·寶桂（小平）	1525—1530、5250、5255	167、635、635
十四	嘉慶通寶·寶浙（小平）	1453—1471	160—161
十四	嘉慶通寶·寶雲（小平）	1472—1489	162—163
十四	嘉慶通寶·寶福（小平）	1449—1452、5254	159—160、635
十四	嘉慶通寶·寶廣（小平）	1440—1442	158
十四	嘉慶通寶·寶黔（小平）	1531—1540	168
十四	嘉慶通寶·寶蘇（小平）	1496—1521	164—166
十四	嘉慶通寶·阿克蘇（小平）	1560—1569	170—171
十四	嘉慶通寶·合背	1581—1582、5251	172、635
十四	嘉慶通寶·背□	5256—5257	636
十五	德著皇都·恩流西粵	5340	644
十五	荆蕲荆蕲·背吉星拱照	5334	643
十六	盤古通寶	5346—5347	645
十七	聰汗之錢（十·一兩）	0050—0061	36—38
十九	寶源局造·鎮庫	2386	270

後　　記

　　本卷是反映中國清代（1644—1911年）、長達268年期間鑄造和發行流通的各種錢幣的專著。清代貨幣種類較多，紙幣、銀錠、銀圓、銅圓等另見其他專卷。

　　本卷總論由馬飛海撰寫。

　　本卷圖版：初由上海博物館錢嶼選編，繼由上海市歷史博物館副研究員傅爲群、江蘇省蘇州市錢幣學會原副秘書長、副教授鄒誌諒、上海市錢幣學會理事王煒選編，後由方家禮、王連根協助整理。

　　圖版的來源有：中國歷史博物館、上海博物館、陝西省博物館、湖南省博物館、浙江省博物館、鎮江博物館、南京市太平天國歷史博物館、旅順市博物館、大連市博物館、英國大英博物館、美國錢幣博物館、中國錢幣學會、上海市錢幣學會、美國錢幣學會等。許多錢幣研究者和收藏家也提供了寶貴的拓片、照片等資料。提供者的單位和個人皆在圖版下注明。

　　本卷專論：《清代鑄幣局考》由上海師範大學王廷洽教授撰寫。《關于太平天国錢幣的幾個問題》由上海師範大學教授、中國太平天国研究會主席團成員、上海太平天国研究會會長 郭豫明 撰寫。《咸豐朝的大錢鑄造及其後果》由上海師範大學教授、中國會黨史學會秘書長周育民撰寫。《清代新疆銅錢論稿》由新疆大學教授穆淵和新疆維吾爾自治區文物考古所研究員 蔣其祥 合寫。《清代寶蘇局錢幣研究》由鄒誌諒撰寫。

　　本卷資料：《清代錢幣大事記》由上海師範大學圖書館副教授俞如雲編寫。《清代歷朝鑄幣局與鑄幣簡表》、《清代銀錢比價簡表》由馬隆編寫。《清代寶蘇局錢幣鑄造沿革表》由鄒誌諒編寫。

　　中國人民銀行上海分行、上海博物館、上海市錢幣學會在本卷編寫、出版的過程中始終給予熱情的關心和大力的支持。

　　向對于本書的編輯出版發行，提供幫助、作出貢獻的單位和學者們朋友們，謹致最誠摯的謝意。

編者

2004 年 12 月

責任編輯　朱劍茂
裝幀設計　任　意
幽版編輯　王　煒　王連根

图书在版编目（ＣＩＰ）数据

中国历代货币大系. 清钱币 / 马飞海主编；马飞海，
王裕巽，邹志谅分册主编. —上海：上海教育出版社，
2004.12
ISBN 7-5320-9040-X

Ⅰ.中... Ⅱ.①马...②马...③王...④邹...
Ⅲ.①贷币史－中国②古代贷币－中国－清代
Ⅳ.F822.9

中国版本图书馆CIP数据核字（2004）第142100号

馬飛海　總主編
中國歷代貨幣大系
6
清錢幣
馬飛海　王裕巽　邹誌諒　主編
上海世紀出版集團
上海教育出版社
易文網:www.ewen.cc

（上海永福路123號　郵政編碼:200031）

各地 新華書店 經銷　上海新華印刷有限公司印刷
開本 787×1092　1/8　印張101.5　插頁16
2004年12月第1版　2004年12月第1次印刷
印數 1－2,000本
書號:ISBN 7-5320-9040-X/K·0009　定價:650.00圓

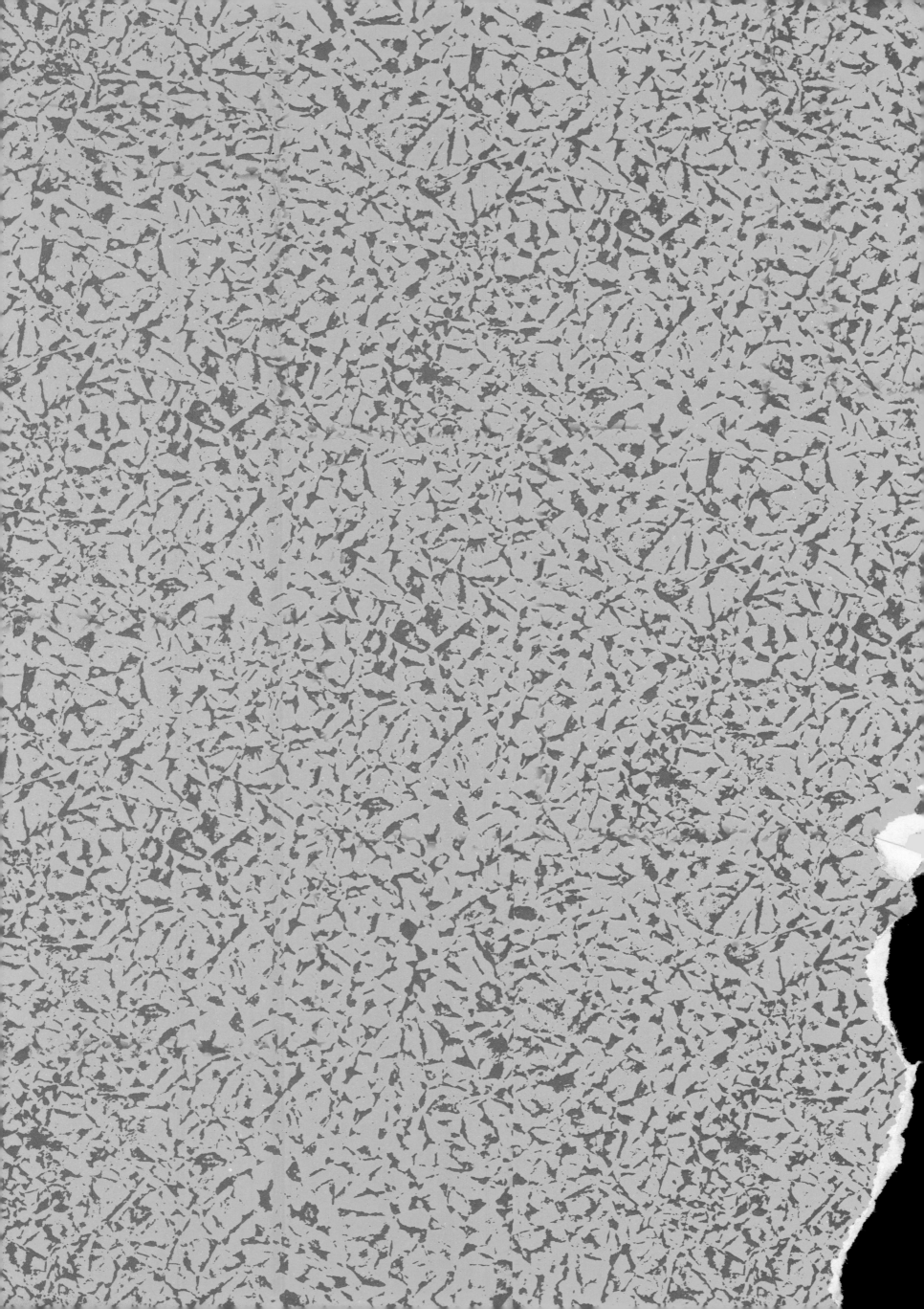